CLARICE,

BENJAMIN MOSER

Clarice,
uma biografia

Tradução
José Geraldo Couto

4ª reimpressão

Copyright © 2009 by Benjamin Moser
Venda proibida em Portugal, Angola, Moçambique, Cabo Verde, Timor Leste,
Guiné-Bissau e São Tomé e Príncipe

*Grafia atualizada segundo o Acordo Ortográfico da Língua Portuguesa
de 1990, que entrou em vigor no Brasil em 2009.*

Título original
Why this World

Capa
Kiko Farkas e Ana Lobo/ Máquina Estúdio

Foto de capa
Miller of Washington/ Acervo Clarice Lispector/ Instituto Moreira Salles

Foto da p. 1
Clarice Lispector por Claudia Andujar, 1961

Mapa
Sonia Vaz

Índice onomástico
Probo Poletti

Revisão
Marise Leal
Huendel Viana

Consultoria
George Schlesinger

Dados Internacionais de Catalogação na Publicação (CIP)
(Câmara Brasileira do Livro, SP, Brasil)

Moser, Benjamin
    Clarice, uma biografia / Benjamin Moser ; tradução
José Geraldo Couto — 1ª ed. — São Paulo : Companhia
das Letras, 2017.

    Título original : Why this World.
    ISBN 978-85-359-2850-1

    1. Escritores brasileiros – Biografia 2. Lispector, Clarice,
1925-1977 I. Título.

16-08964   CDD-928.699

Índice para catálogo sistemático:
1. Escritores brasileiros : Biografia   938.699

Todos os direitos desta edição reservados à
EDITORA SCHWARCZ S.A.
Rua Bandeira Paulista, 702, cj. 32
04532-002 — São Paulo — SP
Telefone: (11) 3707-3500
www.companhiadasletras.com.br
www.blogdacompanhia.com.br
facebook.com/companhiadasletras
instagram.com/companhiadasletras
twitter.com/cialetras

Para Arthur Japin e Lex Jansen

Sumário

Introdução: A Esfinge 13
1. *Fun vonen is a yid?* 19
2. Aquela coisa irracional 25
3. O pogrom básico 41
4. O nome perdido 51
5. Estátua da Liberdade 57
6. *Griene* Gringos 69
7. As histórias mágicas 84
8. Melodrama nacional 94
9. Só para loucos 102
10. Voando para o Rio 111
11. Deus agita as águas 129
12. Direto do zoológico 143
13. Furacão Clarice 155
14. Trampolim da vitória 166
15. Principessa di Napoli 175
16. A Sociedade das Sombras 188
17. Volume no cérebro 198
18. Cemitério de sensações 210

19. A estátua pública 221
20. A terceira experiência 228
21. Seus colares vazios 237
22. Mausoléu de mármore 249
23. O equilíbrio íntimo 261
24. Redenção pelo pecado 272
25. A pior tentação 285
26. Pertencer ao Brasil 297
27. Melhor que Borges 309
28. A barata 322
29. E a Revolução! 333
30. O ovo é branco mesmo 339
31. Um áspero cacto 345
32. Diálogos possíveis 350
33. Terror cultural 356
34. "Eu me humanizei" 364
35. Monstro sagrado 374
36. A história dos instantes que fogem 383
37. Expurgada 394
38. *Batuba jantiram lecoli?* 400
39. Galinha ao molho pardo 410
40. Pornografia 419
41. A bruxa 426
42. A coisa em si 432
43. Silêncio lispectoriano 439
44. Falando a partir do túmulo 448
45. Nossa Senhora da Boa Morte 453
Epílogo 468

Notas 471
Referências bibliográficas 527
Agradecimentos 537
Créditos das imagens 545
Índice onomástico 547

Limpa tuas vestes e, se possível, que todas as peças de roupa sejam brancas, pois isso ajuda a conduzir o coração ao temor de Deus e ao amor a Deus. Se é noite, acende muitas luzes, até que tudo fique claro. Toma então em tuas mãos a pena, tinta e uma mesa e lembra que estás destinado a servir a Deus na alegria do coração. Agora começa a combinar umas poucas ou muitas letras, a permutá-las e combiná-las até que teu coração se aqueça. Então atenta para os movimentos delas e para o que podes extrair delas ao movê-las. E quando sentires que teu coração já está aquecido e quando vires que pelas combinações de letras podes apreender novas coisas que por ti próprio ou pela tradição humana não terias como saber e quando portanto estiveres preparado para receber o influxo do poder divino que flui para o teu interior, então põe todo o teu pensamento mais verdadeiro a imaginar em teu coração o Nome e Seus anjos exaltados como se eles fossem seres humanos sentados, ou em pé, à tua frente.

Abraham Abulafia
1240-depois de 1290

Introdução

A Esfinge

Em 1946, a jovem escritora brasileira Clarice Lispector retornava do Rio de Janeiro para a Itália, onde seu marido servia como vice-cônsul em Nápoles. Ela viajara ao Brasil como mensageira diplomática, levando despachos para o ministro brasileiro das Relações Exteriores, mas, com as rotas habituais entre a Europa e a América do Sul ainda bloqueadas em função da guerra, sua viagem ao reencontro do marido seguia um itinerário nada convencional. Do Rio ela voou para Natal, dali para a base britânica na ilha Ascensão, no Atlântico Sul, em seguida para a base aérea norte-americana na Libéria, dali para as bases francesas em Rabat e Casablanca, e por fim para Roma, via Cairo e Atenas.

Antes de cada etapa ela teve algumas horas, ou dias, para espiar ao redor. No Cairo o cônsul brasileiro e sua esposa a convidaram para ir com eles a um cabaré, onde ficaram maravilhados com a exótica dança do ventre executada ao som da familiar melodia do sucesso do carnaval carioca de 1937: "Mamãe eu quero", na voz de Carmen Miranda.

O Egito não a impressionou, conforme escreveu ao amigo Fernando Sabino:

Vi as pirâmides, a esfinge — um maometano leu minha sorte nas "areias do deserto" e disse que eu tinha coração puro... [...] Falar em esfinge, em pirâmides, em piastras, tudo isso é de um mau gosto horrível. É quase uma falta de pudor viver no Cairo. O problema é sentir alguma coisa que não esteja prevista num guia."[1]

Clarice Lispector nunca voltou ao Egito. Mas, muitos anos depois, relembrou sua breve excursão turística, quando, nas "areias do deserto", encarou desafiadoramente ninguém menos que a própria Esfinge.
"Não a decifrei", escreveu a orgulhosa e bela Clarice. "Mas ela também não me decifrou."[2]

Quando morreu, em 1977, Clarice Lispector era uma das figuras míticas do Brasil, a Esfinge do Rio de Janeiro, uma mulher que fascinava os brasileiros praticamente desde a adolescência. "Ao vê-la, levei um choque", disse o poeta Ferreira Gullar, relembrando o primeiro encontro entre os dois. "Seus olhos amendoados e verdes, as maçãs do rosto salientes, ela parecia uma loba — uma loba fascinante. [...] Imaginei que, se voltasse a vê-la, iria me apaixonar por ela."[3] "Há homens que nem em dez anos me esqueceram", admitiu Clarice. "Há o poeta americano que ameaçou suicidar-se porque eu não correspondia..."[4] O tradutor Gregory Rabassa recordava ter ficado "pasmo ao encontrar aquela pessoa rara, que era parecida com Marlene Dietrich e escrevia como Virginia Woolf".[5]

No Brasil de hoje seu rosto sedutor adorna selos postais. Seu nome empresta classe a condomínios de luxo. Suas obras, muitas vezes rejeitadas como herméticas ou incompreensíveis quando ela era viva, são vendidas em distribuidores automáticos em estações de metrô. Na internet fervilham centenas de milhares de fãs, e é raro passar um mês sem que surja um livro examinando um ou outro aspecto de sua vida e obra. Basta o primeiro nome para identificá-la entre brasileiros instruídos, todos os quais, conforme notou uma editora espanhola, "conheceram-na, estiveram na sua casa e têm a contar alguma anedota a respeito dela, como os argentinos com Borges. Ou no mínimo foram ao enterro dela".[6]

A escritora francesa Hélène Cixous declarou que Clarice Lispector era o que Kafka teria sido se fosse mulher, ou "se Rilke fosse uma judia brasileira nascida na Ucrânia. Se Rimbaud fosse mãe, se tivesse chegado aos cinquenta. Se Heidegger deixasse de ser alemão".[7] As tentativas de descrever essa mulher indescritível volta e meia seguem essa linha, recorrendo aos superlativos, embora aqueles que a conheceram, em pessoa ou por seus livros, também insistam que o aspecto mais notável de sua personalidade, sua aura de mistério, escapa a toda descrição. "Clarice", escreveu o poeta Carlos Drummond de Andrade quando ela morreu, "veio de um mistério, partiu para outro."[8]

Seu ar indecifrável fascinava e inquietava todos os que a encontravam. Depois de sua morte, um amigo escreveu que

> Clarice era uma estrangeira. Não porque nasceu na Ucrânia. Criada desde menininha no Brasil, era tão brasileira quanto não importa quem. Clarice era estrangeira na Terra. Dava a impressão de andar no mundo como quem desembarca de noitinha numa cidade desconhecida onde há greve geral de transportes.[9]

"Talvez seus amigos mais íntimos e os amigos desses amigos saibam alguma coisa sobre a sua vida", escreveu um entrevistador em 1961. "De onde veio, onde nasceu, quantos anos tem, como vive. Mas ela não fala nunca sobre isso, 'pois é uma parte muito pessoal'."[10] Ela deixava escapar pouquíssima coisa. Uma década depois, outro jornalista, frustrado, resumiu as respostas de Clarice a uma entrevista: "Não sei, não conheço, não ouvi dizer, não entendo do assunto, não é do meu domínio, é difícil explicar, não sei, não me considero, não ouvi, desconheço, não há, não creio".[11] Um ano antes de sua morte, uma repórter que viera da Argentina tentou fazê-la se abrir. "Dizem que a senhora é evasiva, difícil, que não gosta de conversar. Não é o que me parece." Clarice respondeu: "Obviamente eles estão certos". Depois de extrair respostas monossilábicas, a repórter preencheu o silêncio com uma história sobre outro escritor.

> Mas ela não disse nada. Nem sei se ela olhou para mim. Levantou-se e disse:
> "Talvez eu vá a Buenos Aires neste inverno. Não se esqueça de levar o livro que eu lhe dei. Ali você encontrará material para o seu artigo."
> [Ela era] muito alta, de cabelo e pele castanha, [e] eu me lembro dela vestindo um longo vestido de seda marrom. Mas posso estar enganada. Quando saíamos, parei diante de um retrato a óleo do seu rosto.
> "De Chirico", disse ela antes que eu pudesse perguntar. E em seguida, no elevador: "Desculpe, não gosto de conversar".[12]

Nesse vácuo de informações floresceu toda uma mitologia. Lendo relatos de diferentes momentos de sua vida, é difícil acreditar que se refiram à mesma pessoa.

Os pontos de discordância não são triviais. "Clarice Lispector" já chegou a ser considerado um pseudônimo, e seu nome original só foi conhecido depois de sua morte. Onde exatamente ela nasceu e quantos anos tinha também eram pontos pouco claros. Sua nacionalidade era questionada, e a identidade de sua língua nativa era obscura. Uma autoridade atestará que era de direita, e outra, que era comunista. Uma insistirá que era uma católica devota, embora na verdade fosse judia.

O que torna tão peculiar essa teia de contradições é que Clarice Lispector não é uma figura nebulosa, conhecida a partir de fragmentos de antigos papiros. Ela morreu há pouco mais de trinta anos. Muitas das pessoas que a conheceram bem ainda estão vivas. Foi alguém de destaque praticamente desde a adolescência, sua vida foi documentada à exaustão na imprensa, e deixou uma extensa correspondência.

Ainda assim, poucos grandes artistas modernos são, em essência, tão pouco familiares quanto ela. Como pode permanecer tão enigmática uma pessoa que viveu numa grande cidade do Ocidente, no meio do século xx, que deu entrevistas, morou em grandes prédios de apartamentos e viajou de avião?

Ela própria escreveu uma vez: "Sou tão misteriosa que não me entendo".[13]

"Meu mistério", insistiu em outro lugar, "é não ter mistério."[14] Clarice Lispector podia ser conversadora e acessível com a mesma frequência com que era silenciosa e incompreensível. Para desconcerto geral, insistia que era uma simples dona de casa, e aqueles que chegavam esperando encontrar uma Esfinge muitas vezes encontravam uma mãe judia oferecendo bolinhos e coca-cola. "Preciso de dinheiro", ela disse a um jornalista. "A posição de um mito não é muito confortável."[15] Mais tarde, explicando por que desistira de dar entrevistas, disse: "Eles não iam entender uma Clarice Lispector que pinta as unhas dos pés de vermelho".[16]

Mais do que qualquer coisa, queria ser respeitada como ser humano. Ficou mortificada quando Maria Bethânia se jogou a seus pés, exclamando: "Minha deusa!".[17] "Ah!", exclamou uma das protagonistas de Clarice, "era mais fácil ser um santo que uma pessoa!"[18] Num texto melancólico chamado "Perfil de um ser eleito", ela descreve sua rebelião contra sua imagem: "Então ele tentou um trabalho subterrâneo de destruição da fotografia: fazia ou dizia coisas tão opostas à fotografia que esta se eriçava na gaveta. Sua esperança era tornar-se mais vivo que a fotografia. Mas o que aconteceu? Aconteceu que tudo o que o ser fazia só ia mesmo era retocar o retrato, enfeitá-lo".[19]

A lenda era mais forte do que ela. Perto do final da vida, foi indagada sobre uma crítica impiedosa que saíra num jornal. "Fiquei meio aborrecida, mas depois passou. Se eu me encontrasse com ele a única coisa que eu diria é: Olha, quando você escrever sobre mim, Clarice, não é com dois *s*, é com *c*, viu?"[20]

No entanto, ela nunca perdeu inteiramente a esperança de ser vista como uma pessoa real, e seus protestos contra sua própria mitologia emergem dos lugares mais inesperados. Num artigo de jornal que escreveu sobre — entre tantos assuntos possíveis — a nova capital, Brasília, aparece uma exclamação inesperada: "O monstro sagrado morreu: em seu lugar nasceu uma menina que era órfã de mãe".[21]

"Fatos e pormenores me aborrecem", escreveu, provavelmente incluindo os que envolviam seu próprio currículo. Ela fez o possível, na vida e na escrita, para apagá-los. Por outro lado, porém, poucas pessoas se expuseram tão completamente. Através das muitas facetas de sua obra — em romances, contos, cartas e textos jornalísticos, na esplêndida prosa — uma personalidade única é dissecada sem descanso e revelada de modo fascinante naquela que é talvez a maior autobiografia espiritual do século xx.

"Lado a lado com o desejo de defender a própria intimidade, há o desejo intenso de me confessar em público e não a um padre."[22] Seu tipo de confissão dizia respeito às verdades interiores que ela desvelou com esmero ao longo de uma vida de incessante meditação. É por esse motivo que Clarice Lispector sempre foi comparada mais com místicos e santos e menos com outros escritores. "Os romances de Clarice Lispector frequentemente nos fazem pensar na autobiografia de Santa Teresa", escreveu o *Le Monde*.[23] A exemplo do leitor de Santa Teresa d'Ávila ou de San Juan de la Cruz, o leitor de Clarice Lispector vê uma alma virada pelo avesso.

Ela emergiu do mundo dos judeus da Europa Oriental, um mundo de homens santos e milagres que já havia experimentado seus primeiros anúncios de danação. Trouxe a ardente vocação religiosa daquela sociedade agonizante para um novo mundo, um mundo em que Deus estava morto. Como Kafka, ela se desesperou; mas, à diferença de Kafka, acabou, de modo atormentado, bracejando em busca do Deus que a abandonara. Narrou sua busca em termos que, como os de Kafka, apontavam necessariamente para o mundo que ela deixara para trás, descrevendo a alma de uma mística judaica que sabe que Deus está morto, mas que, no tipo de paradoxo que perpassa toda a sua obra, está determinada a encontrá-Lo mesmo assim.

A alma exposta em sua obra é a alma de uma mulher só, mas dentro dela encontramos toda a gama da experiência humana. Eis por que Clarice Lispector já foi descrita como quase tudo: nativa e estrangeira, judia e cristã, bruxa e santa, homem e lésbica, criança e adulta, animal e pessoa, mulher e dona de casa. Por ter descrito tanto de sua experiência íntima, ela podia ser convincentemente tudo para todo mundo, venerada por aqueles que encontravam em seu gênio expressivo um espelho da própria alma. Como ela disse, "eu sou vós mesmos".[24]

"Muita coisa não posso te contar. Não vou ser autobiográfica. Quero ser 'bio'."[25] Mas mesmo um artista universal emerge de um contexto específico, e o contexto que produziu Clarice Lispector era inimaginável para a maioria dos brasileiros — ao menos, certamente, para seus leitores de classe média. Não admira que nunca falasse sobre ele. As raízes de Clarice, nascida a milhares de quilômetros do Brasil, em meio a uma horripilante guerra civil, com a mãe condenada à morte por um ato de indizível violência, eram inconcebivelmente pobres e brutais.

Ao chegar à adolescência ela parecia haver triunfado sobre suas origens, e pelo resto da vida evitou até mesmo a mais vaga menção a elas. Temia, talvez, que ninguém compreendesse. E assim fechou a boca, como um "monumento", um "monstro sagrado", amarrada a uma lenda que ela sabia que sobreviveria a ela, e que ela própria, de modo relutante e irônico, abraçou. Vinte e oito anos depois de seu primeiro encontro com a Esfinge, escreveu que estava pensando em fazer outra visita:

"Vou ver quem devora quem."[26]

1. *Fun vonen is a yid?*

"Clarice foi chamada de alienada, cerebral, 'intimista' e tediosa por críticos comunistas linha-dura. Só reagia quando ofendida pela estúpida acusação de que era estrangeira."[1] "Sempre se indignou diante do fato de que havia quem relativizasse sua condição de brasileira", escreveu sua amiga mais próxima. "Nascera na Rússia, é certo, mas aqui chegara aos dois meses de idade. Queria-se brasileira sob todos os aspectos."[2] "Eu, enfim, sou brasileira", ela declarou, "pronto e pronto."[3]

> Nasci na Ucrânia, terra de meus pais. Nasci numa aldeia chamada Tchetchelnik, que não figura no mapa de tão pequena e insignificante. Quando minha mãe estava grávida de mim, meus pais já estavam se encaminhando para os Estados Unidos ou Brasil, ainda não haviam decidido: pararam em Tchetchelnik para eu nascer, e prosseguiram viagem. Cheguei ao Brasil com *apenas dois meses de idade.*[4]

Embora tenha chegado ao país na primeira infância, Clarice Lispector sempre pareceu estrangeira a muitos brasileiros, não por causa de seu nascimento na Europa ou dos muitos anos que passou no exterior, mas por seu modo de falar. Ela ceceava, e seus *r* ásperos, guturais, davam-lhe um sotaque estranho. "Não sou francesa", explicou certa vez, pois soava assim. "Esse meu *err* é defeito de dicção: simplesmente tenho língua presa. Uma vez esclarecida minha brasilidade [...]."[5]

Ela dizia que seu amigo Pedro Bloch, pioneiro da fonoaudiologia no Brasil, se oferecera para realizar uma operação que corrigiria o problema. Mas o dr. Bloch disse que a pronúncia dela era bastante natural para uma criança que tinha imitado a fala de seus pais estrangeiros: os *r* guturais, embora não o ceceio, eram comuns entre os filhos de imigrantes judeus no Brasil.[6] Foi mediante treinamento, e não cirurgia, que o dr. Bloch conseguiu corrigir o problema. Mas apenas por um tempo.

Apesar de seus constantes desmentidos, ela teimava em não se livrar desse sinal imediatamente perceptível de sua condição estrangeira. Ela se debateria ao longo de toda a vida entre a necessidade de pertencer e a tenaz insistência em manter-se à parte.

Alguns meses depois de seu bem-sucedido tratamento, o dr. Bloch topou com Clarice. Notou que ela começara a usar seus velhos *r* de novo. Sua explicação era simples: "Devia-se a seu receio de perder suas características".[7]

Não havia característica que Clarice Lispector mais quisesse perder do que o local de nascimento. Por essa razão, a despeito da língua que a prendia lá, a despeito da honestidade por vezes terrível de sua escrita, sua reputação é de ter sido um tanto mentirosa. Mentiras inocentes, como os poucos anos que tendia a subtrair de sua idade, são vistas como coqueterias de uma bela mulher. No entanto, quase todas as mentiras que contou tinham a ver com as circunstâncias de seu nascimento.

Em seus escritos publicados, Clarice estava mais preocupada com o sentido metafísico do seu nascimento do que com as reais circunstâncias topográficas dele. Ainda assim, essas circunstâncias a perseguiam. Em entrevistas, ela insistia que não sabia nada sobre o lugar de onde vinha. Nos anos 1960, deu uma entrevista ao escritor Renard Perez, a mais longa que jamais concedeu; o amável e cortês Perez certamente a deixou à vontade. Antes de publicar a matéria, ele a submeteu à aprovação de Clarice. A única objeção que ela fez foi à primeira frase: "Quando, logo após a Revolução, os Lispector decidiram emigrar da Rússia para a América...". "Não foi logo após! Foi muitos, muitos anos depois!", protestou. Perez acatou, e a matéria publicada começava assim: "Quando os Lispector resolveram emigrar da Rússia para a América (isso muitos anos depois da Revolução)...".[8]

E ela mentia sobre a idade que tinha quando veio para o Brasil. Numa passagem já citada aqui, ela usa o itálico para enfatizar que tinha *apenas dois meses de idade* quando sua família desembarcou. Tinha mais de um ano, porém, como ela bem sabia. É uma pequena diferença — era muito nova, de todo modo, para se lembrar de qualquer outra pátria —, mas é estranha a sua insistência em rebaixar a idade até o mínimo verossímil. Por que se dar ao trabalho?

Não havia nada que Clarice Lispector desejasse mais do que reescrever a história de seu nascimento. Em anotações pessoais redigidas quando estava na casa dos trinta e morando fora do país, ela escreveu: "Eu estou voltando para o lugar de onde vim. O ideal seria ir até a cidadezinha na Rússia e nascer sob outras circunstâncias". O pensamento lhe ocorreu quando estava quase caindo no sono. Sonhara que tinha sido banida da Rússia num julgamento público. Um homem diz que "só mulheres femininas eram permitidas na Rússia — e eu não era feminina". Dois gestos a traíram inadvertidamente, explica o juiz: "1º: eu acendera meu próprio cigarro, mas uma mulher fica esperando com o cigarro até que o homem acenda. 2º: eu mesma tinha aproximado a cadeira da mesa, quando deveria esperar que ele fizesse isso para mim".[9]

Então foi proibida de retornar. Em seu segundo romance, talvez pensando no caráter definitivo de sua partida, ela escreveu: "O lugar onde ela nascera — surpreendia-se vagamente de que ele ainda existisse como se também ele pertencesse ao que se perde".[10]

Num romance baseado na emigração de sua família, Elisa Lispector, a irmã mais velha de Clarice, faz repetidamente a pergunta: *Fun vonen is a yid?* Literalmente, significa "De onde vem um judeu?", e é o modo educado com que um falante de iídiche procura saber sobre a origem de outro. Ao longo de toda a sua vida, Clarice se esforçou para responder. "A questão da origem", escreveu um crítico, "é tão obsessiva que em torno dela pode dizer-se que se enreda toda a prosa da autora."[11]

Nas fotografias, ela parece tudo, menos estrangeira. À vontade em casa na praia de Copacabana, ostentava a dramática maquiagem e as vistosas joias da *grande dame* do Rio de sua época. Não há nenhum traço da miséria do gueto na mulher que desce as encostas da Suíça ou singra as águas do Grande Canal numa gôndola. Numa foto, Clarice aparece em pé, ao lado de Carolina Maria de Jesus, que escreveu um angustiante livro de memórias da pobreza brasileira, *Quarto de despejo*, uma das revelações literárias de 1960, que transformou sua autora numa das raríssimas negras a alcançar sucesso literário naquela época. Numa sociedade ainda sofrendo sob a herança de quase 400 anos de escravidão, onde a cor da pele estava fortemente vinculada à classe social, poucos adivinhariam que a loira Clarice, com a roupa sob medida e os grandes óculos escuros que a faziam parecer uma estrela de cinema, tivesse origens ainda mais miseráveis que as de Carolina.

No entanto, na vida real Clarice volta e meia dava a impressão de ser estrangeira. Os depoimentos frequentemente mencionam sua estranheza. Havia aquela fala estranha, aquele estranho sobrenome, tão incomum no Brasil que, quando saiu seu primeiro livro, um crítico fez referência àquele "nome estranho e até desagradável, pseudônimo sem dúvida".[12] Especulou-se até sobre seu modo de se vestir; depois de se separar do marido, teria pouco dinheiro para renovar o guarda-roupa, e então vestiria roupas velhas, compradas no exterior, que durante anos lhe teriam dado um ar "estrangeiro, de fora da estação".[13]

Sua singularidade perturbava as pessoas. "Acusam-na de alienada", escreveu um crítico em 1969, "que trata motivos e temas estranhos à sua pátria, numa língua que lembra muito os escritores ingleses. Lustre não existe no Brasil, nem aquela cidade sitiada, que ninguém sabe onde fica."[14]

(*O lustre* é o título de seu segundo romance; *A cidade sitiada*, do terceiro.)

"Minha cara deve estar com ar teimoso, com olho de estrangeira que não fala a língua do país", ela escreveu.[15] No entanto, o apego ao país que salvara sua família, onde passou sua vida, e cuja língua era o instrumento de sua arte, era natural e genuíno.

Mais digna de nota é a frequência com que *outros* insistem na ligação dela com o Brasil. Nunca se vê, por exemplo, alguém que escreve sobre Machado de Assis asseverar que ele era verdadeiramente brasileiro. Ao escrever sobre Clarice Lispector, essa asserção é quase inevitável. Os editores da série de livros populares Nossos Clássicos escolheram, como um dos dois únicos excertos do livro de mais de quinhentas páginas de artigos de jornal de Clarice, uns poucos parágrafos curtos que ela escreveu em resposta a uma pergunta sobre sua nacionalidade. "Eu pertenço ao Brasil" foi a sua resposta.[16]

Nada menos que um terço da orelha de uma biografia é dedicada a insistir que ela era brasileira: "Essa marca de sua origem, no entanto, é o contrário do que ela se esforçou por viver e que esta biografia destaca a partir de uma vasta correspondência e dezenas de entrevistas: o Brasil era mais do que o seu país de adoção, era sua casa verdadeira".[17] No popular site de relacionamentos Orkut, a comunidade de Clarice Lispector, com mais de 210 mil membros, anunciava que é "uma comunidade dedicada à maior e mais intensa escritora BRASILEIRA de todos os tempos. Eu disse: BRASILEIRA".

Desde o início, entretanto, os leitores compreenderam que ela era uma outsider. "Clarice Lispector", escreve Carlos Mendes de Sousa, "é a primeira mais radical afirmação de um *não lugar* na literatura brasileira."[18] É, ao mesmo tempo, a maior escritora moderna do Brasil e, num sentido profundo, nem é uma escritora brasileira. O poeta Lêdo Ivo captou o paradoxo:

Não haverá, decerto, uma explicação tangível e aceitável para o mistério da linguagem e do estilo de Clarice Lispector. A estrangeiridade de sua prosa é uma das evidências mais contundentes de nossa história literária e, ainda, da história de nossa língua. Essa prosa fronteiriça, emigratória e imigratória, não nos remete a nenhum dos nossos antecessores preclaros [...]. Dir-se-ia que ela, brasileira naturalizada, naturalizou uma língua.[19]

"A minha terra não me marcou em nada, a não ser pela herança sanguínea. Eu nunca pisei na Rússia", disse Clarice Lispector.[20] Em público, ela se referiu a suas origens familiares não mais do que um punhado de vezes. Quando o fez, foi de maneira falsa ou vaga — "Eu perguntei a meu pai desde quando havia Lispector na Ucrânia. Ele disse que há gerações e gerações anteriores".[21] As referências à sua filiação étnica foram publicadas de forma tão esparsa que muitos imaginaram que ela se envergonhava dela.[22]

Fun vonen is a yid? Não admira que desejasse reescrever a história de sua origem, no inverno de 1920, na *goubernia* [província] de Podólia, que até pouco tempo antes tinha sido parte do Império Russo e que hoje fica na parte sudoeste da República da Ucrânia. "Tenho certeza de que no berço a minha primeira vontade foi a de pertencer", ela escreveu. "*Por motivos que aqui não importam*, eu de algum modo devia estar sentindo que não pertencia a nada e a ninguém."[23]

O grifo é meu: ela nunca explicou tais razões. Mas o mínimo que se pode dizer sobre o tempo e o lugar de seu nascimento é que foram mal escolhidos. Mesmo na panóplia de assassinato, epidemia e morte que perpassa a história da Ucrânia, do saque mongol de Kiev, em 1240, à explosão nuclear em Tchernóbil, em 1986, o ano de 1920 se destaca como particularmente horripilante.

O pior ainda estava por vir: doze anos depois, Stálin começou a impor a fome sistemática aos camponeses do país, matando mais pessoas do que os mortos durante a Primeira Guerra Mundial, somadas as vítimas dos dois lados do conflito.[24] Nove anos depois disso, a invasão de Hitler matou 5,3 milhões de pessoas, um em cada seis habitantes.[25] "A Ucrânia ainda não está morta", admira-se o hino nacional.

Nesse panorama sombrio, nem toda catástrofe pode ser devidamente relembrada. Mas, apesar de largamente esquecido hoje em dia, o que aconteceu com os judeus da Ucrânia na época do nascimento de Clarice Lispector foi um desastre em escala nunca antes imaginada. Talvez 250 mil tenham sido mortos: com exceção do Holocausto, foi o pior episódio de antissemitismo da história.

Em 1919, um escritor declarou que, durante a Primeira Guerra Mundial, "a ameaça aos judeus da Europa Oriental não era de sofrimento temporário ou da dizimação inevitável em tempo de guerra, mas de extermínio total, pelo planejado e rápido suplício de toda uma raça".[26] Quando essa frase foi publicada, o escritor acreditava que o horror pertencia ao passado. O verdadeiro drama estava para começar.

2. Aquela coisa irracional

Um cantinho do enorme império do tsar, Tchetchelnik, na província ucraniana ocidental da Podólia, era o típico lugar encardido onde, até a virada do século XIX para o XX, vivia a maior parte dos judeus do mundo. Antes da Primeira Guerra Mundial, o lugarejo tinha cerca de 8 mil habitantes, um terço dos quais era de judeus. Um imigrante de Tchetchelnik em Nova York, Nathan Hofferman, enfatizou que "a maioria dos judeus era pobre. E não no padrão de 'pobreza' que é aceito aqui nos Estados Unidos, mas literalmente pobre. O que significa não ter uma fatia de pão para alimentar os filhos, que eram muitos":

> Alguns viviam em choupanas de dois ou três cômodos, com chão de terra batida, quase sem mobília, frias no inverno e quentes no verão. A mortalidade infantil era elevada, mas a taxa de nascimentos também era alta, uma vez que, de acordo com a lei judaica, o controle da natalidade é um tabu. Não havia saneamento básico, todas as doenças infantis tinham proporções epidêmicas e a assistência médica era muito escassa. A maioria das casas não contava nem mesmo com uma latrina externa. As pessoas se aliviavam atrás da casa, em pequenos barrancos, nos limites da cidade. Os únicos faxineiros eram os porcos que vagavam pelas ruas e as chuvas que varriam a imundície para o córrego.

Os cereais eram o principal esteio econômico. Como os judeus não tinham direito de possuir terras nem fazendas, muitos dos pequenos comerciantes eram judeus que também compravam e vendiam animais de criação. "No alto da cidade ficava uma ampla praça aberta onde os camponeses e os comerciantes de cavalos compravam e vendiam montarias", rememorou Hofferman. "Aos pés da cidade havia outra praça, onde se vendia gado. O procedimento era o mesmo do comércio de cavalos, com a diferença de que aqui a bosta era de vaca, e lá, de cavalo."[1]

Tchetchelnik hoje não parece tão terrível. Sua periclitante arquitetura de aldeia, pitorescamente pintada de verde e púrpura, é interrompida por umas poucas intervenções soviéticas de concreto caindo aos pedaços. Outros edifícios lembram populações desaparecidas: os católicos que rezavam na igreja polonesa foram embora faz tempo, e a sinagoga aonde Mania e Pinkhas Lispector teriam levado sua filha recém-nascida para ser abençoada está num triste estado, vazia, exposta às intempéries por trás da fachada de pedra ainda impressionante.[2]

É o tipo de cidadezinha onde um prefeito empreendedor é dono da mercearia, do posto de gasolina e do hotel; onde aves domésticas passeiam pela rua principal, o bulevar Lênin; e onde as pessoas recordam com afeto o embaixador brasileiro, de bermuda e sandálias, chegando lá anos antes, para escolher o local para um monumento a Clarice Lispector. (Na inauguração ele estava vestido de modo mais formal.) Tchetchelnik não tem muitos monumentos e não costuma ver embaixadores.

Situada no alto de um espinhaço, a cidade oferece imponente vista das colinas verdes da região, vistas que não foram originalmente concebidas para deleitar os turistas, mas para detectar de longe ameaças de invasão. O lugar sempre esteve em perigo, pois era um posto vulnerável de fronteira, situado na divisa do que, nos séculos xv e xvi, eram os impérios turco e polonês.

A família Lispector não estava entre os primeiros refugiados da cidade. Tchetchelnik tinha sido fundada por refugiados, e deve até mesmo seu nome a eles. Reza a lenda que a raiz da palavra "Tchetchelnik", *kaçan lik*, é a expressão turca para "refugiado". Seus primeiros colonizadores chegaram sob a liderança de um tártaro renegado, Chagan, que se casou com uma moça ortodoxa, foi batizado e se estabeleceu na margem direita do rio Savranka.[3] Sob a liderança de Chagan, no início do século XVI chegaram mais refugiados, servos fugidos cuja vida sob o poder de seus senhores poloneses era ruim o bastante para fazê-los correr o risco de se estabelecerem num território sujeito ao terror de contínuas invasões tártaras. Um elaborado sistema de túneis sob as construções fornecia abrigo. Havia três corredores principais interconectados, alguns deles escavados cinco metros abaixo do chão e com dois metros de altura. A maioria das casas, e quase todas as dos judeus, tinha passagens secretas para as catacumbas no subsolo. Em tempos de paz, eram usadas para estocar víveres; durante as invasões, a cidade inteira desaparecia debaixo da terra — a população inteira, inclusive os animais. Os engenheiros do sistema tiveram o cuidado de dar acesso a um rio subterrâneo, onde os bichos podiam matar a sede.[4]

No século XVII, sob o domínio polonês, Tchetchelnik foi oficialmente elevada de aldeia a município; e por volta de 1780 os judeus erigiram a bela sinagoga, cujas precárias ruínas ainda estão de pé. Era um tempo de conflito religioso, frequentemente entre cristãos. Os governantes da cidade, a principesca família Lubomirski, tentaram "polonizar" os nativos construindo uma igreja católica e confiscando as terras de fundações ortodoxas.

Os príncipes trouxeram também a pretensão da cidade à sua modestíssima fama, de grande haras que produzia cavalos valiosos. Como local de nascimento de Clarice Lispector, trata-se de um ramo de negócios quase misteriosamente apropriado. "Tentando pôr em frases a minha mais oculta e sutil sensação", ela escreveu, "eu diria: se pudesse ter escolhido queria ter nascido cavalo."[5]

"Depois de entrar na cidade, vemos uma igreja católica romana com telhado verde e um alto campanário", escreveu o viajante polonês Kraszewski, em 1843:

> Apenas vasos decoram o alto dos muros que circundam as ruínas do palácio do príncipe Lubomirski [...]. A cidade e o mercado estão desertos, as casas são pobres, baixas, tortas, e feitas de barro. Os judeus locais falam mais russo do que polonês e parecem muito diferentes dos judeus da Polônia.[6]

No início do século XX, um século depois de Tchetchelnik ter passado para as mãos da Rússia, havia poucos russos na área. Os camponeses eram ortodoxos e falavam ucraniano. A pequena nobreza fundiária era polonesa e católica; essas eram as pessoas que frequentavam a imponente igreja católica que Kraszewski mencionou, muito mais vistosa que sua prima ortodoxa, do outro lado da cidade. A despeito da pobreza imposta pelo governo russo, os judeus sobreviviam, muitas vezes a duras penas, no comércio, frequentemente como negociantes de gado. Todas as casas de comércio em Tchetchelnik eram de judeus, exceto a farmácia, que pertencia a um polonês, e a loja de bebidas, que fazia parte do monopólio estatal da vodca.

Pode um lugar imprimir seus traços em alguém que o abandonou no início da infância? Aparentemente, não. No entanto permanece o fato de que uma grande mística nasceu num lugar famoso por seus grandes místicos. Talvez o fato mais notável acerca da região de onde veio Clarice Lispector não fosse a pobreza nem a opressão, mas sua elétrica relação com o divino. Isolados e pobres, os judeus de Podólia eram frequentemente arrebatados por ondas milenaristas.

O movimento hassídico, com sua ênfase numa experiência de Deus direta, pessoal, fez sua primeira aparição, e com o maior ardor, na agreste Podólia. O fundador do movimento, o Baal Shem Tov, morreu não muito longe de Tchetchelnik, em Medzhybyzh, e a tumba do apóstolo do hassidismo, Nahman de Bratizlav, fica ainda mais perto, em Uman. No século XVIII, o maior estudioso do misticismo judaico escreveu: "No âmbito de uma área geograficamente pequena e num intervalo de tempo surpreendentemente curto, o gueto deu à luz toda uma galáxia de santos-místicos, cada um deles uma espantosa individualidade".[7]

A Ucrânia Ocidental não apenas produziu muitos dos grandes místicos judeus. Sua população cristã também ardia periodicamente em frenesi religioso. As igrejas oficiais da região incluíam a Ortodoxa Russa, a Católica Romana, a Luterana, a Autocéfala Ucraniana e a Católica Grega Ucraniana. Era um lugar onde a Virgem Maria aparecia aos aldeões com certa regularidade e onde se dizia que estátuas de Cristo sangravam espontaneamente. Um lugar onde, por volta da época em que nasceu Clarice, pregadores lideravam toda uma constelação de seitas carismáticas, com nomes como os Flagelantes, os Pintores, os Israelitas, os Lavadores de Pés, os Tanzbrüder, os Studenbrüder e os Bebedores de Leite dos Santos Tio Kornei e Tia Melanie.

"Como é difícil escrever a história das regiões de fronteira [ucranianas]", comentou um pesquisador, "sem acreditar, temporariamente, em aparições divinas. Fantasmas, milagres, ocorrências que hoje não podem ser explicadas, compõem uma parte importante da vida cotidiana."[8]

"Os olhos", escreveu uma amiga de Clarice Lispector, "tinham o brilho baço dos místicos."[9] "É que sou mística", disse ela a um entrevistador. "Não tenho religião, porque não gosto de liturgia, de ritual. O crítico do *Le Monde*, de Paris, disse que eu lembro Santa Teresa d'Ávila e San Juan de la Cruz, autores aliás que não li. Alceu Amoroso Lima... Uma vez telefonei para ele, pedindo para vê-lo. Ele disse: Eu sei, você quer conversar sobre Deus."[10]

Tamanho era o fascínio da misteriosa figura de Clarice Lispector, e tão pouco o que se sabia sobre suas origens, que ainda durante sua vida todo um conjunto de lendas floresceu em torno dela. Nisso ela se assemelhava aos santos judeus de sua terra natal, os *tzadikim* hassídicos, "portadores daquela coisa irracional", figuras míticas em seu próprio tempo, sobre os quais "uma transbordante abundância de histórias" misturava indissoluvelmente "trivialidade e profundidade, ideias tradicionais ou emprestadas e verdadeira originalidade".[11]

Embora Clarice não os tenha fornecido por conta própria, embora tenha tentado reescrever a história dessas origens, o fato é que sobrevivem registros que descrevem a vida da família na Ucrânia. Os mais importantes foram deixados por Elisa Lispector, sua irmã mais velha: um manuscrito datilografado e inédito chamado *Retratos antigos* e um romance, *No exílio*, publicado em 1948, contando em termos ligeiramente velados a história da emigração da família.[12]

Elisa, nascida Leah em 24 de julho de 1911, tinha idade suficiente para guardar uma clara lembrança do país que a família foi obrigada a abandonar. Mal conheceu os avós paternos, embora fosse assombrada pela figura do avô, Shmuel Lispector, o protótipo do judeu estudioso e devoto do Leste Europeu. Obediente ao mandamento que proíbe a reprodução da figura humana, Shmuel Lispector nunca permitiu que o fotografassem.

Ele morava na minúscula *shtetl* [aldeia judaica] de Teplyk, não muito longe de Tchetchelnik. Calado e afável, "via-se desde cedo que não [era] fadado às coisas deste mundo".[13] Quando lhe foi dado escolher entre estudar as Sagradas Escrituras e trabalhar na "mercearia atravancada de produtos de muitos odores diferentes, e os fregueses barulhentos e irascíveis", ele naturalmente escolheu a primeira opção. Um primo de Elisa e Clarice lembrava-se da fama dele, de homem sábio e santo, cujo conhecimento dos livros sagrados atraía eruditos de toda a região. Sua concentração nos estudos era absoluta.[14] Isso era possível porque, de acordo com a tradição, ele se casara com uma mulher rica, Heived, ou Eva. Homens instruídos eram cobiçados para casar com as filhas das famílias mais ricas, porém presumivelmente menos refinadas. "Os pais ricos sustentavam o casal, deleitavam-se com sua prole e desfrutavam a glória e o respeito do genro, que prosseguia seus estudos", escreveu Nathan Hofferman. Casamentos entre homens pobres com formação erudita e moças ricas de famílias comerciantes não eram considerados inadequados nem incomuns.

O casamento, como também era praxe, foi arranjado, e produziu cinco filhos, o mais novo dos quais, Pinkhas, o pai de Clarice, nasceu em Teplyk, em 3 de março de 1885.[15] Elisa não conheceu o avô, que morreu na faixa dos quarenta anos, e também pouco viu a avó, que viveu até os 93.

> Só uma vez a avó Heived visitou-nos em Haysyn, onde morávamos. Não me recordo bem dela. Creio que se demorou pouco. Tinha escrúpulos em ocupar espaço alheio, receio de tornar-se incômoda. Pois a imagem que me ficou foi de uma criatura dócil e tímida, de poucas palavras — silêncio e jeito arredio facilmente interpretado pelas noras como suscetibilidade em mistura com prepotência.[16]

Quando chegou a hora de Pinkhas se casar, Shmuel contratou um casamenteiro. A pretendente que surgiu foi Mania Krimgold, que nascera no dia de Ano-Novo de 1889.[17] Assim como seu pai, Pinkhas se casou com uma mulher cujo pai podia sustentar seus estudos. Pinkhas não estava destinado a se tornar um erudito, mas a escolha mostrou-se sábia por outra razão: as joias de Mania salvariam a família da guerra que se avizinhava.

Na opinião geral, o pai de Mania, Isaac Krimgold, não era um bom judeu, e o que poderia ter sido um simples casamento se tornou uma complicada história de amor. Na juventude, ele conhecera a mãe de Mania, Charna Rabin, numa festa de casamento.

Elisa lembrava-se dele como "alto e forte como um carvalho, digno, ereto". Bem de vida, ele tinha um armazém numa cidadezinha próxima de Pervomaysk, a alguma distância de Teplyk, e arrendou terras de um aristocrata russo pois tinha negócios com madeira.[18] Tinha modos um tanto relaxados e contato próximo com os góis. "No grande depósito onde Isaac armazenava madeiras, até um trago de vodca se podia tomar, e não raro ele confraternizava com os madeireiros."[19]

Ao contrário dos rigorosamente devotos Lispector, Isaac Krimgold não era religioso. Só ia à cidade para comparecer à sinagoga nos feriados mais importantes. O pai de Charna considerou essa frouxidão inaceitável e negou sua permissão. Tanto Charna como Isaac se casaram com outras pessoas. A mulher de Isaac deu-lhe três filhos, "e, quando ela morreu, ele confessou o seu nenhum pesar. Era mulher de gênio irascível, foi o que ele disse". Charna também teve um filho antes de, por sua vez, ficar viúva. Anos depois, ela e Isaac se reencontraram e por fim se casaram. Elisa evocava afetuosamente sua avó "piedosa e modesta", "suas roupas e joias quase suntuosas". Eles tiveram três filhas, incluindo Mania, ou Marian, a mais velha. Para a pequena Elisa, a casa dos avós, onde passava as férias de verão, era uma maravilha: a varanda com vitrais coloridos, onde tomavam chá toda tarde, o rio onde ela brincava com as crianças da vizinhança.

Mas Charna morreu prematuramente e Isaac se casou uma terceira vez. E a esta mulher ele também precisou sepultar.

Mania cresceu naquela casa grande, rodeada de árvores. Como o pai, era independente e informal, "de ter sempre vivido no campo, e não em alguma das vielas dos bairros judaicos".[20] No entanto, sua criação rural não implicou falta de cultura e elegância; pelo contrário, assim como sua famosa filha Clarice, ela dava uma impressão de refinamento. "Sabia falar, sabia pisar. Só se vestia em modistas de Kiev e de Odessa. Tinha sempre uma palavra de compreensão e de consolo para este, um óbolo para aquele."[21]

Essa foi a mulher que o casamenteiro encontrou para Pinkhas Lispector. Os noivos tiveram permissão para se avistar antes do casamento, "em presença dos mais velhos, bem entendido".[22] Depois do casamento, que aconteceu por volta de 1910, eles se mudaram. Nunca mais passariam muito tempo num mesmo lugar. Em 24 de julho de 1911, estavam na cidadezinha de Savran, onde nasceu a primeira filha, Elisa, *née* Leah.

A jovem família conheceu períodos de paz e prosperidade. Elisa relembrava o esplendor das noites de sexta-feira, a mãe deslumbrante com suas pérolas, acendendo as velas no shabat; a mesa, na casa esplendidamente limpa, repleta de iguarias dos judeus da Europa Oriental; as manhãs de sábado, transcorridas em orações na sinagoga; as tardes de leitura e visitas a parentes e amigos; e por fim, quando as primeiras estrelas apareciam no céu, a oração de seu pai diante de uma taça de vinho, "com louvor a Deus por haver distinguido entre o sagrado e o profano, a luz e a obscuridade, o sábado e os dias de trabalho".[23]

> Mas era nas noites de visitas de casais amigos que a mãe irradiava mais brilho. Ninguém tão fascinante no conversar, tão airosa ao movimentar-se no seu mundo que ela tornava tão encantador. Porque nas noites em que os pais recebiam os amigos, jovens como eles, a casa de janelas abertas para a noite, no verão, aconchegante no inverno, era uma verdadeira festa.[24]

O casamento deles foi arranjado, mas "o sentimento que os unia era amor", escreveu Elisa, "tenho agora certeza ao recordá-los juntos. Havia um halo que os envolvia. Havia um entendimento muito grande de mútua admiração. Não raro eu os surpreendia falando mais através dos olhos do que das palavras". Elisa contrasta a radiante Mania com o levemente reservado Pinkhas: "Rosto magro. Semblante triste. Foi sempre triste o semblante de meu pai, mas de uma gravidade que se impunha".

> Uma feição de seu caráter era não ser pródigo em elogios, e não porque não reconhecesse as qualidades de alguém, mas por ausência daquele traço de servilismo que se nota em certas pessoas que a lisonja faz dobrar. E bem pelo contrário, tanto mais reconhecesse as qualidades nobres de alguém, mais sóbrio se mostrava no trato. Uma expressão que usava com alguma frequência era *a fainer mensh* (uma pessoa distinta), mas se a pessoa lhe merecia a admiração total, designava-a tão somente com a expressão *mensh* (pessoa, gente). Assim, quando ele dizia Fulano é um *mensh*, havia lhe rendido a mais alta homenagem.[25]

Do pai, Pinkhas herdara a seriedade, bem como a dedicação ao estudo. Elisa se lembrava dele como ambicioso: "Pressentia a marcha do mundo, e não queria ficar para trás".

No entanto, o mundo estava determinado a deixar Pinkhas Lispector para trás. A sina dele era a mesma de gerações de talentosos judeus russos. Seu pai, rigidamente tradicional, que lhe permitia vestir-se em estilo moderno, deve ter reconhecido que a geração de Pinkhas não permaneceria tão amarrada às velhas ortodoxias. Mas o jovem e ambicioso judeu russo só se libertou dessas tradições para descobrir que não tinha futuro em seu país. "'Judeu', foi a injúria que lançaram à face de seu pai, quando tentou ingressar na universidade", escreveu Elisa, lembrando que quando Pinkhas era jovem "a matemática e a física apaixonavam-no, mas, em todas as suas iniciativas, deparava sempre com a barreira inexpugnável — o estigma de ser judeu ".[26]

Em vez de se tornar cientista ou matemático, Pinkhas precisou se contentar em vender bugigangas numa aldeia decadente.

> Um ofício manual também o pai jamais aprendeu, pois todos os homens da sua estirpe eram votados ao estudo da Torá, e isto, por experiência, ele sabia não valer em termos de ganhar a vida. E ele queria ganhar, queria viver. Desejava conhecer o mundo. Quando casou, até de cidade mudou. Tinha os olhos abertos para a vida, a par de uma incontida ânsia de saber.[27]

A vida de um pequeno lojista, vendendo sapatos, tecidos, chapéus e acessórios, "adquiridos em Kiev e em Odessa, razão por que era muito escolhida a sua clientela", pode ter significado uma amarga perda de posição.[28] Mas, durante os primeiros anos de vida de Elisa, ele e sua família prosperaram, ainda que, como lembrava Clarice, "ele, na verdade, dava para as coisas do espírito".[29]

Como tantos judeus russos, Pinkhas voltou-se para dentro. Quando fazia um tempo tão ruim que nenhum comprador aparecia, ele ia para o fundo da loja, acendia um lampião de querosene e começava a ler.

> Lia de tudo quanto podia trazer das grandes livrarias nas suas frequentes viagens. Mas, além de Bialik e Dostoiévski, entre outros autores, também lia, ou melhor: estudava a Guemurá (o Talmud). O piedoso sentimento religioso do pai, a quem sempre vira debruçado sobre os Livros Santos, nele havia se transformado num pensamento a um tempo espiritual e humanista.[30]

A despeito das humilhações que estavam reservadas para os judeus na Rússia, Pinkhas, de acordo com Elisa, nunca pensara em emigrar, e ninguém em sua família jamais o fizera.[31] Não era o caso de Mania. Por volta de 1909, seus primos-irmãos, os cinco filhos de seu tio materno Leivi Rabin, emigraram para a Argentina.[32] Foram, assim como milhares de outros, para as colônias agrícolas do barão Maurice de Hirsch, banqueiro e industrial bávaro.

Maior filantropo judeu de sua época, Hirsch despejou sua vasta fortuna em causas humanitárias pelo mundo afora, fazendo opulentas doações a instituições educacionais e médicas da Europa, Estados Unidos, Canadá e Palestina. Quando o governo russo recusou sua oferta de 2 milhões de libras para criar um sistema de escolas seculares judaicas no Território de Assentamento,* ele voltou sua atenção para a ajuda a judeus russos que queriam emigrar. Por intermédio de sua fundação, a Jewish Colonization Association [JCA], Hirsch comprou terras nos Estados Unidos, no Canadá, no Brasil e especialmente na enorme, fértil e despovoada República Argentina, onde ele acabou adquirindo quase *7 milhões* de hectares.[33]

Assim como os sionistas, cujo sonho de um Estado judeu ele não compartilhava, Hirsch acreditava que o trabalho agrícola era a chave para o fortalecimento do povo judeu. Mas, embora a JCA provesse boa parte da infraestrutura das colônias, o sistema de Hirsch era tão pouco socialista quanto ele próprio. Esperava-se que os imigrantes comprassem a terra em que trabalhavam e que as colônias fossem municipalidades autogovernadas. Quando as condições pioraram na Rússia, após a Revolução de 1905, os judeus inundaram a Argentina. Entre 1906 e 1912, chegaram em média 13 mil por ano. Entre eles estavam os cinco primos de Mania Lispector, que encontraram trabalho na "La Jewish".

Desde o começo, contudo, o projeto de Hirsch na Argentina foi conturbado. Proibidos de trabalhar na agricultura em sua terra natal, os judeus russos eram um povo essencialmente urbano, mercantil. A despeito do treinamento e da assistência que a JCA oferecia, eles não conseguiam se adaptar rápido à lavoura nos pampas. Dois anos depois da fundação das colônias, em 1891, quase um terço dos colonos originais tinha partido para os Estados Unidos. E,

---

* Território de Assentamento: área do Império Russo onde os judeus tinham permissão para morar, dentro da política segregacionista do tsar. [N. T.]

embora as condições depois tenham melhorado, os remanescentes gravitavam em torno das cidades.

Entre os que deixaram o campo estavam os irmãos Rabin. Dos cinco, apenas Abraham, que se estabeleceu em Buenos Aires, ficou bastante tempo na Argentina.[34] Os outros foram para o Brasil. Por alguma razão, um deles, Joseph, já abrasileirado como José, foi parar em Maceió, um destino improvável por estar localizado na região mais pobre e atrasada do país. Maior e mais próspero, o Recife, não muito longe dali, seria um alvo mais promissor, e foi lá que os outros três irmãos se fixaram, adotando os nomes brasileiros de Pedro, Samuel e Jorge. Ali, assumiram a tradicional profissão inicial do imigrante judeu: o comércio ambulante.[35]

No início de 1914, portanto, cinco dos sete filhos dos Rabin estavam a salvo na América do Sul. Sarah Rabin, sua mãe, tinha morrido. Apenas Dora e Jacob, com o pai, Leivi, permaneciam na Ucrânia. Dora logo conheceu um jovem de Tchetchelnik, Israel Wainstok, de quem ficou noiva. Tinham planejado deixar a Rússia imediatamente, mas os planos foram cancelados e eles se fixaram em Tchetchelnik. Lá, a mãe viúva de Israel, Feiga, casou-se com o viúvo Leivi Rabin, pai de Dora e irmão de Charna Krimgold.[36]

O último parente a partir antes da guerra foi a irmã de Mania, Zicela Krimgold, que ficou noiva de seu primo-irmão José Rabin, o irmão que se fixara em Maceió. Não está claro se essa união já tinha sido planejada antes da partida de José e seus irmãos para a Argentina, cinco anos antes. De todo modo, José e Zicela, agora respondendo pelo nome mais abrasileirado de Zina, casaram-se no Recife em 24 de abril de 1914.

Escaparam da Europa na hora certa. Por alguma razão, Dora e Israel Wainstok, e seus pais, Leivi e Feiga Rabin, agora casados, ficaram para trás. Talvez tenham gastado suas economias mandando parentes na frente e planejassem unir-se a eles mais tarde. Qualquer que tenha sido a razão, foi um erro de cálculo quase fatal.

Quando, em agosto, estourou a guerra mundial, as rotas normais de emigração — por via terrestre da Rússia, via Europa Central, e dos portos de Hamburgo ou da Holanda para as Américas — fecharam-se para os judeus do Leste. Centenas de milhares estavam sendo massacrados no front, ao longo do qual, assim como no Oeste, havia pouco movimento depois que os exércitos cavavam suas trincheiras. E, assim como no Oeste, milhões de pessoas foram trucidadas em prol da conquista de uns poucos quilômetros.

Pinkhas e Mania tiveram sorte num aspecto. Em comparação com muitos judeus russos, atravessaram a guerra com relativa tranquilidade. Na remota Savran, distante do front, muitos dos horrores da Primeira Guerra Mundial passaram ao largo deles. Mas, em meio ao caos que engolfou o país, os negócios de Pinkhas não prosperavam. Em 19 de abril de 1915, quando nasceu a segunda filha, Tania, eles já haviam deixado Savran e retornado a Teplyk, a cidade natal de Pinkhas.

Mas, em contraste com a França e a Bélgica, o front oriental era o cenário de pogroms que ultrapassavam tudo o que já acontecera e que a seu tempo atingiriam os Lispector. Nas regiões polonesa e ucraniana — de cuja lealdade a coroa russa tinha boas razões para suspeitar — os ataques aos judeus tiveram início quase tão logo a guerra eclodiu. Começaram com rumores: de que os judeus estariam contrabandeando ouro para os alemães no corpo de gansos abatidos; de que teriam enfiado numa garrafa e jogado ao mar os planos para um motim antitsarista, para que flutuasse até Dantzig; de que emitiam de suas janelas sinais luminosos em código, para ajudar o avanço austríaco; de que estariam cortando as linhas telefônicas e causando interferências no telégrafo.[37] O escritor judeu russo S. An-Ski registra um boato que ouviu de uma camareira de hotel na Varsóvia russa:

"Os telefones", disse ela, vagamente. "Eles contam tudo aos alemães. No domingo, quando as máquinas voadoras vieram, os judeus enviaram a elas todo tipo de sinal — disseram-lhes que os maiores generais estavam na igreja. Então eles começaram a bombardear. Por sorte, erraram o alvo."

A idosa camareira continuou, despejando um falatório que aparentemente ela repetia a cada hóspede que encontrava pela frente. As bombas tinham matado ou ferido uma dúzia de pessoas, todas elas polonesas, e tudo porque "os judeus têm um unguento que espalham no corpo para que as bombas não os atinjam".[38]

Não demorou para que esses absurdos degenerassem em matança. Uma onda de pogroms varreu o Território de Assentamento. Embora 650 mil judeus tenham servido no exército russo e 100 mil tenham morrido na guerra,[39] sua lealdade era suspeita, especialmente nas terras que trocaram de mãos no curso do conflito.

Na Galícia, a noroeste da Podólia, nada menos que 450 mil judeus (mais da metade da população judaica) foram erradicados pela guerra. Num período de 48 horas em maio de 1915, toda a população de 40 mil judeus foi expulsa de Kaunas, na Lituânia.[40] Tudo somado, cerca de 600 mil judeus foram deportados. Por volta de 200 mil civis judeus foram mortos.[41]

À medida que a guerra se aproximava de seu sangrento e prolongado final, a lei e a ordem evaporaram do Império Russo em colapso. A derrubada do canhestro tsar na revolução de março de 1917 a princípio parecia anunciar uma nova aurora para a Rússia. Da noite para o dia o país passava de um Estado policial repressivo ao "país mais livre do mundo". Mas os dois governos liberais que sucederam ao tsar não acabaram com a guerra. Em vez disso, ansioso por mostrar que a democracia revolucionária era tão comprometida com a defesa da pátria quanto qualquer ditadura, o governo provisório lançou em junho de 1917 o combalido exército a uma grande ofensiva, cujo fracasso calamitoso tirou-lhe o apoio popular quase universal que saudara sua instalação apenas alguns meses antes. E abriu caminho para Vladimir Lênin tomar o controle da capital em novembro, em grande parte porque prometia pôr fim à guerra.

Isso ele fez, embora não tão depressa quanto prometeu. Na cidade polonesa de Brest-Litovsk, seu enviado Trótski estendeu as conversações de paz por vários meses, na esperança de que a demora acendesse o pavio da revolução na Alemanha e na Áustria. Não acendeu. Em vez disso, no final de fevereiro de 1918, os alemães, frustrados com a intransigência dos bolcheviques, reiniciaram as hostilidades. Lênin não tinha exército nenhum para resistir à ofensiva alemã. Em duas semanas os alemães tinham avançado através de enormes faixas de território russo. Com os alemães se aproximando da capital, Petrogrado, Lênin subitamente capitulou em 3 de março de 1918, assinando um tratado cujos termos eram ainda piores do que aqueles que ele poderia ter conseguido no final de 1917.

O tratado acabou assegurando a independência da Finlândia, da Estônia, da Letônia, da Lituânia e da Polônia. Na Ucrânia, o quadro era mais complicado. Muitos russos já não aceitavam facilmente, nem aceitam hoje em dia, a ideia de que os ucranianos sejam um povo à parte, ou que sua língua, relacionada ao russo, mas muito distinta deste, seja algo mais do que um dialeto camponês. Os próprios ucranianos eram cautelosos. A exemplo de muitos movimentos nacionalistas no antigo Império Russo, os ucranianos, no começo de 1917, de início não queriam nada além da autonomia: a liberdade de usar sua própria língua, especialmente nas escolas e no governo.[42]

Depois do golpe de Lênin em novembro, o governo ucraniano se distanciou mais ainda do governo sediado em Petrogrado. Mas não chegou, ainda que por pouco, a pleitear independência plena. Isso tranquilizou os judeus, cujos dois objetivos principais — a autonomia judaica e a continuada unidade da Rússia — foram respeitados.[43] Mas a lua de mel estava perto do fim, com o governo sob a pressão dos bolcheviques ao norte e os judeus alarmados pela onda de pogroms eclodindo na Podólia, na Volínia e em Kiev.[44] O governo respondeu permitindo a formação de milícias judaicas de autodefesa.[45] As milícias jamais funcionaram, e os judeus da Ucrânia ocidental foram deixados sem defesa.

Em 25 de janeiro de 1918, a Rada, o governo revolucionário ucraniano, declarou a independência da República Popular da Ucrânia.[46] Pouco depois da declaração, Kiev foi ocupada por forças bolcheviques. Mas não por muito tempo: em abril a Rada seria derrubada por um golpe patrocinado pela Alemanha, estabelecendo a chamada *hetmanado*, sob o comando do general Pavlo Skoropadskyi, que assumiu o tradicional título ucraniano de *hetman*, criando um protetorado militar alemão em troca de suprimentos de comida e matérias-primas.[47] O confisco de grãos por parte dos alemães instigou a resistência camponesa, e os alemães foram rápidos em culpar os judeus.[48]

Enquanto isso, dividido, o país enfrentava uma invasão bolchevique. A presença de judeus, especialmente Trótski (nascido Liev Bronstein), nos círculos mais elevados da organização bolchevique fez com que — embora a grande maioria dos judeus e todos os partidos políticos judaicos se opusessem aos bolcheviques — criasse raízes a ideia de que os judeus estavam por trás dos bolcheviques. "Os Trótski fazem as revoluções", as pessoas gracejavam amargamente "e os Bronstein pagam o preço."

Ao longo de 1918 houve pogroms esporádicos, atiçados, em alguma medida, pela anarquia desencadeada pela rendição geral da Alemanha em 11 de novembro de 1918, que terminou com o protetorado ucraniano e criou um vácuo de poder. Privado de seu importante apoio alemão, o governo fantoche do *hetman* mostrou-se fraco demais para restaurar a ordem. Ao longo de novembro e dezembro, o Movimento Nacional Ucraniano, conhecido como o Diretório, empreendeu uma guerra civil para depor o *hetman*. Comandado pelo ex-jornalista Simão Petlura, o Diretório acabou derrotando o *hetman*.

Mas, enquanto Petlura conquistava a Ucrânia, os bolcheviques a invadiam pelo norte e pelo leste. Em muitos casos, Petlura tinha controle apenas nominal sobre suas tropas, que se fragmentaram em destacamentos sob o comando de chefes militares locais. Esses "generais" muitas vezes não eram mais do que assassinos e criminosos que usavam o caos da guerra civil para saquear a população indefesa. Para os judeus, esse era o pior cenário possível.

Em *Retratos antigos*, as memórias não publicadas de Elisa Lispector, ela recordava com especial afeição a fabricação de bebidas no outono.

> [Os] vinhos, a sidra, os finos licores, especialmente o *vishniak* (rubro licor de cerejas). Não era brincadeira de crianças. Era mister de gente grande e com reais aptidões. Por isso o respeito que tais tarefas infundiam. Por isso também o horror que nos incutiu um dia, ao voltarmos de um esconderijo após um terrífico pogrom, e encontrarmos a casa toda revirada, as prateleiras e as gavetas secretas nas quais guardávamos as pratas de lei e os linhos bordados esvaziadas, os móveis quebrados a machadadas, e por toda parte rios vermelhos pelo chão, parecendo rios de sangue, em que se haviam transformado os vinhos e licores.[49]

Logo chegaram notícias de outro desastre. A lei e a ordem tinham desaparecido, e ladrões de beira de estrada invadiam cidadezinhas indefesas, fazendo reféns e em seguida exigindo "impostos" ultrajantes para libertá-los. Quando apareceram na cidade de Isaac Krimgold, num dos primeiros pogroms que se seguiram à Revolução de Outubro, tomaram como reféns um grupo de jovens, prometendo libertá-los em troca de dinheiro. Isaac e alguns vizinhos se ofereceram para trocar de lugar com os reféns, e com grande dificuldade a soma exigida foi coletada. Mesmo assim os bandidos mataram os reféns.[50]

Sobre si mesma, Elisa escreve: "Não devia ter falado no vovô. Mamãe também sabia o que 'eles' lhe tinham feito". Na adorável casa de Isaac, de onde

Elisa guardou a terna lembrança de banhos no córrego e brincadeiras no bosque que havia ao redor, "quebraram a varanda de vidros de cor, derrubaram o muro do parque e cortaram todas as árvores. Agora todo mundo podia entrar na casa de vovô. A casa não era mais dele...".[51]

As curtas frases finais no seu romance levemente ficcional talvez reproduzam uma lembrança de infância de Elisa. Pode ter sido nesses termos que seus pais explicaram à garotinha que o avô dela tinha sido assassinado.

3. O pogrom básico

No final de dezembro de 1918 começou a grande onda de pogroms. Foi uma série de ataques "sem paralelo na história, [cobrindo] os campos e cidades da Ucrânia com rios de sangue judeu", uma epidemia "que ultrapassou todos os outros períodos em sua refinada crueldade, na extensão impiedosa dos atos de violência e na evidente sede de sangue dos bárbaros criminosos".[1]

De acordo com um relato da época, o "pogrom básico" era mais ou menos assim:

> O bando invade a cidade, espalha-se pelas ruas, grupos separados invadem as casas de judeus, matando sem distinção de idade e sexo todo mundo que encontram pela frente, com a diferença de que as mulheres são bestialmente estupradas antes de ser assassinadas, e os homens são obrigados a ceder tudo o que está na casa antes de serem mortos.
>
> Tudo o que pode ser transportado é levado embora, o resto é destruído; as paredes, portas e janelas são quebradas, à procura de dinheiro. Quando um grupo parte, vem outro, e depois um terceiro, até que absolutamente nada que se possa levar é deixado na casa. Todas as roupas e artigos de mesa e banho são tirados, não apenas dos que escapam da morte, mas também dos cadáveres. Uma

nova administração é instalada no local e uma delegação dos judeus milagrosamente sobreviventes vai a ela, ou aos cristãos que supostamente são amigos dos judeus, e pede proteção. Como regra geral, as novas autoridades consentem em garantir a proteção com a condição de que um certo tributo seja pago pelos judeus. Com grande dificuldade, um tributo é pago, e vem então uma nova exigência das autoridades de contribuições em gêneros, e é obrigação dos judeus obter determinado número de botas e uma certa quantidade de carne para os soldados. Enquanto isso, pequenos grupos continuam aterrorizando os judeus, extorquindo dinheiro, matando e estuprando. Então a cidade é ocupada pelas tropas soviéticas, que frequentemente dão prosseguimento à pilhagem iniciada por seus predecessores. Mas logo os bandos retornam, já que o front flutua e o lugar muda continuamente de mãos. Assim, por exemplo, Boguslav foi tomada cinco vezes em uma semana. Cada mudança de governo ou administração traz novos pogroms, e o resultado disso é que a população, aterrorizada, arruinada e extenuada, despida e descalça, sem uma moeda sequer nos bolsos, foge às pressas, sem se importar com as condições climáticas e os riscos da jornada, para a cidade mais próxima, na vã esperança de ali obter proteção.

Houve pelo menos mil pogroms desse tipo, cometidos por todos os lados na guerra. A Cruz Vermelha russa estimava que até 1920 pelo menos 40 mil judeus tinham sido mortos, mas admitia que a cifra total nunca seria conhecida. Suas estatísticas, afinal, não incluíam

> aqueles que morreram durante perambulações de uma cidade para outra, em busca de asilo, os que foram jogados para fora de trens e baleados, aqueles que foram afogados em rios e os assassinados em florestas e outros lugares afastados e desertos. Nos números acima não incluímos aqueles que morreram em consequência de ferimentos, infecções, ou de fome e abandono às intempéries.[2]

Como milhões de outros, Mania, Pinkhas, Elisa e Tania Lispector foram presas desse horror. Em algum momento depois de 19 de abril de 1915, quando Tania nasceu em Teplyk, a família mudou-se para Haysyn, a poucos quilômetros dali.[3] Na época, e ainda hoje, havia mais oportunidades em Haysyn, que era uma espécie de centro regional.

Pinkhas tentou desesperadamente juntar economias trabalhando como

42

mascate ou comerciante de miudezas, e quando o Exército Branco chegou ele estava ausente, impossibilitado de se juntar à família na zona de guerra. Entre os judeus, circulavam rumores de que os Brancos seriam melhores do que os Vermelhos, de que trariam a paz, mas não havia notícias confiáveis.

Numa noite que Elisa rememora em seu romance, houve disparos; incêndios se alastravam. Alguma coisa horrível estava acontecendo, mas ninguém sabia o que era. Isso se tornara uma ocorrência bastante comum. "A cada despertar", escreveu Elisa, "uma surpresa. Nunca se sabia às mãos de quem o tiroteio da noite havia conferido o domínio da cidade."[4] Mania, tendo a seus cuidados um grupo de refugiados apavorados, não sabia muito bem o que fazer. Decidiu sair da casa e descobrir.

Nessa altura da narrativa de Elisa há uma estranha lacuna. "Era, pois, a ela que cabia agir", Elisa escreve acerca de sua mãe, "para salvar as filhas, e as mulheres e crianças que se haviam refugiado em sua casa." Ela sai.

> Estava na rua, de cabelos ao vento, a neve quase a atingir-lhe a cintura. Ao avistar dois milicianos vindo em sua direção, caiu-lhes aos pés, pedindo auxílio. *Chorou, implorou, beijou-lhes as botas enlameadas. Depois as imagens embaralharam-se fantasticamente à luz baça do luar.* Como num sonho, por entre espessa neblina, viu homens correndo e travando renhido tiroteio, e corpos tombando e sendo amortalhados pela neve. Em seguida, por um tempo que lhe pareceu interminável, o mundo ficou deserto. Então encaminhou-se para casa [...].
>
> Sem saber a quem dirigir-se, Marim [Mania] deixou-se escorregar numa cadeira, e ali ficou quieta e mansa.[5]

Em suas memórias não publicadas, Elisa escreve simplesmente: "Foi o trauma decorrente de um daqueles fatídicos pogroms que invalidou minha mãe".[6] Na passagem acima, de seu romance *No exílio*, ela sugere o trauma indiretamente. Até Mania cair aos pés dos soldados não há nenhuma sugestão de enfermidade. Depois, no entanto, Mania encarou uma lenta e horrível agonia, morrendo jovem de uma doença incurável.

Não admira que as filhas de Mania não tenham preenchido as lacunas. Bem no fim da vida, Clarice confidenciou à amiga mais íntima que sua mãe fora violentada por um bando de soldados russos.[7] Deles, ela contraiu sífilis, que nas pavorosas condições da guerra civil ficou sem tratamento. Se tivesse acesso mais rápido a um hospital, talvez houvesse alguma chance. Mas só vinte anos mais tarde a penicilina, o tratamento mais eficaz, iria se tornar de uso comum. A seu tempo, depois de uma década de horrível sofrimento, Mania, a garota elegante, inteligente e de espírito livre dos campos da Podólia, iria jazer num cemitério brasileiro.

"Tem uma coisa que eu queria contar mas não posso. Vai ser muito difícil alguém escrever minha biografia, se escreverem", registrou Clarice num manuscrito não publicado.[8] Seria essa "uma coisa" uma referência à violência sofrida por sua mãe, um dos fatos centrais de sua vida?

Todos os relatos dos pogroms registram a presença generalizada do estupro. Assim como o saque das propriedades dos judeus, tratava-se de uma das características indispensáveis dos pogroms. Isso não é incomum; o estupro é um elemento essencial de limpeza étnica, destinado tanto a humilhar um povo como a matá-lo e expulsá-lo. Na Ucrânia da época da guerra civil não foi diferente.

Se levarmos em conta que as duas filhas mais velhas de Mania não foram mortas nem violentadas, que sua terceira filha sobreviveu ao parto de uma mãe sifilítica, que seu marido sobreviveu e que ela própria viveu o suficiente para ver sua família instalada em segurança num país estrangeiro, pode-se considerar que ela teve mais sorte do que a maioria. No acervo de horrores que foi o período da guerra civil na Ucrânia, pode-se até mesmo dizer que Mania se saiu relativamente bem.

Milhares de garotas foram estupradas por bandos; depois de um pogrom, "muitas das vítimas foram mais tarde encontradas com ferimentos de faca e sabre na pequena vagina".[9] A Cruz Vermelha russa registrou as consequências de um "pogrom simples, corriqueiro" em Ladyshenka, cidadezinha a leste de Teplyk:

> Em 9 de julho um camponês levou ao hospital judaico em Uman os dois últimos judeus de Ladyshenka (antes da guerra Ladyshenka contava 1 600 judeus em sua população). Eram duas meninas judias, horrendamente espancadas e feridas, uma delas com o nariz mutilado e a outra com os braços quebrados. Estão ambas em Kiev agora, e ambas sofrem de doença venérea.[10]

É difícil saber exatamente quando Mania Lispector foi atacada; há várias hipóteses conflitantes. Elisa situa sua imprecisa cena no inverno, com neve pesada por toda parte; os grandes ataques a Haysyn ocorreram no verão. A região de Haysyn, onde a família morava, foi uma das áreas mais duramente atingidas em toda a Ucrânia. Os pogroms eram mais comuns ali do que em qualquer outra parte da Podólia, que foi, depois de Kiev, a província mais brutalizada da Ucrânia.

No pequeno distrito de Haysyn, houve não menos que 29 pogroms até 19 de setembro de 1919. Seguiram-se muitos outros. Em 1919 a Cruz Vermelha observou: "Os pogroms em Tostianetz [imediatamente ao sul de Haysyn] em 10 de maio e em Gaisin [Haysyn] em 12 de maio podem ser classificados entre os mais cruéis já perpetrados". Em Haysyn em 12 e 13 de maio pelo menos 350 pessoas foram mortas.[11] De 15 a 20 de julho Haysyn foi atacada de novo.[12] Terá sido durante um desses ataques que Mania Lispector foi estuprada? Em 1968, em sua única alusão direta a esses eventos, Clarice dá uma pista sobre a cronologia:

> Fui preparada para ser dada à luz de um modo tão bonito. Minha mãe já estava doente, e, por uma superstição bastante espalhada, acreditava-se que ter um filho curava uma mulher de uma doença. Então fui deliberadamente criada: com amor e esperança. Só que não curei minha mãe. E sinto até hoje essa carga de culpa: fizeram-me para uma missão determinada e eu falhei. Como se contassem comigo nas trincheiras de uma guerra e eu tivesse desertado. Sei que meus pais me perdoaram eu ter nascido em vão e tê-los traído na grande esperança. Mas eu, eu não me perdoo. Quereria que simplesmente se tivesse feito um milagre: eu nascer e curar minha mãe.[13]

Isso significaria que Mania ficara doente algum tempo antes de março de 1920, quando Clarice foi concebida. Quão confiável é esse relato, no entanto? Os Lispector vinham de uma cidadezinha do interior e não tinham nenhuma instrução secular avançada para explicar a causa da sífilis. Ainda assim, era uma doença antiga e muito temida, e é surpreendente que Mania e Pinkhas tivessem corrido o risco do sexo, para não falar da gravidez, sabendo que ela estava infectada.

Mas um perigo amplamente conhecido em lugares mais sofisticados talvez parecesse misterioso na Podólia. A região não primava por receber uma grande atenção sanitária. Não contava com mais de um médico para cada 20 mil pessoas. Para efeito de comparação, era metade do índice no Afeganistão, $1/6$ do índice no Camboja e $1/21$ do índice no Brasil do início do século XXI. E isso em tempos de paz.[14]

Nas circunstâncias desesperadoras da guerra civil, quando não existia nem mesmo a mais precária assistência médica, Pinkhas e Mania provavelmente se fiavam na superstição local, que seria a via normal para as pessoas pobres das regiões obscuras da Ucrânia. Em tais áreas, as pessoas acreditavam que

> forças impuras ou divinas causavam as doenças, que entravam na mesma categoria do infortúnio, da ruína econômica e das colheitas fracassadas... Os *tzadikim* [santos] hassídicos, as parteiras, os videntes e feiticeiros, todos tinham o poder de curar. Curavam com uma bênção, um encantamento, um amuleto, uma potente beberagem de ervas ou uma noite de vigília na sinagoga. Lugares e objetos, bem como indivíduos, possuíam faculdades milagrosas. A água de determinado poço, a terra de um local específico, ervas de um terreno especial, o excremento de um galo-da-floresta, tudo valia para curar os doentes.[15]

Na Podólia rural, tais crenças eram específicas de certas localidades.[16] Até hoje, em Tchetchelnik, embora não tão perto quanto Uman, a apenas alguns quilômetros de distância, a população local acredita que verrugas genitais, ou cancros, desaparecem durante a gravidez. A sífilis primária aparece como um cancro duro, indolor, após cerca de 21 dias da infecção inicial. Depois, em muitos casos, a lesão primária desaparece. Os sintomas retornam mais tarde, num estágio secundário, muito mais doloroso e visível. Portanto, se Clarice foi concebida como uma reação à sífilis primária de sua mãe, ao ver o cancro desaparecer Pinkhas e Mania teriam por certo nutrido a esperança de que a velha sabedoria popular estivesse certa. Mas suas esperanças teriam sido frustradas quando a infecção voltou, de modo mais deformador. O segundo estágio da doença teria começado provavelmente quando a gravidez de Mania já estava avançada, o que significa que Clarice teve muita sorte em nascer sem sífilis congênita: 40% dos partos de mães sifilíticas geram natimortos. Cerca de 70% dos nascidos vivos são infectados e 12% deles morrem prematuros. Em meio a uma zona de guerra, sem nutrição adequada, a porcentagem seria ainda mais elevada. Se é que alguém pode falar em sorte numa situação assim, Clarice foi extremamente afortunada.

A evolução da doença varia. Mas, se Clarice foi concebida por volta de março de 1920, isso sugere que Mania foi atacada no verão de 1919 ou depois, quando a onda de pogroms atingiu com força a região natal da família. Eles estavam, com quase certeza, fugindo naquele momento, embora a declaração de Clarice a respeito seja uma obra-prima de vaguidão. A fuga da família soa como uma saída de férias. Mas ela deixa claro que nasceu em trânsito:

> Quando minha mãe estava grávida de mim, meus pais já estavam se encaminhando para os Estados Unidos ou o Brasil, ainda não haviam decidido: pararam em Tchetchelnik para eu nascer, e prosseguiram viagem.[17]

Em seu romance *No exílio*, Elisa rememora um pogrom, provavelmente um dos ataques ocorridos em Haysyn no verão de 1919, que deixou inabitável a casa da família: "As portas haviam sido arrancadas dos gonzos, as janelas, de vidros quebrados, olhavam sinistramente para a rua, como olhos vazados".[18] A família fugiu para outra casa, onde se escondeu na cozinha, vendo a cidade em chamas e ouvindo tiros de metralhadora noite adentro. Ali, um garoto adolescente, ferido e com a cabeça sangrando, cambaleou e tombou morto diante dos olhos de Elisa e sua mãe. Mas há um momento de esperança: Pinkhas, faminto e aterrorizado, finalmente consegue se reunir à família.

A fome se espalha. Surgem as sopas dos pobres e as cooperativas, mas é muito pouco, e tarde demais. Uma cena do livro de Elisa traz um eco sinistro de algo que Clarice escreveria mais tarde:

> Ethel [Tania] mexeu-se, estremunhada, e pediu pão.
> — Agora não tem, filhinha. É noite. Amanhã eu compro.
> — Mas eu quero. Papi trouxe, eu vi. Eu vi pão branco.
> Após tornou a adormecer, sugando o polegar num recurso instintivo para enganar a fome.[19]

Anos depois, Clarice escreveu um texto curto que à primeira vista parece refletir a preocupação de uma brasileira de classe média com os seus concidadãos menos afortunados. Mas é provavelmente um fragmento de autobiografia:

> Não posso. Não posso pensar na cena que visualizei e que é real. O filho está de noite com dor de fome e diz para a mãe: estou com fome, mamãe. Ela responde com doçura: dorme. Ele diz: mas estou com fome. Ela insiste: durma. Ele diz: não posso, estou com fome. Ela repete exasperada: durma. Ele insiste. Ela grita com dor: durma, seu chato! Os dois ficam em silêncio no escuro, imóveis. Será que ele está dormindo? — pensa ela toda acordada. E ele está amedrontado demais para se queixar. Na noite negra os dois estão despertos. Até que, de dor e cansaço, ambos cochilam, no ninho da resignação. E eu não aguento a resignação. Ah, como devoro com fome e prazer a revolta.[20]

Quando Haysyn é tomada pelo Exército Vermelho, os novos governantes prontamente proíbem o comércio, eliminando qualquer possibilidade de Pinkhas ganhar a vida. Mania e Pinkhas decidem tentar a sorte e fugir. Como nos tempos tsaristas (e soviéticos), precisam de um passaporte interno para deixar a cidade; uma vez fora dela são abordados por um repulsivo personagem judeu, Baruch, que promete escoltá-los através da fronteira em troca de 500 mil rublos. Baruch se gaba da falta de sentimentalismo e do obstinado realismo, que lhe permitem lidar com os duros tempos. Faz comentários penetrantes que indicam uma origem social modesta ("Eu cá não sou nenhum filho de rabino").[21] Como muitos judeus inescrupulosos, ele ganha a vida explorando os refugiados em desespero.

"O que interessava a eles", escreveu Israel Wainstok, que estava fugindo na mesma época, "não era salvar refugiados, mas tirar todo o dinheiro que conseguissem daquelas pessoas."[22] Sem outra escolha — os judeus, tão odiados na Rússia, em geral também eram proibidos de sair do país legalmente —, Pinkhas entrega todo o dinheiro que lhe resta.

Na primeira tentativa de cruzar a fronteira, Baruch manda uma mensagem aconselhando-os a não fazê-lo; os pontos de passagem estão fortemente vigiados. Tudo o que eles podem fazer é recuar até a cidade mais próxima. Não têm mais nada, nem meios de obter dinheiro. Tanto Elisa como Tania relembram que Mania os salvou com uma bolsa escondida, cheia de joias. Eram as joias que ela, a filha bem de vida de um próspero comerciante, tinha como dote de seu casamento; as joias que salvariam a vida de seus familiares. Mas eram as mesmas joias que, se descobertas, poderiam ter significado a morte da família. A aposta de Mania — de que os bandidos que infestavam as estradas, pilhando as indefesas populações refugiadas, não a flagrariam — foi um gesto desesperado. Foi também o gesto de uma mulher corajosa e admirável.

"Que quer dizer isto?", pergunta Pinkhas num compreensível terror quando Mania calmamente revela a bolsa escondida. "Como ousaste? E se 'eles' te tivessem revistado, que teria sido de nós?"[23] Mas o sucesso da sua aposta permite que a família sobreviva numa nova cidade, Tchetchelnik, logo ao sul de Haysyn, na estrada mais curta para Kishinev. Eles tinham parentes lá: a prima de Mania, Dora; o marido Israel Wainstok; e o pai viúvo de Dora, casado com a mãe de Israel, Feiga.[24]

No livro de Elisa a família fica na cidade não nomeada ao longo de várias estações. Isso pode explicar a alegação de Clarice de que nasceu durante a emigração da família, entre a primeira e a segunda tentativa de fuga. Nessa cidadezinha, provavelmente Tchetchelnik, eles celebraram o Pessach, a Páscoa judaica, em 3 de abril de 1920. Naquele ano, na "cidade-fantasma", a família deve ter se lembrado com um calafrio da libertação do cativeiro no Egito. Eles próprios ainda não estavam livres.

Ao longo do verão e do outono esperaram que Baruch, o "Moisés" deles, reaparecesse.[25] Foram salvos de passar fome pela aparição fortuita de um homem doente e idoso que abordou Pinkhas na rua e se ofereceu para ensinar-lhe um ofício, a fabricação de sabão, em troca de ajuda para chegar à cidade seguinte, no caminho de sua própria aldeia natal. Pinkhas aprendeu depressa a fazer sabão, o que deu à família uma frágil fonte de renda.

Mas Tchetchelnik, fundada como um refúgio contra os tártaros e os senhores feudais, representou um triste consolo. Umas duas semanas depois do Pessach, apareceu um destacamento do exército da Galícia ucraniana. Logo foram afugentados por poloneses locais. Em junho chegou o Exército Vermelho, e seus soldados foram saudados como libertadores. Como em toda parte, porém, os soldados soviéticos em pouco tempo destruíram essa boa recepção. Os camponeses rebelaram-se contra os impostos sobre os alimentos, que tiveram como efeito a fome coletiva.

O sul da Podólia fervia com a contrarrevolução; no verão, não menos do que cinco divisões do Exército Vermelho tinham chegado para reprimir os distúrbios, e a comarca de Olgopol, onde Tchetchelnik está localizada, era a área mais instável de toda a Podólia. A Tcheka, predecessora da KGB, atribuía grande parte dos problemas à complexa geografia da região (montanhosa e coberta por florestas, portanto ideal para a guerrilha) e à "mentalidade nacional-pequeno-burguesa" dos moradores locais. Mas até eles mencionavam a "conduta pouco diplomática" das tropas soviéticas.[26]

Não há menção a ataques contra judeus, mas eles sem dúvida sofreram mais do que a sua cota habitual ao longo do ano em que Mania estava grávida de Clarice. Em 1920, só na cidadezinha de Tchetchelnik, quinhentas moradias de camponeses foram saqueadas. O comércio foi destruído, os campos ficaram sem cultivo, grassaram epidemias. A fome reinava. Seis anos antes, Tchetchelnik tinha 8867 habitantes. Em janeiro de 1921, a população se reduzira a menos da metade.

Nessas circunstâncias, em temperaturas que atingiam trinta graus abaixo de zero, Chaya Pinkhasovna Lispector nasceu, de mãe sifilítica, em 10 de dezembro de 1920.

4. O nome perdido

A criança frágil se tornou uma artista famosa num país que seus pais mal eram capazes de imaginar. Mas sob outro nome. O nome que ela recebeu em Tchetchelnik, Chaya, que em hebraico significa "vida" — e que também tem a apropriada conotação de "animal" —, desapareceria, reaparecendo apenas em hebraico em sua lápide tumular, e mantendo-se pouco conhecido no Brasil até décadas depois de sua morte.

Sua escrita está repleta de nomes secretos. "Pode-se dizer que na obra de Clarice Lispector há um nome escondido ou que a obra é construída sobre o nome próprio disseminado e ocultado", escreveu um de seus críticos mais perspicazes.[1] A protagonista de *Uma aprendizagem* tem o nome não brasileiro de Lóri, que é feito com as primeiras e as últimas letras do nome Lispector.[2] Pode ser coincidência, mas provavelmente não é. A obra de Clarice abunda em exemplos explícitos desse tipo de jogo de palavras: "Me dá vontade de falar errado. Assim: Sued. Isso quer dizer Deus".[3] Ou "Mas Brasília não flui. Ela é ao contrário. Assim: iulf (flui)".[4]

A questão dos nomes e da nomeação, o processo pelo qual as coisas são trazidas à existência, domina a obra de Clarice Lispector. Essas questões, que em última instância ela investe de grande significação mística, talvez tenham sua origem na infância, quando ela subitamente recebeu outro nome. No livro póstumo *Um sopro de vida* (*Pulsações*), Clarice põe as seguintes palavras na boca de sua personagem Ângela Pralini:

> Fiz uma breve avaliação de posses e cheguei à conclusão espantada de que a única coisa que temos que ainda não nos foi tirada: o próprio nome. Ângela Pralini, nome tão gratuito quanto o teu e que se tornou título de minha trêmula identidade. Essa identidade me leva a algum caminho? Que faço de mim?[5]

Como tantas criaturas ficcionais de Clarice, Ângela é um avatar de sua autora. Mas o nome de Clarice *tinha sido* tirado dela; Chaya virou Clarice, e Clarice nunca, até onde se sabe, referiu-se a seu nome secreto, a não ser de modo oblíquo:

> Há tantos anos me perdi de vista que hesito em procurar me encontrar. Estou com medo de começar. Existir me dá às vezes tal taquicardia. Eu tenho tanto medo de ser eu. Sou tão perigoso. Me deram um nome e me alienaram de mim.[6]

O medo de perder sua identidade a perseguiu por toda a vida, como numa carta que mandou a uma amiga três anos antes de morrer:

> Acordei com um pesadelo terrível: sonhei que ia para fora do Brasil (vou mesmo em agosto) e quando voltava ficava sabendo que muita gente tinha escrito coisas e assinava embaixo meu nome. Eu reclamava, dizia que não era eu, e ninguém acreditava, e riam de mim. Aí não aguentei e acordei. Eu estava tão nervosa e elétrica e cansada que quebrei um copo.[7]

Ela criou um mito em torno de seu nome que aparece já em seu primeiro romance, publicado quando tinha 23 anos. Floreou a lenda ao longo da vida, alegando, de modo improvável, que Lispector era um nome latino. Ao seccioná-lo em partes — *lis*, lírio, como em *flor-de-lis*, e *pector*, peito ou busto —, ela produziu uma combinação absurda, "peito-lírio". Em seu leito de morte, num pequeno fragmento rabiscado, tingiu esse nome fantástico de ressonâncias poéticas:

Sou um objeto querido por Deus. E isso me faz nascerem flores no peito. Ele me criou igual ao que escrevi agora: "sou um objeto querido por Deus" e ele gostou de me ter criado como eu gostei de ter criado a frase. E quanto mais espírito tiver o objeto humano mais Deus se satisfaz.

    Lírios brancos encostados à nudez do peito. Lírios que eu ofereço e ao que está doendo em você.[8]

Porém a realidade suprema está além dos nomes e da linguagem. A experiência mística, que Clarice dramatizaria de modo memorável no romance *A paixão segundo G. H.*, é o processo de eliminar a linguagem para descobrir uma verdade última, e necessariamente sem nome. Antes de sua vida anterior ser estilhaçada por uma cegante visão mística, a protagonista, G. H., resume sua biografia:

O resto era o modo como pouco a pouco eu havia me transformado na pessoa que tem o meu nome. E acabei sendo o meu nome. É suficiente ver no couro das minhas valises as iniciais G. H., e eis-me.[9]

Em Tchetchelnik seu nome era praticamente tudo o que a pequena Chaya possuía. À medida que a doença de Mania avançava, as tarefas domésticas recaíam cada vez mais sobre Elisa, a filha mais velha. A menina de nove anos já sofrera mais do que a sua cota de horrores, e o fardo físico de cuidar da casa veio somar-se ao trauma psicológico.

Os efeitos sobre ela, conforme rememora na cena mais pungente de seu livro, foram visíveis. E fizeram seu pai adotar uma atitude diferente em relação à filha mais velha:

Afagava-lhe silenciosamente a cabeça, às vezes apenas se detendo a fitar-lhe o rosto magro, os membros finos e longos, a boca sem expressão definida, os olhos selvagens. Ela era feia, desgraciosa, e aquilo lhe doía. Doía-lhe, sobretudo, o seu ar prematuramente grave, marcado pelos pesados encargos.[10]

Não era uma família a que faltassem problemas. Mas, para piorar, Pinkhas logo caiu de cama com a febre tifoide que então proliferava. O tifo, doença da imundície, é exatamente a doença que se esperaria encontrar num país devastado como a Ucrânia. É transmitido por ratos e piolhos e viceja no meio da miséria, em lugares onde a higiene pública entrou em colapso completo. "Os piolhos que transmitem a febre tifoide são comuns em grandes concentrações de pessoas que não tomam banho nem trocam de roupa com alguma regularidade e são obrigadas pelas circunstâncias a viver próximas umas das outras. São também as situações em que os exércitos, os refugiados e os prisioneiros frequentemente se encontram."[11] Entre 20 milhões e 30 milhões de pessoas foram infectadas na epidemia de tifo de 1918-22. Pelo menos 3 milhões morreram.

Ao longo do inverno, enquanto seu pai jazia inerte na cama, escreve Elisa, a mãe, "esquecendo sua própria doença", saía todo dia para trocar alguma partícula de seu escasso patrimônio por comida para a família. Na Ucrânia de 1921 essa era uma tarefa exaustiva, mesmo para uma pessoa saudável. O país, conhecido como a grande padaria ou celeiro da Europa, que antes da guerra produzia um excedente anual de 300 milhões de toneladas de grãos, estava passando fome.

Ninguém menos que Vidkun Quisling, nome que se tornou sinônimo de traição depois de sua zelosa participação na ocupação nazista da Noruega, visitou a Ucrânia com uma comissão da Liga das Nações. Ele descreve o cenário:

> A terra está calcinada e despida de árvores e plantas. Pode-se ver a palha dos telhados usada como comida por homens e gado, o miserável e muitas vezes venenoso sucedâneo de alimento sendo usado primeiro por humanos; ouve-se as pessoas dizerem que já comeram todos os cães, gatos e corvos que puderam capturar, e até mesmo gado morto, o couro dos arreios, a madeira dos móveis. Ouve-se falar e obtém-se comprovação de casos de necrofagia e canibalismo, conversa-se com pessoas que devoraram seus filhos ou irmãs e irmãos, vê-se gente estendida como esqueletos nas casas, morrendo ou esperando a morte sem nenhum socorro à vista. A gente vê os hospitais, que são na verdade apenas lugares onde as pessoas famélicas são reunidas para obter um pouco de cuidado, mas onde não há camas, nem lençóis, nem remédios, e muitas vezes nem médicos, as pessoas estendidas lado a lado no chão na mais completa miséria. A gente experimenta a comida que é servida nesses hospitais: uma sopa, água salgada. A gente vê as pilhas de cadáveres, muitas vezes de olhos abertos, pois ninguém se deu ao trabalho de fechá-los.[12]

De 1921 a 1922, 1 milhão de pessoas morreram de fome na Ucrânia. Em 1922 Quisling estimava que, dos 3 milhões de judeus do país, "o número de judeus que sofrem fome e doença não é menor do que 2 milhões".[13]

Retida numa zona de guerra com milhões de pessoas famélicas, o marido imobilizado pela doença, as três filhas pequenas famintas e indefesas, a própria saúde combalida, e sem dinheiro ou patrimônio com que pudesse contar, Mania lutava para alimentar a família. Por fim, quando não restava mais nada para vender, Mania, já parcialmente paralisada e em pleno inverno ucraniano, tirou os próprios sapatos, vendeu-os e envolveu os pés em trapos. Elisa relembrava sua perfeita compostura.[14]

No entanto, no contexto infernal da Ucrânia, a família, mais uma vez, teve mais sorte do que muitas outras. Graças à determinação de Mania e às poucas joias que ainda possuía, eles não ficaram entre os milhões de pessoas que morreram de fome, e Pinkhas não foi um dos 3 milhões que morreram na epidemia de tifo. Depois que ele se restabeleceu, a família tentou escapar mais uma vez. Com um grupo de outros imigrantes, eles deixaram a cidade, chegando à noite na floresta. No livro de Elisa não há sinal de Baruch, que presumivelmente sumiu com o dinheiro. Pinkhas carregava a bagagem da família nas costas, com Clarice amarrada a seu peito e a alquebrada Mania amparada em seu braço. Depois de uma fatigante jornada noite adentro, alcançaram uma aldeia abandonada, onde dormiram pelo resto do dia seguinte. Finalmente, à noite, chegaram ao rio Dniester iluminado pela lua, onde botes esperavam para transportá-los para a Romênia, do outro lado do rio. Elisa relembra:

> E, para sua surpresa, a aldeia a que aportavam olhava para a noite de portas e janelas abertas, desasombradamente! Aqui ninguém temia a noite, nem os crimes que para os fugitivos ela sempre abrigara. E nas casas havia luz. Grandes lampiões de querosene iluminavam com chama límpida os lares simples e aprazíveis, e sobre as mesas postas pão, pão de verdade, chá, e arenques defumados. Depois eles dormiram em leitos também de verdade [...] — leitos como os de toda gente.[15]

Trata-se de Soroca, cidade com uma grande população cigana, logo acima do Dniester, no que hoje é a República da Moldávia. Os Lispector nunca mais voltariam a sua terra natal.

* * *

O mais perto que Clarice chegaria de seu local de nascimento foi Varsóvia, onde seu marido seria embaixador brasileiro nos anos 1960. Àquela altura ela era uma escritora famosa, e o governo soviético, ávido como sempre por exibir suas credenciais culturais, ofereceu-lhe a oportunidade de visitar seu lugar de nascimento. Ela recusou.

> Naquela terra eu literalmente nunca pisei: fui carregada de colo. Mas lembro-me de uma noite, na Polônia, na casa de um dos secretários da Embaixada, em que fui sozinha ao terraço: uma grande floresta negra apontava-me emocionalmente o caminho da Ucrânia. Senti o apelo. A Rússia me tinha também. Mas eu pertenço ao Brasil.[16]

5. Estátua da Liberdade

Eles deixaram a Ucrânia no inverno de 1921.[1] De Soroca, viajaram na direção sul até Kishinev, na Romênia, hoje Chişinău, a capital da Moldávia. Em comparação com a Ucrânia, a nova terra era próspera, mas também estava superlotada de milhões de refugiados da guerra mundial e da guerra civil russa. A Europa estava inundada por pessoas desesperadas, e não apenas a Europa: refugiaram-se na África, nas Américas e até na China, onde eram mais de 100 mil.[2]

A quantidade e a condição desesperada inspiravam desprezo em muitos membros da comunidade judaica estabelecida. "Alguns judeus romenos", escreveu Israel Wainstok em suas memórias em iídiche, "olhavam de cima os milhares e milhares de refugiados, como se fossem mercadorias estragadas, carregadas rio abaixo numa enchente." Kishinev era "como o jardim do Senhor nas terras do Egito", escreveu ele:

> Os judeus que viviam ali tinham bons negócios e ganhavam um bocado de dinheiro. Mostravam-se indiferentes à terrível situação dos judeus refugiados da Rússia, que estavam exilados ali e em outras cidades romenas, perambulando pelas sinagogas e ruas à espera de alguma ajuda de seus amigos e parentes da América.[3]

Pinkhas Lispector não conseguiu encontrar trabalho. A família viajou para o sul, penetrando no que hoje é a Romênia, parando em Galatz (hoje Galaţi), um centro industrial no delta do Danúbio, e finalmente chegando em Bucareste. "Bucareste foi particularmente inóspito", escreveu Elisa. "As suas ruas sinuosas a se entrelaçarem umas com as outras. Por Deus que mais parecia pesadelo que realidade." Conseguiram hospedagem provisória num hotel miserável, "negro pela fumaça que escapava do fogareiro de ferro que não dava nem para cozinhar nem para aquecer, o quarto negro por quase total falta de luz, mesmo de dia (por ser um quarto de fundos, a claridade do dia não o atingia), e pelas tristezas e preocupações que se abatiam sobre todos nós".[4]

De acordo com *No exílio*, a família se mudou então para um albergue de refugiados. Os cinco receberam duas camas estreitas num longo corredor com centenas de outras pessoas, muitas doentes. Certa vez, quando Pinkhas voltou de mais um dia procurando emprego em vão, descobriu que suas filhas tinham sido atingidas por um surto de sarampo e levadas para um hospital numa parte distante da cidade. Algum grupo de assistência também tinha internado sua esposa, cuja enfermidade avançara tanto que "sua impossibilidade cada vez maior de arrastar-se diariamente até a cozinha gratuita onde lhes serviam uma sopa gordurosa e suja tinha atingido um limite intransponível".[5]

Como em tantos pontos desesperados daquela jornada aparentemente impossível, uma espécie de sorte lhes aconteceu. Na rua, Pinkhas topou com um *landsman*,* um vizinho de sua cidade natal, a quem Elisa chama de Herschel. Herschel tinha algum dinheiro e ofereceu um empréstimo a Pinkhas, com o qual a família conseguiu sair do albergue. As circunstâncias melhoraram, mas eles não estavam exatamente bem de vida. Elisa, que já não tinha mais sapatos, precisava arrastar uma caçarola até a sopa dos pobres, como tivera de fazer em Haysyn depois da Revolução. Era humilhante e penoso, mas havia esperança: com o empréstimo de Herschel, Pinkhas começou a vender sapatos no mercado. A mãe permanecia no hospital de caridade. Eles tinham permissão para visitá-la uma vez por semana, levando pão, uvas e maçãs, depois deixando-a sozinha até a semana seguinte, quando a caridade pública permitia que voltassem.

---

* *Landsman*: em iídiche, judeu que vem da mesma região que outro, especialmente do Leste Europeu; conterrâneo. [N. E.]

"O que mais havia eram incertezas", escreve Elisa:

> Incertezas sobre quanto tempo teríamos de estacionar ali (afinal foram meses) e sobre que rumo tomaríamos. Até quase o dia de embarcar, não divisávamos nenhuma esperança, não premonizávamos nenhuma terra de promissão. As cartas que o pai e a mãe escreviam para a América e para o Brasil demoravam a chegar ao seu destino, e as respostas demoravam mais ainda. E o que mais inquietava era o tom amável e reticente em que tais respostas eram dadas.[6]

Os meios-irmãos de Mania, filhos de Isaac Krimgold com sua primeira mulher, estavam nos Estados Unidos, de longe o destino mais popular para emigrantes judeus. Mas em 19 de maio de 1921 o congresso americano aprovou o Emergency Quota Act, reduzindo em 75% o número de europeus do Leste com permissão de entrada no país. O Brasil ainda estava aberto, e para eles, de todo modo, provavelmente era a opção mais atraente, dado o grande número de parentes que a família tinha no país. Mas ambos os países requeriam um convite de alguém que pudesse garantir que não ficariam a cargo do Estado.

Por fim o convite, conhecido como "carta de chamada", com seu "tom amável e reticente", chegou do Brasil. A família obteve um passaporte russo em 27 de janeiro de 1922, válido para a viagem ao Brasil.[7] É difícil imaginar um retrato de família menos alegre do que o estampado nesse documento. Elisa achava que Pinkhas era "a figura mais patética [...]. Porém cheia de dignidade... Ele não era homem para apresentar-se onde quer que fosse sem colarinho e gravata! [...] O rosto é grave, de tez escura, bigodes grandes e vestido à Chapliniana: paletó e colete escuros muito surrados e muito grande para o seu corpo emagrecido, a camisa velha amarrotada, em torno do colarinho bem alto, amarrado, sim, amarrado, algo que é um simulacro de gravata". Elisa e Tania parecem magras e exaustas, "amedrontadas ante o mundo feito de países estranhos povoados por pessoas estranhas".[8] A filha caçula é um pequeno borrão. O rosto mais marcante é o de Mania; ela parece ter muito mais que os seus 32 anos. Olha fixamente para a frente, a mandíbula tensa. É o mesmo olhar desafiador, "intenso demais para que alguém consiga sustentá-lo por muito tempo", que tornaria imediatamente reconhecível sua filha famosa.

* * *

Pouco depois de o consulado russo em Bucareste conceder-lhes o passaporte para o Brasil, os Lispector viajaram para Hamburgo via Budapeste e Praga, onde embarcaram num navio brasileiro, o *Cuyabá*. Com outros 25 imigrantes, viajaram na terceira classe.[9] Pode-se imaginar o martírio que a viagem deve ter sido para Mania. A travessia do Atlântico era uma provação até mesmo para pessoas saudáveis, e a experiência do convés de terceira classe é recorrente na literatura dos imigrantes.

A imundície e um fedor intensificado pela má ventilação criavam na maioria desses navios uma atmosfera que o relato de um norte-americano descreve como "quase insuportável... Em muitos casos, pessoas, depois de se recuperarem do enjoo de mar, continuam deitadas na cabine numa espécie de estupor, por respirarem um ar cujo oxigênio foi quase totalmente substituído por gases poluídos". Uma investigadora norte-americana, disfarçada de camponesa da Boêmia, descreveu os minúsculos aposentos onde os imigrantes eram empilhados uns sobre os outros, as valas abertas que serviam de latrinas, o cheiro do vômito produzido pelos passageiros mareados. "Tudo", concluiu ela, "era sujo, pegajoso e desagradável ao toque. Toda impressão era repulsiva."[10] Em seu livro, Elisa menciona o calor e o ar sufocante, peçonhento, no cubículo. Uma noite, quando estava estendida na cama sem conseguir dormir, um rato enorme passou por cima de seu travesseiro, roçando seu rosto, "os pequeninos olhos fuzilando por entre o pelo cinzento e repelente".[11]

À diferença das agruras que enfrentaram na Europa, essa pelo menos seria temporária, e é provável que Mania e Pinkhas Lispector se consolassem com a consciência de que sua jornada estava próxima do fim. Suas filhas cresceriam num país livre, relativamente isento de antissemitismo. Não que o Brasil historicamente tivesse boa vontade com os judeus. Abrigara a Inquisição em tempos coloniais, quando judeus declarados eram barrados. Mas não tinha nada parecido com o antissemitismo endêmico da Europa Oriental. Em parte porque, quando os Lispector chegaram, a "Questão Judaica" era quase apenas acadêmica.

Com exceção de algumas pequenas comunidades sefarditas em cidades amazônicas, poucos judeus viviam no Brasil. Em 1920 provavelmente não mais do que 15 mil judeus viviam no enorme país. Os trinta anos anteriores tinham visto chegar mais de 2,6 milhões de outros imigrantes, a maioria do sul da Europa, mais um importante contingente de japoneses. Mas só alguns dos novos imigrantes eram judeus.[12] A exemplo dos parentes dos Lispector, muitos tinham chegado com a Jewish Colonization Association, ou pela Argentina, como os irmãos Rabin, ou pelo sul do Brasil, onde a JCA tinha duas colônias agrícolas. Mas desde o início os imigrantes judeus foram atraídos para as cidades.

Eles tendiam, em sua maioria, para as grandes metrópoles do Sudeste, Rio de Janeiro e São Paulo. A cidade nordestina onde os Lispector desembarcaram, Maceió, não tinha mais do que um punhado de famílias judias. Estas incluíam a irmã de Mania, Zicela, e seu marido, José Rabin. Quando foram receber seus parentes no porto de Maceió, o fosso entre as duas famílias devia ser enorme. Fazia quase uma década que os Rabin e os Lispector não se viam. Os Rabin tiveram tempo de alcançar uma situação de conforto em seu novo lar. Tocavam um negócio bem-sucedido, falavam português e tinham dois filhos nascidos no Brasil, Sara e Henrique. Mais que tudo isso, não tinham vivenciado os anos infernais que os Lispector passaram encalacrados na Ucrânia.

Embora o cais fosse ornado com sua réplica da Estátua da Liberdade, Maceió dificilmente seria confundida com Manhattan. Três anos depois da chegada dos Lispector, em 1925, a capital de Alagoas não contava com mais do que sete cafés, seis hotéis e três cinemas.[13] Não acontecia muita coisa ali, nem jamais acontecera. Entre 1695, quando Zumbi, o líder do Quilombo dos Palmares, no interior de Alagoas, foi morto, e 1989, quando o mandrião corrupto local Fernando Collor foi eleito presidente do Brasil, a cidade não frequentou as manchetes, era um lugar atrasado da parte mais pobre do país. Os rios eram cheios de piranhas, e é improvável que Pinkhas e Mania Lispector se animassem muito com as atrações que Maceió oferece aos visitantes de hoje. O clima tropical pode ter parecido sufocante a pessoas habituadas à temperada Ucrânia, e é pouco provável que tenham passado muito tempo nas extensas praias locais. Seja como for, depois de tudo o que a família tinha sofrido, Maceió, com suas praças coloniais cobertas de coqueiros e tamarindos, com seu mar azul salpicado de jangadas, com certeza deve ter parecido atraente.

Em Maceió a família adotou nomes brasileiros. Pinkhas virou Pedro, Mania virou Marieta, Leah virou Elisa e Chaya virou Clarice. Somente Tania, cujo nome era comum no novo país, manteve o seu. Clarice, que ainda não completara um ano e meio, não teria nenhuma lembrança de Chaya nem dos horrores da Ucrânia.

Na radiosa luz tropical, a família talvez não notasse imediatamente que, em alguns aspectos, Alagoas não era de todo exótica para eles. Tinha muito em comum com a terra natal da família. A exemplo da Podólia, a região era rural e pré-industrial, e havia um abismo extremo entre a maioria empobrecida e os grandes proprietários de terras. Alagoas era o estado mais densamente povoado do Brasil, com 800 mil habitantes em 1912. Mas Maceió tinha apenas cerca de 40 mil habitantes, mesmo sendo, de longe, a maior cidade do estado.[14] A população quase inteiramente rural estava concentrada em latifúndios que produziam as principais matérias-primas da região: açúcar e algodão. Por razões práticas, essas propriedades eram como pequenos feudos independentes, governados por uma oligarquia aparentada entre si e ferozmente zelosa de suas prerrogativas.

Essa estrutura social talvez fosse inevitável. Se a má distribuição das ricas terras ucranianas era o resultado de uma liderança política perversa, os problemas sociais de Alagoas também, com o adicional de uma geografia hostil e uma economia de alcance limitado. Nada disso, para dizer o mínimo, favorecia o desenvolvimento de uma sociedade igualitária. O açúcar requeria enormes investimentos de dinheiro e mão de obra. O Brasil é vasto no papel, mas suas terras férteis, especialmente no Nordeste, exauriram-se rápido com a monocultura, que era a regra nos engenhos. Nunca houve condições suficientes para gerar uma classe independente de proprietários médios, e as secas rigorosas e frequentes da região, que podiam durar anos, só não liquidavam os grandes proprietários. Desde muito cedo na história do país, a propriedade rural se concentrou em poucas mãos. E quando o preço do açúcar caiu de seus picos históricos no século XVII, Alagoas e lugares semelhantes começaram a estagnar.

A situação econômica tinha se agravado devido ao fato de o Brasil não ter conseguido criar cidades. As que existiam eram distantes umas das outras e, com poucas exceções, como o Rio de Janeiro, raramente eram metrópoles no verdadeiro sentido da palavra. (Mesmo o Rio, no início do século XX, era sobretudo um porto e sede do governo, mais do que uma metrópole com economia dinâmica e autossuficiente, como São Paulo se tornaria.) Capitais de estado como Maceió eram simples apêndices da área rural. Embarcavam mercadorias primárias para o exterior e importavam produtos avançados para as plantações. Eram, secundariamente, centros sociais, religiosos e educacionais para a elite, que em geral vivia em suas propriedades no campo. Eram gente do interior, e o dinheiro que gastavam na cidade vinha do interior. Quase todas as atividades econômicas urbanas estavam relacionadas com o latifúndio.

Isso valia até mesmo para a metrópole do Nordeste brasileiro, o Recife. Num volume comemorativo publicado em 1925, a publicidade era quase exclusivamente dedicada a produtos rurais.[15] Tirando um punhado de anúncios de hotéis, dentistas e tabacarias, os comerciantes do Recife apregoavam suas especialidades: algodão e mamona, a exportação de couros e peles, a moagem de café e farinha. Mesmo os produtos industriais eram anunciados por sua utilidade no campo: motores para os engenhos de açúcar, máquinas de cardar algodão.

No entanto a ordem rural tradicional estava sofrendo uma erosão. A abolição da escravatura, em 1888, causou uma revolução na sociedade rural brasileira. Os efeitos não foram imediatamente visíveis, mas por volta de 1900 o Sul do Brasil, ajudado por um crescente suprimento de mão de obra livre, se industrializava rápido. O resultado mais evidente foi o explosivo crescimento da moderna cidade de São Paulo. Outras cidades importantes também emergiram nessa época, como Belo Horizonte, Porto Alegre e Curitiba. Os estados nordestinos ficaram para trás economicamente, mas suas cidades estavam se expandindo, em especial à medida que antigos escravos abandonavam a área rural, cada vez mais miserável.

Era uma grande oportunidade para os imigrantes. Milhões deles afluíram ao Brasil para tirar proveito da economia crescente. Os portugueses dirigiam-se ao Rio de Janeiro, os japoneses e italianos a São Paulo. Mesmo lugares como Maceió estavam se expandindo, mas não atraíam os imigrantes da futura classe média que chegavam ao Sul. Em vez disso, estavam se enchendo de trabalhadores rurais habituados à escravidão, gente que em geral carecia da instrução básica e das habilidades requeridas para se estabelecer por conta própria. Sem familiaridade com a economia monetária e chegando a cidades pré-industriais que ofereciam pouco em termos de trabalho, essas pessoas precisavam de bens e serviços básicos e baratos: os potes e panelas e retalhos de tecido indispensáveis até mesmo às moradias mais pobres. Maceió praticamente não contava com uma classe média nativa. Um imigrante esperto, mesmo com um capital mínimo, poderia preencher o vácuo.

Pinkhas — agora Pedro — Lispector tinha grandes esperanças. "Queria tentar vida nova, o pai", escreveu Elisa. "Queria viver em liberdade." Na foto do passaporte ela via "os olhos fixos na câmera fotográfica com um quê entre amargo e ainda assim desafiador. Pois não foi ele o primeiro de entre muitas gerações na família que teve a coragem de emigrar?".[16]

Em Maceió, o exemplo do negócio bem-sucedido de José Rabin pode tê-lo inspirado. Rabin começou como *klientelchik*, mascate. Era uma profissão que os judeus tinham exercido por muito tempo na Europa. No Brasil os primeiros mascates foram cristãos levantinos que chegaram pouco antes dos judeus, e nas cidades brasileiras emergentes realizavam um serviço vital. A população urbana tinha crescido muito mais depressa do que os serviços bancários e o comércio varejista. Havia poucos pontos de venda para atender a demanda por tecidos básicos e utilidades domésticas. Naquelas regiões sem muito dinheiro em circulação os judeus ofereciam a crédito até mesmo as mercadorias mais baratas. Isso dava aos imigrantes mais humildes algo para vender e permitia aos consumidores menos abastados adquirir mercadorias necessárias.

Os mascates judeus não apenas alcançavam consumidores que os varejistas tradicionais ignoravam, mas também viajavam a regiões nas quais os comerciantes tradicionais nunca sonhariam em extrair lucro. Levavam produtos às menores cidades do Oeste norte-americano; tinham entrepostos nos pampas, nas estepes sul-africanas e no interior australiano, lugares muito mais remotos que Maceió, que, mesmo não sendo grande coisa, era pelo menos uma cidade estabelecida, uma capital de estado. As cidades do Nordeste brasileiro, que anteriormente, em sua maioria, não passavam de portos para a produção rural, eram propícias ao comércio ambulante. As populações urbanas estavam crescendo com o declínio da economia rural. As cidades estavam acumulando o tipo de gente a quem um empreendedor do degrau mais baixo da escada poderia vender.

Para muitos judeus, mascatear era apenas um primeiro passo na economia de seu novo lar. Embora o trabalho fosse árduo, eles eram estimulados pelos sonhos de progresso para si próprios e seus filhos. O mascate imigrante, carregando mercadorias nas costas, sonhava com uma loja fixa. "Não era um meio muito agradável ou respeitável de ganhar a vida", escreveu Israel Wainstok sobre seu início de carreira no Recife. "Ainda assim, porém, muitas pessoas boas conseguiam progredir de mascates a negociantes e industriais. Então eu me pus a mascatear, até porque não tinha muita escolha!"[17]

Já perto do final da vida, Clarice descrevia a profissão de seu pai como a de um "representante comercial". "Não era bem isso", disse uma amiga. "Ela disse aquilo como uma forma carinhosa de abrandar a pobreza em que a família viveu no Recife."

> Era uma atividade comercial, mas bem diferente [...]. Ele percorria as ruas dos bairros mais pobres do Recife com um carrinho de mão e anunciava gritando com seu sotaque de estrangeiro e sua voz cansada: "Compa rôpáaaaaa, compa rôpáaaa" [...]. Ele adquiria roupas velhas, usadas, e as revendia para comerciantes da cidade [...]. Até hoje eu guardo aqui no meu ouvido a voz da Clarice imitando o pai com um carinho imenso, "compaaaa rôpáaaaaaa", eu não me esqueci nunca mais.[18]

A maioria dos mascates acabava no comércio de miudezas; alguns fracassavam por completo. Ainda menos numerosos eram os que faziam grandes fortunas. Nos Estados Unidos, nomes como Guggenheim, Annenberg e Lévi-Strauss devem seu esplendor a mascates judeus. Na época em que os Lispector chegaram, José Rabin, que começou ele próprio como mascate, tinha conseguido se colocar à frente de uma pequena rede de outros mascates, gente que presumivelmente chegou depois dele. Tomavam emprestado um pouco de dinheiro dele e lançavam-se ao trabalho, mascateando diferentes mercadorias em diferentes regiões da cidade, retornando-lhe uma porcentagem do faturamento. Não era um homem rico, mas estava subindo na vida.

José Rabin era também, pelo que o livro de Elisa dá a entender, cruel. Depois de tudo o que os Lispector sofreram, a gélida recepção que os esperava em Maceió era a última coisa com que poderiam contar, embora talvez tivessem uma sugestão dela no tom "amável e reticente" das cartas que os alcançaram na Romênia. Tendo sobrevivido a perseguições raciais, guerra civil, estupro, doença e exílio, agora eles deparavam com a tirania de parentes mesquinhos.

O livro de Elisa, escrito quase trinta anos depois desses acontecimentos, ainda vibra de raiva pela humilhação que José e Zina impuseram a seus parentes.

Parte do atrito podia ser atribuída às experiências amplamente diferentes que as duas famílias tiveram na década anterior. "Quão pouco eles se conheciam!", admira-se Elisa. "Onde os liames da compreensão, ou o mais tênue vislumbre da afinidade?" Mas, a crer em Elisa, seus pais eram também vítimas de uma deliberada campanha de humilhação. José volta e meia hostilizava Pedro, abanando a cabeça a cada vez que surgia uma dificuldade e dizendo, mais com pesar do que com raiva: "Ah, quer dizer que depois de todas as despesas e trabalhos que tivemos para trazê-los...".[19] Buscava o tempo todo novas e refinadas maneiras de lembrar a Pedro a grande dívida que tinha com ele, que afinal os trouxera para o Brasil.

É difícil imaginar as dificuldades da posição de Pedro Lispector. De fato, sua vida inteira era uma luta penosa e contínua. Incapacitada, sua mulher entrava e saía do hospital de caridade. Ele tinha três meninas para criar. Constantemente recebia cartas de parentes atormentados da Rússia, pedindo a ele, o felizardo, que os salvasse. Depois de sua batalha épica para carregar sua família por meio mundo, encontrou apenas um cunhado arrogante e avarento.

Pedro ganhava algum dinheiro ensinando hebraico a crianças ingratas e vendia cortes de linho em troca de uma comissão paga por José, que, para enfatizar sua desconfiança, "contara meticulosamente e Zina recontara". Para proteger a esposa e as filhas da constante ameaça de fome, ele batia perna dia após dia pelas agitadas ruas de Maceió, ganhando uma ninharia. Nunca era o suficiente. Comovida, Elisa relembra a tristeza e o desespero dele, as horas que passava em silêncio, fumando na sacada, em busca de uma saída.

Até que por fim ele se lembrou da arte que o velho lhe ensinara em Tchetchelnik. Sabia fabricar sabão. Em troca do investimento inicial de José, ele se propunha a entrar com o trabalho. No calor tórrido de Maceió, passava horas e horas, dia após dia, mexendo um caldeirão fervente, respirando o "nauseante odor do sebo e o causticante veneno do breu".[20] Julgava que esse empreendimento o colocaria numa posição mais próxima à do cunhado. Mas foi inútil. "Nos dias em que não havia cozimento de sabão, que ficava fazendo, vendo os outros trabalharem?", provocava-o José.[21] Pedro não estava em situação de resistir, e sua autoestima pouco a pouco foi se corroendo. Ainda não havia comida suficiente em casa. Mesmo nas raras horas vagas ele dependia dos parentes da esposa para se distrair. Mais tarde, Clarice declararia que ele aprendeu português imediatamente. Mas Elisa escreveu que em Maceió ele ainda não tivera tempo de aprender a nova língua. Para conectar-se com o mundo exterior, ele se fiava no jornal em iídiche *Der Tag* [O Dia], que pegava emprestado com o cunhado. Mas por fim José deixou de emprestá-lo.

Elisa relembra sua própria solidão crescente e as fugas para o mundo de fantasia que ela criou para escapar da árida realidade da sua vida. Aprendera um pouco de português, mas não o bastante. Na escola, suportava zombarias por causa de sua pronúncia.

> — Diga cadeado, diga. As crianças cercavam-na e apoquentavam, com maldade.
> — Ca-de-a-do, repetia, pondo acento em cada sílaba com medo de errar. A meninada ria, pulava em torno, uma puxando-lhe a saia, outra, o cabelo maltratado.[22]

À medida que as humilhações se acumulavam, Pedro começou a transmitir suas ambições — que já tinham sido frustradas pelo governo tsarista, pela guerra civil e pela imigração — às filhas. Uma noite, enquanto Elisa ouvia o som de um piano vindo da janela de um vizinho, ele lhe disse: "Mas eu posso mandar ensinar música a vocês. — Sim, reforçou, é claro que posso". Aulas de piano podem ter parecido extravagantes para um homem que mal tinha com que alimentar sua família, mas eram um baixo preço a pagar por um pouco de dignidade, pelo sentimento de que suas filhas teriam uma vida melhor do que a dele. Elisa escreveu que ele estava determinado a fazer com que o mundo visse o tipo de filhas que tinha.[23]

Seus sacrifícios não foram em vão. Uma das filhas iria colocar o nome do pobre mascate entre os grandes nomes do Brasil. Mas Pedro Lispector não viveria para ver.

6. *Griene* Gringos

De acordo com Elisa, a gota d'água para a vida da família em Maceió veio quando Marieta retornou de uma de suas longas temporadas no hospital. Ela se submetera a um tratamento longo e infrutífero, e Zina, que no relato de Elisa era cúmplice da crueldade do marido, começou a sussurrar palavras conspiratórias nos ouvidos enfermos e desesperados da irmã. Incentivou Marieta a culpar Pedro pelas dificuldades da família, e quando ele voltou para casa depois de mais um dia árduo de trabalho, Marieta vomitou sobre o marido palavras cruéis e violentas, que o levaram às lágrimas. Anos mais tarde, Elisa ainda se lembraria com horror do incidente.

No dia seguinte, segundo Elisa, Pedro informou a José que ia deixar a cidade. Tomou o barco para o Recife. Quatro meses depois, tinha juntado o suficiente para ir buscar a mulher e as filhas. Tania Lispector Kaufmann se lembrava de modo diferente das circunstâncias da partida:

> Elisa talvez não se sentisse muito bem em relação aos primos. Tinha entre 12 ou 13 anos. Talvez não guardasse boas lembranças; coisas de criança. Pequenas tensões existem em toda parte. Estas não foram, no entanto, a causa da mudança para o Recife. Maceió, naquele tempo, era quase uma aldeia; foi um ato natural

procurar uma cidade maior como Recife, que era, então, a capital do Nordeste. Todos dependiam do Recife p/ compras melhores e até p/ médicos mais competentes.[1]

Passaram três anos em Maceió, dos quais Clarice não teria lembrança alguma; tinha cinco anos de idade quando se mudaram para o Recife, no qual ela sempre pensaria como sua cidade. "Pernambuco marca tanto a gente que basta dizer que nada, mas nada mesmo nas viagens que fiz por este mundo contribuiu para o que escrevo. Mas Recife continua firme."[2] "Criei-me em Recife", ela escreveu em outro lugar, "e acho que viver no Nordeste ou Norte do Brasil é viver mais intensamente e de perto a verdadeira vida brasileira [...]. Minhas crendices foram aprendidas em Pernambuco, as comidas [de] que mais gosto são pernambucanas."[3]

No século XVII Pernambuco tinha sido conquistado pelos holandeses, que transformaram o pacato e estagnado Recife na mais rica e multiforme cidade da América do Sul. Era habitado por africanos e índios, holandeses e portugueses, alemães, italianos, espanhóis, ingleses e poloneses. Pelo fato de "um grau maior de liberdade religiosa ser concedido no Brasil holandês do que em qualquer outro lugar do mundo ocidental", incluindo a Holanda, judeus afluíram para lá — eram tantos que no Recife podem ter ultrapassado o número de brancos góis.[4] A primeira sinagoga do Novo Mundo, Kahal Zur Israel, foi fundada na rua dos Judeus, em 1637. Um padre resmungou que o Recife e sua cidade gêmea, Olinda, eram "como Sodoma, & a Gomorra".[5]

Havia judeus no Nordeste brasileiro antes da conquista holandesa, predominantemente cristãos-novos, e seus descendentes, que buscavam segurança longe da metrópole, policiada com maior rigidez. Embora não houvesse um Tribunal do Santo Ofício no Brasil, o país não estava inteiramente a salvo da Inquisição, e perseguições periódicas atingiam muitos brasileiros proeminentes. Entre as vítimas estavam Bento Teixeira, autor da primeira obra literária escrita no Brasil, a *Prosopopeia* ("Um mau poema, uma imitação pobre de Camões, e seu principal intuito era louvar o governador da capitania de Pernambuco", escreveu Erico Verissimo, amigo de Clarice), e a família de Branca Dias, destacada moradora de Olinda que foi a primeira pessoa a proporcionar instrução a mulheres no Brasil.[6] Mas sob os holandeses, que tomaram o controle do Nordeste brasileiro em 1630, a comunidade floresceu. Muitos criptojudeus que tinham sido obrigados a esconder suas origens voltaram à luz, e grande número de judeus, predominantemente portugueses, que tinham se refugiado em Amsterdam, apareceu no Recife.

A chegada à nova terra trouxe também novos problemas. Por volta de 1636 a comunidade enviou uma carta a um rabino em Salonica, Haim Shabetai, perguntando se devia ajustar suas orações ao hemisfério sul: "E devemos orar pedindo chuva entre os meses de Tishrei e Nissan, como fazem os outros judeus pelo mundo afora, ou devemos adaptar nossas orações às estações do ano no Brasil?".[7] Os portugueses locais e seus aliados, tendo contraído enormes dívidas com os holandeses,[8] empreenderam uma campanha feroz para retomar Pernambuco, e por várias vezes quase conseguiram, sitiando o Recife e levando a fome para lá. Num momento de especial desespero, dois navios, o *Falcon* e o *Elizabeth*, apareceram magicamente, inspirando o famoso rabino Isaac Aboab da Fonseca, membro do tribunal de Amsterdam que depois excomungaria Espinosa, a compor um longo cântico de graças, "Zecher assiti leniflaot El" ("Quero rememorar os milagres de Deus"). Foi o primeiro poema em hebraico escrito no Novo Mundo.

Mas Deus revelou-se avaro em seus milagres. Não interveio de novo para socorrer o Brasil holandês. Os portugueses conseguiram retomar o Recife em 1654, pondo fim a uma breve idade de ouro. Com a reconquista, os judeus foram expulsos, e a Inquisição, restaurada. Vinte e três judeus do Recife se dirigiram para outra colônia holandesa, Nova Amsterdam, onde, na ilha de Manhattan, estabeleceram as bases da maior comunidade de judeus da diáspora que o mundo iria conhecer. O templo que os membros exilados da Kahal Zur Israel fundaram ali, Congregação Shearit Israel, existe até hoje, num exuberante edifício em Central Park West.

Para os judeus norte-americanos, 1654 foi um começo. Para o Brasil, marcou um fim. Alguns dos que permaneceram se converteram ao cristianismo e mantiveram em segredo suas crenças religiosas, em alguns casos ao longo de gerações. Acabaram, porém, misturando-se à sociedade luso-brasileira, e por volta de 1925, quando a família Lispector chegou ao Recife, não havia nenhuma ligação real com os judeus do Brasil holandês. Os judeus do Recife, assim como todos os judeus do Brasil, eram recém-chegados.

Em Pernambuco, hoje, o breve período do domínio holandês desperta um interesse que chega às raias do fetichismo. Qualquer motorista de táxi, ao que parece, é capaz de recitar as realizações do governador Maurício de Nassau, e os cidadãos lamentam abertamente terem sido colonizados pelos desajeitados portugueses, e não pelos tolerantes e competentes holandeses. Esse fascínio faz parte de tal maneira da mentalidade de Pernambuco, é de tal modo uma pedra angular da identidade do estado que parece ter sido sempre assim.

Na verdade, isso é mais ou menos recente. Durante os três séculos que se seguiram à queda do Recife holandês, a conquista de Pernambuco foi apresentada como o triunfo de um Estado católico, português e unitário, um evento tão importante que foi amplamente considerado um marco do nascimento da nação brasileira. O grande número de judeus no Recife holandês também significava que o tom dessas críticas costumava ser antissemita. Ainda em 1979, Gilberto Freyre podia citar, com aprovação, um historiador mais antigo que via a guerra contra os holandeses como um confronto entre "a cruz e a lojinha".[9]

Os historiadores sempre foram atraídos pelo interregno holandês. "Nenhum período da história nacional possui uma literatura tão abundante quanto o conturbado domínio holandês no leste do Brasil", escreveu Alfredo de Carvalho em 1898. Mas a visão pró-holandesa só começou a se popularizar em meados do século xx. Livros como *Tempo dos Flamengos*, de José Antônio Gonsalves de Mello, publicado em 1947, enfatizavam aspectos do domínio holandês que eram atraentes a um Brasil moderno, democrático: a tolerância religiosa na colônia, com suas substanciais realizações artísticas e científicas. Dois anos depois, outro historiador comparou o que fizeram as duas potências coloniais com a instituição da Inquisição: enquanto os portugueses expulsaram as classes que os libertaram do feudalismo, os holandeses rejeitaram as antigas estruturas e abraçaram a iniciativa privada.[10]

O resultado desse revisionismo e da holandofilia que ele despertou é que ser judeu em Pernambuco hoje é estar diretamente conectado com o momento mais glorioso da história local. A recente descoberta, escavação e reconstrução da sinagoga de Kahal Zur Israel foi uma bênção para a comunidade judaica, que inesperadamente viu a si mesma como um traço central da identidade pernambucana.

Essa situação não poderia ser mais diversa da que existia pouco antes da Primeira Guerra Mundial, quando os primeiros judeus chegaram ao Recife. Os imigrantes, quase todos gente pobre da Europa Oriental, tinham um vago conhecimento de que ali houve uma comunidade mais antiga. Nada sabiam sobre esse passado, e os habitantes locais, mesmo os mais cultos, nada sabiam sobre os judeus.[11]

Tomemos este diálogo de 1922, o ano em que a família Lispector chegou ao Brasil. Os correspondentes são dois pernambucanos proeminentes, Gilberto Freyre e Manuel de Oliveira Lima. Freyre foi provavelmente o mais famoso estudioso do Brasil; Oliveira Lima foi um dos maiores historiadores do país, homem de imensa cultura, que doou sua biblioteca de 40 mil volumes para a Catholic University de Washington. Em 1922, ambos estavam morando nos Estados Unidos. Em 18 de janeiro daquele ano, Freyre escreve: "Já voltou para Boston o sr. Goldberg. Gosto dele. Somos tão parecidos, nos gostos, nas simpatias, nas antipatias, nos interesses! Por intermédio dele vou conhecer David Prinski, o grande intelectual judeu, cuja casa é rendez-vous de gente de letras ou aliteratada. A propósito: como se diz 'Yiddish' em português?". "Não sei como se diz 'Yiddish' em português, nem sei mesmo o que seja. Quero sabê-lo porque aprendo até morrer." Freyre replicou: "A propósito: 'Yiddish' é o nome dos Judeus, de seu idioma e literatura — modernos. Diz-se 'fulano é Yiddish'. 'Literatura Yiddish' etc. Pensei que havia palavra para isto em português."[12] (Existe: iídiche.)

Se era esse o nível do conhecimento sobre a cultura judaica por parte de intelectuais de formação internacional, pode-se imaginar a situação entre as pessoas comuns no Pernambuco daquele tempo. "Para os menos cultos, principalmente no interior", escreveu Samuel Malamud, advogado de destaque e amigo dos Lispector, "o judeu era confundido com Judas, e eles o imaginavam não como um ser comum, mas semelhante ao diabo, com chifres e cauda."

> Os judeus com quem mantinham contato diário, seja como mascates que lhes vendiam a domicílio roupas, objetos de cama e mesa, joias e móveis, seja mesmo os comerciantes já estabelecidos em diversos ramos, eram tratados como russos, polacos ou simplesmente "gringos", palavra com que se designava qualquer estrangeiro. Para os judeus, "gringo" era o mesmo que *griner* (verde), do iídiche, com que designavam os recém-chegados ao país.[13]

Para a maioria dos brasileiros, os judeus não eram diferentes de outros imigrantes — portugueses, libaneses, italianos, espanhóis. Como categoria à parte, os judeus eram desconhecidos, e o antissemitismo praticamente não existia, nem mesmo como conceito.

A piada do judeu que vai parar sozinho numa ilha deserta e constrói duas sinagogas — uma para frequentar e outra para passar longe — também se aplicava à jovem *kehillah* de Boa Vista, o bairro judeu do Recife. Os parentes de Mania Lispector estavam entre os primeiros judeus da cidade. Em novembro de 1911 havia apenas oito homens judeus no Recife, incluindo o primo dela, Pinkhas Rabin.[14] Ele importou o primeiro rolo de Torá, em 1913, mas essa honra parece ter lhe subido à cabeça. De acordo com as memórias de Avrum Ishie, escritas em iídiche, de 1956, a mesquinhez de Rabin em relação a seu livro sagrado aborreceu bastante a comunidade. Indignados com sua atitude, outros homens encomendaram sua própria Torá na Palestina. Quando ela chegou, em 1914, já havia quatro *minyanim*, ou quarenta homens adultos, na cidade. Dois anos depois, a nascente comunidade adquiriu um prédio para abrigar uma escola e outras instituições judaicas. "Mas nós éramos judeus de verdade", recordou Avrum Ishie. Um segundo grupo não gostou do prédio, então providenciou outro para si e instituiu uma escola concorrente. Mais tarde, o Clube Sionista e o Clube Socialista, situados lado a lado em casas minúsculas na rua da Glória, iriam batalhar entre si para conquistar a pequena comunidade.

Apesar dessas rixas previsíveis, a comunidade, expulsa das estepes da Ucrânia, da Bessarábia e da Bielorrússia, e arremessada ao outro lado do mundo, era notavelmente coesa. Talvez não tenham sempre gostado uns dos outros, mas no final das contas tinham mais em comum com os colegas judeus imigrantes do que com seus exóticos vizinhos. Os imigrantes eram, antes de tudo, pobres, pelo menos quando chegavam. Um dos atrativos do Recife era sua localização, na ponta nordeste da América do Sul; na qualidade de grande porto brasileiro mais próximo da Europa, era mais barato chegar lá do que aos destinos mais famosos do Sul. Muitos ficavam no Recife porque não podiam se dar ao luxo das opções mais vistosas como o Rio de Janeiro, São Paulo e Buenos Aires.[15]

A localização conveniente do Recife não foi a única razão para escolherem o Nordeste. Por trabalharem em profissões similares, os imigrantes judeus precisavam do apoio uns dos outros. Com o crescimento da imigração, os grandes centros — Rio, São Paulo, Montevidéu, Buenos Aires — eram cada vez mais comentados. Os mercados para os produtos em que os judeus se especializaram estavam quase saturados.[16] No entanto ainda havia oportunidades, e menos competição, nas cidades "de segunda linha". No Recife, assim como na bem menor Maceió, os mascates volta e meia começavam vendendo as mercadorias, como tecidos, em consignação, carregando as fazendas pelos arrabaldes do Recife, pelo sertão de Pernambuco e mesmo por estados vizinhos.

Uma década depois da chegada dos judeus, a comunidade tinha se estabelecido no bairro de Boa Vista. A área deve seu nome a um palácio construído pelo mais célebre dos governadores holandeses, e embora seu majestoso esplendor viesse de um passado remoto, o bairro ainda era o agitado coração comercial da cidade. Muitos dos pioneiros tinham conseguido deixar a atividade de mascates e agora estavam instalados na vida menos árdua de lojistas. No Brasil, trabalhavam em ofícios semelhantes aos que sempre couberam aos judeus na Europa. No país de origem, os judeus, a exemplo do pai assassinado de Mania Lispector, comercializavam madeira de lei; no novo país, com suas abundantes florestas tropicais, muitos judeus se estabeleceram como comerciantes de madeira. Outros vendiam produtos de madeira, em especial móveis, e outros itens domésticos, como roupa de cama e mesa e utensílios de cozinha. E, assim como na Europa, havia muitos alfaiates e joalheiros judeus. Feito seus parentes distantes no século XVII, que precisaram adaptar suas orações às estações do sul, os imigrantes tinham de adaptar seus produtos ao novo clima: à diferença do que ocorria na gélida Podólia, no calor opressivo do Recife os guarda-chuvas eram usados tanto para proteger do sol como da chuva.

O Recife podia ser uma importante cidade do Nordeste brasileiro, mas sua economia não era muito mais diversificada ou desenvolvida do que a de Maceió. Havia poucas manufaturas na cidade. Coube aos judeus de Boa Vista introduzir toalhas de banho, lençóis e toalhas de mesa prontas (antes dessa inovação, as pessoas faziam esses artigos elas próprias, com cortes de pano), bem como ampliar o primitivo sistema de crédito. Assim como os mascates judeus propiciavam aos consumidores mais pobres comprar tecidos e panelas em condições generosas, os comerciantes de Boa Vista mais tarde introduziriam o crédito e o parcelamento para compra de itens maiores, como geladeiras, prática tornada totalmente natural no Brasil desde então.

O centro dessa comunidade era a praça Maciel Pinheiro, conhecida em iídiche como a *pletzele*, ou pracinha, e foi ali, no número 367, que Clarice Lispector passou a infância. "Era um casarão tão velho que, quando a gente andava, as tábuas balançavam", recordava Tania Lispector. "Tinha janelas coloniais, varanda, telhas coloniais, era mesmo muito antigo [...]. Morávamos no segundo andar. Com medo que ela desabasse, mudamos para outra."[17] (No entanto, a casa ainda está lá.) A praça tinha esse nome em homenagem a um herói local da Guerra do Paraguai e era ornada com um grande e esplêndido chafariz feito em Lisboa e decorado com representações de índios. Mas "não houve muitas amizades com os pernambucanos", recordava Tania, referindo-se aos góis;[18] de fato a *pletzele* e as ruas adjacentes eram quase tão judaicas quanto as *shtetlach* que seus habitantes tinham abandonado pouco antes.

Na pracinha propriamente dita ficavam o salão de *sodevosser* (refresco) de Jacob e Lea Lederman; as lojas de móveis de Maurício Gandelsman, Adolfo Cornistean, Benjamin Berenstein, Moisés Rastolder, Isaac Schwarts, Israel Fainbaum, Leopoldo Edelman e os irmãos Iampolsky; uma loja de roupas prontas pertencente a Júlio e Ana Guendler e Moisés Rochman; o armarinho do memorialista Avrum Ishie Vainer; e a loja de tecidos de Natan e Freida Pincovsky.[19] A rua Imperatriz, que descia da *pletzele* até o rio Capibaribe, também era fortemente judaica. Havia as Casas Feld, loja de roupas mais sofisticadas, gerida por Luiz Feldmus e sua esposa, figura glamorosa, conhecida no Recife como Madame Clara. Havia padarias e armarinhos de judeus, uma escola judaica e a Livraria Imperatriz, de Jacob Bernstein.

Havia também as instituições, as escolas, as sinagogas. A poucos metros da porta dos Lispector, na esquina da rua do Aragão, ficava a Cooperativa Banco Popular Israelita de Pernambuco, um "banco" informal que operava com doações da comunidade, aberto das sete às oito da noite, às quartas-feiras. A cooperativa, que não cobrava taxas sobre o que hoje seria chamado de empréstimo de curto prazo, foi um ingrediente essencial para o progresso da comunidade, ajudando os recém-chegados a se estabelecer como mascates, e os mascates como lojistas.

Meses antes de morrer, Clarice Lispector fez sua última viagem ao Recife, para dar uma palestra na universidade. Ela insistiu em se hospedar no Hotel São Domingos, na esquina da praça Maciel Pinheiro, onde ficava o velho banco judaico. Passou horas na janela olhando para a pracinha onde crescera. Para a pequena Clarice, conforme ela lembrou numa entrevista, aquele jardinzinho, onde os motoristas de táxi flertavam com as empregadas domésticas, parecia uma floresta, um mundo onde ela escondera coisas que nunca mais conseguiu recuperar.[20] Depois de todos aqueles anos, só a cor da casa tinha mudado:

> Minha lembrança é a de olhar pela varanda da praça Maciel Pinheiro, em Recife, e ter medo de cair: achei tudo alto demais [...]. Era pintada de cor-de-rosa. Uma cor acaba? Se desvanece no ar, meu Deus.[21]

Um entrevistador perguntou: "Sabemos que você passou toda a sua infância aqui no Recife, mas o Recife continua existindo em Clarice Lispector?". Ela respondeu: "Está todo vivo em mim".[22]

A pobreza do pai e a doença da mãe conspiravam contra, mas em entrevistas e escritos ocasionais Clarice sempre rememorou uma infância feliz. "Olha, eu não sabia que era pobre, você sabe?", disse ela numa entrevista posterior. "Eu perguntei um dia desses à Elisa, que é a mais velha, se nós passamos fome e ela disse que quase. Havia em Recife, numa praça, um homem que vendia uma laranjada na qual a laranja tinha passado longe. Isso e um pedaço de pão era o nosso almoço."[23]

Clarice teve a sorte de ser a caçula. Ao contrário de seus pais e suas irmãs, ela não tem nenhuma lembrança das agruras da família na Europa. Enquanto as irmãs sofriam suplícios e fome, ela era afagada e mimada. A irmã Tania recordava que Clarice era espantosamente bonita, mesmo quando bebê, e que a família e os vizinhos eram doidos por ela.[24] Travessa e enérgica, aos quatro anos Clarice era uma imitadora de talento, lembra Tania.

> Aos quatro anos foi para o jardim de infância (um dos primeiros existentes naquela época e muito diferente dos atuais) que era um tanto rígido, e Clarice, já naquele tempo analítica e crítica, imitava em casa as atitudes da Professora, com muita graça. Nós pedíamos que ela repetisse e ela o fazia imitando a Professora,

que ordenava a cada movimento da turma, batendo palmas, intercalando cada atividade com "batam palmas, agora descansem".[25]

Setenta anos depois, Tania ainda seria capaz de se lembrar do espanto quando elas iam ao médico ou ao dentista e Clarice punha-se imediatamente a imitar a postura de cada pessoa na sala de espera.

Enquanto Elisa e Tania eram um tanto tímidas, Clarice era uma líder natural. "Fazia muitas amizades na escola", relembrava Tania. "Mas era seletiva, escolhia as amiguinhas." "Eu era meio liderzinha", admitia Clarice. Era também "muito imaginosa, era quem inventava as brincadeiras", disse Tania. "Uma delas, por exemplo, com uma priminha da mesma idade (Clarice liderando), dizia: Vamos brincar de 'duas mulheres'. Então ficavam horas brincando, imitando as falas e atitudes de donas de casa, com irreverência e muito espírito crítico." "Antes de aprender a ler e a escrever eu já fabulava", recordava Clarice:

> Inclusive, eu inventei com uma amiga minha, meio passiva, uma história que não acabava [...] eu começava, tudo estava muito difícil; os dois mortos... Então entrava ela e dizia que não estavam tão mortos assim. E aí recomeçava tudo outra vez...[26]

Bertha Lispector Cohen, sua prima, lembrava que Clarice dava nomes a todos os azulejos do banheiro e a seus lápis e canetas. "Quando comecei a ler comecei a escrever também. Pequenas histórias", disse ela.[27] Depois de assistir a uma peça ela voltou para casa inspirada para escrever a sua própria, *Pobre menina rica*, três atos em duas páginas, que escondeu e depois perdeu. Escrevia para a página infantil do *Diário de Pernambuco*, que às quintas-feiras publicava contos enviados por jovens leitores. "Eu cansava de mandar meus contos, mas nunca publicavam, e eu sabia por quê. Porque os outros diziam assim: 'Era uma vez, e isso e aquilo...'. E os meus eram sensações."[28] "Eram contos sem fadas, sem piratas. Então ninguém queria publicar."[29]

"Clarice não estudava muito", conta Tania,[30] mas sempre tirava boas notas. "Menos em comportamento", acrescentou Clarice.[31] Em sua primeira escola, a Escola João Barbalho, a poucas quadras da praça Maciel Pinheiro, ela se tornou companheira inseparável de Leopoldo Nachbin, menino da sua idade que também tinha uma movimentada história familiar. Seu pai, Jacob

Nachbin, tinha emigrado para o Brasil em algum momento depois da Primeira Guerra Mundial. Órfão e autodidata, mesmo assim se tornou célebre na imprensa iídiche do país, viajando para a Argentina e o Uruguai e depois retornando à Europa, onde deveria recrutar mais imigrantes para o Brasil. A despeito de sua falta de instrução, tornou-se o primeiro historiador judeu a examinar a história das comunidades judaicas no Brasil, e foi, além disso, um poeta de destaque. Acabou abandonando sua família brasileira e indo para os Estados Unidos.[32]

Leopoldo, o filho que ele deixou para trás no Recife, acabaria se tornando o maior matemático brasileiro. Na Escola João Barbalho, no entanto, Leopoldo Nachbin e Clarice Lispector eram apenas "os dois impossíveis da turma". A professora os separava, mas em vão: "Leopoldo e eu falávamos lá o que falávamos em voz alta". Leopoldo se tornou, depois do pai dela, o primeiro protetor masculino de Clarice, "e tão bem o fez que me deixou para o resto da vida aceitando e querendo a proteção masculina".[33]

Com uma amiga, ela roubava rosas dos jardins dos recifenses mais endinheirados: "Era uma rua onde não passavam bondes e raro era o carro que aparecia. No meio do meu silêncio e do silêncio da rosa, havia o meu desejo de possuí-la como coisa só minha". Ela e uma amiga entravam correndo no jardim, colhiam uma rosa e fugiam. "Foi tão bom que simplesmente passei a roubar rosas. O processo era sempre o mesmo: a menina vigiando, eu entrando, eu quebrando o talo e fugindo com a rosa na mão. Sempre com o coração batendo e sempre com aquela glória que ninguém me tirava."[34]

O retrato mais completo dessa menina esperta e endiabrada pode ser encontrado em seu primeiro romance, *Perto do coração selvagem*, que publicou aos 23 anos. Como muitas das criaturas ficcionais de Clarice, a personagem principal, Joana, guarda uma notável semelhança com sua criadora: as mesmas circunstâncias familiares, a mesma personalidade obstinada, a mesma resistência às convenções. ("Em que medida você é Joana?", perguntou certa vez uma entrevistadora. Ela respondeu: "*Madame Bovary c'est moi*".)[35] E a mesma proximidade do coração selvagem, a mesma existência animal. "Não ter nascido bicho parece ser uma de minhas secretas nostalgias", escreveu Clarice certa vez.[36] "Talvez seja porque sou de Sagitário, metade bicho."[37]

Pessoas que a conheceram volta e meia a comparavam com um bicho, em geral um felino: elegante, inescrutável, potencialmente violento. "Ela se vestia perfeitamente, era delgada e linda, como um daqueles gatos egípcios", relembrou um amigo.[38] "Impressionou-me o seu rosto eslavo, forte e belo, com alguma coisa de animal felino", recordou Ferreira Gullar. "Ela tinha para mim a aura do mito, tanto me haviam impressionado os seus livros estranhos, tecidos numa linguagem mágica, sem equivalente na literatura brasileira."[39] "Os outros é que me achavam com ar de tigre, de pantera", disse Clarice a uma entrevistadora. Ela replicou: "Por causa dos olhos, mas não é não. É porque você tem um comportamento interno e uma observação constante que é dos felinos".[40] Joana, escreveu Clarice, "parecia uma gata selvagem, os olhos ardendo acima das faces incendiadas".[41]

Quando menina, Clarice vivia "cercada de gatos": "Eu tinha uma gata que de vez em quando paria uma ninhada de gatos. E eu não deixava se desfazerem de nenhum dos gatinhos. O resultado é que a casa ficou alegre para mim, mas infernal para as pessoas grandes".[42] Passava horas com os frangos e galinhas no quintal: "Eu entendo uma galinha, perfeitamente. Quero dizer, a vida íntima de uma galinha, eu sei como é".[43] Quando, já adulta, amigos lhe recomendaram um filme estrelado por uma atriz francesa que segundo eles tinha uma notável semelhança com Clarice, ela só teve olhos para o cavalo da mulher. "O fato é que me identifiquei mais com o cavalo preto do que com Barbara Laage", escreveu.[44]

"As pessoas daqui me olham como se eu tivesse vindo direto do Jardim Zoológico", escreveu ela ao escritor Lúcio Cardoso. "Concordo inteiramente."[45] Os olhos de gata e seu olhar intenso, "que ninguém conseguia sustentar por muito tempo", foram ficando cada vez mais perturbadores com o passar dos anos.[46] "Quem era ela? A víbora", Joana diz a si mesma, usando a palavra que sua detestável tia usa para descrevê-la: "É um bicho estranho, Alberto", diz a tia, "sem amigos e sem Deus — que me perdoe!". E o próprio marido de Joana, chocado por seu comportamento, explode: "Infame... Vil... Víbora! Víbora! Víbora!".[47]

Ela confessou que roubava rosas, mas não há evidências de que a jovem Clarice, a exemplo de Joana, tenha realizado furtos em lojas, e certamente nenhum sinal de que ela, como Joana, fosse dada a arremessar objetos pesados na cabeça de velhinhos. Não obstante, como boa parte da obra posterior de Clarice irá provar, essa aliança com o reino animal é muito mais perturbadora do que qualquer delinquência juvenil. A família de Joana tem razão em se sentir chocada por ela, pois Joana é simplesmente o mais notável exemplo precoce da entrega a uma natureza animal que, em Clarice Lispector, aponta para um ideal filosófico. Este último é sua completa recusa de qualquer moralidade antropocêntrica.

A moralidade, escreveu Fernando Pessoa, é "o esforço para elevar a vida humana, para lhe dar um valor humano".[48] É essa tentativa de reduzir a vida às dimensões humanas — qualquer ideia de que a vida é humana ou de que o universo é organizado para confortar os humanos — que Clarice rejeitará de modo célebre em *A paixão segundo G. H.*, o monumental romance de 1964 em que a protagonista se dá conta de sua identificação com uma barata. A amoralidade de Clarice, como ela própria acabará percebendo, é tão aterrorizante e absoluta que levá-la até seu desfecho lógico significa a loucura: nesse livro, ela assusta a si mesma, tanto quanto Joana choca seus parentes.

Dadas as circunstâncias brutais da primeira infância de Clarice, seria difícil que ela pudesse chegar a uma conclusão diferente desta: a vida não é humana e não tem "valor humano" algum. Sua existência não tinha mais razão de ser do que a da barata. Pura sorte era a única razão pela qual ela sobrevivera aos horrores ucranianos enquanto tantos milhões de outros pereceram. A única conclusão lógica era que a natureza do mundo é aleatória e sem sentido, mas compreender a natureza animal e aleatória do mundo era necessariamente rejeitar a moral convencional, o que implicava atribuir significados humanos ao mundo inumano. Uma pessoa com a história de Clarice nunca poderia se satisfazer com a frágil ficção de um universo sujeito ao controle humano.

A vida, em vez disso, era neutra e universal, sem valor humano, fora do alcance do conhecimento humano, e portanto — assim como o grande nome sagrado de Deus, que para os judeus é ao mesmo tempo incognoscível *e* o objetivo místico supremo — fora do alcance da linguagem humana, impossível de ser nomeada ou descrita. Tudo o que os humanos podem fazer é entrar em contato com essa vida universal. É essa a importância da animalidade de Joana, pois esse será o objetivo místico da escrita de Clarice Lispector.

Na infância, evidentemente, Clarice não enunciava esse conceito de maneira tão clara como faria na maturidade. Mas a beleza felina e a rebeldia intelectual e espiritual já fascinavam e perturbavam. Sobre Joana, Clarice escreveu:

"Nela havia uma qualidade cristalina e dura que o atraía e repugnava-lhe simultaneamente".[49] E de si própria, disse: "Alguns, bem sei, já até me disseram, me acham perigosa".[50]

Joana não é apenas semelhante ao animal; é também, como Clarice, um excêntrico prodígio linguístico. "Em pequena podia brincar uma tarde inteira com uma palavra", Clarice escreveu sobre ela.[51] Em um de seus últimos fragmentos manuscritos, encontrado depois de sua morte, Clarice rabiscou: "Uma pergunta de quando eu era pequena e que só agora me respondo: as pedras são feitas ou nascem? Resposta: as pedras estão".[52]

Joana, como Clarice, é próxima de seu pai, um viúvo, a quem ela procura para exibir suas mais novas invenções.

"Papai, inventei uma poesia."

"Como é o nome?"

"Eu e o sol." Sem esperar muito recitou: — "As galinhas que estão no quintal já comeram duas minhocas mas eu não vi".

"Sim? Que é que você e o sol têm a ver com a poesia?"

Ela olhou-o um segundo. Ele não compreendera...

"O sol está em cima das minhocas, papai, e eu fiz a poesia e não vi as minhocas."[53]

Essa é a mesma criança que, em suas colaborações para a página infantil do *Diário de Pernambuco*, achava impossível escrever os contos com o "Era uma vez" que os editores esperavam. Em *Perto do coração selvagem* ela dá um exemplo da tendência de as crianças usarem palavras que evocam sensações, como a palavra "Lalande", que ela inventa e então define:

> É como lágrimas de anjo. Sabe o que é lágrimas de anjo? Uma espécie de narcisinho, qualquer brisa inclina ele de um lado para outro. Lalande é também mar de madrugada, quando nenhum olhar ainda viu a praia, quando o sol não nasceu. Toda a vez que eu disser: Lalande, você deve sentir a viração fresca e salgada do mar, deve andar ao longo da praia ainda escurecida, devagar, nu. Em breve você sentirá Lalande [...].[54]

Num livro de contos tardio, *Onde estivestes de noite*, Clarice prova que nunca perdeu o hábito de inventar nomes, gastando páginas a brincar com a marca de um relógio despertador, Sveglia:

> Briga é Sveglia. Acabo de ter uma com a dona do relógio. Eu disse: já que você não quer me deixar ver Sveglia, descreva-me os seus discos. Então ela ficou furiosa — e isso é Sveglia — e disse que estava cheia de problemas — ter problemas não é Sveglia. Então tentei acalmá-la e ficou tudo bem.[55]

Essas notas de nonsense, sobretudo quando sustentadas ao longo de muitas páginas, têm um efeito inquietante, hipnótico. De início incompreensíveis, feito uma pintura pontilhista observada bem de perto, ganham velocidade e força à medida que avançam. Joana, contando histórias assim na escola, "subia sobre si mesma, prendia as moças à sua vontade e à sua palavra, cheia de uma graça ardente e cortante como ligeiras chicotadas. Até que, finalmente envoltas, elas aspiravam o seu brilhante e sufocante ar".[56]

7. As histórias mágicas

Aquelas brincadeiras de criança, embora graciosas, não eram meros passatempos. Seu propósito era muito sério. Pois sobre a infância de Clarice Lispector pairava a terrível e incessante visão de sua mãe, Mania Krimgold Lispector, paralisada, num país desconcertantemente estrangeiro, incapaz de se mover ou de falar, presa numa cadeira de balanço, morrendo de modo lento e penoso. Essa foi a impressão dominante da infância de Clarice, e talvez da sua vida inteira. Assim como o seu nome perdido ou oculto, a mãe agonizante e a falta que ela fazia para a filha seriam recorrentes em quase tudo o que Clarice escreveu.

"Era como se fosse uma estátua numa casa", recordava a prima de Clarice, Anita Rabin.[1] Elisa escreveu:

> Todas as tardes Marim [Mania] vem sentar-se à varanda do velho sobrado da rua da Imperatriz, vestido de linho engomado, os cabelos negros e lisos penteados, os braços inúteis cruzados sobre o busto. Depois que toma tento do que vai lá embaixo, reparando numa ou noutra pessoa que passa, inclina a cabeça de lado, os olhos como contas azuis ligeiramente amortecidos, e fica olhando com ar distante, entristecido.[2]

"Eu era tão alegre que escondia de mim a dor de ver minha mãe assim...", disse Clarice. "Eu morria de sentimento de culpa, porque pensava que tinha provocado isso quando nasci. Mas me disseram que ela já era paralítica antes..."[3] Mesmo seus momentos mais alegres eram obscurecidos pela mulher sentada paralisada na varanda. Numa anedota reveladora, Clarice relembrava o carnaval de 1929. Seria o primeiro dela, já que "no meio das preocupações com minha mãe doente, ninguém em casa tinha cabeça para carnaval de criança". Em outros anos, o máximo que conseguiu foi permissão para ficar no andar de baixo, na entrada da casa, até as onze, com um saco de confetes e um tubo de lança-perfume para borrifar nos foliões.

Aquele carnaval seria diferente, porém, "como se as ruas e praças do Recife enfim explicassem para que tinham sido feitas". A mãe de uma amiga decidira vestir a filha com uma roupa de papel crepom cor-de-rosa e se ofereceu para fazer uma fantasia também para Clarice, então com oito anos; ela se fantasiaria de rosa:

> Quando eu estava vestida de papel crepom todo armado, ainda com os cabelos enrolados e ainda sem batom e ruge — minha mãe de súbito piorou muito de saúde, um alvoroço repentino se criou em casa e mandaram-me depressa comprar um remédio na farmácia. Fui correndo vestida de *rosa* [...] fui correndo, correndo, perplexa, atônita, entre serpentinas, confetes e gritos de carnaval. A alegria dos outros me espantava. Quando horas depois a atmosfera em casa acalmou-se, minha irmã me penteou e pintou-me. Mas alguma coisa tinha morrido em mim.[4]

A mulher paralisada era completamente dependente do marido e das filhas, em especial da mais velha, Elisa, que em seu livro fala de modo comovente do esgotamento emocional e físico causado pela doença da mãe, tanto em seu pai, cuja "revolta [...] havia resvalado para uma tristeza profunda",[5] como nela própria. A maior parte da sua infância já tinha sido roubada pelo terror da Ucrânia; agora, no novo país, era forçada a passar o que restava dela às voltas com os cuidados permanentes com a mãe inválida.

Ela ansiava por sair de casa — que era "triste e pouco convidativa para estranhos" —, mas quando o fazia, para ir ao clube judaico, por exemplo, situado na mesma praça Maciel Pinheiro, estava tão desabituada à vida social que se sentia ainda mais deslocada e corria de volta para casa.[6] Sob os desgastantes protestos da mãe, tinha de sair para a escola. "Minha filha, não quero mais viver, não posso mais", diz a mãe à Elisa de *No exílio*, numa cena particularmente patética. "Mamãe", responde a filha, tentando animá-la, "assim você piora, tenha pena de você e de nós. Não chore mais. Preciso ir para a escola." "Não, não vá hoje, só hoje...", a mãe suplica.[7]

Por mais terrível que fosse a situação, Elisa, Tania e Pedro estavam pelo menos em condições de ajudar. Pedro podia trabalhar e conseguir dinheiro para comprar os remédios de Mania; Tania e Elisa podiam lhe dar comida, despi-la, colocá-la na cama. Mas Clarice era pequena demais para poder oferecer qualquer ajuda concreta. A única ajuda que podia oferecer era mágica. Implorava a Deus que ajudasse sua mãe, e, de acordo com Bertha Lispector Cohen, encenava pequenas peças para entretê-la, às vezes conseguindo fazer rir a "estátua" condenada. Anita Rabin lembrava que, quando Clarice criava histórias, usando acessórios como lápis ou ladrilhos, ela inventava desfechos mágicos, em que uma intervenção milagrosa curava a doença da mãe. "A gente estava sempre preocupada com isso", disse Anita. "Fiquei imbuída daquele sonho de que alguma coisa a fizesse ficar boa."[8]

As histórias de uma garotinha não foram suficientes para salvar uma mulher com uma devastadora doença terminal. E Mania não queria mais ser salva. "Quando eu morrer, não chore", Elisa se lembrava de ouvir a mãe falar. "Será um alívio tão grande para mim."[9] Mania sabia que seu fim estava próximo. "Conformada e temente a Deus", escreve Elisa, "a mãe pedira ao pai que lhe comprasse um novo Sidur (livro de orações), e orou durante uma semana inteira, ao fim da qual ela morreu."[10]

Mania Krimgold Lispector tinha 42 anos quando, em 21 de setembro de 1930, seu longo sofrimento finalmente terminou. Foi sepultada no Cemitério Israelita do Barro, um distante subúrbio recifense. Os castiçais de prata de sua mãe, Charna, que por um milagre ela conseguira trazer de sua terra natal, foram doados, conforme ela pedira, à pequena sinagoga local. A família evitava referências a ela, escreveu Elisa, "por uma combinação tácita, contornavam o assunto, omitindo o seu nome, porque ela estava presente em todos os pensamentos e ações".[11]

O truque de Clarice tinha falhado. Seus sonhos de intervenção divina foram frustrados. Mas o hábito que ela adquiriu na primeira infância, de brincar com as palavras e contar histórias para alcançar um resultado milagroso, permaneceu. Meio século depois, quando Clarice Lispector, ela própria consumida por uma doença terminal, deixou sua casa pela última vez, recorreu à mesma tática. "Faz de conta que a gente não está indo para o hospital, que eu não estou doente e que nós estamos indo para Paris", sua amiga Olga Borelli se recorda de ouvi-la dizer num táxi a caminho do hospital. "Lembro-me perfeitamente de suas palavras, para tornar menos penosa a ida", prosseguiu Olga.

> Então, começamos a fazer planos e a falar dos passeios que faríamos em Paris. O motorista do táxi, coitado, já cansado de trabalhar por toda uma noite, perguntou timidamente: "Eu também posso ir nesta viagem?". E Clarice falou: "Lógico que pode, e ainda pode levar a namorada". E ele: "Minha namorada é uma velhinha de setenta anos, e não tenho dinheiro". Clarice respondeu: "Ela vai também. Faz de conta que você ganhou na Loteria Esportiva". Na hora de descer, em frente ao hospital, conta Olga, Clarice perguntou o preço da corrida. Apenas vinte cruzeiros, e ela deu duzentos.[12]

A Paris nunca aconteceu. Clarice Lispector morreu seis semanas depois.

Uma vez um amigo perguntou o que Clarice achava de um quadro num museu italiano. "Ah", respondeu ele, quando ela não conseguiu se lembrar, "é verdade que você é dos que só lembram do que aconteceu antes de ter dez anos de idade."[13]

A primeira infância, com sua felicidade perdida e suas tragédias incontornáveis, nunca se afastou do seu pensamento. Uma crônica tardia sobre Brasília, a nova capital, inclui um inesperado lamento: "Ai, coitadinha de mim. Tão sem mãe. É dever ter mãe. É coisa da natureza".[14] Uma entrevistadora descobriu em que realmente andava pensando:

> — Você tem paz, Clarice?
> > — Nem pai nem mãe.
> > — Eu disse "paz".

— Que estranho, pensei que tivesse dito "pais". Estava pensando em minha mãe alguns segundos antes. Pensei — mamãe — e então não ouvi mais nada. Paz? Quem é que tem?[15]

Embora no mundo real histórias e mitos não fossem páreo para uma bactéria letal, ela se apegava a eles. "Ela ficou muito impressionada com a morte da mãe", disse Anita Levy. "E falaram para ela [no colégio] que não se podia deixar na mesa uma tesoura aberta. E ela viu uma tesoura aberta na mesa, na casa dela. Então ela disse que foi por isso. Foi por isso que a mãe morreu. Porque alguém deixou uma tesoura aberta."[16]

Para uma criança, as histórias podem ter sido um meio razoável de suscitar a intervenção divina, e uma tesoura aberta uma explicação tão boa quanto qualquer outra para um desastre incompreensível. Mas a mulher sentada num táxi a caminho do hospital, meio século depois, sonhando com Paris, não era uma criança. As histórias tinham se mostrado impotentes para salvar sua mãe, e ela não podia acreditar racionalmente em sua eficácia. Para um adulto, a aceitação silenciosa talvez parecesse mais adequada.

Aquela mulher, no entanto, dedicara toda a sua vida a escrever. Rabiscou notas até suas últimas horas. Por que, tendo visto a impotência de sua atividade demonstrada de maneira tão implacável, ela continuava a se dar ao trabalho? Parte disso talvez fosse um reflexo, um recurso, numa situação desesperada, a uma velha tática. Parte era para consolar as outras pessoas no táxi, perturbadas pela doença da amiga. Em 1977, porém, a ilusão não era para ela mesma. A decepção que vivenciara quando era uma menininha de nove anos lhe ensinara como são inúteis tais esforços poéticos. Escrever era a última coisa que poderia conduzir a um final feliz uma realidade inflexível.

Mas o hábito permanecera. Ao longo da vida ela buscaria justificativas para sua atividade. Apegava-se à esperança de que houvesse algo que pudesse fazer para salvar o mundo. Sempre, às vezes de forma amarga, lamentou sua impotência:

> Em Recife, onde morei até doze anos de idade, havia muitas vezes nas ruas um aglomerado de pessoas diante das quais alguém discursava ardorosamente sobre a tragédia social. E lembro-me de como eu vibrava e de como eu me prometia que um dia esta seria a minha tarefa: a de defender o direito dos outros.

No entanto, o que terminei sendo, e tão cedo? Terminei sendo uma pessoa que procura o que profundamente se sente e usa a palavra que o exprima.

É pouco, é muito pouco.[17]

Mas nunca buscou negá-la ou escondê-la. O problema não era só dela: muitos artistas se sentiram incomodados com sua impotência em face dos horrores do século xx. Bombas atômicas explodiam; câmaras de gás silvavam; uma mãe violentada permanecia com os olhos vazios em sua cadeira de balanço.

A pessoa podia optar por abraçar a irrelevância, fazendo arte pela arte. Ou podia combater a inconsequência pessoal com o engajamento, usando a ficção, o teatro ou a arquitetura para corrigir as injustiças sociais. Essa atitude era especialmente atraente no Brasil, onde tantas mazelas demandavam conserto. Mas os problemas persistiam, apesar (ou, como em muitas partes da América Latina, por causa) do ativismo político. Artistas que buscavam um significado maior para sua obra se frustravam. "Se você, sozinho, escreve um romance, senta e tece uma pequena narrativa", disse V. S. Naipaul. "E tudo bem, mas não tem importância alguma. Se você é um escritor romântico, escreve romances sobre homens e mulheres se apaixonando etc., faz um pequeno comentário aqui e ali. Mas, de novo, não tem importância alguma."[18]

Apesar de sua excursão imaginária a Paris no caminho do hospital, Clarice Lispector não tinha ilusões quanto ao sentido maior de sua obra. Ela era um animal, destinado a morrer como qualquer outro, e nunca esqueceu as lições que aprendeu antes dos dez anos de idade. "Não muda nada", enfatizou numa de suas últimas entrevistas. "Não muda nada. Escrevo sem esperança de que alguma coisa que eu escreva possa mudar o que quer que seja. Não muda nada."[19]

Qual era, então, o sentido? Ela sempre iria tentar descobrir. Mas o instinto básico nunca mudou. Entre suas últimas anotações encontra-se esta: "Eu escrevo como se fosse para salvar a vida de alguém. Provavelmente a minha própria vida".[20]

"Toda história de uma pessoa é a história de seu fracasso", escreveu Clarice, talvez pensando no seu próprio caso.[21] "Eu era a culpada nata, aquela que nascera com o pecado mortal."[22] Enquanto sua mãe estava viva, ela ainda podia manter a esperança de que o seu nascimento não tinha sido em vão. Com a morte de Mania tal possibilidade se desvaneceu, e uma nota de tristeza apareceu na personalidade da criança alegre. "Muitas vezes a encontrei chorando silenciosamente, sozinha", relembrava Tania.[23]

Sua tristeza e descrença logo se converteram numa espécie de revolta, palavra que aparece com frequência em seus escritos: a mesma palavra, não por acaso, talvez, que Elisa associa ao pai em sua juventude. No ano em que sua mãe morreu, Clarice compôs uma peça para piano em duas partes: "A primeira é suave, a segunda meio militar, meio violenta, uma revolta suponho". Isso, em lugar de estudar com a imensa d. Pupu, que "mais gorda não podia ser" e que ministrava as aulas de piano que Pedro Lispector, com dificuldade considerável, arranjara para as filhas. Tania e Elisa gostavam das aulas; Elisa era uma música talentosa e prosseguiu os estudos no Conservatório do Recife. Clarice, no entanto, passava seu tempo de aula especulando sobre como uma mulher tão gorda como d. Pupu conseguira se casar; estava muito mais interessada em suas próprias invenções do que nos exercícios propostos.[24]

Tania, comovida com o sofrimento silencioso de Clarice, ajudava-a nessa e em outras dificuldades. Quando Clarice não queria praticar piano, Tania a ajudava tocando as teclas pretas enquanto Clarice tocava as brancas, "até que, com grande alívio para Clarice, o estudo do piano foi suspenso". Depois de vê-la chorando, Tania escreveu: "Eu em mais velha, por amor e pena, a perfilhei, de certa forma", preenchendo o lugar da mãe que perderam. "Esse sentimento maternal-filial nos uniu para sempre, éramos mais do que irmãs."[25]

Num fragmento escrito em inglês durante os anos em que Clarice morou nos Estados Unidos, ela rememora sua infância e as origens de seu vínculo com Tania:

"Até seus dez anos, [Tania disse a Clarice] eu não me dava muito conta da sua existência, de repente me dei conta de quanto você era interessante." Suponho o que ela realmente queria dizer: me dei conta de quanto você precisava de mim. Não sei o que fazer quando a pessoa vem até mim; eu sou dessas que vão até a pessoa. Ser escolhido é perturbador. Tenho que pedir, tenho que escolher.[26]

Mediante o improvável auxílio de um pedaço de chiclete, Tania introduziu sua irmã caçula no "penoso e dramático" conceito de eternidade. Tania comprou para ela uma novidade no Recife — chiclete — e disse: "Tome cuidado para não perder, porque esta bala nunca se acaba. Dura a vida inteira". Uma perplexa Clarice o apanhou, "quase não podia acreditar no milagre", e Tania mandou-a "mascar para sempre". Clarice ficou aterrorizada, sem querer confessar que não estava à altura da eternidade, que a ideia a atormentava, mas ela não ousava. Finalmente, quando elas estavam indo para a escola, conseguiu deixar o chiclete cair na areia, simulando decepção e constrangida por estar mentindo à irmã. "Mas aliviada. Sem o peso da eternidade sobre mim."[27]

Na escola Clarice não estudava muito, embora tirasse boas notas. Na terceira série, antes de sua mãe morrer, ela foi para uma nova escola, o Colégio Hebreu-Iídiche-Brasileiro, na rua da Glória, a cerca de uma quadra da praça Maciel Pinheiro. Como o nome indica, a escola ensinava hebraico e iídiche, além das disciplinas habituais. Mas, a despeito de seus óbvios talentos, ela não passou direto para a quarta série, como lembrava seu primo Samuel Lispector. "Ela era bem pequena e nem conseguia segurar direito os livros grandes, como um atlas geográfico, que era enorme. E o meu tio, então, decidiu: 'O livro é grande demais para você. Você não vai para o quarto ano não'. E fez Clarice repetir o terceiro ano."[28]

Talvez o tamanho não tenha sido a única razão da repetência. Na escola pública ela não tivera as aulas de hebraico que os outros alunos já teriam começado. Parece, porém, que já possuía um especial talento para línguas. Não há referências ao hebraico em sua obra, mas parece que a menina com o dom das palavras tirou o atraso rapidamente, pois foi escolhida para fazer um dos três discursos de fim de ano que os alunos apresentavam aos professores e pais, em hebraico, iídiche e português. A pequena Clarice fez o discurso em hebraico, ou seja, estava entre os primeiros da classe.[29]

O professor de hebraico do Recife, Moysés Lazar, era um homem de ideias tão progressistas que Anita Rabin lembrava que na aula de religião "A gente ficava horrorizada com certas coisas e ele não era como essas pessoas que dizem: 'Não, vocês têm de acreditar'".[30] Clarice o atormentava com suas perguntas: "Como é que foi?", indagou, quando ele contou como Deus deu a Torá a Moisés. "Deus entregou a Torá na mão dele?" Lazar disse à menina: "Olha, ninguém viu".[31]

Essas perguntas nunca abandonaram Clarice. Num manuscrito do final da vida, ela escreveu: "Mas há perguntas que ninguém me responderá: quem fez o mundo? E o mundo se fez? Mas se fez onde? Qual era o lugar? E se foi Deus — quem fez Deus?".[32]

Outra amiga relembra uma discussão acalorada: "Ela era alta, magra. Estava falando com o professor dela de hebraico, Lazar, que era uma sumidade. Não era um simples professor de abc. Eu ia passando. E a Clarice insistia com ele porque queria saber qual era a diferença entre homem e mulher. Insistia tanto para que ele lhe explicasse! Insistia mesmo. Porque ela já tinha uma cabeça diferente".[33] Lazar pode ter sido o modelo para uma figura recorrente na escrita de Clarice: o velho professor, alternadamente exasperado e fascinado por uma garota precoce. "Eu sabia da existência desse professor", Tania Kaufmann contou a uma entrevistadora, "mas nunca soube que Clarice em menina sentira aquilo por ele. Ela era sempre uma surpresa para mim."[34]

O professor aparece em *Perto do coração selvagem* e em "Os desastres de Sofia", a história de uma selvagem e brilhante menina de nove anos que atormenta um professor que ela ama e despreza ao mesmo tempo. A garota, cuja mãe morreu recentemente, tenta provocá-lo o tempo todo, mas não consegue levar vantagem sobre o professor, até o dia em que ele encarrega a classe de escrever uma redação. Ele dá as linhas gerais da trama, que os alunos devem recriar, usando suas próprias palavras:

> Um homem muito pobre sonhara que descobrira um tesouro e ficara muito rico; acordando, arrumara sua trouxa, saíra em busca do tesouro; andara o mundo inteiro e continuava sem achar o tesouro; cansado, voltara para a sua pobre, pobre casinha; e como não tinha o que comer, começara a plantar no seu pobre quintal; tanto plantara, tanto colhera, tanto começara a vender que terminara ficando muito rico.[35]

"Como eu só sabia 'usar minhas próprias palavras', escrever era simples", recorda a garota. Ela é a primeira a sair, entregando insolentemente o caderno ao professor e escapando para o recreio. Ela volta para a classe, onde o professor leu seu conto, e ela sente que se meteu em grande perigo. "Para a minha súbita tortura, sem me desfitar, foi tirando lentamente os óculos. E olhou-me com olhos nus que tinham muitos cílios. Eu nunca tinha visto seus olhos que, com as inúmeras pestanas, pareciam duas baratas doces", escreveu ela. O professor ficou alterado com o conto do "tesouro escondido", "o tesouro que está escondido onde menos se espera".[36]

O temor que ela tem do professor o despe de suas camadas humanas — os óculos são um exemplo — e, para seu horror, ela vê que eles dois são "anônimos como uma barriga aberta para uma operação de intestinos", o que ela chamava de "coração selvagem" da vida. "Eu vi dentro de um olho. O que era tão incompreensível como um olho. Um olho aberto com sua gelatina móvel. Com suas lágrimas orgânicas." Finalmente, rompendo o silêncio, o professor diz a Sofia:

> Sua composição do tesouro está tão bonita. O tesouro que é só descobrir. Você... — ele nada acrescentou por um momento. Perscrutou-me suave, indiscreto, tão meu íntimo como se ele fosse o meu coração. — Você é uma menina muito engraçada, disse afinal.[37]

8. Melodrama nacional

Em 26 de julho de 1930, semanas antes da morte de Mania Lispector, o humilde bairro de Boa Vista se viu sob os holofotes nacionais quando o governador da Paraíba foi baleado na Confeitaria Glória, na rua Nova. Samuel Lispector, primo de Clarice, assistiu ao tumulto com Elisa e Tania da varanda da casa delas.[1] Correndo para a cena do crime, outro primo, David Wainstok, chegou a tempo de ver João Pessoa estendido num banco na farmácia vizinha, "a camisa encharcada de sangue".[2]

O macabro acontecimento teve consequências revolucionárias, mas o melodrama nacional que se seguiu tinha origens decididamente domésticas. João Pessoa Cavalcanti de Albuquerque, sua primeira vítima, trazia no nome três dinastias do Nordeste. Seu tio, Epitácio Pessoa, foi presidente do Brasil de 1919 a 1922; os Cavalcanti e os Albuquerque, com suas inúmeras ramificações, estavam entre as primeiras famílias de Pernambuco. João Pessoa defendia uma plataforma antioligárquica.

Depois de sua ascensão ao governo da Paraíba, João Pessoa se tornou candidato à vice-presidência do país nas eleições de março de 1930. Ele e o candidato presidencial, Getúlio Vargas, perderam em meio à fraude eleitoral generalizada. Em seus protestos contra os resultados, fizeram questão de enfatizar que permaneceriam "dentro da ordem estabelecida" e em conformidade com os "hábitos e costumes políticos" do Brasil.[3]

Desde que o Brasil obteve — pacificamente — a independência, em 1822, o país conhecera apenas uma revolução, a revolta incruenta que em 1889 substituiu o idoso e afável imperador d. Pedro II pela República. A política nacional, relativamente ordeira, era motivo de orgulho para os brasileiros, que viam com escárnio e temor a América espanhola sangrar com infindáveis golpes e conflitos; a referência aos "hábitos e costumes políticos" do Brasil pode ser também um ataque velado aos caóticos países vizinhos.

Mas as mudanças pacíficas de poder no âmbito nacional mascaravam um nível de violência, corrupção e fraude que os políticos nacionais mal tinham condições de manter sob controle. O Nordeste, com suas massas de trabalhadores rurais analfabetos vivendo em condições próximas da escravidão, estava nas mãos de um punhado de famílias poderosas, como a de João Pessoa. Votos eram facilmente comprados ou manipulados. No mais moderno Sul, havia uma duradoura rivalidade entre São Paulo, o estado mais poderoso, e Minas Gerais e o Rio Grande do Sul. Desde a instauração da República, em 1889, a presidência vinha se alternando geralmente entre um paulista e um candidato apoiado por Minas e Rio Grande do Sul.

Em 1930 esse tênue arranjo foi ameaçado quando o presidente em fim de mandato, de São Paulo, tentou eleger outro paulista, Júlio Prestes, como seu sucessor. Para Getúlio Vargas, o líder oposicionista gaúcho, e seu candidato a vice, João Pessoa, que representava os interesses nordestinos, essa era uma atitude inadmissível, embora Vargas não fosse em princípio um inimigo da fraude; no Rio Grande do Sul ele teve 298 mil votos contra 982 da oposição. Mas era a vez deles. Ainda assim, a rebelião armada, tão rara no Brasil, não parecia uma opção verdadeira, e a impressão era de que os partidos vencidos teriam de engolir a derrota.

Isso até João Pessoa ser morto a tiros na Confeitaria Glória. Dada a tensa situação política do país, as pessoas imediatamente concluíram que os motivos eram políticos. Na verdade, a culpada involuntária do crime era uma poeta chamada Anaíde Beiriz, melindrosa da Paraíba cujo vanguardismo escandalizou tanto a sociedade paraibana que as crianças foram proibidas de pronunciar seu nome. Um catálogo dos pecados de Anaíde dá uma boa ideia do quanto era arcaica a sociedade nordestina: ela usava maquiagem, tinha cabelo curto e fumava. Dizia que não queria casar nem ter filhos. E saía para a rua sem uma acompanhante.

Anaíde era também a amante de João Dantas, implacável inimigo político de João Pessoa. Dantas, advogado paraibano, era aliado de um clã rural que se opunha à tentativa de Pessoa de regulamentar a tributação da produção estadual de algodão. A polícia de Pessoa vasculhou o escritório de Dantas, onde encontrou cartas de Anaíde; estas, segundo insinuavam os jornais de Pessoa, narravam todo tipo de depravações. Embora nem Anaíde nem Dantas fossem casados, isso era forte demais para a Paraíba. A família de Anaíde renegou-a, obrigando-a a escapar para o Recife. Foi nessa cidade que João Dantas, sedento de vingança, entrou na Confeitaria Glória, disse "Sou João Dantas, que você tanto humilhou e maltratou", e disparou dois tiros no peito do rival.

O drama terminou mal para todos os envolvidos: Dantas foi morto na prisão, e uma desiludida Anaíde se suicidou. Numa situação política menos tensa o caso seria esquecido como o dramalhão de província que era. Em vez disso, o assassinato de João Pessoa desencadeou paixões que os partidários de Getúlio Vargas alimentaram cuidadosamente. O nome da capital do estado foi mudado de Paraíba para João Pessoa e o cadáver do governador foi carregado em desfile por meio Brasil, até o Rio de Janeiro, provocando histeria coletiva a cada uma de suas muitas paradas.

Finalmente, nos funerais na capital do país, uma multidão acorreu para ouvir discursos inflamados: "Nós não vamos enterrá-lo", proclamou um orador, veemente. "Vamos deixá-lo de pé, de pé e forte como ele sempre viveu, elevado, ao contrário de seus assassinos, elevado: com o coração acima do estômago e a cabeça acima do coração."[4]

Quatro dias depois da morte de Mania Lispector, Getúlio Vargas iniciou uma revolução armada no Rio Grande do Sul. Vinte e oito dias depois, num gesto de desafiante machismo, os gaúchos de Vargas amarraram seus cavalos no obelisco do final do mais amplo bulevar do Rio de Janeiro, a avenida Rio Branco, tomando posse simbólica da capital.

No quarto de século que se seguiu, sob diferentes nomes e com um importante hiato, o governo provisório de Vargas regeu o Brasil. Quando o melancólico caudilho, que chegara ao poder numa onda de melodrama nacional, partiu, foi de maneira condizente com a sua entrada em cena. Em 1954, no palácio presidencial, vestido de pijama, deu um tiro no próprio peito.

* * *

Foi um fim sensacional para a carreira mais sensacional da política brasileira no século XX. O país que Getúlio deixou era muito diferente daquele que o aclamara no Rio no final de 1930. Ele sintetizou todas as contradições do Brasil. Para seus apoiadores, era o "pai dos pobres", para os oponentes, era também a "mãe dos ricos".[5] Governou o Brasil como um ditador fascista, e no entanto foi o único líder latino-americano a mandar tropas para combater o fascismo.

Sua habilidade para ser todas as coisas para todas as pessoas era a chave de seu duradouro poder. Desde a queda do imperador, 41 anos antes, o Brasil se mostrara extremamente difícil de governar. Se não houvera uma guerra civil generalizada, havia certamente razões para temer a eclosão de um conflito já que as hostilidades de vários grupos regionais e sociais ameaçavam, a cada quatro anos, estilhaçar a nação de uma vez por todas. Os estados do Sul se desenvolviam enquanto o Nordeste continuava em declínio; as novas classes médias urbanas, com suas aspirações democráticas, opunham-se à velha e ainda poderosa oligarquia rural.

A guerra civil continuava ameaçando irromper. Quase aconteceu em 1925, com a Coluna Prestes, movimento militar de classe média sob a liderança de um engenheiro do Exército, Luís Carlos Prestes, conhecido como "Cavaleiro da Esperança". Ao longo de dois anos e cinco meses Prestes conduziu 1500 homens por quase todos os cantos do país, 25 mil quilômetros ao todo, sempre apenas um passo à frente do Exército. Clamando por igualdade, perderam grande número de homens para o cólera, a exaustão e os ataques do Exército, antes de finalmente fugirem do país. Prestes se mostrou um aliado involuntário de Getúlio Vargas, que se tornaria seu arqui-inimigo; a Coluna Prestes contribuiu mais do que qualquer outro movimento para a convicção de que a República Velha estava falida, esperando para ser derrubada.

Quando a Revolução de 1930 de fato a derrubou, não terminou a agitação política. Pouco mais de um ano depois, a guerra civil quase chegou novamente, depois de 9 de julho de 1932. O estado de São Paulo se levantou contra a Constituição fortemente centralizadora de Getúlio Vargas, que tiraria muito da autonomia dos estados. São Paulo ficou em pé de guerra: damas ofereciam seu ouro e suas joias, homens cavavam trincheiras ao redor da cidade. Durante dois meses o Exército sitiou São Paulo, até que os rebeldes, exaustos, finalmente sucumbiram.

Embora Getúlio tenha então pacificado o estado, suspendendo algumas das cláusulas mais intoleráveis da nova Constituição e instruindo o Banco do Brasil a assumir a dívida de guerra dos bancos paulistas, a revolta lhe deu exatamente o que ele precisava: um mandato para levar adiante a centralização do Estado nacional. A rebelião foi o último estertor do velho sistema político, baseado no personalismo e nas divisões regionais e de classe. Os novos partidos políticos, assim como na Europa, eram radicais e ideológicos, à direita e à esquerda. E, assim como na Europa, a política brasileira logo passou a gravitar em torno de dois polos: os comunistas à esquerda e os integralistas à direita. Ambos ameaçavam Getúlio Vargas, e a existência de ambos ameaçava os judeus.

Assim como os constitucionalistas de São Paulo, os comunistas assinaram sua própria sentença de morte com uma rebelião prematura. No final de 1935, soldados comunistas se rebelaram — a princípio no Recife e em Natal — matando oficiais superiores em suas camas.[6] Mas eles superestimaram seu apoio nas forças armadas, e a insurreição evaporou rapidamente. Luís Carlos Prestes, líder dos comunistas, escapou de ser preso até março de 1936. Num episódio pavoroso que se tornou o símbolo da crueldade de Vargas, a mulher grávida de Prestes, Olga Benário Prestes, judia nascida em Munique, foi deportada para a Alemanha. Ali, em Bernburg, aos 33 anos, morreu na câmara de gás.

De acordo com Gustavo Barroso, o comunismo é igual ao capitalismo, que é igual ao judaísmo.[7] A fórmula não sugere isso, mas Gustavo Barroso foi levado muito a sério como intelectual, tendo sido até mesmo eleito três vezes presidente da Academia Brasileira de Letras. Seu volumoso corpo de escritos antissemitas trai uma verdadeira obsessão. Foi o primeiro tradutor brasileiro, em 1936, dos *Protocolos dos sábios de Sião*, cuja editora, a Agência Minerva de São Paulo, enfatizava que, ao tornar esse livro acessível, não queria "ofender ou injuriar, e menos ainda promover uma campanha racista, mas *apenas* ampliar o conhecimento de uma questão — a Questão Judaica — da mais alta relevância para a humanidade".[8] Barroso era um dos líderes intelectuais do integralismo; o jornal argentino pró-nazista *Deutsche La Plata Zeitung* o descreveu como o "Führer do integralismo".[9]

Seu rival pelo título de luminar do integralismo era Plínio Salgado, o aspirante a Hitler tropical que, a exemplo de Barroso, foi um romancista medíocre com grandes ideias. Como muitos integralistas, Salgado era fortemente influenciado pelos escritores católicos que emergiram nos anos 1920, com suas sugestões de nacionalismo místico. Clarice Lispector se tornaria posteriormente próxima de algumas dessas figuras, como Augusto Frederico Schmidt e Octavio de Faria. Barroso atacava Salgado por suas relações com judeus, sobretudo com Horácio Lafer, político de São Paulo ligado ao clã Klabin Segall, a mais rica e destacada família judia do Brasil. E em outubro de 1934 Salgado se reuniu com o proeminente rabino Isaías Raffalovich, que recebeu a cordial garantia de que os integralistas "deixariam a questão judaica fora de seu programa".[10] Isso ele não fez.

Contudo, embora haja dúvidas quanto às intenções genocidas dos integralistas, não restam dúvidas quanto à sua inspiração. Salgado cultivava um bigodinho de Hitler, fazia seus seguidores vestirem camisas verdes, ornadas com braçadeiras de estilo nazista. Em lugar da suástica vinha a letra grega sigma, pretendendo representar "a soma de todos os valores". E, em vez de "*Heil Hitler*", saudavam-se uns aos outros com a palavra "Anauê", supostamente tupi, com o sentido de "Você é meu irmão", mas isso se revelou uma invenção.

Como na Europa, todo esse kitsch teria sido simplesmente constrangedor se não tivesse consequências devastadoras. Os integralistas, a exemplo dos nazistas, tinham o hábito de espancar seus oponentes nas ruas, em especial os comunistas, e conquistaram uma terrível reputação. Getúlio Vargas, com seu talento para ser todas as coisas para todas as pessoas, amparou-se nos integralistas durante os primeiros anos de seu reinado. Não havia como ignorá-los: o partido tinha 400 mil membros remidos, número inusitado para um partido político brasileiro, além de muitos milhares de simpatizantes. A mistura de nacionalismo e catolicismo, a pregação por um sistema autoritário, hierárquico, por um retorno aos "valores", por um "renascimento espiritual", tinham amplo apelo entre pessoas apavoradas pela crise econômica global e enojadas com a baixeza cotidiana da política. E os ataques aos comunistas, o discurso que punha o interesse nacional acima das rixas locais, com certeza foram úteis a Getúlio.

Nem todos os integralistas eram antissemitas, recorda Bertha Lispector Cohen, prima de Clarice. A ideologia tinha sido importada da Europa, mas não conquistou necessariamente muitos convertidos tão entusiasmados como Gustavo Barroso. Bertha até tinha amigos que pertenciam ao partido. "Eles achavam que a ideologia iria mudar o mundo, iria mudar o Brasil", disse ela. "Evidentemente", acrescentou com um gesto de desdém, "não mudou coisa nenhuma."[11]

Mas muitos integralistas eram de fato antissemitas. O irmão de Bertha, Samuel Lispector, lembra-se do clima de medo espalhado entre os judeus de Boa Vista: "Estávamos apavorados. Sabíamos o que *podia* acontecer. Tínhamos visto na Europa. Havia medo, muito medo". Na escola, onde Samuel se lembra de estudantes e mesmo alguns professores vestindo camisa verde e braçadeira com o sigma, alunos judeus eram hostilizados com frequência. "'Você é judeu, não deveria estar aqui', eles diziam." Faz uma pausa e conclui: "A gente não esquece nunca".[12]

Outro primo, David Wainstok, mudou para uma nova escola no final de 1933, quando o movimento integralista estava a pleno vapor, e também se afligiu ao ver alunos e professores vestindo camisa verde.

> Nós os judeus, no ginásio, éramos provocados pelos componentes das "brigadas de choque" dos integralistas, que nos assediavam na saída das aulas. Não tínhamos outra alternativa, senão enfrentá-los, ora apanhando, ora batendo. Algumas vezes chegávamos em casa com as marcas da batalha.[13]

"A rua da Imperatriz era toda de judeus", relembrou um imigrante. Essa era a rua onde, desde pouco antes da morte de Mania, Clarice, Tania, Elisa e Pedro Lispector estavam morando, uma movimentada rua comercial que liga a praça Maciel Pinheiro, a *pletzele*, ao rio Capibaribe. Ele se lembrava de integralistas de camisa verde gritando palavras de ordem na rua, inflamados por artigos de Plínio Salgado atacando os judeus. "Eles melavam, sacudiam pedras e os rapazes, filhos deles, que hoje são até procuradores do Estado e eu não posso dar os nomes, diziam: — você é judeu, quando a gente dominar, botamos vocês todos para fora." Havia também a equiparação dos judeus com os comunistas, que floresceu ao longo da década de 1930. "Os policiais, que tinham um nível muito baixo, na época, chegavam na biblioteca dos judeus e tiravam todos os livros que lhes pareciam comunistas. Um amigo meu, por exemplo, tinha *O corsário vermelho*, que era um livro de aventuras e foi apreendido."[14]

"Plínio Salgado veio poucas vezes ao Recife, onde não encontrou clima muito favorável. Sua figura grotesca, pequeno, magrinho, de bigodinho à imitação de Hitler, de voz forçada e rouquenha, metido em uniforme que contrastava com a sua figura, dava-lhe aspecto um tanto cômico", registrou David Wainstok.[15]

Felizmente, em suas raras visitas ao Recife, que afinal de contas não era um baluarte integralista, o líder não conseguiu lustrar a mística de seu partido.

> Certa vez Plínio veio ao Recife para proferir uma conferência na tradicional Faculdade de Direito. Os seus adeptos prepararam um ato pomposo no estilo fascista. Anunciada a fala do "chefe nacional", não conseguiu ir longe em sua arenga. Um estudante de direito, em certa altura, retrucou suas palavras em voz vibrante, o que perturbou o conferencista e seus adeptos. As luzes se apagaram em seguida e as folhas da mesa do orador esvoaçaram. Simultaneamente ampolas de ácido sulfídrico caíam das galerias. O mau cheiro impregnou o ambiente. Seguiu-se uma debandada geral, com correrias em busca das portas de saída.[16]

Em outra ocasião, uma parada militar, desta vez *sans* chefe nacional, resultou numa debandada similar.

> Estavam uniformizados, ostentando suas bandeiras, seus símbolos e, ao rufar dos tambores, marchavam com todo o garbo pela rua Nova, centro muito movimentado da cidade. Subitamente, dos edifícios começaram a despencar sobre os desfilantes galinhas pintadas de verde com o sigma nas asas, em barulhento cacarejar. Estabeleceu-se em seguida grande confusão, e os participantes do desfile dispersaram-se, atônitos pelo inesperado acontecimento. Foi um espetáculo grotesco, que divertiu o povo presente ao ato.[17]

9. Só para loucos

A conturbada política brasileira, mesmo quando acontecia logo diante da janela dos Lispector, não os distraía de seus próprios dramas familiares. As meninas estavam crescendo. Elisa, que tinha dezenove anos quando a mãe morreu, agora estava em idade de casar e tinha um pretendente que, como ela, era imigrante judeu. No entanto, diferentemente da cerebral Elisa — que completara o curso comercial avançado, abaixo do nível universitário porém mais elevado do que a maioria das moças atingia, e que era uma talentosa pianista educada em conservatório —, o noivo em perspectiva era "um comerciante sem instrução".[1]

Mas não era só isso, segundo Tania. Elisa tomava conta da casa desde quando conseguia se lembrar, na verdade desde que sua mãe ficara doente. Agora, era enfim independente. Tinha um emprego, suas irmãs estavam crescidas o bastante para cuidar de si mesmas, e ela simplesmente não estava disposta a começar tudo de novo como esposa e mãe. Ainda assim, ficou noiva, aceitando uma aliança do rapaz. Logo começou a ter suas dúvidas, e acabou mandando a irmã caçula, Clarice, para a casa do homem, com a aliança e um pedido de desculpas. "O que eu podia fazer?", perguntou seu pai a Dora Wainstok, prima de sua mulher. "*Z'hot gepisht met tranen!* [Ela tinha se banhado em lágrimas!]"[2] (Arrasado, o pretendente acabou se mudando para Israel.)

Foi uma reação típica de Pedro Lispector. Era um homem excepcionalmente tolerante e bondoso, segundo a lembrança de Tania. "Tinha o caráter mais perfeito de todos os homens que conheci", disse ela.[3] "Meu pai tinha muita cultura bíblica. [...] E recebia o jornal de Nova York, *The Day*, em iídiche. Tinha ideias muito avançadas. Era um homem avançado. Nunca deu um tapa em filha sua. Era excepcional. Se não fossem as circunstâncias, poderia ter tido melhor situação na vida."[4]

Aos 91 anos, Tania ainda se lembrava de seu assombro diante da reação do pai quando, na adolescência, ela saiu em defesa do "amor livre" e proclamou que não iria se casar. Para uma garota da pequena e conservadora comunidade judaica do Recife nos anos 1930, aquilo era uma provocação, e Tania se preparou para a reação. "Outros pais teriam batido numa filha que dissesse uma coisa assim. Tenho certeza de que ele *ficou* chocado, mas em vez de agredir perguntou por que eu pensava daquele jeito. Conversamos a respeito. E então, como tenho certeza que ele sabia que eu faria aquilo, acabei esquecendo a coisa toda."[5]

A própria Clarice estava começando a desabrochar. Em 1932 ela ingressou no Ginásio Pernambucano, a mais prestigiosa escola secundária do estado, sediada num elegante edifício à margem do Capibaribe, não muito longe de Boa Vista. Só os melhores alunos eram admitidos, e dos 43 que passaram no exame daquele ano, três eram Lispector: Tania, Clarice e sua prima Bertha.[6] A escola não era apenas prestigiosa: era também gratuita, ao contrário da escola judaica, algo que certamente foi levado em consideração por Pedro Lispector, já que estavam sempre à beira da pobreza. Na lembrança de Bertha, Clarice já era dada ao flerte, sem medo dos rapazes, e a beleza que a tornaria lendária já era evidente. Em seu primeiro ano na nova escola, ela e uma colega foram eleitas as mais bonitas da classe.[7]

A origem sefardita do primeiro namorado fez franzir as sobrancelhas em casa. "Papai achava que ele deveria ser asquenaze", disse Tania. "Acabou aceitando, como sempre fazia. Mas àquela altura eles já tinham desmanchado, porque ele disse a Clarice que queria oito ou nove filhos. Ele se tornou médico, casou — e acabou não tendo filho nenhum."[8]

As três filhas lembravam que Pedro Lispector era um grande matemático.[9] É difícil saber exatamente o que isso significa, mas Clarice deve ter herdado dele parte de seu interesse pelos números. Seu amigo de infância Leopoldo Nachbin, que tinha uma instrução a que Pedro Lispector não teve acesso e que alcançaria reconhecimento internacional como um grande matemático, concordou com alegria quando Clarice disse que "a matemática e a física não são resultado apenas de um alto raciocínio: são uma arte tão arte que a comparo a Bach".[10]

Quando ela era criança, seu interesse pelos números era convencional. Tinha inclinações pedagógicas e ensinava matemática e português às crianças da vizinhança. "Matemática me fascinava, me lembro que eu era muito menina quando botei anúncio no jornal como explicadora. Aí, uma senhora me telefonou, disse que tinha dois filhos, me deu o endereço e eu fui lá. Ela olhou pra mim e disse: 'Ah, meu bem, não serve, você é muito criança'. E eu disse: 'Olha, vamos fazer o seguinte, se seus filhos não melhorarem de nota, então a senhora não me paga nada'. Ela achou curiosa a coisa e me pegou. E eles melhoraram sensivelmente."[11] Anatólio (Tutu) Wainstok, primo de Clarice a quem ela também ensinou a ler, mostrou-se um aluno decepcionante. "Tutu", ela apelou, "como é que você vai aprender se não faz a lição de casa?" "Clarice", ele respondeu, "estou te fazendo o favor de te deixar me dar aula. Você queria tanto fazer isso!"[12] A professora, envergonhada, não foi capaz de responder.

Já adulta, porém, seu interesse por matemática refletia sua preocupação mais ampla com a abstração e sua conexão com o divino. Números místicos, assim como os nomes ocultos, assumiram um papel importante em sua obra. Parte do seu interesse era excêntrico, como atestou Olga Borelli, que a acompanhou nos últimos anos de vida:

> Quando ela me mandava bater à máquina, ela dizia: "Conta sete, dá sete espaços para teu parágrafo, sete. Depois, tente não passar da página 13". Olha a superstição! Quando era um conto, dizia: "Aperta. Dê pouco espaço para não passar da página 13". Ela gostava muito do número 9, do 7, do 5. É uma coisa muito estranha essa em Clarice, mas ela pedia ao editor que não ultrapassasse o número X de páginas, que terminasse o livro naquele ponto. É meio cabalístico, não é? Ela tinha muito disso.[13]

O número sete, ela escreveu, era "meu número secreto e cabalístico"; ele é recorrente em sua obra. No conto tardio "Onde estivestes de noite" ela descreve uma "escritora falida" que pega seu diário, encadernado em couro vermelho, e escreve "7 de julho de 1974. Eu, eu, eu, eu, eu, eu, eu!" — sete vezes.[14] Há sete notas com as quais podem ser compostas "todas as músicas que existem e que existiam e que existirão";[15] e há uma recorrência de "adições teosóficas", números que podem ser somados para revelar uma quantia mágica. O ano de 1978, por exemplo, tem um resultado final igual a sete: $1 + 9 + 7 + 8 = 25$, e $2 + 5 = 7$. "Eu vos afiaço que 1978 é o verdadeiro ano cabalístico,/ pois a soma final de suas unidades é sete./ Portanto mandei lustrar os Instantes do Tempo,/ rebrilhar as estrelas, lavar a lua com leite e o sol com ouro líquido./ Cada ano que se inicia, começo eu a viver."[16] Ela morreria algumas semanas antes do verdadeiro ano cabalístico.

Mas havia mais em seu interesse pela numerologia do que jogos supersticiosos. "Minha paixão pelo âmago dos números, nos quais adivinho o cerne de seu próprio destino rígido e fatal", era, assim como as meditações sobre o pronome neutro "*it*", um desejo de verdade pura, neutra, inclassificável e além da linguagem, que era a realidade mística última.[17] Em suas últimas obras, meros números são fundidos com Deus, agora sem a matemática que os amarra, um ao outro, para lhes conferir um significado sintático. Em si mesmos, os números, assim como as pinturas que ela criou no final da vida, eram puras abstrações, e como tal se conectavam com o mistério fortuito da própria vida. Em sua obra-prima abstrata e tardia *Água viva* ela rejeita o significado que a matemática de seu pai oferece e elege em vez disso o mero número sem adornos. "Continuo com capacidade de raciocínio — já estudei matemática que é a loucura do raciocínio — mas agora quero o plasma — quero me alimentar direto da placenta."[18]

Como sempre, a presença silenciosa de sua mãe está subentendida.

A pequena matemática foi em muitos aspectos precoce "em sentir um ambiente, por exemplo, em apreender a atmosfera íntima de uma pessoa". Mas, talvez por não ter tido uma mãe que pudesse lhe ensinar essas coisas, ela foi também notavelmente atrasada em aprender a respeito do "que os americanos chamam de fatos da vida". Aos treze anos, escreveu, "como se só então eu me sentisse madura para receber alguma realidade que me chocasse", ela confidenciou seu segredo a uma amiga próxima: "que eu era ignorante [sobre os 'fatos da vida'] e fingia de sabida. Ela mal acreditou, tão bem eu havia antes fingido [...]. Fiquei paralisada olhando para ela, misturando perplexidade, terror, indignação, inocência mortalmente ferida. Mentalmente eu gaguejava: mas por quê? Mas para quê? O choque foi tão grande — e por uns meses traumatizante — que ali mesmo na esquina jurei alto que nunca iria me casar".[19]

Esse choque logo passou; o que não passou, o grande evento da adolescência de Clarice, foi a descoberta da literatura. Na infância o impulso criativo sempre esteve presente, da nomeação dos lápis e azulejos do banheiro à redação da peça de três páginas *Pobre menina rica*, passando pela narração de suas histórias milagrosas sobre a mãe. Mas as fantasias de uma garotinha são uma coisa e a literatura é outra; assim como os números requerem regras para adquirir sentido humano, as palavras também demandam uma forma para se tornarem literatura. "Quando eu aprendi a ler e a escrever, eu devorava os livros! Eu pensava que livro é como árvore, é como bicho: coisa que nasce! Não descobria que era um autor! Lá pelas tantas, eu descobri que era um autor! Aí disse: 'Eu também quero'."[20]

No ano seguinte à morte de sua mãe a família se mudou para outro endereço na rua Imperatriz. Na casa ao lado, onde a rua se encontrava com o rio Capibaribe, um imigrante da Bessarábia, Jacob Bernstein, tinha aberto sua Livraria Imperatriz, verdadeira instituição recifense, que funciona até hoje. A loja, de longe a melhor da cidade, era um ponto de encontro da intelligentsia local, incluindo figuras de destaque em Pernambuco e no Brasil. Gilberto Freyre era uma delas; seu famoso *Casa-grande & senzala* foi vendido primeiro na livraria de Bernstein (embora este, corretamente, visse no livro uma ponta de antissemita). Por meio de sua livraria, Jacob Bernstein se tornou um dos primeiros judeus do Recife a ingressar na burguesia local.[21]

Reveca, filha de Bernstein, tinha a mesma idade que Clarice. De acordo com Suzana, irmã de Reveca, Clarice teve durante um tempo acesso à livraria e à grande biblioteca particular de Bernstein. Ali ela leu livros de Machado de Assis, Monteiro Lobato e outros que seu pai não podia comprar. Suzana recordava que as duas eram amigas íntimas.

Clarice, no entanto, lembrava-se de Reveca de modo menos terno. "Ela toda era pura vingança", escreveu Clarice. "Que talento tinha para a crueldade." Um dia, Reveca anunciou casualmente que tinha *Reinações de Narizinho*, de Monteiro Lobato, "um livro grosso, meu Deus, era um livro para se ficar vivendo com ele, comendo-o, dormindo-o". Como Reveca bem sabia, Clarice nunca teria condições de ter um livro como aquele, então lhe disse para voltar no dia seguinte, quando a deixaria levá-lo emprestado. Radiante, Clarice voltou, conforme combinado, "literalmente correndo" pelas ruas úmidas do Recife. Quando chegou, Reveca pôs em ação seu "plano tranquilo e diabólico". Com fingido pesar, disse a Clarice que ainda não tinha o livro, e pediu-lhe que voltasse no dia seguinte. No dia seguinte, inventou outra desculpa e disse que voltasse no dia seguinte. "Quanto tempo? Eu ia diariamente à sua casa, sem faltar um dia sequer. Às vezes ela dizia: pois o livro esteve comigo ontem de tarde, mas você só veio de manhã, de modo que o emprestei a outra menina."

Finalmente a sra. Bernstein ficou desconfiada e quis saber por que a "menina loura em pé à porta, exausta, ao vento das ruas do Recife", continuava a aparecer na sua casa. Quando soube, ficou horrorizada pela descoberta do tipo de filha que tinha. "Mas este livro nunca saiu daqui de casa e você nem quis ler!", disse ela, espantada, à filha, ordenando-lhe que o emprestasse imediatamente a Clarice. A sra. Bernstein acrescentou que Clarice poderia ficar com o livro pelo tempo que quisesse.

> Chegando em casa, não comecei a ler. Fingia que não o tinha, só para depois ter o susto de o ter. Horas depois abri-o, li algumas linhas maravilhosas, fechei-o de novo, fui passear pela casa, adiei ainda mais indo comer pão com manteiga, fingi que não sabia onde guardara o livro, achava-o, abria-o por alguns instantes. Criava as mais falsas dificuldades para aquela coisa clandestina que era a felicidade. A felicidade sempre iria ser clandestina para mim.[22]

Em 1933 Clarice Lispector decidiu se tornar escritora.

> Quando conscientemente, aos treze anos de idade, tomei posse da vontade de escrever — eu escrevia quando era criança, mas não tomara posse de um destino — quando tomei posse da vontade de escrever, vi-me de repente num vácuo. E nesse vácuo não havia quem pudesse me ajudar.
>
> Eu tinha que eu mesma me erguer de um nada, tinha eu mesma que me entender, eu mesma inventar por assim dizer a minha verdade. Comecei, e nem sequer era pelo começo. Os papéis se juntavam um ao outro — o sentido se contradizia, o desespero de não poder era um obstáculo a mais para realmente não

poder. A história interminável que então comecei a escrever (com muita influência de *O lobo da estepe*, de Hermann Hesse), que pena eu não ter conservado: rasguei, desprezando todo um esforço quase sobre-humano de aprendizagem, de autoconhecimento. E tudo era feito em tal segredo. Eu não contava a ninguém, vivia aquela dor sozinha. Uma coisa eu já adivinhava: era preciso tentar escrever sempre, não esperar um momento melhor porque este simplesmente não vinha. Escrever sempre me foi difícil, embora tivesse partido do que se chama vocação. Vocação é diferente de talento. Pode-se ter vocação e não ter talento, isto é, pode-se ser chamado e não saber como ir.[23]

Esses primeiros esforços, disse ela, eram uma produção "caótica. Intensa. Inteiramente fora da realidade da vida", e alimentados por leituras de que ela se lembrava como sendo as de "quem tem fome, com avidez; eu lia atabalhoadamente, às vezes, até dois livros por dia".[24] Ela lia os clássicos brasileiros, como Machado de Assis, e tudo o mais que pudesse encontrar nas prateleiras da biblioteca, onde escolhia os livros pelo título. Dois livros, conforme ela sempre lembrava, deixaram-lhe a mais profunda impressão. O primeiro foi *Crime e castigo*, dramatização do fracasso humano e da salvação mística que deve ter tocado uma pessoa que se sentia abandonada por Deus: Dostoiévski também tinha sido um dos autores favoritos de seu pai. O segundo, talvez de modo mais interessante, foi *O lobo da estepe*, de Hermann Hesse, romance experimental publicado na Alemanha em 1927. É fácil perceber por que o livro era tão atraente para Clarice, em quem causou uma "verdadeira febre". Tantos conceitos do livro reverberam na experiência dela que quase parece ter sido escrito especificamente para influenciar Clarice Lispector. Os livros de Hesse sempre tiveram uma ressonância particular nos adolescentes, para quem a ânsia por amor e a questão do tipo de vida que se deve levar estão no ponto mais agudo. *Narciso e Goldmund* (1930), alegoria de dois amigos, um deles um monge estudioso, o outro um sensualista apaixonado, delineia dois caminhos que o amor pode tomar; *Sidarta* (1922), biografia ficcional do Buda, popularizou conceitos espirituais orientais num mundo que, depois da Primeira Guerra Mundial, tinha se desiludido com todas as instituições, incluindo as religiosas.

O lobo da estepe é um livro sobre a glória da arte e o preço que o artista paga por ela. Como muitos dos futuros livros da própria Clarice, *O lobo da estepe* é uma meditação filosófica baseada numa história fantástica, construída de modo solto, a do "lobo das estepes", Harry Haller, estudioso e artista cujo apelido vem de sua natureza meio humana, meio animal. Haller é "um animal que vagava por um mundo que para ele era estranho e incompreensível, um animal que não conseguia mais achar sua casa, sua paixão ou seu alimento".[25] Seu "Tratado do lobo da estepe", que adverte em seu prefácio que é "Só para loucos", esboça um projeto de vida para o futuro artista. O caminho da arte, e a independência que ele requer, é um caminho terrível — ele parece estar alertando a adolescente Clarice. Mas Haller também observa: "Aqueles que não têm um lobo dentro de si não são, por essa razão, felizes".[26]

"Há uma porção de gente exatamente como Harry", escreveu Hesse. "Muitos artistas pertencem a essa espécie. Essas pessoas todas sabem que têm duas almas, dois seres dentro de si, nos quais o divino e o diabólico, o sangue da mãe e o sangue do pai, a capacidade para a felicidade e para o sofrimento, estão atados de modo tão apertado e conflituoso como o lobo e o homem estavam dentro de Harry". Tais pessoas estão "perto do coração selvagem", mas sabem também "que o homem talvez não seja simplesmente uma fera estúpida, mas também um filho de Deus, destinado à imortalidade".[27]

Como outras produções — literárias, poéticas e cinematográficas — da Alemanha de Weimar, o romance de Hesse se parece mais com um mundo onírico do que os romances tradicionais. Ele conta uma história, mas a história é simplesmente uma moldura para a exploração de possibilidades sensoriais e filosóficas. O verdadeiro apelo de *O lobo da estepe* a uma escritora adolescente prestes a desabrochar, como Clarice Lispector, era a liberdade que ele oferecia de seguir sua vocação pessoal, de descrever a vida interior.

"A viagem interior me fascinava", escreveu ela sobre sua "germinação" por Hesse. A possibilidade que ele demonstrava, de escrever sobre essa viagem, foi uma revelação para a garota cujas histórias nunca foram lineares e que esteve sempre muito menos interessada no aparato romanesco de trama e personagens do que no processo através do qual a escrita poderia alcançar a verdade interior. Em *Água viva*, publicado três anos antes da sua morte, ela buscou escrever um livro que fosse como música ou escultura; e no fragmento póstumo *Um sopro de vida*, "puro movimento", concedeu apenas três frases à narrativa tradicional: "Rapidamente porque dados e fatos me chateiam. Vejamos, pois: nasceu no Rio de Janeiro, tem 34 anos, um metro e setenta de altura e é bem-nascida, embora filha de pais pobres. Uniu-se a um industrial etc.".[28]

Como recordaria mais tarde, não é que ela não quisesse escrever as histórias do tipo "era uma vez" que os editores da página infantil do *Diário de Pernambuco* esperavam. Ela não conseguia. Já adulta, lembrando-se desse malogro, decidiu tentar de novo. "Desde então, porém, eu havia mudado tanto", ponderou, "quem sabe agora já estava pronta para o verdadeiro 'era uma vez'. Perguntei-me em seguida: e por que não começo? agora mesmo? Será simples, senti eu. E comecei. No entanto, ao ter escrito a primeira frase, vi imediatamente que ainda me era impossível. Eu havia escrito: 'Era uma vez um pássaro, meu Deus'."[29]

10. Voando para o Rio

Quando Clarice Lispector tinha quinze anos, um ano depois de descobrir a possibilidade de escrever, seu pai fez sua última mudança. O destino agora era o Rio de Janeiro.

O Rio estava no auge de sua reputação internacional. Se anteriormente os navios que viajavam a Buenos Aires anunciavam que não faziam escalas no Brasil — a mente estrangeira, quando pensava no país, imaginava um lugar infestado de macacos, febre amarela e cólera —, o Rio tinha se transformado num dos destinos mais chiques do planeta. Cruzeiros afluíam para a baía de Guanabara, descarregando seus abastados passageiros nos novos hotéis que imitavam os brancos bolos de noiva originais da Riviera francesa: o Hotel Glória, perto do centro, inaugurado em 1922; o lendário Copacabana Palace, inaugurado um ano depois, numa praia que ainda ficava fora da cidade.

Os visitantes passavam as noites em locais chiques como o Cassino da Urca, aos pés do Pão de Açúcar, onde estrelas ascendentes como Carmen Miranda cantavam e dançavam até o amanhecer. Turistas elegantes programavam suas visitas para coincidir com os cinco dias de carnaval. Como qualquer outra cidade do mundo católico, o Rio sempre tivera um discreto carnaval quaresmal. Mas sob o zeloso empenho do governo Vargas, com seu faro infalível para as relações públicas, o velho festejo foi reorganizado, ampliado e pesadamente promovido no exterior.

Passou a ser uma produção hollywoodiana, e Hollywood se deu conta. Dolores del Rio fez o papel de uma beldade brasileira em *Voando para o Rio*, musical de 1933 que impulsionou a carreira de Fred Astaire e Ginger Rogers e exibiu danças sobre asas de aviões. Naqueles anos, Orson Welles voou para o Rio e Carmen Miranda para Hollywood, a partir de uma cidade que ela, mais do que ninguém, tornou sinônimo de dança, praias e garotas bonitas. São Paulo, com sua força industrial emergente, rivalizava com o Rio pela preponderância econômica, mas para o Brasil como um todo só havia uma única e indiscutível capital, e aos olhos do mundo o Brasil era o Rio, e o Rio era o carnaval.

Ginger e Fred não eram os únicos recém-chegados ao Rio. Pedro Lispector fazia parte de uma legião de recém-chegados menos chiques: os migrantes que afluíam para a capital numa corrente ininterrupta. Vinham do mundo todo, mas as duas principais ondas vinham do Nordeste e de Portugal, então um dos países mais pobres e atrasados da Europa.

Em 1909, dos cerca de 1 milhão de habitantes do Rio, 200 mil eram cidadãos nascidos em Portugal, e esse número não incluía filhos de portugueses nascidos no Brasil, que, se computados, teriam pelo menos dobrado aquela cifra.[1] Entre 1901 e 1950, quase 1 milhão de cidadãos portugueses chegaram ao Brasil,[2] porcentagem enorme de uma população que mal chegava aos 6 milhões em 1920 e que representa quase duas vezes a atual população de Lisboa. Muitos desses imigrantes, se não a maioria, escolhiam o Rio de Janeiro, onde se juntavam à classe média baixa: pequenos lojistas, artesãos e comerciantes. Dominavam certas profissões: os padeiros eram quase sempre portugueses; o pai de Carmen Miranda era barbeiro.

Os portugueses frequentemente tinham alguma habilidade com valor de troca. Em contraste, os nordestinos sem instrução e sem qualificação, muitos dos quais foram escravos ou filhos de escravos, chegavam a uma cidade que não tinha ocupação para eles. Juntavam-se nas favelas, que proliferaram na virada do século. À medida que o Nordeste continuava seu irrefreável declínio século XX adentro, mais e mais recém-chegados somavam-se àqueles primeiros desafortunados. Mas o Rio não estava criando novas indústrias, e os que chegavam não tinham como ser absorvidos numa economia que ainda era voltada predominantemente para a exportação de produtos agrícolas. Os nordestinos muitas vezes achavam que trocaram a miséria de um lugar pela miséria de outro.

Pedro Lispector tinha mais em comum com os imigrantes portugueses do que com aqueles que agora eram seus companheiros nordestinos. Depois de anos de trabalho, seus negócios ainda não estavam prosperando, e ele tinha a esperança de que a capital do país oferecesse um campo mais amplo para suas ambições. Esperava também que o Rio de Janeiro, com sua grande comunidade judaica, pudesse oferecer maridos apropriados para suas filhas. Elisa agora tinha 24 anos, Tania estava com vinte e Clarice, quinze. No Recife, com suas duzentas famílias judias, elas provavelmente examinaram as possibilidades existentes, considerando-as insatisfatórias. No Rio teriam um leque de opções mais amplo.

Clarice nunca descreveu a partida do Recife, onde ela passara toda a sua infância. Lembrava-se do barco inglês que as levara ao Rio na terceira classe: "Foi terrivelmente *exciting*. Eu não sabia inglês e escolhia no cardápio o que meu dedo de criança apontasse. Lembro-me de que uma vez caiu-me feijão-branco cozido, e só. Desapontada, tive que comê-lo, ai de mim. Escolha casual infeliz. Isso acontece".[3]

Embora tenha voltado lá poucas vezes, ela falava de Pernambuco com frequência ("Recife continua firme"),[4] e ao lado dos *r* guturais manteve o sotaque característico do lugar, combinação que fez dela uma aparição esquisita no Rio. Num breve ensaio elegíaco, Clarice se imaginava mais uma vez espiando da janela da casa onde passou sua infância: "Este o rio. Eis a Penitenciária. Eis o relógio. É Recife [...]. Estou vendo cada vez mais claro: esta é a casa, a minha, a ponte, o rio, a Penitenciária, os blocos quadrados de edifícios, a escadaria deserta de mim".[5]

Só duas das filhas de Pedro o acompanharam na viagem ao Rio. Elisa ficou para trás, trabalhando no Recife, e reuniu-se à família algumas semanas mais tarde. Pouco depois de chegar, ela prestou concurso para o Ministério do Trabalho e obteve as melhores notas de todo o país.

Mas naquele momento não havia oferta de vagas no ministério. Os Lispector, porém, tinham boas relações pela primeira vez na vida. Estas vieram na pessoa de Agamemnon Sérgio de Godoy Magalhães, político do Recife que estava com João Pessoa, seu amigo, quando este fora baleado na Confeitaria Glória. Na esteira da revolução que se seguiu, Magalhães conseguira se tornar ministro do Trabalho. Antes de alcançar essa elevada posição, ele tinha sido professor de geografia no Ginásio Pernambucano, onde Clarice e Tania Lispector haviam sido suas alunas.

Tania decidiu ajudar a família e se mostrou uma bem escolhida embaixadora. Morena e cheia de corpo, aos 22 anos Tania era "sensual", conforme recordava o vizinho Alberto Dines, "voluptuosa, como uma cigana".[6] Com seu melhor vestido, ela foi ao ministério, no centro do Rio. "Eu expliquei a Agamemnon que Elisa tinha vindo antes, e que ela precisava trabalhar, que precisávamos ajudar nosso pai porque nossa mãe tinha morrido", recordava Tania. "Ele se lembrava de mim e de Clarice no Recife e prometeu nos ajudar."[7] Com a intervenção do ministro, Elisa foi contratada para o ministério, onde passaria o resto de sua vida profissional.

Para Pedro foi difícil dar sequência a esse início promissor. Mudara-se para o Rio na intenção de aumentar a renda da família, mas não teve muito mais êxito do que tivera no Recife. Na nova cidade, buscou trabalho como representante comercial, mas teve dificuldade em conseguir um bom emprego. Por um tempo pareceu haver a perspectiva de outro tipo de felicidade, quando, pela primeira vez desde a morte de Mania, conheceu uma mulher. Houve conversas sobre casamento, mas a mulher aparentemente pensava que ele era rico, e o deixou quando descobriu que não: mais uma humilhação numa vida que já havia proporcionado tantas.

O salário de Elisa aliviou parte da pressão financeira, e no início de 1938 Tania também arranjou um emprego público. Em janeiro daquele ano, a esperança de Pedro de encontrar bons maridos judeus para as filhas viu seu primeiro e único fruto, quando Tania se casou com William Kaufmann, comerciante de móveis e decorador da Bessarábia (hoje Moldávia), do outro lado do rio Dniester da terra natal dos Lispector. Clarice ficou impressionada com a escolha da irmã, que segundo ela parecia uma estrela de cinema.[8] Tania se mudou da Tijuca, onde Pedro tinha instalado a família, para o Catete, do outro lado da cidade, onde ela e William encontraram um apartamento numa rua que ladeava os jardins do palácio presidencial.

Dentro do palácio, Getúlio Vargas era agora o soberano absoluto do Brasil. A evolução dos acontecimentos não aumentou o otimismo de Pedro Lispector. Em 29 de setembro de 1937, poucos meses antes do casamento de Tania, o chefe do Estado-Maior das Forças Armadas convocou uma entrevista coletiva para revelar um "documento de grande importância". O serviço secreto, declarou o general, tivera acesso a um plano para a implantação de um regime comunista no país, com a ajuda do "ouro de Moscou". Elevou-se imediatamente o clamor de sempre — grandes latifundiários, integralistas e militares, somados à classe média apavorada — em defesa da "nação e suas tradições".[9]

O próprio nome desse estratagema sinistro deixava claro quem estaria por trás dele: o Plano Cohen. Quando ficou evidente que o Plano Cohen, como o nome também sugeria, não passava de um grosseiro embuste integralista, ele já havia atingido seus objetivos. Em 10 de novembro Vargas atendeu ao orquestrado apelo para impedir a nação de cair nas mãos de Moscou. Em nome da "segurança nacional", suspendeu todos os direitos políticos, individuais e coletivos; cancelou as eleições presidenciais; esvaziou o poder dos tribunais e do Judiciário independente; e cercou com policiais militares as duas casas do Congresso.

O nome do novo regime, Estado Novo, foi tomado emprestado de Portugal. Lá, em 1933, sob o mesmo nome, António de Oliveira Salazar — que encorajava o povo a chamá-lo de "o escolhido de Deus" — estabelecera um regime que se tornaria uma das mais duradouras tiranias do século XX. Houve outras inspirações para o golpe de Vargas, especialmente a Itália de Mussolini, e a Constituição que selava sua tomada do poder ficou conhecida como "polaca", pois se dizia que tinha sido moldada na Constituição da Polônia.

A palavra "polaca" tinha uma conotação diferente, porém. No Rio de Janeiro, "polaca" significava prostituta: lá, assim como em São Paulo, Montevidéu e Buenos Aires, muitas das prostitutas vinham de fato da Polônia e eram judias.[10] Muitas eram órfãs da Primeira Guerra, mulheres que não tinham, como as garotas Lispector, conseguido escapar em segurança para o exterior. Essas garotas, ou aquelas cuja família tinha sido reduzida à penúria absoluta, não tinham instrução e se deixavam seduzir facilmente pela perspectiva de ir para a América do Sul com a promessa de casamento e uma nova vida no exterior. "O homem de Buenos Aires" que dá título ao conto de Scholem Aleichem era um cafetão, membro de uma temível máfia judaica conhecida como Zvi Migdal, de início baseada em Buenos Aires e que, quando as coisas esquentaram por lá, mudou-se para o Rio. Durante um tempo, controlou o tráfico de escravas brancas na América do Sul.

A presença judaica nesse negócio não passou, é claro, despercebida, e a existência de prostitutas e cafetões judeus era um item de destaque na lista de queixas dos integralistas contra os judeus. Na verdade, em 7 de junho de 1937, portanto antes do Plano Cohen e do Estado Novo, uma circular secreta determinou que todos os judeus, incluindo turistas e homens de negócios, fossem impedidos de entrar no Brasil. Não era, portanto, apenas obra dos integralistas. Refletia o antissemitismo nos altos escalões do Itamaraty, bem como no governo em geral.[11]

Ao contrário do que ocorria na Argentina, esse antissemitismo em geral não se traduzia em ataques contra os judeus que já viviam no Brasil. Como Getúlio Vargas seguiria demonstrando, a atitude oficial brasileira era muito mais escorregadia. Mesmo pessoas que na sua vida pública estavam determinadas a aplicar políticas antissemitas podiam ser individualmente prestativas com judeus — em parte porque decerto nem sempre lhes ocorria, num país de minúscula população judia, perguntar-se se as pessoas com quem lidavam eram judias. Um exemplo era o próprio Agamemnon Magalhães, o ministro do Trabalho, que se dispunha a estender a mão a Tania e Elisa Lispector no mesmo momento em que se mobilizava no gabinete ministerial para manter o Brasil fechado aos cada vez mais desesperados refugiados da Alemanha nazista.[12]

O Brasil estava, de todo modo, longe de ser o único a negar refúgio àquela gente. Outros grandes países — Estados Unidos, Canadá, Grã-Bretanha, Argentina, África do Sul, Austrália —, bem como uma legião de países menores, do Equador à Libéria, fecharam suas portas aos judeus europeus. A contragosto, o Brasil permitiu a entrada legal de uns poucos — entre 1933 e 1942 foram quase 25 mil judeus —, embora o regime de Vargas considerasse indesejável a imigração judaica.[13]

Num país sob forte censura, essa aversão não era alardeada. Nem era preciso. "Sobre as dificuldades para entrada dos judeus no Brasil eu me lembro que se sabia que havia protocolos confidenciais e que havia obstáculos para entrada de judeus no Brasil", disse um judeu do Recife.

> Mas, não se dizia que havia algum obstáculo, mas se sentia que havia. Era a época dos campos de concentração [...] uma hora alegavam que era porque eram in-

telectuais e não agricultores. Estava sobrando intelectual no Brasil. Outra hora alegavam que eles não trariam progresso ao país. Então nunca se dizia que judeu não entra. Isso era comentado na comunidade. Na minha casa se falava sobre isso.[14]

Os judeus pagaram um alto preço pela avidez de Vargas pelo poder absoluto. Os comunistas judeus pagaram caro, como Olga Benário Prestes, deportada grávida aos 28 anos para a Alemanha e executada na câmara de gás. No mesmo ano, David Wainstok, primo de Clarice, estudante de medicina no Recife, também pagaria um alto preço quando, suspeito de ser simpatizante do comunismo, foi preso e brutalmente torturado. "Criado num lar onde o sionismo era o ideal mais elevado, por pais que sonharam o sonho de todas as gerações de judeus, o jovem estudante judeu deu um passo à frente de seus pais, tentando apressar as profecias judaicas do 'fim dos tempos' e da 'terra que seria coberta de sabedoria'", escreveu o pai de David, Israel Wainstok, em suas memórias em iídiche, fazendo uma conexão explícita entre a formação sionista do filho e sua sede por justiça social. Depois de sua prisão, "uma negra noite desceu sobre a vida da nossa família. Ela se estendeu por tantas noites, semanas e meses".[15] A irmã de David, Cecília, se lembrava de um clima de terror. A mãe deles, Dora Rabin Wainstok, enterrara todos os livros suspeitos de David atrás da casa e cobrira-os com cimento, talvez para poupar a família de complicações maiores; a aterrorizada Cecília, então uma garotinha, era seguida até a escola por policiais à paisana. Depois de um ano na mesma prisão que Clarice lembrava ver da sua janela, do outro lado do rio, em frente à sua casa, ele finalmente foi solto.

No Ginásio Pernambucano, a escola que Tania e Clarice frequentaram no Recife, um certo padre Cabral começou a denunciar as moças judias por "seduzir os rapazes cristãos",[16] e não demorou muito para que fossem excluídas, já que a escola resolveu se concentrar exclusivamente na educação de rapazes. Há interpretações divergentes sobre se isso foi uma reação direta à pregação do padre Cabral. Mas os judeus sentiram que era contra eles; porque a escola estava localizada em seu bairro, e porque era aberta aos estudantes que conseguissem passar nos rigorosos exames de admissão, sendo portanto atraente a uma comunidade pobre que dava muita importância à instrução. As moças foram obrigadas a sair da escola apenas um ano depois que os Lispector deixaram o Recife.

A equação de judaísmo com comunismo era potencialmente tão perigosa para os judeus brasileiros quanto tinha sido para os judeus russos e alemães, embora essa equação não tivesse, sem dúvida, resultado de uma presença objetiva de verdadeiros judeus nas fileiras comunistas. Como rezava a fórmula de Gustavo Barroso, comunismo equivalia a capitalismo, que equivalia a judaísmo. O Estado Novo deu passos decisivos para reprimir os três. Os comunistas foram enquadrados depois de 1935 e, como na Itália de Mussolini e na Argentina de Perón, a nascente indústria brasileira se desenvolveu sob uma política corporativista que pouco fez para estimular o crescimento econômico.

Numa época de crise mundial para os judeus, que já haviam sobrevivido aos terríveis massacres que se seguiram à Primeira Guerra Mundial e à Revolução Russa, qualquer sinal de repressão seria no mínimo preocupante. Até mesmo Pedro Lispector, por mais embaixo que estivesse na pirâmide social brasileira, era alvo das novas medidas de segurança do Estado Novo. "Ele era um sionista", disse Tania, "e arrecadava dinheiro para o Fundo Nacional Judaico. Tínhamos a caixinha em nossa casa, onde sempre que podia ele punha uma moeda para os judeus na Palestina."[17]

Esse ativismo não distinguia de modo algum Pedro Lispector de outro judeu, no Brasil ou qualquer outro lugar; o lar de Pedro Lispector ou o de Israel Wainstok não eram as únicas casas onde "o sionismo era o ideal mais elevado". Pouco depois de chegar ao Rio, em março de 1935, Pedro tinha servido ao comitê executivo da Federação Sionista quando esta preparava sua terceira conferência nacional,[18] sem se dar conta de que essa ideologia, que parecia não representar ameaça alguma à segurança nacional brasileira, logo seria proibida por indicar sujeição a um governo estrangeiro. (Evidentemente, em 1937, quando essa proibição foi posta em prática, não existia o que se pudesse chamar de governo sionista.) O *pushke*, a caixa de metal de dez centímetros de que Tania se lembrava, foi declarado "ilegal e perigoso".[19] Até mesmo a palavra "sionismo" foi proibida; um conferencista foi obrigado a se referir a "uma certa ideia, bem conhecida de todos, que Herzl ajudou a estabelecer".[20]

Felizmente para os judeus brasileiros, os integralistas forçaram a mão, desperdiçando a vantagem que obtiveram quando Vargas, adotando muito da retórica deles, subjugara o Partido Comunista em 1935 e depois, em 1937, instituíra o Estado Novo. Eles se ressentiram da proibição varguista dos partidos políticos, incluindo o deles. Plínio Salgado, seu líder, que sempre vira Vargas como um idiota útil, decidiu que era hora de impor um ditador integralista — ele próprio — em seu lugar.

Na noite de 11 de maio de 1938, enquanto Salgado assistia de camarote em São Paulo, um batalhão integralista atacou o Palácio Guanabara, no Rio de Janeiro, onde Vargas e sua família estavam dormindo. Felizmente, sua filha de 22 anos, Alzira, futura amiga de Clarice Lispector, armada de uma pistola, conseguiu dar alguns telefonemas, convocando as forças militares, que, depois de longas horas de incerteza para os moradores do palácio, subjugaram o levante por volta do meio-dia do dia seguinte. Salgado foi despachado para Portugal, para esfriar a cabeça, e Gustavo Barroso logo se juntou a ele, enquanto a maioria dos oficiais militares que participaram do golpe recebeu no máximo punições simbólicas.

Getúlio Vargas não via sentido no castigo. Os integralistas, partido da direita, tinham metido os pés pelas mãos da mesma maneira que os comunistas, partido da esquerda, fizeram três anos antes. Foi uma oportunidade de ouro para o ditador se livrar de qualquer oposição significativa sem ter de sujar as próprias mãos. Embora os integralistas e muitas de suas ideias ainda voltassem a assombrar o país, sua ameaça aos judeus do país agora era coisa do passado.

A sede de justiça, o "sonho de todas as gerações de judeus", que levara a idealista comunista Olga Benário Prestes à câmara de gás e David Wainstok aos cárceres do Recife, levou Clarice Lispector a outro caminho.

Depois de chegar ao Rio, em 1935, ela passou um breve tempo numa precária escola de bairro na Tijuca antes de entrar, em 2 de março de 1937, no curso preparatório para a Faculdade de Direito da Universidade do Brasil. Foi uma decisão incomum, tanto para uma mulher — não havia mais do que um punhado de advogadas no país — como para uma aluna com sua origem. No Brasil inteiro, a carreira no direito era um reduto da elite, e nenhuma escola do país tinha mais prestígio do que a da capital. A menina da *shtetl* da Podólia estava prestes a ingressar nos mais altos escalões da sociedade brasileira.

A carreira, porém, não foi o que motivou Clarice a entrar na escola de direito. A ânsia por justiça estava inscrita em seus ossos. Ela tinha visto a horrível morte da mãe, e seu brilhante pai, incapaz de estudar, reduzido ao comércio ambulante de tecido. Cresceu pobre no Recife, mas sempre teve consciência de que sua família, apesar das dificuldades, estava melhor de vida que muitas outras. "Em pequena", escreveu mais tarde, "minha família por brincadeira chamava-me de 'a protetora dos animais'. Porque bastava acusarem uma pessoa para eu imediatamente defendê-la. E eu sentia o drama social com tanta intensidade que vivia de coração perplexo diante das grandes injustiças a que são submetidas as chamadas classes menos privilegiadas. Em Recife eu ia aos domingos visitar a casa de nossa empregada nos mocambos. E o que eu via me fazia como me prometer que não deixaria aquilo continuar."[21]

Sua defesa dos desprotegidos era tão fervorosa que as pessoas começaram a dizer que ela seria advogada. "Isso me ficou na cabeça", escreveu ela, e "como eu não tinha orientação de nenhuma espécie sobre o que estudar, fui estudar advocacia."[22] Seu pai, porém, a alertava contra essa ideia. Disse a uma das irmãs de Clarice que temia que ela pensasse demais e se exaltasse. "Evidentemente", ela comentou numa carta a Fernando Sabino alguns anos depois, "não foi a faculdade que me deixou assim. Mas agora compreendo tanto o que ele queria dizer."[23]

Clarice tinha, contudo, uma meta concreta: "Minha ideia — veja o absurdo da adolescência! — era estudar advocacia para reformar as penitenciárias".[24] Não era uma noção tirada do nada, pois naqueles anos existia no Brasil um movimento para reformar as prisões do país. Seu fruto mais famoso foi a Casa de Detenção em São Paulo, uma instituição-modelo, aberta a visitantes do mundo todo.

O antropólogo Claude Lévi-Strauss, que fez seu nome no Brasil, foi um dos visitantes, bem como o escritor judeu austríaco Stefan Zweig, que esteve ali em 1936, descobrindo que "a limpeza e a higiene exemplares transformaram a prisão numa unidade de trabalho. Os prisioneiros faziam o pão, preparavam os remédios, serviam na clínica e no hospital, plantavam verduras, lavavam as roupas, faziam pinturas e desenhos e recebiam aulas".[25]

As autoridades não paravam de enfiar prisioneiros no edifício, e logo ele se tornou o maior presídio da América Latina, famoso não pelos desenhos ou pelas hortas dos prisioneiros, mas por uma taxa de violência tão assustadora que o nome que lhe deu fama, Carandiru, tornou-se sinônimo de horror, sobretudo depois do motim de 1992 e do subsequente massacre de 111 presos.

A moça loura "alta, pensativa, rebelde", com seu sotaque estranho e notável histórico escolar, causava forte impressão.[26] Na escola, onde tinha aulas extracurriculares de inglês, uma professora concebeu um exercício especial para descobrir mais sobre ela, pedindo uma redação em inglês sobre o tema "O que você faz durante o dia?". Quando Clarice entregou um relato banal de suas atividades diárias, a professora disse, desapontada: "Imaginei que você fosse pintora, ou que tocasse piano...". Alguns anos depois, Clarice reencontrou a mulher e mencionou que tinha publicado seu primeiro romance. "Mas você não fazia literatura?", exclamou a professora. "Pois era isso que eu queria que você dissesse na composição!"[27]

Mas Clarice nunca era óbvia. Estava experimentando seus primeiros passos como escritora, em segredo, "criando sua máscara", como ela definiu, "e com muita dor. Porque saber que de então em diante se vai passar a representar um papel é uma surpresa amedrontadora. É a liberdade horrível de não ser. É a hora da escolha".[28] A decisão já tinha sido tomada, ainda que, até onde o mundo externo sabia, suas energias estivessem direcionadas para a escola de direito. Ela fez o exame vestibular em fevereiro de 1939, alcançando o primeiro lugar no curso preparatório e o quarto entre os trezentos candidatos de todo o país,[29] e se preparou para entrar na Universidade do Brasil.

"É que fui uma adolescente confusa e perplexa que tinha uma pergunta muda e intensa: 'como é o mundo? e por que esse mundo?'. Fui depois aprendendo muita coisa. Mas a pergunta da adolescente continuou muda e insistente."[30] Quase antes mesmo de entrar na universidade, sabia que não encontraria respostas no direito. Sua máscara já tinha sido escolhida quando leu *O lobo da estepe* e decidiu se tornar escritora; um breve estágio num escritório de advocacia confirmou que não tinha vocação para a papelada.

Naqueles tempos, porém, nem todos os estudantes entravam na escola de direito com o intuito de se tornarem advogados; relativamente poucos, na verdade, acabavam seguindo a carreira jurídica. Era um campo de treinamento para influentes jornalistas, políticos, diplomatas e homens de negócios, quase qualquer pessoa que aspirasse a uma profissão não científica. Isso ocorria em parte porque até o ano em que Clarice nasceu, 1920, o Brasil não tinha sequer uma universidade. Tinha escolas de medicina, direito, engenharia e assim por diante, mas nenhuma instituição que oferecesse um leque amplo de disciplinas. (Em contraste, na América hispânica, Lima, a Cidade do México e Santo Domingo tinham universidades desde meados do século XVI.) A Faculdade Nacional de Direito — sediada no antigo Senado Imperial, junto a um grande parque, o Campo de Santana, onde cutias passeavam pelo gramado — era a instituição de ensino superior de maior destaque no Brasil.

Como tal, estava aberta à influência estrangeira, incluindo o "racismo científico". Muitos dos funcionários do Itamaraty que barravam a entrada de refugiados judeus no Brasil tinham saído daquela faculdade, com pontos de vista formados por escritores como Arthur de Gobineau, que chegara ao Rio em missão diplomática em 1870 e detestara quase todos os aspectos do país, com a única exceção de seu louro imperador Habsburgo, d. Pedro II.

Os argumentos de Gobineau, de que só altas doses de sangue europeu poderiam "fortalecer" a população lamentavelmente escura do Brasil, encontraram plateias receptivas dentro da escola. Teses correlatas de outros autores, incluindo o protonazista Houston Stewart Chamberlain, também tiveram acolhida ali, bem como a noção de um Estado forte e centralizado, tão importante para os integralistas e para Getúlio Vargas. "As raízes intelectuais do integralismo não eram populares", escreveu um pesquisador. "Antes, emergiam das prestigiosas faculdades de direito do Brasil, onde os integralistas, assim como muitos dos diplomatas encarregados de criar e implementar a política de imigração, frequentemente vinculavam comunismo e 'sistema financeiro judeu internacional' em seus manifestos."[31]

Na escola, um dos principais defensores do fortalecimento racial, Francisco José Oliveira Vianna, era, ele próprio, mulato.[32] Os absurdos dessa ideologia, porém, não significaram que ela fosse isenta de consequências, dentro ou fora do país. Por outro lado, entretanto, um coro crescente condenava tanto as afinidades da ditadura com o Eixo como, cada vez mais, a ditadura em si.

Não foi por causa da política que Clarice Lispector nunca se interessou pela escola de direito. Suas notas na escola secundária, que sempre tinham sido excelentes, agora não eram mais do que respeitáveis, e em 17 de dezembro de 1943 ela nem se deu ao trabalho de comparecer à cerimônia de formatura.

Ela mudara de perspectiva pouco antes de começar o curso. Durante o primeiro ano de faculdade descobrira um canal para dar vazão a sua verdadeira vocação, e em 25 de maio de 1940 publicou seu primeiro conto conhecido, "Triunfo", na revista *Pan*. Era uma publicação de perfil bastante popular, de interesse geral, que traduzia e republicava todos os tipos de notícias, ensaios, contos e reportagens de publicações estrangeiras, ao lado de contribuições de escritores brasileiros. Desde o primeiro número, no final de 1935, sua orientação política tinha mudado junto com a do país. Naquela edição, *Pan* era descaradamente pró-fascismo. Benito Mussolini era o "homem da edição", "a personalidade universal mais vigorosa deste século", e em meio à carnificina da guerra da Etiópia a contracapa exibia uma charge mostrando "o heroico cruzado, tão civilizado pelo fascismo, atacando a barbárie africana, para libertar, desinteressadamente, a linda escrava negra".[33]

No momento em que Clarice publicou seu conto, essa orientação era coisa do passado, como aliás na maior parte da imprensa brasileira, bastante censurada desde o início do Estado Novo. As preocupações da própria Clarice eram mais pessoais. De modo bem apropriado para um primeiro conto, "Triunfo" fala sobre um escritor iniciante e sua frustração, vista da perspectiva de sua namorada: "Disse que precisava de condições próprias para produzir, para continuar seu romance, ceifado logo de início por uma incapacidade absoluta de se concentrar. Fora embora para onde encontrasse o 'ambiente'". Ele sacrificava a namorada no altar da literatura, embora ela se lembrasse de ouvi-lo dizer, "os largos ombros amados estremecendo num riso, que tudo não passava de uma brincadeira, de uma experiência para inserir na página do livro".

O breve conto inclui os inesperados floreios verbais ("os largos ombros amados estremecendo num riso") que se tornariam marca registrada de Clarice Lispector. E já inclui uma dúvida quanto ao papel da literatura na vida. Clarice zomba do drama sentimental que o escritor faz de seus problemas triviais. Ao mesmo tempo, simpatiza com seus tormentos, como quando Luísa, a namorada do escritor, encontra uma anotação que ele deixou: "'Não consigo escrever. Com estas palavras arranho uma chaga. Minha mediocridade está tão...'. Luísa interrompe a leitura. O que ela sempre sentira, vagamente apenas:

mediocridade".³⁴ Nessas linhas vem à tona o temor da jovem escritora de sua própria mediocridade, um temor de fracasso que desmente o triunfo do título. Este vem quando a nua Luísa entra no banho, experimenta a sensação da água correndo sobre seu corpo no sol da manhã e subitamente se dá conta de que ele vai voltar para ela. Ela — o animal, o corpo, a mulher — era mais forte do que as dúvidas dele. A vida triunfa sobre a literatura.

Era uma realização talentosa de uma garota de dezenove anos, como Pedro Lispector reconheceria, orgulhoso da aparição da filha caçula numa revista de destaque nacional. Mesmo que ele, como a maioria dos pais, conferisse um valor exagerado à produção das filhas, não tinha como saber que estava testemunhando o início de uma das mais extraordinárias carreiras da literatura do século xx. Talvez seu orgulho fosse um ligeiro consolo diante do medo e da depressão causados pelo avanço de Adolf Hitler em seu continente natal, avanço que, em meados de 1940, parecia irrefreável. Quando a Rússia estava ameaçada por uma invasão alemã, ele buscou notícias sobre seus parentes por intermédio da Cruz Vermelha. Não obteve nenhuma.

A despeito de uma vida de reveses, "como inúmeras vezes cerrou-se o seu coração no decorrer dos anos de mágoas, de lutas improfícuas e inglórias", ele não havia desistido. Amava a leitura e a música, Elisa escreveu:

> Muitas vezes entrava em casa radiante: comprei entradas para assistirmos o concerto de Yehudi Menuhin. Ou era Brailowski, ou Arthur Rubinstein. Era sempre dele que partia a iniciativa para irmos ao teatro ouvir boa música. [...] Tornou-se o pai ativista convicto: trabalhava para o Keren Kayemet, o Keren Haissod, contribuía para auxiliar os refugiados da guerra.³⁵

Eram pequenas compensações numa vida que foi uma batalha ininterrupta.

> [...] jamais sabendo o que era passar um dia despreocupado, sem ter de trabalhar, sem ter de poupar. Simplesmente não tendo que pensar no dia de vencimento de uma promissória. Porque a verdade é que papai jamais teve tino comercial, e se nos atribuíam foros de riqueza, era isso devido tão somente à firmeza de caráter

do pai. Acontecesse o que acontecesse, papai resgatava as duplicatas sempre em dia. E se possível, na véspera de seu vencimento, o que representava para ele uma vitória.[36]

A exemplo de Clarice, Elisa também estava começando a publicar seus trabalhos. Ela mostrou um conto ao pai. Depois de ler, ficou sentado, pensando.

— Vou lhe sugerir um tema. Escreva sobre um homem que se perdeu, um homem que perdeu o caminho.

Permaneceu um bom tempo calado, depois retirou-se para o seu quarto. Nada mais acrescentou. E eu fiquei a imaginar o que o teria feito sentir-se como um náufrago, em que ponto de suas dúvidas ele se havia extraviado, ao oscilar entre dois mundos, perdido entre várias culturas?

Pois tinha o pai àquele tempo seus cinquenta anos, e nada havia construído: Todas as aspirações mais fundas haviam permanecido irrealizadas.[37]

Em segredo, Elisa começou a reunir anotações para um livro baseado na sugestão do pai.

Em agosto, Pedro teve um pequeno problema de saúde que o levou a um médico. Ficou sabendo então que sua vesícula biliar precisava ser retirada, uma cirurgia simples marcada para 23 de agosto de 1940. No Brasil daquela época, qualquer cirurgia era arriscada, mas suas filhas não achavam que havia motivo para alarme. No entanto ele voltou da clínica com uma dor considerável e morreu dali a três dias. Depois de uma vida marcada pela pobreza e pelo exílio, pelo martírio de sua esposa amada e pela luta incessante para criar e encaminhar suas filhas num país completamente estrangeiro, ele morreu aos 55 anos.

"Vou usar uma palavra muito forte", disse sua filha Tania. De grande refinamento e discrição, Tania não usava palavras fortes, portanto foi ainda mais surpreendente ouvi-la afirmar que seu pai foi assassinado. "Era uma operação de rotina", disse ela, a dor e o espanto audíveis mesmo depois de passados 66 anos. "E então, depois que ele morreu, fomos à clínica tentar falar com os médicos. Eles não nos receberam, não nos deram nenhuma resposta."[38]

Foi a última derrota numa vida que conhecera pouca coisa além disso, a última humilhação para o brilhante rapaz judeu do interior da Ucrânia que sonhava em estudar matemática e religião e em vez disso foi forçado ao exílio distante, sua esposa condenada a uma lenta extinção, sua própria batalha contínua por uma vida melhor jamais recompensada. Se tivesse vivido um pouco mais, ele teria visto a súbita e inesperada fama de sua linda filha caçula e a emergência do Estado judeu com que sonhara. Em vez disso, sua morte não foi considerada importante o suficiente para merecer uma explicação por parte dos médicos que a causaram.

Alguns anos depois Clarice escreveu a Fernando Sabino: "Uma vez ele disse: se eu escrevesse, escreveria um livro sobre um homem que viu que se tinha perdido. Não posso pensar nisso sem que sinta uma dor física insuportável".[39]

Mais uma vez, Tania assumiu o papel de chefe da família. Insistiu que as órfãs recentes Elisa e Clarice fossem morar com ela e William, embora o apartamento deles, junto aos jardins do Palácio do Catete, fosse tão pequeno que Elisa tinha de dormir na sala e Clarice era obrigada a se acomodar no minúsculo quarto de empregada. Ali ela passava a maior parte do tempo estudando e escrevendo, e além dos estudos de direito logo começou a trabalhar como jornalista.

Naquela época, poucas brasileiras, com exceção da ocasional colunista social, escreviam para jornais. Essas poucas, porém, eram de alto calibre, incluindo a poeta Cecília Meireles, que trabalhara para o *Diário de Notícias* nos anos 1930, e a romancista Rachel de Queiroz, que na década seguinte trabalharia para *O Cruzeiro*.[40] Uma mulher na redação era um fenômeno incomum e exigia certa adaptação; seus colegas, constrangidos de falar palavrões na frente de uma mulher, tinham de tamborilar na mesa como alternativa.[41]

O ingresso de Clarice nesse mundo ocorreu graças a uma das três únicas pessoas fora da Itália que entenderam verdadeiramente o fascismo, segundo a opinião autorizada de ninguém menos que Benito Mussolini.[42] O todo-poderoso Lourival Fontes era a eminência parda de Getúlio Vargas, a cargo do Departamento de Imprensa e Propaganda (DIP), o órgão que, por meio de "sedução, suborno e coerção", controlava a imprensa brasileira. Ele ajudou certos judeus refugiados, incluindo Stefan Zweig, o filólogo húngaro Paulo Rónai e o editor francês Max Fischer, ainda que tenha fechado jornais judeus.

Do Palácio Tiradentes, um grande edifício neoclássico no centro do Rio que, até 1937, hospedara o agora fechado Congresso Nacional, Lourival Fontes reinava sobre a imprensa brasileira. Em sua sala, ornada com um gigantesco retrato de Getúlio — seu trabalho era provar que o ditador "não cagava nem mijava" —,[43] o melífluo Fontes conseguiu tornar a censura oficial quase redundante; com a supressão dos comunistas e dos integralistas, a maior parte da imprensa acabava concordando com o governo, e quando não o fazia era fácil dificultar seu acesso ao papel de impressão ou aos financiamentos públicos. "Viver do talento literário ou jornalístico era quase impossível, a não ser que você trabalhasse para Lourival Fontes."[44]

O DIP era a única voz autorizada no país. A ditadura encampara a Rádio Nacional (a mais poderosa do Brasil), o jornal *A Noite*, a Agência Nacional e uma porção de revistas, incluindo *Vamos Ler!*, "uma revista para a sua época, uma publicação para o homem da era dinâmica e trepidante dos zepelins, dos 'recordes' fantásticos de velocidade, dos 'arranha-céus' e da televisão".[45] Foi provavelmente na *Vamos Ler!* que Clarice chamou a atenção de Lourival Fontes. Assim como Tania tinha feito quando convenceu Agamemnon Magalhães a empregar Elisa, Clarice entrou na sala do secretário de Fontes, Raymundo Magalhães Jr.

"Eu ia com uma timidez enorme, mas uma timidez de ousada", ela recordou numa entrevista.

> Eu sou tímida e ousada ao mesmo tempo. Chegava lá nas revistas e dizia: "Eu tenho um conto, você não quer publicar?". Aí me lembro que uma vez foi o Raymundo Magalhães Jr. que olhou, leu um pedaço, olhou para mim e disse: "Você copiou isto de quem?". Eu disse: "De ninguém, é meu". Ele disse: "Então vou publicar".[46]

Foi provavelmente "Eu e Jimmy", que apareceu na *Vamos Ler!* de 10 de outubro de 1940. Clarice Lispector é por vezes tida como escritora feminista, mas escreveu poucas histórias tão abertamente feministas. "Que podia eu fazer, afinal?", pergunta a protagonista. "Desde pequena tinha visto e sentido a predominância das ideias dos homens sobre as das mulheres. Mamãe antes de casar, segundo tia Emília, era um foguete, uma ruiva tempestuosa, com pensamentos próprios sobre liberdade e igualdade das mulheres. Mas veio papai, muito sério e alto, com pensamentos próprios também, sobre... liberdade e igualdade das mulheres", escreveu Clarice, com inabitual estridência política e falta de jeito verbal. Outros temas reaparecem: quando a narradora se livra do amante, Jimmy, ela pensa: "Ora, arranje-se! Nós somos simples animais [...]. Não achei que esse fosse um argumento, mas consolei-me um pouco. Dormi meio triste. Mas acordei feliz, puramente animal".[47]

Talvez tenha sido a publicação desse conto que deu a Clarice coragem para abordar o chefe de Magalhães. Lourival Fontes podia ser um propagandista fascista, mas era também um homem culto, com uma queda por belas literatas: no mesmo ano em que contratou Clarice Lispector, ele se casou com a poeta Adalgisa Nery. Ainda assim, era necessário um bocado de ousadia para bater na porta dele. "Naqueles dias", disse Tania, "você não fazia *nada* se não tivesse relações. Ninguém simplesmente aparecia e pedia um emprego. Era tudo por intermédio de um primo ou de um cunhado. Mas Clarice foi. Ele gostou dela e a contratou."[48]

Fontes colocou-a para trabalhar na Agência Nacional, o serviço telegráfico que distribuía notícias laudatórias a jornais e emissoras de rádio de todo o Brasil. A princípio ela deveria trabalhar como tradutora, mas já havia tradutores suficientes, então foi designada para trabalhar como editora e repórter, a única mulher com esses cargos. Talvez a única pessoa empregada de fato: seu entusiasmo contrastava com a atmosfera indolente da redação. O trabalho deles, afinal, não era descobrir notícias, mas pôr em roupagem matérias de outros jornais, dando-lhes um verniz oficial antes de redistribuí-las para outros canais de difusão.[49]

> Era um grupo jovem, e seu amigo Francisco de Assis Barbosa, então com 28 anos, recordaria anos mais tarde a impressão que ela causou: "Um ser maravilhoso. Bonita, atraente, mas sem nenhuma sofisticação. Vestia-se sempre de branco. Uma blusa e uma saia. Um cinto de couro. Nada mais. Sapato baixo, talvez uma sandália. Cabelos castanhos. Ah, sim, longos cabelos sobre os ombros. Falava com suavidade. Um leve sotaque estrangeirado, denunciando a origem judia. Ria muito. Gostava da vida. Estava de bem com a vida. Estava pronta para viver".[50]

11. Deus agita as águas

Em meio à entediada equipe jovem da Agência Nacional estava Lúcio Cardoso, escritor de 26 anos que já era aclamado como um dos mais talentosos de sua geração. Era filho de Joaquim Lúcio Cardoso, que estudara engenharia mas deixara a universidade sem se formar, por problemas de saúde de seu pai. Mudou-se então para o interior de Minas, onde desfrutou um período de grande prosperidade, chegando a acumular 8 mil cabeças de gado, mas, endividado, acabou sendo obrigado a entregar sua fortuna a um industrial de tecidos. Depois da morte da esposa, ele criou, assim como Pedro Lispector em Maceió, uma fábrica de sabão. Mas sua personalidade volátil lhe trouxe problemas com os comerciantes locais, que boicotaram seus produtos. Com o fracasso de seus empreendimentos, Joaquim e sua segunda mulher, d. Nhanhá, criaram seus seis filhos em relativa pobreza.[1]

A cidade deles, Curvelo, era típica do interior de Minas Gerais. O mineiro, de acordo com o estereótipo, é pão-duro, desconfiado e religioso; há uma piada segundo a qual as mesas de Minas têm gavetas para guardar rapidamente a comida ao primeiro sinal de uma visita. É um lugar em que expressões retorcidas desempenham papel importante na linguagem local. Ninguém em Minas é louco; o eufemismo preferido é "sistemático". Há um tabu contra descrições explícitas de procedimentos médicos: "Abriram ele, e fecharam de novo" é o máximo que se pode dizer de uma cirurgia. Um mineiro, acima de tudo, não chama a atenção sobre si mesmo. Um nativo, de volta à casa depois de ter morado em São Paulo, recorda seu desconcerto ao ser objeto de olhares espantados. Então se deu conta de que estava vestindo uma camisa vermelha.[2]

Isso aconteceu nos anos 1960 na capital do estado, Belo Horizonte, uma das maiores e mais modernas cidades do Brasil. Quatro décadas antes, no insignificante lugarejo de Curvelo, era presumivelmente ainda mais fácil provocar um escândalo. E ninguém o fez de modo tão cabal quanto o filho caçula de Joaquim e Nhanhá Cardoso, Lúcio, que se recusava a ir à escola, era obcecado por estrelas de cinema e brincava de boneca. Este último ponto em especial irritava seu pai, que brigava com a esposa a respeito. "Você é culpada", acusava ele, "você e a comadre criam esse menino na barra da saia, como se fosse mulher, e o resultado é o maricas que se vê. Onde já se viu um menino brincar de boneca? Por que não gosta dos brinquedos dos outros rapazes? É um menino medroso e vai acabar não dando cousa que preste."[3]

Era impossível mantê-lo na escola, mas ele era curioso a respeito de tudo, e sua irmã mais velha, Maria Helena, que se tornaria a melhor cronista de sua vida, orientava suas leituras. Ele leu muitos dos mesmos autores que Clarice leu quando menina, mistura que ia de Dostoiévski aos folhetins românticos publicados em jornais, que Lúcio e Maria Helena seguiam avidamente.[4] A família se mudou para o Rio de Janeiro e ele foi mandado para um colégio interno, onde foi previsivelmente infeliz, acabando por ir trabalhar numa companhia de seguros, A Equitativa, dirigida por seu tio. "Fui sempre um péssimo funcionário", disse ele. "Vivia fazendo versos."[5]

Mas na capital ele enfim estava livre. Tinha 22 anos quando, em 1934, com a ajuda do poeta e industrial católico Augusto Frederico Schmidt, lançou seu primeiro romance, *Maleita*. Na época em que publicou seu terceiro romance, *A luz no subsolo*, dois anos depois, atraiu a atenção de Mário de Andrade, que de São Paulo lhe mandou uma de suas vibrantes cartas. "Artisticamente me pareceu ruim", trovejou Mário. "Socialmente me pareceu detestável. Mas compreendi perfeitamente a sua finalidade (no livro) de repor o espiritual dentro da materialística literatura de romance que estamos fazendo agora no Brasil. Deus voltou a se mover sobre a face das águas. Enfim."[6]

* * *

Desde 1826, quando a primeira história da literatura brasileira foi publicada, a maioria dos escritores do país vinha seguindo o conselho do historiador pioneiro que insistia que o país devia "permanecer independente, e buscar seu único guia na observação [...] livre em sua poesia tanto quanto em seu governo".[7] O fato de o historiador ser francês e de o livro ter sido publicado em Paris dava ainda mais autoridade a esse conselho para ignorar a Europa. "Quem examina a atual literatura brasileira reconhece-lhe logo, como primeiro traço, certo instinto de nacionalidade", escreveu Machado de Assis em 1873. "Poesia, romance, todas as formas literárias do pensamento buscam vestir-se com as cores do país."[8]

A literatura brasileira era, portanto, prioritariamente uma literatura sobre o Brasil, e só num grau menor uma literatura escrita por brasileiros. Era local, regional e patriótica, escrita por brasileiros autoconscientes dedicados a criar, ou a contestar, uma certa imagem do Brasil. Eles celebravam as particularidades do país — as belezas naturais, a história, a cultura popular, a herança indígena e africana — e denunciavam os problemas sociais, a pobreza, as injustiças, o fracasso em realizar seu potencial aparentemente ilimitado. A maioria deles fazia ambas as coisas.

Nesse aspecto, a literatura do Brasil se assemelha à da Rússia. Ambos os colossais países fazem parte do mundo ocidental e ao mesmo tempo, de um modo importante, estão fora dele. Sempre usaram a literatura para cobrir as brechas aparentemente intransponíveis impostas por sua história e sua geografia. As regiões de ambos se espalham por enormes extensões; a vida de suas cidades modernas costuma ser inimaginável em suas áreas rurais; suas classes sociais superiores não podem sequer imaginar, a não ser por meio da literatura, a vida das imensas classes destituídas. E suas elites, a despeito da preocupação com a "autenticidade" nacional, ficaram durante muito tempo sob a influência da França, o que deu a muito da sua literatura, mesmo à mais nacionalista, um sabor colonial, de segunda mão.

No século XX a tendência prosseguiu com força, apesar da revolução modernista de 1922. Embora só publicado em 1928, o romance paradigmático de 22 foi *Macunaíma*, de Mário de Andrade, uma irônica reciclagem de muitos dos velhos clichês nacionais: o próprio Macunaíma é um índio que vai para a grande cidade de São Paulo, e a preocupação de Mário de Andrade com a emancipação da língua nacional brasileira em relação a sua herança colonial portuguesa também é típica. Embora o subtítulo do romance, *O herói sem nenhum caráter*, também tenha intuito satírico, ele não obstante situa o livro dentro da tradição ideológica da literatura brasileira, na qual as pessoas não são mostradas em sua completude humana, mas antes concebidas para defender ou atacar determinada posição ideológica. Em outro lugar Mário de Andrade definiu sua meta como sendo "fazer o brasileiro cem por cento brasileiro, nacionalizar uma nação que ainda tanto carece de características nacionais".[9] É uma declaração surpreendente, vinda de um homem que sabia melhor do que ninguém quantas características nacionais o Brasil possuía.

O anseio por "nacionalizar a nação" encontrava ouvintes receptivos tanto no comunismo como no fascismo, que encorajavam os artistas a olhar para a "realidade" nacional. Escritores influenciados pelos comunistas tendiam a usar a ficção para denunciar a opressão de classe e afirmar as reivindicações dos trabalhadores oprimidos da cidade e sobretudo do campo. Escritores influenciados pelo fascismo também descobriam, em especial no campo, os valores da gente comum. Estes contrastavam, obviamente, com o "mercantilismo" das cidades estrangeiras.

O Nordeste, onde Clarice cresceu e onde os contrastes sociais do Brasil eram mais agudos, era um dos cenários favoritos. Os anos que se seguiram a 1922 viram um florescimento de romances de temática nordestina, com intenção de "usar uma linguagem brasileira numa realidade brasileira", como escreveu Clarice Lispector, numa de suas raras incursões na crítica literária. "Isso tudo era ainda o resultado de 1922 [...]. Temos fome de saber de nós, e grande urgência, porque estamos precisando de nós mesmos, mais do que dos outros."[10]

No entanto a busca por esse conhecimento geralmente produzia livros áridos. Ao usar a ficção como veículo para revelar alguma verdade geral sobre algum aspecto do Brasil, os escritores sacrificavam o detalhe em favor do conjunto, do panorama, da *grande ligne*. Era um resultado inevitável da incumbência. Assim como na Alemanha, onde os intelectuais urbanos faziam um longo périplo em busca de algum lugar imaginado mais "real" do que Munique ou Hamburgo, assim como na Argentina e no Uruguai, onde a poesia nacional do *gaucho* acabava sendo feita não por *gauchos*, mas, nas palavras de

Borges, por "gente instruída, cavalheiros de Buenos Aires ou Montevidéu", a tentativa de "libertar" o Brasil era conduzida por gente urbana culta que decidia o que queria encontrar antes mesmo de sair à sua procura. Era um Brasil visto de fora para dentro, e o previsível resultado desse foco na realidade era tão imaginário como as produções românticas precedentes.

Acima de tudo, essa literatura era antes materialista que espiritual, e é por isso que, a despeito das reservas quanto às qualidades artísticas e sociais do livro, Mário de Andrade deu as boas-vindas a *A luz no subsolo*, de Lúcio Cardoso.

Deus tinha voltado, de fato, para agitar as águas. Mas Lúcio Cardoso não foi o primeiro escritor católico a aparecer nos anos que se seguiram a 1922. Outro foi Augusto Frederico Schmidt, o primeiro editor de Lúcio Cardoso. Em 1928, aos 22 anos, ele publicou uma coletânea de poemas intitulada *Canto do brasileiro Augusto Frederico Schmidt*. Na primeira página o poeta deixava de lado a afirmação de nacionalidade do título:

Não quero mais o amor,
nem mais quero cantar a minha terra.
Me perco neste mundo.
Não quero mais o Brasil
Não quero mais geografia
nem pitoresco.

Na época, Schmidt dirigia uma revista católica chamada *A Ordem*, que atraía escritores que seriam associados, como o próprio Schmidt, à "escola introspectiva". Era um grupo informal de escritores cujas preocupações eram menos sociais e nacionais do que íntimas e espirituais. Incluía Vinicius de Moraes, Cecília Meireles, o aristocrático romancista Octavio de Faria, cujo enorme ciclo de treze volumes *Tragédia burguesa* é uma das mais famosas obras não lidas da literatura brasileira, e o meio cego Cornélio Penna, cujo romance *Fronteira* apareceu em 1936, o mesmo ano de *A luz no subsolo*. "Tudo se passa na fronteira entre o sonho e a realidade, entre o passado e o presente, entre o natural e o pré-natural, entre a lucidez e a loucura", escreveu sobre o livro o crítico Tristão de Athayde.[11] A descrição poderia também servir para as obras de Lúcio Cardoso, publicado primeiramente por Schmidt — ou, nesse aspecto, para O lobo da estepe, de Hesse.[12] A fé católica de muitos desses escritores levou alguns deles a se associar, em geral temporariamente, ao integralismo, e a defender certas propostas reacionárias, como a militância de Vinicius de Moraes em favor do cinema mudo.

Mas o catolicismo desempenhava um papel diferente na obra dos homossexuais que estavam entre eles, incluindo Mário de Andrade, Octavio de Faria, Cornélio Penna e Lúcio Cardoso. Para essas pessoas, a Igreja era um refúgio natural. Não apenas porque, no Brasil como em toda parte, estava repleta de homens homossexuais, mas por causa da redenção que a Igreja prometia àqueles que se curvavam à consciência do pecado. Eles não viam a arte como meio de abordar questões sociais, ou de refinar a língua nacional, ou de afirmar a primazia de um partido sobre outro. Sua missão era muito mais urgente: buscavam ser salvos por meio da arte. Escrever era para eles um exercício mais espiritual do que intelectual.

Era isso que Clarice Lispector, "culpada nata, aquela que nascera com o pecado mortal",[13] tinha em comum com Lúcio Cardoso. "A beleza era uma qualidade, não uma forma; um conteúdo, não uma organização", disse um escritor acerca da visão de mundo dos judeus pobres do Leste Europeu. Ao escrever que os "judeus ficariam profundamente perplexos diante da ideia de que a estética e a moral são reinos distintos",[14] ele também poderia muito bem estar falando da obra de Lúcio Cardoso e outros católicos homossexuais, cuja exaltada literatura era em grande parte uma missão urgente para salvar almas que eles temiam estar irrevogavelmente condenadas.

Essa era também a meta de Clarice Lispector e de muitos outros escritores judeus, confrontados com o silêncio de um Deus que, a despeito de suas fervorosas orações, insistia em afastar-se deles. Ambos eram rejeitados e ambos tinham sede da redenção que haviam perdido a esperança de encontrar. Não admira que Clarice Lispector tenha se apaixonado perdidamente por Lúcio Cardoso.

Ela não foi a única. Muitas pessoas se apaixonaram por Lúcio, relembrou uma amiga.[15] Ele era notavelmente bonito, luminosamente espirituoso e de uma criatividade sem fim. "O Lúcio jorrava!", disse outra. Costumava se sentar em cafés, escrevendo uma página atrás da outra, arrancando uma folha da máquina de escrever e começando outra no mesmo instante.[16] Escreveu seu romance *Inácio* em meros quatro dias.[17] "Que talento verbal, meu Deus, Lúcio Cardoso", recordava outro amigo. "E que capacidade de trabalho, apesar da vida noturna e boêmia. Levantava-se cedo e escrevia, escrevia, escrevia. O que dele está publicado não é nem a metade do que produziu."[18]

Era um escritor nato, um conversador nato e um sedutor nato. Em seu primeiro encontro com Luiz Carlos Lacerda, um adolescente que viria a se tornar um conhecido cineasta, rabiscou um poema para ele e depois levou-o a seu apartamento. Lacerda, jovem e ingênuo, concluiu que eles viveriam felizes para sempre. Alguns dias depois, ficou desolado quando foi ao apartamento de Lúcio em Ipanema, viu a luz acesa, tocou a campainha e não teve resposta. Depois de esperar durante um tempo viu outro rapaz sair e compreendeu que para o escritor aquela fora uma noite e nada mais.[19]

Lúcio nunca teve um relacionamento duradouro. Angustiado e atormentado como os personagens de seus livros, ele parecia nunca querer ter um, embora estivesse constantemente se apaixonando por homens diferentes. Quando ele morreu, Clarice escreveu: "Em tantas coisas éramos tão fantásticos que, se não houvesse a impossibilidade, quem sabe teríamos nos casado".[20] Rosa Cass, amiga de Clarice, discorda, vendo uma impossibilidade diferente. "Não era só o fato de ele ser homossexual", ela enfatiza. "Eles eram parecidos demais. Ele precisava da sua solidão, ele era uma 'estrela', era celestial. Eles dois teriam formado um casal impossível."[21]

Isso não impediu Clarice de tentar. "Ele nunca vai casar com você, é homossexual", disse-lhe seu colega Francisco de Assis Barbosa. "Mas eu vou salvá-lo", replicou Clarice. "Ele vai gostar de mim."[22] O relacionamento, não é preciso dizer, nunca decolou. Provavelmente foi melhor assim, porque as anedotas sugeriam que Lúcio daria um marido difícil.

"Lúcio ficou maluco, Helena", disse um colega de trabalho à irmã dele quando ela chegou a seu escritório, no centro do Rio. "Me vendeu um terno dele porque precisava de dinheiro e agora se diverte atirando pela janela notas e pratas, metade do que acabo de lhe pagar. [...] Corri à janela ao lado, debruçando-me também. Embaixo, na rua Álvaro Alvim, estava cheio de gente e de minuto a minuto acorriam pessoas vindas das ruas vizinhas, atraídas pelo burburinho dos que disputavam o dinheiro que caía sem cessar daquela janela milagrosa."²³

O espírito travesso tinha também um lado sombrio. Uma vez ele contou que contratara alguém para matá-lo, para melhor compreender o sentimento de ser perseguido.²⁴ Não precisava recorrer a uma encenação desse tipo. A associação dos moradores do seu prédio tentou despejá-lo com uma carta que fazia referência a Oscar Wilde.²⁵ Ele próprio tentou repetidas vezes corrigir sua homossexualidade, às vezes chegando a ponto de se autoflagelar como um penitente medieval. "Esta perpétua tendência à autodestruição...", escreveu. "Sim, de há muito ela existe em mim, e eu a conheço como um doente acaba conhecendo o próprio mal."²⁶ Começou a beber.

O encontro com Lúcio Cardoso causou em Clarice uma febre tão intensa quanto a descoberta de Hermann Hesse provocara alguns anos antes. Sob sua influência, e com o novo mundo aberto para ela pela universidade e pelo emprego como jornalista, ela começou a escrever e publicar prolificamente.

Seu escrito de juventude mais longo e ambicioso é um conto enigmático de outubro de 1941, momento em que já caíra em si e abandonara a esperança de "salvar" Lúcio.²⁷ "Obsessão" introduz um personagem obscuro, Daniel, que reaparecerá em seu segundo romance, *O lustre*, e que quase com certeza é Lúcio Cardoso, o guia através de reinos ocultos.

Clarice conta a história de modo tão convencional quanto a vida de sua protagonista, Cristina. Vê-se a jovem escritora tateando seus recursos ficcionais, ainda insegura de seus alicerces narrativos. Diferentemente da maior parte de seus escritos, "Obsessão" tem uma clara trama tradicional. "É necessário contar um pouco sobre mim, antes do meu contato com Daniel", escreve ela, com clareza pouco característica. "Sempre fui sossegada e nunca dei provas de possuir os elementos que Daniel desenvolveu em mim."²⁸

Cristina desejara apenas "casar, ter filhos e, finalmente, ser feliz". Ela se casa com o insípido Jaime e vive num mundo onde "as pessoas que me cercavam moviam-se tranquilas, a testa lisa sem preocupações, num círculo onde o hábito há muito alargara caminhos certos, onde os fatos explicavam-se razoavelmente por causas visíveis e os mais extraordinários se ligavam, não por misticismo mas por comodismo, a Deus".²⁹

O amor frustrado por Lúcio talvez tenha levado Clarice ao ceticismo quanto ao casamento, que retorna muitas vezes em sua obra. De todo modo, Clarice zomba do mundo satisfeito e seguro de Cristina, que é abalado por um surto quase fatal de febre tifoide, a mesma doença que quase matara Pedro Lispector na Bessarábia. Depois que ela se restabelece, a família a manda para o ar mais puro de Belo Horizonte, no estado natal de Lúcio Cardoso, e a instala numa pensão. Livre das aconchegantes certezas do lar, ela se vê "subitamente lançada numa liberdade que eu não pedira e da qual não sabia me utilizar".[30]

A essa altura do conto, Cristina, assim como sua autora, volta desajeitadamente para as convenções ficcionais. "Mas é necessário começar pelo princípio, pôr um pouco de ordem nesta minha narrativa...", balbucia, desconcertada por uma figura misteriosa que também está hospedada na pensão. Ela casualmente o ouve dizer coisas perturbadoras. "Daniel era o perigo", ela se dá conta. "O que me interessava sobretudo", diz Daniel, "é sentir acumular desejos, encher-me de mim mesmo. A realização abre-me, deixa-me vazio e saciado." Ela reconhece nele "o destino dos soltos na Terra, dos que não medem suas ações pelo Bem e pelo Mal".[31]

Essa amoralidade vai marcar muitos dos personagens de Clarice. Seu reconhecimento da natureza aleatória do universo, sua consciência de que seu mundo não era um mundo em que "fatos explicavam-se razoavelmente por causas visíveis", sempre foram presentes para ela. Quais eram, por exemplo, as "explicações razoáveis" para a tragédia de sua mãe? Mas para Cristina é uma revelação: Daniel a "desperta", não apenas para sua natureza animal ("meus olhos tolos, atestando minha ingenuidade de animal"), mas também para suas possibilidades humanas. "Realizar-se, repetia, eis o mais alto e nobre objetivo humano" — e o estado de criação artística era a maior alegria alcançável.[32]

Cristina, previsivelmente, apaixona-se por Daniel, que ela considera um gênio e que desperta nela um violento desejo latente. Ele a adverte, porém, que esse desejo pode levar à loucura, a uma loucura "privilegiada". "Cristina, você sabe que vive?", ele a atormenta. "'Cristina, é bom ser inconsciente?' 'Cristina, você nada quer, não é mesmo?'" Ele ansiava por "'soprar no meu corpo um pouco de veneno, do bom e terrível veneno'".[33]

A mãe de Cristina fica doente, e ela volta para Jaime. Não há notícia de Daniel. Ela passa a temer a loucura que ele lhe incutiu e se lembra dele dizendo: "É preciso saber sentir, mas também saber como deixar de sentir, porque se a experiência é sublime pode tornar-se igualmente perigosa". A loucura espreita enquanto ela tenta se instalar de novo na rotina burguesa que tinha deixado para trás. "'Está calor, hein, Cristina?' — dizia Jaime. 'Há duas semanas que estou tentando esse ponto e nada consigo — dizia mamãe. Jaime atalhava, espreguiçando-se: 'Imagine, fazer crochê com um tempo desses'."[34]

Atormentada pela culpa — "Mas, meu deus (letra minúscula, como ele me ensinara), eu não sou culpada, eu não sou culpada..." — ela mesmo assim anseia por reencontrar a profundidade da verdadeira vida que ela experimentara com Daniel, aquela "sensação de que palpitava em meu corpo e em meu espírito uma vida mais profunda e mais intensa do que a que eu vivia".[35] Ela deixa um bilhete cruel para Jaime e volta para Daniel. Um dia vai para casa e encontra Daniel emburrado e com fome. Descobre que o homem que exercera tal fascínio sobre ela não é capaz sequer de preparar suas próprias refeições. Seu amor degenera em desprezo e ela retorna para seu tímido marido.

As quarenta páginas de "Obsessão" introduzem muitos dos temas que os escritos subsequentes de Clarice iriam desenvolver. Há uma epifania que sacode uma vida enfadonha, despertando a protagonista para a possibilidade do conhecimento místico. Há a visão condescendente daquela vida convencional, "humana" ("Casar, ter filhos e, finalmente, ser feliz"), coexistindo com uma assustada consciência de que um abraço pleno da vida irracional, "animal", envolve, e até convida, a uma descida à loucura. "Duas almas, ai de mim!, habitam meu peito", o Lobo da Estepe cita o lamento de Fausto, as duas almas que o artista, aspirando o "bom e terrível veneno", luta para unificar, sempre temeroso de se livrar do melancólico fardo da sanidade.

Outro tema aparece no final do conto. Quando Cristina retorna para Jaime, descobre que sua ausência matara sua mãe.

Enquanto escrevia seus primeiros contos, Clarice também conheceu muitos membros do grupo "introspectivo", que, com Lúcio Cardoso, se reuniam no Bar Recreio, no centro do Rio. Ela já tinha muita coisa para fazer como jornalista e estudante, e de todo modo não era dada a conversas literárias, mas mesmo assim se encontrava com escritores um pouco mais velhos — Octavio de Faria, Vinicius de Moraes e Cornélio Penna —, interessados, como ela, em metafísica, e por intermédio da Agência Nacional conheceu Augusto Frederico

Schmidt, a quem deveria entrevistar a propósito de fibras industriais. A admiração que expressou por sua poesia os levou a se desviar do assunto, e uma longa amizade teve início.[36]

Como a Agência Nacional era governamental, a jovem repórter era despachada para entrevistar sua cota de generais, almirantes e autoridades em visita ao país. No entanto, uma personalidade cética e irreverente se deixa ver até mesmo nos artigos produzidos com mais cuidado para agradar ao regime de Getúlio Vargas. É o caso do ironicamente intitulado "Escola de Felicidade", um texto laudatório sobre a nova escola de d. Darcy Vargas para 5 mil meninas, uma ilha de atividades e estudos inspirada na Boys Town do padre americano Edward Flanagan, no Nebraska. "Mal sabem, as meninas de Darcy Vargas, que iniciam a vida diante do sentimento mais raro neste mundo: o da bondade pura, que não pede para si e apenas dá", escreveu Clarice, impassível. "As jovens mulheres saberão, então, que delas se espera o cumprimento do grave dever de ser feliz."[37]

Escrevendo poucos meses depois da morte prematura do pai, durante um caso sem esperança com um homem que não podia amá-la como ela desejava, Clarice Lispector estava compreensivelmente cética quanto à habilidade de uma instituição para ensinar a felicidade — e até mesmo quanto à própria possibilidade da felicidade. Apesar de seus recentes êxitos e do prazer com que praticava a escrita e o jornalismo, também era cética quanto a outras ideias.

Em *A Época*, revista dos estudantes de direito, ela publicou um breve ensaio intitulado "Observações sobre o fundamento do direito de punir" em agosto de 1941. Seu interesse em crime e castigo, relacionado evidentemente às noções de culpa e pecado que desde sempre a preocuparam, levou-a antes de mais nada à escola de direito. "Não há direito de punir. Há apenas poder de punir", escreveu. "O homem é punido pelo seu crime porque o Estado é mais forte que ele, a Guerra, grande crime, não é punida porque se acima dum homem há os homens acima dos homens nada mais há."[38]

É uma declaração extravagante. Do ponto de vista prático, político, é uma afirmação, numa ditadura, da ilegitimidade fundamental de qualquer Estado. De modo mais fascinante, é uma afirmação de ateísmo por parte de uma pessoa que ficaria famosa como mística. Na época em que escreveu essa frase, Clarice Lispector já havia mostrado o interesse na vida interior que a atraíra em Lúcio Cardoso, Augusto Frederico Schmidt e outros escritores católicos. Tinha sido criada por um homem cujo principal talento, segundo ela, era para "coisas espirituais". Como sugerem seus primeiros escritos, e sua vida como um todo comprovaria, seus interesses eram antes espirituais do que materiais. Quaisquer traços materiais ou ideológicos que seus primeiros textos pudessem trair — o feminismo um tanto estridente, por exemplo — logo desapareceriam.

Uma vez que a história de sua vida, como escritora e mística, é em grande parte uma história do movimento *em direção a* Deus, essa rejeição inicial deve ser vista como um ponto de partida. Era, na verdade, nada mais do que o que já sentira quando sua mãe morreu: "Vejo a mim mesma pequena, fraca e desamparada na enorme casa da minha infância, onde ninguém podia me ajudar e onde eu me sentia abandonada por Deus".[39] É também o ponto que a separa de seus colegas católicos. Sua rejeição a Deus é totalmente diferente da perda de fé que escritores cristãos registram. A fé vacilante deles pode ser atribuída a circunstâncias pessoais, circunstâncias interiores; a homossexualidade de Lúcio Cardoso, por exemplo, era uma característica interior que o situava à parte dos ensinamentos da Igreja. Os impulsos que forçam um judeu místico a se voltar para o próprio interior vêm de fora: a perseguição, o exílio e a segregação que afligiram tantas gerações de judeus. "A experiência espiritual dos místicos sempre esteve entrelaçada de modo inextricável com a experiência histórica do povo judeu", observou Gershom Scholem. Como regra geral, revoluções místicas se seguem às revoltas: "O misticismo como fenômeno histórico é um produto de crises".[40]

Vendo o sofrimento, o exílio e a labuta não recompensada de seus pais, era fácil para Clarice Lispector rejeitar Deus, ou, no mínimo, sentir-se rejeitada pelo Deus que se afastara de sua família e de seu povo. "Eu sou judia, você sabe", disse ela, numa rara declaração. "Mas não acredito nessa besteira de judeu ser o povo eleito de Deus. Não é coisa nenhuma. Os alemães é que devem ser, porque fizeram o que fizeram. Que grande eleição foi essa, para os judeus?"[41]

É sua única referência ao Holocausto, e é tipicamente indireta ("porque fizeram o que fizeram"). Referências ao trauma que sua família vivenciou na Ucrânia são também elípticas e raras. No entanto, as circunstâncias cruciantes do início de sua vida são o ponto fundamental que a vincula aos místicos judeus que a precederam. Assim como Clarice, eles transformavam seus traumas reais em complexas alegorias que só raramente aludiam às circunstâncias históricas que as produziam.

Na história judaica, em seus ciclos de catástrofes seguidos por renascimentos místicos, Deus precisa se recolher repetidas vezes para que os judeus percorram diferentes caminhos para chegar a ele.[42] O afastamento é terrível. Muitos não sobreviverão, inclusive aqueles que ele não destrói fisicamente. É o caso de Elisa Lispector, com sua infância roubada e sua vida adulta de dor e solidão.

Mas uns poucos gênios religiosos e artísticos transfiguram o horror da história de seu povo em sua própria criação individual. E quando o fazem, por causa da trágica coerência da experiência histórica judaica, eles se veem recriando toda a estrutura ética e espiritual do judaísmo. Deus teve de abandonar Clarice Lispector para permitir que ela começasse sua própria obra de criação.

Em agosto de 1941, um ano depois da morte de seu pai, quando ela declarou que "acima dos homens nada mais há", Deus tinha, mais uma vez, desviado o olhar de seu povo escolhido. Hitler estava avançando desimpedido sobre a Europa. A garota que sobrevivera a um genocídio agora assistia impotente ao desenrolar de outro.

"No grande cataclismo que agora abala o povo judeu mais profundamente do que em toda a história do Exílio [...] a história [do misticismo judeu] não chegou ao fim, ainda não se tornou História, e a vida secreta que ela contém pode irromper amanhã, em você ou em mim", escreveu Gershom Scholem em maio de 1941. "Sob que aspectos essa corrente invisível de misticismo judeu vai aflorar à superfície ainda não temos como dizer."[43]

Dois meses depois, Clarice Lispector confessava a Lúcio Cardoso seu "grande desejo": "de provar a mim e aos outros que eu sou + do que uma mulher. Eu sei que você não o crê. Mas eu também não o acreditava, julgando o q. tenho feito até hoje. É que eu não sou senão um estado potencial, sentindo que há em mim água fresca, mas sem descobrir onde é a sua fonte".[44]

Quando, depois da morte de seu pai, Clarice Lispector foi se afastando do judaísmo institucional, ela não estava mais do que refletindo a lenta porém inevitável dissolução da religião praticada em lugares como Tchetchelnik. Aquele mundo do Leste Europeu, onde a maior parte dos judeus do planeta tinha vivido no início do século XX, estava se desintegrando, e nos poucos anos seguintes seria irremediavelmente destruído.

Mesmo sem o Holocausto, a sociedade tradicional não teria sobrevivido. Ela já sofrera uma sangria com a imigração em massa; no Brasil, como em todos os países onde os emigrantes se estabeleceram, as barreiras econômicas e sociais ao progresso não eram nada, comparadas ao que tinham sido no Império Russo. Já na segunda geração os judeus imigrantes ingressaram na classe média em toda parte. Nesses países, bem como na Europa natal, pessoas modernas já não achavam adequadas as antigas crenças. O maior movimento de massa na história judaica recente foi o sionismo, que, embora anunciasse o retorno dos filhos de Israel ao lar ancestral, foi um movimento nacionalista secular, surpreendentemente desconectado da antiga tradição do milenarismo judaico.

A perda do velho universo não deixou de ser pranteada, nem foi saudada com unanimidade como uma emancipação. É talvez em Kafka que se sente com maior intensidade o desespero judeu diante da perda de Deus. A renúncia a Deus por Clarice Lispector, nesse contexto, não era mais do que o reflexo de uma perda que o mundo judeu como um todo havia experimentado. E foi cruelmente irônico que tenham sido escolhidos para serem perseguidos do mesmo modo que haviam perdido sua antiga fé. "Eles não podiam mais encontrar nenhum sentido para o seu sofrimento, nem culpa nenhuma", escreveu Stefan Zweig. "Os exilados da Idade Média, seus ancestrais, pelo menos sabiam por que estavam sofrendo: por sua fé, por sua lei. Ainda tinham uma confiança inquebrantável em seu Deus... Viviam e sofriam na orgulhosa ilusão de que eram um povo escolhido pelo Criador do mundo e da humanidade para um destino e uma missão especiais."[45]

Mas em 1941 aquele Deus estava morto. A Torá e o Talmud já não eram consoladoras árvores da vida, e o imenso edifício da cabala, as complexidades de sua metafísica, refinada e elaborada por séculos de gênios místicos, estavam em ruínas. Só os fatos do exílio e da perseguição, e a sede de redenção que eles engendravam, seguiam inalterados. Talvez tenha parecido um beco sem saída, o mesmo beco sem saída que Kafka confrontou. Mas a conjunção podia apresentar um desafio a uma pessoa com extraordinária vocação espiritual e poder linguístico para expressá-la. Afinal de contas, o anseio pela redenção, nascido da dura perseguição, tinha moldado a mentalidade judaica durante séculos. Quando Clarice Lispector começou a enunciar suas próprias especulações sobre o divino, ela estava ecoando os escritos de gerações anteriores que buscaram o eterno em meio à crise e ao exílio.

12. Direto do zoológico

Nos escritos de Clarice Lispector há ecos de outro grande pensador judeu, outro fruto do exílio, que encarou a morte de Deus e buscou recriar um universo moral em Sua ausência. Graças à descoberta tardia, na biblioteca de Clarice Lispector, de uma antologia francesa de Espinosa, a conexão não se mostra meramente especulativa, ou o possível resultado de uma coincidência de circunstâncias históricas. O livro traz anotações e a data 14 de fevereiro de 1941, inscrita à mão.[1] Mesmo sem essa informação, o romance que ela inicia em março de 1942, *Perto do coração selvagem*, torna óbvio que ela lera Espinosa com atenção.

"Que exigissem dele artigos sobre Espinosa, mas que não fosse obrigado a advogar, a olhar e a lidar com aquelas pessoas afrontosamente humanas, desfilando, expondo-se sem vergonha", começa dizendo uma longa passagem. ("Ele" é o estudante de direito Otávio, o futuro marido da protagonista, Joana.) Ele faz anotações:

O cientista puro deixa de crer no [de] que gosta, mas não pode impedir-se de gostar do que crê. A necessidade de gostar: marca do homem. — Não esquecer: "o amor intelectual de Deus" é o verdadeiro conhecimento e exclui qualquer misticismo ou adoração. — Muitas respostas encontram-se em afirmações de Espinosa. Na ideia por exemplo de que não pode haver pensamento sem extensão (modalidade de Deus) e vice-versa, não está afirmada a mortalidade da alma? É claro: mortalidade como alma distinta e raciocinante, impossibilidade clara da forma pura dos anjos de São Tomás. Mortalidade em relação ao humano. Imortalidade pela transformação da natureza. — Dentro do mundo não há lugar para outras criações. Há apenas oportunidade de reintegração e continuação. Tudo o que poderia existir, já existe. Nada mais pode ser criado senão revelado.[2]

Essa passagem é digna de nota em vários aspectos. Para começar, não é lá muito bem digerida: algumas partes são tiradas quase textualmente das anotações no final de seu exemplar de Espinosa ("Dentro do mundo não há lugar para outras criações. Há apenas oportunidade de reintegração e continuação. Tudo o que poderia existir, já existe", por exemplo). Embora por algum motivo isso tenha fugido à atenção de seus muitos comentadores, é com folga a mais longa citação encontrável em seu extenso corpo de escritos, que de resto incluem apenas um punhado de citações, raramente mais do que uma ou duas frases. A exposição seca não é usual, uma explicação em *staccato* interessante também porque, em poucas linhas, oferece uma lista de muitas das preocupações filosóficas que Clarice, ao longo da vida, iria animar e ilustrar de modo tão vívido.

A lista prossegue:

Se, quanto mais evoluído o homem, mais procura sintetizar, abstrair e estabelecer princípios e leis para sua vida, como poderia Deus — em qualquer acepção, mesmo na do Deus consciente das religiões — não ter leis absolutas pela sua própria perfeição?[3]

Clarice zombará muitas vezes desse "Deus consciente das religiões", mas apenas porque ela ansiava tão desesperadamente pela mesma perfeição e convicção que Espinosa, ele também, rejeitara como algo impossível.

Um Deus dotado de livre-arbítrio é menos que um Deus de uma só lei. Do mesmo modo por que tanto mais verdadeiro é um conceito quanto ele é um só e não precisa transformar-se diante de cada caso particular. A perfeição de Deus prova-se mais na impossibilidade do milagre do que na sua possibilidade. Fazer milagres, para um Deus humanizado das religiões, é ser injusto — milhares de pessoas precisam igualmente e ao mesmo tempo desse milagre — ou reconhecer um erro, corrigindo-o — o que, mais do que uma bondade ou "prova de caráter", significa ter errado. — Nem o entendimento nem a vontade pertencem à natureza de Deus, diz Espinosa. Isso me faz mais feliz e me deixa mais livre. Porque a ideia da existência de um Deus consciente nos torna horrivelmente insatisfeitos.[4]

Talvez Clarice estivesse pensando em sua mãe ao escrever essas linhas, recordando seu próprio fracasso em gerar um milagre: a ideia de que um "Deus consciente" tivesse salvado outra pessoa, e não ela, talvez fosse insuportável. Um Deus inconsciente teria sido um pouco mais satisfatório, pelo menos num plano intelectual: Deus não tinha *ativamente* matado sua mãe. Ela conclui com uma das frases mais famosas de Espinosa, uma frase pela qual *Perto do coração selvagem*, com sua ênfase na energia animal que pulsa no universo, poderia ter sido lido como uma metáfora poética ampliada: "No topo do estudo colocaria *in litteris* Espinosa traduzido: 'Os corpos se distinguem uns dos outros em relação ao movimento e ao repouso, à velocidade e à lentidão e não em relação à substância'".[5] O envolvimento filosófico de Clarice com Espinosa não era uma questão de copiar frases para em seguida esquecê-las. Os pensamentos dele seriam incorporados aos seus, e embora ela não viesse a citá-lo de novo com a mesma extensão, frases espinosianas ocorrem periodicamente em sua obra. *O lustre*, seu segundo romance, também contém uma quase citação de Espinosa: "Para nascer as coisas precisam ter vida, pois nascer é um movimento — se disserem que o movimento é necessário apenas à coisa que faz nascer e não à nascida não é certo porque a coisa que faz nascer não pode fazer nascer algo fora de sua natureza e assim sempre dá nascimento a uma coisa de sua própria espécie e assim com movimentos também".[6] Em seu terceiro romance, *A cidade sitiada*, encontramos a linha "Não havia erro possível — tudo o que existia era perfeito — as coisas só começavam a existir quando perfeitas".[7] Ela repetiu isso duas décadas depois, em *Uma aprendizagem ou o livro dos prazeres*: "Tudo o que existia era de uma grande perfeição".[8]

Essas ideias podem parecer obscuras, mas Clarice voltou a seu exemplar de Espinosa muitas vezes nos anos seguintes. Seria só pelos conceitos ou seria a busca de um modelo filosófico e moral? Tal como retratado por Arnold Zweig, que escreveu a longa introdução da edição de Espinosa de Clarice, o filósofo era um santo secular. Suas exortações para que o indivíduo se mantenha fiel a sua própria natureza teriam ressonância em Clarice; seu "grandioso panteísmo exerceu uma influência particular sobre poetas e pessoas de natureza poética, e sobre aquelas de temperamento fáustico".[9]

Os pais dela estavam mortos, e no Rio de Janeiro não havia nenhuma entidade empenhada, como na Amsterdam de Espinosa, em impingir a ortodoxia. Diferentemente de Espinosa, ela não teve de romper restrições tradicionais. No entanto eles compartilhavam certas similaridades biográficas importantes. Os pais de Espinosa eram judeus exilados de Portugal que tinham chegado a Amsterdam dez anos antes do seu nascimento. Ele perdeu a mãe quando tinha seis anos e passaria o resto da vida a pranteá-la. (Arnold Zweig atribuía a famosa fórmula de Espinosa *Deus sive natura* — Deus, isto é, a natureza — a essa perda prematura. A ideia "eleva mágica e misticamente a um princípio do mundo essa aliança e esse casamento, cuja destruição tinha sido a estrela negra de sua infância".)[10] Ambos perderam o pai quando tinham vinte anos, e ambos abandonaram o judaísmo organizado após a morte do pai. Ambos se frustraram em seu primeiro amor, Clarice por Lúcio Cardoso, e Espinosa, pela filha de seu professor. E ambos impressionavam os outros por seu caráter "aristocrático" e, significativamente, "estrangeiro".

Talvez essas similaridades tenham atraído Clarice para o grande filósofo em quem ela encontrava uma confirmação de sua própria rejeição do "Deus humanizado das religiões", aquele Deus consciente que se imiscui ativamente nos assuntos humanos. Deve ter surgido como um alívio para ela, cuja vida a tinha tornado consciente do absurdo de se fiar em milagres ou em qualquer outra intervenção. "A ideia de um Deus consciente é terrivelmente insatisfatória", ela escreveu.[11]

Real era a eminência divina que se manifestava na natureza animal amoral, no "coração selvagem" que animava o universo. Para Espinosa, como para Clarice Lispector, a fidelidade a essa natureza divina interior era a meta mais nobre de todas.

"Eu pretendia chorar na viagem, porque fico sempre com saudade de mim. Mas felizmente sou um bom animal sadio e dormi muito bem, obrigada. 'Deus' me chama a si, quando eu dele preciso", escreveu Clarice a Lúcio Cardoso em julho de 1941. Ela estava em Belo Horizonte, cidade onde Lúcio passara parte da infância, e as impressões que tinha do lugar não eram lisonjeiras. "As mulheres daqui são quase todas morenas, baixinhas, de cabelo liso e ar morno. Aliás, quase que só há homens nas ruas. Elas, parece, se recolhem em casa e cumprem seu dever, dando ao mundo uma dúzia de filhos por ano. As pessoas daqui me olham como se eu tivesse vindo direto do Jardim Zoológico. Concordo inteiramente."[12]

Em 1941 o trabalho de repórter a levara até lá, e a vários outros destinos, incluindo Petrópolis, aonde Stefan Zweig chegara em setembro e onde se mataria em fevereiro. A cidade tinha sido no século XIX o retiro de d. Pedro II. Ele se refugiava do calor da capital num grande palácio rosado que Getúlio Vargas agora estava diligentemente reformando e transformando no Museu Imperial; enfeitar os templos de dinastias anteriores sempre foi um hobby dos ditadores pelo menos desde o Egito antigo. Clarice foi uma das primeiras visitantes do museu — o público só teria acesso em 1943 — e em 1º de maio de 1941, cobrindo as comemorações do Dia do Trabalho para a Agência Nacional, ela conheceu Getúlio Vargas em pessoa.

Ao longo do ano Clarice foi publicando seus escritos não apenas nos órgãos regionais que difundiam as matérias da Agência Nacional, mas também nas revistas literárias da capital, onde apareceram contos e pelo menos um poema de sua autoria.[13] "Depois havia um jornal, *Dom Casmurro*", relembrou ela. "Eu também levei umas... umas coisas pra lá. Também assim sem nenhum conhecimento [...]. Ficaram encantados, me acharam linda! Me acharam com a voz mais bonita do mundo! E publicaram. E não pagavam. Claro! Claro!"[14]

As páginas de *Dom Casmurro* dão uma ideia dos interesses das classes letradas do Rio de Janeiro naquela época. O jornal era sério, mas bem-humorado — as páginas femininas traziam artigos mostrando como clarear os dentes —, e refletia o modo grave com que a literatura ainda era tratada na sociedade brasileira. Há artigos sobre as origens de Nietzsche, a morte de Cristo, o animal na pintura, poesia popular peruana, "Nossa mãe, a Grécia" e "Vamos falar sobre Freud". Há artigos de interesse local, sobre os sermões do Padre Antônio Vieira, os romances de Eça de Queirós, as igrejas barrocas de Minas Gerais e "A Academia e a Língua Brasileira".

É um leque amplo, mas apesar do ecletismo não há menção alguma à política, e a única causa que o jornal abraçava, em meio a uma guerra mundial, era uma campanha, semana após semana, de arrecadação de fundos para dar ao poeta Castro Alves um túmulo devidamente glorioso. Numa atmosfera de censura e de neutralidade do Brasil na guerra, o jornal expressava sua orientação política de modo oblíquo, com forte ênfase na cultura francesa ("Vigée Le Brun", "Lembrando Pierre Loti"), incluindo artigos publicados em francês. Essa era a cultura que os brasileiros tinham tradicionalmente admirado, e como tal devia fazer alguns censores torcerem o nariz. Com Getúlio Vargas ainda flertando com os dois lados, isso era o melhor que os editores de *Dom Casmurro* podiam fazer.

Em julho de 1941, quando escreveu de Belo Horizonte a Lúcio Cardoso, Clarice já abandonara sua tentativa de "salvá-lo" de sua homossexualidade. "P.S.", escreveu ela no final, sugerindo uma comunicação anterior mais comprometedora, "esta carta você não precisa 'rasgar'." O amor frustrado e a perda do pai, desastres gêmeos, combinados com as pressões da escola e de seu exigente trabalho, tinham cobrado seu preço. Pela primeira vez na vida ela foi hospitalizada devido à depressão, com a prescrição de "sonoterapia", mediante a qual drogas a induziram a dormir por mais de uma semana.[15] Acreditava-se que essa prática ajudava o corpo a se recuperar de desgastes tanto físicos como psicológicos. No final do ano ela se recuperara o bastante para iniciar um novo romance com um colega da escola de direito, Maury Gurgel Valente.

O passado de Maury era tão movimentado quanto o dela, ainda que não tão terrível. Sua mãe, Maria José Ferreira de Souza, conhecida como Zuza, era filha de um barão da borracha do Pará. Assim como muitos outros, bem como a economia amazônica em geral, ele se arruinou quando o Brasil perdeu o monopólio da borracha, incapaz de competir com o trabalho escravo no Congo Belga e com as plantações que os britânicos começaram com mudas contrabandeadas do Brasil. Depois do dramático roubo das mudas, e das ainda mais dramáticas tentativas de botânicos em Kew Gardens, em Londres, de descobrir como as mudas podiam ser transplantadas, as colônias tropicais britânicas, especialmente a Malásia, começaram a produzir borracha em grandes quantidades. Na época da Primeira Guerra Mundial a economia do Norte do Brasil estava destruída, deixando monumentos famosos como o Teatro Amazonas, surgido durante a efêmera prosperidade de Manaus.

Quando as mudas começaram a germinar na Malásia, Zuza precisou buscar um meio de ganhar a vida. Filha de negociante rico, ela vivera na França por cinco anos e na Inglaterra por outros cinco, e os conhecimentos que adquiriu por lá puderam render uma vida decente como professora de línguas no Brasil. Essas viagens precoces parecem ter instilado uma vocação diplomática na família: o irmão dela, Glauco Ferreira de Souza, morreu como embaixador brasileiro em La Paz, e seus três filhos — Mozart Jr., nascido em 1917; Maury, nascido em 1921; e Murillo, nascido em 1925 — tornaram-se embaixadores.

O marido de Zuza, Mozart Gurgel Valente, era um dentista oriundo de uma família de latifundiários de Aracati, no Ceará. Os filhos do casal nasceram no Rio de Janeiro, mas cresceram num lugar remoto e exótico até mesmo para os padrões amazônicos: o território (hoje estado) do Acre, na fronteira com a Bolívia. O dr. Mozart foi para lá tentar salvar uma das últimas plantações de seringueiras remanescentes do pai de Zuza, e passou anos labutando em vão. Retornaram por fim a Belém, cidade natal de Zuza.

Maury iniciou o curso de direito em 1938, e no final de 1941 ele e Clarice formavam um casal. Durante uma temporada de duas semanas que ela passou num recanto retirado do estado do Rio, em janeiro de 1942, os dois escreviam um ao outro quase todo dia. As cartas dele revelam uma combinação de timidez e admiração num rapaz fascinado pela literatura, ainda que se preparasse para uma vida na burocracia. "Vou acabar esta carta assim", escreveu a ela, "'Tenho a honra de renovar a Vossa Excelência os protestos da minha alta estima e mais distinta consideração.' Veja que barbaridade", lamentava. "Somente uma coisa me faria bem agora. Seria adormecer com a cabeça no seu colo, você me dizendo bobagenzinhas gostosas pra eu esquecer a ruindade do mundo."[16]

O amor de Maury pela colega de escola de direito é temperado pela insegurança que a inteligência superior dela lhe provoca. Ele é inseguro quanto à sua própria escrita: "Aviso aos leitores: Perigo de vida — esta carta está cheia de má literatura", escreve ele numa carta.[17] Alguns dias depois, acrescenta: "Peço à 'Fessora' assinalar todas as expressões infantis das minhas cartas, para que eu me possa corrigir".[18]

Ela, por sua vez, escreve com ternura: "Como vai, benzinho? Como vão tuas mãos?".[19] E de novo: "Ratinho curioso, afinal tuas mãos nas minhas não deixam de ser uma boa dose de humanidade".[20] Ao mesmo tempo, ela inevitavelmente se entrega a especulações filosóficas do tipo que intimida seu jovem namorado e admirador: "Por que não se entregar ao mundo, mesmo sem compreendê-lo? Individualmente é absurdo procurar a solução. Ela se encontra misturada aos séculos, a todos os homens, a toda a natureza. E até o teu maior ídolo em literatura ou em ciência nada mais fez do que acrescentar cegamente + um dado ao problema. Outra coisa: o que você, *você individualmente*, faria de especial se não houvesse a ruindade no mundo? A ausência dela seria o ideal para todos os homens, em conjunto: Para um só, não bastaria".[21]

Ele tenta trazê-la de volta à terra, de volta a seu próprio modesto nível. "Confesso", ele escreve depois de ler a última carta dela, "que à medida que eu ia lendo, fui ficando pequenino, pequenino [...]. Aquela carta não foi para mim, foi um panfleto dirigido a toda a HUMANIDADE. [...] eu sou muito mais simples do que isso. Minha angustiazinha mofina não está ligada aos grandes problemas. Oh! Deusa Clarice! [...] Não me aterrorize com os holofotes antiaéreos que dirigiste contra mim — eu voo muito baixo — é só estender a mão pra me apanhar."[22]

"Ri muito quando li sua carta", ela respondeu. "Era mesmo de esperar uma resposta nesse gênero. Mas a verdade é a seguinte: não procurarei fazer-me nem enorme nem inteligente." Ela fez alusão a uma descrição particularmente negativa de si mesma:

Quando eu lhe disse que era egoísta, não foi simplesmente por dizer. Eu o sou. E muitas outras coisas, piores ainda [...]. Nunca me vi confiante nem boazinha. Não sei se foram certas circunstâncias de vida que me deixaram assim, sem jeito para me confessar. E orgulhosa (por quê, meu Deus?... estou rindo, não se assuste — nada trágico).[23]

Ela comentou com Tania a fonte de seu desagrado: "Houve uma briga entre nós porque ele interpretou como literária uma carta que eu mandei. Você bem sabe que isso é a coisa que mais pode me ofender. Eu quero uma vida — vida e é por isso que desejo fazer um bloco separado da literatura". Sua carta lhe parecia espontânea e natural, e quando Maury se mostrou subjugado ela chegou a escrever rompendo o relacionamento.[24]

Mas depois da frustração com Lúcio, que era mais velho, sexualmente inatingível e escritor estabelecido, ela deve ter recebido bem as atenções desvairadas de Maury, mais jovem, menos intelectualizado e loucamente apaixonado por ela. No entanto ela parece também tê-lo mantido a uma certa distância. "Será que você tem outras objeções contra mim, além das que me vieram datilografadas?", perguntou-lhe o rapaz, estupefato, alguns dias depois. "Não acredito, porque se você tivesse as diria, não é? [...] Posso chamar-te ainda minha namorada?"[25]

Ela deve ter dado sinal verde a ele, pois o romance prosseguiu. Outro obstáculo não dependia de nenhum deles dois. Em agosto de 1940 Maury passou no exame para o serviço estrangeiro e ingressou no corpo diplomático, com a confirmação dependendo de sua graduação na universidade. Naquela época, os diplomatas brasileiros não tinham permissão para se casar com estrangeiros, e Clarice Lispector ainda era uma estrangeira. Ela só poderia requerer nacionalidade brasileira depois de seu aniversário de 21 anos, em 10 de dezembro de 1941.

Logo depois disso, com a ajuda do velho amigo da família Samuel Malamud, um nativo da Podólia que agora era advogado, ela começou a preparar a papelada. Por causa da guerra e do desejo de se casar, havia certa urgência em seu pedido, como demonstram suas cartas a Getúlio Vargas que sobreviveram. Ela escreveu ao presidente e esperou quase meio ano para se dirigir a ele mais uma vez. Esse passo era necessário porque Vargas — num estilo que lembrava Nicolau II, que, enquanto seu enorme império sucumbia, devotava diligentemente sua atenção pessoal a cada indivíduo que solicitava mudança de nome — perguntou-se por escrito por que a solicitante demorara tanto para pedir sua naturalização. "Assim que adquiri a maioridade e, com ela, o direito de requerer [a nacionalidade brasileira], apressei-me imediatamente em fazê-lo, a ponto de não demorar senão três meses para ultimar um processo que quase sempre exige pelo menos um ano de esforço", ela escreveu ao "Chefe da Nação", de cuja "proverbial magnanimidade" ela se declarava uma "sincera admiradora".[26]

Em sua primeira carta ela se descrevia como

> uma russa de 21 anos de idade e que está no Brasil há 21 anos menos alguns meses. Que não conhece uma só palavra de russo mas que pensa, fala, escreve e age em português, fazendo disso sua profissão e nisso pousando todos os projetos de seu futuro, próximo ou longínquo. Que não tem pai nem mãe — o primeiro, assim como as irmãs da signatária, brasileiro naturalizado — e que por isso não

se sente de modo algum presa ao país de onde veio, nem sequer por ouvir relatos sobre ele. Que deseja casar-se com brasileiro e ter filhos brasileiros. Que, se fosse obrigada a voltar à Rússia, lá se sentiria irremediavelmente estrangeira, sem amigos, sem profissão, sem esperanças.[27]

Ela não se estende sobre os "relatos sobre ele", que provavelmente não teriam fortalecido seu desejo de voltar; e quando Malamud sugeriu que sua naturalização não era garantida, sua cliente caiu no choro, antes que ele a tranquilizasse dizendo que estava brincando.[28] Em sua carta ao presidente, ela lamentava que sua pouca idade a tivesse impedido de prestar grandes serviços à nação, mas lembrava que, por meio de seu trabalho na imprensa oficial, ajudara "na divulgação e na propaganda do governo de V. Ex.ª".[29]

Sua petição foi apoiada pelo homem que agora era seu chefe, André Carrazzoni, diretor do jornal *A Noite*. "Clarice Lispector é uma rapariga inteligente, ótima repórter e que, ao contrário da quase generalidade das mulheres, sabe escrever", ele garantiu a um amigo do Ministério da Justiça.[30]

Esses apelos tiveram o efeito desejado e, em 12 de janeiro de 1943, Clarice Lispector se naturalizou. Onze dias depois, casou-se com Maury Gurgel Valente.

Num caderno de anotações em que registrava conversas com seu filho mais velho, Pedro, Clarice lembrava uma pergunta dele: "A primeira vez que você viu o meu pai (corrigiu-se e disse) a primeira vez que você viu Maury ele era um desconhecido para você?". Clarice respondeu: "Era". Pedro insistiu: "Mas você quis casar com esse desconhecido?". Ela disse que sim. O filho replicou: "Você se casou com quem você queria?".[31]

Ela deixou a pergunta sem resposta, pelo menos na versão registrada, que dá conta de como ela se sentia quanto ao casamento. Havia o amor por Lúcio Cardoso, que duraria pelo resto de sua vida, mas ela sabia que uma relação sexual com ele estava fora de questão. Suas cartas do início de 1941 deixam claro que sentia um grande afeto por Maury e que ele com certeza estava apaixonado por ela.

Mas nem todo mundo considerava o casamento uma boa ideia. "Elisa fechou questão contra, porque ele era gói", disse Tania, que usou argumentos legalistas para convencer a irmã: "Eu disse que papai era o único que poderia proibir, e ele não estava mais entre nós. Além disso, Clarice agora era maior de idade e podia decidir por conta própria". O pai, pensava Tania, teria se oposto à união, pelo menos no começo. Mas, se ele se convencesse de que casar com Maury era o que Clarice realmente queria, teria cedido. Ainda assim, outros membros da família também se sentiam desconfortáveis com a união. Bertha Lispector Cohen perguntou como a prima se sentia casando com um católico. "Não vejo uma solução para a questão judaica", respondeu Clarice, de modo ambíguo como sempre. O irmão de Bertha, Samuel, dizia que a resistência ao casamento com um não judeu vinha mais do medo do que do orgulho étnico ou religioso.[32] Os judeus não confiavam nos góis e, em 1943, tinham boas razões para isso.

Na época, era extremamente raro no Brasil, quase inaudito, que uma moça judia se casasse com alguém de fora da religião. Muito mais do que as longas citações de Espinosa, o casamento era uma declaração da independência de Clarice em relação à comunidade que a criou. Talvez as irmãs temessem a desaprovação da família, e isso explica por que poucos parentes compareceram à cerimônia civil. Os pais de Maury estavam lá, mas a família Wainstok, que morava então em Niterói, só soube do casamento quando Elisa e Tania atravessaram a baía de Guanabara para levar a informação. As testemunhas não eram parentes, mas os chefes do noivo e da noiva: André Carrazzoni, o diretor de *A Noite*, que ajudara Clarice na sua naturalização, e Dora Alencar de Vasconcellos, uma das primeiras mulheres a entrar no serviço diplomático, a quem Clarice reencontraria nos Estados Unidos muitos anos depois.

Mas o principal ceticismo quanto ao casamento era da própria Clarice. As dúvidas que a importunavam tinham pouco ou nada a ver com questões acerca de Maury ou do casamento fora da comunidade judaica. Eram sobre o casamento em si. É digna de nota a frequência com que seus primeiros contos, muitos deles escritos antes de conhecer Maury, expressam esse ceticismo. Em "Obsessão" há a desdenhosa descrição dos pouco imaginativos planos futuros de Cristina ("Casar, ter filhos e, finalmente, ser feliz"), em "Eu e Jimmy", o medo da maneira como o casamento limita as mulheres ("Mamãe [tinha] [...] pensamentos próprios sobre liberdade e igualdade das mulheres. Mas veio papai, muito sério e alto, com pensamentos próprios também, sobre... liberdade e igualdade das mulheres").[33] Em "A fuga", conto de 1940, uma dona de casa abandona o lar: "Há doze anos era casada e três horas de liberdade restituíam-na quase inteira a si mesma".³⁴ Mas é impossível se libertar da armadilha do casamento. Como a Cristina de "Obsessão", que depois de excitantes experiências com Daniel acaba voltando a seu estúpido marido, Jaime, a mulher de "A fuga", sem dinheiro para sustentar uma vida independente, volta para casa, igualmente derrotada.

Em "Gertrudes pede um conselho", uma adolescente pede ajuda a um médico para enfrentar suas agudas dúvidas existenciais: "Vim perguntar o que faço de mim", diz ela. Mais do que qualquer outra coisa, já com um sentimento, que é também de sua autora, de ter uma vocação e um destino natos, ela queria que o mundo visse "afinal que ela era alguém, uma extraordinária, uma incompreendida!". Em face dessa explosão de vitalidade, o médico simplesmente diz: "'Isto vai passar. Você não precisa trabalhar, nem fazer nada de extraordinário. Se quiser — ia usar o seu velho 'truc' e sorriu, se quiser arranje um namorado".³⁵

13. Furacão Clarice

Perto do coração selvagem, o romance que Clarice escreveu entre março e novembro de 1942, ano que precedeu seu casamento, é em grande medida uma meditação sobre sua impossibilidade. "O casamento", capítulo de abertura da segunda parte do livro, começa com um devaneio de Joana, a heroína selvagem. Ela sabe que sua fantasia de estar no topo de uma escadaria não faz sentido — "Absurdo. Era pois mentira" —, mas quer seguir devaneando mesmo assim e, quando é interrompida pelo marido, esforça-se para recuperá-la. "Parou um instante os movimentos e só os olhos batiam rápidos, à procura da sensação. Ah, sim", sonha Joana, antes que o sonho se desvaneça e ela esteja de volta a sua vida com Otávio, um intelectual medíocre que está escrevendo um livro de direito civil.[1]

"Que animal", ela pensa, olhando para Otávio — a palavra, como sempre em Clarice, é ambígua —, e a força de seu pensamento o sacode. "Ele interrompeu o que escrevia e olhou-a aterrorizado, como se ela lhe tivesse jogado alguma coisa." Joana, entretanto, fica satisfeita por tê-lo incitado a sentir alguma coisa, e se dá conta de que o odeia. "A culpa era dele, pensou friamente, à espreita de nova onda de raiva. A culpa era dele, a culpa era dele. Sua presença, e mais que sua presença: saber que ele existia, deixavam-na sem liberdade", pensa Joana. Sua raiva atinge o ápice e em seguida passa, no entanto "pensou: mas mesmo assim, apesar da morte, vou deixá-lo um dia".[2]

Joana, essencial, apaixonada e cruel ("como o diabo", "a víbora"), exerce um fascínio sobre Otávio do qual ele próprio desconfia. Na primeira vez em que ele a vê, ela está alisando o ventre de uma cadela prenha. "Nela havia uma qualidade cristalina e dura que o atraía e repugnava-lhe simultaneamente. [...] Aquelas linhas de Joana, frágeis, um esboço, eram inconfortáveis. Cheias de sentido, de olhos abertos, incandescentes. Não era bonita, fina demais. Mesmo sua sensualidade deveria ser diferente da dele, excessivamente luminosa", ele pensa. Ele deixa seu amor de infância, Lídia, por Joana, que é atormentada por um "medo de não amar, pior do que o medo de não ser amado...".[3]

O casamento de Joana com Otávio afunda, e ele volta para Lídia, que fica grávida. Joana convida Lídia para aquilo que a grávida imagina que seja uma discussão acalorada, mas no fim Joana não oferece resistência alguma.

— Você gostaria de estar casada — casada de verdade — com ele? — indagou Joana.
    Lídia olhara-a rapidamente, procurava saber se havia sarcasmo na pergunta:
— Gostaria.
— Por quê? — surpreendeu-se Joana. — Não vê que nada se ganha com isso? Tudo o que há no casamento você já tem. — Lídia corou, mas eu não tenho malícia, mulher feia e limpa. — Aposto como você passou toda a vida querendo casar.
    Lídia teve um movimento de revolta: era tocada bem na ferida, friamente.
— Sim. Toda mulher... — assentiu.
— Isso vem contra mim. Pois eu não pensava em me casar. O mais engraçado é que ainda tenho a certeza de que não casei... Julgava mais ou menos isso: o casamento é o fim, depois de me casar nada mais poderá me acontecer. Imagine: ter sempre uma pessoa ao lado, não conhecer a solidão. — Meu Deus! — não estar consigo mesma nunca, nunca. E ser uma mulher casada, quer dizer, uma pessoa com destino traçado. Daí em diante é só esperar pela morte. Eu pensava: nem a liberdade de ser infeliz se conserva porque se arrasta consigo outra pessoa. Há alguém que sempre a observa, que a perscruta, que acompanha todos os seus movimentos. E mesmo o cansaço da vida tem certa beleza quando é suportado sozinha e desesperada — eu pensava. Mas a dois, comendo diariamente o mesmo

pão sem sal, assistindo à própria derrota na derrota do outro... Isso sem contar com o peso dos hábitos refletidos nos hábitos do outro, o peso do leito comum, da mesa comum, da vida comum, preparando e ameaçando a morte comum. Eu sempre dizia: nunca.

— Por que casou? — indagava Lídia.

— Não sei. Só sei que esse "não sei" não é uma ignorância particular, em relação ao caso, mas o fundo das coisas. — Estou fugindo da questão, daqui a pouco ela me olhará daquele jeito que eu já conheço. — Casei certamente porque quis casar. Porque Otávio quis casar comigo. É isso, é isso: descobri: em lugar de pedir para viver comigo sem casamento, sugeriu-me outra coisa. Aliás daria no mesmo. E eu estava tonta, Otávio é bonito, não é? não me lembrei de mais nada.

— Pausa. — Como é que você o quer: com o corpo?[4]

Joana diz a Lídia: "Fique com Otávio. Tenha seu filho, seja feliz e me deixe em paz".[5] Numa sequência onírica que lembra Andrei Bely ou Kafka — ou, de modo ainda mais contundente, as cenas de *Lobo da estepe* em que Harry Haller perambula pelas ruas, atravessando portas sombrias e travando conversas obscuras com pessoas vagas e informes —, um homem sem traços fisionômicos segue Joana pelas ruas. Ela vai para a casa onde ele mora com outra mulher. Joana volta algumas vezes, e eles presumivelmente têm um relacionamento sexual, embora Joana nunca se dê ao trabalho de perguntar o nome dele.

Por fim Joana faz sem pressa seu caminho de volta a Otávio, e ao chegar ela o escandaliza, como de costume. Desta vez não é tanto por seu caráter selvagem, a primeira coisa que o atraíra e o arrebatara da plácida Lídia. É por sua completa indiferença às regras do comportamento convencional, por sua incapacidade em aderir a um padrão que ela mais ignorava do que desprezava. Ela sabia do relacionamento dele com Lídia, e não se importava muito com isso.

O que... debatia-se nele a raiva trôpega e arquejante, então ela sabia sobre Lídia, sobre o filho... sabia e silenciava. Ela me enganava... — A carga asfixiante cada vez pesava mais fundo dentro dele. — Admitia minha infâmia serenamente... continuava a dormir junto de mim, a me suportar... desde quando? Por quê? Mas, santo Deus, por quê?!...

— Infame.

Joana sobressaltou-se, levantou a cabeça rapidamente.

— Vil.

Sua voz mal se continha na garganta intumescida, as veias do pescoço e da testa latejavam grossas, nodosas, em triunfo.

— Foi tua tia quem te chamou de víbora. Víbora, sim. Víbora! Víbora! Víbora![6]

O que choca Otávio, e tantos outros personagens do livro — a tia, por exemplo —, é a amoralidade da garota, sua proximidade com o "coração selvagem". Joana é um animal, mais "natural" do que humana. Ao longo do livro Clarice a compara a uma víbora, um cão, um gato selvagem, um cavalo e um pássaro. A incapacidade de Joana em reconhecer ou compreender os códigos do comportamento humano abala as pessoas. Ela nunca é ativamente mal-intencionada; apenas habita outro mundo, além do bem e do mal, feito um animal de estimação que, por não compreender, faz xixi no tapete.

"Mau é não viver, só isso. Morrer já é outra coisa", diz Joana. "Morrer é diferente do bom e do mau."[7] A jovem criadora de Joana, evidentemente, tinha razões para rejeitar a moral convencional, que se mostrara tão fútil em sua própria experiência. A vida de seus pais desmentia qualquer noção de uma ordem benevolente, qualquer ilusão de um deus pessoal compassivo, que compensaria os bons e puniria os maus.

No entanto, desde a infância ela tivera uma relação íntima com a realidade do mal. Consciente do que ocorrera a sua mãe estuprada, a seu avô assassinado e a seu pai arruinado, em meio ao maior desastre da longa história de seu povo, como ela podia proclamar que o mal nada mais era do que "não viver"? É fácil entender por que Clarice, bem como Joana, seria indiferente ou rebelde. Mas essa pura rejeição da moralidade, que inclui uma rejeição da noção do mal em si, levanta outras questões.

Aqui vemos a inequívoca marca de Espinosa, que iguala a Natureza a Deus, e ambos a uma ausência de bem e mal. "Todas as coisas que estão na Natureza são ou coisas ou ações. Ora, o bem e o mal não são nem coisas nem ações. Portanto o bem e o mal não existem na Natureza", escreveu ele.[8] Como filha da Natureza, Joana não é boa nem má, e não parece sequer estar ciente dessas categorias. Como Joana, a Natureza tem atributos "positivos" —, liberdade, por exemplo —, ao lado dos "negativos": Joana é violenta, desonesta, agressiva.

Uma concepção espinosiana da Natureza resulta em que as mesmas regras que se aplicam ao homem aplicam-se igualmente a Deus, que não é mais um ser moral, preso a noções de bem e mal, interferindo em assuntos humanos, recompensando e punindo, mas uma categoria filosófica equivalente à Natureza. Não é mais "o Deus humanizado das religiões", que Espinosa também chama de "superstição" e "ideias inadequadas", e que teria triunfado não fosse pela "matemática, que não está preocupada com os fins, mas apenas com as essências e propriedades dos números, [mostrando aos] homens um novo padrão de verdade".[9]

Em *Perto do coração selvagem* Otávio anseia por um deus absurdamente humanizado:

> Ajoelhar-se diante de Deus e pedir. O quê? A absolvição. Uma palavra tão larga, tão cheia de sentidos. Não era culpado — ou era? de quê? sabia que sim, porém continuou com o pensamento — não era culpado, mas como gostaria de receber a absolvição. Sobre a testa os dedos largos e gordos de Deus, abençoando-o como um bom pai, um pai feito de terra e de mundo, contendo tudo, tudo, sem deixar de possuir uma partícula sequer que mais tarde pudesse lhe dizer: sim, mas eu não lhe perdoei![10]

Numa longa ruminação semelhante a uma reza que é o clímax do romance, já não se trata de modo algum de implorar por favores do deus de dedos largos e gordos. Em vez disso, Joana leva adiante sua concepção espinosiana. Assim como não há separação significativa entre homem e animal, entre Joana e o gato ou a víbora, tampouco o homem ou o animal está separado de Deus, a singular, infinita e eterna "uma só substância" que é sinônimo de Natureza: uma só substância em constante transição, encadeada por uma infinita corrente de causa e efeito.

A ideia é o alicerce do pensamento de Espinosa, e na passagem extática que encerra o livro de Clarice Lispector ela se repete claramente à medida que a narrativa desliza, de maneira quase imperceptível, da terceira pessoa de Joana para a primeira pessoa da autora.

> O que nela se elevava não era a coragem, ela era substância apenas, menos do que humana, como poderia ser herói e desejar vencer as coisas? Não era mulher, ela

existia e o que havia dentro dela eram movimentos erguendo-a sempre em transição. Talvez tivesse alguma vez modificado com sua força selvagem o ar ao seu redor e ninguém nunca o perceberia, talvez tivesse inventado com sua respiração uma nova matéria e não o sabia, apenas sentia o que jamais sua pequena cabeça de mulher poderia compreender. Tropas de quentes pensamentos brotavam e alastravam-se pelo seu corpo assustado e o que neles valia é que encobriam um impulso vital, o que neles valia é que no instante mesmo de seu nascimento havia a substância cega e verdadeira criando-se, erguendo-se, salientando como uma bolha de ar a superfície da água, quase rompendo-a... Ela notou que ainda não adormecera, pensou que ainda haveria de estalar em fogo aberto. Que terminaria de uma vez a longa gestação da infância e de sua dolorosa imaturidade rebentaria seu próprio ser, enfim, enfim livre! Não, não, nenhum Deus, quero estar só. E um dia virá, sim, um dia virá em mim a capacidade tão vermelha e afirmativa quanto clara e suave, um dia o que eu fizer será cegamente seguramente inconscientemente, pisando em mim, na minha verdade, tão integralmente lançada no que fizer que serei incapaz de falar, sobretudo um dia virá em que todo meu movimento será criação, nascimento, eu romperei todos os nãos que existem dentro de mim, provarei a mim mesma que nada há a temer, que tudo o que eu for será sempre onde haja uma mulher com meu princípio, erguerei dentro de mim o que sou um dia, a um gesto meu minhas vagas se levantarão poderosas, água pura submergindo a dúvida, a consciência, eu serei forte como a alma de um animal e quando eu falar serão palavras não pensadas e lentas, não levemente sentidas, não cheias de vontade de humanidade, não o passado corroendo o futuro!, o que eu disser soará fatal e inteiro! não haverá nenhum espaço dentro de mim para eu saber que existe o tempo, os homens, as dimensões, não haverá nenhum espaço dentro de mim para notar sequer que estarei criando instante por instante, não instante por instante: sempre fundido, porque então viverei, só então viverei maior do que na infância, serei brutal e malfeita como uma pedra, serei leve e vaga como o que se sente e não se entende, me ultrapassarei em ondas, ah, Deus, e que tudo venha e caia sobre mim, até a incompreensão de mim mesma em certos momentos brancos porque basta me cumprir e então nada impedirá meu caminho até a morte-sem-medo, de qualquer luta ou descanso me levantarei forte e bela como um cavalo novo.[11]

Se, como Joana, a autora de *Perto do coração selvagem* temia que "depois de casar nada mais poderia me acontecer", estava enganada. O livro, publicado em meados de dezembro de 1943, causou furor.

Quando Clarice começou a escrever, em março de 1942, ainda estava na faculdade de direito e trabalhava como jornalista. Em fevereiro tinha se transferido para o jornal *A Noite*, que já fora uma das glórias do jornalismo brasileiro. A redação dividia um andar com *Vamos Ler!*, revista literária popular onde ela publicara alguns de seus primeiros contos. Era menos um novo emprego do que uma extensão de seu trabalho anterior, pois, a exemplo da Agência Nacional (e, aliás, da *Vamos Ler!*), *A Noite* agora era um órgão regular do governo, ajudando, como Clarice definiu em seu pedido de naturalização, "na difusão e propaganda do governo de Sua Excelência".[12]

Alguns de seus colegas mudaram com ela. Francisco de Assis Barbosa já trabalhava lá, e ela o procurou em busca de ajuda com o romance que começara a escrever. "Tateando no escuro", ela construiu o livro rabiscando suas ideias num caderno de anotações toda vez que elas lhe ocorriam.[13] Para se concentrar, deixou o minúsculo quarto de empregada que ocupava no apartamento que dividia com as irmãs e o cunhado e passou um mês numa pensão próxima, onde trabalhou intensamente. O livro afinal ganhou forma, mas ela temia que fosse mais um amontoado de anotações do que um romance pronto.[14] Lúcio Cardoso assegurou-lhe que os fragmentos compunham em si um livro. Barbosa leu os originais capítulo por capítulo, mas Clarice rejeitou suas sugestões ocasionais com ímpeto característico: "Quando releio o que eu escrevo", ela disse a ele, "tenho a impressão que estou engolindo o meu próprio vômito".[15]

Lúcio Cardoso sugeriu um título, emprestado do *Retrato do artista quando jovem*, de James Joyce: "Ele estava só. Estava abandonado, feliz, perto do coração selvagem da vida". Esta se tornou a epígrafe do livro, o que, ao lado do uso ocasional do método do fluxo de consciência, levou certos críticos a descrever o livro como joyciano. A comparação aborreceu Clarice. "Descobri essa legenda, o título do livro e o próprio Joyce quando o livro estava bem pronto. Escrevi-o em oito ou nove meses, enquanto estudava, trabalhava e noivava — mas ele não tem influência direta do estudo, do noivado, de Joyce, do trabalho."[16]

Barbosa, que com Lúcio foi um dos primeiros leitores do livro, lembrava-se de seu espanto. "À proporção que ia devorando os capítulos que estavam sendo datilografados pela autora fui me compenetrando que estava diante de uma extraordinária revelação literária", disse ele. "O ímpeto de Clarice, o furacão Clarice."[17] Ele encaminhou o livro para o braço editorial da empresa onde trabalhavam, *A Noite*, que o publicou com uma capa cor-de-rosa típica dos livros para mulheres, em dezembro de 1943. Não foi um arranjo lucrativo para a autora. "Eu não pagava nada, mas também não ganhava nada. Se houvesse lucro, era deles", disse Clarice.[18] Foram impressos mil exemplares; em vez de pagamento ela ficou com cem. Tão logo o livro ficou pronto, ela começou a enviá-lo aos críticos.

"Todo mundo queria saber quem era aquela moça", recordou o jornalista Joel Silveira. "Ninguém tinha ideia. De repente todo mundo estava falando sobre o assunto."[19] As resenhas ainda atestam a excitação que o "furacão Clarice" desencadeou na intelligentsia brasileira. Durante quase um ano depois da publicação, artigos sobre o livro apareceram em todas as grandes cidades do país. Dezesseis anos depois, uma jornalista escreveu: "Não temos registro de uma estreia mais sensacional, que tenha elevado a tão grande destaque um nome que, até pouco antes, era completamente desconhecido".[20]

Clarice Lispector, escreveram os críticos, era "a mais rara personalidade literária no nosso mundo das letras"; "algo de excepcional"; dotada de uma "estonteante riqueza verbal". "O livro em seu conjunto é um milagre de equilíbrio, perfeitamente construído", combinando "a lucidez intelectual dos personagens de Dostoiévski com a pureza de uma criança".[21] Em outubro de 1944 o livro ganhou o prestigioso Prêmio Graça Aranha de melhor obra de estreia de 1943. O prêmio era uma confirmação do que a *Folha Carioca* descobrira antes, naquele mesmo ano, quando pediu a seus leitores que elegessem o melhor romance de 1943. *Perto do coração selvagem* venceu com 457 votos. Levando em conta que apenas novecentos exemplares foram de fato postos à venda, era um número espetacular. Mas era apropriado a um livro que *A Manhã* declarava ser a "maior estreia feminina de todos os tempos na literatura brasileira".[22] Outro crítico foi ainda mais longe: "*Perto do coração selvagem* é o maior romance que uma mulher jamais escreveu em língua portuguesa".[23]

O autor da última afirmação, o jovem poeta Lêdo Ivo, procurou por ela depois de ler o livro. "Conheci Clarice Lispector em 1944, no momento exato em que ela publicou *Perto do coração selvagem*", ele registrou.

O encontro foi num restaurante na Cinelândia. Almoçamos juntos e a nossa conversa não se limitou a matérias literárias. [...] O mínimo que posso dizer é que ela era deslumbrante. Como era outono, e as folhas da praça caíam, o dia cinzento contribuía para realçar a beleza e luminosidade de Clarice Lispector; e a esse clima estrangeiro se acrescia a sua própria voz, a dicção gutural que ainda hoje ressoa em meus ouvidos. Eu não tinha vinte anos — e, sob o império das leituras, sentia-me como se estivesse diante de Virginia Woolf ou Rosamund Lehmann.[24]

A "estranha voz" do livro, a "atmosfera estrangeira" de sua linguagem não usual, causaram a mais profunda impressão em seus primeiros leitores. Ele tinha alguns pontos de aproximação com a literatura brasileira feita anteriormente. "A obra de Clarice Lispector surge em nosso mundo literário como a mais séria tentativa de romance introspectivo", escreveu o decano dos críticos paulistas, Sérgio Milliet. "Pela primeira vez, um autor brasileiro vai além da simples aproximação neste campo quase virgem de nossa literatura; pela primeira vez, um autor penetra nas profundezas da complexidade psicológica da alma moderna." Mas a afinidade com outros escritores "introspectivos", mesmo com aqueles tão próximos dela quanto Lúcio Cardoso, era superficial, como observou Jorge de Lima ao escrever que Clarice Lispector tinha de "deslocar o centro de gravitação em que [...] estava girando por uns vinte anos o romance brasileiro".[25]

É digno de nota o fato de só muito raramente os críticos compararem o livro ao de outros escritores brasileiros. Em vez disso, mencionavam Joyce, Virginia Woolf, Katherine Mansfield, Dostoiévski, Proust, Gide e Charles Morgan. Isso não ocorria apenas porque toda a questão do Brasil, aquele "instinto de nacionalidade" que Machado de Assis considerava o cerne da literatura brasileira, estava ausente de *Perto do coração selvagem*. É que sua linguagem não soava como brasileira. Lêdo Ivo, rememorando a "estranha voz" e a "dicção gutural" de Clarice, escreve: "Clarice Lispector era uma estrangeira [...]. A estrangeiridade de sua prosa é uma das evidências mais contundentes de nossa história literária e, ainda, da história de nossa língua".[26]

Mais tarde essa linguagem seria naturalizada como a de uma grande escritora brasileira. Mas na época soava exótica. "No Brasil notamos um certo conformismo estilístico", escreveu Antonio Candido, criticando os escritores que, quaisquer que sejam seus outros méritos, pensam "que o impulso generoso que os anima supre a rudeza do material".[27] E Sérgio Milliet observou que o prodígio do livro era a conquista por sua autora da "harmonia preciosa e precisa entre a expressão e o fundo".[28]

Esse é o cerne do fascínio de *Perto do coração selvagem* e de Clarice Lispector. Não era uma questão de estilo versus substância, nem uma simples questão de ênfase, o que a separava de outros escritores para quem "o impulso generoso que os anima supre a rudeza do material". Era uma concepção fundamentalmente diferente de arte. Naquele primeiro livro ela sintetizou o impulso percebido por Candido e Milliet quando escreveu: "A visão consistia em surpreender o símbolo das coisas nas próprias coisas". A observação era importante o suficiente para que ela a repetisse cem páginas adiante — "o símbolo da coisa na própria coisa" — e era o coração de todo o seu projeto artístico.[29]

Mas, como sugere a frase, esse projeto era menos artístico que espiritual. A possibilidade de unir uma coisa e seu símbolo, de reconectar a linguagem à realidade e vice-versa, não é um empreendimento intelectual ou artístico. Em vez disso, está intimamente vinculada aos reinos sagrados da sexualidade e da criação. Uma palavra que não descreve uma coisa preexistente, mas de fato *é* essa coisa, ou uma palavra que *cria* a coisa que descreve: a busca dessa palavra mística, da "palavra que tem luz própria", é a busca de uma vida inteira. Essa busca foi uma preocupação urgente de místicos judeus ao longo dos séculos. Assim como Deus, na escrita de Clarice, é completamente desprovido de qualquer sentido moral, também a linguagem não significa nada além daquilo que expressa: "o símbolo da coisa na própria coisa".

A aclamação sem precedentes que saudou a estreia de Clarice Lispector foi também o início da lenda de Clarice Lispector, uma tapeçaria de rumores, mistérios, conjecturas e mentiras que no imaginário público se tornaram inseparáveis da mulher em si. Em 1961 o repórter de uma revista escreveu:

> Há uma grande curiosidade em torno de Clarice-gente. Ela circula muito pouco na área literária, foge aos programas de televisão e às tardes de autógrafo, e são pouquíssimas as pessoas que tiveram oportunidade de conversar com ela. "Clarice não existe" — dizem. "É pseudônimo de alguém que mora na Europa." "É uma

mulher linda" — afirmam outros. "Não conheço, não" — diz um terceiro. "Mas acho que é homem. Ouvi falar que era um diplomata."[30]

O início dessa lenda pode ser situado no influente ensaio de Sérgio Milliet de janeiro de 1944, quando ele notou a singularidade do "estranho e até desagradável" nome da autora, "pseudônimo sem dúvida".[31] Quando leu o artigo, Clarice escreveu a Milliet para lhe agradecer por sua afetuosa resenha e para esclarecer o assunto do nome. "Eu tinha me preparado, não sei por que especialmente, para um começo ácido e um fim solitário. Suas palavras me desarmaram. De repente me senti até mal em ser tão bem recebida. Eu que não esperava ser recebida *at all*. Além do mais, a repulsa dos outros — eu pensava — haverá de me tornar mais dura, mais presa no caminho do trabalho que eu escolhera. P.S. O nome é meu mesmo."[32]

A lenda de Clarice Lispector pôde dali em diante ser livremente adornada, em parte porque ela não estava próxima para desmentir o que era falso. Menos de um mês depois da publicação de *Perto do coração selvagem* ela deixou o Rio de Janeiro. Por quase duas décadas, ela não retornaria para passar uma longa temporada. A carta que mandou a Milliet fora enviada de Belém do Pará. Era um destino incomum para um diplomata, mas Maury fora enviado para lá porque a sonolenta Belém, como boa parte do Norte do Brasil, tinha subitamente se tornado um palco essencial na guerra que estava convulsionando o mundo.

14. Trampolim da vitória

Em 1942, enquanto Clarice Lispector pedia sua cidadania brasileira, namorava Maury e escrevia seu primeiro romance, a política externa brasileira passava por uma revolução. Em alguns aspectos o Brasil poderia ter sido um parceiro lógico do Eixo. Tinha uma ditadura inspirada no fascismo europeu e que era simpática a ele. Abrigava enormes contingentes de imigrantes alemães, italianos e japoneses. Seu líder, Getúlio Vargas, dera todas as indicações de que desejava manter relações amistosas com o Eixo, a ponto de enviar calorosos cumprimentos a Adolf Hitler por seu aniversário. Ainda em agosto de 1940, fez um discurso a bordo do navio *Minas Gerais* que continha a funesta frase: "Novas forças se erguem no mundo ocidental".[1]

Como sempre, é claro, o "pai dos pobres" e "mãe dos ricos" jogava nos dois lados. Um homem que sobrevivera por tanto tempo no topo da política brasileira não seria, no momento crucial, tolo a ponto de apostar no Eixo, especialmente depois de perceber os imensos benefícios que uma aliança mais firme com os Estados Unidos poderia trazer. Vargas viu que o país poderia usar a ajuda norte-americana para consolidar sua base industrial e ganhar proeminência política na América do Sul; com a Argentina se alinhando mais ou menos abertamente com Hitler, uma vitória dos Aliados situaria o Brasil numa posição de predomínio indisputado. Poderia usar a guerra para reequipar as Forças Armadas, aprimorar a infraestrutura doméstica e estender sua influência diplomática.

O Brasil sempre precisara dos Estados Unidos, mas agora os Estados Unidos precisavam do Brasil. Os norte-americanos pagariam muito bem pela cooperação brasileira; os vastos recursos naturais do Brasil eram cruciais para o esforço de guerra. Mas seu grande trunfo era localização, a "protuberância brasileira" de seu flanco nordestino, a parte mais oriental das Américas. A protuberância era um elo vital da corrente de comunicações que ia de Miami à África Ocidental francesa, passando pelo Caribe e pelas Guianas. Era a única rota segura de travessia do Atlântico, conhecida no linguajar cafona da época como "trampolim da vitória". Sem a cooperação brasileira ela seria inviável.

As rotas aéreas eram tão vitais que, enquanto Vargas flertava com o Eixo, chegou-se a considerar em Washington a ocupação forçada do Nordeste do Brasil, que um relatório norte-americano descrevia como um dos quatro locais estrategicamente mais preciosos do mundo, ao lado do canal de Suez, Gibraltar e o estreito de Bósforo.[2] Essa conversa se converteu num acirrado debate em meados de 1941. Quando o Brasil e os Estados Unidos ainda eram oficialmente neutros, Vargas permitiu à Pan American Airways começar a construção de uma gigantesca base aérea em Natal, que veio a se tornar a maior base aérea fora do território norte-americano. "Sem a utilização de Natal como 'trampolim da vitória'", observou um historiador, "os problemas de abastecimento dos Aliados em 1942 e 1943 talvez fossem insuperáveis."[3]

Em janeiro de 1942, logo depois de Pearl Harbor, as nações americanas se reuniram para uma conferência crucial no Rio de Janeiro. O palco do encontro foi o Palácio Tiradentes, onde até pouco tempo antes Lourival Fontes, um dos três não italianos que "realmente compreendiam" o fascismo, reinara sobre a imprensa brasileira. A conferência encerrou com o triunfo diplomático de Sumner Welles, líder da delegação norte-americana, quando todas as nações americanas, com exceção da Argentina e do Chile, romperam relações com o Eixo. O anúncio foi recebido com júbilo nas ruas do Rio de Janeiro.

Não era, porém, uma declaração de guerra por parte do Brasil, embora o Eixo a tenha tratado como tal. Equivocadamente, pois havia muitos elementos no Exército, sobretudo ex-integralistas, que eram simpáticos aos fascistas.

Entre eles estavam indivíduos influentes, como o ministro da Guerra, Pedro Aurélio de Góis Monteiro, e o chefe de polícia do Rio, Filinto Müller, um virulento antissemita que só prestava contas ao próprio Vargas. Havia também grandes contingentes de cidadãos do Eixo no país, bem como políticos e jornalistas com inclinações fascistas.

Todos eles foram silenciados quando Hitler e Mussolini começaram a torpedear navios brasileiros, matando centenas de pessoas. O *Baependi* foi a pique com 250 soldados e sete oficiais, com duas baterias de artilharia e outros equipamentos. Outro navio, repleto de peregrinos a caminho de um Congresso Eucarístico em São Paulo, também foi afundado.[4] Em resposta à previsível revolta popular generalizada, o governo baixou um decreto em 11 de março de 1942, autorizando o Estado a compensar os danos confiscando as propriedades dos cidadãos do Eixo.

Em pouco tempo seguiram-se cenas que lembravam pogroms, vitimando especialmente os cidadãos mais visíveis do Eixo, os japoneses. Se os italianos e alemães podiam passar por brasileiros, os japoneses não podiam; e assim como nos Estados Unidos, onde nipo-americanos foram aprisionados sem que nenhuma punição coletiva semelhante fosse imposta aos ítalo-americanos ou aos germano-americanos, os japoneses foram discriminados, ainda que o Japão, ao contrário da Itália e da Alemanha, não tenha atacado o Brasil. E havia muitos japoneses: a colônia brasileira, de centenas de milhares, era a maior comunidade japonesa fora do Japão. Seus bens foram confiscados e eles foram expulsos das áreas litorâneas, onde eram suspeitos de manter comunicação secreta com os submarinos do Eixo.[5]

Em seus sinistros detalhes, as acusações lembram as que foram levantadas contra os judeus durante a Primeira Guerra Mundial: espelhinhos enviando mensagens em código, misteriosos sinais de rádio, batuques noturnos não explicados. As línguas do Eixo foram proibidas, golpe devastador sobretudo para os japoneses. Imigrantes relativamente recentes, que não falavam quase nada de português, eles se viram isolados num ambiente em que todos os estrangeiros eram suspeitos.

O velho bairro de Clarice Lispector no Recife testemunhou uma insólita inversão da situação na Alemanha alguns anos antes. Ao assistir à ascensão de Vargas e de seus então aliados integralistas, e ao tomar conhecimento do desastre que se abatia sobre a Europa, os judeus brasileiros temeram por sua segurança. Subitamente, porém, ser judeu tornou-se uma vantagem; grandes cartazes anunciando FIRMA JUDAICA brotaram nas vitrines das lojas ao longo da rua Nova, onde João Pessoa fora baleado.

"Quem era Eixo, quem não era Eixo", disse uma mulher judia, relembrando aquela época. "Todo mundo era estrangeiro. Precisava saber quem era judeu, quem era alemão, quem não era nazista." Um afável japonês que tinha uma sorveteria nos arredores teve seu estabelecimento saqueado.[6]

"Destruíram tudo, apesar de tudo que gostavam dele, dos sorvetes deliciosos. Era uma sorveteria linda, com orquestra até."[7] Empresas judaicas que deixassem alguma dúvida quanto a sua lealdade não estavam seguras. Os srs. Stillman e Dimenstein, proprietários de uma fabriqueta de roupas chamada Fábrica de Capas Argentina, aprenderam isso no momento certo. Quando valentões locais os abordaram, eles mais do que depressa apagaram a suspeita alusão à Argentina do nome da firma.

Depois que um único submarino alemão torpedeou seis navios brasileiros, entre 15 e 19 de agosto, a pressão para a entrada na guerra se tornou irresistível. Getúlio Vargas declarou guerra em 22 de agosto de 1942, logo indo mais longe do que qualquer outra nação latino-americana (leia-se Argentina) e fornecendo soldados, os 25 mil homens da Força Expedicionária Brasileira, a FEB, que seriam colocados sob o comando dos Estados Unidos.

Havia certa dúvida de que o Brasil fosse capaz de levar a cabo uma operação daquela envergadura. A nação não se envolvera em nenhum conflito internacional desde o final da Guerra do Paraguai, 72 anos antes. Uma piada dizia que "a cobra vai fumar antes de o Brasil entrar na guerra". Quando a FEB desembarcou na Itália, em 1944, seu símbolo era uma cobra com um cachimbo na boca.

Clarice e Maury Gurgel Valente chegaram a Belém do Pará em 20 de janeiro de 1944. A cidade úmida, lânguida, situada na foz do grande rio, é um lugar sensual. A cada tarde, com a regularidade de um relógio, e nunca por mais de uma hora, um aguaceiro encharca a cidade, limpando o ar do forte cheiro de peixe que emana de seu enorme mercado à beira-rio. Belém é isolada do resto do Brasil em termos geográficos e culturais, e sua população é mais marcada pelo índio do que pelo africano.

"Não se pode imaginar a cidade de Belém no resto do Brasil", escreveu Euclides da Cunha no início do século.⁸ Na época, Belém estava no meio de seu fabuloso ciclo da borracha, que a deixou com uma imponente coleção de edifícios *fin de siècle*, e que também, por um tempo, tornou rico o avô de Maury, importante produtor de borracha e banqueiro. A mãe de Maury crescera na cidade, e ele e seus irmãos tinham passado parte de sua infância ali.

Foi uma época feliz para Clarice e Maury. Nomeado pelo ministro das Relações Exteriores, Maury era encarregado de recepcionar as muitas autoridades estrangeiras que passavam por lá a caminho da Europa, da África e da Ásia. Em janeiro de 1944, o "trampolim da vitória" já não era tão essencial quanto tinha sido antes de os Aliados retomarem a África do Norte, mas ainda era importante o suficiente para hospedar uma visitante do calibre de Eleanor Roosevelt, a primeira-dama americana, que fez uma aparição em 14 de março. Clarice estava por ali para lhe dar as boas-vindas. "Fui com meu vestido preto", ela relatou às irmãs.

> Ela é simpaticíssima, muito simples, vestida com bastante modéstia, bem mais bonita pessoalmente do que nas fotografias e no cinema. No dia seguinte ela deu entrevista coletiva à imprensa, eu fui, mandei noticiário telefônico para *A Noite*, mesmo estando de licença, porque não queria perder a chance.⁹

Clarice ficou bêbada pela primeira vez, na casa do cônsul dos Estados Unidos. "Puxa! Que enjoo", escreveu a Tania. "Uma dessas ressacas de filme de cinema. Foi bom que eu tivesse bebido pra tirar o que existe de tentador na ideia, tão divulgada e cantada pelos poetas... Foi a primeira vez e a última, não há dúvida."¹⁰

Apesar desses lampejos de excitação, pela primeira vez na vida ela pouco tinha a fazer. Já não estava na escola e não tinha um trabalho. "Estou aqui meio perdida", ela escreveu a Lúcio Cardoso algumas semanas depois de chegar.

> Faço quase nada. Comecei a procurar trabalho e começo de novo a me torturar, até que resolvo não fazer programas; então a liberdade resulta em nada e eu faço de novo programas e me revolto contra eles. Tenho lido o que me cai nas mãos. Caiu-me plenamente nas mãos *Madame Bovary*, que eu reli. Aproveitei a cena da morte para chorar todas as dores que eu tive e as que eu não tive. — Eu

nunca tive propriamente o que se chama "ambiente" mas sempre tive alguns amigos.[11]

A liberdade inabitual fazia parte do destino de muitas esposas de diplomatas, cujas fileiras Clarice agora adentrara. O Ministério do Exterior já era o clube mais esnobe do Brasil. Num país em que as relações pessoais importam muito mais do que o talento, a reputação de estrita meritocracia associada ao Itamaraty atraía muitas das melhores cabeças do Brasil. E o talento de seus diplomatas em garantir a segurança da nação sem recorrer à guerra lhes dava uma aura de competência quase mítica, num país que de modo geral tinha pouca confiança em seus governantes.

Desnecessário dizer que o serviço diplomático tendia a ser ocupado por gente com origens mais parecidas com as de Maury do que com as de Clarice. As esposas de diplomatas eram em sua maioria mulheres bonitas, bem-criadas, das classes altas, cuja função, num mundo de embaixadas e funcionários, era principalmente decorativa.[12] Poucas mulheres tinham a educação superior de Clarice, e menos ainda suas origens humildes. Não havia judeus no serviço diplomático — quando Clarice se casou com Maury, havia apenas uma outra esposa judia no Itamaraty —,[13] e brasileiros de pele escura, grande maioria da população do país, também estavam ausentes. O serviço diplomático era meritocrático, mas os critérios para admissão, um excelente grau de instrução que incluía domínio de francês e inglês, garantiam que ele fosse maciçamente ocupado pelas famílias da velha elite que, como em toda parte, tendiam a ser conservadoras, religiosas e nacionalistas.

De fato, enquanto Hitler marchava sobre a Europa, o Itamaraty desempenhou com destaque o papel de manter os judeus fora do Brasil. A ideologia racista que muitos diplomatas tinham absorvido na Escola Nacional de Direito do Rio de Janeiro fazia do Ministério do Exterior um bastião do antissemitismo; durante a guerra, diplomatas brasileiros encarregados de formatar a política de imigração volta e meia, e de modo veemente, argumentaram contra a admissão de judeus. Nos memorandos que mandavam para o Rio eles muitas vezes faziam, por exemplo, a conexão, que na superfície deveria ter parecido absurda, entre o comunismo e "as finanças judaicas internacionais".[14]

Havia algumas exceções. A que estava em posto mais elevado era Luiz Martins de Souza Dantas, embaixador na França até 1942, quando foi removido do cargo por emitir um grande número de vistos irregulares para judeus desesperados, centenas dos quais conseguiram fugir para o Brasil.[15] Paulo Carneiro, mais tarde embaixador do Brasil na Unesco, durante a guerra trabalhou para o escritório comercial brasileiro em Paris, de onde levava passaportes para casa e os falsificava na mesa da cozinha.[16]

O mais famoso desses heróis foi João Guimarães Rosa, cujo *Sagarana*, publicado dois anos depois de *Perto do coração selvagem*, anunciava a chegada do outro grande mestre da prosa brasileira do século xx. Com Aracy Moebius de Carvalho, sua esposa germano-brasileira, tomando a iniciativa, o casal emitia vistos ilegais no consulado em Hamburgo; Aracy chegou a usar seu passaporte diplomático para escoltar judeus até os navios que esperavam para levá-los a um porto seguro. Depois da declaração brasileira de guerra, o casal passou quatro meses retido em Baden-Baden, até ser trocado por diplomatas alemães que atuavam no Brasil.[17]

Clarice era agora uma esposa do serviço diplomático, mas por enquanto, embora longe de casa, ainda não estava no exterior, no casulo da diplomacia. A despeito do enfado ocasional, amava Belém, onde passava boa parte do seu tempo lendo os livros — Sartre, Rilke, Proust, Rosamund Lehmann e Virginia Woolf, além de Flaubert — que comprava na Livraria Nossa Senhora das Dores.[18] Muitas de suas escolhas parecem ter sido influenciadas por comparações feitas por resenhistas de *Perto do coração selvagem*. À medida que chegavam resenhas de todos os cantos do Brasil, enviadas do Rio por Tania, alguns críticos recebiam respostas pessoais da autora, entre eles o autor da resenha negativa mais destacada, o jovem crítico Álvaro Lins.

As objeções de Lins ao livro propiciam hoje uma leitura divertida:

> É certo que, de modo geral, toda obra literária deve ser a expressão, a revelação de uma personalidade. Há, porém, nos temperamentos masculinos, uma maior tendência para fazer do autor uma figura escondida por detrás das suas criações, operando-se um desligamento quando a obra já esteja feita e acabada. Isto significa que um escritor pode colocar toda a sua personalidade na obra, contudo nela se diluindo de tal modo que o espectador só vê o objeto e não o homem.

Lins sugeria que "temperamentos femininos" são incapazes desse tipo de distanciamento, exceto nos casos excepcionais de "inteligência andrógina". Curiosamente, porém, ele usa o termo "realismo mágico" para descrever o livro: "O realismo definido não apenas como observação dos aspectos exteriores dos fenômenos humanos, e sim como intuição para o conhecimento da realidade íntima e misteriosa desses fenômenos". Esse talvez seja o primeiro caso de uso da expressão para descrever uma obra de um escritor latino-americano.[19]

"As críticas, de um modo geral, não me fazem bem", Clarice escreveu a Tania. "A do Álvaro Lins [...] me abateu e isso foi bom de certo modo. Escrevi para ele dizendo que não conhecia Joyce nem Virginia Woolf nem Proust quando fiz o livro, porque o diabo do homem só faltou me chamar 'representante comercial' deles."[20] Anos depois, ainda irritada com a comparação, ela escreveu: "Não gosto quando dizem que tenho afinidade com Virginia Woolf (só a li, aliás, depois de escrever o meu primeiro livro): é que não quero perdoar o fato de ela se ter suicidado. O horrível dever é ir até o fim".[21] Ela também rejeitava qualquer comparação com Sartre:

> Minha náusea inclusive é diferente da náusea de Sartre, porque quando eu era pequena não suportava leite, e quase vomitava o que tinha que beber. Pingavam limão na minha boca. Quer dizer, eu sei o que é a náusea no corpo todo, na alma toda. Não é sartriana.[22]

Depois que a resenha de Lúcio Cardoso foi publicada, em 12 de março, ela lhe escreveu. "Gostei tanto. Fiquei assustada com o que você diz — que é possível que meu livro seja o meu mais importante. Tenho vontade de rasgá-lo e ficar livre de novo: é horrível a gente já estar completa." Um tom de fragilidade e insegurança perpassa essa carta. Ela se dirige a ele como a alguém inalcançável, superior, quase do mesmo modo que Maury se dirigia a ela antes de se casarem. "Estava num impulso de sinceridade e confissão que muitas vezes eu tenho em relação a você", ela disse a Lúcio. "Mas não sei, talvez porque você nunca tenha sentido em relação a mim esse mesmo impulso, eu fico de repente apenas com as palavras que eu queria dizer mas sem gostar delas."[23] Num tom semelhante, ela escreveu alguns meses mais tarde: "Hoje tirei um retrato que deve ter saído horrível porque eu estava horrível. Mas se sair mais ou menos eu mandarei um a você. Quer? Coitado você não quer nem retrato nem carta.

Inventei que você me tem como amiga somente porque eu sou sua amiga; que pequena tragédia".[24] Ele respondeu, com calma autoridade: "Não há nenhuma pequena tragédia: sou realmente muito seu amigo e sentiria muito se você não acreditasse nisto".[25]

A colaboração entre eles, tão importante na escrita de *Perto do coração selvagem*, continuou em *O lustre*, o livro que ela tinha começado a escrever em março de 1943, poucas semanas antes do seu casamento, quando ainda morava no Rio. *Perto do coração selvagem* só seria publicado em dezembro, mas Clarice já estava partindo para um rumo diferente. Em Belém, ela comeu açaí para se concentrar no novo livro.[26] Mas os resultados foram frustrantes, conforme escreveu a Tania em fevereiro: "Ando horrivelmente desfibrada: tudo o que tenho escrito é bagaço; sem gosto, me imitando, ou tomando um tom fácil que não me interessa nem agrada".[27]

Ainda assim, estava feliz por voltar ao trabalho. Conforme contou a um entrevistador (provavelmente seu primeiro), "escrevo porque encontro nisso um prazer que não sei traduzir. Não sou pretensiosa. Escrevo para mim, para que eu sinta minha alma falando e cantando, às vezes chorando...". Na mesma entrevista, admitiu que sua escrita era, em certo sentido, autobiográfica, usando como referência o livro que estava lendo na época: "No fundo Flaubert tinha razão, quando disse: '*Madame Bovary c'est moi*'. A gente está sempre em primeiro lugar".[28]

Em maio, já estava pronta para mostrar parte de sua nova obra a Lúcio. "O fato é que eu queria escrever agora um livro limpo e calmo, sem nenhuma palavra forte, mas alguma coisa real — real como o que se sonha, e que se pensa uma coisa real e bem fina."[29] Mas o livro não seria concluído em Belém. Em 5 de julho de 1944, um mês depois do Dia D e da libertação de Roma, veio o anúncio de que Maury Gurgel Valente seria transferido para o consulado brasileiro em Nápoles.

15. Principessa di Napoli

Depois de alguns dias no Rio de Janeiro,[1] Clarice e Maury começaram sua viagem para a Europa em 19 de julho. Seu tortuoso itinerário mostra como era difícil atravessar o Atlântico naqueles dias. A primeira parada foi no "trampolim da vitória", a grande base norte-americana em Parnamirim, Natal, onde passaram cinco dias esperando por transporte. A base era suntuosa: o cinema exibia filmes ainda não disponíveis no Rio, o refeitório servia uma comida deliciosa, e os apartamentos ostentavam enormes refrigeradores elétricos.[2] Maury foi na frente, viajando com os outros diplomatas, que deveriam reabrir o consulado antes de trazer seus dependentes. Sua viagem foi cansativa: do Rio para Natal, dali para ilha Ascensão, então para Accra, Robertsfield (Libéria), Dacar, Tindouf, Marrakesh, Casablanca, Oran e Argel, onde Maury e seus colegas finalmente puderam descansar.

Clarice, enquanto isso, ficou retida em Natal. Ela se mudou da base norte-americana para o "horrivelzinho Grande Hotel", conforme escreveu a Lúcio. "Maury embarcou ontem e eu estou esperando condução talvez para esse fim de semana." Ela passou um total de doze dias em Natal, "cidadezinha sem caráter, nem mesmo o da velhice", sentindo falta de suas irmãs, de Maury e dos amigos do Rio e de Belém.[3]

Pela primeira vez desde que, na infância, chegara a Maceió como emigrante, ela ia sair do Brasil. As circunstâncias teriam sido difíceis de imaginar quando ela chegara, 22 anos atrás, viajando na terceira classe, uma criança pobre e faminta de uma família de refugiados andrajosos. Não havia sinal da luta épica de sua família na bela jovem, escritora admirada e jornalista respeitada, que esperava sentada por seu avião no Grande Hotel, com um distinto nome católico no passaporte diplomático.

Era uma espécie de triunfo, mas não isento de ambiguidade. Nos anos que se seguiram ao desembarque da família à sombra da falsa Estátua da Liberdade no cais de Maceió, ela criara raízes profundas no único país que conhecia. "Clarice nunca deveria ter deixado o Brasil", disse Eliane Weil, que a conheceu poucas semanas depois em Argel. "Ela não era como aquelas outras mulheres. Só muito poucas delas tinham alguma formação. Eram treinadas para ajudar o marido, cuidar dos filhos e da criadagem. Clarice era instruída, tinha uma profissão, tinha uma vida no Brasil."[4]

A experiência de viver no exterior seria tão difícil quanto compensadora, mas primeiro ela precisava chegar lá. Em 30 de julho, embarcou em Natal. "Viajei com muitos missionários e olhando para uma mulherzinha santa que dormia em frente a mim, eu mesma me sentia fraca e horrivelmente espiritual, sem nenhuma fome, disposta a convencer todos os negros da África que não há necessidade de nada, senão de civilização", escreveu a Lúcio.[5]

No dia seguinte chegou à base da força aérea dos Estados Unidos em Fisherman's Lake, na Libéria, onde passou um dia e uma noite. Apesar de rodeada por aldeões liberianos intrigados por seu cabelo louro e liso, ela não se impressionou com o exotismo local. "Eu precisava me repetir: isso é África — para sentir alguma coisa. Nunca vi ninguém menos turista."[6] Em 1º de agosto chegou a Bolama, na Guiné portuguesa, onde almoçou e viu a natureza do regime colonial ao assistir a nativos serem chicoteados. Em 1974 ela ainda escreveria sobre a experiência. "Perguntei: mas é necessário tratá-los como se não fossem seres humanos? Respondeu-me: de outro modo eles não trabalham. Fiquei meditativa. A África misteriosa."[7] Ela deixou a África misteriosa via Dacar, voando ao longo de toda a noite até Lisboa.[8]

Graças aos sacrifícios de seus pais, Clarice Lispector pôde chegar, bem alimentada e bem-vestida, casada com um diplomata com salário pago em dólares, de volta a seu continente natal. É improvável que tivesse conhecimento da extensão do horror que estava se abatendo sobre seu povo. Desde a década de 1930, era amplamente sabido que os judeus europeus estavam sendo perseguidos, mas a natureza exata dessa perseguição ainda não era sequer imaginada. O Brasil passara anos sob a censura do Estado Novo. Os jornais judeus, que teriam o maior interesse no assunto, ainda estavam fechados; os jornais em português não estavam interessados ou eram impedidos de falar sobre o tema. "Nós não sabíamos", disse Tania Lispector Kaufmann. "Estávamos ocupados trabalhando, e na verdade as pessoas não falavam sobre isso."[9] Em sua maioria, os judeus brasileiros estavam no escuro. "Quando terminou a guerra, muitos jornalistas e escritores que se libertaram na Europa, dos países que foram atingidos, vinham para a América Latina e Central para darem depoimentos", registrou outro brasileiro. "Porque aqui a gente não sabia nada. Os jornais não escreviam porque era ditadura. Então, convidaram jornalistas, escritores que estiveram na Europa."[10]

A neutra Lisboa, aonde Clarice chegou em 2 de agosto de 1944, estava melhor que a maior parte do continente, mas ainda assim era suja e pobre. "Lisboa deve ser horrível para se viver e trabalhar", ela escreveu a Lúcio algumas semanas depois. "Como disse Maria Archer, o mal dos portugueses é a dignidade."[11] Archer, romancista que cresceu na África portuguesa, era uma das muitas figuras do mundo cultural impressionadas com a jovem brasileira. Clarice escreveu a Tania e Elisa que o poeta e diplomata brasileiro Ribeiro Couto "deu um jantar para o qual foi convidado, entre outros, o João Gaspar Simões, grande crítico português". (Hoje ele é mais lembrado como o primeiro biógrafo de Fernando Pessoa.) "Conversamos bastante. Ele gostou muito de mim e quer o livro (vocês não imaginam como eu fui um sucesso nessa noite. Todos me imitaram, todos ficaram 'encantados')."[12]

Travou uma amizade duradoura com a poeta portuguesa Natércia Freire. "As quatro horas que passamos juntas foram pouco para mim, por tudo o que tínhamos a dizer uma à outra. Mas um dia nos encontraremos de novo, vou ouvir muito e falar muito."[13] Nunca voltaram a se encontrar, mas aquelas quatro horas deixaram em Natércia uma impressão profunda o bastante para que elas se correspondessem até 1972. ("Meu Deus, quanto nós temos vivido!", escreveria Clarice.)[14]

A viagem não foi só diversão, conforme ela escreveu a Lúcio. "Eu, pelo menos, não sei se pela situação especial de espera e ansiedade, experimentei um desassossego como há muito não sentia. Mas de algum modo a gente se sente mesmo como se estivesse em casa — talvez por isso, quem sabe?"[15] E a Tania ela escreveu: "Não estou tendo prazer em viajar. Gostaria de estar aí com vocês ou com Maury. O mundo todo é ligeiramente chato, parece. O que importa na vida é estar junto de quem se gosta. Isso é a maior verdade do mundo".[16]

Depois de uma semana e meia em Lisboa, "*Mme.* Clarisse Gurgel Valente, *courrier diplomatique*",[17] partiu para o Marrocos, levando correspondência para Vasco Leitão da Cunha, representante do Brasil junto ao Governo Provisório da República Francesa, sediado em Argel. Clarice passou por Casablanca, que era "bonitinho, mas bem diferente do filme *Casablanca...*", conforme ela escreveu às irmãs. "As mulheres mais do povo não carregam véu. É engraçado vê-las com manto, véu, e vestido às vezes curto, aparecendo sapatos (e soquete) tipo Carmen Miranda", a inevitável embaixatriz da moda brasileira.[18] De Casablanca Clarice seguiu para Argel.

"As coisas são iguais em toda a parte — eis o suspiro de uma mulherzinha viajada", ela escreveu a Lúcio. "Os cinemas do mundo inteiro se chamam Odeon, Capitólio, Império, Rex, Olímpia; as mulheres usam sapato Carmen Miranda, mesmo quando usam véu no rosto. A verdade continua igual: o principal é a gente mesmo e só a gente não usa sapatos Carmen Miranda."[19] De Argel ela escreveu a Tania e Elisa: "Na verdade eu não sei escrever cartas sobre viagens; na verdade nem sei mesmo viajar. É engraçado como, ficando pouco em lugares, eu mal vejo. Acho a natureza toda mais ou menos parecida, as coisas quase iguais. Eu conhecia melhor uma árabe com véu no rosto quando estava no Rio. Enfim, eu espero nunca exigir de mim nenhuma atitude. Isso me cansaria [...]. Todo esse mês de viagem nada tenho feito, nem lido, nem nada — sou inteiramente Clarice Gurgel Valente. Eu estou bem-disposta".[20]

Em Argel ela ficou na legação brasileira, no quarto de seu cunhado Mozart Gurgel Valente; ele foi relegado ao sofá. Foi sua primeira experiência de sociedade diplomática, e ela não se impressionou, conforme escreveu a Elisa e Tania.

> Muitas esnobíssimas, de feitio duro e impiedoso embora sem jamais fazer maldade. Eu acho graça em ouvi-las falar de nobrezas e aristocracias e de me ver sentada no meio delas, com o ar + gentil e delicado que eu posso achar. Nunca

ouvi tanta bobagem séria e irremediável como nesse mês de viagem. Gente cheia de certezas e de julgamentos, de vida vazia e entupida de prazeres sociais e delicadezas. É evidente que é preciso conhecer a verdadeira pessoa embaixo disso. Mas por mais protetora dos animais que eu seja, a tarefa é difícil.[21]

O quadro não era de todo lúgubre, porém, e ao longo dos seus doze movimentados dias em Argel ela fez amizades duradouras. Uma delas com uma jovem judia francesa chamada Eliane Weil, que escapara dos nazistas em Paris e fugira, no último barco saído de Marselha, para a Argélia. Lá, onde trabalhava em operações psicológicas para os norte-americanos, conheceu Mozart, quatro anos mais velho que Maury, que estava na Argélia desde abril de 1943. Eles se apaixonaram, mas, como Clarice e Maury já tinham descoberto, diplomatas brasileiros não tinham permissão para se casar com estrangeiras.

Por sorte, uma peculiaridade da genealogia estava do lado deles: a mãe de Eliane, Lucy Israel, por acaso nascera no Rio, em 1899. A família estava entre os primeiros judeus a se estabelecerem no Brasil, mas voltou para a Europa quando Lucy tinha sete anos. Em Paris, Lucy se casou em 1920 com um judeu alsaciano, Léon Weil, o que tornou legalmente sua filha Eliane "uma brasileira nascida em Paris", do mesmo modo que Lucy tinha sido uma "francesa nascida no Rio de Janeiro". Seus documentos foram providenciados e então, renascida como cidadã brasileira, ela se casou com Mozart em Roma em dezembro de 1944, tornando-se a terceira esposa judia no Itamaraty.

Outra surpresa aguardava Mozart e Maury quando, algumas semanas antes, Elza Cansanção Medeiros apareceu na legação em Argel. Mozart, o pai deles, fora o dentista da família Medeiros em Copacabana; as famílias eram vizinhas, conheciam-se havia muitos anos, e o último lugar em que esperavam topar com Elza, então com dezenove anos, era a legação em Argel. "O que você está fazendo aqui?", perguntaram os irmãos. "Como é que o seu pai deixou?" Ele não tinha deixado, respondeu Elza. O pai cortara relações com a filha quando ela se tornou a primeira mulher voluntária da Força Expedicionária Brasileira (FEB).[22]

O dr. Medeiros não era o único a ver com ceticismo as enfermeiras brasileiras. Santinha Dutra, conhecida por seu catolicismo reacionário e casada com o ministro da Guerra, Eurico Gaspar Dutra, via as enfermeiras voluntárias como "prostitutas que iam para a guerra fazer suas carreiras". Ela convenceu o marido a colocar as enfermeiras numa posição que não era nem de soldados nem de oficiais. Isso significava, como registrou Elza, que elas não podiam comer: havia refeitórios para soldados e refeitórios para oficiais, mas não para enfermeiras. Felizmente o presidente da Cruz Vermelha no Recife, que tinha uma fábrica de biscoitos, dera a Elza um par de caixas de seus produtos, e isso foi tudo o que elas tiveram para comer na viagem do Brasil à Argélia.

Depois de chegar em segurança, Elza foi saudada por outro atônito amigo da família, Vasco Leitão da Cunha, que ajudou a moça a encontrar alojamento na ala dos empregados de um hotel nas proximidades. O dr. Vasco, o destinatário da correspondência que Clarice levava, estava prestes a assumir seu posto como cônsul-geral na recém-reaberta embaixada em Roma. Clarice, como todos os que o conheciam, gostava bastante do talentoso e charmoso dr. Vasco; ao longo de sua carreira no Itamaraty ele ocuparia as cruciais embaixadas em Washington e Moscou e se tornaria ministro das Relações Exteriores no governo Castello Branco. Ele e Mozart acompanharam Clarice à Itália de navio, "até Taranto, sem largar um instante o salva-vidas obrigatório, comboiada nos dois destróieres". "Em Taranto tomamos o avião particular do comandante em chefe das forças aliadas no Mediterrâneo e chegamos a esta cidade."[23]

Chegaram em 24 de agosto, um dia antes da libertação de Paris. Como tantas outras pessoas mundo afora, Elisa Lispector, no Rio, passou a noite em claro, de alegria e empolgação.[24]

Bem antes da Segunda Guerra Mundial, o consulado em Nápoles desempenhara um papel vital na história do Brasil. Com a abolição da escravidão, em 1888, o Brasil começou a procurar no exterior fontes de mão de obra livre para trabalhar em suas florescentes fazendas de café. A empobrecida Itália, com seu grande excedente de trabalhadores agrícolas, era uma solução ideal. Os italianos, à diferença dos judeus ou dos japoneses, também satisfaziam os requisitos dos teóricos raciais: por serem brancos, católicos, latinos, podiam ser absorvidos sem esforço. Centenas de milhares chegaram, especialmente no Sul, dando origem a nada menos que 15% da atual população brasileira.[25]

Agora o consulado que Maury Gurgel Valente estava ajudando a reabrir era a base para outra operação crítica: servir de apoio aos 25 mil soldados da FEB. Em 1944, Nápoles dificilmente poderia ser descrita como uma estação do "circuito Elizabeth Arden", como são conhecidos no Itamaraty os mais cobiçados postos diplomáticos. Maury soubera em Argel que entre os confortos de que estaria privado estavam travesseiros e almoços.[26]

A cidade tinha sido libertada menos de um ano antes, em 1º de outubro de 1943. Sua população estava reduzida à miséria. "Nada, absolutamente nada que possa ser processado pelo sistema digestivo é desperdiçado em Nápoles", escreveu o escritor inglês Norman Lewis.

> Os açougues que abriram aqui e ali não vendem nada do que consideraríamos aceitável em matéria de carne, mas seus fragmentos de sobras são expostos com arte nas vitrines e manuseados com reverência: cabeças de galinha — cujo bico foi cuidadosamente extirpado — custam cinco liras; uma pequena pilha cinzenta de intestinos de galinha, num pires bem lustroso, cinco liras; uma moela, três liras; pés de novilho, duas liras a unidade; um grande pedaço de traqueia, sete liras.[27]

Para piorar, grande parte da cidade tinha sido depredada pelos alemães em retirada. A explosão de edifícios era habitual, e a cidade desguarnecida tinha sido saqueada:

> Nada é grande ou pequeno demais — de postes de telégrafo a frascos de penicilina — para escapar à cleptomania napolitana. Duas semanas atrás, uma orquestra que tocava no San Carlo para uma plateia em grande parte agasalhada por cobertores do hospital dos Aliados não encontrou seus instrumentos quando voltou de um intervalo de cinco minutos.[28]

O céu estava cheio de presságios. O Vesúvio tinha entrado em erupção em 19 de março, e a população foi tomada por uma febre religiosa cujas manifestações não teriam parecido estranhas a alguém vindo do Nordeste brasileiro:

> As igrejas estão subitamente cheias de imagens que falam, sangram, transpiram, mexem a cabeça e secretam líquidos curativos que encharcam lenços ou são recolhidos em garrafas, e multidões anelantes e extáticas se aglomeram à espera de que ocorram prodígios. Todo dia os jornais relatam novos milagres. Na igreja de Santo Agnello, um crucifixo falante mantém uma conversa contínua com a

imagem de Santa Maria d'Intercessione — um fato confirmado por repórteres no local. A imagem de Santa Maria del Carmine, antes conhecida por ter baixado a cabeça para escapar de um tiro de canhão durante o cerco de Nápoles por Alfonso de Aragão, agora faz isso como rotina diária.[29]

Pão, carne, óleo e massa eram muito caros, mesmo um ano após a libertação, conforme escreveu Rubem Braga, então correspondente do *Diário Carioca*.[30] "O povo de Nápoles mora mal, veste-se mal, come pouco — e sua liberdade está cheia de restrições", escreveu Braga. "O mercado negro funciona por toda a parte: tem-se às vezes a impressão cômica e trágica de que cada pessoa procura comprar escondido uma coisa por 20 liras para revender por 40 liras a outra pessoa que a revenderá a outro revendedor — e assim por diante, até aparecer, não sei em que altura da escala, um cidadão que resolve consumir o artigo, graças ao dinheiro que arranjou ninguém sabe onde." Mas Braga acrescentou: "Entretanto não se vê fome, a fome absoluta como dizem há na Grécia e em outros lugares. Os alimentos são caros e poucos; mas há".[31]

Nesse mar de rosas Clarice e Maury começaram sua carreira no exterior. Em sua correspondência Clarice não se estende sobre os problemas, ou nem sequer os menciona. "Isso aqui é lindo", escreveu a Lúcio. "É uma cidade suja e desordenada, como se o principal fosse o mar, as pessoas, as coisas. As pessoas parecem morar provisoriamente. E tudo aqui tem uma cor esmaecida, mas não como se tivesse um véu por cima: são as verdadeiras cores."[32]

Ela descreveu um pouco da situação a Elisa, a quem costumava mandar cartas mais descritivas do que a Tania ou Lúcio. "O povo vive claramente em contrabando, mercado negro, prostituição, assaltos e roubos. A classe média é que sofre."[33] Algumas semanas depois, desenvolvia: "É verdade que se culpa a guerra de muita coisa que sempre existiu aqui. A prostituição, por exemplo, sempre foi aqui um grande meio de vida. Conta-nos que agora os meninos na rua oferecem as irmãs, o marido que diz que tem uma moça muito bonita e no fim sabe-se que é a mulher dele etc.; mas todos dizem que é isso sempre".[34]

Ela estava lendo muito, principalmente em italiano. Nessa língua ela renovou sua familiaridade com Katherine Mansfield. *Felicidade*, de Mansfield, tivera um impacto decisivo sobre ela alguns anos antes; foi o primeiro livro que comprou com o salário de jornalista. "Este livro sou eu!", ela se lembrava de ter exclamado quando o abriu pela primeira vez. Agora, em Nápoles, lendo as cartas de Mansfield, escreveu a Lúcio: "Não pode haver uma vida maior que a dela, e eu não sei o que fazer simplesmente. Que coisa absolutamente extraordinária que ela é".[35]

A identificação de Clarice com Mansfield é interessante. Existe a admiração que um escritor naturalmente sente por um grande predecessor. Mas a declaração "Não pode haver uma vida maior que a dela" levanta a questão sobre o que Clarice queria dizer a respeito de uma vida que incluía amantes de ambos os sexos, doença venérea, depressão, tuberculose e morte aos 34 anos. Talvez fosse a dedicação abnegada de Mansfield a sua arte. Mas outra possibilidade é o desafio de Mansfield às convenções, sua incessante e malfadada luta pela liberdade. Para a jovem autora de *Perto do coração selvagem*, como para sua rebelde criatura Joana, a liberdade, pessoal e artística, era o bem maior. A lição de vida de Katherine Mansfield teria um apelo especial para Clarice na medida em que estava sendo engolida pelo corpo diplomático, meticuloso, fechado e protocolar, mesmo em tempos de guerra.

"De um modo geral eu tenho feito 'sucesso social'", ela escreveu a Lúcio. "Só que depois deles eu e Maury ficamos pálidos, exaustos, olhando um para o outro, detestando as populações e com programas de ódio e pureza [...]. Todo o mundo é inteligente, é bonito, é educado, dá esmolas e lê livros; mas por que não vão para um inferno qualquer? Eu mesma irei de bom grado se souber que o lugar da 'humanidade sofredora' é no céu. Meu Deus, eu afinal não sou missionária."[36]

A despeito desse discurso exaltado, ela não era contra a "humanidade sofredora", nem mesmo contra o trabalho missionário. Pouco depois da sua chegada ela investiu suas energias no apoio às "cobras fumantes", as tropas da FEB que desembarcaram em Nápoles, para espanto dos italianos. Em 15 de novembro, aniversário da proclamação da República, Vasco Leitão da Cunha fez um discurso resumindo as razões para a entrada do Brasil na guerra, referindo-se aos submarinos italianos que tinham atacado embarcações brasileiras. Isso requeria ênfase, pois a maioria dos italianos não tinha ideia do que os brasileiros estavam fazendo ali. "Centenas de italianos com quem tenho conversado — homens de todas as classes sociais e níveis de cultura, inclusive jornalistas políticos — ignoravam completamente a covarde ação de submarinos italianos que afundaram nossos navios, matando assim homens, mulheres e crianças de um país neutro", escreveu Rubem Braga.

> A censura fascista escondeu completamente esse fato. Segundo a propaganda fascista, o Brasil entrou na guerra obrigado pelos Estados Unidos. As grandes manifestações de protesto do povo brasileiro em seguida ao torpedeamento de nossos navios por submarinos alemães e italianos não foram, como é fácil imaginar, noticiadas aqui.
>
> Uma vez que o Brasil declarou guerra, a maquinaria de propaganda de Mussolini passou a se interessar mais positivamente pelo nosso país. Ao mesmo tempo que a entrada de nosso país no conflito era ridicularizada da maneira mais baixa — com ataques que se dirigiam não somente à atitude do governo, mas também ao nosso próprio povo —, foram inventadas histórias de milhares de imigrantes italianos sofrendo horrores nas prisões e campos de concentração do Brasil.[37]

Era a costumeira propaganda fascista, mas os brasileiros não estavam lutando contra os italianos, que tinham se rendido em 1943. Estavam enfrentando os alemães. Já era ruim o bastante o fato de estarem mal equipados e mal treinados, e de sua condição geral refletir as lamentáveis condições da saúde pública no Brasil.[38] Para piorar, eles eram racialmente "misturados", uma tecla em que os brasileiros pró-nazistas tinham insistido ao apontar a loucura da entrada do Brasil na guerra. Rubem Braga enfatizava o vigor dos expedicionários. "É capaz de lutar tão bem quanto qualquer outro — e não acredita na legenda dos 'super-homens' que — dá vergonha dizer — tem sido defendida, no Brasil, por 'sociólogos' nacionais, alguns (que eu conheço) de composição racial 'inferior'."[39]

Nesse ponto os nazistas mostraram mais sutileza. Nos panfletos que eles despejavam sobre os soldados brasileiros, os alemães usavam os mesmos argumentos empregados pela quinta-coluna doméstica, a única diferença sendo o mau português dos alemães. "O principal argumento é perguntar por que os brasileiros estão lutando na Itália — embora seu autor não explique, afinal de contas, por que é que os alemães estão lutando no mesmo país." Os folhetos também prometiam boa comida para prisioneiros e desertores, "sem distinção de nação e raça, e não apenas boa comida como consideração, pois lá 'não se desconsidera ninguém'. Nada, portanto, de racismo. A frase mais forte, que mereceu um tipo especial, é esta verdade filosófica: 'O essencial numa guerra é voltar com vida ao seu lar'. Eis um belo pensamento posto na boca dos soldados alemães — que são os supostos autores do recado. Eis aí o Sr. Hitler pacifista e antirracista... em português."[40]

Os exércitos "pacifistas e antirracistas" de Hitler infligiram pesadas baixas às tropas brasileiras, que acorriam aos hospitais em que Elza Cansanção Medeiros e suas colegas enfermeiras estavam servindo. Os hospitais de campanha, logo atrás do front, eram a primeira parada. Para os soldados feridos que podiam viajar e se recuperar em poucos dias, havia um hospital de retaguarda uns vinte quilômetros antes do front. Os casos mais graves eram mandados para o hospital norte-americano em Nápoles.[41]

De modo bastante simbólico, o hospital fora instalado na Mostra d'Oltremare, a Exposição Ultramarina, um moderno complexo para feiras e exposições que Mussolini inaugurara em maio de 1940.[42] Ele celebrava exatamente o mesmo "heroico cruzado, tão civilizado pelo fascismo, atacando a barbárie africana para libertar, desinteressadamente, a linda escrava negra" que o semanário *Pan*, onde Clarice publicara seu primeiro conto, tinha exaltado uma década antes.[43] Apenas quatro anos depois da pomposa inauguração do complexo, os pavilhões que celebravam as colônias italianas da Eritreia, Etiópia, Albânia e Líbia já estavam alojando as últimas vítimas daqueles "heroicos cruzados", os soldados aliados feridos na campanha da Itália.

Ali, Elza Cansanção Medeiros, uma moça de dezenove anos de uma família abastada do Rio de Janeiro, cujo inglês vinha de uma governanta educada em Oxford, registrou seu desespero ao descobrir que o hospital era dirigido por "TEXANOS! O que eles falam é quase um dialeto, sempre com a boca semifechada. Foi um horror! Em poucos dias eu chorava desesperadamente, pois tinha que traduzir para os pacientes, e vice-versa".[44]

As enfermeiras precisavam de toda a ajuda que pudessem obter, e ficaram contentes em contar com o reforço da sra. Clarice Gurgel Valente, que, apesar de seus desdenhosos comentários sobre a "humanidade sofredora", mostrou-se uma infatigável humanitária. Como não havia assistentes sociais no Exército brasileiro, Clarice "solicitou das autoridades militares, quer brasileiros, quer americanos, autorização para diariamente visitar o hospital e conversar um pouco com os doentes", lembrava Elza.

Difícil foi obter esta autorização, pois se tratava de uma civil, que embora pertencendo a nossa representação diplomática, não estava enquadrada dentro dos regulamentos militares. Depois de muito batalhar, foi conseguida a autorização. Passou então d. Clarissa a vir diariamente para o hospital, fazendo o verdadeiro trabalho de Samaritana. De leito em leito ia aquela figura graciosa, sempre com um sorriso alegre bailando nos lábios, conversando com um e com outro pracinha, lendo-lhes as cartas de casa, dando conselhos, escrevendo para aqueles que não sabiam ou não podiam fazer, promovendo jogos e brincadeiras entre os baixados, distribuindo as pobres coisas que podíamos oferecer aos nossos doentes.[45]

A grande mística, recordava Elza, tinha um talento particular para cortar unhas dos pés.[46] Rubem Braga dá uma ideia das cartas que Clarice deve ter lido, ou mesmo escrito para os soldados. Feridos e retidos do outro lado do mar, os pensamentos dos pracinhas nunca estavam longe de casa.

Um deles — me conta o censor, sem violar o seu segredo profissional — fez um enorme lero-lero sentimental de começo a fim, disse que está morrendo de saudades, viver sem ti é uma desgraça, eu não sei como aguento essa separação, é uma agonia medonha, choro pensando em ti, e no fim de tudo isso meteu esse P.S. — "manda me contar o resultado do jogo do Bangu".

    Um outro, escrevendo à mulher, fala também de saudades, faz uma frase sobre a Pátria e no meio diz esta coisa tocante: "Mulher, não deixe de mandar capinar o quintal, ele estava muito feio a última vez que eu tive aí".[47]

"Visito diariamente todos os doentes", Clarice contou a Lúcio em março. "Dou o que eles precisam, converso, discuto com a administração pedindo coisas, enfim sou formidável. Vou lá todas as manhãs e quando sou obrigada a faltar fico aborrecida, tanto os doentes já me esperam, tanto eu mesma tenho saudade deles."[48]

Ela não se limitava às visitas aos pacientes. Elza recordava que "chegando a uma enfermaria onde se encontravam baixados alguns de nossos oficiais mutilados, surpreendi uma palestra de d. Clarissa com os pacientes, os quais estavam para ser evacuados para os E.U. da América do Norte, onde deveriam permanecer por longos meses, a fim de se reeducarem com membros mecânicos". Um desses oficiais disse:

> — Ah! D. Clarissa, como eu gostaria de comer uma comidinha brasileira antes de embarcar para os Estados Unidos, estou com tantas saudades do Brasil, das comidinhas de lá, e ainda vou passar tanto tempo sem ver um feijãozinho à brasileira, um arroz com molho doce!
> D. Clarissa ficou parada, pensou, pensou, e tomando uma decisão respondeu:
> — Pois bem, se o médico assistente de vocês consentir, vão amanhã almoçar no consulado, que eu vou ver se consigo, com as rações que temos, improvisar uma comida à brasileira.

Elza comenta:

> Lendo-se isto agora, parece uma coisa muito vulgar, porém só quem esteve em um país assolado pela Guerra, pode avaliar o sacrifício que este convite representava, pois nem mesmo para o corpo diplomático, as dificuldades alimentares eram menores. Ainda mais em se tratando de um acréscimo de mais cinco pessoas e de alimentos diferentes dos fornecidos pelas rações.
> Não mediu sacrifícios a nossa boa fadinha, e no dia seguinte os nossos mutilados encontraram uma recepção calorosa na sede do consulado, com boas comidas abrasileiradas, carinhosamente preparadas por d. Clarissa.[49]

A menina que saíra da Europa como uma refugiada retornara para ajudar as vítimas de outra guerra, uma "boa fadinha" para Elza, a "Principessa di Napoli" para Rubem Braga e Joel Silveira, repórter que em fevereiro de 1945 viajou 2 mil quilômetros pela zona de guerra para visitá-la.[50] Fotografias a mostram no auge da beleza, que se destacava de modo ainda mais dramático no cenário devastado que a cercava. O maior elogio que recebeu na vida, segundo escreveu, veio quando ela e Maury caminhavam por uma rua de Nápoles. "E um homem disse bem alto para outro, ele queria que eu ouvisse: 'É com mulheres como esta que contamos para reconstruir a Itália.'"[51]

16. A Sociedade das Sombras

Em outubro de 1944, no Rio, Clarice Lispector ganhou o Prêmio Graça Aranha de melhor romance do ano, o que deu a *Perto do coração selvagem* uma nova onda de publicidade. No enorme apartamento na Via Giambattista Pergolesi, que ela e Maury dividiam com o consulado, o cônsul, a noiva de Mozart Gurgel Valente, Eliane Weil, e o segundo-secretário da Embaixada, Clarice dava os últimos retoques em *O lustre*, o romance que tinha começado a escrever em março no Rio. A exemplo do que fizera quando estava tentando terminar *Perto do coração selvagem* no apinhado apartamento de Tania e William Kaufmann, ela se isolou para trabalhar.[1]

"Minhas atividades de dona de casa são nulas, felizmente", ela escreveu a Elisa em novembro.

> Eu não decido nada e só às vezes me meto; porque senão tudo cairia em cima de mim e mesmo o que fosse ruim por ser naturalmente ruim seria explicado como sendo erro meu. Tenho mais o que fazer do que cuidar de uma espécie de pensão: por exemplo, ficar sentada olhando para a parede.[2]

Não era só isso que ela estava fazendo, claro. Em novembro o novo livro estaria pronto, conforme ela escreveu a Lúcio. "Só que falta nele o que eu não posso dizer. Tenho também a impressão de que ele já estava terminado quando eu saí do Brasil; e que eu não o considerava completo como uma mãe que olha para a filha enorme e diz: vê-se que ainda não pode casar." Ela lhe pedia para "achar [para a "filha"] um marido na Editora José Olympio", então a de mais prestígio no Rio.[3] Ela certamente pensava que, depois do estrondoso sucesso de *Perto do coração selvagem*, teria condições de escolher entre as editoras.

Estava errada. A despeito dos louvores a *Perto do coração selvagem*, seu livro seguinte não seria publicado pela José Olympio. Rubem Braga ajudou a colocá-lo na Agir, uma editora católica. Clarice estranhou a escolha e escreveu a Elisa: "Lhe confesso que não entendo por que a Editora Agir, dirigida por essencialmente católicos, aceita um livro que não é católico nem escrito por católico. Estranho muito".[4] E quando Elisa mandou mais informações sobre a editora, Clarice respondeu: "Vejo que se eu quiser posso virar freira: tanto meu pobre livro está no meio de uma orgia de livros católicos".[5]

A Lúcio ela relatou: "Tania fez sérias restrições ao *Lustre*. Inclusive quanto ao título".[6] Ele também expressara suas reservas: "Gosto do título *O lustre* mas não muito. Acho meio mansfieldiano e um tanto pobre para pessoa tão rica como você".[7] Clarice respondeu: "Vai assim mesmo embora ela tenha razão. Nada ali presta realmente. Minha dificuldade é que eu só tenho defeitos, de modo que tirando os defeitos quase que resta *Jornal das Moças*".[8]

Uma das razões das dificuldades de achar um editor para *O lustre* é com certeza o fato de que ele se destaca, no conjunto de uma obra estranha e difícil, como talvez o seu livro mais estranho e mais difícil. É sua obra importante menos traduzida, e embora Clarice Lispector talvez seja o escritor brasileiro mais estudado de seu século, há notavelmente poucos trabalhos críticos sobre *O lustre*. No entanto, a dificuldade do livro é, de certo modo, o que o faz permanecer na mente do leitor. Clarice dizia com frequência que seus livros melhoravam ao serem relidos, e isso é verdade com relação a *O lustre*.

À diferença de seu primeiro romance, escrito em fragmentos e pulando a todo momento de uma cena para outra, *O lustre* é um todo coerente. Embora seus longos segmentos tenham o intuito manifesto de descrever eventos, eles consistem quase inteiramente em longos monólogos interiores, interrompidos apenas pelo ocasional e dissonante fragmento de diálogo ou ação. O livro avança em pequenas ondas que se encapelam em momentos de revelação. As páginas entre essas epifanias são precisamente os momentos em que o livro é mais intolerável para o leitor, que é obrigado a seguir o movimento interior de outra pessoa em detalhes tão microscópicos. Habituado às epifanias, esperando estímulo e surpresa contínuos, o leitor que se aproxima do livro pela primeira vez se frustra rápido.

No entanto, a intensidade glacial do livro tem um fascínio especial. Nele Clarice chega perto como nunca de espelhar em sua prosa a experiência real de escrever, que é feita de calmarias, tédio e fastio, pontuados apenas de vez em quando por momentos de clímax e alegrias. O que é verdade para a literatura é também, de modo mais enfático, verdade para a própria vida — "A literatura é a vida, vivendo", como ela dizia —, o tédio aliviado pela experiência intensa. O livro é concentrado demais para ser lido com a atenção dividida, e a concentração que exige é exaustiva. Lendo o livro, vem à lembrança a descrição de Clarice no final da vida feita por sua amiga Olga Borelli: "[Seus olhos] pareciam perscrutar todos os mistérios da vida: profundos, serenos, fixavam-se nas pessoas como se fossem os olhos da consciência, e ninguém os aguentava por muito tempo".[9] Somente quando lido devagar, de modo reflexivo e sem dispersão, três ou cinco páginas de cada vez, *O lustre* revela seu caráter penetrante.

O lustre se presta menos ainda que a maioria dos livros de Clarice a uma descrição de seu enredo ou de seus personagens. Os nomes são genéricos e vagos: a protagonista, Virgínia, cresce num lugar rural chamado Granja Quieta, perto da cidadezinha de Brejo Alto, de onde ela por fim se muda para "a cidade". Os personagens quase não apresentam características exteriores. Ninguém tem sobrenome, e só uns poucos têm profissão, família ou lar. O drama da vida de Virgínia, que é a história do livro, é quase inteiramente interior, embora volta e meia seja abalado pelo exterior; esses abalos são os fragmentos de diálogos, as pessoas e os eventos externos que perturbam sua existência espectral. Como em tantos livros de Clarice, a verdadeira tensão vem da tentativa do indivíduo de salvaguardar seu mundo interior dos ataques de fora.

As tentativas de Virgínia de fazer contato com o mundo exterior acabam, sem exceção, em fracasso; nas últimas páginas do livro ela é atropelada por um carro. O simbolismo, nada sutil, é recorrente na obra de Clarice. Em *Perto do coração selvagem* ele aparece no final: "Já vestira a boneca, já a despira, imaginara-a indo a uma festa onde brilhava entre todas as outras filhas. Um carro azul atravessava o corpo de Arlete. Depois vinha a fada e a filha vivia de novo".[10] As reverberações das histórias que Clarice contava para ressuscitar a mãe são bastante claras. O tema atravessou sua vida inteira. Em seu derradeiro romance, *A hora da estrela*, a protagonista é atropelada por uma Mercedes.

A consciência do final cru e inevitável, no entanto, não resulta numa visão de mundo fatalista. Em vez disso, ilumina com ainda mais intensidade a luta do indivíduo. Virgínia não resiste aos ataques de outras pessoas, mas tampouco se apega a elas. As pessoas à sua volta são fantasmas. A pontuação da passagem a seguir, em que uma potencial amiga tenta trazer Virgínia para o mundo de todo dia, dá a uma conversação banal um ritmo etéreo, de cântico: "Virgínia venha um dia a minha casa... Não estou convidando por convidar, repetiu... Venha... moro sozinha... Vamos ter uma boa conversa entre mulheres, vamos falar sobre *soutiens*, dores menstruais... o que você quiser... combinado?".[11] O convite é ridículo, mas nessas passagens Clarice não está fazendo pouco da mulher que o enuncia. Virgínia é incapaz de participar da vida normal, incapaz de buscar satisfação na amizade. Nada pode remediar seu isolamento: nem a mudança do campo para a cidade, nem família, nem sexo, nem amizade.

Isso ocorre em parte porque o mundo exterior, para Virgínia, não existe. A propósito, essa é outra razão pela qual as comparações de Clarice Lispector com Sartre são tão descabidas: o mundo da política, do "novo homem", da revolução e da ideologia, é totalmente alheio a ela. Para alguém com a sua formação, tendo visto aonde a revolução e a ideologia levam, provavelmente não poderia ser de outra forma. A liberdade de Virgínia vem apenas de dentro. Essa perfeição não é permanente nem definitiva. Só pode ser divisada de modo breve mas deslumbrante. A ânsia por esses estados de graça é a fonte da energia dos personagens de Clarice, que se dedicam à meditação, à oração e à criação com uma intensidade que seria impossível na ausência da certeza da desgraça. Numa longa metáfora da criação da própria Clarice Lispector, a jovem Virgínia molda estatuetas de barro:

> Mas o que ela amava acima de tudo era fazer bonecos de barro, o que ninguém lhe ensinara. [...] Quando queria com muita força ia pela estrada até o rio. Numa de suas margens, escalável embora escorregadia, achava-se o melhor barro que alguém poderia desejar: branco, maleável, pastoso, frio. [...] Conseguia uma matéria clara e tenra de onde se poderia modelar um mundo. Como, como explicar

o milagre... Amedrontava-se, pensativa. Nada dizia, não se movia mas interiormente sem nenhuma palavra repetia: eu não sou nada, não tenho orgulho, tudo pode me acontecer se – – – quiser me impedirá de fazer a massa de barro, – – – se quiser pode me pisar, me estragar tudo, eu sei que não sou nada. – – – era menos que uma visão, era uma sensação no corpo, um pensamento assustado sobre o que lhe permitia conseguir tanto no barro e na água e diante de quem ela devia humilhar-se com seriedade.

A silenciosa consciência de que poderia ser esmagada, de que não é nada, e a obstinada determinação em criar envolvem sua criação num halo espiritual, e seu papel nela se torna divino.

Mas às vezes lembrava-se do barro molhado, corria assustada para o pátio — mergulhava os dedos naquela mistura fria, muda e constante como uma espera, amassava, amassava, aos poucos ia extraindo formas. Fazia crianças, cavalos, uma mãe com um filho, uma mãe sozinha, uma menina fazendo coisas de barro, um menino descansando, uma menina contente, uma menina vendo se ia chover, uma flor, um cometa de cauda salpicada de areia lavada e faiscante, uma flor murcha com sol por cima, o cemitério de Brejo Alto, uma moça olhando... Muito mais, muito mais. Pequenas formas que nada significavam mas que eram na realidade misteriosas e calmas. Às vezes altas como uma árvore alta, mas não eram árvores, não eram nada... Às vezes como um riozinho correndo, mas não eram rio, não eram nada... Às vezes um pequeno objeto de forma quase estrelada mas cansado como uma pessoa. Um trabalho que nunca acabaria, isso era o que de mais bonito e cuidadoso já soubera: pois se ela podia fazer o que existia e o que não existia![12]

A sintaxe estranha e os adjetivos inesperados que fizeram a linguagem de Clarice soar tão estrangeira quando apareceu permanecem notáveis ainda hoje. Combinada essa linguagem com suas imagens poéticas impossíveis — como se pode esculpir "uma menina vendo se ia chover"? —, a passagem produz no leitor a mesma experiência vertiginosa que podemos imaginar que Virgínia sentia ao criar seu mundo de barro e areia. Assim como ocorre com Clarice — "Escrevo para mim mesma, para ouvir minha alma falando e cantando, às vezes chorando" —, o êxtase da contemplação e da criação é a mais elevada liberdade que Virgínia encontra.

* * *

Quando menina, e depois quando moça, Virgínia, a exemplo de Joana, é transgressiva e às vezes violenta. No entanto Joana parece menos desafiadora do que indiferente às (ou mesmo ignorante das) expectativas do mundo exterior, às maneiras habituais com que as crianças lidam com os adultos, as mulheres lidam com os homens, ou os humanos com os animais. Nesse sentido, Joana já é livre. Virgínia, em contraste, precisa buscar sua liberdade. Ela não é naturalmente inclinada à resistência. Quando criança fica contente em se submeter à vontade de seu irmão perverso e sentimental, Daniel, e, dócil, consente em ser depreciada em suas relações com os adultos. Mesmo sua violência não é de todo sua. Seu instrutor é Daniel, que se parece com a figura de mesmo nome, talvez inspirada em Lúcio Cardoso, de um conto anterior de Clarice, "Obsessão".

Quando eles ainda são crianças, Daniel introduz Virgínia nos mistérios ocultos da Sociedade das Sombras, cujas divisas são "Solidão" e "Verdade". Suas intimidações e sua crueldade não encontram resistência por parte de Virgínia, que vê "doçura" em submeter-se a ele. A Sociedade das Sombras — isto é, Daniel — ordena que ela passe longos períodos em oração ou meditação, às vezes no porão, às vezes na floresta que cerca sua grande e parcialmente arruinada casa rural. E a Sociedade manda Virgínia contar a seu pai que a irmã deles está se encontrando secretamente com um homem. Mais tarde revela-se que esse ato arruinou as chances da sua irmã no amor.[13]

O pecado de Virgínia é excitante: "Ela cometera um ato corrupto e vil. Nunca no entanto lhe parecera ter agido tão livremente e com tanta frescura de desejo". Ela fantasia que chuta um cão indefeso para fora de uma ponte e em seguida se entrega sexualmente a um homem que ia passando.[14] Esses atos, não é preciso dizer, não recebem nenhuma censura por parte da autora. Virgínia, assim como Joana, existe fora do mundo convencional de beleza e feiura, virtude e pecado. Mas se os atos de Joana são espontâneos e naturais, Virgínia, sob a influência de Daniel e da Sociedade das Sombras, requer instruções, pois esses atos são contrários a sua natureza.

Quaisquer que sejam suas origens ou resultados, todas as interações de Virgínia com o mundo exterior requerem um grande esforço, e ela labuta para alcançar a independência que vem naturalmente para Joana. Já adulta, num jantar na cidade, ela busca libertar-se numa minúscula rebeldia:

Como livrar-se? não se livrar de alguma coisa mas apenas livrar-se porque ela não saberia dizer de quê. Não — pensou um instante, a cabeça inclinada. Tomou um guardanapo, um pãozinho redondo... com um esforço extraordinário, quebrando em si mesma uma resistência estupefata, desviando o destino, jogou-os pela janela — e assim conservava o poder.[15]

Na longa, onírica, sequência que segue, Virgínia busca escapar do "riso e esplendor das outras pessoas" por meio da bebida — não pelo álcool, mas pelas meditações que a bebida provoca, acerca da natureza da sensação e da linguagem que não a descreve, mas a cria. Ao fazer isso, ela redescobre a liberdade que tinha quando criança, esculpindo seus bonecos de barro:

Bebeu o licor com prazer e melancolia — procurando de novo pensar na infância e simplesmente não sabendo como se aproximar, de tal modo a esquecera e de tal modo ela lhe parecia vaga e comum — querendo fixar o anis como se olha um objeto parado, mas quase não possuindo o seu gosto porque ele fluía, desaparecia — e ela só conseguia a lembrança como o vaga-lume que apenas desaparece — gostou da noção que lhe surgiu: como o vaga-lume que apenas desaparece... e notou que pela primeira vez pensava em vaga-lume na sua vida e no entanto vivera tanto tempo junto deles... refletiu confusamente sobre o prazer de pensar em alguma coisa pela primeira vez. Era isso, anis roxo como lembrança. Disfarçada parava um gole na boca sem engoli-lo para possuir o anis presente com o seu perfume: inexplicavelmente então ele se recusava a cheirar e a dar seu gosto enquanto parado, o álcool amortecendo e amornando sua boca. Vencida, engolia o líquido já velho, ele descia pela garganta e numa surpresa ela notava que ele fora "anis" durante um segundo enquanto escorregava pela garganta ou depois? ou antes? Não "durante", não "enquanto" porém mais resumido: fora anis um segundo como o encostar da ponta de uma agulha na pele, só que a ponta da agulha dava uma sensação aguda e o gosto fugaz do anis era largo, calmo, parado como um campo, isso, um campo de anis, como olhar para um campo de anis. Parecia-lhe que jamais se estava sentindo o gosto do anis mas já se sentira, nunca no presente porém no passado: depois que acontecia ficava-se pensando a respeito e esse pensamento a respeito... era o gosto do anis. Moveu-se numa vaga vitória. Cada vez compreendia mais o anis tanto que não podia quase relacioná-lo com o líquido de garrafa de cristal — o anis não existia naquela massa equilibrada senão quando esta se dividia em partículas e se espalhava como gosto nas pessoas. [...] Sob uma atitude de calma e dura claridade não se dirigia a ninguém e abandonava-se atenta como a um sonho que se vai esquecer. Atrás de movimentos seguros tentava com perigo e delicadeza tocar no mesmo leve e esquivo, buscar o núcleo feito de um só instante, enquanto a qualidade não posa em coisas, enquanto o que é sim não se desequilibra em amanhã — e há um sentimento para a frente e outro que decai, o triunfo tênue e a derrota, talvez apenas a respiração. A vida se fazendo e a evolução do ser sem o destino — a progressão da manhã não se dirigindo à noite mas atingindo-a.[16]

A passagem acima ilustra a impossibilidade de descrever *O lustre* nos termos convencionais de enredo e personagens. É a mesma frustração que se apresenta ao leitor que espera um livro convencional, pois se, num certo nível, o livro é a história da vida de uma mulher, o verdadeiro drama de *O lustre* reside na tentativa de Clarice Lispector de engendrar, e construir sobre ela, a linguagem poética interior que descobrira em *Perto do coração selvagem*.

Certas sequências de *O lustre* assemelham-se aos rompantes poéticos de Joana. Mas se aqueles estavam limitados a passagens curtas, em *O lustre* eles podem se estender, como no exemplo acima, por muitas páginas. "Gostaria de contar ou de ouvir uma longa história só de palavras", diz Virgínia,[17] e nesse sentimento Clarice Lispector parece responder a escritores modernistas como Gertrude Stein, ou mesmo aos dadaístas. Diferentemente dos últimos, entretanto, que eram dados a compor poemas tirando palavras ao acaso de um saco de papel, Clarice Lispector, ao remexer suas palavras, não está tentando descartar o significado. Está tentando encontrá-lo. "Falam", ela escreveu anos depois, "ou melhor, antigamente falavam, tanto em minhas 'palavras', em minhas 'frases'. Como se elas fossem verbais. No entanto nenhuma, mas nenhuma mesma, das palavras do livro foi — jogo."[18]

Como Sérgio Milliet reconheceu quando escreveu sobre "essa harmonia preciosa e precisa entre a expressão e o fundo", a união de forma e fundo foi a grande proeza do primeiro livro dela.[19] *O lustre* leva sua busca ainda mais longe. Pode-se ver o ponto de realização daquela "preciosa e precisa harmonia" na passagem que descreve os intentos de Virgínia de capturar o gosto do licor de anis. Em si, o gosto do anis não é importante. O sabor de uma bebida na língua é uma parte tão infinitesimal da experiência humana que nem parece digno do esforço empreendido para capturá-lo. "Sua impressão então era a de que só poderia chegar às coisas por meio de palavras", ela escreve em O lustre.[20] Mas se a linguagem humana, curvada sob o peso da sintaxe reflexiva e dos significados padronizados, não é capaz de dar cabo sequer de uma experiência tão trivial, que utilidade ela pode ter para descrever algo maior?

Ao escrever que "o pensamento [...] era o gosto do anis", que o pensar de Virgínia sobre o gosto *cria* o gosto, Clarice identifica o ponto em que uma coisa é nomeada como o ponto em que essa coisa passa a existir. O nome da coisa é a coisa, e ao descobrir o nome nós a criamos. O nome oculto é "o símbolo da coisa na própria coisa" que já aparecera em *Perto do coração selvagem*: a linguagem mais pura possível, que poderia ser definida como a meta espiritual concreta desses exercícios linguísticos. O ponto em que o nome de uma coisa se torna idêntico à própria coisa, a "palavra que tem luz própria", é a realidade última.

A descoberta do nome sagrado, sinônimo de Deus, era a meta mais elevada dos místicos judeus, e os métodos que Virgínia usa para descrever o licor de anis se assemelham aos métodos deles. "A Sociedade das Sombras deve aperfeiçoar seus membros", Daniel diz a Virgínia, "e manda que você vire tudo ao contrário." A repetição de palavras sem sentido, a combinação de letras, a análise de versículos, a busca de uma lógica outra que não a estritamente literal eram ferramentas comuns, e poderiam produzir resultados paradoxais ou mesmo absurdos. Ao deslocar sua linguagem (o licor é púrpura, é um campo, é uma agulha na pele), ao fragmentar e reorganizar suas palavras, Clarice está tentando extrair matizes de sentidos delas, encontrar a palavra que talvez possa criar o sabor do licor na língua de Virgínia.

A busca por sentidos ocultos no interior da linguagem é uma atividade muito séria, como a de Virgínia esculpindo bonecos de barro, vinculada à criação em si. "Nenhuma, mas nenhuma mesmo, das palavras do livro foi — jogo", insistia Clarice, pois se algo tão fugaz e desimportante como o gosto do licor de anis pode ser capturado, então alguma verdade maior talvez também possa.

Para Clarice Lispector, assim como para Virgínia de *O lustre*, a busca pela palavra oculta é interior e solitária — "Verdade" e "Solidão" são os lemas da Sociedade das Sombras — e não promete nenhum resultado final, nenhum arrebatamento permanente, nenhuma salvação definitiva. Nesse livro Clarice ainda está tateando à procura de sua linguagem, que ela ainda não domina completamente, mas o êxtase da busca é o estado mais elevado que Virgínia atinge. "Havia dias assim, em que ela compreendia tão bem e via tanto que terminava numa embriaguez suave e tonta, quase ansiosa, como se suas percepções sem pensamentos arrastassem-na em brilhante e doce turbilhão para onde, para onde..."[21]

17. Volume no cérebro

A conclusão de *O lustre* veio numa época de intensa atividade no consulado em Nápoles. Em 18 de dezembro, Mozart e Eliane Weil, agora uma brasileira naturalizada, casaram-se ali, tendo como testemunhas Maury e Vasco Leitão da Cunha. E as atividades fervilhavam no hospital, aonde os pracinhas feridos não paravam de chegar. Em quatro sangrentos e prolongados ataques, iniciados em 24 de novembro, os brasileiros investiram contra uma posição alemã em Monte Castelo, perto de Bolonha, conquistando-a finalmente em 21 de fevereiro de 1945.

Essas vitórias empurraram a guerra para ainda mais longe de Nápoles. Uma viagem de certa extensão já era possível, e Roma, onde Mozart estava empregado na Embaixada junto ao Vaticano, era um destino óbvio. Clarice e Maury foram para o Ano-Novo de 1945, a convite do dr. Vasco,[1] e voltariam em maio. A cidade empobrecida ficou feliz em acolhê-los, conforme recordava Eliane. Nas condições dos tempos de guerra, Maury e Mozart já não eram funcionários públicos de nível médio, e na Itália em ruínas suas esposas eram preciosas para lojas elegantes como Gucci, Fendi e Leonardo, que procuravam atrair aquelas poucas mulheres com dólares nos bolsos para reconstruir sua clientela. Os preços, Eliane relembrava com deleite, eram altos mas abordáveis.[2]

Coisa parecida acontecia no mundo romano da arte, também atingido pelo colapso da economia. Landulpho Borges da Fonseca, colega de Mozart, era um aficionado da pintura contemporânea e procurava os artistas da cidade. Talvez o mais famoso deles fosse Giorgio De Chirico, artista de 56 anos de idade que se estabelecera em Roma em 1944 e que desempenhara um papel importante no movimento surrealista numa fase anterior de sua carreira.

"Eu estava em Roma", escreveu Clarice, "e um amigo meu me disse que o De Chirico na certa gostaria de me pintar. Aí perguntou a ele. Aí, ele disse que só me vendo. Aí, me viu e disse: eu vou pintar o seu... o seu retrato."[3] Foi ao estúdio dele, na Piazza di Spagna, a poucos passos da casa onde morreu o poeta Keats, para posar para um pequeno retrato. "Tem quadros em quase todos os museus", contou a Elisa e Tania. "Certamente vocês já viram reproduções dos quadros dele. O meu é pequeno; está ótimo, uma beleza, com expressão e tudo. Ele cobra muito caro, como é natural, mas cobrou menos. E enquanto ele estava pintando apareceu um comprador. Ele naturalmente não vendeu [...]. O meu retrato é só da cabeça, pescoço e um pouquinho de ombros. Tudo diminuído. Posei com aquele vestido de veludo azul da Mayflower, lembra-se Tania?"[4]

O quadro mostra a cabeça de Clarice meio inclinada para a direita, os olhos, desconfiados ou desafiantes, olhando para a esquerda. Seus lábios vermelhos, bem no centro do quadro, são o mais notável lampejo de cor numa pintura escura, que captura espantosamente bem o intenso foco interior, o "ar brilhante e sufocante" que emerge com tanta força de seus livros.

Embora essa imagem tenha se tornado uma das mais célebres de Clarice Lispector, ela própria, nunca facilmente impressionável por nomes famosos, tinha suas dúvidas: não apenas quanto à sua própria aparência, que ela mais tarde descreveu como "um tanto afetada", mas quanto ao artista em si. De Chirico, ela disse a um entrevistador alguns anos mais tarde, era um "pintor decadente, perdeu o senso artístico".[5]

Seja como for, o retrato é um pequeno testemunho de um grande momento. Enquanto Clarice posava, em 8 de maio de 1945, ela e o pintor ouviram um jornaleiro ambulante gritando na praça em frente: "*È finita la guerra!*". Ao ouvir a notícia, contou às irmãs: "Eu também dei um grito, o pintor parou, comentou-se a falta estranha de alegria da gente e continuou-se".[6]

Com o fim da guerra, os eventos dramáticos também pararam de ocupar Clarice. Seu livro estava terminado, os pracinhas voltavam para casa e o consulado em Nápoles, que tinha sido testemunha de grandes acontecimentos, aquietou-se em sua rotina de escritório sonolento num lugar atrasado e empobrecido. Clarice viajava um pouco e lia muito, incluindo Proust, Kafka e a poesia de Emily Brontë, traduzida por Lúcio Cardoso:

> Como ela me compreende, Lúcio, tenho vontade de dizer assim. Há tanto tempo eu não lia poesia, tinha a impressão de ter entrado no céu, no ar livre. Fiquei até com vontade de chorar mas felizmente não chorei porque quando choro fico tão consolada, e eu não quero me consolar dela; nem de mim.[7]

Ela conheceu outro grande poeta, Giuseppe Ungaretti, com quem tinha muito em comum. Se Clarice era chamada de "hermética", Ungaretti era o pai da escola hermética. Clarice era uma judia brasileira nascida na Ucrânia; Ungaretti era um judeu italiano nascido no Egito. Diferentemente de Clarice, Ungaretti tinha sido fascista — judeus fascistas não eram incomuns na Itália, pelo menos nos primeiros anos —, embora, em 1936, desiludido com a política, tenha ido para o Brasil, onde lecionou na Universidade de São Paulo. Antes de voltar para a Itália, em 1942, viajou bastante pelo país e chegou a conhecer muitos de seus principais escritores. Foi Clarice Lispector, porém, que fez aumentar seu "respeito pela língua portuguesa, graças à sua [de Clarice] intensidade poética, à sua invenção".[8] Tendo-a conhecido na Itália, ele e sua filha traduziram parte de *Perto do coração selvagem*, que publicaram numa revista literária.[9]

Mas o amigo mais próximo dela era seu cão, Dilermando, que encontrou numa rua de Nápoles. "Quanto a mim, foi só olhar que logo me apaixonei pela cara dele", ela recontou em seu livro infantil *A mulher que matou os peixes*.

> Apesar de ser italiano, tinha cara de brasileiro e cara de quem se chama Dilermando. Paguei um dinheiro para a dona dele e levei Dilermando para casa. Logo dei comida a ele. Ele parecia tão feliz por eu ser dona dele que passou o dia inteiro olhando para mim e abanando o rabo. Vai ver que a outra dona dele batia nele [...]. Dilermando gostava tanto de mim que quase endoidecia quando sentia pelo faro o meu cheiro de mulher-mãe e o cheiro do perfume que uso sempre. [...] Ele

detestava tomar banho, pensava que a gente era ruim quando obrigava ele a esse sacrifício. Como dava muito trabalho dar banho todos os dias e como ele fugia da banheira todo ensaboado, terminei dando banho só duas vezes por semana. O resultado, é claro, é que ele tinha um cheiro muito forte de cachorro e eu logo sentia com o meu faro, porque gente também tem faro.[10]

Seu amor por Dilermando, "a pessoa mais pura de Nápoles", inspirou a única expressão de ressentimento com relação a Maury em toda a sua correspondência conhecida. "O cachorro pegou uma doença, fui com ele ao veterinário e um burro me disse que era incurável", ela escreveu a Tania. "E lá estava eu chorando, passei um dia nervosa e triste com a ideia de que se teria que matá-lo, eu que gosto tanto dele. Maury, como sempre, reage normalmente e não sentiria muito. Mas estamos nos interessando em fazer raio X no cachorro e ele se curará, me garantiram."[11]

Quando eu estava escrevendo à máquina, ele ficava meio deitado ao meu lado, exatamente como a figura da esfinge, dormitando. Se eu parava de bater por ter encontrado um obstáculo e ficava muito desanimada, ele imediatamente abria os olhos, levantava alto a cabeça, olhava-me, com uma das orelhas de pé, esperando. Quando eu resolvia o problema e continuava a escrever, ele se acomodava de novo na sua sonolência povoada de que sonhos — porque cachorro sonha, eu vi. Nenhum ser humano me deu jamais a sensação de ser tão totalmente amada como fui amada sem restrições por esse cão.[12]

A despeito de suas amizades, Clarice tinha de encontrar um papel para si mesma à medida que a poeira da guerra baixava e a novidade de estar no estrangeiro se diluía. Não era fácil, e referências à solidão e à depressão começam a aparecer com frequência cada vez maior nas suas cartas. Mesmo antes do final da guerra ela expressara frustração por estar afastada dos amigos e da família: "Enquanto vocês vivem no Brasil", escreveu a Lúcio Cardoso em novembro de 1944, "eu aqui tomo chá com leite num colégio de moças".[13]

Em maio escreveu às irmãs: "Sinto verdadeira sede de estar aí com vocês. A água que eu tenho encontrado por este mundo afora é muito suja, mesmo que seja champagne".[14] Em agosto disse a Natércia Freire:

Eu aqui morro de saudade de casa e do Brasil. Essa vida de "casada com diplomata" é o primeiro destino que eu tenho. Isso não se chama viajar: viajar é ir e voltar quando se quer, é poder andar. Mas viajar como eu viajarei é ruim: é cumprir pena em vários lugares. As impressões depois de um ano num lugar terminam matando as primeiras impressões. No fim a pessoa fica "culta". Mas não é o meu gênero. A ignorância nunca me fez mal.[15]

Num tom semelhante, acerca de uma viagem a Florença que estava planejando, ela disse a Elisa que sua vida estava lhe propiciando "uma culturinha rápida e suburbana que serve depois para os 'salões'", e relatou:

Os embaixadores me respeitam... As pessoas me acham "interessante"... Eu concordo com tudo, também, nunca discordo do que se diz, tenho muito tato e conquisto as pessoas necessárias. Como você vê, sou uma boa senhora de diplomata. Como as pessoas sabem vagamente que sou "uma escritora", meu Deus, com certeza permitiriam que eu comesse com os pés e enxugasse a boca com os cabelos.[16]

Entre um livro e outro, trabalhando de modo errático, ela lutava com dúvidas artísticas: "Tudo o que eu tenho é a nostalgia que vem de uma vida errada, de um temperamento excessivamente sensível, de talvez uma vocação errada ou forçada", escreveu a Tania em setembro.[17] Disse a Lúcio:

Não tenho gostado verdadeiramente da Itália, como não poderia gostar verdadeiramente de nenhum lugar; sinto que há entre mim e tudo uma coisa, como se eu fosse daquelas pessoas que têm os olhos cobertos por uma camada branca. Sinto horrivelmente ter que dizer que esse véu é exatamente minha vontade de trabalhar e de ver demais.[18]

Alguém que vê demais, "um temperamento excessivamente sensível": é assim que sua cunhada Eliane se lembra dela naquele momento. "Ela sentia tudo o que os outros sentiam", disse Eliane. "Sentia o que eles estavam sentindo antes mesmo que eles sentissem."[19] Essa sensibilidade extremamente refinada era sua grande força como escritora: "Você pega mil ondas que eu não capto", disse-lhe Rubem Braga. "Eu me sinto como rádio vagabundo, de galena, só pegando a estação da esquina e você de radar, televisão, ondas curtas."[20] Mas era também algo muito doloroso, como Clarice escreveu mais tarde: "Pois não posso mais carregar as dores do mundo. Que fazer, se sinto totalmente o que as outras pessoas são e sentem?".[21]

Gilda de Mello e Souza, comentadora perspicaz de *O lustre*, captou o dilema de Clarice: "Possuidora de enorme talento e de rara personalidade, terá de sofrer, fatalmente, as desvantagens de ambos, já que lhes usufrui largamente os benefícios".[22] De Florença, que visitou no final de 1945, ela escreveu a Elisa e Tania: "Eu procuro fazer o que se *deve* fazer, e ser como se *deve* ser, e me adaptar ao ambiente em que vivo — tudo isso eu consigo, mas com o prejuízo do meu equilíbrio íntimo, eu o sinto. [...] Passo épocas irritada, deprimida. Minha memória é uma coisa que nem existe: de uma sala para outra eu esqueço com naturalidade as coisas".[23]

Muitos anos mais tarde Clarice sublinhou as seguintes frases num artigo de jornal intitulado "Volume no cérebro":

> A pesquisa mostrou que os mesmos eventos físicos são percebidos por algumas pessoas como se fossem mais ruidosos, brilhantes, rápidos, odoríferos ou coloridos do que para os outros [...]. Em algumas pessoas, o volume é elevado ao máximo, amplificando a intensidade de todas as experiências sensoriais. Essas pessoas são chamadas de "amplificadores". [...] Um nível que provoca leve desconforto em "amortecedores" pode significar intenso sofrimento para "amplificadores". [...] No outro extremo, o "amplificador" é um introvertido que evita a existência agitada do "amortecedor". Ele é do tipo que se queixa do volume do rádio, do tempero da comida, do caráter berrante do papel de parede. Se puder escolher, ele prefere ficar sozinho, quieto, em ambientes desertos.

No alto da página ela rabiscou: "Tudo me atinge — vejo demais, ouço demais, tudo exige demais de mim".[24]

As palavras "corpo diplomático" volta e meia são lidas como sinônimos de restrição e exclusividade, descrevendo uma instituição essencialmente incompatível com uma artista cujos heróis — Espinosa, Katherine Mansfield, Lúcio Cardoso — eram a encarnação da rebeldia. Eis como Clarice mais tarde se lembraria de seus anos como esposa de diplomata: "Então me lembrei de um tempo em que eu cheguei ao refinamento (!?) de fazer o garçom em casa passar as lavandas a cada convidado do seguinte modo: cada lavanda com uma pétala de rosa boiando no líquido".[25]

Mesmo antes de se casar com Maury, Clarice já começara a se rebelar contra o mundo da diplomacia. "Desde que estou namorando o Itamaraty", confessou a Tania e William, "tenho ficado com gosto especial pelas palavras de gíria, bem vulgares."[26] Dentro do Itamaraty, no entanto, ela tinha uma grande dose de liberdade. Seus deveres como esposa de um vice-cônsul, num degrau relativamente baixo da hierarquia, não eram pesados. Dispunha de uma renda folgada e garantida que lhe propiciava espaço e tempo para escrever. Tinha bons amigos, incluindo Maury, Eliane e Mozart Gurgel Valente e Vasco Leitão da Cunha, para não falar do cachorro Dilermando. A vida no serviço diplomático não era perfeita, mas em muitos aspectos era menos exigente que trabalhar como jornalista no Rio.

Não há dúvida de que odiava estar longe do Brasil e de que temia o exílio: "Simplesmente porque gosto de viver no Brasil. [...] Porque é aqui mesmo que tenho que estar, que estou enraizada".[27] Claro que sentia falta das irmãs e dos amigos. Mas uma explicação mais simples para sua infelicidade nessa época era que a excitação da vida nova — casamento, sucesso, viagem, bem como ter se sentido útil no hospital — tinha refluído. Havia agora espaço para o ressurgimento de uma depressão que já a atormentara antes do casamento. "Meus problemas são os de uma pessoa de alma doente", ela escreveu a Tania, "e não podem ser compreendidos por pessoas, graças a Deus, sãs."[28]

Havia esperança no horizonte, porém. Em dezembro Maury foi promovido a cônsul. Ela escreveu a Tania e Elisa: "Me sinto muito bem [...] estou me divertindo em Roma e [...] só de olhar para mim se vê que estou + repousada".[29] Uma razão para seu repouso recém-descoberto era saber que viajaria para o Brasil dentro de apenas seis semanas.

O país que Clarice reencontrou em janeiro de 1946 era bem diferente daquele que ela deixara dezoito meses antes. O fim da guerra trouxe também o fim do reinado de quinze anos de Getúlio Vargas. Muitos brasileiros ficaram constrangidos de combater o fascismo na Itália em nome de uma ditadura quase fascista; para Elza Cansanção Medeiros, Rubem Braga e muitos combatentes brasileiros, a luta para libertar a Europa era, ao mesmo tempo, uma luta para libertar o Brasil.[30] Por enquanto, a jornada de Getúlio Vargas estava interrompida. Ele foi deposto em 29 de outubro de 1945.

O novo presidente era o insípido Eurico Gaspar Dutra, antigo ministro da Guerra de Vargas. Colaborador próximo do ditador, foi uma escolha conservadora. Isso ficou demonstrado quando, sob a influência da reacionária esposa católica que tinha comparado as enfermeiras de guerra a prostitutas aventureiras, tornou ilegal o jogo num país viciado em jogos de azar. A eleição de Dutra não significou uma ruptura com o velho regime, nem teve esse intuito. De todo modo, o fim da guerra e o retorno da democracia trouxeram ao Brasil o ar puro de que ele tanto carecia, e o Brasil deu a Clarice Lispector o ar puro de que ela tanto precisava.

Foi uma visita breve, de menos de dois meses. Ela viu o lançamento de *O lustre* e conheceu muitas pessoas que viriam a ser incluídas entre seus amigos mais próximos. Em primeiro lugar estava Bluma Chafir Wainer, judia da Bahia que Clarice conheceu por intermédio de Rubem Braga. Ao contrário de Clarice, Bluma não era fotogênica, e com seu narigão e seus dentes proeminentes dificilmente poderia ser considerada bonita. No entanto, aqueles que a conheceram recordam com unanimidade seu grande encanto e charme. "Ela era ainda mais bonita que Clarice", disse o jornalista Joel Silveira, "porque Clarice estava quase sempre retraída, desanimada. Bluma era espirituosa, vibrante, divertida."[31]

Bluma atraía homens importantes e poderosos. Seu marido, Samuel Wainer, era um dos jornalistas mais influentes do Brasil. Sua revista mensal antigetulista e pró-comunista, *Diretrizes*, fundada sob grande risco pessoal em 1938, tinha funcionado inicialmente com um significativo apoio da classe média judaica do Rio, comerciantes, dentistas e advogados que pagavam anúncios para ajudá-lo quando a revista estava começando. Mais tarde, num capítulo tortuoso até para os padrões do jornalismo político brasileiro, Samuel Wainer tornou-se o aliado mais próximo de Getúlio Vargas na mídia. Bluma, uma esquerdista engajada de grande integridade moral, ficaria chocada com a aproximação do marido com Getúlio: "Os fins não justificam os meios" era um de seus ditados favoritos.[32] Embora Bluma nunca tenha entrado no Partido Comunista, a polícia estava sempre de olho nela. Assim como Clarice, era uma livre-pensadora que escarnecia das convenções. Frequentava bares, não para beber, mas para participar de debates políticos e intelectuais, "à maneira europeia",[33] uma frase que parece significar "sem o marido", de quem ela não dependia nem social nem intelectualmente.

Nem, como se verificou, sexualmente. À diferença de Clarice, que tendia a deixar as transgressões para as páginas de seus livros, Bluma as realizava. Casada com Samuel Wainer desde 1933, em 1938 ela se apaixonou por Rubem Braga, um jovem e casado colega de Samuel. Bluma ficou grávida, deixou o marido e anunciou a Braga que estava pronta para viver a seu lado. Em pânico, Rubem Braga fugiu para o Sul do país; Bluma, no Rio, não teve escolha senão abortar.

Seu charme era tamanho, porém, que Samuel a tomou de volta, garantindo-lhe que não haveria escândalo, e Rubem Braga, décadas depois, confessou que ela tinha sido o amor de sua vida.[34] Em 1946 Bluma e Clarice se tornaram amigas instantâneas, e a linda, sofisticada e inteligente dupla não deixou de ser notada pelos círculos artísticos e jornalísticos do Rio de Janeiro. As duas eram de origem imigrante humilde, trabalhando na imprensa numa época em que poucas mulheres o faziam. O mais espantoso: não pareciam em nada com os judeus da lenda. "Antes, até mesmo os filossemitas tendiam a mitificar os judeus. Viam-nos como algo sábio, misterioso, algo saído do Velho Testamento. Bluma e Clarice eram jovens, belas, sensuais, cultas", disse o jornalista Alberto Dines. "Elas mudaram a ideia de mulher judia neste país."[35]

Quando *Perto do coração selvagem* foi publicado, Clarice, por determinação de Lúcio Cardoso, mandou vários exemplares a conhecidos do meio literário em Minas Gerais. Um deles chegou às mãos de Fernando Sabino, um rapaz que buscava seu lugar ao sol. Em 1941, aos dezessete anos, Sabino enviou seu primeiro livro, *Os grilos não cantam mais*, a Mário de Andrade; os dois se tornaram amigos. Depois de ler a novela *A marca*, de 1944, Mário, com exagero, disse que o mineiro estava escrevendo tão bem quanto Machado de Assis. Pouco depois, no mesmo ano, Fernando — um jovem bonito, campeão de natação, mas com origens de classe média nada espetaculares — conseguiu se casar com Helena Valladares, filha do poderoso governador de Minas Gerais Benedito Valladares. O presente de casamento de Getúlio a Fernando Sabino foi um cartório, sinecura vitalícia que num só gesto o livrou da penúria em que vivia a maioria dos escritores brasileiros.[36]

"Eu não sabia quem era Clarice Lispector", escreveu Sabino sobre o recebimento do livro de Clarice, que ele resenhou com entusiasmo. "Também não sabia por recomendação de quem — talvez de Lúcio Cardoso. Fiquei deslumbrado com o livro. [...] Quando ela veio ao Brasil, Rubem [Braga] nos apresentou um ao outro. Fiquei deslumbrado com ela."[37] Seus encontros no Rio, para onde ele se mudara em 1944, causaram uma profunda impressão em ambos; ele se tornou, depois das irmãs dela e de Bluma Wainer, o correspondente mais assíduo de Clarice. "Passávamos horas de conversa em nossos encontros marcados numa confeitaria da cidade. Ou mesmo em minha casa, onde ela teve ocasião de conhecer, além de Helena, meus companheiros de Minas Otto Lara Resende, Paulo Mendes Campos (mais tarde Hélio Pellegrino)."[38]

Esse grupo, que incluía Rubem Braga, seria de vital importância na vida de Clarice. Paulo Mendes Campos, um velho amigo de Fernando, tinha ido ao Rio para conhecer Pablo Neruda, então em visita. Nunca mais voltou. De estatura baixa, era refinado, charmoso e atraente; entre seus amores acabaria se incluindo Clarice. Assim como ela, e como Fernando Sabino, Paulo teve um início muito promissor. "Na carreira literária, a glória está no começo", ele ponderou mais tarde. "O resto da vida é aprendizado intensivo para o anonimato, o olvido."[39] De fato, embora fosse um poeta lírico de rara qualidade, Paulo Mendes Campos nunca desfrutou de verdadeira fama. Mas, quando Clarice o conheceu, ele era, nas palavras de outro amigo, "Byron, aos 23 anos".[40]

A excitação trazida por essas novas amizades não tornou nem um pouco mais fácil o retorno à Europa, em meados de março. "Aquela carinha alegre da despedida resolveu-se em lágrimas no avião", ela escreveu a seus novos amigos. "Os americanos felizes ficam olhando enquanto a gente não sabe onde botar tanta lágrima e nem tem lenço suficiente."[41] Ela retornou via "areias desertas" do Egito, onde ficou face a face com a Esfinge, e chegou de volta à Itália quando Maury já quase terminara de arrumar as malas para partir a seu próximo posto: Berna. Outra partida, mais penosa, estava à sua espera.

Um relato, que depois se revelaria errôneo, de que os hotéis suíços não aceitavam cães, obrigou-a a deixar Dilermando para trás. Ela encontrou uma moça gentil para tomar conta dele, mas ficou com o coração partido. "Não posso ver um cão na rua, nem gosto de olhar", escreveu às irmãs.

Você não sabe que revelação foi para mim ter um cão, ver e sentir a matéria de que é feito um cão. É a coisa mais doce que eu já vi, e cão é de uma paciência para com a natureza impotente dele e para com a natureza incompreensível dos outros... E com os pequenos meios que ele tem, com uma burrice cheia de doçura, ele arranja um modo de compreender a gente de um modo direto. Sobretudo Dilermando era uma coisa minha que eu não tinha que repartir com ninguém.[42]

Para expiar a culpa por ter abandonado Dilermando, ela escreveu um conto, "O crime", publicado num jornal do Rio em 25 de agosto de 1946.[43] Ampliado e rebatizado de "O crime do professor de matemática", esse é o mais antigo dos treze famosos contos de *Laços de família*. Um homem escala uma colina junto a uma cidade carregando um cachorro morto num saco.

Enquanto eu te fazia à minha imagem, tu me fazias à tua. Dei-te o nome de José para te dar um nome que te servisse ao mesmo tempo de alma. E tu — como saber jamais que nome me deste? Quanto me amaste mais do que te amei, refletiu. Nós nos compreendíamos demais, tu com o nome humano que te dei, eu com o nome que me deste e que nunca pronunciaste senão com o olhar insistente, pensou o homem com carinho. Lembro-me de ti quando eras pequeno, tão pequeno, bonitinho e fraco, abanando o rabo, me olhando, e eu surpreendendo em ti uma nova forma de ter minha alma. Eras todos os dias um cachorro que se podia abandonar.

Quando vem o abandono inevitável, ninguém sequer acusa o professor de matemática por seu crime aparentemente sem vítima. "Com uma desculpa que todos aprovaram: porque como poderia eu fazer uma viagem de mudança com bagagem e família e ainda mais um cão, disse Marta." O abandono de Dilermando parece ter lembrado a Clarice seu pecado original, seu fracasso em ajudar a mãe; o abandono do cão substitui um crime maior e sem nome: "Há tantas formas de ser culpado e de perder-se para sempre; eu escolhi a de ferir um cão. Porque eu sabia que não era muito e que esse crime não era punível. Só agora compreendo que é realmente impune e para sempre. Este crime ninguém me condena. Nem a igreja. Nem tu", diz o professor, dirigindo-se ao cão morto.

Na versão original, o conto é apenas um esboço do mais aterrorizante "O crime do professor de matemática", que ela publicou em 1960. No entanto, mostra que, como em *Perto do coração selvagem*, Clarice atingia o auge de sua potência quando, em vez de tentar criar complicadas alegorias, buscava o sentido universal de suas experiências particulares.

18. Cemitério de sensações

Mais até do que Veneza, a Suíça, o novo lar de Clarice, era o lugar supremo da morte artística. Ali Thomas Mann e Nabokov foram para morrer; ali Nietzsche e Nijinski ficaram loucos. As cidades de brinquedo, os relógios cuco, os chocolates e a neutralidade não poderiam oferecer um contraste maior com o caos, a juventude e a energia do Rio de Janeiro. A Suíça era um pouco menos do que Clarice podia suportar: "Esta Suíça", ela escreveu a Tania, "é um cemitério de sensações".[1]

Felizmente alguns de seus novos amigos tinham-na seguido até a Europa: Samuel e Bluma Wainer passavam uma temporada em Paris. O fundador de *Diretrizes* estava agora construindo uma reputação como correspondente estrangeiro, primeiro como o único brasileiro a cobrir os julgamentos de Nuremberg, onde ele conseguiu entrevistar o sucessor de Hitler, Karl Doenitz, depois como correspondente de outro jornal.[2] Samuel e Bluma foram a Berna poucas semanas depois que Clarice e Maury chegaram, e Samuel, pelo menos, não ficou impressionado.

"Wainer disse que em Berna é diariamente domingo", ela escreveu a suas irmãs. "Que não suportaria Berna se nós não estivéssemos aqui. Ele achou cacetíssima a cidade e sem caráter..."[3] "O jeito é olhar Berna da janela e fechar a boca com força", escreveu a Fernando Sabino e seus amigos. "Berna é linda e calma, vida cara e gente feia; com a falta de carne, com o peixe, queijo, leite, gente neutra, termino mesmo dando um grito [...]; falta demônio na cidade."[4] Para Elisa e Tania, ela acrescentou: "Berna é de um silêncio terrível: as pessoas também são silenciosas e riem pouco. Eu é que tenho tido acessos de riso".[5]

Chegou a admirar alguns aspectos do país. "O povo suíço nada recebeu gratuitamente. Tudo nessa terra tem marca de nobre esforço, de conquista paciente. E não foi pouco o que eles conseguiram — tornar-se um símbolo de paz", escreveu mais tarde. Mas moderou sua admiração acrescentando: "O que não impede que tanta gente, em silêncio, se jogue da ponte de Kirchenfeld".[6]

Sua simpatia não manifestada por aqueles silenciosos suicidas emerge na atmosfera de desespero que perpassa suas cartas. O desespero inclui o terror judaico do exílio e uma sombra do que acontecera a seus pais. "É uma pena eu não ter paciência de gostar de uma vida tão tranquila como a de Berna", ela escreveu às irmãs.

> É uma fazenda. [...] E o silêncio que faz em Berna — parece que todas as casas estão vazias, sem contar que as ruas são calmas. [...] Será que a gente não tem mais força de suportar a paz? Em Berna ninguém parece precisar um do outro, isso é evidente. Todos são laboriosos. É engraçado que pensando bem não há um *verdadeiro* lugar para se viver. Tudo é terra dos outros, onde os outros estão contentes.[7]

Ela se divertia um pouco, porém, e suas cartas podem ser tão entusiasmadas e vibrantes quanto depressivas. Uma coisa permanecia a mesma: a terrível falta que sentia das irmãs e do seu país. Ela praticamente atormentava Elisa e Tania para que escrevessem mais, e quando as cartas afinal chegavam, como no dia seguinte ao seu aniversário de 26 anos, ela mal conseguia se conter. "Fiquei tão emocionada, chorei de alegria, de gratidão, de amor, de saudade, de felicidade. Resolvi agora mesmo ir ao cinema porque preciso voltar ao estado normal e então responder a vocês, se é possível responder em palavras ao amor que se recebe."[8]

É ruim estar fora da terra onde a gente se criou", ela escreveu a Lúcio Cardoso.

É horrível ouvir ao redor da gente línguas estrangeiras, tudo parece sem raiz; o motivo maior das coisas nunca se mostra a um estrangeiro, e os moradores de um lugar também nos encaram como pessoas gratuitas. Para mim, se foi bom, como um remédio é bom pra saúde, ver outros lugares e outras pessoas, já há muito está passando do bom, está no ruim nunca pensei ser tão inadatável [sic], nunca pensei que precisava tanto das coisas que possuo. Embora agora mesmo esteja envergonhada de ser assim, porque enquanto escrevo a catedral está batendo os sinos; fico envergonhada de não viver bem em qualquer lugar onde uma catedral bata sinos, onde haja um rio, onde as pessoas trabalhem e façam compras; mas é assim mesmo.[9]

É preciso ser muito feliz para viver numa cidade pequena, pois ela alarga a felicidade como alarga também a infelicidade. De modo que vou morando mesmo aqui no Rio. Você sabe, nas cidades grandes todos sabem que em cada apartamento existe uma espécie de solidariedade, pois em cada apartamento mora uma pessoa infeliz.[10]

Uma razão para sua infelicidade em Berna talvez fosse a indiferença com que *O lustre* foi recebido. "Estão exagerando no silêncio em torno do seu livro", escreveu Fernando Sabino em maio de 1946.[11] Ele escrevera sobre a obra, a exemplo de outros poucos críticos dignos de nota. Sérgio Milliet, que alardeara o primeiro livro dela, publicou uma resenha positiva do segundo; Oswald de Andrade qualificou *O lustre* de "aterrorizante"; outro comentador de São Paulo considerou-o "ainda mais significativo que o primeiro" e sustentou que ele "a coloca na primeira linha de nossos escritores".[12] Mas o contraste com o entusiasmo que saudou *Perto do coração selvagem* era dramático. "Eu tinha me preparado, não sei por que especialmente, para um começo ácido e um fim solitário", ela escrevera a Milliet depois que seu primeiro livro saiu. Agora o que a surpreendia era que mesmo os críticos que haviam elogiado seu primeiro livro estavam ignorando o segundo. Eles tinham "quase por obrigação anotar pelo menos o segundo, destruindo-o ou aceitando-o", disse a Tania.[13]

O lustre, que de fato é difícil, de modo geral parece ter desconcertado os admiradores de Clarice e deixado sem fala a maior parte dos críticos.[14] Os sinais positivos vieram dos lugares previsíveis. "*O lustre*, continuo achando-o uma autêntica obra-prima", escreveu-lhe Lúcio Cardoso. "Que grande livro, que personalidade, que escritora!"[15] O único ataque de verdade veio de outro suspeito habitual, Álvaro Lins, que fora quase o único a rejeitar *Perto do coração selvagem*. "Tudo o que ele diz é verdade", Clarice escreveu a Lúcio, "causada ou não por uma inimizade que ele tem por mim, seja ou não uma crítica escrita em cima da perna [...]. De um modo geral, é preciso fazer como o homem que dava todo dia uma surra na mulher porque algum motivo teria de haver. Mesmo que Álvaro Lins não saiba por que 'dá a surra', eu aceito porque um motivo e vários devem existir e eu mereço."[16] Um mês mais tarde, ela ainda estava pensando em Álvaro Lins, dizendo a Fernando Sabino: "Tudo o que ele diz é verdade. Não se pode fazer arte só porque se tem um temperamento infeliz e doidinho. Um desânimo profundo".[17]

Esse estado de espírito avançou sobre seu novo livro, *A cidade sitiada*, vacilante e incerto, com sua composição cercada pelo tipo de dúvida que ela não se lembrava de ter tido ao escrever os dois primeiros. "Eu lutando com o livro, que é horrível. Como tive coragem de publicar os outros dois? Não sei nem como me perdoar a inconsciência de escrever. Mas já me baseei toda em escrever e se cortar esse desejo, não ficará nada. Enfim é isso mesmo", ela escreveu a Tania. "Cheguei mesmo à conclusão de que escrever é a coisa que mais desejo no mundo, mesmo mais que amor."[18]

"Duas almas, ai de mim!, habitam meu peito": a exclamação de Fausto, tema do *Lobo da estepe* de Hesse, poderia servir também como divisa de *Perto do coração selvagem*. O confronto que o livro dramatiza — entre a carismática e selvagem Joana e a plácida e burguesa Lídia — reflete a luta entre as duas metades fundamentalmente opostas de sua criadora. Se, como Clarice disse ao se referir a Joana, *Madame Bovary c'est moi*, Clarice era também Lídia, uma mulher convencional, esposa e mãe, uma pessoa que desejava viver em paz com o mundo.

"Gostaria de passar pelo menos um dia vendo Lídia andar da cozinha para a sala, depois almoçando ao seu lado numa sala quieta — algumas moscas, talheres tilintando", diz Joana. "Depois, de tarde, sentada e olhando-a coser, dando-lhe aqui e ali uma pequena ajuda, a tesoura, a linha, à espera da hora do banho e do lanche, seria bom, seria largo e fresco. Será um pouco disso o que sempre me faltou? Por que é que ela é tão poderosa? O fato de eu não ter tido tardes de costura não me põe abaixo dela, suponho. Ou põe?"[19]

Assim como Joana, Clarice não tem desprezo algum por Lídia. Em entrevistas com aqueles que conheceram Clarice Lispector, a palavra "careta" aparece com tanta frequência quanto os termos que descrevem sua excentricidade e seu gênio. Era zelosa de sua aparência, achava que suas contribuições como mãe sobrepujavam seu valor como artista, e publicou, ao lado de seus instigantes romances místicos, dicas sobre o preparo de maionese e a aplicação de maquiagem para os olhos. "Intuitivamente jamais deixei de acreditar que coexistissem em você, Clarice, Joana e Lídia", escreveu-lhe Maury. Joana e Lídia "eram, e são, a mesma pessoa em Clarice."[20]

Na Suíça, o cambaleante equilíbrio entre Joana e Lídia no interior de Clarice ameaçou se romper. "Não concordo com você quando você diz que faz arte porque 'tem um temperamento infeliz e doidinho'", escreveu-lhe Fernando Sabino. "Tenho uma grande, uma enorme esperança em você e já te disse que você avançou na frente de todos nós, passou pela janela, na frente de todos. Apenas desejo intensamente que você não avance demais para não cair do outro lado. Tem que ser equilibrista até o final."[21]

Mas em Berna não havia lugar para Joana, condenada a uma sequência de reuniões de chá em companhia educada. Clarice, cujos escritos só muito raramente refletem raiva ou amargura, jamais soou mais sardônica ou zombeteira do que nas descrições das pessoas que conheceu na Suíça. "Então fomos visitar a família. Eles todos são ótimos", ela disse a Tania.

> Só que são de outra espécie absolutamente. A senhora é o tipo da boa senhora, de boa família, simples, boazinha. Mas eu vivo me contendo para não abrir a boca porque tudo o que eu digo soa "original" e espanta. Quero explicar o "original". Esta senhora tem pavor de original. Fomos ver uma exposição de modelos de Viena (sem grande graça) e ela dizia: esse modelo é original mas é bonito. Falando de uma senhora inglesa que fazia muito esporte: ela é original, não gosto. [...] Na verdade o que eles são mesmo é: best-sellers... As opiniões deles são best-sellers, as ideias deles são best-sellers.[22]

Ela precisava manter Joana literalmente empacotada: "Estou tentando negacear o empréstimo de meu livro, para não 'feri-los'. Porque eu estou classificada dentro da 'pintura moderna'. [...] De tanto eu mentir para ser da mesma opinião dos outros, porque não adianta contrariar, fiquei lesa".[23] O termo escolhido, com sua conotação de paralisia, não pode ser acidental.

Em Nápoles ela tivera ampla oportunidade de ser útil, especialmente quando cuidava dos pracinhas feridos. Na Suíça a sensação de inutilidade a oprimia, e a possível referência à mãe que ela fracassou em salvar ecoa a impotência que ela sentia diante das vítimas de uma tragédia mais recente. Confessou a Tania que estava "intimamente perturbada" por sua incapacidade de enfrentar "a situação da guerra, a situação das pessoas, essas tragédias", acrescentando: "Ao mesmo tempo que sinto necessidade de fazer alguma coisa, sinto que não tenho meios. Você diria que eu tenho, através do meu trabalho. Eu tenho pensado muito nisso e não vejo caminho, quer dizer, um caminho verdadeiro".[24] Tentou arranjar um emprego na Cruz Vermelha, mas a seção local só aceitava suíços.[25]

Com Joana banida do país dos mil anos de paz, Clarice via-se cada vez mais incapaz de trabalhar. "Não trabalho mais, Fernando. Passo os dias procurando enganar minha angústia e procurando não fazer horror a mim mesma. Tem dias que me deito às 3 da tarde e acordo às 6 para em seguida ir para o divã e fechar os olhos até as 7 que é hora de jantar", escreveu no final de julho.[26] "Mas não queria repousar!", Joana gritara. "O sangue corria-lhe mais vagarosamente, o ritmo domesticado, como um bicho que adestrou suas passadas para caber dentro da jaula."[27]

O animal enjaulado, o lobo da estepe: "Todas essas pessoas têm duas almas, dois seres dentro delas, nos quais o divino e o diabólico, o sangue da mãe e do pai, a capacidade de felicidade e de sofrimento, estão amarrados de modo tão apertado e indissolúvel como o lobo e o homem estavam dentro de Harry", escreveu Hesse. Podiam o lobo e o homem, Joana e Lídia, viver lado a lado? Entre as últimas anotações de Clarice encontra-se esta: "Escrever pode tornar a pessoa louca. Ela tem que levar uma vida pacata, bem acomodada, bem burguesa. Senão a loucura vem. É perigoso. É preciso calar a boca e nada contar sobre o que se sabe e o que se sabe é tanto, e é tão glorioso. Eu sei, por exemplo, Deus".[28]

Ela ia ao cinema todas as tardes. "Pouco importava o que estava passando."[29] Contemplava alguns pontos turísticos; visitava exposições de arte; e foi em Berna que deu início a seu hábito da vida inteira de consultar cartomantes e astrólogos. Foi a Paris algumas vezes para visitar Bluma Wainer e outros amigos; ela e Maury fizeram uma alegre viagem à Espanha e a Portugal. Em agosto de 1947 ela estava presente quando a pródiga "excursão do arco-íris" de Eva Perón desembarcou em Berna. (Os rumores eram de que sua inesperada visita à Suíça tivesse a ver com os bancos do país.) Quando a primeira-dama argentina apareceu na estação de trem, uma chuva de tomates podres lançados pela multidão salpicou o ministro suíço das Relações Exteriores.[30] Para Clarice, Evita parecia "ligeiramente desgostosa em ver que nem todo mundo gosta dela".[31]

Mas o incidente dos tomates deu a Bluma esperança na Suíça: "Nesta Berna tão bem-arrumadinha, com sua gente tão bem-educada! É bom, assim a gente tem a certeza de que nem tudo está perdido".[32]

A vida de Clarice não era desprovida de distrações, mas seus prazeres eram sempre transitórios, e cada vez que ela achava que estava se restabelecendo, acabava sucumbindo de novo. Nada ajudava. "É diariamente que desço e subo", escreveu a Tania. "E pior: passo às vezes semanas inteiras sem conseguir subir um pouco sequer. Perdi de tal forma a coragem e o ânimo que já nem me queixo. Posso passar horas sentada numa poltrona, sem mesmo um livro na mão, sem mesmo o rádio aberto — só sentada, esperando que passem as horas e que venham outras iguais."[33]

Ela procurava distrações, exercícios privados, para resgatar a si própria e a Joana. Seguindo os passos do pai, estudava cálculo: "O abstrato cada vez mais me interessa".[34] Por sugestão de Fernando Sabino, leu uma tradução francesa da *Imitação de Cristo*, "que tem me purificado às vezes".[35] Bluma ia à Suíça, mas o casamento com Samuel tinha se desintegrado e ela própria estava frequentemente deprimida. "Tudo aqui é quieto e limpo", escreveu Bluma em julho, de seu hotel em Montparnasse. "Qualquer coincidência com o cemitério é pura semelhança."[36]

No final do ano Clarice frequentava um terapeuta, Ulysses Girsoler, que lhe aplicou um prolongado teste de Rorschach, um psicodiagnóstico.[37] Não está claro se era um psicanalista, nem como ele conheceu Clarice. "Ele era estudante, não sei se de pintura. E esse Ulisses tinha uma paixão tão violenta, que ele precisou mudar de cidade, ele foi embora [para Basileia e depois Genebra]. Porque a Clarice era belíssima, apaixonava as pessoas."[38]

Pouco se sabe sobre esse Ulysses. Não era suíço, e as poucas referências a ele na correspondência de Clarice sugerem a existência de outras, que não foram publicadas ou tornadas acessíveis. A mais longa delas está numa carta a Tania de outubro de 1947 que provavelmente se refere a Ulysses:

> Enquanto isso, aquele rapaz, que está em Genève, está completamente neurastênico. Parece mesmo que acorda de noite para chorar... <u>Não diga</u> a <u>ninguém, naturalmente</u>. Parece que ele vai mesmo para uma casa de saúde. Em parte, deve ser porque ele esteve doente, e isso o deprimiu. Mas acho que em grande parte, isso vem do desenraizamento dessa vida no estrangeiro. Nem todos são bastante fortes para suportar não ter ambiente propriamente, nem amigos. Cada vez mais, admiro papai e outros que, como ele, souberam ter "vida nova"; é preciso ter muita coragem para ter vida nova. Nessa carreira se está completamente fora da realidade, não se entra em nenhum meio propriamente — e o meio diplomático é composto de sombras e sombras. É considerado mesmo de mau gosto ter um gosto pessoal ou falar de si ou mesmo falar de outros. Nem se dá propriamente com um diplomata; com um diplomata se almoça.[39]

Girsoler foi o primeiro de uma longa série de psicoterapeutas (se é que era isso que ele era) que ou se apaixonaram por Clarice, ou tornaram-se apegados demais a ela para serem capazes de atuar com a distância analítica apropriada. Seu profético Rorschach descreve com assustadora precisão o mesmo drama que Clarice encenara em *Perto do coração selvagem*: a luta entre a impetuosa Joana e a plácida Lídia.

"Não é necessário, afinal, dizer que a inteligência de Cl. V. está muito acima da média. Ela própria sabe disso, embora tenha suas dúvidas momentâneas. Ela tem uma amplitude de capacidades intelectuais que é quase grande demais para ser completamente empregada", começa dizendo o diagnóstico. "Em Cl. V. a afetividade que toca ativamente o curso de suas associações [isto é, à medida que eram mostrados os desenhos do teste de Rorschach] é de uma força perturbadora. [...] Uma grande fantasia e uma forte intuição estão unidas. [...] O ímpeto criativo emerge com veemência." No entanto, ele alerta para o perigo:

> [Ela tem uma] tendência a sondar o interior de um formidável e indisciplinado

caos. A afetividade ocupa um espaço muito maior que a média e possui um caráter claramente egocêntrico. — Essa afetividade requer diretamente um grande esforço intelectual da parte da maior parte dos afetados por ela. — A afetividade impulsiva (que não requer acomodação) pode em Cl. V., para o espanto daqueles afetados por ela, tornar-se inteiramente explosiva, e em tais momentos ela pode ser arrebatada sem controle algum. Durante tais surtos ela pode praticar ações inteiramente impensadas e se comportar de uma maneira temerária. No atual momento esse lado impulsivo está fortemente reprimido. Vemos que toda a sua vida sentimental está estendida entre um extremo (impulsividade) e o outro do espectro (sutileza, sensibilidade, habilidade de sentir todas as possíveis emoções que outros humanos sentem). — Será muito difícil para um tal temperamento encontrar equilíbrio, uma domesticação consciente desses impulsos elementares por meio da participação intelectual. — O resultado é um caráter mais ou menos melancólico. Essa é a razão para a possibilidade de uma tendência a fugir do mundo, a despeito da grande vitalidade. Há uma perseverança de um grande número de pensamentos, e especialmente quando esses pensamentos estão afetivamente relacionados a conflitos. Cl. V. começa a raciocinar em torno dos conflitos e uma grande porção da sua originalidade e da sua força criativa é absorvida por esse modo de pensar em círculos. O resultado dessa maneira de pensar são símbolos originais e pensamentos parciais que contêm desenhos numa forma mística. — Esse estado depressivo frequentemente resvala para uma expressão melancólica, mas nunca por muito tempo, uma vez que a reação logo se manifesta de novo por parte da vitalidade.

Ela é capaz de realizar tarefas corriqueiras, mas "surge um grande ceticismo em face do mundo, uma dúvida quanto às pessoas que chega a ser uma franca oposição", inclusive, "com a mesma energia, contra si própria".[40]

Em seu romance *Uma aprendizagem ou O livro dos prazeres*, Ulisses vem a ser um professor e filósofo um tanto pedante; e o último e amado cachorro dela também seria chamado Ulisses. Numa carta que o verdadeiro "Ulisses" enviou a "Clarissa, Claríssima", ele lhe diz: "É uma coisa ainda mais difícil de suportar, a verdadeira liberdade".[41]

"Meu drama: é que sou livre", ela escreveu mais tarde;[42] esse era, na verdade, grande parte do drama que ela experimentou na Suíça. Do ponto de vista artístico, ela tinha aquilo com que sonham muitos escritores: horas ilimitadas para trabalhar sem ser perturbada. Mas seus dias eram amorfos, e ela ficava olhando pela janela. "A solidão de que sempre precisei é ao mesmo tempo inteiramente insuportável", escreveu a Fernando Sabino.[43] Ela disse a Tania: "Eu gostaria de ter um aparelho matemático que pudesse ir marcando com absoluta justeza o momento em que eu progredi um milímetro ou regredi outro".[44]

Passavam-se os meses; no início de janeiro de 1947 ela escreveu a Tania uma longa carta. Para sua mãe substituta, que se considerava "mais que uma irmã", deve ter sido ainda mais doloroso ler essa carta do que foi para Clarice escrevê-la.[45] É difícil acreditar que sua autora é a mesma moça linda e fascinante que, menos de um ano antes, tinha deixado o Rio de Janeiro, onde fora festejada por muitos dos principais artistas de seu país, e que encontrara tempo em sua viagem de volta à Europa para ficar cara a cara com a Esfinge. Em seu lugar aparece uma mulher tão desanimada e impotente que sua carta mais parece um bilhete de suicida.

> Não pense que a pessoa tem tanta força assim a ponto de levar qualquer espécie de vida e continuar a mesma. [...] Nem sei como lhe explicar minha alma. Mas o que eu queria dizer é que a gente é muito preciosa, e que é somente até um certo ponto que a gente pode desistir de si própria e se dar aos outros e às circunstâncias. [...] Pretendia apenas lhe contar o meu novo caráter, ou falta de caráter. [...] Querida, quase quatro anos me transformaram muito. Do momento em que me resignei, perdi toda a vivacidade e todo interesse pelas coisas. Você já viu como um touro castrado se transforma num boi? assim fiquei eu... em que pese a dura comparação... Para me adaptar ao que era inadaptável, para vencer minhas repulsas e meus sonhos, tive que cortar meus grilhões — cortei em mim a forma que poderia fazer mal aos outros e a mim. E com isso cortei também minha força. Espero que você nunca me veja assim resignada, porque é quase repugnante. [...] Uma amiga, um dia desses, encheu-se de coragem, como ela disse, e me perguntou: você era muito diferente, não era? Ela disse que me achava ardente e vibrante, e que quando me encontrou agora se disse: ou essa calma excessiva é uma atitude ou então ela mudou tanto que parece quase irreconhecível. Uma outra pessoa disse que eu me movo com lassidão de mulher de cinquenta anos.

[...] o que pode acontecer com uma pessoa que fez pacto com todos, e que se esqueceu de que o nó vital de uma pessoa deve ser respeitado. Ouça: respeite a você mais do que aos outros, respeite suas exigências, respeite mesmo o que é ruim em você — respeite sobretudo o que você imagina que é ruim em você — pelo amor de Deus, não queira fazer de você uma pessoa perfeita — não copie uma pessoa ideal, copie você mesma — é esse o único meio de viver.

19. A estátua pública

Na Suíça, em Berna, eu morava na Gerechtigkeitsgasse, isto é, rua da Justiça. Diante de minha casa, na rua, estava a estátua em cores, segurando a balança. Em torno, reis esmagados pedindo talvez uma exceção. No inverno, o pequeno lago no centro do qual estava a estátua, no inverno a água gelada, às vezes quebradiça de fino gelo. Na primavera gerânios vermelhos. [...] E a rua ainda medieval: eu morava na parte antiga da cidade. O que me salvou da monotonia de Berna foi viver na Idade Média, foi esperar que a neve parasse e os gerânios vermelhos de novo se refletissem na água, foi ter um filho que lá nasceu, foi ter escrito um de meus livros menos gostados, *A cidade sitiada*, no entanto, relendo-o, pessoas passam a gostar dele; minha gratidão a este livro é enorme: o esforço de escrevê-lo me ocupava, salvava-me daquele silêncio aterrador das ruas de Berna, e quando terminei o último capítulo, fui para o hospital dar à luz o menino.[1]

Para a Virgínia de *O lustre*, a única realidade era interior; o mundo exterior era indistinto e incompreensível, e no final das contas a trapaceava. Lucrécia Neves, a heroína de *A cidade sitiada*, é o oposto. Sua própria vida íntima é "pouco usável", e assim, "nem era inteligente", ela olha para fora, para a nova cidade que cresce ao seu redor. "O que era tão importante para uma pessoa de algum modo estúpida; ela que não possuía as futilidades da imaginação mas apenas a estreita existência do que via."[2] Na qualidade de livro sobre o mundo exterior, é um caso singular na obra de Clarice Lispector. Talvez representasse uma última tentativa de Clarice de sair de si mesma, de fugir do "naufrágio da introspecção",[3] de escapar da melancolia que ameaçava esgotá-la. "Respire fundo o ar da primavera", Bluma Wainer escreveu a Clarice depois de visitá-la em Berna, em março de 1947. "Pense o mínimo possível e analise menos ainda."[4]

O nome Lucrécia esconde o nome da própria Clarice, e diferentemente de tantas personagens de Clarice, que são extensões ou enunciações dela mesma, Lucrécia é um verdadeiro alter ego, uma pessoa que pensa o mínimo possível e analisa menos ainda. Ao contrário da essencial e dolorosamente viva Clarice, Lucrécia atinge o ápice em matéria de mudez e ausência de reflexão. Num capítulo intitulado "A estátua pública", Clarice escreve: "Na posição em que estava, Lucrécia Neves poderia mesmo ser transportada à praça pública. Faltavam-lhe apenas o sol e a chuva. Para que, coberta de limo, fosse enfim desapercebida pelos habitantes e enfim vista diariamente com inconsciência. Porque era assim que uma estátua pertencia a uma cidade". É difícil não pensar na imagem da Justiça diante da janela dela na Gerechtigkeitsgasse. Mais adiante, a metáfora reaparece: "Aos poucos, enquanto o homem declamava, Lucrécia Neves engrandecia, enigmática, uma estátua aos pés da qual, em festa cívica, se depositassem flores".[5]

Lucrécia existe para satisfazer suas pequenas e facilmente identificáveis necessidades. Sua história tem uma simplicidade encantadora: vira adulta, casa-se, fica viúva e casa-se de novo. É impossível escapar à conclusão de que Lucrécia é alguém que Clarice teria gostado de ser, ou pelo menos alguém cuja vida mais fácil parte dela invejava: alegremente superficial, contente com reuniões de chá e gente "best-seller". Tantos livros de Clarice terminam com desastres de carro, sujeições e derrotas; não é por acaso que *A cidade sitiada* tem final feliz.

Muito do que para Clarice era desgraça e exílio significava realização e paz para Lucrécia. Depois de rejeitar Perseu, seu namorado sonhador da adolescência, Lucrécia se casa com Mateus, homem rico de outra cidade. Mateus oferece a Lucrécia muito do que Maury podia dar a Clarice. Forasteiro na comunidade dela, culto e cosmopolita, Mateus prometia segurança financeira e a esperança de conhecer o mundo. "Todo homem parecia prometer uma cidade maior a uma mulher", escreve Clarice. "Ah, Mateus é de outro meio, mamãe! vem de outra cidade, tem cultura, sabe o que se passa, lê jornal, conhece outra gente", a avoada Lucrécia diz à mãe quando quer se casar. É um parceiro perfeito. Lucrécia "desejava ser rica, possuir coisas e subir de ambiente".[6] Mas, assim como Clarice se queixava de que "Berna é um túmulo, mesmo para os suíços. E um brasileiro não é nada na Europa", Lucrécia descobre, tão logo deixa sua São Geraldo natal, que está fora do lugar: "Uma vez fora do subúrbio, desaparecera sua espécie de beleza, e sua importância diminuíra".[7] Em seu novo lugar, ela é "o membro mais inexperiente da cidade",[8] embora logo descubra uma espécie de satisfação ali.

Na verdade, as observações maldosas espalhadas pelo livro, tão atípicas na escrita de Clarice, parecem refletir sua infelicidade, não a de Lucrécia. Quando ela escreve, por exemplo, que Mateus tinha "ar de advogado ou engenheiro — tal era o seu ar de mistério",[9] ela provavelmente está pensando nos advogados e diplomatas, os "best-sellers" que a rodeavam em seu exílio. Lucrécia, em contraste, em geral estava de bom humor.

No novo lugar, a mulher vazia se dedica ao alpinismo social: "Lucrécia esperou ir mais duas ou três vezes ao teatro, aguardando o momento em que atingiria um número difícil de contar, como sete ou nove, e poderia acrescentar esta frase: 'eu ia ao teatro quase sempre'". Aprende os costumes da nova cidade e se encaixa neles perfeitamente. De início, no teatro, ela se impressiona com a beleza da atuação, mas também isso passa, e o modo de expressão "best-seller" logo se torna uma segunda natureza: "Porque depois aprendeu a dizer: gostei muito, o teatro estava bom, me diverti tanto. [...] Esta é a praça mais bonita que já vi, dizia, e depois podia atravessar com segurança a praça mais bonita que já vira". Uma de suas frases preferidas é que algo "na teoria é ótimo, mas na prática falha".[10]

Lucrécia Neves, contemplando os pontos de atração da cidade grande, fazendo compras e indo ao teatro, soa antes como Clarice Lispector em Paris, onde ela passou um mês no início de 1947. "Não sei se estou louca por Paris", escreveu às irmãs. "É difícil dizer. Com a vida assim parece que sou 'outra pessoa' em Paris. É uma embriaguez que não tem nada de agradável. Tenho visto pessoas demais, falado demais, dito mentiras, tenho sido muito gentil. Quem está se divertindo é uma mulher que eu não conheço, uma mulher que eu detesto, uma mulher que não é a irmã de vocês. É qualquer uma."

É Lucrécia, em outras palavras. Mas Clarice, infelizmente para sua paz de espírito, não podia se converter em uma pessoa qualquer. "Tive um verdadeiro cansaço em Paris de gente inteligente. Não se pode ir a um teatro sem precisar dizer se gostou ou não, e porque sim e porque não. Aprendi a dizer 'não sei', o que é um orgulho, uma defesa e um mau hábito porque termina-se mesmo não querendo pensar, além de não querendo dizer."[11]

Durante a vida de Lucrécia o pequeno povoado de São Geraldo se torna uma cidade crescida. Quando ela é criança, São Geraldo, a exemplo de Tchetchelnik, é um lugarejo, povoado por cavalos selvagens. A história do crescimento da cidade é a crônica da expulsão desses cavalos; à medida que ela assume ares cada vez mais civilizados e por fim ganha um viaduto e um aterro, os cavalos emigram progressivamente, "entregando a metrópole à Glória de seu mecanismo".[12]

Conforme a cidade cresce e os cavalos são expulsos, a linguagem da cidade evolui. Os primeiros cidadãos de São Geraldo não tinham necessidade de palavras. A velha vizinha de Lucrécia, Efigênia, que pela presença longeva se tornou uma espécie de totem municipal, é quase tão silenciosa quanto os cavalos. "Embora a vida espiritual que vagamente atribuíam a Efigênia parecesse afinal se resumir no fato de ela não afirmar nem negar, em não participar nem de si própria, a tal ponto chegara sua austeridade. A ser calada e dura como sucedia a pessoas que nunca tinham precisado pensar. Enquanto que em S. Geraldo começava-se a falar muito."[13]

O símbolo da adolescência linguística de São Geraldo é Perseu, o primeiro namorado de Lucrécia, cujo nome o associa a Pégaso, o cavalo alado da Antiguidade grega, que experimenta o mesmo êxtase linguístico que marcava Joana e Virgínia. Como a jovem Clarice Lispector, Perseu se delicia com uma linguagem que ainda é tão sonora e sem sentido como a música.

"Os seres marinhos, quando não tocam o fundo do mar, se adaptam a uma vida flutuante ou pelágica", estudou Perseu na tarde de 15 de maio de 192...
   Heroico e vazio, o cidadão continuou de pé junto da janela aberta. Mas na verdade jamais poderia transmitir a alguém o modo pelo qual ele era harmonioso, e mesmo que falasse não diria uma palavra que cedesse a polidez de sua aparência: sua extrema harmonia era apenas evidente.

— Os animais pelágicos se reproduzem com profusão, disse com oca luminosidade. Cego e glorioso — era isso apenas o que se podia saber dele [...].

— Se alimentam de microvegetais fundamentais, de infusórios etc.

— Etc.! repetiu brilhante, indomável. [...]

— Esse animal discoidal é formado de acordo com a simetria baseada no número 4.

Assim estava escrito! E o sol batia em cheio sobre a página empoeirada: pela casa defronte subia mesmo uma barata... Então o rapaz disse aquilo que era lustroso como um escaravelho:

— Os seres pelágicos se reproduzem com extraordinária profusão, exclamou afinal de cor.[14]

Ao escolher o forasteiro Mateus em detrimento do nativo Perseu, Lucrécia também elege uma linguagem sofisticada, ainda estrangeira para a cidadezinha onde nasceu. No entanto São Geraldo está avançando, e acréscimos linguísticos astuciosos são parte integrante do seu progresso tanto quanto o viaduto e o aterro. "Quanto mais S. Geraldo se alargava, maior era a sua [de Lucrécia] dificuldade de falar com clareza, tão dissimulada se tornara." Nada, agora, é selvagem; tudo, até mesmo os últimos momentos de Mateus, é atenuado pelas palavras melosas de Lucrécia. "Mesmo a sua morte, ela tentara destruir. Procurara consolá-lo, único modo de reduzir o acontecimento ao reconhecível: você ao menos não morre em casa estranha. [...] Tola, como se morrer não fosse sempre em casa estranha."[15]

A insatisfação de Clarice com sua própria domesticação forçada emerge em alto e bom som em suas descrições das pretensões crescentes da cidade. É bastante óbvio que ela odiava que os cavalos tivessem de abandonar São Geraldo. Mas *A cidade sitiada* não é uma denúncia da afetação burguesa. É parte de sua busca permanente de uma linguagem autêntica.

Talvez o impulso inicial tenha vindo das horas que ela passava olhando pela janela na Suíça, contemplando a figura inflexível da Justiça. A linguagem de *A cidade sitiada* é a linguagem da visão, e metáforas da visão estão espalhadas insistentemente ao longo do livro. Em certos momentos a visão chega a substituir a linguagem falada, como quando as pessoas "olham" ou "veem" palavras em vez de falá-las ou pensá-las: "Esta cidade é minha, olhou a mulher".[16]

Os olhares de seus habitantes, não tijolos e asfalto, edificam a nova cidade de São Geraldo. "E a cidade ia tomando a forma que o seu olhar revelava." "Oh, mas as coisas não eram jamais vistas: as pessoas é que viam." "Entreabriu as pálpebras, fixou cega. Aos poucos as coisas do quarto retomaram a própria posição, recuperando o modo de serem vistas por ela." "Na verdade função bem tosca — ela indicava o nome íntimo das coisas, ela, os cavalos e alguns outros; e mais tarde as coisas seriam olhadas por esse nome. A realidade precisava da mocinha para ter uma forma."[17]

No final da vida de Lucrécia, "o olhar continuava a ser sua reflexão máxima". Mesmo quando criança, ela via "as coisas como um cavalo";[18] isto é, Lucrécia se contenta em não ver além da superfície das coisas. Esse é o valor positivo da sua "superficialidade". Clarice, cuja implacável introspecção a levara ao desespero, não podia seguir a sugestão de Bluma Wainer de ser, ela própria, um pouco mais superficial, de "pensar o mínimo possível e analisar menos ainda". "Meu mal é fazer perguntas", escreveu ela mais tarde, "desde pequena eu era toda uma pergunta."[19]

Lucrécia tem de aprender a "olhar em esforço delicado apenas a superfície — e de rapidamente não olhar mais".[20] O esforço requer uma certa determinação; ela não é, como Perseu ou Efigênia, organicamente uma parte da verdade.[21] "Ela debruçava-se sem nenhuma individualidade, procurando apenas olhar diretamente as coisas."[22] Apenas — mas esse modo de olhar leva, de modo paradoxal mas inevitável, às preocupações metafísicas da própria Clarice. Como fica claro, *não* ser profundo é simplesmente outra maneira de ser profundo.

O caráter raso de Lucrécia a liga não apenas a sua criadora imediata, mas com o divino ato de criação em si. Ela cria a cidade; ela cria tudo aquilo que vê. "Porque alguma coisa não existiria senão sob intensa atenção; olhando com uma severidade e uma dureza que faziam com que ela não buscasse a causa das coisas mas a coisa apenas."[23] Em outras palavras, sua atenção insistente às superfícies é outra maneira de se aproximar da "própria coisa" que Clarice buscara em seus livros anteriores.

Mas que coisas podem ser vistas plenamente quando se observa a sua mera superfície? A forma de um círculo, por exemplo, é indistinguível do círculo em si, contendo a totalidade de si própria em seu símbolo. Este, e não apenas o indomado "coração selvagem", é o significado dos cavalos de São Geraldo. Para Clarice, nesse livro e em tantos outros, o cavalo é uma criatura perfeita, e ganhar a forma de um cavalo é uma meta mística, unindo corpo e alma, matéria e espírito. Um cavalo age apenas de acordo com sua natureza, livre dos artifícios do pensamento e da análise, e essa é a liberdade pela qual Clarice parece ansiar: a liberdade de fazer o que quer, sim, mas, mais importante do que isso, a liberdade diante do "naufrágio da introspecção". Para uma pessoa atormentada por seu passado e incapaz de viver em seu presente, o cavalo era também uma solução.

E Lucrécia, afinal, também. "Tudo o que ela via era *alguma coisa*. Nela e num cavalo a impressão era a expressão."[24] *A impressão era a expressão*: Lucrécia e os cavalos são "o símbolo da coisa na própria coisa". Numa carta Clarice explica melhor a frase: "Sem as armas da inteligência, que aspira, no entanto, a essa espécie de integridade espiritual de um cavalo, que não 'reparte' o que vê, que não tem uma 'visão vocabular' ou mental das coisas, que não sente a necessidade de completar a impressão com a expressão — cavalo em que há o milagre de a impressão ser total — tal [sic] real — que nele a impressão já é a expressão".[25]

O que um cavalo sente, suas "impressões", não pode ser corrompido pelas "expressões" verbais, linguísticas, que só podem diluir ou distorcer aqueles sentimentos originais e autênticos. Lucrécia vê apenas superfícies e ela própria não *é* senão superfície, um outro meio de Clarice buscar a mesma meta: "A palavra que tem luz própria", na qual o sentido e a expressão estão finalmente unidos.

20. A terceira experiência

— A palavra "palavra" é ex-possível!
— Ex-possível?
— É! Gosto mais de dizer ex-possível do que impossível! A palavra "palavra" é ex-possível porque significa palavra.[1]

Podemos imaginar o orgulho materno com que Clarice Lispector travou esse diálogo com o filho Pedro. Batizado em memória do avô e nascido em Berna em 10 de setembro de 1948, Pedro parecia ter absorvido as preocupações filosóficas que ocupavam sua mãe quando ele estava no útero. Ela estava concluindo *A cidade sitiada*: "Quando terminei o último capítulo, fui para o hospital dar à luz o menino".[2]

O nascimento de Pedro deu início à terceira das "três experiências" dela: "Nasci para amar os outros, nasci para escrever, e nasci para criar meus filhos".[3] Não necessariamente nessa ordem, porém. Clarice insistia com frequência que a maternidade era mais importante para ela do que a literatura: "Nem tem dúvida que como mãe sou mais importante do que como escritora".[4] A maternidade também lhe propiciava a possibilidade de juntar os cacos de uma existência despedaçada quando ela perdeu sua própria mãe: "Se eu não fosse mãe, seria sozinha no mundo".[5]

A maternidade era a única coisa que tanto a selvagem Joana como a domesticada Lídia desejavam, e Clarice a queria também: "Quanto a meus filhos, o nascimento deles não foi casual. Eu quis ser mãe".[6] Não foi fácil, porém, e o modo como Pedro veio ao mundo foi uma amostra do que estava por vir. O parto foi induzido com injeções, mas depois de quase quinze horas de trabalho de parto o bebê não tinha saído, e os médicos decidiram realizar uma cesariana de emergência.[7]

Febril e com dores, Clarice precisou passar duas semanas no hospital.

> Quanto a Maury, poucas vezes na vida tenho visto pessoa igual. Ele é tão bom para mim, pensa em tudo, tem uma paciência enorme comigo e me cerca de tanto carinho e cuidados que eu nem mereço. Espero nunca na vida feri-lo em nada. Não é só porque ele tem sido assim que eu digo. Em relação a tudo, ele é das pessoas mais puras que conheço. Eu não poderia ter um pai melhor para meu filho.[8]

Seus primeiros relatos à família do marido são repletos de um entusiasmo de mãe recente: "Pedrinho está muito engraçado, sempre aumentando de peso e fazendo caretas. Aí vai um exemplo, num retrato péssimo que serve apenas de amostra. Nessa fotografia ele está com uma semana de 'idade'. A careta que ele prefere é essa mesma: abrir bem as narinas e transformar a boca num bico".[9] Havia algumas dúvidas quanto à babá: "Sua principal mania é a do silêncio (imagine querer mais silêncio do que o de Berna!); quer que a gente sussurre e anda na ponta dos pés — o que habituará mal a criança; em qualquer outro país a criança se assustará".[10] Mais tarde, para Tania, ela descreveu a babá como "uma peste diplomada".[11]

Mas a gravidade da nova empreitada não lhe passava despercebida. "Toda mulher, ao saber que está grávida, leva a mão à garganta: ela sabe que dará à luz um ser que seguirá forçosamente o caminho de Cristo, caindo na sua via muitas vezes sob o peso da cruz. Não há como escapar."[12] Pedro cairia sob o peso da cruz, causando a Clarice uma dor tão grande quanto a da perda da mãe. Mas, por ora, nem mesmo essa consciência antecipada contaminaria a felicidade dela e de Maury. Talvez fosse nisso que ela estava pensando quando, em 24 de dezembro de 1971, escreveu um artigo de Natal chamado "Hoje nasce um menino". A cruz estava à espreita no futuro, mas "por enquanto a alegria suave pertencia apenas a uma pequena família judia".[13]

* * *

Em 1948 havia alegria em outras famílias judias. Em 29 de novembro de 1947, sob a direção de seu presidente brasileiro, Oswaldo Aranha, a Assembleia Geral das Nações Unidas aprovou a partição da Palestina. (O gesto deu a Aranha a fama de amigo dos judeus, apesar de sua declaração de que a criação de Israel significava que Copacabana agora poderia ser devolvida aos brasileiros.)[14] No início de maio, quando Clarice estava finalizando *A cidade sitiada*, o marido de Bluma, o repórter itinerante Samuel Wainer, estava em pé diante do Café Brasil, em Tel Aviv, um ponto de encontro do governo judeu clandestino, tentando contatar a Irgun. Representantes da organização terrorista judaica apareceram, de acordo com o combinado, para descrever em detalhes seu famoso ataque ao Hotel Rei David.[15] Em 13 de maio, já de partida do país, Wainer quase foi explodido por uma mina quando estava a caminho do aeroporto. No dia seguinte, foi proclamado o Estado de Israel.

E havia alegria no Rio de Janeiro. O livro de memórias ficcionalizadas de Elisa Lispector, *No exílio*, começa com a chegada de Lizza no início da manhã a uma estação de trem. Ela ouve um lânguido jornaleiro dizer: "Olha o *Diário!*" (o jornal de Samuel Wainer). "Notícia de última hora: Proclamado o Estado Judeu! Quem vai ler? Olha o *Diário!*"

> Lizza despertou do torpor com uma pancada no coração. Comprou um jornal, desdobrou-o febrilmente e, enquanto os olhos percorriam o noticiário, uma lassidão crescente se foi espraiando por todo o seu ser, como se uma fonte morna estivesse fluindo dentro dela e a fosse impregnando até ao último desvão. Agora dir-se-ia que estava serena — serenidade demasiada para quem passara os derradeiros dias de sanatório numa ansiedade sem tréguas, acompanhando, pelos jornais e o rádio, o desenrolar dos acontecimentos de Lake Success, relativos ao problema da Palestina.
>
> — ..."Estado Judeu!" — ouviu alguém comentar irado, por baixo da janela do vagão. — "Esses judeus..."
>
> Os passos afastaram-se e o resto da frase fragmentou-se na distância.
>
> Lizza o ouviu sem ressentimento. Tantas foram as vezes em que escutara comentários semelhantes, que já não tinham o poder de perturbá-la. E nesse momento estava mais tranquila do que nunca. Nascia-lhe uma doce esperança

nos destinos do mundo. A humanidade estava se redimindo. Começava, enfim, a resgatar sua dívida para com os judeus. Valera ter padecido e lutado. Quantas lágrimas, quanto sangue derramado. Eles não morreram em vão.

"... não morreram em vão...", começaram a cantar as rodas nos trilhos, enquanto o trem se punha em movimento e tornava a mergulhar na imensidão.[16]

A história que vem em seguida é a história da família Lispector de sua terra natal.[17] A criação do Estado judaico e a felicidade que ela traz à heroína emprestam ao terrível sofrimento de seus personagens, especialmente Lizza, uma espécie de significado, uma esperança de que os sacrifícios de sua família e de seu povo tenham sido por um fim positivo, e de que seus familiares, e em particular sua mãe, "não morreram em vão".

Tanto pelas referências históricas explícitas como pela insistente inclinação política, *No exílio* não se parece com nada do que Clarice viria a escrever. Elisa, que era nove anos mais velha, não apenas se lembrava de toda a horrenda história da fuga da família da Europa. Ela não podia, de certo modo, esquecê-la. Sionista ativa, secretária do Instituto Judaico de Pesquisa Histórica no Rio, ela viajou a Israel em anos posteriores. Com mais inclinação acadêmica que a irmã caçula, ela se formou em sociologia e história da arte, além de ter estudado piano no Conservatório do Recife, e seguia atentamente os debates literários e intelectuais.[18]

Porém, como revela a frase "quem passara os derradeiros dias de sanatório numa ansiedade sem tréguas", o que ela e Clarice de fato tinham em comum era a terrível luta contra a depressão. Depois que Elisa ingressou na burocracia federal, foi subjugada pela tristeza e atravessou uma "tremenda crise" por causa da morte do pai.[19] Esse desespero a levou a escrever. Seu primeiro romance, *Além da fronteira*, foi escrito com tanto sigilo que nem mesmo Tania sabia que a irmã estava trabalhando nele. Publicado em 1945, pouco depois de *Perto do coração selvagem*, ele na verdade antecede consideravelmente o livro de estreia de Clarice, concluído em janeiro de 1942.[20]

O romance trai suas origens como tentativa da autora de escrever para sair do desalento. "Num assomo de dor e de angústia, ele começa a escrever depressa, nervosamente, em letra miúda e desigual, como a querer libertar-se de uma opressão muito grande", começa o livro.[21] *Além da fronteira* é a história de um escritor imigrante, Sérgio, *né* Sergei, que tem algo em comum tanto com

Pedro Lispector quanto com suas filhas. "Quando digo psicose de guerra, digo da época tumultuada que atravessamos", um colega diz a Sérgio. "Sei que o senhor não escreve sobre assuntos de guerra. Eu li os seus escritos. Mas há uma influência danosa em tudo isto. Não sei, talvez o exílio, as migrações por terras estranhas, a sua extrema solidão."[22]

Um amigo de Elisa escreveu que o livro "foi inspirado pela figura de seu pai, a quem é dedicado. É a homenagem da filha ao artista não realizado".[23] A figura de Sérgio anuncia o futuro tema de Elisa: "extrema solidão". "A solidão passou a constituir o único meio de furtar-se à sensação opressiva de estar constantemente falhando, por não saber viver como os outros viviam."[24]

O livro faz lembrar a confissão de Pedro Lispector a Clarice e as palavras que inspiraram Elisa a começar a escrevê-lo: "Se eu fosse escrever, escreveria um livro sobre um homem que viu que se tinha perdido". A incapacidade de viver no mundo cotidiano era compartilhada por Clarice, que nunca conseguiu se adaptar à vida pública, e também por Elisa, que lidava com sua angústia perpétua se isolando do mundo. Ela teve namorados, incluindo o romancista Orígenes Lessa,[25] mas nunca se casou. A solidão era o seu grande tema.

O legado dos pogroms foi uma implacável depressão, uma inabilidade para se relacionar, observada por seu amigo Renard Perez. "Eu sentia sua inaptidão, sua falta de preparo para a vida cotidiana. Uma grande insegurança, que se tornou uma cautela diante de outras pessoas."[26] Assim como Sérgio, e assim como Clarice ("Ela era alegrezinha dentro de sua neurose. Neurose de guerra"),[27] Elisa tinha sua própria neurose de guerra paralisante. Em seu último romance, que, a exemplo de *No exílio*, é fortemente autobiográfico, Elisa escreveu: "Mas sobreviver não é bom. Creia-me. Não se sobrevive por inteiro, e a parte de nós que sobra, estiola-se num não saber que fazer do tempo, que não flui, e da aridez da existência, que estanca. É um não saber o que fazer de si mesmo".[28]

Elisa escrevia por muitas das mesmas razões que levaram Clarice a criar Lucrécia. "Se eu ao menos pudesse deixar de pensar, se eu pudesse esquecer", diz Sérgio. Assim como sua irmã, Elisa buscava uma solução na escrita, mas discorrer sobre a desgraça era perigoso. "Escrevendo, revivendo, talvez extirpe o mal, digo comigo, mas a verdade é que quanto mais toco na ferida, mais ela sangra." O antídoto mostrava-se venenoso. "'Será que jamais me libertarei deste jugo? sempre escrever, escrever. É ideia que não me deixa, e já agora pergunto para quê, e com que fim? Se eu pudesse parar, talvez encontrasse a paz.'"[29]

* * *

Em maio de 1948, quando irrompeu a guerra no Oriente Médio, uma Clarice grávida na plácida Suíça concluiu finalmente *A cidade sitiada*. Sua empregada italiana, Rosa, impressionada com a quantidade de tempo que Clarice passara revisando o livro, concluiu que era melhor ser cozinheira do que escritora, porque "se pusesse sal demais na cozinha, não havia mais remédio".[30]

O livro foi prontamente rejeitado pela Agir, a editora católica que publicara *O lustre*. No início de julho Clarice escreveu a Tania:

> Não sei se você sabe que a Agir não quer ou não pode publicar meu livro — o fato é que a resposta foi negativa. De modo que estou sem editora. Estou com vontade de mandar por um rapaz o livro para o Brasil. Você dê ao Lúcio Cardoso para ler. Ele talvez arranje editora para mim. Se não arranjar, não tem importância. O que quero é que este livro saia daqui. Melhorá-lo, é impossível para mim. E, além disso, preciso com urgência me ver livre dele. Quando você der o livro ao Lúcio, não fale para ele arranjar editora. Eu mesma escreverei talvez uma carta dizendo. Nem tenho coragem de pedir a você que o leia. Ele é tão cacete, sinceramente. E você talvez sofra em me dizer que não gosta e que tem pena de me ver literariamente perdida... Enfim, faça o que você quiser, o que lhe custar menos. Espero um dia poder sair deste círculo vicioso em que minha "alma caiu".[31]

Como sempre, Tania soube como alegrar a irmã caçula, que lhe agradeceu efusivamente pelos comentários encorajadores sobre o livro: "Não posso lhe dizer como agradeço a Deus, se Deus existe, o fato de você ser minha irmã. Você é o prêmio de minha vida. Você é o sol da Terra, o que lhe dá a graça. A existência de você dá um sentido à vida e justifica".[32] No entanto, as notícias eram desanimadoras; a recusa da Agir foi logo seguida pela negativa da Jackson Editores.

Ela estava feliz por ser mãe, mas nem mesmo o nascimento de Pedro pôde arrancar Clarice da depressão. Em dezembro eles mudaram de casa, deixando para trás a Gerechtigkeitsgasse com sua estátua da Justiça. Ela fez um curso de escultura, no qual tentou em vão esculpir em barro a cabeça de um macaco, e até aprendeu a tricotar.[33] Ela e Maury se recusaram a aprender a jogar cartas, embora isso talvez tivesse incrementado a vida social do casal: "Mas nós não queremos por uma questão quase de princípios: o jogo seria um meio fácil de sair do tédio e teria um sentido por assim dizer de morfina. Pode ser que um dia eu aprenda, mas hesitarei muito até lá".[34]

Clarice já estava, no entanto, tomando outras drogas. Recomendou Bellergal a Tania, que é geralmente receitado para inquietação, fadiga, insônia e dor de cabeça, mas que também contém barbituratos e é contraindicado para mulheres grávidas.[35] Pedro já dava sinais de que não era inteiramente normal. O primeiro choque veio quando Clarice e Maury, que precisavam viajar para fora da cidade, deixaram-no com a babá. Ele ainda era muito pequeno e não sabia falar português. Eles ficaram fora só por alguns dias, e quando voltaram encontraram-no falando a língua da babá com fluência. Clarice disse a Elisa que ficou assustada com essa precocidade anormal.[36]

A única coisa capaz de animá-la de verdade era a perspectiva de retornar ao Brasil. "Fiquei contente em Marcinha [filha de Tania] perguntar quando volto. Diga a ela que talvez no começo do ano que vem estejamos lá", escreveu a Tania.

> Diga a ela que esses anos todos pingaram gota a gota e que eu por assim dizer contei uma por uma — mas que ao mesmo tempo passaram incrivelmente depressa porque um só e único pensamento ligou-os: esse tempo todo foi como o desenvolvimento de uma só ideia: a volta. Diga a ela que não espere, por isso, me ver voltar aos pulos de alegria e aos risos: nunca se viu ninguém sair da prisão aos risos: a alegria é muito mais profunda.[37]

Eles não voltariam em 1948. Só em 17 de março de 1949 chegou a notícia de que Maury tinha sido transferido para o Rio de Janeiro. "Estou escrevendo sob o secador do cabeleireiro", Clarice escreveu às irmãs uma semana depois, "me preparando para ir hoje de noite a Roma para fazer alguma roupa. Nem sei dizer o que senti quando soube que iremos embora para o Brasil. A grande alegria é inexpressiva. Minha reação imediata foi coração batendo, pés e mãos frios. Em seguida passei a dormir mal à noite e consegui emagrecer ainda mais. Sou tão chata que já estou pensando que irei embora do Brasil de novo. Estou me controlando para não ficar alegre demais. Estou tão contente. Quem sabe se no Rio conseguirei escrever de novo e me animar."[38]

Em 3 de junho de 1949, a jovem família finalmente deixou Berna, navegando para o Brasil a partir de Gênova. "A comida era péssima, gordurosíssima", na travessia do Atlântico, registrou Clarice. "Eu fazia o possível para alimentar sem perigo o meu menino de oito meses."[39] A comida melhorou quando eles chegaram ao Recife. Um grande almoço os esperava, preparado por sua tia, Mina Lispector. Assim como Tania, Mina tinha sido uma substituta da mãe para a garota, e Clarice se lembrava dela com grande ternura. Em sua derradeira visita ao Recife, poucos meses antes de sua morte, Clarice nomeou a pessoa que mais tinha marcado sua vida: "Foi tia Mina que me deu comida. Me deu carinho".[40]

Clarice não via a cidade de sua infância desde 1935, quando a família se mudou para o Rio. Não tinha mudado tanto quanto ela própria. A caminho da casa da tia Mina ela quis ver a avenida Conde da Boa Vista, a principal artéria que cortava o bairro judeu de Boa Vista. Lembrava-se dela como uma avenida enorme, e ficou desapontada ao deparar com uma rua inexpressiva. Teve a mesma impressão diante da famosa Escola de Direito do Recife. Lembrou que costumava brincar na escadaria do prédio — enorme, na sua lembrança — e agora via a escadaria novamente, mas em seu "tamanho real".[41]

Ela, Maury e Pedro tinham apenas umas poucas horas no Recife antes de embarcar de novo no navio que seguiria viagem até o Rio, onde ela não pisava desde 1946. Suas notícias da cidade, e do Brasil, tinham vindo em especial de Bluma Wainer, que estava cada vez mais deprimida e se separara de Samuel. As coisas não iam bem havia anos. Samuel, construindo incansavelmente uma das carreiras mais extraordinárias da história do jornalismo brasileiro, estava sempre partindo para missões exóticas, deixando Bluma sozinha em Paris ou no Rio. "Falei com o Sam ao telefone, como já mandei dizer e como sempre acontece nessas ocasiões, ficamos no 'v. vai bem? Tudo vai bem? Etc.', escreveu a Clarice em 1947.[42] No ano seguinte ela contou a Clarice: "Estou ficando de pedra, já nada me comove nem interessa". Samuel estava longe de novo, voando da Palestina para Bogotá. "D. Bluma ficará mais uma vez sozinha. (Gostaria de encontrar uma palavra que exprimisse mais que sozinha — você que sabe da força das palavras, veja uma e me mande."[43]

O casamento terminou em definitivo no início de 1949, quando Samuel se encontrou com Getúlio Vargas no Rio Grande do Sul. Em seu estado natal, o velho ditador, agora senador, estava planejando meticulosamente seu retorno ao palácio presidencial. Samuel passara a ver Getúlio como líder de um movimento genuinamente nacional, com amplo apoio de muitos setores da sociedade, e também como alguém comprometido com a democracia em curso desde 1945. Ele e Bluma tinham sido de esquerda — Samuel, por exemplo, foi o primeiro brasileiro a entrevistar o marechal Tito — e Bluma ainda era. As cartas dela a Clarice registram seu entusiasmo com o movimento republicano espanhol e sua visita à Iugoslávia, e são marcadas por um leve antiamericanismo. Em 1947 ela relatou, com compreensível espanto, que o Brasil concordara em importar 27 mil toneladas de bananas norte-americanas![44] Para a mulher cuja divisa era "Os fins *não* justificam os meios", a aliança de Samuel com o ditador foi a gota d'água.

Além dos relatos sobre os desdobramentos da cena política doméstica — "O Brasil continua cada vez mais Brasil", ela suspirava —,[45] Bluma também animava a amiga a não se consumir de saudade do país. "O resto, os jornais andam cheios de notícias sobre mulheres que matam seus maridos, maridos que matam suas mulheres e respectivos amantes e outros, menos espalhafatosos, que se matam simplesmente."[46]

21. Seus colares vazios

Para Clarice, a chegada ao Rio significava o encontro com outro velho amigo, Lúcio Cardoso. O garoto que vivia sonhando com estrelas de cinema em sua província criara agora seu próprio Teatro de Câmara para apresentar as obras de autores clássicos, ao lado de suas próprias obras e das dos amigos.[1] Ele começara a trabalhar no teatro em 1943, exatamente quando conheceu Clarice. Era o sonho de uma vida inteira.

"Lúcio Cardoso — lembro-me bem — atribuía grande importância a seu destino teatral", disse o romancista Octavio de Faria, seu amigo. "Aliás, não teria podido impedir-se de fazê-lo, pois ele próprio era essencialmente um 'trágico', mais que um romancista."[2] Sua obra teatral era artisticamente de vanguarda e politicamente muito à frente de seu tempo, sobretudo em questões raciais, num país que ainda queria acreditar no mito da democracia racial.[3] Com Tomás Santa Rosa, que ilustrara as capas de *Perto do coração selvagem*, *O lustre* e *A cidade sitiada*, Lúcio participou do Teatro Experimental do Negro, de Abdias do Nascimento. Santa Rosa desenhou os cenários e se tornou codiretor de *O filho pródigo*, de Lúcio Cardoso, drama bíblico representado por um elenco inteiramente negro.

Apesar dos esforços do grupo, a peça fracassou. A irmã de Lúcio se lembrava de sua "aflição ao ver Pascola, o mais renomado crítico da época, dormindo na primeira fileira".[4] Destemido, convicto de que o teatro era um ponto fraco da cultura brasileira, Lúcio decidiu abrir o Teatro de Câmara em 1947. Para obter recursos, convidou seus amigos escritores a colaborar com artigos. De Berna, Clarice Lispector enviou um texto de divulgação:

> Os autores, cenaristas e artistas que trabalham para o Teatro de Câmara asseguram a realização de seu propósito — fazer o gesto recuperar o seu sentido, a palavra o seu tom insubstituível, permitir que o silêncio, como na boa música, seja também ouvido, e que o cenário não se limite ao decorativo e nem mesmo à moldura apenas — mas que todos esses elementos, aproximados de sua pureza teatral específica, formem a estrutura indivisível de um drama.[5]

Com seu próprio floreio teatral, ela assinou o texto como "Lili, rainha do deserto".

Para inaugurar o ambicioso empreendimento, Lúcio produziu sua própria peça *A corda de prata*. "Não me lembro de espetáculo mais preparado, mais trabalhado, mais impressionante para o nosso pequeno clã 'lucista'", relembrou Octavio de Faria. "Ester Leão era a diretora e Lúcio Cardoso se submete (é verdade que quase aos berros...) a todas as suas exigências cênicas. Vezes houve em que o vi quase chorando. Pouco importa. A peça subiu à cena, a atriz Alma Flora recebeu quase todos os aplausos..."[6] Curiosamente, a poeticamente batizada Alma Flora aparecera na mais majestosa sala de espetáculos do Recife, o Teatro Santa Isabel, quando Clarice era criança. O espetáculo a inspirara, aos nove anos de idade, a escrever uma peça de duas páginas e três atos, *Pobre menina rica*.[7]

O entusiasmo era grande, como sempre acontecia nas empreitadas de Lúcio. "Lembro-me como se ainda fosse hoje", prosseguiu Faria.

> Lúcio Cardoso, entusiasmado com a nova "diva" (jamais venceu a "paixão" pelas divas do cinema italiano), preparou, de supetão, um grande "banquete", no Lapa 49 para comemorar a consagração de Alma Flora. Siris e chopes aos montões — só o que não havia é dinheiro para pagar a nota (compareci com alguns magros tostões, mas, das "dívidas", a família Cardoso é que pode falar!...) e lá estava, no centro da mesa, uma magnífica corbelha de rosas vermelhas (claro que vermelhas!...) dedicada à diva homenageada.

Foi uma grande festa. Das poucas felizes, bem-sucedidas, de que me lembro. Foi mesmo como que a consagração — não a de Alma Flora, nem a de Maria Sampaio (também atriz da peça, aliás, esplêndida), nem a de Ester Leão, diretora notável — mas a de Lúcio Cardoso, dramaturgo, um dos maiores dramaturgos que tivemos...

A inevitável ressaca não demorou. "Por maior que tivesse sido o sucesso, mesmo 'de estima' (em relação aos anteriores), não deixou de ser quase total o fracasso profissional da peça apresentada. Nenhum vestígio deixou."[8]

De todo modo, Lúcio tinha conseguido, como sempre, contagiar com seus sonhos extravagantes um grupo de artistas que estavam entre os mais talentosos do Brasil. Desse pequeno teatro participavam Marques Rebelo, Nelson Rodrigues, Burle Marx, Cecília Meireles, o próprio Lúcio, Santa Rosa e, modestamente e à distância, Clarice Lispector.

A irmã de Lúcio, Maria Helena Cardoso, captou a força desse irreprimível entusiasmo:

> Lembro Nonô tão alegre, a cabeça cheia de fantasias, principalmente quando se tratava de viagens, jovem ainda, com vários livros publicados, muitos ainda por escrever, a esperança de ser fazendeiro um dia. Contagiada pelo seu entusiasmo, pela força da sua fé e da sua imaginação, eu acreditava seriamente na realização de todos aqueles castelos, até mesmo nas coisas mais impossíveis. Para mim tudo poderia ser, nada era impossível para ele, a quem admirava mais que tudo: romances, poemas, belas fazendas saídas do nada. Os seus menores sonhos eram para mim realidades, tal a força de sua imaginação.[9]

Talvez tenha sido a notícia do novo empreendimento teatral de Lúcio que inspirou Clarice, no final do seu período na Suíça, a escrever "O coro de anjos", mais tarde publicada como "A pecadora queimada e os anjos harmoniosos". Ou talvez a peça tenha sido inspirada em outro amigo, o poeta João Cabral de Melo Neto, que tinha criado uma pequena editora artesanal em seu posto diplomático na Espanha e estava ansioso por ter alguma coisa de Clarice. "Fico esperando o *coro dos anjos*", ele escreveu no início de 1949. "Você me fala dele tão fabulosamente que minha expectativa aumenta."[10]

Cabral nunca publicou o texto, e talvez nunca o tenha visto, até ele aparecer em 1964, na segunda parte de *A Legião Estrangeira*. É a única incursão de Clarice no teatro. Embora a neta de Tania, Nicole Algranti, a tenha produzido em 2006, "A pecadora queimada" não parece realmente destinada ao palco, até pela sua extensão (treze páginas). Em ritmo bíblico e com uma linguagem única em sua obra, a peça fala de uma mulher condenada à morte.[11] Seu pecado era banal:

POVO: Pois então escondia do esposo o seu amante, e do amante escondia o esposo? Eis o pecado do pecado.

AMANTE: Mas eu não rio e por um momento não sofro. Abro os olhos até agora fechados pela jactância, e vos pergunto: quem? Quem é esta estrangeira, quem é esta solitária a quem não bastou um coração?

A peça termina quando a "mulher estrangeira" é queimada até a morte. Depois que ela morre os vários personagens comentam.

SACERDOTE: A beleza de uma noite sem paixão. Que abundância, que consolação. "Ele faz grandes e incompreensíveis obras."

1º E 2º GUARDAS: Exatamente como na guerra, queimando o mal, não é o bem que fica...

OS ANJOS NASCIDOS: ... nós nascemos.

POVO: Não compreendemos e não compreendemos.

ESPOSO: Regressarei agora à casa da morta. Pois lá está minha antiga esposa, a esperar-me nos seus colares vazios.

SACERDOTE: O silêncio de uma noite sem pecado... Que claridade, que harmonia.

CRIANÇA COM SONO: Mãe, que foi que aconteceu?

OS ANJOS NASCIDOS: Mamãe, que foi que aconteceu?

MULHERES DO POVO: Meus filhos, foi assim: etc. etc. e etc.

PERSONAGEM DO POVO: Perdoai-os, eles acreditam na fatalidade e por isso são fatais.

Essa insólita e curta peça reproduz com inquietante proximidade a impotência que transparece nas cartas de Clarice do exílio na Suíça, quando sua vida estava fora de suas mãos, quando as pessoas enunciavam clichês estridentes à sua volta, e quando estava submetida à vontade dos outros. Em "A pecadora queimada" todos têm sua vez de falar; o povo, o amante, o marido, o sacerdote, os guardas e os anjos. A "mulher estrangeira", condenada às chamas, não diz uma palavra.

Finalmente de volta ao Rio, Clarice começou a encontrar sua voz. Desta vez não seria só uma visita rápida. Ela ficaria no Brasil por mais de um ano, período em que Maury serviria no Palácio do Itamaraty. Depois de encontrar um apartamento no Flamengo, perto de Tania, sua primeira tarefa foi procurar um editor para *A cidade sitiada*. Trabalhou depressa. Chegou ao Brasil no final de junho e o livro saiu no final de agosto.[12] A editora, mais uma vez, foi A Noite, que cinco anos antes publicara *Perto do coração selvagem*. O braço editorial do jornal onde ela trabalhara no início da carreira era uma escolha bastante respeitável, embora a rejeição por outras editoras mais prestigiosas — até mesmo a Agir, que tinha lançado *O lustre* — deva ter doído.

Pior ainda: o livro foi um fracasso. Saiu apenas um punhado de resenhas, e não eram positivas. Até mesmo Sérgio Milliet, o crítico paulista que apoiara de modo tão eloquente seus livros anteriores, sentiu o desânimo que tantos leitores sentiram diante do que Marly de Oliveira, uma amiga próxima, qualificou de "talvez o menos apreciado dos romances de Clarice Lispector".[13] Milliet viu o livro como rococó, "o enleamento da escritora na própria teia de imagens preciosistas", a estrutura perdida na selva de floreios retóricos. Uma pena, prosseguia ele, porque o livro "evidencia outras ambições, visa a prospecção psicológica". Ele admira as invenções linguísticas dela, mas conclui: "a autora sucumbe ao peso de sua própria riqueza".[14]

Milliet tinha lá sua razão. Clarice dizia que esse foi o seu livro mais difícil de escrever,[15] e é desanimadoramente difícil de ler, com os tortuosos movimentos internos de seus personagens pesadamente alegóricos. "É um hermetismo que tem a consistência do hermetismo dos sonhos. Haja quem lhe encontre a chave", escreveu o crítico português João Gaspar Simões.[16] Clarice reconhecia o problema, mas tinha a esperança de que um exame mais detido revelasse os méritos do livro, como acontecera a San Tiago Dantas, professor da escola de direito:

Abriu o livro, leu e pensou: "Coitada da Clarice, caiu muito". Dois meses depois, ele me contou que, ao ir dormir, quis ler alguma coisa e o pegou. Então ele me disse: "É o seu melhor livro".[17]

Ela reconheceu, no entanto, que o livro é incompleto:

A cidade sitiada foi, inclusive, um dos meus livros mais difíceis de escrever porque exigiu uma exegese que eu não sou capaz de fazer. É um livro denso, fechado. Eu estava perseguindo uma coisa e não tinha quem dissesse o que era.[18]

Em retrospecto, é bastante fácil ver o que ela estava buscando. O refinamento da sua linguagem a levara até ali. Mas, num sentido mais amplo, *A cidade sitiada* não tinha um objetivo. A identificação de Lucrécia com os cavalos, e por extensão a busca de Clarice por unir expressão e impressão, estava completa, tanto quanto possível.

Mas essa busca é, por definição, espiritual. E em *A cidade sitiada* Clarice ainda não está preparada para reconhecer francamente que o sentido desses extravagantes exercícios literários é levá-la a um Deus que a abandonara, e que ela, por sua vez, rejeitara. Nesse livro, é como se ainda estivesse apegada à sua declaração de agosto de 1941, segundo a qual "acima dos homens, nada mais há". Embora tivesse passado anos refinando seu instrumental, seu fantástico e crescente domínio de sua linguagem, ela ainda relutava em usá-lo. Daí o ar "denso, abafado" do livro. Daí também, mais do que a simples frustração diante das limitações da sociedade diplomática, o silêncio da mulher estrangeira.

Em 8 de setembro de 1949, poucos dias depois que *A cidade sitiada* apareceu, Maury foi informado de seu posto seguinte: Torquay, balneário do condado britânico de Devon, onde seria iniciada a terceira rodada do Acordo Geral de Tarifas e Comércio. Diferentemente de seu encargo anterior, em Berna, que tinha durado vários anos, a missão em Torquay era coisa de apenas seis meses, o que para Clarice iria significar longas férias, mais do que uma interminável sentença de prisão. E eles não precisavam partir naquele momento. Permaneceriam no Rio por mais um ano, até o final de setembro de 1950.

Enquanto estava em casa, Clarice esboçou alguns contos e atuou ocasionalmente no jornalismo, mas a maior parte do tempo se manteve ocupada com a família e o bebê. Renovou o contato com velhos amigos, incluindo Paulo Mendes Campos, que foi ao seu apartamento para entrevistá-la para o *Diário Carioca*. Ao chegar, topou com Pedro, "gordo e feliz", sendo levado da banheira para o berço. Clarice contou a Mendes Campos que a maternidade havia lhe mostrado que ela era "mais áspera de voz e mais brusca de gestos do que poderia imaginar", e que, pelo fato de o jornalismo, e presumivelmente a maternidade, manterem-na ocupada, não começara ainda a pensar em outro romance.[19]

O romance teria que esperar até sua chegada à Riviera inglesa, quando a jovem família se instalaria num dos muitos hotéis da pitoresca cidadezinha. Os proprietários desses hotéis tinham uma reputação de esnobismo e intransigência que mais tarde seria satirizada em *Fawlty Towers*, série criada por um dos fundadores do grupo humorístico Monty Python. A exemplo dos hotéis, nem tudo no balneário era encantador como parecia. Agatha Christie nascera lá em 1890 e ambientou na região muitas de suas tramas de assassinato, incluindo *O caso dos dez negrinhos*. (Clarice Lispector traduziria mais tarde para o português o último caso de Hercule Poirot. Ela disse certa vez: "Meu ideal seria escrever alguma coisa que pelo menos no título lembrasse Agatha Christie".)[20]

Com diplomatas de 38 países acorrendo à cidade para a conferência, a indústria hoteleira de Torquay, como era de esperar, exibia seu melhor comportamento. As cartas de Clarice pelo menos não fazem referência a nenhum problema. Ela gostou bastante da Inglaterra:

> Aqui tipicamente cidade pequena, tem cheiro de Berna. Sem ser por pouco tempo, seria chatíssimo. Todo mundo é mais ou menos feio, com chapéus horríveis, modas horríveis nas vitrinas. [...] apesar de Torquay ser tão chatinho, gosto da Inglaterra. A falta de sol, certas praias com rochas escuras, a falta de beleza — tudo isso me emociona muito mais do que a beleza da Suíça. Por falar nesta, cada vez mais a detesto. Espero nunca mais estar nela.[21]

Ela e Maury encontraram tempo para visitar a Caverna Kents, complexo de grutas habitado pelo homem por cerca de 40 mil anos (e que aparece em *O homem do terno marrom*, de Agatha Christie). A excursão deu a Clarice uma certa perspectiva:

Foi muito bonito. Apesar de dar certa aflição. Saí de lá disposta a não me preocupar com coisas pequenas, já que atrás de mim havia tantos e tantos anos. Mas, chegando no hotel, vi que era inútil — nada tenho a ver com a pré-história, a comida de Pedrinho é mais importante.[22]

Pedro, que já estava com dois anos, mantinha a mãe ocupada. Ele estava aprendendo inglês, língua que, segundo Clarice, ele falava como um "caboclo falaria inglês": "gude morningue", "looki di fúnni máni". Encontrar uma babá adequada foi uma tarefa árdua; em dois meses, ela experimentou três, e no final de outubro ainda estava "esperando 'a mulher de minha vida'", conforme disse a Tania.[23] "[Ele] come que é uma beleza, vive faminto, conversando sobre comida, 'carninha gostosa', 'peixinho ótimo' etc. [...] E fala tanto que se ele de um modo geral não fosse um filho eu ficava cansada. A conversa não varia muito — é sobre comida, carros, ônibus e comida de novo."[24]

Pelo menos ela não tinha como se entediar; ao contrário do que ocorria na Suíça, tinha pouco tempo para ficar olhando pela janela. A temporada no Rio e a relativamente curta viagem à Inglaterra haviam restaurado seu ânimo, a ponto de conseguir oferecer conselhos a Tania, em geral a mais ajustada das três irmãs. "Procure não levar certos problemas tão a sério", escreveu Clarice, com inabitual despreocupação.

> Às vezes, quando olho certas coisas passadas a que dei tanta importância e que não têm mais nenhuma, fico chateada. Cuide-se moralmente também, minha querida. Seja feliz, custe o que custar![25]

Perto do final de novembro ela fez uma agradável viagem a Londres, onde visitou os teatros e viu um espetáculo estrelado pelo ator norte-americano Tyrone Power. Gostou de Londres. "Não era como eu pensava. É menos 'evidente'. [...] Não é como Paris que é imediatamente e claramente Paris. É preciso ir pouco a pouco entendendo, pouco a pouco reconhecendo."[26] A lembrança da Inglaterra permaneceu nela, e nos anos 1960 ela escreveria um texto curto a respeito: "Achei muito natural estar na Inglaterra, mas agora quando penso que lá estive meu coração se enche de gratidão".[27]

Em parte, o tom alegre de suas cartas da Inglaterra talvez viesse de sua consciência de que estava grávida de novo. Não está claro até que ponto a gravidez avançou, mas por volta do início de 1951, em outra viagem a Londres, ela de repente desmaiou. "Quase morri", ela disse anos depois. "Fui levada desacordada para um hospital e quando abri os olhos estava sentado junto de mim, com cara de santo, o João Cabral de Melo Neto. Nunca esqueço."[28]

Ela perdeu o bebê. Em *A paixão segundo G. H.* ela escreveria: "Abandonar tudo isso dói como separar-se de um filho ainda não nascido".[29]

Clarice, Maury e Pedro voltaram de navio ao Brasil em 24 de março de 1951. Mais notícias tristes os aguardavam. Bluma Wainer, que, depois das irmãs, era a amiga mais íntima de Clarice, tinha sido subitamente atacada por um tumor cerebral. Samuel dessa vez não a abandonou, embora fizesse três anos que estivessem separados. Bluma podia considerar Samuel moralmente volúvel em seus compromissos políticos, mas não podia acusá-lo de falta de lealdade. Ele a recebera de volta depois do desastroso relacionamento com Rubem Braga, e agora estava pagando o tratamento nos Estados Unidos. Mas não havia nada a ser feito. Bluma voltou ao Rio, onde Clarice ajudou a cuidar dela, e morreu apenas dois meses depois. Não tinha completado 36 anos.[30]

Em 1955 Rubem Braga dedicou uma crônica a Bluma Wainer. Tudo o que restava do grande amor da sua vida era um busto de gesso, na entrada do seu apartamento, encomendado ao eminente escultor Bruno Giorgi:[31]

> Quantas vezes vi esses olhos se rindo em plena luz ou brilhando suavemente na penumbra, olhando os meus. Agora olham por cima de mim ou através de mim, brancos, regressados com ela à sua substância de deusa.
>
> Agora ninguém mais a poderá ferir; e todos nós, desta cidade, que a conhecemos um dia; e, mais que todos, aquele que mais obstinada, mais angustiosamente soube amá-la, aquele que hoje a contempla assim, prisioneira do imóvel gesso, mas libertada de toda a dor e toda a paixão tumultuária da vida — todos nós morremos um pouco na sua ausência.[32]

Tendo partido como partiu, Bluma foi poupada do horror de presenciar Samuel Wainer tornar-se a eminência parda do novo governo Getúlio Vargas. O antigo editor de *Diretrizes*, empenhado em combater a ditadura do Estado Novo, agora era a mais destacada voz da imprensa pró-Getúlio. Por um lado, isso não queria dizer muita coisa. Os jornais brasileiros eram unanimemente contrários à volta de Getúlio Vargas ao poder, mas isso não se devia a suas supostas credenciais democráticas; a imprensa do país tinha sido sempre o bastião de uma oligarquia reacionária, de propriedade de umas poucas famílias ricas que passavam seus jornais de uma geração à outra.

Wainer viu, com razão, que a eleição de Vargas era um fenômeno genuinamente popular. Depois de sua deposição em 1945, Getúlio permanecera no Senado, tramando o retorno ao palácio presidencial que tinha ocupado por quinze anos e esperando a hora certa, enquanto os políticos que o substituíram caíam em descrédito por conta própria. Em 3 de outubro de 1950, quando Clarice e Maury ainda estavam se instalando no hotel em Torquay, Vargas foi reeleito com 48,7% dos votos, quase maioria absoluta, algo inaudito no fragmentado sistema político brasileiro.[33] Em 31 de janeiro de 1951, democraticamente eleito, Getúlio era de novo o presidente do Brasil. "Quando eu tomar posse o povo vai subir comigo as escadas do Palácio do Catete", ele declarou, melodramático, durante a campanha. "E vai ficar comigo no poder."[34]

Uma imprensa genuinamente popular era o que Samuel e Bluma tinham sonhado em criar com *Diretrizes*, embora Bluma, pelo menos, nunca tivesse sonhado que uma imprensa popular significasse uma imprensa que apoiasse Getúlio Vargas. Num encontro secreto com o novo presidente, Samuel concordara em lançar um jornal que refletisse o estado de espírito popular, com a ajuda de um empréstimo considerável — também secreto, evidentemente — do Banco do Brasil. Em 1º de junho de 1951, com uma retumbante carta de apoio do presidente em sua primeira página, a *Última Hora* fez a sua estreia. Como Samuel mais tarde o descreveu, o jornal era "ecumênico por vocação". Em suas memórias ele cita, concordando, um colega que o chamou de "o único jornalista capaz de criar um jornal que é capitalista no primeiro caderno e comunista no segundo",[35] um par perfeito para o "pai dos pobres" e a "mãe dos ricos". Com o lançamento da *Última Hora*, Samuel Wainer se tornou um dos homens mais poderosos do Brasil.

Durante o ano que passou no Rio de Janeiro, Clarice Lispector participou do nascimento de outra publicação. *Comício* não causaria o mesmo furor da *Última Hora*, e estaria completamente esquecida se não fosse a extraordinária qualidade de seus colaboradores, que incluíam boa parte da nascente geração de escritores, entre eles Paulo Mendes Campos, Fernando Sabino e Clarice Lispector. Seus fundadores eram Rubem Braga e Joel Silveira, ex-repórter de *Diretrizes* que tinha sido correspondente de guerra com Braga na Itália, e sua meta era ambiciosa: discutir "a marcha dramática e pitoresca das coisas desta nação e, um pouco, também das outras", embora os editores deixassem claro que seu intuito não era "salvar o país uma vez por semana".[36]

Como todo o restante da imprensa, *Comício* era antigetulista, pelo menos na teoria. De modo característico da época e do lugar, no entanto, os anunciantes, em sua maioria, vinham por indicação de Danton Coelho, o ministro do Trabalho de Getúlio, que "sugeria" a seus amigos que apoiassem o semanário.[37] Sua orientação política, ou falta de uma, porém, importava pouco para Teresa Quadros, a atrevida e loquaz responsável pela página feminina. Esta era ninguém menos que Clarice Lispector, que assumiu o emprego com a condição de poder trabalhar sob pseudônimo, provavelmente para evitar manchar sua reputação literária.

Nas páginas de *Comício* vemos Clarice emitindo conselhos sobre, por exemplo, como usar o perfume adequado a cada situação. Para um jantar, sugere a Esfinge brasileira, escolha algo leve, evitando sobrepujar o cheiro da comida e arruinar o apetite dos outros convidados. "Por mais francês que seja o seu perfume, é ainda a carne assada o que importa em muitos momentos." Arranje suas joias com um toque de classe:

> Não use joias verdadeiras com fantasias. Faça o possível também para não se empetecar demais com elas. Também não misture placa de brilhantes, com três voltas de pérolas, com brincos dourados e três pulseiras de ouro em cada braço, além de um anelão de água-marinha. Você não é nem vitrine de joalheiro, nem a Virgem do Pilar.[38]

Num tom que exala altivez e autocontrole, Teresa Quadros também dava sugestões para fazer as mulheres se acalmarem. "Aja como se eles [seus problemas] não existissem", escreveu ela na edição de estreia. "Há poucos problemas que não possam esperar uma semana. Quem sabe, você terá a surpresa de ver que eles se resolveram sozinhos." E na edição seguinte Teresa escreveu: "Preocupar-se pode se tornar um hábito, como o de roer unhas. Talvez chegue o dia em que lhe pergunte: por que está preocupada? E sua resposta honesta deve ser: por nada, estou simplesmente preocupada".[39]

No entanto havia mais coisas na página de Clarice em *Comício*. "Desconfio de que a coluna ia descambar para assuntos estritamente fúteis femininos, na extensão em que feminino é igualmente tomado pelos homens e mesmo pelas próprias mulheres: como se uma mulher fizesse parte de uma comunidade fechada, à parte, e de certo modo segregada", ela escreveu mais tarde.[40] A página incluía textos mais sérios, entre eles uma introdução a uma seção chamada "O baú do mascate", uma homenagem velada a seu pai e a outros mascates judeus que levavam suas mercadorias aos sertões do Brasil.

> No centro de um tal paraíso [a sociedade urbana de consumo] é difícil às mulheres imaginarem a existência de sítios em que o mascate e o seu baú são esperados com a ansiedade com que se esperava o Messias. Mas quem já correu chão e ainda, de vez em quando, come poeira por esse sertão bravo do Brasil sabe que existem e sabe que o mascate é também pioneiro, desbravador de mato, que leva, dentro do seu baú, princípios de civilização, rudimentos de higiene a lugares onde dificilmente poderiam chegar por outro meio. A figura anônima do mascate de baú nunca foi suficientemente lembrada pelos homens que escreveram sobre a nossa vida, pelos que têm amor às nossas coisas. Nunca se prestou ao mascate a mais humilde homenagem. E bem que ele o merecia. Porque ele carrega também um pouco de alegria entre as suas bugigangas.[41]

Clarice publicou também um texto curto que deve ter parecido de vanguarda em seu tempo, certamente para os padrões das páginas femininas dos jornais brasileiros: "A irmã de Shakespeare", reelaboração de um conto de Virginia Woolf sobre a hipotética Judith Shakespeare, nascida com o mesmo talento e as mesmas inclinações do irmão, mas com acesso negado à oportunidade de exercê-los, acabava se suicidando. "Quem", Clarice citava a célebre frase de Woolf, "poderá calcular o calor e a violência de um coração de poeta quando preso no corpo de uma mulher?"[42]

22. Mausoléu de mármore

Essa violência e sua repressão são o tema de um dos grandes contos de Clarice, "Amor", escrito durante aquela estada prolongada no Rio. Diferentemente de Judith Shakespeare, Ana, sua protagonista, não é poeta, mas uma dona de casa de classe média, que "apaziguara tão bem a vida, cuidara tanto para que esta não explodisse".[1] Ela fica de olho no marido e nos filhos e tira com frequência o pó dos móveis, mais ou menos como a Lídia de *Perto do coração selvagem*. E então, como em tantas narrativas de Clarice, a existência banal de Ana é abalada por um evento igualmente banal: ao voltar das compras, sentada num bonde, ela vê um cego mascando chiclete.

> Ana ainda teve tempo de pensar por um segundo que os irmãos viriam jantar — o coração batia-lhe violento, espaçado. Inclinada, olhava o cego profundamente, como se olha o que não nos vê. Ele mastigava goma na escuridão. Sem sofrimento, com os olhos abertos. O movimento da mastigação fazia-o parecer sorrir e de repente deixar de sorrir, sorrir e deixar de sorrir — como se ele a tivesse insultado, Ana olhava-o. E quem a visse teria a impressão de uma mulher com ódio. Mas continuava a olhá-lo, cada vez mais inclinada — o bonde deu uma arrancada súbita jogando-a desprevenida para trás, o pesado saco de tricô despencou-se do

colo, ruiu no chão — Ana deu um grito, o condutor deu ordem de parada antes de saber do que se tratava — o bonde estacou, os passageiros olharam assustados.

Incapaz de se mover para apanhar suas compras, Ana se aprumava pálida. Uma expressão de rosto, há muito não usada, ressurgira-lhe com dificuldade, ainda incerta, incompreensível. O moleque dos jornais ria entregando-lhe o volume. Mas os ovos se haviam quebrado no embrulho de jornal. Gemas amarelas e viscosas pingavam entre os fios da rede. O cego interrompera a mastigação e avançava as mãos inseguras, tentando inutilmente pegar o que acontecia. O embrulho dos ovos foi jogado fora da rede e, entre os sorrisos dos passageiros e o sinal do condutor, o bonde deu a nova arrancada de partida.

Poucos instantes depois já não a olhavam mais. O bonde se sacudia nos trilhos e o cego mascando goma ficara atrás para sempre. Mas o mal estava feito.[2]

Imersa numa espécie de delírio onírico ("Por quê? Teria esquecido de que havia cegos?"), Ana perde o ponto em que devia descer e acaba indo parar no mundo primordial do Jardim Botânico do Rio:

E de repente, com mal-estar, pareceu-lhe ter caído numa emboscada. Fazia-se no Jardim um trabalho secreto do qual ela começava a se aperceber. Nas árvores as frutas eram pretas, doces como mel. Havia no chão caroços secos cheios de circunvoluções, como pequenos cérebros apodrecidos. O banco estava manchado de sucos roxos. Com suavidade intensa rumorejavam as águas. No tronco da árvore pregavam-se as luxuosas patas de uma aranha. A crueza do mundo era tranquila. O assassinato era profundo. E a morte não era o que pensávamos.[3]

O Jardim Botânico, com seus cérebros apodrecidos, é "tão bonito que ela teve medo do Inferno". A súbita percepção de Ana do "coração selvagem", do jardim que apodrecia, gotejava, germinava, leva-a à beira da insanidade ("A loucura é vizinha da mais cruel sensatez", escreveu Clarice).[4] Mas, ao contrário de Joana, que não tinha amarras e era livre para ir e vir, Ana não pode se demorar no jardim, assim como Clarice não podia ficar nas cavernas antigas de Torquay: "A comida de Pedro é mais importante". Também Ana tinha um filho que precisava ser alimentado, um jantar para convidados.

Ela perdeu a noção do tempo e teve de ser libertada pelo vigia noturno. Mas libertar-se de uma forma de loucura a deposita em outra. Ela corre para casa e encontra a "sala grande, quadrada", onde "as maçanetas brilhavam limpas, os vidros da janela brilhavam, a lâmpada brilhava — que nova terra era essa?". Assusta o filho com seu olhar violento, ardente, mas respira fundo e janta com os convidados, "um pouco pálida e rindo suavemente com os outros". No final da noite o marido a leva de volta ao seu mundo anterior. "É hora de dormir, disse ele, é tarde. Num gesto que não era seu, mas que pareceu natural, segurou a mão da mulher, levando-a consigo sem olhar para trás, afastando-a do perigo de viver."[5]

Depois de concluir esse conto no Rio, Clarice, também subjugada e calma como Ana, seria conduzida por seu marido a mais uma longa jornada, a mais um longo silêncio.[6] A submissão — de Joana a Lídia, de Clarice Lispector a Clarice Gurgel Valente — era dolorosa, uma violência contra si mesma, mas Clarice sabia que não podia ficar indefinidamente no jardim selvagem. "Ah!", exclama Ana. "Era mais fácil ser um santo que uma pessoa!"[7]

"Amor" foi publicado em 1952, num volume magro, na verdade não mais do que um livreto de 52 páginas, chamado *Alguns contos*. O livro resultou da amizade de Fernando Sabino com José Simeão Leal, diretor do Serviço de Documentação do Ministério de Educação e Cultura.[8] Sabino interveio em favor de Clarice junto a Simeão Leal, que publicava uma coleção chamada Cadernos de Cultura, livros curtos, de poesia, contos e ensaios de autores nacionais e estrangeiros. A meta era que fossem baratos e de ampla difusão, mas só o primeiro desses objetivos foi alcançado; pelo menos no caso de Clarice, o livro não alcançou repercussão nenhuma.[9]

Além de "Amor", o livro trazia "Mistério em São Cristóvão", a história de três crianças, fantasiadas e mascaradas, que entram sorrateiramente num jardim e roubam jacintos. A história remetia às próprias experiências da Clarice menina no Recife, quando ela e sua amiga roubavam rosas. Junto com outras ficções curtas, o conto tinha sido publicado nas páginas de *Comício*. O livro incluía ainda um conto mais longo, chamado "Laços de família", que daria título à coletânea publicada em 1960. A exemplo de "Começos de uma fortuna" e "Mistério em São Cristóvão", tinha sido escrito antes, em Berna. O texto mais antigo era "O jantar", escrito em 1943, na época de *Perto do coração selvagem*, e publicado num jornal em 1946.[10]

"Uma galinha", assim como "Amor", era uma produção mais recente, composta durante sua visita ao Rio. Muitos desses contos dramatizam o dilema do *Lobo da estepe* — "Duas almas, ai de mim, habitam meu peito" — que Clarice já ilustrara na oposição entre Joana e Lídia em *Perto do coração selvagem*. "Amor" mostra Ana confrontada com o mesmo impasse, numa forma concisa e mais cristalizada. Como optar pelo coração selvagem — o lobo, o gato, o cavalo, a víbora, os cérebros apodrecidos do Jardim Botânico — quando uma pessoa requer uma forma humana para sobreviver? Como pode uma pessoa ser fiel ao lado animal de sua natureza sem enlouquecer?

Clarice tinha escrito muito sobre pessoas com traços animais, mas "Uma galinha" era sua primeira história sobre um animal com traços humanos. "Era uma galinha de domingo. Ainda viva porque não passava de nove horas da manhã", começa o conto.[11] Escolhida ao acaso para servir de almoço de domingo, a galinha inesperadamente se revolta, voejando freneticamente pelos telhados e quintais da vizinhança, perseguida por um rapaz em quem sua fuga despertou um instinto de caçador adormecido. "Sozinha no mundo, sem pai nem mãe, ela corria, arfava, muda, concentrada. Às vezes, na fuga, pairava ofegante num beiral de telhado e enquanto o rapaz galgava outros com dificuldade tinha tempo de se refazer por um momento." Por fim o rapaz a alcança e a arrasta por uma asa para a cozinha, onde, "com certa violência", pousa-a no chão. Justamente quando parece que o jogo acabou para a galinha, porém, e para o espanto de todos e dela própria, ela bota um ovo — "Seu coração tão pequeno num prato solevava e abaixava as penas enchendo de tepidez aquilo que nunca passaria de um ovo" —, uma heroica exibição de vitalidade que lhe vale a suspensão temporária de sua sentença. O desempenho a transforma na "rainha da casa", embora ela mesma não soubesse. Entra numa rotina.

> Mas quando todos estavam quietos na casa e pareciam tê-la esquecido, enchia-se de uma pequena coragem, resquícios da grande fuga — e circulava pelo ladrilho, o corpo avançando atrás da cabeça, pausado como num campo, embora a pequena cabeça a traísse: mexendo-se rápida e vibrátil, com o velho susto de sua espécie já mecanizado.[12]

O conto, que tem menos de três páginas, é repleto de referências à vida da própria Clarice: a sensação de aprisionamento e o anseio pela fuga; a existência "sem pai nem mãe"; o esforço prodigioso seguido por um longo período de silêncio. A referência ao "velho susto de sua espécie" sugere o ancestral medo judaico de perseguição, e a frase "resquícios da grande fuga", combinada com o espetáculo de uma fêmea impotente, grávida e incapaz de voo que corre para salvar a vida, remete à desesperada fuga da Europa empreendida por sua mãe.

Mas assim como a sina de Mania Lispector a alcançou, a galinha exauriu suas energias em uma única façanha fabulosa. A "rainha da casa" não pode escapar de seu destino. Ela prospera por um tempo, "até que um dia mataram-na, comeram-na e passaram-se anos".[13]

Assim como a da galinha, a entrada de Clarice na tranquilidade doméstica foi apenas temporária. Assim como a galinha estava destinada a ser cozida para o jantar, e assim como Ana inevitavelmente teve de voltar para a sua "sala grande, quadrada", Clarice teria de partir para Washington, para onde Maury foi destacado como segundo-secretário da Embaixada. Como sempre, ela não quis deixar o Brasil. Depois dos longos anos fora, seus meses no Rio haviam lhe trazido um módico sucesso profissional — escrevendo para *Comício*, publicando seus contos —, e agora ela partia de novo para um triste exílio. Como a galinha que protegia seu ovo, Clarice estava grávida novamente.

Ela, Maury e Pedro viajaram a Nova York na primeira classe de um opulento navio inglês. "Mas não aproveitei nada: estava triste demais. Levei uma babá de 16 anos para me ajudar. Só que as intenções dela não eram de todo as de ajudar: fascinava-a a viagem e a vida de diplomatas. E a Avani, carregada de livros de inglês e de cabeça inteiramente virada pela sua boa sorte, nem olhava para meu menino."[14] Durante os festejos que celebravam a travessia do equador, quando os passageiros eram jogados de roupa na piscina, a abatida Clarice permaneceu em seu camarote.

Chegaram a Washington em 24 de setembro de 1952. "Felizmente vocês conhecem", ela escreveu a Fernando Sabino e sua esposa, "e assim não preciso tentar tornar concreta essa cidade vaga e inorgânica. É bonita, segundo várias leis da beleza que não são as minhas. Falta bagunça aqui, e não compreendo cidade sem esta certa confusão. Mas enfim, a cidade não é minha."[15] Era, porém, mais aceitável que Berna, com um centro urbano muito maior e uma embaixada idem, entre cujos funcionários Clarice poderia encontrar um círculo mais amplo de brasileiros.

Vários velhos amigos já estavam lá. Havia Lauro Escorel, que resenhara *Perto do coração selvagem* anos antes, e sua esposa grávida, Sara, que, ao lado de Clarice e Eliane, era uma das três esposas judias no Itamaraty. Sara saiu para comprar móveis com Clarice logo que eles chegaram, mas depois de poucos dias Clarice a excluiu de suas futuras excursões. "Mas, Clarice, o que foi que eu fiz?", perguntou Sara. "Você se decide depressa demais", respondeu Clarice. Havia também um amigo de Clarice dos tempos de estudante, João Augusto de Araújo Castro, a quem ela tinha recomendado calorosamente a Fernando Sabino, e Eliane e Mozart Gurgel Valente estavam perto, em Nova York.

O embaixador era o rico banqueiro Walther Moreira Salles, que devia seu prestigioso posto a ninguém menos que Samuel Wainer. Em troca de um empréstimo para comprar uma rotativa para a *Última Hora*, Samuel intercedeu em seu favor junto ao presidente. Tamanha era a influência de Wainer, e a importância da *Última Hora* para o regime de Vargas, que Getúlio preteriu um poderoso industrial paulista e seu próprio cunhado para agradar a Wainer.[16] Samuel nunca imaginou que o pagamento do empréstimo seria cobrado, mas foi, quando os ventos políticos começaram a mudar de direção.

Pouco tempo depois de chegarem, Maury e Clarice comparam a casa do número 4421 da Ridge Street, a uma quadra do *country club*, no arborizado e adequado subúrbio de Chevy Chase. Era a primeira casa que eles possuíam na vida e se mostrou o lugar ideal para uma jovem família, perto da cidade e de boas escolas. A casa, de dois andares, com um bom quintal e jardim, era muito confortável, e foi ali que ela esperou o nascimento de seu segundo filho. A notícia de que ela teria de fazer uma cesariana levou-a às raias do pânico, conforme relembrava Lauro Escorel,[17] provavelmente porque se lembrava de sua horrível experiência em Berna, quando Pedro nasceu. Mas em 10 de fevereiro de 1953, algumas semanas depois da posse de Dwight Eisenhower, Paulo Gurgel Valente nasceu no George Washington University Hospital. "Este parto não teve nenhuma das horríveis complicações do outro", ela escreveu a Elisa.[18] Agora a família estava completa.

Pouco tempo depois do nascimento de Paulo, outra família chegou a Washington: Erico e Mafalda Verissimo, com seus filhos adolescentes, Clarissa e Luis Fernando. Em maio de 1953, Erico Verissimo assumiu o posto de diretor de assuntos culturais no "museu de mármore" da União Pan-Americana, que fazia parte da Organização dos Estados Americanos. Aos 47 anos, Verissimo era o mais raro dos fenômenos: um romancista brasileiro que conseguia viver do que escrevia. (No século xx, apenas Fernando Sabino e Jorge Amado podiam dizer o mesmo.) Assim como Getúlio Vargas, ele vinha de uma pequena cidade do Rio Grande do Sul, de uma família que já estava arruinada quando ele saiu da adolescência. Abandonara os estudos antes de terminar o colégio e experimentara várias atividades, entre elas a de administrar uma farmácia numa cidadezinha (a farmácia faliu), antes de encontrar emprego na legendária Livraria do Globo, em Porto Alegre.

Ali, finalmente, encontrou lugar para os seus talentos. Começou a ler, escrever e traduzir; foi o responsável pela tradução de *Felicidade*, de Katherine Mansfield, que causara grande impacto na jovem Clarice. Em 1935 seu romance *Caminhos cruzados* ganhara o Prêmio Graça Aranha, a mesma distinção que *Perto do coração selvagem* conquistaria nove anos depois. Mais importante que isso, do ponto de vista mercadológico, foi o fato de o livro ser denunciado como comunista e indecente, o que deu a Verissimo notoriedade nacional. Mas o grande salto veio em 1939, quando *Olhai os lírios do campo* vendeu 62 mil exemplares, um número fabuloso — e inédito para o Brasil.[19]

Sua fama crescente trouxe-lhe um convite do Departamento de Estado para visitar os Estados Unidos em 1941, seguido em 1943 de um convite para lecionar literatura brasileira na Universidade da Califórnia, em Berkeley, onde ele ficou até 1945 e produziu, em inglês, seu breve compêndio *Brazilian Literature*. O início do livro dá uma boa ideia do estilo que conquistou um público leitor tão amplo:

> Numa pequena cidade do Brasil, vi muitos anos atrás uma peça encenada e interpretada por amadores, e nunca me esquecerei de uma de suas cenas. (A época era 1200 A. D., em algum lugar da Europa.) O herói avançava pelo proscênio e, batendo em sua couraça de papelão com os punhos cerrados, bradava: "Somos os bravos e nobres cavaleiros da Idade Média!".
>
> Mais tarde, um amigo me falou de outra peça melodramática em que o personagem central, um moço belo e garboso, ao se despedir da amada noiva,

recitava: "Oh, minha amada, agora vou participar daquela tremenda campanha conhecida na história pelo nome de Guerra dos Trinta Anos!".[20]

No início da carreira de Verissimo, os sabichões da cultura brasileira — ciumentos, evidentemente, de seu sucesso — atacaram seu estilo caloroso, acessível, até serem silenciados pela publicação, em 1949, da primeira parte de *O tempo e o vento*. O escritor tinha começado a fazer anotações sobre o tema em 1939, pensando num volume único de umas oitocentas páginas, contando a história de uma família e de uma cidade. O livro acabaria consumindo quinze anos de trabalho e atingindo mais de 2200 páginas, nas quais o autor, numa narrativa dramática, reconta toda a história de seu estado natal. Apesar da enorme extensão, é, até hoje, um dos romances brasileiros mais lidos e amados; foi adaptado com frequência para o cinema e a televisão, e seus personagens são nomes familiares.

A despeito do sucesso, porém, Verissimo parece ter sido acossado por dúvidas quanto à qualidade literária a que aspirava. Numa entrevista que deu a Clarice Lispector em 1969, ele disse:

> Planejo, mas nunca obedeço rigorosamente ao plano traçado. Os romances (você sabe disso melhor do que eu) são artes do inconsciente. Por outro lado, estou quase a dizer que me considero mais um artesão do que um artista. E com isso você compreenderá melhor por que a crítica não me considera profundo.[21]

Clarice não podia aceitar em silêncio esse comentário. Quatro anos mais tarde, em sua coletânea *Onde estivestes de noite*, ela anexou o seguinte "Bilhete a Erico Verissimo" a um conto que publicara anteriormente em *Comício*: "Não concordo com você que disse: 'Desculpem, mas não sou profundo'. Você é **profundamente** humano — e que mais se pode querer de uma pessoa? Você tem grandeza de espírito. Um beijo para você, Erico".[22]

O calor humano de Erico Verissimo fazia dele uma boa escolha para o prestigioso posto na União Pan-Americana, posição que o colocou em contato com todo tipo de súplicas. Felizmente ele era um homem de muito tato.

Antes do dilúvio, a família se reúne para um matrimônio na Ucrânia, c. 1917. As irmãs de Clarice, Elisa e Tania, são as meninas na primeira fila, à esquerda; atrás delas, os pais, Pinkhas e Mania. Sentados na primeira fila, ao centro, Dora e Israel Wainstok, que mais tarde se juntariam aos Lispector no Recife.

No Recife, a família reunida com nomes brasileiros: Pinkhas, agora Pedro; Mania, agora Marieta; e as três filhas. Leia, a mais velha, se tornou Elisa; Tania manteve o nome; e Chaya, agora Clarice.

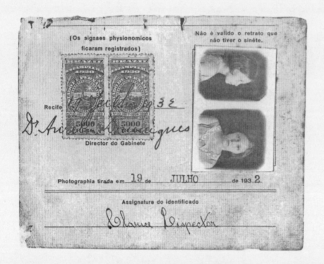

Carteira de identidade com a primeira assinatura de Clarice, então com onze anos.

As três irmãs prestes a se mudar de Recife para o Rio de Janeiro, onde o pai viúvo tinha esperanças de achar maridos judeus para as meninas.

Clarice, adolescente, já no Rio de Janeiro. Sua beleza e inteligência despertavam paixões.

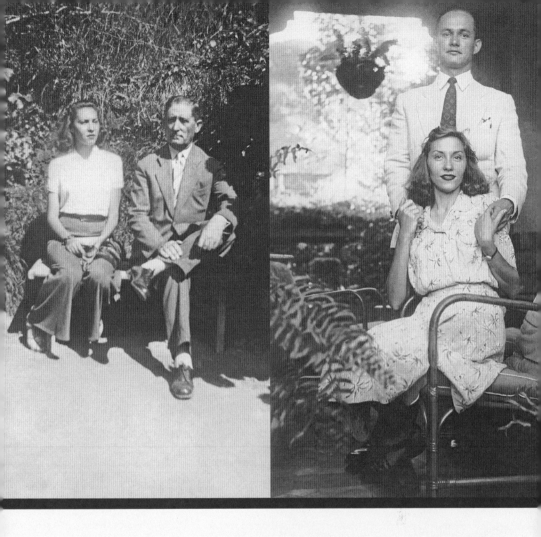

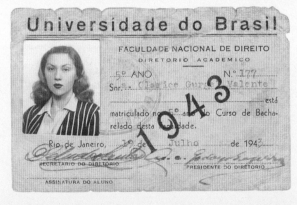

Clarice e seu pai em São Lourenço — este nas únicas férias que tirou na vida.

Maury Gurgel Valente e Clarice no Flamengo, anos 1940. Conheceram-se na faculdade de direito.

Naturalizada brasileira e com um novo nome, a sra. Gurgel Valente preparava-se para sair do Brasil em plena Segunda Guerra Mundial.

Clarice aproveitando um dia de sol em Berna, Suíça. Na cidade, ela enfrentou a depressão e deu à luz seu primeiro filho, Pedro, nome dado em homenagem ao amado pai.

Clarice e a amiga Bluma Wainer, esposa do jornalista Samuel Wainer, caminham por Berna, em abril de 1946. A brilhante Bluma, uma das primeiras mulheres jornalistas do Brasil, foi a mais próxima amiga de Clarice. Morreria ainda jovem.

Uma das fotos
de série tirada por Bluma
Wainer, em Paris,
junho de 1946.

A menina que saiu
faminta da Europa voltou
como elegante esposa
de diplomata. Aqui, um
passeio de gôndola perto da
ponte de Rialto, Veneza,
ao lado de Maury.

As irmãs Tania, Clarice
e Elisa no Rio de Janeiro,
por ocasião da partida de
Clarice para os Estados
Unidos, em setembro de 1952.
Clarice está no quarto mês
de gravidez do segundo
filho, Paulo, que nasceria
na capital americana.

Clarice no período em que morava em Washington, escrevendo *A maçã no escuro* e o que viriam a ser os famosos contos de *Laços de família*.

Clarice e os filhos, 1954, na capital americana.

Clarice estirada ao sol em um parque próximo a Washington.

Em um parque da capital americana, Clarice e Mafalda, esposa de Erico Verissimo. Duas personalidades completamente diferentes, tornaram-se, nos Estados Unidos, amigas queridas.

Dia de praia no Leme com os filhos e a amiga Lucinda Martins.

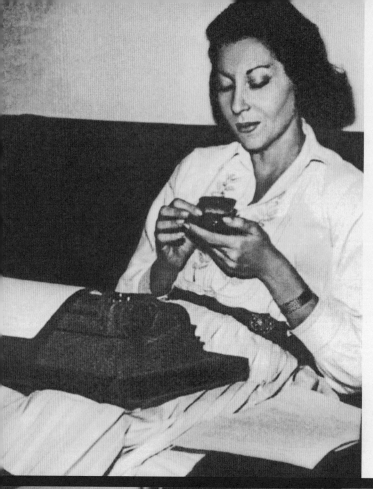

Quando os filhos eram pequenos, Clarice começou a escrever com a máquina no colo — hábito que manteria por muitos anos.

Ao lado da mãe, o filho Paulo se diverte com um livro.

Clarice e Tom Jobim em 1961, no Rio de Janeiro, no lançamento de *A maçã no escuro*. A impossibilidade de ver publicados seus livros, já em plena carreira e na meia-idade, a havia deixado deprimida. O lançamento marcou sua volta ao Brasil e às letras brasileiras.

Clarice frequentemente fumava enquanto escrevia, fosse de dia ou de madrugada. O vício, que a mataria aos 56 anos, também causou um grave acidente em 1966, quando seu quarto pegou fogo.

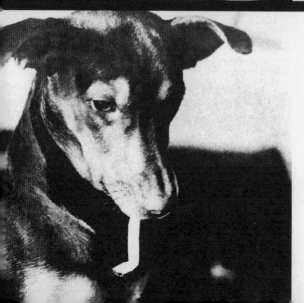

Ao lado de Tônia Carreiro, Clarice participa da vigília no colégio Santo Inácio, no Rio de Janeiro, em 26 de junho de 1968, em manifestação contrária à ditadura militar. Em seguida, as pessoas presentes participariam da Passeata dos Cem Mil.

Clarice em sua casa, na rua Gustavo Sampaio, no Leme.

Ulisses, o cão de Clarice, virou uma figura lendária. Fumava cigarros: especulava-se que os pegava para proteger a escritora depois que ocorrera o incêndio.

Clarice fotografada por Maureen Bisilliat no Rio de Janeiro, em meados da década de 1960.

> Para Maury, desejando-lhe tanta, tanta felicidade, muita saude e tudo de bom, com um abraço grande da
> Clarice
> Rio, julho 1961
> (Pedro e Paulo foram comigo ao Festival do Escritor...)
>
> Um beijo do Pedro
> um abraço para o querido Papai. Paulo

A MAÇÃ NO ESCURO

Em julho de 1961, já separada de Maury Gurgel Valente, Clarice envia ao ex-marido um exemplar de seu novo livro. Nele, os meninos Pedro e Paulo mandam seu carinho ao pai ausente.

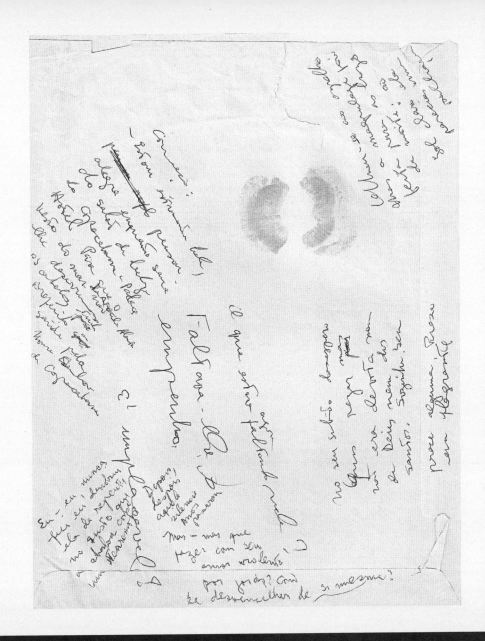

Muitas das últimas obras de Clarice foram compostas a partir de fragmentos deixados por ela, colecionados e reunidos pela amiga Olga Borelli. Este, ainda com a marca do batom da escritora, postumamente faria parte de *Um sopro de vida*, editado por Olga.

Nem todos seus pensamentos soltos eram aproveitados nos livros. Aqui, uma descrição da chegada de Macabea ao Rio de Janeiro, que ficou fora da versão final de *A hora da estrela*.

(Macabea
Quando vem para
o Rio)

Macabéa não sabia como se defender da vida numa grande cidade. Ela que tinha um sonho impossível: o de um dia possuir uma árvore. Que árvore, que nada: não havia nem grama sob os seus pés.

Espécie de lista de desejos de Clarice: "Em todas as frases um clímax".

1 - Não pensar pessimisticamente no futuro.
2 - Só atravessar a ponte quando chegar a hora
3 - Emagrecer 3 quilos
4 - Roupas boas e variadas
5 - Paulatinamente fazer o livro sem pressa
6 - Apaixonar-me pelo livro
7 - Aprofundar as frases, renová-las, escrupulosa
8 - O autor fala em vez de "Deus" outra entidade
9 - Só Angela fala em Deus.
10 - Não deixar personagem me dizer dos ordens.
11 - Ser tranquila comigo mesma
12 - Não achar que uma situação é irremediável
13 - Em todas as frases um clímax

Rio, 20 outubro 1977

Aurora,

Telefonei para você uns três vezes e só da última recebi a notícia de que você estava em Brasília e depois via à Europa.

O que eu queria lhe dizer era que concordo plenamente na minha ida a S. Luís (terra do grande Ferreira Gullar) mas que dependia minha viagem de uma melhora de saúde (já estou quase boa). Por favor, telegrafe-m quando chegar de Brasília ou Europa, afim de combinarmos a minha ida.

Você prefere que eu vá no meio da semana (quando os alunos ainda estão na Universidade) ou fim de semana?

Aguardo sua resposta. E divirta-se Europa fora.

Clarice

Em resposta a um convite para ir ao Maranhão, Clarice se queixa da saúde, mas diz já estar "quase boa". A viagem nunca aconteceu; dias depois ela foi internada. Faleceu em 9 de dezembro de 1977. Esta foi a última carta que escreveu.

De outra feita me surgiu uma cantora aposentada (contralto), que se disse autora dum Hino das Américas. Pedia meus bons ofícios para que a peça fosse adotada como hino oficial da OEA. Mostrou-me a música, cantarolou-a para mim numa impostada mas trêmula surdina. Eu movia a cabeça, acompanhando o ritmo do hino. Lembro-me de que uma frase da letra era dum grotesco irresistível: *solution by arbitration* (solução por arbitração). Quando a dama soltou o agudo final, declarei que o hino era uma verdadeira beleza, mas a senhora compreende, para que ele seja adotado precisamos convocar uma reunião do Conselho, a aprovação unânime dos representantes de 21 países da Organização... Inviável. *Sorry, very sorry.*[23]

O cargo incluía também uma grande quantidade de viagens pelas Américas, durante as quais ele tinha de deixar Mafalda e os filhos em casa. "Minha mulher, que tem horror às viagens aéreas, fica automaticamente viúva no momento em que entro num avião", escreveu Erico.[24] Talvez esse temor e o isolamento tenham contribuído para aproximar Mafalda e Clarice. Com Erico tão frequentemente no exterior e Maury trabalhando longas horas na Embaixada, os filhos ocupados na escola ou com suas próprias atividades, as duas mulheres, longe de seu país e com tempo de sobra, tornaram-se muito próximas, passando juntas quase todas as tardes. Mafalda Verissimo se tornou a amiga mais íntima de Clarice desde Bluma Wainer.

"Eu não era uma intelectual", Mafalda disse numa entrevista, "mas sabia ouvir. Era disso que ela precisava. Ela confiava em mim, naturalmente." É assim que sua filha, Clarissa Jaffe, relembra a amizade das duas: "Clarice encontrou em minha mãe alguém com quem ela podia relaxar e baixar a guarda. Minha mãe era uma mulher muito descomplicada, o oposto exato de Clarice".[25] "Elas não podiam ter personalidades mais diferentes", concorda Luis Fernando, "[mas] se tornaram amigas de infância."[26] Mafalda via em Clarice "uma mulher excepcionalmente inteligente e cheia de problemas. Nunca vi uma mulher sofrer tanto".

Na tarde longa e vazia, as duas se sentavam junto aos balcões de lanchonetes, "conversando, tomando café, aquele horrível café americano, e comendo torradas". Os tópicos de suas conversas eram a história pessoal de Clarice: ela constantemente "falava do Brasil, lembrava do passado, da família, de suas origens judaicas".[27] Talvez sob o peso dessas lembranças, Clarice recorria cada vez mais aos sedativos que vinha tomando pelo menos desde 1948. "Nós sentávamos para tomar café e tomar Bellergal. Não é loucura?", disse Mafalda. "Bellergal era o tranquilizante da época. Acho que era um remédio suíço, se não me engano. Era um comprimido pequenininho e nós andávamos sempre com um."

Mafalda tinha começado a tomar Bellergal por causa do medo de voar, embora nunca tenha se tornado dependente. Não foi esse, infelizmente, o caso de Clarice. Mafalda ficou chocada com um incidente num cinema. Clarice queria ver *Cidadão Kane*, embora, assim como Maury, Erico e Mafalda, já tivesse visto. Eles foram de novo só porque Clarice insistiu. O filme mal tinha começado quando eles perceberam que ela estava dormindo profundamente. "Não viu nada do filme", disse Mafalda. "Com certeza tinha tomado mais de um Bellergal."[28]

Uma passagem de *A maçã no escuro*, o romance que Clarice escreveu em Washington, lembra esse hábito:

> Ah, disse ela com simplicidade, é assim: vamos dizer que uma pessoa estivesse gritando e então a outra pessoa punha um travesseiro na boca da outra para não se ouvir o grito. Pois quando eu tomo calmante, eu não ouço o meu grito, sei que estou gritando mas não ouço, é assim, disse ela ajeitando a saia.[29]

Mas o trabalho de Clarice estava se tornando mais popular. Nem mesmo o colapso de *Comício*, em menos de seis meses ("Nosso *Comício*, v. viu, morreu assim que Teresa Quadros partiu", escreveu Rubem Braga em maio de 1953), significou o fim das encomendas.[30] Enquanto alguns ex-participantes de *Comício* foram trabalhar para Samuel Wainer, outros, incluindo Clarice, assinaram contrato com a revista *Manchete*, lançada em abril de 1952, quando Clarice ainda estava no Rio.[31]

Seu fundador era Adolpho Bloch, que, como Clarice, nascera na Ucrânia e fugira durante os pogroms. Sua família se estabelecera no Rio de Janeiro — eram vizinhos de Lúcio Cardoso — poucos meses antes de os Lispector chegarem a Maceió.[32] Começando com uma pequena impressora manual, Bloch construiu um império de mídia do qual o carro-chefe era a *Manchete*, a equivalente brasileira da *Paris-Match* ou da *Life*. O editor-chefe era um velho amigo de Clarice, Otto Lara Resende. Otto, cujo pai tivera outros dezenove filhos, pertencia ao famoso grupo dos quatro mineiros, ao lado de Fernando Sabino, Paulo Mendes Campos e o psicanalista Hélio Pellegrino. Assim como eles, conhecia Clarice desde 1944, quando Lúcio Cardoso apresentara *Perto do coração selvagem* a seus amigos literatos de Minas.

Fernando, atuando mais uma vez como agente de Clarice, propôs em nome dela uma espécie de "bilhete dos E.E.U.U." para a nova revista.[33] A ideia, prontamente aceita, encontrou um obstáculo quando Clarice insistiu em permanecer anônima. Ela sugeriu ressuscitar Teresa Quadros, mas a equipe da *Manchete* tinha outras ideias; ela e Fernando trocaram cartas sobre o assunto ao longo de 1953, Fernando abrandando com sensibilidade a irritante decisão de Clarice.

"Ela [Teresa] é muito melhor do que eu, sinceramente: a revista ganharia muito mais com ela — ela é disposta, feminina, ativa, não tem pressão baixa, às vezes até mesmo feminista, uma boa jornalista, enfim", insistiu ela. Ao que Fernando respondeu: "Estou meio sem jeito de dizer a eles que você não quer assinar, por duas razões: primeiro, porque, a despeito da elevada estima e distinta consideração que têm pela formosa Teresa Quadros, sei que fazem questão de seu nome — e foi nessa base que se conversou; não sei se você sabe que você tem um nome". "E acontece", replicou Clarice, tentando de modo petulante encontrar um meio-termo, "que só gostaria de assinar C. L.". Fernando respondeu: "O que interessa é Clarice Lispector, pelo menos uma Clarice Lispector dando notícias — mesmo assinando C. L.".[34]

Clarice não escreveria para a *Manchete* até 1968. Enquanto isso, pela primeira vez, um livro seu estava sendo publicado no exterior, evento que também traria algumas dores de cabeça. *Perto do coração selvagem* tinha sido vendido para a editora Plon, em Paris, para o editor Pierre de Lescure. Com "Vercors", pseudônimo de Jean Bruller, autor da célebre novela *O silêncio do mar* [1942], Lescure fundara Les Éditions de Minuit, a famosa editora da Resistência.

Na primavera de 1954 a tradução chegou a Washington, crivada de erros, obra de uma tradutora cujo conhecimento do português era claramente limitado e que não hesitou em amputar capítulos inteiros do livro. Para piorar, o prazo para a publicação estava no fim, e Clarice teria muito pouco tempo para corrigi-lo.

Erico Verissimo disse a ela que mandasse imediatamente uma carta a Lescure,[35] o que ela fez. "Apresso-me em informar-lhe", escreveu em seu francês mais formal, "que não posso consentir na publicação do livro em seu estado atual." A tradução era "escandalosamente ruim... muitas vezes ridícula mesmo". Por isso, escreveu ela, "prefiro que o livro não seja publicado na França a vê-lo aparecer tão cheio de erros".[36] A tradução pobre era aparentemente resultado de um problema de comunicação, porque seis semanas depois ela garantia a Lescure que não recebera suas cartas anteriores sobre o assunto. Ainda assim, não estava disposta a deixar o assunto morrer. "Admito, se o senhor quiser, que as frases não refletem a maneira usual de falar, mas lhe garanto que ocorre o mesmo em português", escreve ela.

> A pontuação que eu emprego no livro não é acidental e não resulta de uma ignorância das regras gramaticais. O senhor concordará que os princípios elementares de pontuação são ensinados em qualquer escola. Estou plenamente consciente das razões que me levaram a escolher essa pontuação e insisto que ela seja respeitada.[37]

Este é um ponto que seus tradutores fariam bem em reter: não importa quão estranha a prosa de Clarice soe em tradução, ela soa igualmente insólita no original. "A estrangeiridade de sua prosa é uma das evidências mais contundentes de nossa história literária e, ainda, da história de nossa língua", escreveu o poeta Lêdo Ivo. A estudiosa canadense Claire Varin lamentou a tendência dos tradutores de Clarice de "tirar os espinhos do cacto".[38]

Não obstante os problemas com a tradução, Clarice garantiu a Lescure que lamentava ter usado a expressão "escandalosamente ruim". Pior: conforme ela escreveu em junho, lamentava que suas observações tivessem "prejudicado a saúde" dele. O herói que enfrentara a ocupação alemã se debilitara no confronto com Clarice Lispector. "Quanto a mim", ela acrescentou, "estou habituada, por temperamento, à ansiedade. Mas tomo sempre cuidado para não perturbar a tranquilidade dos outros."[39]

23. O equilíbrio íntimo

Em 15 de julho de 1954, a família voou para o Rio, para dois meses de férias. O país que encontraram vivia uma de suas maiores convulsões políticas no século XX. Como já estava se tornando habitual, Samuel Wainer desempenhou papel central nos acontecimentos.

O único aliado de Getúlio Vargas na imprensa escrita era um alvo irresistível para os inimigos do presidente, liderados em cruzada por Carlos Lacerda, um velho amigo de Samuel dos tempos de esquerdismo — tão próximo que, quando foi expulso do Partido Comunista (por causa de um mal-entendido, segundo ele), a primeira pessoa que Lacerda procurou em busca de consolo foi Bluma Wainer. A expulsão, no entanto, o deixou enfurecido, e ele colocou seu considerável talento para a polêmica a serviço do anticomunismo.

Homem de muitos inimigos, Lacerda não parava de atacar os comunistas; detestava acima de tudo a nova encarnação de Getúlio Vargas como populista democraticamente eleito, e não perdoava a aliança do velho amigo Samuel com o presidente. Os ataques contra Wainer e a *Última Hora* se tornaram cada vez mais agressivos até chegar a seu grande furo jornalístico. Em 12 de julho de 1953, sua manchete bradava: WAINER NÃO NASCEU NO BRASIL. O assunto era da maior importância, porque um estrangeiro não podia, legalmente, ser proprietário de um jornal brasileiro. Eliminar Samuel Wainer e sua *Última Hora* praticamente garantiria a queda de Getúlio Vargas.

A prova do crime era um documento amarelado descoberto nos arquivos de um colégio do Rio, no qual o irmão mais velho de Samuel, Artur, dizia que seu irmão nascera não em São Paulo, conforme afirmava, mas na Bessarábia. Samuel apressou-se em explicar que "famílias de imigrantes, traumatizadas com os horrores da guerra dos quais haviam sido testemunhas, temiam que seus filhos fossem convocados pelo Exército do país onde tentavam refazer a vida".[1] Seguiu-se um drama cômico, com Wainer arregimentando moradores do Bom Retiro, o bairro judeu de São Paulo, para atestar que se lembravam de ter assistido à sua circuncisão, e Lacerda enviando seus correspondentes à exótica Bessarábia na tentativa de desvelar "Edenitz", a *shtetl* onde supostamente Samuel nascera. (O fotógrafo enviado, Jean Manzon, foi o único a ter captado o enlouquecido Nijinski dançando.)

Com que exatidão se esperava que eles empreendessem essa investigação numa União Soviética em que Stálin mal esfriara em seu túmulo não foi avaliado. Os detetives de Lacerda jamais encontraram Edenitz. O lugarejo de fato existia e ainda existe, com o nome de Edenitz, no norte da atual Moldávia, a poucos quilômetros de Soroca, ponto onde a família Lispector atravessara o Dniester. Embora Wainer tenha sido brevemente detido por causa do escândalo, ele negou até o fim que não era brasileiro nativo. (Depois de sua morte, revelou-se que ele havia, de fato, nascido na Bessarábia.)

Apesar de Samuel ter sido absolvido, o escândalo ajudou a consolidar Carlos Lacerda como o inimigo mais poderoso do governo, e os pontos que marcou contra a *Última Hora* enfraqueceram o já combalido Vargas. A história é conhecida, mas vale a pena ser relembrada.

O golpe de misericórdia veio três semanas depois da chegada de Clarice ao Rio, na manhã de 5 de agosto de 1954, quando Carlos Lacerda, chegando ao prédio onde morava, na rua Tonelero, em Copacabana, foi baleado. O assassino só atingiu Lacerda no pé — durante os meses seguintes ele desfilaria com uma enorme e teatral bota de gesso —, mas acabou matando Rubens Vaz, o major da Aeronáutica que acompanhava o jornalista.

Do hospital, Lacerda imediatamente declarou que Samuel Wainer nada tinha a ver com o atentado. Não era em Wainer que ele estava interessado; seu alvo era o próprio presidente.[2] Mesmo sem a autorização e o conhecimento de Getúlio Vargas, para todos os efeitos o atentado da rua Tonelero havia sido tramado por um segurança pessoal do presidente, Gregório Fortunato, e por isso significava o fim do seu governo.

A indignação contra Getúlio vinha de todos os lados, e talvez o aviso do presidente na manchete da *Última Hora* de 23 de agosto de 1954 tenha sido interpretado como bravata: GETÚLIO AO POVO: SÓ MORTO SAIREI DO CATETE. Todos sabem o que o presidente, acuado no Palácio do Catete, envergando seu pijama listrado, fez no dia seguinte.

Com Getúlio morto, o jornal de Samuel foi o único a escapar dos ataques das multidões. Naquele primeiro dia ele vendeu uns 800 mil exemplares,[3] enquanto o escritório da Standard Oil e a Embaixada americana eram atacados, e Carlos Lacerda, ainda com o gesso no pé, fugia do país. As palavras do bilhete suicida de Vargas, "Serenamente dou o primeiro passo no caminho da eternidade e saio da vida para entrar na história",[4] reverberavam dia e noite pelas ondas de rádio país afora.

ELE CUMPRIU A PROMESSA, proclamou a *Última Hora*.

Uma semana depois do atentado contra Lacerda, Clarice escreveu a Mafalda Verissimo: "Ainda não absorvi o Rio, sou lenta e difícil. Precisaria de mais alguns meses para entender de novo a atmosfera. Mas que é bom, é. É selvagem, é inesperado, e salve-se quem puder".[5] Por alguns dias ela se refugiou do caos político da capital em Teresópolis; seu apartamento no Rio ficava a poucas quadras do Palácio do Catete.[6] Clarice conseguiu ver velhos amigos como Fernando Sabino e Lúcio Cardoso e cimentou suas relações com José Simeão Leal, que, impressionado por *Alguns contos*, encomendou uma coletânea completa. Pela primeira vez Clarice recebia um adiantamento por um livro. A exemplo de sua estreia parisiense, essa bênção iria se mostrar ambígua.

Justamente quando estava começando a absorver o convulso Rio de Getúlio, Clarice foi puxada de volta para a tranquilidade burguesa da Washington de Eisenhower, aonde chegou em 15 de setembro. Ela já havia feito isso várias vezes antes, o que não significa que fosse mais fácil. "Para mim, sair do Brasil é uma coisa séria", ela escreveu a Fernando depois de sua volta, "e, por mais 'fina' que eu queira ser, na hora de ir embora choro mesmo. E não gosto que me vejam assim, embora se trate de lágrima bem-comportada, de lágrima de artista de segundo plano, sem permissão do diretor para arrumar os cabelos..."[7]

Uma vez de volta, Clarice se manteve ocupada. Estava reaprendendo a dirigir. "O professor me perguntou francamente se era mesmo verdade que eu já tinha alguma vez aprendido. Ao que respondi que infelizmente era. Ao que ele não respondeu nada. [...] Maury, ao meu lado, finge uma coragem digna de nota só para não me desanimar. Diz que meu defeito, um defeito à toa, é não ligar muito para o tráfego."[8] Com o tempo, ela deve ter aprendido a dirigir. Uma das primeiras lembranças que o filho Paulo tinha dela era dentro do carro, a caminho da escola:

> Eu devia ter três ou quatro anos, deveria ser portanto 1956 ou 1957; a escola ficava no alto de uma colina, o caminho todo nevado, minha mãe dirigindo, o carro dando voltas e voltas até chegar lá em cima. [...] talvez passasse uma impressão de estar "sonhando acordada", de estar ligada em outra realidade que não a presente.[9]

Ela estudava inglês como aprendia a dirigir: com indiferença. Tomava milk-shake e abusava das pílulas com Mafalda Verissimo, e cada vez mais se dava conta de que a vida diplomática era impossível para ela. "Não estava muito à vontade nesse meio", disse a mulher que uma vez se vangloriou de ter saído "direto do jardim zoológico". "Todo esse formalismo... Mas eu preenchia meu papel... Era mais conciliadora do que hoje. O que julgava ser de meu dever, eu fazia."[10] Durante anos a noção de dever a sustentara: "Eu detestava, mas eu cumpria com minhas obrigações [...]. Eu dava jantares, fazia todas as coisas que se deve fazer, mas com um enjoo...".[11] Era essa a época em que precisava "fazer o garçom em casa passar as lavandas a cada convidado do seguinte modo: cada lavanda com uma pétala de rosa boiando no líquido".[12]

"Não só a anfitrioa como cada convidada parecia estar satisfeita por tudo estar saindo bem. Como se houvesse sempre o perigo de subitamente revelar-se que aquela realidade de garçons mudos, de flores e de elegância estava um pouco acima delas [...]. A vizinha lhe disse: 'A paisagem lá é soberba!'. E a anfitrioa, com tom de ânsia, sonho de doçura, respondeu pressurosa: — Pois é... é mesmo... não é?'"[13] Esse fragmento de ficção soa como um esquema para tantas narrativas de Clarice: o caos tremeluzindo por trás de um véu de ordem, ameaçando a qualquer momento irromper através da superfície vigilantemente preservada.

Não irrompeu, porém, no papel diplomático de Clarice, ainda que sua cortesia volta e meia tenha sido colocada à prova, inclusive pelo antissemitismo. Eliane Gurgel Valente se lembrava de um evento em Nova York em que um diplomata introduziu na conversa o assunto dos judeus. "Sou capaz de *sentir o cheiro* deles", disse. Encarando-o diretamente nos olhos, Clarice respondeu: "O senhor deve estar com um terrível resfriado então, já que não conseguiu sentir o meu cheiro e o da minha cunhada".[14] Em outra lembrança, Clarice, caracteristicamente elíptica, não nomeia o mal, mas é bem fácil perceber do que ela está falando:

> Lembro-me de uma embaixatriz em Washington que mandava e desmandava nas mulheres dos diplomatas que lá serviam. Dava ordens brutas. Dizia por exemplo à mulher de um secretário de Embaixada: não venha à recepção vestida com um saco. A mim — não sei por quê — nunca disse nada, nenhuma palavra grosseira: respeitava-me. Às vezes se sentia angustiada, e me telefonava perguntando se podia ir me visitar. Eu dizia que sim. Ela vinha. Lembro-me de uma vez em que — sentada no sofá de minha própria casa — ela me confiou em segredo que não gostava de certo tipo de pessoa. Fiquei surpreendida: pois eu era exatamente essa pessoa. Ela não sabia. Desconhecia-me ou pelo menos parte de mim.
>
> Por pura caridade — para não embaraçá-la — não lhe contei o que eu era. Se contasse ela ficaria numa situação péssima e teria que me pedir desculpas. Ouvi calada. Depois ela ficou viúva e veio para o Rio. Telefonou-me. Tinha um presente para mim e pediu que eu a visitasse. Não fui. Minha bondade (?) tem limites: não posso proteger quem me ofende.[15]

Apesar do desconforto, Clarice era popular entre os colegas da Embaixada, e a embaixatriz antissemita não era a única pessoa que a estimava e respeitava. Contava também com Erico e Mafalda Verissimo, e quando eles voltaram ao Brasil, em 1956, ela adquiriu uma improvável nova amiga. O novo embaixador, Ernani do Amaral Peixoto, era casado com ninguém menos que a filha de Getúlio Vargas, Alzira. Esta era a mesma mulher formidável que, aos 22 anos, protegera o Palácio Guanabara, de arma em punho, contra o ataque integralista. Sua prontidão marcial era apenas uma das razões pelas quais ela conquistara um amplo respeito. (Samuel Wainer, entre outros, era seu grande amigo.) Muitas vezes tida como o cérebro por trás do trono de seu pai, ela era uma política sagaz que durante anos foi a mulher mais poderosa do Brasil, a filha do presidente e esposa de Amaral Peixoto, que antes da chegada a Washington ocupara, entre outros cargos, o de governador do Rio de Janeiro.[16]

Alzira simpatizou instantaneamente com Clarice Lispector, a quem ela já havia encontrado numa visita anterior a Washington.[17] A embaixatriz ficara devastada com o suicídio do pai. Em Washington, talvez como forma de superar a dor, ela escreveu um livro de memórias, *Getúlio Vargas, meu pai*, com a ajuda de Clarice. "Você foi muito generosa, eu percebo agora, em suas declarações sobre meu 'gênio' literário", escreveu mais tarde a Clarice. "Você poupou meu ego tanto quanto possível."[18] Clarice não a estava simplesmente lisonjeando: o livro é admirável. E Clarice era capaz de se identificar com a dor de Alzira pela perda do pai.

A sobrinha de quinze anos de Alzira, Edith Vargas, numa visita a Washington, notou que a tia ainda estava deprimida pela perda e viu Clarice, que "parecia uma rainha, havia uma grandeza dentro dela", mas notava que "algo a torturava, um sentimento de tristeza a envolvia".[19] Assim como Alzira tinha servido como canal privilegiado de acesso a seu pai, Clarice, conhecida como "braço direito" de Alzira, era a discreta e solidária emissária das esposas dos diplomatas junto à embaixatriz. Silvia de Seixas Corrêa (cujo sobrinho se casou com a filha de Eliane e Mozart, Marilu) notou a mesma tristeza, a mesma afabilidade, a mesma beleza. Clarice nunca mencionava literatura, nem a sua nem a dos outros.

Outra esposa de diplomata, Lalá Ferreira, lembrava-se de um chamado urgente de Clarice, pedindo-lhe que fosse à sua casa imediatamente. A razão, como ela soube ao chegar, era que Clarice comprara um disco e estava com medo de ouvir sozinha. "Puseram o LP na vitrola e se sentaram para ouvir. Depois de um momento, seguiram-se suspiros, berros, respiração ofegante, arquejos, portas rangentes, estranhos ruídos fantasmagóricos. A noite caiu e as duas ficaram sentadas aterrorizadas na penumbra da sala." Tratava-se de uma gravação de efeitos sonoros, para uso em produções teatrais de histórias de terror.

Lalá se recordava de outro incidente estranho. No Natal, tendo seus vizinhos americanos decorado festivamente os jardins com as habituais luzes pisca-piscas, sinetas de trenós e Papai Noel, a família Valente não quis ficar para trás:

> Lalá, avisada por amigos, foi ver a decoração de Clarice: formas irregulares, cortadas de folhas de plástico, em cores escuras — cinza, preto, marrom —, pendendo dos galhos do pinheiro. Não havia luz nenhuma. O verde-escuro do pinheiro e o branco da neve não acentuavam as "decorações" de Natal. Lalá perguntou a Clarice por que escolhera aqueles "enfeites". A resposta: "Para mim, o Natal é isso".[20]

Por intermédio de Alzira Vargas, Clarice conheceu outra amiga de toda a vida, a jovem artista Maria Bonomi. A mãe de Bonomi, Georgina, era filha ilegítima do magnata de origem italiana Giuseppe Martinelli, famoso por ter construído o primeiro arranha-céu de São Paulo, o Edifício Martinelli. Hoje é difícil imaginar a imensa metrópole sendo abalada por aquele prédio, mas a construção pioneira mexeu a tal ponto com os nervos dos cidadãos que, para provar que o edifício era seguro, o empreendedor se mudou com a família para sua gigantesca cobertura, que virou um dos mais glamorosos endereços de São Paulo.

A neta de Martinelli, Maria Bonomi, nascida na Itália, veio para o Brasil ainda menina, depois que a guerra tornou a permanência na Europa pouco recomendável. Assim como Clarice, ela era precoce, e seu talento foi incentivado pela intimidade da família com muitos dos principais artistas do Brasil. Seus interesses logo se voltaram para as artes gráficas e em 1957, aos 22 anos, foi estudar em Nova York. Dois anos mais tarde integrou uma exposição na União Pan-Americana. Para sua surpresa, foi escolhida para participar de um jantar na Casa Branca, em homenagem aos estudantes estrangeiros. Levada ao desespero pelas exigências de vestuário da ocasião, recorreu à Embaixada brasileira. Alzira Vargas examinou-a por um momento e disse: "Eu já sei quem pode emprestar uma roupa para ela. É a Clarice Gurgel Valente".[21]

Maria chegou a Chevy Chase e encontrou Clarice "com um bebê no colo" e uma coleção de roupas expostas: vestidos, luvas, sapatos. "Vestida de Clarice", ela foi ao banquete. Quando devolveu as roupas, começaram a conversar. Maria contou sobre seu trabalho, e, embora Clarice dissesse que "gostava de escrever", nunca mencionou que era uma escritora publicada. Quando Maria voltou para Nova York, conheceu uma das raras mulheres do serviço diplomático brasileiro, a mesma Dora Alencar de Vasconcellos que fora testemunha do casamento de Maury e Clarice. O nome de Clarice veio à tona e Dora lamentou vivamente o fato de Clarice, com toda a sua genialidade, definhar em meio ao tédio da vida diplomática.[22]

O melhor retrato de Clarice em seu período em Washington, no entanto, vem de João Cabral de Melo Neto, que a visitou no início da estada dela por lá. Ele e outros diplomatas estavam num jantar na casa dela quando a conversa passou a girar em torno da morte. Clarice foi até a cozinha verificar alguma coisa e quando voltou estava ansiosa por voltar ao assunto. João Cabral relembrou o incidente em "Contam de Clarice Lispector", escrito pouco depois da morte dela.

*Um dia, Clarice Lispector
intercambiava com amigos
dez mil anedotas de morte,
e do que tem de sério e circo.*

*Nisso, chegam outros amigos,
vindos do último futebol,
comentando o jogo, recontando-o,
refazendo-o, de gol a gol.*

*Quando o futebol esmorece,
abre a boca um silêncio enorme
e ouve-se a voz de Clarice:
Vamos voltar a falar na morte?*[23]

A vida em Washington era mais movimentada do que numa pequena embaixada numa cidadezinha suíça onde, sem amigos nem filhos, a adolescente bravia e vivaz murchou para se tornar uma adulta solitária e triste. Em Washington Clarice tinha uma porção de gente à sua volta, fez novas amizades e recebeu várias visitas: Tania, San Tiago Dantas, Rubem Braga, João Cabral de Melo Neto, Augusto Frederico Schmidt. Viajou um bocado, voltando ao Brasil em 1956, visitando a Califórnia e o México em 1957 e acompanhando Alzira a Rotterdam no início de 1959, onde elas batizaram um novo navio, o *Getúlio Vargas*, e durante a viagem de volta a Washington fizeram uma breve parada na Groenlândia.

Entretanto, em meio a essas distrações Clarice estava sempre preocupada em preservar o "equilíbrio íntimo", sem o qual ela temia resvalar para a loucura. Agora havia uma nova ameaça à espreita: seus filhos. Com dois meninos pequenos para cuidar, ela não podia mais se trancar no quarto para escrever:

> Eu não queria que meus filhos sentissem a mãe-escritora, mulher ocupada, sem tempo para eles. Procurei que isto nunca acontecesse. Eu sentava num sofá, com a máquina de escrever nas pernas e escrevia. Eles, pequenos, podiam me interromper a qualquer momento. E como interrompiam.[24]

Apesar da determinação em se manter disponível, seu trabalho às vezes os aborrecia. Pedro uma vez disse a ela, num tom autoritário: "Não quero que você escreva! Você é uma mãe!".[25] E Paulo, farto de vê-la escrever para adultos, "mandou" que escrevesse uma história para ele sobre seu coelhinho, Joãozinho, publicada mais tarde como *O mistério do coelho pensante*. O mistério é como Joãozinho, que não é lá muito inteligente, sempre consegue escapar do cercadinho aparentemente seguro; foi baseado numa história real. Clarice não apresenta nenhuma solução para o mistério, e quando o livro foi publicado choveram cartas:

> As cartas das crianças continham as mais variadas soluções. Algumas que me recordo: acusavam os "grandes" de terem matado os coelhinhos e "depois virem com a desculpa de eles terem sumido". Outras diziam que os coelhinhos eram tão fortes que haviam separado as grades e fugido. Outras ainda afirmavam que de noite um coelho grande e poderoso os havia libertado do cativeiro.[26]

Pedro, o mais velho, chamava a atenção desde o começo, e Clarice manteve um registro cuidadoso do seu desenvolvimento. Em muitas das anotações, Pedro não está fazendo nada além de ser um garotinho gracioso. "De noite, me chamou na cama", ela registra, por exemplo. "— Mamãe, estou triste. Por quê? Porque é noite e eu amo você." Em seu sexto aniversário, 10 de setembro de 1954, pouco depois de a família ter mudado do Rio para Washington, ele parecia aborrecido com a perspectiva da festa que se aproximava, até Clarice finalmente o vestir com sua roupa de aniversário. "Estou tão contente que existe em mim",[27] ele lhe disse. E prosseguiu com as fases habituais: "1954 — Período em que dinossauros eram o seu assunto mais importante e motivo central de seus pensamentos, inclusive ao que parece, a razão dos pesadelos".[28]

No entanto, desde muito cedo, Pedro mostrou ser uma criança diferente. Sua inteligência incomum impressionou as pessoas desde o início. Na primeira infância, na Suíça, seus dons para a linguagem tinham espantado e até mesmo alarmado seus pais. Em Washington, alguns anos mais tarde, Tania se lembrava de Pedro sentado no sofá, lendo uma enciclopédia com Erico Verissimo. Uma esposa de diplomata recordava seu próprio espanto diante de um comentário feito por Pedro a propósito de uma conversa sobre política em Washington. Levantando os olhos de seus brinquedos, o garoto de cinco anos disse: "Você quer dizer que um partido de esquerda, assim que toma o poder, automaticamente passa para a direita?".[29]

No caderno em que registrava a esperteza e sabedoria de Pedro, Clarice fez uma curiosa anotação que ela deve ter olhado retrospectivamente com um calafrio quando a extensão do problema ficou clara. "Mamãe", ele lhe contou, "eu tenho ouvidos especiais. Posso ouvir música no meu cérebro, e posso ouvir vozes também, que não estão lá."[30] Não está claro em que momento, exatamente, Clarice e Maury começaram a se preocupar com Pedro, mas quando ele tinha nove anos Clarice mencionou às irmãs que ia colocá-lo num centro de orientação, "onde, além de instrução, ele receberá ajuda em relação às emoções".[31] (Já numa carta de 1953, quando ele tinha cinco anos, ela falava em mandá-lo a um psicólogo.)[32]

Por volta da mesma época, Clarice levou Pedro a um psiquiatra que asseverou que ele, a despeito de todos os talentos, corria o risco de desequilíbrio.[33] Foi um jeito brusco de dizer o que Ulysses Girsoler dissera à mãe de Pedro uma década antes, em Berna: "Vemos que toda a sua vida sentimental está estendida entre um extremo (impulsividade) e o outro do espectro (sutileza, sensibilidade, habilidade de sentir todas as possíveis emoções que outros humanos sentem). — Será muito difícil para um tal temperamento encontrar equilíbrio".

Pedro herdou muito do caráter de Clarice. Tinha inclusive uma notável semelhança física com ela: quando rapaz, também era bonito, "alto, forte, como um mujique, um camponês de Tolstói", segundo a lembrança de uma amiga. Na infância, foi ainda mais precocemente inteligente do que tinha sido sua brilhante mãe. O poderoso superego de Clarice mantinha suas emoções sob controle, ainda que muitas vezes a um alto custo, e a controlada tensão entre a impulsividade e a razão era a fonte de sua força criativa. Mas ela sempre temeu o perigo. Aqueles personagens seus, como Virgínia por exemplo, que tentam manter seu "equilíbrio íntimo", sempre perdem no final.

24. Redenção pelo pecado

"Deus sabe o que faz: acho que está certo o estado de graça não nos ser dado frequentemente. Se fosse, talvez passássemos definitivamente para o *outro lado* da vida, que esse outro lado também era real mas ninguém nos entenderia jamais: perderíamos a linguagem em comum", escreveu Clarice.[1] Imaginar essa passagem para o outro lado ocupou seus anos em Washington, onde ela completou seu romance mais longo, complexamente alegórico, *A maçã no escuro*. Iniciado em Torquay e escrito em sua pacata sala de estar em Chevy Chase, o livro descreve, com minúcia poética, uma descida à loucura.

A loucura em *A maçã no escuro* é uma ferramenta positiva de conhecimento, não um meio de autodestruição. No entanto a autodestruição é seu pré-requisito. O velho mundo do protagonista, Martim, um estatístico, homem da razão, é destruído por um crime: ele matou a mulher. Mas na verdade o crime nunca ocorreu; os médicos chegaram a tempo.

Pouco importam, para o personagem e para a autora, os detalhes desse crime. No curso do longo livro, Clarice não dedica mais do que poucas e relutantes linhas às suas circunstâncias. Os pecados de Martim são tão neutros e amorais quanto os de Joana e Virgínia: "Sentira por acaso horror depois de seu crime? O homem apalpou com minúcia sua memória. Horror? e no entanto era o que a linguagem esperaria dele".[2]

A obsessão de Clarice Lispector pelo crime em geral se originava da culpa atada à sua existência: "Culpada nata, aquela que nascera com o pecado mortal".[3] Também Martim é perseguido porque existe. Seu crime é simplesmente um pretexto, "inútil: enquanto ele próprio sobrevivesse, os outros o chamariam".[4] E chamam mesmo: no final do livro Martim é preso. Já que "ser" não é ilegal, ele é preso por um crime a que se pode dar um nome.

A visão de Clarice do crime está intimamente relacionada a sua visão amoral, "animal", de mundo, uma visão encontrada em Espinosa:

> Os homens geralmente supõem que todas as coisas na natureza agem, como eles, com alguma meta em mente, e até mesmo sustentam a certeza que o próprio Deus conduz tudo em direção a uma certa meta... Eles acreditam que tudo foi criado tendo-os em mente e dizem que a natureza de uma coisa é boa ou ruim, saudável ou doente e corrompida, dependendo de como eles próprios são afetados por ela.[5]

A visão "moral" do homem e de Deus, com o homem como o centro do universo e a história como um processo lógico e provido de sentido, sempre foi ridícula para Clarice. No final do livro, um professor chega para julgar Martim. Com todo o seu inflado autoconceito, o professor é uma caricatura do crítico, uma personificação de todo o edifício de falsa moralidade que Martim rejeitou:

> — Ele tem direito sobre os alunos, muito direito, repetiu ela monótona e não parecia prestar muita atenção ao que dizia. Um dia um aluno conversou na classe, e então no fim da aula, diante de todos, o professor chamou o aluno e fez um discurso tão comovente, chamando-o de filho e pedindo que ele elevasse seus sentimentos a Deus, que o menino arrependido não podia mais parar de soluçar. Ninguém ri do professor, isso ele não deixa. Os alunos riem dos outros professores, mas não dele.
> — Sim, disse Martim como um médico a um doente.
> — O aluno soluçou tanto, disse a mulher exausta, que foi preciso lhe dar água. Ele ficou um verdadeiro escravo do professor. O professor é muito culto. O menino ficou um verdadeiro escravo, ele é muito culto.

Pela primeira vez Vitória não parecia se impacientar com o silêncio de Martim. E ali em pé, como se não tivesse mais nada a fazer nem pretendesse ir embora, com os traços repuxados pela fadiga, continuou a recitar:

— O professor até hoje cita o menino como exemplo. O menino parece agora um anjo, ficou mais pálido, parece um santo. O professor gostou tanto do que fez, foi uma vitória moral tão grande, que ele até engordou um pouco, disse exausta.[6]

Para Clarice Lispector, que não possuía a clareza moral do professor, o crime nunca poderia ser denunciado sem mais nem menos. Espinosa escreveu que "uma única e mesma coisa pode ser ao mesmo tempo boa, má e indiferente. Por exemplo, a música é boa para os melancólicos, má para aqueles que estão de luto, e nem boa nem má para os surdos".[7] As transgressões de Joana eram parte essencial do seu ser; Virgínia encontrava a liberdade em seus parcos pecadilhos. Tais crimes ("Tomou um guardanapo, um pãozinho redondo... com um esforço extraordinário, quebrando em si mesma uma resistência estupefata, desviando o destino, jogou-os pela janela — e assim ela conservava o poder") traziam o sabor da rebeldia adolescente.[8] Em *A maçã no escuro* o crime adquire uma significação mais elevada.

O crime de Martim o introduz numa realidade maior. A redenção pelo pecado, a iluminação pelo crime: é o tipo de paradoxo em que Clarice Lispector se comprazia. Com ele, Clarice vai mais longe do que nunca, e mais longe também do que Kafka. Como ele, ela encontrou portas trancadas, passagens interditadas e punição generalizada. Mas ela também viu uma possibilidade diferente: um estado de graça.

A maçã no escuro começa como uma história de detetive. Num lugar distante e atrasado, Martim é o único hóspede num hotel quase abandonado. O proprietário, um alemão, tem um Ford que fica estacionado na frente; quando o carro desaparece, Martim teme que o alemão o tenha denunciado e foge a pé por uma noite "tão escura quanto é a noite enquanto se dorme".[9] Ele desperta num deserto abandonado.

É um renascimento, da escuridão à luz, da noite ao dia, do mundo da linguagem a um mundo de silêncio: "Nem se poderia imaginar que aquele lugar tivesse um nome". Privado dos sentidos — não há nada para cheirar, nada para ouvir, nada para saborear —, tudo o que Martim pode fazer é ver, "idiota contente".[10]

Por fim um pensamento lhe ocorre: "Hoje deve ser domingo!". O primeiro dia, um nome e uma estatística para o mundo sem significado. Mas "sem contar os dias passados não havia motivo para achar que seria domingo. Martim então parou, um pouco embaraçado pela necessidade de ser compreendido, da qual ele ainda não se livrara".[11]

Um passarinho preto aparece, buscando refúgio na palma da mão de Martim. Ele fala com o pássaro, ou tenta, mas não consegue falar e o pássaro não pode, obviamente, compreender.

> "Perdi a linguagem dos outros", repetiu então bem devagar como se as palavras fossem mais obscuras do que eram, e de algum modo muito lisonjeiras. [...] Então o homem se sentou numa pedra, ereto, solene, vazio, segurando oficialmente o pássaro na mão. Porque alguma coisa estava lhe acontecendo. E era alguma coisa com um significado. Embora não houvesse um sinônimo para essa coisa que estava acontecendo. Um homem estava sentado. E não havia sinônimo para nenhuma coisa, e então o homem estava sentado.

Tendo perdido a linguagem dos outros, o termo que Clarice usa para loucura, Martim é tomado pelo temor da insanidade que paira sobre aquele que "passa para o *outro lado* da vida". "Aquele homem sempre tivera uma tendência a cair na profundidade, o que um dia ainda poderia levá-lo a um abismo." A melhor coisa é parar inteiramente de pensar:

> Teve tal repugnância pelo fato de ter quase pensado que apertou os dentes em dolorosa careta de fome e desamparo — virou-se inquieto para todos os lados do descampado procurando entre as pedras um meio de recuperar a sua potente estupidez anterior que para ele se havia tornado fonte de orgulho e domínio. [...] Com enorme coragem, aquele homem deixara enfim de ser inteligente.[12]

Clarice não gostava de ser chamada de inteligente pela mesma razão que leva muitas pessoas de inclinação religiosa a desconfiar da palavra: Deus está, por definição, além da compreensão humana, portanto as tentativas de alcançar o divino através da "inteligência" são fúteis. A evolução do místico leva-o do pensamento racional à meditação irracional.

No entanto não se pode permanecer no mundo irracional. Se o "estado de graça" é a tentação mais elevada, é também um perigo mortal. Perder a linguagem e o entendimento humano, a "inteligência", é loucura. A diferença entre o místico e o louco é que o místico pode voltar, emergindo do estado de graça e encontrando uma linguagem humana para descrevê-lo.

De ser sem palavras — "Mas não havia um sinônimo sequer para um homem sentado com um pássaro na mão" —[13] Martim deve deixar o irracional divino e se tornar um humano completo, e ser humano é ter uma linguagem.

As primeiras palavras vêm, um clichê: "'Como joias', pensou, pois ele sempre tivera uma tendência geral a comparar coisas com joias". Inspirado, ele se entrega a um longo solilóquio. No clímax, sua mão involuntariamente se contorce e esmaga o passarinho. É um segundo crime. "Estava admirado consigo mesmo. É que ele se tornara um homem perigoso."[14]

É uma cena de pintura, quarenta páginas de imobilidade, como uma paisagem de Magritte ou De Chirico: o homem solitário, o sol ardente, as pedras cintilantes, o pássaro morto, no imenso deserto. A única ação tem lugar no interior de Martim, que no final da cena sai caminhando do deserto, chegando finalmente a uma casa de fazenda "pobre e pretensiosa". Ele se apresenta como engenheiro, o que deixa "levemente escandalizada" a dona da propriedade, uma mulher durona chamada Vitória, que o encara como se ele fosse um animal, "como se examinasse profissionalmente um cavalo".

— De onde é que o senhor vem?
— Do Rio.
— Com essa pronúncia?
Ele não respondeu. Pelos olhos ambos concordaram que era mentira.[15]

Talvez Martim fosse um estrangeiro permanente. Mas seu crime o situara além de qualquer classificação. A imperiosa Vitória, "uma mulher tão poderosa como se um dia tivesse encontrado uma chave. Cuja porta, é verdade, havia anos se perdera", coloca-o para trabalhar. Tudo o que ele pode fazer é trabalhar, e ver: "O homem não antecipou nada: viu o que viu. Como se olhos não fossem feitos para concluir mas apenas para olhar".[16]

Seu olhar perturba Vitória, que fica preocupada com a aparência do sítio, "como se até a vinda do homem ela não tivesse percebido o desmazelo das terras". Ermelinda, prima de Vitória, infantilizada e hipocondríaca, também começa a notar coisas: "Com a acuidade da estranheza, notou na própria mão uma veia que havia anos não notava, e viu que tinha dedos magros e curtos, e viu uma saia cobrindo os joelhos".[17]

A existência de Martim é perfeita e simples: "Quando dormia, dormia. Quando trabalhava, trabalhava. Vitória mandava nele, ele mandava no próprio corpo". Isso termina quando Vitória o manda limpar o curral. É uma tarefa repugnante. "Dentro era uma atmosfera de entranhas e um sonho difícil cheio de moscas. E só Deus não tem nojo." Mas vencer o nojo é o único meio pelo qual Martim pode "libertar-se enfim do reinado dos ratos e das plantas — e alcançar a respiração misteriosa de bichos maiores". Tendo conseguido, ele deve redescobrir o sexo. Para essa experiência, não escolhe Ermelinda, que está apaixonada por ele, nem Vitória, mas uma mulata — significativamente, ela não tem nome —, "um bicho novo, ele calculou sua idade apalpando-a". Para ela Martim é "forte como um touro". Ele a toma como a um animal: "Seria largá-la ou pegá-la. Ele a pegou sem pressa como um dia pegara um passarinho".[18]

Depois do ato, ele "também recomeçou a compreender as mulheres. Não as compreendia de um modo pessoal, como se ele fosse o dono de seu próprio nome. Mas pareceu entender para que nascem mulheres quando uma pessoa é homem". Enquanto Martim penetra os mundos úmidos de estábulos e sexo, uma seca se aproxima. Os dias são belos e cheios de sol. "O campo parece uma joia, disse então enrubescendo violentamente."[19]

Depois de evoluir de pedra a planta, de planta a rato, de rato a vaca, de vaca a cavalo, Martim agora é um homem. Isso, para Clarice, significa encontrar uma linguagem, e Martim deve redescobrir os símbolos: "Essa necessidade que uma pessoa tem de subir uma montanha — e olhar. Esse era o primeiro símbolo que ele tocara desde que saíra de casa: 'subir uma montanha'". Com esse símbolo, Martim chega mais perto do velho ideal de Clarice: "Era como se ali Martim se tornasse o símbolo dele mesmo".[20]

Mas as palavras se prestam mal a uma pessoa que até tão recentemente era um animal. "Oh ele estava muito desamparado. Simplesmente não sabia como se aproximar do que queria. Perdera o estágio em que tivera a dimensão de um bicho, e no qual a compreensão era silenciosa assim como uma mão pega uma coisa." Com seriedade, cerimônia, ele apanha um lápis, mas "o homem parecia ter desapontadamente perdido o sentido do que queria anotar. [...] De novo revirou o lápis, duvidava e de novo duvidava, com um respeito inesperado pela palavra escrita. [...] Tão desleal era a potência da mais simples palavra sobre o mais vasto dos pensamentos".

> E desinchado, de óculos, tudo o que lhe parecera pronto a ser dito evaporara-se, agora que queria dizê-lo. Aquilo que enchera com realidade os seus dias reduzia-se a nada diante do ultimato de dizer. Como se via, aquele homem não era um realizador, e como tantos outros, só sentia a intenção, da qual o Inferno está repleto. Mas para escrever estava nu como se não lhe tivesse sido permitido levar nada consigo. Nem mesmo a própria experiência. E aquele homem de óculos de repente se sentiu singelamente acanhado diante do papel branco como se sua tarefa não fosse apenas a de anotar o que já existia mas a de criar algo a existir. [...] Que esperava com a mão pronta? pois tinha uma experiência, tinha um lápis e um papel, tinha a intenção e o desejo — ninguém nunca teve mais que isso. No entanto era o ato mais desamparado que ele jamais fizera.[21]

Depois de uma batalha que ocupa muitas páginas, "modesto, aplicado, míope, simplesmente anotou: 'Coisas que preciso fazer'". Embaixo ele rabisca: "Aquilo". "'Então na verdade eu fiz muito: eu aludi!' E então Martim ficou contente como um artista: a palavra 'aquilo' continha em si tudo o que ele não conseguira dizer!"[22]

Por meio da escrita, Martim constrói um mundo, "perguntando, perguntando e perguntando — até que um mundo fosse se formando em resposta".

> Sim. A reconstrução do mundo. É que o homem acabara de perder completamente a vergonha. Não teve sequer pudor de voltar a usar palavras da adolescência; foi obrigado a usá-las pois a última vez que tivera linguagem própria fora na adolescência; adolescência era arriscar tudo — e ele agora estava arriscando tudo.[23]

Há ecos aqui das tentativas de Clarice, quando criança, de salvar o mundo com histórias mágicas. Como ela bem sabia, porém, não salvara sua mãe. Não remediara a tragédia social do Recife; não reformara as penitenciárias; não regenerara uma nação devastada pela guerra. "Não reconstruí a Itália. Tentei reconstruir minha casa, reconstruir meus filhos e a mim. Não consegui."[24]

Mas seu fracasso foi apenas no mundo exterior. Como Martim, ela redirecionou seu impulso heroico para dentro. "Reconstruir o mundo" era agora uma meta pessoal, tão indistinguível de sua missão artística quanto tinha sido quando ela contava histórias para salvar a mãe. Ela não podia mais ter esperança de ver sua mãe se levantar da cadeira de balanço. O desespero da criança se transformou num objetivo místico, numa tarefa fantástica, de ambição empolgante: reconstruir o mundo por meio das palavras. "Escrevo como se fosse para salvar a vida de alguém", ela anotou pouco tempo antes de morrer. "Provavelmente a minha própria vida."[25]

Enquanto embarca nessa aventura de vida ou morte, Martim ouve de Vitória que os tomates da propriedade serão vendidos a um alemão. Este, ele presume, é o mesmo homem de cujo hotel ele fugiu. Ele sabe que Vitória vai delatá-lo. Avalia se há tempo para escapar. E sabe que não vai tentar. Martim ainda está devaneando sobre o escrever quando a polícia chega: "Sobretudo [...] juro que no meu livro terei a coragem de deixar inexplicado o que é inexplicável".[26] A frase poderia servir de divisa para *A maçã no escuro*. O livro é tão desafiador quanto *O lustre* e *A cidade sitiada*. Mas onde estes são às vezes impenetráveis — "Haja quem lhe encontre a chave" — *A maçã no escuro* combina a complexidade temática deles com as poderosas correntes emocionais de *Perto do coração selvagem*.

Agora a riqueza do pensamento de Clarice Lispector, mais do que meramente intimidadora, lança mão de uma série de possibilidades simbólicas que são, juntamente com sua incrível invenção linguística, o ponto alto desse romance. Mesmo deixando de lado as referências a maçãs, crimes e quedas, ele é obviamente uma alegoria da criação, e uma alegoria da criação por meio da palavra: "E aquele homem de óculos de repente se sentiu singelamente acanhado diante do papel branco como se sua tarefa não fosse apenas a de anotar o que já existia mas a de criar algo a existir".[27]

Clarice vinha perseguindo esses temas desde o começo. (A relação entre crime e criação é um exemplo adicional.) No entanto, embora *A maçã no escuro* represente o desdobramento de ideias familiares, ele é diferente de sua obra anterior. A diferença reside em sua disposição, pela primeira vez, de dizer uma palavra. "Oh Deus, disse então Martim em calmo desespero. Oh Deus, disse ele."[28]

É um momento dilacerante. Clarice, com Martim, sai ao encontro do Deus que a abandonou na juventude. Mas que Deus é esse? Clarice dá a entender que o livro é uma parábola judaica. Isso não é indicado pelo cenário, um sítio anônimo no interior do Brasil, nem por coisa alguma declarada no livro. Clarice jamais escreveria, como fez Elisa, "Notícia de última hora: Proclamado o Estado Judeu! Quem vai ler?". Contudo, as pistas estão lá, começando na primeira página, onde o obscuro perseguidor de Martim é identificado como um alemão que possui um Ford. Temida mas nunca vista de fato, a única figura no livro que não é brasileira ocasiona por fim a prisão de Martim. Não há razões de trama ou personagem para que Clarice atribua a essa vaga figura a nacionalidade germânica, especialmente num livro em que poucos personagens chegam a ter um nome: "a mulata", "o professor". Num livro de uma escritora judia dos anos 1950, "alemão" não era uma descrição neutra, sobretudo quando aplicada a um símbolo de perseguição e opressão. E "Ford", a única marca comercial nomeada em todo o livro, remete ao notório antissemita Henry Ford, cujos venenosos escritos eram amplamente difundidos no Brasil. Ambos os nomes sugerem que a vítima do alemão deve ser um judeu. A impressão é reforçada pelo objetivo da longa confrontação de Martim com a página em branco. Ele está à procura de uma palavra específica, impossível:

> como se houvesse uma palavra que se um homem dissesse... Essa palavra ausente que no entanto o sustentava. Que no entanto era ele. Que no entanto era aquela coisa que só morria porque o homem morria. Que no entanto era sua própria energia e o modo como ele respirava.[29]

Essa palavra impronunciável significava a salvação.

E se fosse esta a palavra — seria então assim que ela acontecia? Então tivera ele que viver tudo o que vivera para experimentar o que poderia ter sido dito numa só palavra? se essa palavra pudesse ser dita, e ele ainda não a dissera. Andara ele o mundo inteiro, somente porque era mais difícil dar um só e único passo? se esse passo pudesse jamais ser dado![30]

O passo que não pode ser dado, a palavra ausente que sustenta o personagem, é o nome oculto, a "palavra única" que Clarice por fim, elipticamente, diz. O nome é um símbolo de Deus e *é* Deus, "o símbolo da coisa na própria coisa". Como escreveu Gershom Scholem:

> Este é o objeto verdadeiro e, se posso dizer assim, peculiarmente judeu da contemplação mística: O Nome de Deus, que é algo absoluto, pois reflete o sentido oculto e a totalidade da existência; o Nome mediante o qual tudo o mais adquire seu significado e que no entanto, para a mente humana, não tem nenhum significado próprio que seja concreto, particular.[31]

A relutante descoberta, por Clarice, desse Deus do nome oculto indica uma evidente rejeição de sua declaração, no ensaio de juventude que dedicara ao crime e ao castigo, de que "acima dos homens nada mais há".[32]

À luz da evolução do seu pensamento, porém, a frase adquire uma nuance fascinante. Na tradição judaica, nada pode ser mudado sem entrar em contato com a região do ser absoluto que os místicos chamam de Nada. Somente quando a alma se despe de toda limitação e, em linguagem mística, desce às profundezas do nada, ela encontra o divino.[33] Martim renasce quando desce para o fundo do deserto, onde o significado humano cessa.

Retrabalhados, disfarçados, mas inegavelmente presentes, os motivos judaicos nos escritos de Clarice Lispector levantam a questão: até que ponto sua inclusão era deliberada? Ela não era uma praticante tradicional. Parou de frequentar a sinagoga com a morte do pai, quando tinha vinte anos, e, ao contrário dos místicos judeus clássicos, não venerava, nem sequer parecia notar, os textos sagrados da religião.

Sua experiência pessoal era um microcosmo da experiência histórica judaica mais ampla. Perseguição e exílio — e o desespero e a ânsia por salvação que os acompanhavam — deram-lhe uma constituição psicológica similar à dos judeus de todas as épocas. Quando essas experiências se combinam com um gênio expressivo, os resultados, naturalmente, trazem certas semelhanças com a obra de seus predecessores.[34]

No entanto, apesar de suas frequentes descrições de si própria como não intelectual, as relações de Clarice com o pensamento místico judaico eram provavelmente mais do que produto de uma simples coincidência de circunstâncias biográficas. Sua irmã Tania confirmou que a certa altura as leituras de Clarice incluíam uma boa quantidade de literatura cabalística. Mas essas leituras, para Clarice, não eram o que importava, e ela as desdenhava. "Não é só que me faltem cultura e erudição", ela disse a um entrevistador no início dos anos 1960, "é que esse assunto não me interessa, antigamente eu me acusava, mas hoje não busco documentar-me; porque eu acho que a literatura não é literatura, é vida vivendo."[35]

A apresentação de si mesma como "deficiente de cultura e erudição" teve um sucesso notável. Ninguém menos que Elizabeth Bishop, sua vizinha no Rio, escreveu a Robert Lowell:

> [Clarice é] a escritora mais não literária que já conheci, e "nunca abre um livro", como costumávamos dizer — Ela nunca leu nada, até onde pude descobrir — Acho que é uma escritora "autodidata", como um pintor primitivo.[36]

Em um sentido, Bishop errou feio. A educação superior de Clarice, seu trabalho como jornalista, sua experiência no serviço diplomático, seu conhecimento de línguas e sua prática em viver em três continentes faziam dela, à parte sua realização artística pessoal, uma das mulheres mais refinadas de sua geração, e não apenas no Brasil. Lia de maneira ampla e profunda, como provam as numerosas alusões em seus escritos e em sua correspondência. O escritor Autran Dourado se recorda de longos domingos passados com Clarice em complicadas discussões filosóficas.

Num outro sentido, porém, ser um "pintor primitivo", "a escritora mais não literária", era uma meta de Clarice. Ela não dava nenhum valor à erudição ou à sofisticação. De Nápoles, tinha escrito a Natércia Freire sobre sua impaciência com a vida diplomática: "No fim a pessoa fica 'culta'. Mas não é o meu gênero. A ignorância nunca me fez mal".[37] Estava interessada em outro tipo de conhecimento, que não tinha nada a ver com leituras avançadas ou filosofia. Suspeitando que as respostas à "muda e intensa pergunta" que a atormentara na adolescência — "como é o mundo? e por que esse mundo?" — não podiam ser descobertas intelectualmente, ela saiu em busca de outro tipo de entendimento. "Você deve saber", resmungou um cabalista espanhol no final do século XIII, "que esses filósofos, cuja sabedoria você tanto louva, param onde nós começamos."[38]

Se *A maçã no escuro* é uma alegoria da criação, o livro difere de modo importante das narrativas tradicionais. É a história da criação de um homem, mas é também a história de como esse homem cria Deus. "Então na sua carne em cólica ele inventava Deus. [...] Um homem no escuro era um criador. Na escuridão as grandes barganhas se fazem. Foi dizendo 'oh Deus' que Martim sentiu o primeiro peso de alívio no peito."[39] Essa é a invenção essencial, heroica, de Martim, e ela vem por meio da palavra.

A história de Martim é o oposto da história bíblica da criação. O homem é ele próprio criado mediante o pecado, e o homem pecador cria Deus; essa invenção, paradoxo adicional, redime o homem. Clarice disse enfim a palavra "Deus", mas ela O terá somente em seus próprios termos. "Ele soube que teria que se diminuir diante do que criara até caber no mundo, e diminuir-se até se tornar filho do Deus que ele criara porque só assim receberia a ternura. 'Não sou nada', e então cabe-se dentro do mistério."[40]

Mesmo um Deus inventado dá a Martim um lugar no mundo, junto com o mais humano dos sentimentos, a compaixão. É um elemento da falsa moral da qual o crime de Martim o libertou. Mas um homem não pode viver para sempre num estado de pecado não redimido, assim como não pode permanecer por tempo demais no estado de graça. O momento em que Martim inventa Deus é o momento em que ele pode por fim acertar contas com seu crime: "Eu matei, eu matei, confessou afinal".[41] Sem Deus, mesmo que seja um Deus artificial, não pode haver pecado.

Nesse particular, sobretudo no modo como Clarice inverte a história da criação, Martim está relacionado com a figura mais famosa do folclore judaico, que Clarice deve ter conhecido na infância: o frankensteiniano Golem. A criação do Golem, cujo nome vem de uma palavra hebraica que significa "não formado", ou "amorfo", era a inversão mística da criação de Adão. Em 1808, no *Jornal para Eremitas*, o grande folclorista Jacob Grimm descreve o Golem:

Os judeus poloneses, depois de dizer certas orações e observar certos dias festivos, fazem a figura de um homem de barro ou de alcatrão que, depois que eles pronunciam o prodigioso *Shem hameforash* sobre ele, ganha vida. É verdade que essa figura não é capaz de falar, mas pode entender até certo ponto o que lhe dizem e ordenam. Chamam-no de Golem e o usam como serviçal para fazer todo tipo de serviço doméstico; ele nunca pode sair sozinho. Em sua testa está escrita a palavra *Emet* (Verdade; Deus), mas ele cresce dia a dia e pode facilmente ficar maior e mais forte do que seus companheiros de casa, não importa quão pequeno tenha sido no começo. Ficando então com medo dele, eles apagam as primeiras letras de modo a não restar nada senão *Met* (ele está morto), com o que ele desmorona e se torna barro de novo.[42]

As similaridades entre Martim e o Golem são notáveis. Como os bonecos de barro que Virgínia criava em *O lustre*, os *golems* são esculpidos na lama, especialmente lama de rio: no deserto escaldante Clarice enfatiza a identidade de Martim com a terra rochosa. Como o Golem, Martim originalmente não consegue falar, e é usado por Vitória como um serviçal doméstico. Ele não pode sair da propriedade. À medida que passa a dominar a linguagem humana ele ascende a uma posição de poder sobre os habitantes originais da casa. Temendo-o, Vitória faz com que o levem embora.

O *Shem hameforash*, a forma pronunciada do impronunciável nome de Deus, "aquela palavra ausente que no entanto o sustinha", dá vida ao Golem. Na história do Golem, como na história de Martim, o homem chama Deus para o mundo usando Seu nome. Com a descoberta do nome oculto, o homem adquire o poder divino sobre a vida e a morte.

25. A pior tentação

Clarice concluiu *A maçã no escuro* em março de 1956. "Foi um livro fascinante de escrever", ela contou a Fernando Sabino em setembro. "Aprendi muito com ele, me espantei com as surpresas que ele me deu — mas foi também um grande sofrimento."[1] Mas, se ela pensava que o sofrimento tinha terminado quando deu os últimos retoques no 11º rascunho do livro, estava enganada. *A maçã no escuro* teve o destino de muitas obras aclamadas posteriormente como obras-primas: quase não chegou a ser publicado.

Quando terminou o manuscrito, mandou cópias para Erico Verissimo e Fernando Sabino, que mais uma vez atuou como seu agente literário. Ela queria "um editor que pudesse publicar sem demora, o mais rápido possível — e não promessa para quando houver tempo". "Esperas me fazem mal", acrescentou, "me atrapalham, fazem de mim uma impaciente."[2] De início, parecia que tinha um caminho aberto. Em junho, para sua alegria, Fernando lhe escreveu que Ênio Silveira, da Civilização Brasileira, publicaria o livro em outubro ou novembro.[3]

Naquele mesmo ano, Silveira alcançara enorme sucesso com *O encontro marcado*, do próprio Fernando Sabino, uma espécie de *O apanhador no campo de centeio* brasileiro, baseado nas experiências de juventude em Minas Gerais.

O livro se tornou um best-seller, gerando adaptações teatrais, e foi amplamente traduzido. O próprio Ênio, homem de esquerda e, mais tarde, destacado opositor da ditadura militar, estudara na Columbia University e até trabalhara por um tempo na editora de Alfred A. Knopf. O que é melhor, estava completamente "esmagado sob o impacto da leitura de Clarice Lispector", "absolutamente deslumbrado": "Nenhum livro no Brasil e poucos no estrangeiro estão à sua altura, é uma coisa absolutamente nova, é um impacto tremendo etc.".[4] Porém, em janeiro de 1957, quando Fernando relatou as novidades a Clarice, o deslumbrado e esmagado Silveira já estava recuando. Outubro e novembro, as datas previstas para publicação, tinham passado. As razões para o adiamento eram obscuras, escreveu Fernando: "Negócio de livro está dando bem no Brasil, atualmente".[5]

Isso era verdade: o novo presidente, Juscelino Kubitschek, tinha eliminado determinados impostos — sobre o papel, por exemplo — que tinham impacto negativo sobre a indústria, e o mercado editorial floresceu. Em 1945 o Brasil produzia uma média de 20 milhões de livros por ano; em 1962 esse número tinha mais do que triplicado, atingindo 66 milhões de exemplares.[6] No entanto, Silveira estava começando a recorrer a desculpas clássicas; ainda *estava* interessado, Fernando garantiu a Clarice, "mesmo que o livro não fosse de venda fácil", mas o publicaria até junho de 1957 o mais tardar, por "motivo de prestígio para a Editora".[7]

Clarice estava ficando nervosa. Por intermédio de Rubem Braga, que estivera em Washington em novembro, o livro chegou às mãos de José Olympio, talvez o editor mais prestigioso do Rio, que "imediatamente" disse que o faria.[8] Na falta de um compromisso concreto, o humor de Clarice foi azedando, e ela perdia confiança no livro. Escreveu a Fernando que tinha certeza que o entusiasmo de José Olympio não resistiria a uma leitura. Mesmo que resistisse, acrescentou, *A maçã no escuro* não sairia antes de 1958, o que não interessava a ela. "Quando escrevo uma coisa, vou me desgostando dela aos poucos [...]. Sinto como moça que faz enxoval de casamento e guarda num baú. Antes casar mal que não casar, é horrível ver enxoval amarelecendo."[9]

A essa altura ela já pensava em pagar para publicá-lo, e pediu a Fernando que a ajudasse a entrar em contato com gráficas. Estava especialmente desanimada porque, para piorar, *A maçã no escuro* não era o único livro que tinha dificuldade em publicar. Em sua visita ao Rio, em 1954, José Simeão Leal, o amigo de Fernando Sabino que publicara *Alguns contos*, encomendara um volume de contos completos. Chegou até, pela primeira vez na carreira de Clarice, a pagar adiantado. Enquanto escrevia *A maçã no escuro*, ela trabalhava na coletânea que se tornaria *Laços de família*.

Os contos foram terminados em março de 1955. Seriam mais tarde reconhecidos como um ponto alto da literatura brasileira, conforme dois dos mais famosos autores do país imediatamente constataram. Fernando Sabino escreveu: "Você fez oito contos como ninguém nem longinquamente conseguiu fazer no Brasil", acrescentando que o livro seria "exata, sincera, indiscutível e até humildemente o melhor livro de contos já publicado no Brasil".[10] Erico Verissimo disse a ela: "Não escrevi sobre seu livro de contos por puro embaraço de lhe dizer o que eu penso dele. Aqui vai: a mais importante coletânea de contos publicada neste país desde Machado de Assis".[11]

Um reconhecimento mais amplo, porém, teria de esperar. Em junho de 1956, Simeão Leal disse ao "agente" de Clarice que o livro estava em provas.[12] Em julho Clarice escreveu a Fernando: "Minha vontade de me livrar das coisas é quase doença; por exemplo, me parece que estou para sempre amarrada ao livro de contos do Simeão Leal".[13] Quase um ano mais tarde, em março de 1957, Rubem Braga tentava liberar os contos para publicá-los em *O Estado de S. Paulo*.[14] Sabino tentou publicá-los na Agir, a editora de *O lustre*.

Mais um ano e meio de humilhação se passou, e Erico Verissimo encontrou um editor para os dois livros: Henrique Bertaso, da Globo de Porto Alegre. Mas, acrescentou Erico, Simeão Leal não devolveria "em hipótese alguma" os originais, que estavam "já compostos". E, bem no momento em que a Globo tinha concordado em publicar *A maçã no escuro*, o livro apareceu no catálogo da Civilização Brasileira de Ênio Silveira.[15] Desnecessário dizer que não foi publicado na data prevista. É difícil entender por quê. A Civilização Brasileira era uma das editoras mais produtivas do país; entre 1961 e 1964, publicou um novo título *a cada dia útil* do ano.[16] Por que era tão difícil encontrar um lugar para Clarice?

A cansativa gangorra de esperanças frustradas e o espetáculo deprimente de se ver forçada, na meia-idade e no meio da carreira, a implorar por um editor, não melhoraram o estado de espírito de Clarice. "Desde que vocês saíram perdi o estímulo para tudo, nada tem graça para mim", ela escreveu a Erico e Mafalda.[17] Seus amigos tentaram animá-la. "Como eu sei o que você deve estar sentindo aí", Fernando lhe escreveu, "sem notícias, nem nada. Mas conte comigo sempre, eu não deixaria seu livro um só momento — só sinto não haver no Brasil as condições de publicação que ele merece."[18]

"V. sabe perfeitamente que escreve a única prosa de autor brasileiro atual que eu gostaria de escrever", escreveu João Cabral de Melo Neto, acrescentando mais tarde, de Marselha, onde estava em busca de tratamento para a depressão: "Que coisa é escrever literatura no Brasil. Eu creio que o melhor é não fazer mais nada. No Brasil, só se entende escrever em jornal. Daí essa coisa superficial improvisada, fragmentária, que é a literatura nacional".[19]

"Está me acontecendo uma coisa tão esquisita", Clarice escreveu a Fernando em 1956. "Com o tempo passando, me parece que não moro em nenhum lugar, e que nenhum lugar 'me quer.'"[20] A triste verdade é que Clarice em parte estava certa. Fora do núcleo de artistas e intelectuais que tinham ficado fascinados por ela desde o aparecimento de *Perto do coração selvagem*, mais de uma década antes, Clarice estava agora quase inteiramente esquecida. Seus romances subsequentes não tinham renovado a celebridade que o primeiro lhe valera; além do mais, fazia muitos anos que ela morava no exterior. Não era mais um nome e, como deixavam cada vez mais evidente as cartas que recebia de Fernando, nenhum editor estava ansioso por ter em mãos uma alegoria cabalística de quatrocentas páginas, de autoria de uma escritora obscura, pouco importando sua reputação em meio a certos intelectuais.

Mas essa reputação e a dedicação sincera de seus amigos estavam prestes a render frutos. Em novembro de 1958 ela recebeu uma carta de um jovem jornalista chamado Nahum Sirotzky, primo de Samuel Wainer, que estava lançando uma nova revista, que marcaria época na imprensa nacional: *Senhor*. Finalmente um lugar a queria, e sob as condições dela. Sirotzky escreveu: "Queremos ler seus contos que nunca consideramos *inteligíveis*".[21]

Fernando Sabino e Paulo Mendes Campos haviam recomendado um de seus novos contos, "A menor mulher do mundo".[22] Ao lado de trabalhos de Ray Bradbury, W. H. Auden, Ernest Hemingway e Carlos Lacerda — o arqui-inimigo de Samuel Wainer —, esse conto apareceu no número inaugural da *Senhor*, em março de 1959.

"Uma Revista para o Senhor" era criação dos irmãos Simão e Sérgio Waissman, filhos de um editor especializado em vender a prestação enciclopédias e clássicos acessíveis. Seus filhos queriam produzir uma revista que fosse a vistosa face pública de sua própria editora, a Delta. *Senhor* acabou sendo uma sensação.

Sirotzky já fora correspondente em Nova York, e sua ideia era importar para o Brasil o estilo das revistas *The New Yorker*, *Esquire* ou *Partisan Review*. O velho estilo era representado por *Dom Casmurro*, a mais importante publicação literária da geração anterior, na qual Clarice publicara alguns de seus primeiros trabalhos. Parodiando o estilo que desejava substituir, Sirotzky despeja: "Esta tarde, um lindo dia ensolarado, meu chefe me chamou à sua sala e me disse para entrevistar Fulano de Tal. Subi no bonde, a cidade estava linda, subi as escadas, bati na porta, me fizeram entrar e me ofereceram uma xícara de chá".[23]

Das revistas de tipo antigo, Sirotzky disse: "A tecla de deletar não existia". Em sua revista, os textos dos escritores passariam por uma edição. Essa era uma mudança notável, como recordava Paulo Francis, o editor de ficção de *Senhor*. Ele trabalhou com Clarice, que, assim como outros escritores, apreciava seu cuidado atencioso: "Clarice reagia com a maior naturalidade e às vezes reescrevia passagens que terminava reconhecendo obscuras. No Brasil, em literatura [...] isso é tabu. Não se toca nos textos de medalhões".[24] Exceto na *Senhor*, onde Erico Verissimo chegou a ter um texto rejeitado. (Pagaram, mas ele, "cheio de dignidade", recusou o dinheiro.)

Verissimo não foi o único nome famoso que teve problemas em chegar às páginas da *Senhor*. Jânio Quadros, então governador de São Paulo e futuro presidente da República, tinha veleidades literárias e submeteu vários artigos à revista. Sirotzky os rejeitou também. "Rejeitei até a mim mesmo!", Sirotzky recorda. "Eu não era bom o bastante para a *Senhor*." Os rigorosos critérios da revista quanto à excelência artística se estendiam a questões visuais: pintores famosos ilustravam a capa, e até mesmo os anúncios que não correspondessem ao seu padrão eram rejeitados.

Clarice Lispector, no entanto, era uma das favoritas. A cada três edições, ela aparecia em uma. Seus contos eram anunciados com destaque na capa, e a partir de 1961 manteve uma coluna fixa. A circulação da *Senhor* não passava de 25 mil exemplares, mas "sua influência na imprensa brasileira dispensa comentários", escreveu Francis; passada de mão em mão, a revista alcançava mais gente do que os números da sua circulação indicavam. Para Clarice, o resultado foi seu primeiro gostinho de genuína popularidade.

O jovem Caetano Veloso foi uma das pessoas atingidas por ela. A descoberta estava entre as mais importantes da sua adolescência: "Ali eu descobri o sexo genital, vi *La strada*, me apaixonei pela primeira vez (e pela segunda, que foi a mais impressionante), li Clarice Lispector e — o que é o mais importante — ouvi João Gilberto":[25]

> Era o conto "A imitação da rosa" e eu ainda morava em Santo Amaro. Fiquei com medo. Senti muita alegria por encontrar um estilo novo, moderno — eu estava procurando ou esperando alguma coisa que eu ia chamar de "moderno" —, mas essa alegria estética (eu chegava mesmo a rir) era acompanhada de crescente intimidade com o mundo sensível que as palavras evocavam, insinuavam, deixavam dar-se. Uma jovem senhora voltava a enlouquecer à visão de um arranjo de rosas-meninas. E voltar a enlouquecer era uma desgraça para quem com tanta aplicação conseguira curar-se e reencontrar-se com sua felicidade cotidiana: mas era também — e sobretudo — um instante em que a mulher era irresistivelmente reconquistada pela graça, por uma grandeza que anulava os valores da rotina a que ela mal recomeçara a se apegar. De modo que quem lia o conto ia querendo agarrar-se com aquela mulher às nuances da normalidade e, ao mesmo tempo, entregar-se com ela à indizível luminosidade da loucura.[26]

"A imitação da rosa" capta o enigma que fascinara e atormentara Clarice desde a infância. É uma condensação poética do dilema do Lobo da Estepe, o conflito entre Joana e Lídia: entre, nas palavras de Caetano Veloso, a "indizível luminosidade da loucura" e a "normalidade" da vida cotidiana.

O título se refere, evidentemente, a outra obra mística. "Quanto às leituras", ela escreveu a Fernando em 1953, "variadas, provavelmente erradas, a mais certa é a *Imitação de Cristo*, mas é muito difícil imitá-Lo, e isso é menos óbvio do que parece."[27] Menos óbvio porque, conforme lembra a dona de casa Laura, à espera de que o marido Armando voltasse do trabalho, "quando lhe haviam dado para ler a *Imitação de Cristo*, com um ardor de burra ela lera sem entender mas, que Deus a perdoasse, ela sentira que quem imitasse Cristo estaria perdido — perdido na luz, mas perigosamente perdido. Cristo" — o Deus humanizado — "era a pior tentação".[28]

Enquanto Laura espera sentada por Armando — "ao contrário de Carlota, que fizera de seu lar algo parecido com ela própria, Laura tinha um tal prazer em fazer de sua casa uma coisa impessoal; de certo modo perfeita por ser impessoal" —, o leitor compreende que ela não é uma dona de casa normal. Ela "retornara enfim da perfeição do planeta Marte", uma temporada num sanatório, e está curada. Agora voltou a passar as camisas do marido e dormir tranquilamente à noite. "Como era rica a vida comum, ela que enfim voltara da extravagância. Até um jarro de flores. Olhou-o."[29]

A visão de rosas perfeitas, no entanto, a desequilibra. "Oh! Nada demais, apenas acontecia que a beleza extrema incomodava." Ela pensa em pedir à empregada que as leve à casa de sua amiga Carlota, onde ela e Armando vão jantar. Apesar das complicações que isso pode criar, precisa se livrar delas. "Você poderia passar pela casa de d. Carlota e deixar estas rosas para ela?", pergunta à empregada. "Você diz assim: 'D. Carlota, d. Laura mandou'. Você diz assim: 'D. Carlota...'. 'Sei, sei', disse a empregada paciente."[30]

Assim como Clarice, que roubava rosas no Recife quando menina, Laura devaneia sobre ficar com uma:

> Ela poderia pelo menos tirar para si uma rosa, nada mais que isso: uma rosa para si. E só ela saberia, e depois nunca mais, oh, ela se prometia que nunca mais se deixaria tentar pela perfeição, nunca mais![31]

A empregada as leva, deixando Laura de novo sentada no sofá, perdida em sonhos. Quando ouve a chave do marido na fechadura da porta, é tarde demais. Tarde demais para recebê-lo com a serenidade que o deixará tranquilo. Tarde demais para que ela aceite "a alegria humilde e não a imitação de Cristo". Tarde demais.

> Ela estava sentada com seu vestidinho de casa. Ele sabia que ela fizera o possível para não se tornar luminosa e inalcançável. Com timidez e respeito, ele a olhava. Envelhecido, cansado, curioso. Mas não tinha uma palavra sequer a dizer. Da porta aberta via sua mulher que estava sentada no sofá sem apoiar as costas, de novo alerta e tranquila como num trem. Que já partira.[32]

"Cristo era a pior tentação", ela escreve. "O gênio era a pior tentação", acrescenta algumas páginas depois.[33] Clarice sempre oscilara entre os imperativos do místico e do artista e o desejo sincero de ser uma boa esposa e mãe.

Mas, assim como o trem já havia partido em "A imitação da rosa", era óbvio, ao menos em retrospecto, que Clarice não poderia desempenhar para sempre o papel da esposa de diplomata. Também ela "fizera o possível para não se tornar luminosa e inalcançável", mas era um esforço violento demais. Portanto, na época em que seus primeiros contos começaram a aparecer na *Senhor*, ela estava se preparando para deixar o marido e voltar, desta vez em definitivo, para o Rio de Janeiro.

Visto hoje, o ceticismo em relação ao casamento que aparece desde os primeiros escritos torna o fim do seu próprio casamento menos surpreendente do que o fato de ele ter durado tanto tempo. Cristina, em "Obsessão", fala jocosamente em querer "casar, ter filhos e, finalmente, ser feliz";[34] Joana achava que depois do casamento "tudo o que você pode fazer é esperar pela morte"; os relacionamentos de Virgínia não levam a lugar nenhum; Lucrécia casa por dinheiro; e Martim mata a mulher, ou pensa que matou. A solidão, a dificuldade de conexão humana, é um tema tanto de Clarice como de sua irmã Elisa.

Em certo sentido as razões específicas por trás da separação de Clarice e Maury são, portanto, supérfluas. Fazia alguns anos que as coisas não andavam bem. Mafalda Verissimo, que deixou Washington em 1956, disse: "O casamento começou a ficar meio mal e a gente fez de tudo para eles continuarem, mas não deu certo".[35]

Havia, antes de tudo, a dor do exílio, que depois de quinze anos se tornara insuportável. No exterior, disse Clarice, "eu vivia mentalmente no Brasil, vivia 'emprestada'. Simplesmente porque gosto de viver no Brasil, o Brasil é o único lugar do mundo em que não me pergunto, assombrada: afinal de contas o que é que eu estou fazendo aqui, por que estou aqui, meu Deus. Porque é aqui mesmo que tenho que estar, que estou enraizada".[36]

A frustrante dificuldade de publicar seus livros só poderia exacerbar sua sensação de que estava no caminho errado. A uma distância tão grande, mesmo com a ajuda de Fernando Sabino, ela não podia cuidar pessoalmente de sua própria obra, e a evidência, embora graciosamente disfarçada nas cartas dele, de que estava esquecida em seu país, não facilitou nem um pouco sua permanência no exterior.

A distância das irmãs também era cada vez mais dolorosa. "Com os anos de ausência acumularam-se tantos fatos e pensamentos que não foram transmitidos que sem querer se toma um ar misterioso", ela escreveu a Tania. "Se estivéssemos juntas, mesmo que eu não contasse, alguma coisa se transmite sempre pelo rosto, pelos gestos, pela presença."[37] Suas irmãs sentiam a distância também. Em *Corpo a corpo*, o doloroso ajuste de contas que a solitária e insegura Elisa escreveu após a morte de Clarice, uma mulher (Elisa) escreve comoventemente a um homem (Clarice) que ela amou e perdeu:

> Em tuas cartas, que agora recordo com tão viva lembrança, me amavas tanto, me adoravas, me engrandecias. Vias em mim sensibilidades de que eu mesma não suspeitava. E mais: induzias-me, quase me imploravas, para que eu fosse feliz, apesar da tua ausência.
> Através da distância me sublimavas.
> Pelas cartas, o nosso amor era um tão grande amor!
> — ... talvez que, mesmo então, por minha natureza esquiva, eu não tivesse sabido me corresponder com expansivo amor ao amor que transbordava de tuas cartas, e também por isso eu me penitencio.
> No entanto, eu te amava, e como!
> E sempre me pedias que te escrevesse mais, querias saber das mínimas minúcias do meu cotidiano viver.
> — ... é mais uma razão para a princípio eu não ter entendido nem me conformado com o nosso gradual distanciamento mútuo quando retornaste da viagem, e em revide me haver retraído.[38]

Clarice, por sua vez, tinha se afastado de Maury. De acordo com todos os relatos, ele era, e continuou sendo, apaixonado por ela, e a relação entre eles permaneceria forte pelo resto da vida. Mas ela estava cansada da rotina diplomática, e cada vez mais ansiosa por voltar ao Brasil. O casal tentou resolver seus problemas, mas Clarice finalmente decidiu deixá-lo. Numa época em que até mesmo o contato telefônico internacional era raro, caro e difícil, a decisão de partir e levar os meninos com ela para o Rio foi penosa.

Para Paulo, então com seis anos, não se tratava apenas de deixar o pai, mas também de deixar seu país, sua língua, sua casa e sua amada babá, Avani, que era como uma segunda mãe para ele. Maury ficou completamente sozinho, sem os filhos e sem a esposa. Depois da volta de Clarice ao Brasil, ele lhe mandou uma carta eloquente, pedindo uma segunda chance.

Vou escrever-lhe pedindo perdão. Perdão com humildade mas sem humilhação. Falo-lhe com a autoridade de quem sofre, de quem está profundamente só, muito infeliz, sentindo na alma e na carne a sua falta e a dos meninos. Muitas das coisas que você vai ler provocar-lhe-ão raiva e escárnio. Sei disso, mas nada posso fazer. Os amigos têm me aconselhado a procurar reconciliação por vias indiretas. Não sou disso, em primeiro lugar e, em segundo, pouco adiantaria pois você é demasiado perceptiva para aceitar "táticas", embora as intenções sejam boas. Talvez eu devesse me dirigir a Joana e não a Clarice. Perdão, Joana, de não lhe ter dado o apoio e a compreensão que você tinha direito de esperar de mim. Você me disse que não era feita para o casamento, antes de casar. Em vez de tomar isso como bofetada, eu deveria interpretar como pedido de apoio. Faltei-lhe nisso e em muitas outras coisas. Mas intuitivamente jamais deixei de acreditar que coexistissem em você, Clarice, Joana e Lídia. Rejeitei Joana porque o seu mundo me inquietava, ao invés de dar-lhe a mão. Aceitei, demais, o papel de Otávio e acabei me convencendo de que "éramos incapazes de nos libertar pelo amor". Fui incapaz de desfazer a apreensão de Joana de "se ligar a um homem sem lhe permitir que a aprisione". Não soube livrá-la da "asfixiante certeza de que se um homem a tomasse nos braços, ela não sentiria através dos noivos nenhuma doçura muito doce; seria ao contrário, como suco ácido de limão" e que "seria madeira seca perto do fogo, torcendo-se prestes a estalar" (estou retraduzindo do francês). Fui cego e desatento ao sentido profundo de: "quem se faz monge é porque, de um modo ou de outro, tem, dentro de si enormes possibilidades de prazer, possibilidades perigosas; donde seu medo ainda maior". [...] [Joana tinha] um amor tão forte que ela só podia esgotar a paixão através do ódio. [...] Não estava maduro para entender que, em Joana ou em Clarice, "o ódio pode transformar-se em amor", não sendo mais do que "uma procura de amor". Não soube liberá-la do "medo de não amar". Talvez, como Otávio, eu não tivesse amado "como uma mulher que se abandona" e tivesse necessidade de que ela fosse "fria e segura". Acabei dizendo, "como na infância, quase vitorioso: não tenho culpa". [...] Nunca cheguei a compreender a intensidade de um ciúme, sempre negado e profundamente reprimido por Joana e Clarice, que fizesse com que detestassem Otávio e

Maury. [...] Lídia, ao contrário, e que também é uma faceta de Clarice, "não tem medo do prazer e o aceita sem remorso". Perdoe-me, meu benzinho, de não ter sabido, embora sentisse difusamente a unidade de ambas, de não ter sabido, em dezesseis anos de casamento, realizar a reconciliação de ambas. Não ter sabido convencer Joana de que ela e Lídia eram, e são, a mesma pessoa em Clarice. Joana não precisava invejar Lídia nem você precisava invejar as famosas "mulheres doces" que se interpuseram entre nós, nesses dezesseis anos, e de quem você sentia ciúme, inconfessado e reprimido, que explodia em raiva. [...] Com essas premissas, não seria de estranhar que Joana visse o casamento como um fim, como a morte. Não seria de estranhar que Joana quisesse ter um filho de Otávio, para depois abandonar o marido, devolvendo este a Lídia. Perfeitamente lógico que Clarice, cumprindo mais ou menos o destino de Joana, devolvesse a "beleza" do Maury ao mundo, às "mulheres doces e meigas". Poderia continuar citando mas teria que copiar inteiro esse grande livro, profundo documento e depoimento de uma alma de mulher adolescente de uma grande artista. [...] Não posso conformar-me, porém [...] com o fato de você estar palmilhando, de certa forma, na vida real, o destino de Joana. Com toda sinceridade, sem falar nos filhos que, por força das circunstâncias, acabarão gradativamente "perdendo o pai", reduzido este a um mero financiador de sua vida e estudos. Com toda sinceridade, o propósito desta carta é dizer-lhe que, sofrendo eu ou não, ou voltando você para mim ou não, minha parcela nesse acontecimento é muito, muito grande. Pelo amor de Deus, não interprete esta carta como acusação. Sei que minha imaturidade, minha distração, minha falta de apoio, foram um dos polos da equação. Eu não estava preparado, por circunstâncias bem conhecidas da minha infância, para dar-lhe mão forte, para ajudá-la a resolver o conflito que você tão eloquentemente refletiu no primeiro livro.[39]

Como Maury compreendeu, Joana enfim triunfou. Clarice provavelmente estava certa quando, na juventude, disse a ele que não era feita para o casamento. Sua constante luta com a depressão e o desespero no exílio não devem ter feito dela uma pessoa fácil de conviver, e Maury também acabara se deprimindo por sua inabilidade em ajudá-la. O comportamento dele refletia mais desespero do que falta de afeição. Mesmo sua segunda esposa disse que até casar de novo, "sexualmente, fisicamente, ele sempre gostou *dela*. Mas ela não estava interessada".[40]

Ele enviou a Clarice um livro sobre terapia conjugal, acrescentando:

Meu intuito em mandá-lo não é o de dirigir-me a você ou a ninguém com um "dedo acusador". Se acusação há é a mim mesmo, que fui estúpido e cego. Longe de mim identificar quem quer que seja com os casos extremos mencionados no livro. Como a letra do fado, o meu desejo é dar-te beijo, como quem sabe que este sorriso, em *nossos* lábios, vai acabar... Estou cada vez mais firme na convicção de que você é a mulher da minha vida e que a minha procura de você em outras, nas muitas falsas Lídias de que o mundo está cheio, tem sido um erro de quem desesperou cedo.[41]

26. Pertencer ao Brasil

Mas o trem já havia partido. Em julho de 1959, "luminosa e inalcançável", Clarice retornou ao Brasil, onde, exceto por breves excursões, passaria o resto da sua vida. Quando ela partira, quase duas décadas antes, mal saída da adolescência, o país estava sob o impacto da guerra e do quase fascista Estado Novo. Ela voltava na meia-idade para encontrar seu país florescendo numa exuberância juvenil, em meio a uma efervescência cultural que abrangia todas as áreas da vida nacional.

Se, para os europeus, a década de 1950 foram os anos duros da reconstrução após a guerra; e se, para os americanos, eles tiveram o aroma do conformismo suburbano, para os brasileiros os dez anos que se seguiram ao suicídio de Vargas são lembrados como uma idade de ouro, uma era sem precedentes, e jamais repetida, de confiança nacional. Até então deprimido — "O jaburu", escreveu Capistrano de Abreu, "a ave que para mim simboliza nossa terra. Tem estatura avantajada, pernas grossas, asas fornidas, e passa os dias com uma perna cruzada na outra, triste, triste, daquela austera, apagada e vil tristeza" —,[1] o Brasil de repente era o lugar mais feliz do mundo.

Naqueles anos gloriosos, "o brasileiro deixava de ser um vira-lata entre os homens e o Brasil um vira-lata entre as nações".[2] Tudo era "novo", "nova":

a bossa nova de João Gilberto e Tom Jobim; o Cinema Novo, determinado a mostrar pela primeira vez os excluídos do Brasil nas favelas urbanas e nos sertões. (Essa ênfase social, que não era para todos os gostos, valeu ao primeiro filme do Cinema Novo, *Rio, 40 graus* [1955], uma interdição da censura. Reza a lenda que o censor teria dado a seguinte alegação: "A temperatura do Rio nunca ultrapassou os 39,6 graus".)

E a nova capital, a ultramoderna Brasília, estava sendo erguida no remoto planalto Central. Pode até ter custado 300 bilhões de cruzeiros,[3] mas apresentou um ousado novo rosto ao mundo, e o mundo percebeu, assim como percebera em 1958, quando os futebolistas brasileiros conquistaram a Copa do Mundo. A sorte do Brasil finalmente tinha mudado. Em sua cidadezinha natal na Bahia, Caetano Veloso não era o único brasileiro "procurando ou esperando alguma coisa que eu ia chamar de 'moderno'".

Apesar do renome que começava a acumular com suas aparições na *Senhor*, a mais moderna das revistas brasileiras, o reingresso de Clarice no Brasil não foi fácil. Paulo, seu caçula, recordava:

> Com a separação de meu pai, de períodos muito angustiados, uma permanente carência "material" (afetiva?) e pelas dificuldades financeiras, pelo peso, imagino, de ter de educar duas crianças praticamente sozinha [...]. O quanto desta carência era "material"?[4]

Pela primeira vez em sua vida adulta, Clarice estava sob pressão "material", embora com quase certeza menor do que ela sentia. Todo mês Maury enviava quinhentos dólares de Washington, uma bela quantia, mas desde o início de sua vida sem Maury Clarice *se sentiu* pobre, talvez por medo da pobreza que assolara sua infância, e a angústia ligada ao dinheiro nunca a abandonou. Preocupações financeiras se tornaram uma queixa constante em suas conversas e em sua correspondência.

No entanto, Paulo estava certo quando se perguntava "o quanto desta carência era 'material'". Clarice, afinal de contas, vivia com bastante dignidade. Depois de um mês hospedada com Tania, encontrou um apartamento no Leme, onde passaria o resto da vida.

Hoje uma das áreas mais densamente povoadas do planeta — 161 mil pessoas espremidas na estreita faixa entre a lendária praia e as montanhas —, Copacabana é uma vítima ruidosa e fervente da especulação imobiliária e de meio século de declínio do Rio. Em 1959, porém, quando Clarice voltou para o Brasil, Copacabana era chique. Lojas elegantes e praia durante o dia, restaurantes, cassinos e boates à noite, era também um símbolo do Brasil renascente e moderno.

Não muito longe do branco e imponente Copacabana Palace, cuja inauguração, em 1923, inscreveu o Rio no mapa turístico internacional, o Leme emergia como uma comunidade à parte, pequena, tranquila e exclusiva. Em contraste com a caótica Copacabana, o bairro não passa de meia dúzia de ruas, flanqueadas de flamboyants, entre a praia e as montanhas. Com a ponta bloqueada por outra montanha, por ali não passa tráfego. O lugar hoje ostenta um pequeno convento, mas nos anos 1950 e 1960 ficou mais conhecido pela sofisticada vida noturna e pelas águas calmas de sua praia.

No entanto, mesmo nesse local agradável e com uma pensão garantida, Clarice precisava se adaptar à condição de mãe separada. Sua prioridade máxima era publicar os dois livros, *A maçã no escuro* e *Laços de família*, que esperavam na gaveta havia quase cinco anos. As perspectivas eram deprimentes. No final de 1958, após anos de promessas, Ênio Silveira, da Civilização Brasileira, finalmente recusou *A maçã no escuro*.

Para grande surpresa de Clarice, a notícia provocou uma indignação de âmbito nacional. Ela teve, ainda em Washington, uma primeira ideia do que estava acontecendo por intermédio de Fernando Sabino, que lhe escreveu em fevereiro de 1959:

> Foi uma gota d'água que fez transbordar o ressentimento dos escritores de modo geral contra o tratamento dispensado pelos editores. Estão em crise e a coisa foi para os jornais, movimentos de parte a parte em defesa dos dois grupos — acabaram, como sempre, metendo o governo no meio só para atrapalhar.[5]

A reação indignada refletia mais do que ressentimento diante do tratamento desrespeitoso a uma das principais escritoras do país. "Não foi só a rejeição que desencadeou o movimento", escreveu um jornalista. "Afinal, qualquer editor pode recusar qualquer livro que quiser. Foi a rejeição de um manuscrito que o próprio editor havia pedido, quatro anos antes."[6]

A princípio, ainda em Washington, Clarice não ouviu nada do alarido, e quando ouviu ficou um pouco constrangida. "Realmente", ela disse a um jornalista depois de voltar. "Tem-se dito que há muita curiosidade em torno do livro. Tenho medo que venham a se decepcionar. Afinal de contas, não gosto de me enfeitar com penas que não me pertençam. Gostaria que o livro despertasse interesse pelo que é e não pelo que provocou."[7]

Para uma autora cujos livros tinham ficado na gaveta por tanto tempo, porém, qualquer atenção era útil, e a reação ao vacilo de Silveira criou um clima de interesse em torno de Clarice. "Resultado: de escritora cuja obra era conhecida quase exclusivamente por um pequeno grupo, Clarice Lispector se tornou uma autora conhecida em todo o país, em face daquela *onda*."[8] A força surpreendente da reação constrangeu Silveira a tomar uma atitude. Em abril de 1959 ele escreveria a Clarice para prometer que publicaria *A maçã no escuro* antes de maio de 1960.[9]

Como tantas datas anteriores dadas por ele, essa também passou sem nenhum sinal do livro; Clarice deve ter ouvido a mesma promessa muitas vezes antes. Pelo menos ambos os seus livros estavam agora em suas próprias mãos, porém. Em março de 1959, com a ajuda de sua cunhada Eliane, Clarice conseguira arrancar de José Simeão Leal os contos de *Laços de família*.

"Em 1959", escreveu Paulo Francis, "Clarice não encontrava um editor no Brasil. Tinha fama, sim, mas entre intelectuais e escritores. Os editores a evitaram como a praga. Os motivos me pareceram óbvios: ela não é discípula do 'realismo socialista', ou preocupada com os pequenos dramas da pequena burguesia brasileira."[10]

Apesar da onda de apoio, a má sorte de Clarice continuou. A Agir, a editora católica que publicara *O lustre*, chegou a lhe enviar a minuta do contrato referente a *Laços de família*, mas o livro também nunca se materializou. "Não é à toa que entendo os que buscam caminho", escreveu Clarice alguns anos mais tarde. "Como busquei arduamente o meu!"[11]

Com seus livros no limbo, precisando encontrar um meio de fazer frente às despesas, Clarice embarcou, pouco depois de voltar ao Rio, numa nova aventura. A convite do jornal *Correio da Manhã*, a autora mística de *A maçã no escuro* deu lugar a uma tagarela e petulante colunista de beleza chamada Helen Palmer, que dava conselhos às leitoras com uma piscadela e um sorriso. Descendente da Teresa Quadros de *Comício*, o alter ego anterior de Clarice, Helen, diferentemente desta, tinha uma missão secreta: era uma agente paga pela Pond's, fabricante de cremes faciais.

De acordo com o contrato, Helen Palmer não deveria citar nominalmente a Pond's. Em vez disso, usaria artifícios mais sutis para atrair as mulheres ao balcão de cosméticos da farmácia mais próxima, método que a equipe de relações públicas da Pond's explicava com detalhes em palestras de vendas. Clarice às vezes os usava ao pé da letra:

> Se você está com a pele ressequida, minha amiga, com essa aparência que nos desgosta tanto porque junta sempre alguns anos a mais na nossa idade, procure um bom creme especial e use-o diariamente, à volta dos olhos e nos pontos onde as rugas estão se acentuando, fazendo leves massagens. Escolha qualquer desses cremes à base de lanolina umedecida, porque esta penetra mais rápido e profundamente na pele, sendo, portanto, mais eficaz que a lanolina comum. E nada é melhor que a lanolina para o ressecamento da pele.[12]

Acontece que os cremes da Pond's continham exatamente esse tipo de "lanolina umedecida". Mas havia em Helen Palmer mais do que técnicas de vendas. Como tudo o mais no Brasil, Helen era moderna e exortava suas leitoras a serem modernas também. "Você, minha leitora, não limite o seu interesse apenas à arte de embelezar-se, de ser elegante, de atrair os olhares masculinos. A futilidade é fraqueza superada pela mulher esclarecida. E você", cutucava Helen, "é uma 'mulher esclarecida', não é mesmo?" Clarice descrevia essa mulher esclarecida:

> Ela estuda, ela lê, ela é moderna e interessante sem perder seus atributos de mulher, de esposa e de mãe. Não tem de trazer necessariamente um diploma ou um título, mas conhece alguma coisa mais além do seu tricô, dos seus quitutes e dos seus "bate-papos" com as vizinhas. Ela cultiva, especialmente, a sua capacidade de ser compreensiva e humana. Tem coração.[13]

Ser *moderna* era uma coisa, mas Clarice e Helen não tinham paciência com uma mulher que "fuma como um homem, em público, cruza as pernas com uma desenvoltura chocante, solta gargalhadas escandalosas, bebe com exagero, usa gíria de mau gosto, palavreado grosseiro, quando não se desmoraliza repetindo palavrões".[14] A nova mulher de Clarice era, antes de tudo, uma dama.

Se as descrições soam hoje penosamente datadas, os valores de Helen Palmer não eram alheios a Clarice Lispector, que passara muitos anos na comunidade diplomática. Era discreta a ponto de ser reservada, e até mesmo um tanto pudica; amigos recordam que ela se sentia, por exemplo, um pouco envergonhada por ter se separado do marido. (O divórcio só seria legalizado no Brasil em 1977.) Assim como Helen Palmer, Clarice fazia tudo para não causar inconveniências. A cunhada Eliane disse que Clarice era extremamente sensível aos sentimentos dos outros: "Ela sentia o que eles estavam sentindo antes mesmo que eles sentissem".[15] A amiga Olga Borelli escreveu que Clarice "era profundamente feminina, exigia e se exigia boas maneiras".[16] Vaidosa de sua beleza feminina, orgulhosa da atração que exercia sobre os homens, ela no entanto se irritava com os limites impostos às mulheres numa sociedade extremamente conservadora.

"Eu também senti isso", disse Tania, "uma inveja muito grande dos homens. Você imagina como era ser mulher na nossa época! Nós tínhamos que ser donas de casa. Quando Clarice se separou e veio para o Brasil, ela ficou sem um grupo. Os amigos, Fernando, Rubem, Otto, Hélio, eram casados e saíam para rodas de chope. Era muito difícil furar esse bloqueio."[17]

Clarice não era de frequentar bares, mas mesmo que tivesse uma inclinação para o tipo de vida social que seus amigos homens apreciavam, teria pouquíssimo tempo para a boemia. Além de criar sozinha dois filhos, escrevia para a *Senhor*, assinava os textos de Helen Palmer e, desde abril de 1960, escrevia seis colunas por semana, sob o nome de Ilka Soares. Ao contrário de Helen Palmer e Teresa Quadros, Ilka Soares era uma pessoa de verdade, e não era uma pessoa qualquer: atriz linda e jovem, era a garota carioca que tinha sido escolhida em 1958 para acompanhar Rock Hudson, que era gay, no baile de carnaval do Teatro Municipal.[18]

O novo encargo de Clarice veio graças a Alberto Dines, jovem jornalista judeu que morava no mesmo prédio, e no mesmo andar, de Tania e William Kaufmann. Ele abordou Clarice com alguma apreensão, temendo que uma escritora refinada como ela fosse considerar desprezível um emprego de *ghost writer*, embora soubesse, por intermédio de Otto Lara Resende, que Clarice estava procurando trabalho. Dines assumira recentemente o comando do *Diário da Noite*, o prestigioso jornal onde Clarice havia trabalhado antes do casamento, cuja editora publicara *Perto do coração selvagem* e *A cidade sitiada*. A instituição, outrora imponente, despencara de sua elevada posição. Dines estava relançando o jornal em formato de tabloide, inspirado no *Daily Mirror* e no *Daily Express*, e para ajudar a fazer o renovado jornal decolar precisava da força de uma estrela.

Ilka morava a um prédio de distância de Clarice, no Leme. O contato entre as duas foi mínimo: ela encontrou Clarice uma vez, em seu apartamento, onde Clarice foi "muito reservada, fumou um bocado". No enorme Rio de Janeiro, o Leme era uma comunidade bem familiar, mas mesmo ali Clarice era quase invisível. Durante os anos que foram como vizinhas, Ilka, que foi casada com Anselmo Duarte e Walter Clark, nunca cruzou com Clarice na praia ou nos cafés que eram tão importantes para a vida da comunidade.

No entanto Clarice conseguiu criar uma nova voz para a coluna de Ilka, "Só para mulheres": confidente, acessível, e o tempo todo "você". "O que você talvez não saiba é que uma atriz também procura se inspirar nas mulheres que lhe agradam", escreveu "Ilka". "Nunca me afastei da pessoa que é você. Procuro advinhar o que você gostaria de ouvir como canção, que sentimentos gostaria que eu exprimisse, que modelo você imaginou em linhas gerais para o seu novo vestido." A julgar pelos tipos de coisa que Clarice achava que "você" apreciava, "você" não tinha sido atingida pelo feminismo.

> Pois agora, falando de meus pratos predilectos, estarei procurando adivinhar o que você gosta. Falando de crianças, estarei falando dos cuidados com os nossos filhos. Falaremos de modas, com aquela animação de amigas quando tratam de roupas. O que eu adivinhar que você gostaria de saber em matéria de cuidados de beleza, será assunto meu e seu. E tantas outras coisas! Pois conversa puxa conversa. O jeito é marcar novo encontro.
>
> Até amanhã![19]

E Clarice distribuía dicas de maquiagem "elegante":

> As mulheres do antigo Egito anteciparam por 2 mil anos a mulher de hoje, em matéria de olhos. Também elas se concentravam na sedução do olhar, usando uma substância negra chamada "kohl", para alongar as sobrancelhas e escurecer os cílios. Também naquela época já usavam sombra verde nas pálpebras: e isto não é invenção nossa, foi provado. E peruca? Pois usavam perucas negras para conseguir o "estilo sensual do Nilo".[20]

A coluna foi um sucesso, relembra Dines, graças à dedicação que Clarice demonstrava em compô-la e ao seu acesso às revistas de moda estrangeiras, que forneciam fotografias e ilustrações.

Laços de família consolidou sua reputação. O editor, no fim das contas, foi Francisco Alves, em São Paulo. Quando Clarice apareceu naquela cidade, os repórteres estavam ávidos por conhecê-la. "Desde sua estreia, um mistério cercou a admirável escritora", escreveu o *Diário de S. Paulo*, referindo-se ao fato de ela "esconder-se por trás de um pseudônimo" e ter passado "a maior parte do seu tempo no exterior".[21] Uma semana depois, uma multidão surpreendente de 150 pessoas, incluindo Alzira Vargas do Amaral Peixoto, comparecia a um evento similar no Rio. Nas fotos, Clarice parece feliz, aliviada por ver o livro finalmente impresso e gratificada pela atenção popular.

Talvez os intrigados leitores tenham se reunido para ver se Clarice existia de verdade. "Há uma grande curiosidade em torno de Clarice-gente", declarou na época uma publicação.

> Ela circula muito pouco na área literária, foge aos programas de televisão e às tardes de autógrafo, e são pouquíssimas as pessoas que tiveram oportunidade de conversar com ela. "Clarice não existe" — dizem. "É pseudônimo de alguém que mora na Europa." "É uma mulher linda" — afirmam outros. "Não conheço, não" — diz um terceiro. "Mas acho que é homem. Ouvi falar que era um diplomata."[22]

A presença da autora pelo menos aquietou o boato de que ela era um homem, embora Clarice não tenha feito questão nenhuma de fornecer muitos detalhes. "Talvez seus amigos mais íntimos e os amigos desses amigos saibam alguma coisa sobre a sua vida", escreveu um entrevistador frustrado. "De onde veio, onde nasceu, quantos anos tem, como vive. Mas ela não fala nunca sobre isso, 'pois é uma parte muito pessoal.'"[23]

O que havia mudado para gerar esse tipo de interesse? A questão desconcertava Clarice. O crítico Assis Brasil sugeriu que "Clarice Lispector estava destinada a desaparecer momentaneamente, não apenas porque deixara o país, mas principalmente porque seus livros não tiveram um grande impacto." Talvez fosse o gosto pelo "moderno" que tivesse pavimentado o caminho para a sua obra, ele especulava: "Pelo fato de o nosso clima artístico ter mudado tão radicalmente nos últimos quatro anos, estamos inteiramente prontos a recebê-la e reconhecê-la como um dos melhores escritores brasileiros de todos os tempos".[24]

Uma razão mais óbvia para o seu sucesso é que *Laços de família* é simplesmente mais fácil de ler do que *O lustre* e *A cidade sitiada*. Simeão Leal e Ênio Silveira, que tinham enrolado Clarice por tantos anos, não devem ter ficado felizes com a manchete do *Jornal do Comercio*: "Clarice vende". "Seus editores descrevem as vendas da coletânea de contos *Laços de família*, com a qual Clarice Lispector voltou às livrarias, como *espetaculares*. CL, considerada uma escritora para um público pequeno, está fazendo sua estreia entre os best-sellers."[25] *Laços de família* se tornou o primeiro dos livros de Clarice a merecer uma segunda edição, depois que os 2 mil exemplares da primeira se esgotaram.

O palco estava montado, finalmente, para o aparecimento de *A maçã no escuro*. Francisco Alves publicou-o em julho de 1961, um ano depois de *Laços de família*. O livro, assolado por problemas desde o início, saiu tão cheio de erros que Clarice nem podia olhar para ele,[26] e ela estava constrangida por seu preço exorbitante, 980 cruzeiros. (Na época, foi de fato o romance mais caro já publicado no país.)[27] Num exemplar enviado a Erico e Mafalda Verissimo, ela ressaltou que estava mandando um presente extremamente valioso. "Luis Fernando", ela acrescentou num P.S. ao filho do casal, "considere este livro seu também por favor. Divida 980 por três e você terá preciosa parte."[28]

O fato é que o livro estava pronto havia cinco anos, e, nas palavras de Clarice, "antes casar mal que não casar". Doze anos haviam passado desde a publicação de seu romance anterior, *A cidade sitiada*, em 1949. Junto com *Laços de família* e suas colaborações na *Senhor*, *A maçã no escuro* marcou a volta definitiva de uma mulher que pouco antes estivera dolorosamente esquecida. Nunca mais se pensaria que ela era um homem ou que estava "se escondendo por trás de um pseudônimo".

Foi no início dos anos 1960 que uma escritora obscura e de reputação difícil se tornou uma instituição nacional, "Clarice", imediatamente reconhecível só pelo primeiro nome. Em 1963 um jornalista podia escrever:

> Clarice Lispector deixou de ser um nome e se tornou um fenômeno em nossa literatura. Um fenômeno com todas as características de um estado emocional: os admiradores de Clarice entram em transe diante da mera menção ao seu nome... E a grande autora de *Perto do coração selvagem* foi transformada num monstro sagrado.[29]

Depois de labutar por tanto tempo na obscuridade, Clarice prezava o aplauso a seu trabalho. Mas detestava ser vista como um "monstro sagrado". "Por acaso eu escrevo", disse a uma jornalista, Rosa Cass, que mais tarde se tornaria uma amiga próxima:

> E a coisa vem através da literatura. Mas se eu fosse bonita, ou tivesse dinheiro, por exemplo, também não gostaria que as pessoas me procurassem por essa razão. O bom é ser aceita como um todo, começando até nos defeitos, nas coisas pequenas, para depois então chegar às de maior importância.[30]

Não eram apenas alpinistas sociais que a procuravam. Começou a receber cartas de gente do Brasil inteiro, gente que abria o coração para ela, como um jornalista paralítico de Minas Gerais cuja carreira tinha sido interrompida por um acidente, e uma adolescente que lhe mandou um poema modesto e perguntou: "Consegui dizer o que eu sou?".[31] Essas cartas são muito comoventes, e o amor que expressam por ela foi um conforto em tempos difíceis.

Em termos gerais, no entanto, e apesar de a celebridade literária no Brasil ser um degrau modesto da fama, seu relativo destaque a incomodava. "Tantos desejam a projeção", escreveu, "sem saber como esta limita a vida. Minha pequena projeção fere o meu pudor. Inclusive o que eu queria dizer já não posso mais. O anonimato é suave como um sonho."[32] O anonimato tinha o seu preço também, claro, como ela aprendera durante os cinco anos ao longo dos quais sua obra ficou ignorada, impublicável. Mas o sucesso profissional não era o mesmo que celebridade, e ela insistia que "não sou domínio público. E não quero ser olhada".[33]

Ser olhada, ela logo aprenderia, não era a única indignidade trazida pela fama. Quando *A maçã no escuro* ganhou o Prêmio Carmen Dolores Barbosa de melhor livro publicado no ano anterior, Clarice viajou a São Paulo para recebê-lo. Compareceu à cerimônia em 19 de setembro de 1962, com sua amiga Maria Bonomi, a jovem artista que vestira as roupas de Clarice na Casa Branca. A cerimônia foi presidida por ninguém menos que Jânio Quadros.

Jânio, o presidente que proibiu o biquíni, não era o tipo da figura que combinasse muito com Copacabana. Depois de proferir um interminável discurso na encantadora casa da sra. Barbosa, Sua Excelência convidou Clarice a um quarto privado, onde se pôs a apalpá-la com tanto ardor que, na luta para afastá-lo, ela rasgou o vestido. Ofegante, Clarice saiu correndo do quarto e disse a Maria Bonomi que precisavam ir embora imediatamente, jogando o xale da amiga nos ombros, para cobrir o vestido rasgado.

No caminho para a casa de Maria, uma ofensa final aguardava a aturdida laureada. Dentro do envelope do prêmio, a recompensa em dinheiro: um total de vinte cruzeiros — por um livro que custava 980.[34]

Jânio Quadros não era o único homem interessado em Clarice. "Todos nós queríamos trepar com ela!", exclamou o irrefreável Nahum Sirotzky, seu editor na *Senhor*. "Ela era muito, muito sexy. Mas era também inacessível."[35] Expressando-se de modo mais delicado, Paulo Francis, o editor de ficção da *Senhor*, recordava que a mão dela era disputada por muitos candidatos. "Mas o preço que ela teria que pagar por companhia em termos de sensibilidade, seria tão oneroso quanto as inevitáveis crianças."[36]

Havia outro problema. Três anos depois de ter se separado de Maury e regressado ao Brasil, Clarice ainda não superara inteiramente a relação, e Maury estava, como sempre, apaixonado por ela. Amigos dizem que a atração não era unilateral. Se Clarice não queria estar casada com Maury, tampouco estava inteiramente disposta a abrir mão. Sempre muito correta, sentia-se desconfortável com o fato de estar separada do marido com quem ficara dezesseis anos, pai de seus filhos.

Depois de uma década de ascensão contínua na hierarquia em Washington, Maury fora promovido a embaixador. Essa recompensa, bastante esperada, deve ter parecido um pouco menos eletrizante quando foi informado de seu novo posto: a lúgubre Varsóvia comunista, para onde partiu em março de 1962. Sozinho em sua nova Embaixada, sentia falta de Clarice e dos meninos, e em meados de julho, aceitando seu convite, Clarice, Pedro e Paulo partiram para a Polônia.

Seria o mais próximo que Clarice jamais chegaria de sua terra natal. A criança refugiada de Tchetchelnik era agora a alta e loura embaixatriz do Brasil, o único momento na vida em que ostentou esse título. Foi durante essa viagem que um representante soviético convidou-a para uma excursão até sua aldeia natal, que ela recusou, dizendo que nunca pusera os pés lá — era um bebê, carregado pelos pais —, nem pretendia fazê-lo.

Apesar dessa resposta categórica, ela ponderou o oferecimento:

> Mas lembro-me de uma noite, na Polônia, na casa de um dos secretários da Embaixada, em que fui sozinha ao terraço: uma grande floresta negra apontava-me emocionalmente o caminho da Ucrânia. Senti o apelo. A Rússia me tinha também. Mas eu pertenço ao Brasil.[37]

27. Melhor que Borges

A reconciliação em que Maury depositava esperanças não aconteceu. Amigos aconselharam Clarice a não encorajá-lo. Quando ela voltou para o Rio de Janeiro, o diplomata Lauro Escorel, que ela conhecia desde a época de *Perto do coração selvagem*, disse-lhe com firmeza que devia voltar para Maury ou deixá-lo livre de uma vez. Se estava determinada a romper a relação, disse, não podia continuar viajando de férias com ele e lhe dando falsas esperanças. Não era bom para ele, e não era bom para os filhos.[1]

Felizmente para ele, Maury acabou pondo um fim à hesitação de Clarice ao conhecer outra mulher numa visita ao Rio. A nova sra. Gurgel Valente era Isabel Leitão da Cunha, cujos antecedentes aristocráticos não podiam ser mais diferentes dos de Clarice. Sua mãe, Nininha, era uma destacada socialite, e seu pai era ninguém menos que Vasco Leitão da Cunha, cônsul em Roma durante o período que o casal passara em Nápoles. Um dos principais diplomatas brasileiros de sua geração, em 1964 ele alcançara o posto mais alto do Itamaraty, tornando-se ministro das Relações Exteriores.

Maury sabia da existência de Isabel desde que ela era menina. Uma vez, visitando o pai da moça no consulado em Genebra, viu um retrato dela na mesa de trabalho dele e passou a falar sobre como ela era linda. Isabel de fato era linda e, tendo crescido no serviço exterior, estava muito mais ajustada à vida diplomática do que Clarice. Era também doze anos mais nova do que a primeira sra. Gurgel Valente. Depois que Isabel e Maury se casaram em Montevidéu — com a inexistência de divórcio legal no Brasil, o Uruguai era a Las Vegas brasileira —, Clarice e Isabel nem sempre se entenderam. De um lado, Clarice ficou contente com a presença de uma companheira para Maury, que morava no exterior sem sua família. Mas Isabel — talvez com as impressões tingidas pela rivalidade natural que subsiste entre uma segunda esposa e a primeira, particularmente quando a primeira é famosa e admirada como Clarice — se sentia atormentada pela imponente mãe dos filhos do marido. Quando estes visitaram o novo casal, Clarice costumava ligar com frequência para saber o que eles estavam comendo, para a irritação de Isabel. As relações entre as duas logo esfriaram, e para Clarice o segundo casamento de Maury permaneceu um assunto delicado. Numa coluna de jornal, em 1968, ela respondeu publicamente a uma carta de leitor.

> F. N. M., você é uma raposa astuciosa [...]. Você toma um ar de falsa piedade e me diz que soube que a depressão em que andei foi causada pelo casamento de meu ex-marido. Guarde, minha senhora, a piedade para si própria, que não tem o que fazer. E se quer a verdade, coisa pela qual a senhora não esperava, ei-la: quando me separei de meu marido, ele esperou pela minha volta mais de sete anos.[2]

As reações desencadeadas pelo segundo casamento de Maury podem ter sido extremadas, mas muitos amigos relatam que no início dos anos 1960 alguma coisa havia mudado em Clarice. Todas as descrições dela na juventude registram sua cortesia quase excessiva. Para os que a conheceram no serviço diplomático, isso ia muito além das boas maneiras normais exigidas de esposas de diplomatas: era uma profunda empatia, que atraía todos os tipos de pessoa, que levava as mulheres a confiarem nela e os homens a se apaixonarem por ela.

"Quando estava na Faculdade de Direito", recordava Sara Escorel, "ela disse: vou ser a melhor esposa de diplomata que já houve. E foi mesmo. Quando estava casada com Maury, ela era perfeita." Essa perfeição, claro, tinha seu preço. "Não estava muito à vontade nesse meio... Todo esse formalismo... Mas eu preenchia meu papel... Era mais conciliadora do que hoje", declarou, olhando para o passado.[3]

A tensão entre a rebelde Joana e a plácida Lídia, entre o mundo animal e o artifício da "civilização" humana, era um símbolo caro a ela, e em suas cartas Clarice mencionava seu temor de perder o "equilíbrio íntimo". Em sua carta perspicaz, Maury expressava o receio de que ela estivesse "palmilhando, de certa forma, na vida real, o destino de Joana". Já em Berna, seu primeiro analista, Ulysses Girsoler, alertara para essa insustentável tensão em sua personalidade: "Será muito difícil para um tal temperamento encontrar equilíbrio, uma domesticação consciente desses impulsos elementares por meio da participação intelectual".

Clarice se tornou exigente e até mesmo áspera. Seus amigos notaram grandes mudanças. Primeiro, incapaz de dormir, atormentada por uma incessante ansiedade começou a telefonar para as pessoas tarde da noite. Segundo, sua maquiagem se tornou "escandalosa"; a palavra é repetida com frequência. Pouco depois do divórcio, ela escreveu a Mafalda que seu batom fazia parecer que tinha "acabado de comer uma costela de porco sem guardanapo".[4]

Muitos se surpreenderam, levando em conta o quanto Clarice fora elegante no passado. Ela estava ignorando o próprio conselho de Helen Palmer:

> Você naturalmente sabe que chamar a atenção não é de bom-tom e dá sempre uma impressão muito má da mulher. Seja pela roupa escandalosa, pelo penteado exótico, pelo andar, pelos modos, pela risada grosseira, seja, enfim, de que maneira for a mulher que chama a atenção sobre a sua pessoa o único troféu que merece é o da vulgaridade.[5]

Alguns atribuíam a mudança a sua nova psicanalista, Inês Besouchet. Embora Clarice tivesse entrado e saído de tratamentos psiquiátricos desde antes do casamento, e embora ela brandisse contra Maury a recusa inicial dele de se submeter à psicanálise, tinha vergonha de estar fazendo terapia. No Brasil, assim como em outros lugares, havia naqueles anos um estigma associado à psicoterapia; talvez ela temesse a reputação de louca. Mas no Rio encontrou uma analista na qual podia confiar.

Como Clarice, Inês era judia. Ela preparara o amigo de Clarice, Hélio Pellegrino, um dos membros do grupo mineiro de Fernando Sabino. Era uma esquerdista que estivera exilada na Bolívia durante um dos governos Getúlio Vargas. Culta e circunspecta, guardando a distância dos pacientes que se aconselhava aos psicanalistas, Inês mesmo assim se tornou uma amiga próxima e foi, ao lado de Tania, uma das duas únicas pessoas a quem Clarice dedicou um livro, *A Legião Estrangeira* (1964).[6]

Inês exortou Clarice a se libertar do peso de sempre tentar corresponder às expectativas dos outros. Talvez se ela vivesse num ambiente menos regulado, a reação não tivesse sido tão violenta. "A sinceridade de Clarice era tão contundente que às vezes as pessoas a confundiam com excentricidade", disse sua amiga Olga Borelli, que a conheceu no final daquela década. "Sempre, mas sempre, fazia o que tinha vontade e na hora que bem entendesse. Sem pedir licença a ninguém. Era um traço forte de seu caráter."[7]

"Clarice era uma mulher insolúvel. Ela sabia disso", escreveu Paulo Francis.[8] Entretanto, insolúvel ou não, Clarice *tinha conseguido*, apesar do desconforto e da depressão, levar as coisas por muitos anos. Por que agora estava tão menos "conciliadora"? O fato era que Clarice enfrentava desafios que até mesmo a mais estável das personalidades teria dificuldades em superar.

Estava contente em viver de novo no Brasil. O sucesso profissional, depois de tantos anos de luta, era gratificante. Mas sua vida era uma batalha. Ela precisava ganhar a vida, o que a *Senhor* e seu trabalho jornalístico garantiam. Mas esse trabalho interferia na sua escrita "verdadeira". Clarice não trabalhava num livro de longa extensão desde 1956, quando concluiu *A maçã no escuro* em Washington. Examinando esse período retrospectivamente, disse a um entrevistador: "Tenho períodos de produzir intensamente e tenho períodos-hiatos em que a vida fica intolerável. [...] É muito duro, esse período entre um trabalho e outro, e ao mesmo tempo é necessário para haver uma espécie de esvaziamento da cabeça para poder nascer alguma outra coisa, se nascer".[9]

Mas sua dor maior era a enfermidade crescente de seu filho Pedro. O menino brilhante tinha se tornado um adolescente perturbado. "Quando entrou na adolescência foi se fechando", disse Tania. "Clarice fez tudo o que era possível: colocou-o na análise, em uma porção de tratamentos. Não teve jeito."[10] Já em 1957, em Washington, Clarice buscara ajuda, mas com o tempo as excentricidades de uma criança extremamente talentosa degeneraram em franca esquizofrenia.

Pedro vivia numa terrível agonia. Rosa Cass via que a situação feria a mãe dele "*de maneira brutal*. Ela estava aflita, desesperada". Ele era imprevisível. Em casa, berrava, tão alto que os vizinhos reclamavam. Não era possível levá-lo a parte alguma, nem mesmo ao cinema, pois ele não conseguia ficar quieto. Outra amiga se lembra de um jantar durante o qual Pedro ficou o tempo todo dando voltas na mesa, com as mãos cobrindo o rosto.

Tendo rompido com Maury, Clarice se viu privada de uma fonte de apoio. Numa época em que até visitas ao psicanalista muitas vezes eram realizadas às escondidas, em que qualquer problema psicológico era visto como uma vergonha, Clarice não tinha a quem recorrer, e à medida que Pedro ficava mais doente a sensação de solidão dela foi se tornando implacável. Sempre discreta, compartilhava a situação com poucas pessoas; esses amigos que estavam a par do problema discutem apenas suas próprias impressões, raramente citando palavras dela. No jantar em que Pedro ficou dando voltas na mesa, por exemplo, Clarice fez de conta que não o estava notando e continuou diplomaticamente a conversar. Mas estava notando, e os convidados sabiam disso, pois, embora estivessem sentados ali havia horas, Clarice se esqueceu de servir a comida.

"Quando você tem um filho assim, sempre acha que de algum modo a culpa é sua", disse Rosa. "Ela simplesmente não suportava vê-lo daquele jeito. Doía demais nela." Primeiro, deixara de salvar a mãe. Agora assistia impotente à doença do filho. Era mais um golpe para uma mulher que tanto desejara ser mãe, talvez para compensar em parte a tragédia da sua própria família. Ela era tremendamente sensível a qualquer alusão a esse fracasso. O amigo Otto Lara Resende se lembrava de um encontro com ela, numa rua do Leme, onde ele estava caminhando com seu jovem filho André. "Quem é aquela moça loura?", perguntou André, depois que eles se separaram. "Ela tem dentro dela uma coisa que pula o tempo todo. Ela tem filho? Não queria ser filho dela." Um par de anos depois, mencionando isso a Clarice, mas sem a última frase, Otto recebeu uma dura reprimenda, emitida num "crescendo avassalador": "Diga a seu filho que eu posso ser mãe, sim. Posso ser mãe dele. Posso ser sua mãe, Otto. Posso ser mãe da humanidade. Sou a mãe da humanidade".[11]

Ela se recolheu mais ainda em si mesma. "Tinha um rosto de quem com a maior dignidade, estava sempre a sofrer [...]. Não convidava a aproximações efusivas, afetuosas, afetivas", disse um de seus editores na *Senhor*, rememorando a grande fase da revista, quando "entravam, mensalmente, em nossa redação, para entregar os melhores textos produzidos na época pela literatura brasileira, duas figuras incômodas: Guimarães Rosa, com seu tipo pretensioso, e Clarice Lispector, com seu silêncio angustiante."[12]

Por volta de 1962 Clarice começou seu último caso amoroso, com o poeta e jornalista Paulo Mendes Campos, conhecido como Paulinho. Ela o conhecia desde a época de *Perto do coração selvagem*, quando se aproximou de Fernando Sabino e seus amigos de Minas Gerais. Ele era uma espécie de versão heterossexual de Lúcio Cardoso. Ambos eram de Minas e ambos eram desajustados crônicos, fugindo ou sendo expulsos de várias escolas. Paulinho começou cursos de odontologia, veterinária e direito; entrou na Academia da Aeronáutica em Porto Alegre, mas logo saiu.[13]

Assim como Lúcio, ele era católico; assim como Lúcio, era bonito e possuía um talento extraordinário e sedutor para a linguagem. Era ótimo poeta, uma impressionante cultura literária e acabaria se tornando diretor da seção de Obras Raras da Biblioteca Nacional. Ao lado de Rubem Braga, era um dos mais famosos praticantes da crônica.

Assim como Lúcio, era ruim para lidar com dinheiro; e, assim como Lúcio, era boêmio e alcoólatra. "A bebida consola; o homem bebe; logo, o homem precisa ser consolado", escreveu, num de seus muitos discursos sobre o assunto.[14] Pouco a pouco foi se tornando agressivo; seus velhos amigos tendiam a evitá-lo. E, se a orientação sexual de Lúcio o tornava inacessível a Clarice, Paulinho tinha uma esposa, uma inglesa.

Por um breve tempo, Clarice e Paulinho viveram uma grande paixão, como confirmam todos os que os conheceram. Formavam um estranho casal: Clarice, alta, loura e fascinante; e Paulinho, não mais o Byron de seus anos de juventude, baixo, moreno e, apesar do charme, fisicamente pouco atraente. Uma amiga se lembra de tê-los visto entrar num restaurante do centro e de ter dito a seu acompanhante: "O que o *Paulinho* está fazendo com aquela *Valkíria*?".[15] Mas, como diz outro amigo, Ivan Lessa, "em termos de neurose, os dois foram feitos um para o outro".[16]

Relances dos dois juntos, porém, eram raros, embora, como diz Lessa, o Rio fosse "uma aldeia, no melhor sentido possível". Isso era especialmente verdadeiro nos círculos literários, que Clarice evitava, mas nos quais Paulinho era figura central. O romance surpreendeu muitos dos amigos comuns dos dois, ainda que Clarice procurasse ser discreta a esse respeito. Lessa, que morava na mesma rua que Clarice, volta e meia os via caminhando furtivamente pelas ruas secundárias do Leme. Encontravam-se também numa *garçonnière* que compartilhavam com o amigo Sérgio Porto. Para o porteiro, Clarice se anunciava como "Madame".

A esposa de Paulinho tolerou a situação por um tempo. Por fim, porém, decidiu que já bastava e ameaçou pegar as crianças e voltar para a Inglaterra. Escolhendo a esposa e a família, Paulinho rompeu o romance com Clarice. Com ele acabou também a amizade. Clarice pediu repetidas vezes ao romancista Autran Dourado que consertasse as coisas, mas ele compreendeu que estava tudo acabado e preferiu não se envolver. O fim do relacionamento isolou Clarice ainda mais do ambiente literário, do mundo adulto com o qual ela mantinha laços tão frágeis.

"Ela o amou até morrer", sua amiga Rosa Cass lembrava. Mesmo que o caso não tenha durado muito e que Paulinho tenha optado pela esposa e pela família, para Clarice não foi fácil aceitar. Dali a mais de uma década, escreveu um conto sobre uma inglesa, "Miss Algrave". Em Londres, Miss Algrave sabe que pode seduzir seu chefe: "Tinha certeza que ele aceitaria. Era casado com uma mulher pálida e insignificante" cujo primeiro nome é igual ao da esposa de Paulinho. Clarice, que raras vezes deixou transparecer esse tipo de emoção nos seus livros, ainda estava contrariada. Num tom mais lírico, Clarice podia estar pensando em Paulinho quando escreveu: "Às vezes no amor ilícito está toda a pureza do corpo e alma, não abençoado por um padre, mas abençoado pelo próprio amor".[17]

Em meados de 1962 Clarice conheceu a poeta norte-americana Elizabeth Bishop. Bishop morava no Brasil desde 1951, quando, num cruzeiro pela América do Sul, desembarcou em Santos, para uma visita de duas semanas. Acabou ficando por quinze anos. O motivo foi o seu relacionamento com Lota de Macedo Soares, com quem ela vivia em considerável luxo em seu solar modernista, Samambaia, nas montanhas ao norte do Rio. Lota era brilhante, uma das mais importantes paisagistas da história do Brasil, tendo concebido e executado praticamente sozinha o Parque do Flamengo, mas era também tempestuosa e depressiva; acabaria cometendo suicídio no apartamento de Bishop, em Nova York.

No início dos anos 1960 o relacionamento estava degringolando. Bishop bebia pesadamente e, à medida que seu desespero crescia, azedava sua opinião sobre o país de Lota. O que antes era um paraíso tropical de cachoeiras e igrejas barrocas agora era uma cloaca de ignorância e provincianismo. Comentários desdenhosos sobre o Brasil e os brasileiros começaram a povoar suas cartas. No entanto, ela preservava, ainda que a contragosto, uma exceção:

> Mas encontrei uma escritora contemporânea de quem realmente gosto — mora na mesma rua que nós, no Rio — demorei para começar a lê-la porque achava que não ia gostar, e agora constato que não apenas gosto muito dos contos dela como também gosto dela pessoalmente. Ela tem um nome maravilhoso — Clarice Lispector (é russo). Os dois ou três romances dela não me parecem tão bons, mas os contos dela são quase como as histórias que eu sempre achei que alguém devia escrever sobre o Brasil — tchekhovianas, ligeiramente sinistras e fantásticas — devo mandar algumas em breve para a *Encounter*. Ela tem um editor em N. Y. que está interessado, e talvez eu traduza o livro dela inteiro — jurei que nunca mais ia fazer tradução — mas quando se trata de coisas *bem* curtas não me incomoda, não, e acho que eu devia mesmo traduzir. Ela é uma mulher ossuda, clara, quanto à aparência é totalmente russa oriental — o nome da raça é "quirguiz", creio eu, ou coisa parecida — como a moça de *A montanha mágica*, imagino — mas fora isso é bem brasileira, e muito tímida. Conheço e aprecio tão poucos "intelectuais" daqui que gosto de conhecer pessoas novas — e a Lota também gosta dela, tanto quanto eu, e chegou até mesmo a ler alguns dos contos e concordou comigo que são bons. (A Lota não lê nada em português além dos jornais, e agora relatórios governamentais.) Na verdade, eu a acho melhor que J. L. Borges — que é bom, mas também não é essas coisas, não![18]

Bishop estava trabalhando na tradução dos contos de Clarice, mas por volta do final do ano esse encanto também azedou. As esperanças dela numa colaboração literária produtiva foram frustradas quando Clarice inexplicavelmente sumiu. Em janeiro de 1963 Bishop escreveu a Lowell:

> Traduzi cinco contos da Clarice — todos os bem curtinhos e um mais longo. A *New Yorker* está interessada — acho que a Clarice está precisando de dinheiro, de modo que seria bom, com o dólar valendo o que está valendo (quase o dobro do

que era no tempo em que você estava aqui) — e se eles não quiserem, então a *Encounter*, a *P. R.** etc. Alfred Knopf também está interessado em ver o livro inteiro. Mas no momento — justamente quando eu ia despachar pelo correio todos os contos, menos um — ela sumiu — completamente — não me procura há umas seis semanas! A Lota esteve com ela — não está zangada nem nada — e parece ter adorado as traduções, as cartas das pessoas interessadas etc. Estou perplexa; a L. está até aqui... É o "temperamento" dela, talvez, ou talvez, mais provavelmente, apenas aquela "inércia esmagadora" que a gente encontra por toda parte — e que está enlouquecendo a Lota no trabalho dela. A gente fica desanimada, sério. Os romances dela não são bons; os "ensaios" que ela publica na *Senhor* são muito ruins — mas alguns dos contos são maravilhosos, e eles saíram bons em inglês, fiquei muito satisfeita com eles. Ah, meu deus.[19]

Apesar de sua má vontade, Bishop não estava inteiramente disposta — ainda não, pelo menos — a descartar Clarice como mais uma brasileira indolente. "Clarice sofre do mesmo tipo de obsolescência, provincianismo etc. — mas *realmente* tem talento — e eu tenho esperanças — (ou tinha, até ela desaparecer)."[20]

O desaparecimento de Clarice talvez tivesse a ver com outra crise pessoal. Em 7 de dezembro de 1962, uma vida inteira de abuso de álcool e remédios cobrou seu preço do amigo, mentor e primeiro amor Lúcio Cardoso.

Naquele mesmo ano, em maio, ele tivera um aviso. Ao chegar à casa dele em Ipanema, sua irmã Maria Helena viu "que os músculos do seu rosto tremiam sem parar, enquanto ele, na maior aflição, tentava imobilizá-los com a mão". A crise passou, mas o médico foi claro. "Olha, Lúcio, o que você teve foi só um espasmo, que lhe deixou esse desvio da boca e essa maneira de falar meio arrastada. Graças a Deus, pois podia ter sido pior. Com o tempo, e você continuando a fazer exercícios em frente ao espelho, tudo voltará ao lugar. Mas de agora por diante não abuse, não beba, não se canse em noitadas, procure levar uma vida mais calma, pois se continuar a viver como antes pode ter coisa pior." Apesar das tentativas desesperadas da irmã para ajudá-lo, ele se recusou

* *P. R.: Partisan Review.* [N. E.]

a atender o alerta do médico: "Não sou nenhuma criança para você tomar conta de mim. Largue as garrafas aí onde estão! Se eu quiser beber, nem você nem ninguém me impedirá".[21]

Lúcio nunca desfrutou da fama para a qual sua criatividade vulcânica parecia destiná-lo. Seus empreendimentos teatrais não deram em nada, e seus escritos foram recebidos com incompreensão. Em 1959 ele publicou sua obra-prima, *Crônica da casa assassinada*, longo romance faulkneriano ambientado em sua Minas Gerais natal, um ataque a "Minas, na sua carne e no seu espírito",[22] uma meditação sobre o bem e o mal e Deus, completada com incesto, homossexualismo e bestialidade.

O romance, previsivelmente, escandalizou os críticos previsivelmente escandalizáveis. Seu defensor Octavio de Faria respondeu a eles em palavras que sugerem a afinidade de Lúcio com Clarice Lispector. "Iremos renunciar ao direito de tentarmos reconstruir o mundo, a essa tremenda responsabilidade, de que talvez dependa a nossa salvação, para obedecer a meia dúzia de preconceitos?"[23]

Nem mesmo essa notoriedade lhe propiciou o público mais amplo pelo qual ele ansiava. Lutou, cada vez mais combalido pelo álcool, até 7 de dezembro de 1962.

> Nunca mais esquecerei essa data: 7 de dezembro de 1962. Foi um dia calmo e até a tarde, tudo normal. Entre seis e sete da noite o telefone tocou:
> — Lelena, estou em casa de Lazzarini, ajudando num jantar para os amigos dele.
> Reconheci a voz de Nonô, a quem não via havia mais de dois dias. Costumava sumir assim até por uma semana, o que me inquietava depois do espasmo que tivera.
> — Cuidado, não beba, não tome bolinha.
> — Pode ficar descansada, estou um santo.[24]

Mais tarde naquela noite, não tendo notícias do irmão, Maria Helena foi ao apartamento dele, que ficava logo atrás do seu. Encontrou a porta destrancada, o que achou estranho. Entrou e descobriu o irmão gravemente doente. Apavorada, chamou uma ambulância; na mesma noite ele entrou em coma. Saiu do coma, mas um forte derrame o paralisara para sempre. Ele nunca mais conseguiria falar normalmente, e sua carreira estava acabada.

Maria Helena cuidou dele durante anos, sempre com a esperança de que suas tentativas de reabilitação fossem recompensadas e que ele pudesse retomar a carreira. Foi uma batalha penosa, dias de esperança pontuados por semanas e meses de desespero. Num momento de frustração, tentando fazê-lo realizar seus exercícios, Maria Helena lhe disse:

> — Você é muito teimoso, por isso lhe tem acontecido tanta coisa. Tá lembrado de quando teve a primeira crise da doença, apenas um espasmo? Apesar dos meus rogos, teimou e continuou a beber e tomar bolinhas. Deu certo sua teimosia?
> Mais irritado ficou e para surpresa minha falou:
> — Deu certo, eu morri.[25]

"Finalmente ontem, notícias de Clarice", Elizabeth Bishop escreveu a Robert Lowell cerca de seis semanas depois do derrame de Lúcio:

> — desculpas e lágrimas, até, acho! — eu nem podia soar aborrecida, claro — ela esteve doente, acho — e vai fazer algum tipo de pequena operação no final deste mês — bem — acho que consigo me livrar da fornada de contos na semana que vem — Knopf volta em fevereiro, e será uma boa chance para ela, também — suponho que se somaram a inércia russa e a brasileira. Eu gosto dela, também. — Mas eu venho me preocupando com minha solidão aqui nos últimos tempos, acho — MAS SEJA COMO FOR — a cara Clarice podia ter telefonado, em sete semanas — ou ter mandado a empregada telefonar![26]

As tentativas de Bishop, ainda que relutantes, de promover Clarice em inglês acabariam sendo recompensadas. Em 1964 a *Kenyon Review* publicou "Três contos de Clarice Lispector", em tradução de Bishop.[27] E seus esforços para conquistar o interesse de Alfred Knopf resultaram, em 1967, na primeira tradução de um livro de Clarice para o inglês, *A maçã no escuro*. O que se diz é que Knopf declarou não ter entendido nem uma palavra do livro. O tradutor não foi Bishop, que achava a tradução de uma obra daquela extensão "uma chatice & perda de tempo",[28] e sim Gregory Rabassa, o decano dos tradutores de ficção latino-americana.

Ele conhecera Clarice alguns meses depois do derrame de Lúcio, quando ela foi convidada para ir aos Estados Unidos. "Clarice foi convidada a mais um congresso literário, na Universidade do Texas", Bishop escreveu a Lowell no início de julho, "e está sendo muito retraída & complicada — mas acho que secretamente está muito orgulhosa — e vai, claro. Vou ajudá-la com seu discurso. Suponho que estamos ficando 'amigas'".[29] Em 26 de agosto, dia em que Clarice partiu, Bishop, com sua costumeira má vontade, disse a Lowell que "ela parte esta manhã para o Texas para uma Conferência Literária — veio & leu para mim no sábado o texto da sua palestra. Mas ela é incorrigível, realmente".

Foi a primeira visita de Clarice aos Estados Unidos desde que ela deixara Washington, em 1959, e seria a última. Durante seus poucos dias em Austin ela causou uma impressão estupenda. Gregory Rabassa disse que ficou "atônito ao conhecer aquela pessoa rara, que se parecia com Marlene Dietrich e escrevia como Virginia Woolf".[30] Um repórter de jornal escreveu: "A sra. Lispector é uma ruiva estonteante dotada do carisma de uma estrela de cinema, capaz de iluminar todo e qualquer aposento no qual ela entre".[31]

Mas ela não foi, de modo algum, tratada como estrela de cinema pelo cônsul brasileiro, que "julgou-se no dever" de convidá-la para jantar:

> Levou-me, esse representante do nosso país, a um restaurante de terceira classe, daqueles com toalhas quadriculadas de vermelho e preto. Nos Estados Unidos comer carne é caro, o peixe é barato. Antes que eu escolhesse o que queria comer, ele disse para o garçom: — Peixe para a senhora. Surpreendi-me: não era restaurante especialista em peixe. E acrescentou, juro: — E para mim um bife grosso bem sangrento. Foi cortando sua carne, que invejei, que me contou suas desventuras de homem desquitado. O peixe, é claro, estava péssimo. Para facilitar-lhe as economias e para me ver livre dele, não quis sobremesa.[32]

Embora ela tenha começado sua fala alegando que não era uma crítica literária, e portanto não estava habilitada a debater com os professores, Rabassa observou que "Clarice, a romancista, fez uma exposição muito mais convincente sobre literatura do que qualquer um dos eruditos e críticos profissionais que dividiram o palco com ela".[33] A palestra soa como uma versão madura da voz jornalística do início da carreira dela.

O tema é literatura de vanguarda. Ela aborda a questão do caráter insular do Brasil, da auto-obsessão nacional que caracterizava sua literatura. "Temos fome de saber de nós, e grande urgência, porque estamos precisando de nós mesmos, mais do que dos outros." Toda arte verdadeira, diz ela, é de vanguarda, uma vez que "toda verdadeira vida é experimentação", e toda obra que não o é não passa de imitação: "E existem alguns jovens escritores um pouco intelectualizados demais. Parece que eles não se inspiram na, digamos, 'coisa em si', e sim se inspiram na literatura alheia, na 'coisa já literalizada'".[34]

Ela acrescentou um apêndice desesperador:

Quanto ao fato de eu escrever, digo — se interessa a alguém — que estou desiludida. É que escrever não me trouxe o que eu queria, isto é, paz. Minha literatura, não sendo de forma alguma uma catarse que me faria bem, não me serve como meio de libertação. Talvez de agora em diante eu não mais escreva, e apenas aprofunde em mim a vida. Ou talvez esse aprofundamento da vida me leve de novo a escrever. De nada sei.[35]

28. A barata

Com Clarice de volta ao Brasil, sua obra anterior, amplamente esquecida, ganhou nova vida. Em 1963 a Francisco Alves lançou uma versão popular, em brochura, de seu outrora famoso livro de estreia. "Publicado cerca de vinte anos atrás, numa pequena tiragem, este *Perto do coração selvagem*, que muitos consideram a obra-prima de Clarice Lispector, é completamente desconhecido dos leitores de hoje", declarava a introdução.[1] No mesmo ano, outro editor, José Álvaro, ressuscitou *O lustre*. *A cidade sitiada* voltaria em 1964.

Essa atenção à sua produção era lisonjeira, mas também um lembrete da sua dificuldade de olhar para o futuro. Tinha passado muito tempo desde que ela trabalhara num romance, sete anos a separavam da conclusão de *A maçã no escuro*. Como revela a conferência no Texas, ela estava profundamente angustiada quanto à sua capacidade de escrever. Durante um hiato desse tipo, ela diria mais tarde, "a vida se torna intolerável".[2]

Pouco depois de dar vazão a esse temor, porém, ela produziu, num rápido jorro, no final de 1963, um dos grandes romances do século xx. "É curioso", ela registrou sobre aquela época, "porque eu estava na pior das situações, tanto sentimental como de família, tudo complicado, e escrevi *A paixão*..., que não tem nada a ver com isso."[3]

Em sua ambição e excentricidade, em sua arrebatadora redefinição do que um romance pode ser, *A paixão segundo G. H.* lembra obras-primas peculiares como *Moby Dick* e *Tristram Shandy*. No entanto não é, pelo menos não no primeiro plano, literatura. Isso, disse Clarice no Texas, "é o modo como os outros chamam o que nós, os escritores, fazemos".[4] Mais tarde, ela escreveria:

> Bem sei o que é o chamado verdadeiro romance. No entanto, ao lê-lo, com suas tramas de fatos e descrições, sinto-me apenas aborrecida. E quando escrevo não é o clássico romance. No entanto é romance mesmo.[5]

G. H., com seu enredo breve, esboçado, é na verdade o clímax de uma longa busca pessoal. Pela primeira vez, Clarice escreve na primeira pessoa. E pela primeira vez ela capta a plena violência, a repugnância física, de seu encontro com Deus.

Alertando "possíveis leitores" para o conteúdo chocante do romance, Clarice abre o volume com uma breve e cifrada advertência no prefácio. O livro deveria ser lido apenas por pessoas "que sabem que a aproximação, do que quer que seja, se faz gradualmente e penosamente — atravessando inclusive o oposto daquilo que se vai aproximar". O leitor que ultrapassar esse aviso solene verá que Clarice está "gradualmente e penosamente" se aproximando de Deus. Também ela atravessou "o oposto daquilo de que se vai aproximar". Basta recordar sua declaração, feita aos 21 anos, de que "acima dos homens nada mais há".

Ela não renega aquela declaração de ateísmo aparentemente clara, nem mesmo quando por fim descobre Deus. Em vez disso, e de modo ainda mais essencial do que em *A maçã no escuro*, ela redefine seus termos: "acima dos homens" e "nada mais há". O resultado, que talvez possa ser chamado de espinosismo místico ou ateísmo religioso, é seu mais rico paradoxo até então.

A primeira parte de *A maçã no escuro* tem o título "Como se faz um homem". *A paixão segundo G. H.* conta como se desfaz uma mulher. O crime de G. H., contudo, é muito mais repulsivo e inumano do que o suposto assassinato da esposa por Martim. Por meio dele, ela não vai, como Martim, inventar Deus. Ela vai encontrar Deus.

Ao iniciar seu monólogo, G. H., uma abastada moradora de uma cobertura no Rio, tenta descrever a vida que havia terminado tão inesperadamente no dia anterior. O dia começou de modo bastante convencional. A empregada tinha pedido demissão e G. H. resolveu arrumar o quarto da mulher.

"Antes de entrar no quarto, o que era eu?", pergunta G. H. "Era o que os outros sempre me haviam visto ser, e assim eu me conhecia." Ela teve o vislumbre ocasional de algo além daquela imagem de segunda mão:

> Às vezes, olhando um instantâneo tirado na praia ou numa festa, percebia com leve apreensão irônica o que aquele rosto sorridente e escurecido me revelava: um silêncio. Um silêncio e um destino que me escapavam, eu, fragmento hieroglífico de um império morto ou vivo. Ao olhar o retrato eu via o mistério. Não. Vou perder o resto do medo do mau-gosto, vou começar meu exercício de coragem, viver não é coragem, saber que se vive é a coragem — e vou dizer que na minha fotografia eu via O Mistério.[6]

Essas intuições passam. G. H. é uma superfície apresentável, não ela mesma, mas uma citação dela mesma.

> O resto era o modo como pouco a pouco eu havia me transformado na pessoa que tem o meu nome. E acabei sendo o meu nome. É suficiente ver no couro de minhas valises as iniciais G. H., e eis-me. [...] Em torno de mim espalho a tranquilidade que vem de se chegar a um grau de realização a ponto de ser G. H. até nas valises.

Numa frase curta, que condensa toda a perfeição desarticulada de seu estilo, Clarice enfatiza que G. H., mesmo em suas valises, não existe mais. "Levantei-me enfim da mesa do café, essa mulher."[7]

No quarto da empregada, essa mulher espera deparar com o caos. No entanto, para seu espanto, encontra um deserto, "um aposento todo limpo e vibrante como num hospital de loucos onde se retiram os objetos perigosos".

> O quarto era o oposto do que eu criara em minha casa, o oposto da suave beleza que resultara de meu talento de arrumar, de meu talento de viver, o oposto de minha ironia serena, de minha doce e isenta ironia: era uma violentação das minhas

aspas, das aspas que faziam de mim uma citação de mim. O quarto era o retrato de um estômago vazio.[8]

Só uma coisa perturba essa ordem perfeita: uns riscos de carvão seco na cal seca da parede, os traços de um homem, uma mulher e um cachorro. Refletindo sobre o inescrutável desenho, ela conclui que a empregada, uma negra cujo nome ela esqueceu e cujo rosto tem dificuldade em trazer à mente, a odiara.

O desenho e a reflexão perturbam-na mais ainda, e ela, em resposta, engendra um ódio àquele quarto. Resolve fazer o deserto florir: "E jogaria água e água que escorreria em rios pelo raspado da parede". Subjugada pela raiva, ela declara: "Eu queria matar alguma coisa ali".[9]

Abrindo a porta do guarda-roupa — "e o escuro de dentro escapou-se como um bafo" —,[10] ela vê uma barata. Aterrorizada, bate a porta, esmagando a barata em sua metade. Uma substância esbranquiçada começa a se esvair do corpo do inseto.

Em *Perto do coração selvagem* a barata representa a amoralidade de Joana. Em *A cidade sitiada*, Lucrécia se identifica com a criatura:

— Papai se queixa da casa, disse ele jogando com atenção a pedra para longe. É cheia de mosca... Esta noite senti mosquito, mariposa, barata voadora, já nem se sabe mais o que está pousando na gente.
— Sou eu, disse Lucrécia Neves com grande ironia.[11]

Mesmo em sua produção jornalística, Clarice mostra um interesse pouco comum pela questão da barata. Sob o nome de Teresa Quadros, em 1952, ela deu uma receita nojenta para aniquilá-las:

De que modo matar baratas? Deixe, todas as noites, nos lugares preferidos por esses bichinhos nojentos, a seguinte receita: açúcar, farinha e gesso, misturados em partes iguais. Essa iguaria atrai as baratas que a comerão radiantes. Passando algum tempo, insidiosamente o gesso endurecerá dentro das mesmas, o que lhes causará morte certa. Na manhã seguinte, você encontrará dezenas de baratinhas duras, transformadas em estátuas.[12]

Usou as mesmas instruções, como Ilka Soares, em 1960. Em 1962, escrevendo na *Senhor*, usara a receita no conto "A quinta história", republicado em 1964 na sua coletânea *A Legião Estrangeira*. Cada uma das cinco partes da história começa assim: "Queixei-me de baratas".

As baratas provocavam em Clarice fantasias homicidas. Em *G. H.* ela explica:

> O que sempre me repugnara em baratas é que elas eram obsoletas e no entanto atuais. Saber que elas já estavam na Terra, e iguais a hoje, antes mesmo que tivessem aparecido os primeiros dinossauros, saber que o primeiro homem surgido já as havia encontrado proliferadas e se arrastando vivas, saber que elas haviam testemunhado a formação das grandes jazidas de petróleo e carvão do mundo, e lá estavam durante o grande avanço e depois durante o grande recuo das geleiras — a resistência pacífica. Eu sabia que as baratas resistiam a mais de um mês sem alimento ou água. E que até de madeira faziam substância nutritiva e aproveitável. E que, mesmo depois de pisadas, descomprimiam-se lentamente e continuavam a andar. Mesmo congeladas, ao degelarem, prosseguiam na marcha...[13]

Em "Os desastres de Sofia", a menina se espanta com os olhos do professor. "Com as inúmeras pestanas, pareciam duas baratas doces." O professor se espanta com a história de Sofia sobre o "tesouro que está escondido onde menos se espera".[14] G. H. está prestes a descobrir o mesmo.

Quando a porta do guarda-roupa esmaga a barata, G. H. atinge uma crise sem precedentes. Ela não pode resistir nem fugir:

> Eu estava no deserto como nunca estive. Era um deserto que me chamava como um cântico monótono e remoto chama. Eu estava sendo seduzida. E ia para essa loucura promissora.[15]

O ponto crucial da crise de G. H. é a consciência de que a gosma que vaza da ferida da barata é da mesma matéria que está em seu próprio cerne. É difícil imaginar uma substância mais distante "do que eu criara em minha casa, o oposto da suave beleza que resultara de meu talento de arrumar, de meu talento de viver".[16]

Essa vida dentro da barata é anônima, sem significado. A percepção da vida como inumana não era, claro, novidade para Clarice. Comparar G. H. com uma barata era coerente com suas comparações anteriores de pessoas com animais: Joana era uma víbora, Lucrécia um cavalo, Martim uma vaca, "ele também, puro, harmonioso, e ele também sem significado".

Mas para G. H., "diante da barata viva", a descoberta de que "o mundo não é humano, e de que não somos humanos", é um horror. Ela quer gritar, mas sabe que já é tarde demais. Um grito seria um protesto estúpido contra o fato de estar viva. "Se eu der o grito de alarme de estar viva, em mudez e dureza me arrastarão pois arrastam os que saem para fora do mundo possível, o ser excepcional é arrastado, o ser gritante."[17] Pior ainda:

> É que eu não tinha mais o que articular. Minha agonia era como a de querer falar antes de morrer. Eu sabia que estava me despedindo para sempre de alguma coisa, alguma coisa ia morrer, e eu queria articular a palavra que pelo menos resumisse aquilo que morria.[18]

O que está morrendo é, nos termos de Clarice, a "civilização". Ela usou a metáfora de modo mais extensivo em *A cidade sitiada*. Lucrécia e sua cidadezinha, São Geraldo, começam perfeitamente autênticos, até que a civilização — viadutos, fábricas, estátuas — expulsa os cavalos selvagens. Já em *A cidade sitiada* Clarice concebera a civilização como essencialmente linguística. A linguagem literalmente constrói a cidade: Lucrécia "indicava o nome íntimo das coisas [...]. A realidade precisava da mocinha para ter uma forma".[19] Aquela civilização desmorona quando sua linguagem é levada embora. Sozinha no quarto da empregada, G. H. inspeciona as ruínas, por assim dizer, de São Geraldo. "Toda uma civilização que se havia erguido, tendo como garantia que se misture imediatamente o que se vê com o que se sente, toda uma civilização que tem como alicerce o salvar-se — pois eu estava em seus escombros."[20] G. H. precisa ver sem traduzir de imediato a coisa que vê em linguagem humana. A princípio, olhando para a barata, ela grotescamente a personifica, chegando a usar a imagem gasta preferida de Clarice, a joia: "Vista de perto, a barata é um objeto de grande luxo. Uma noiva de pretas joias".[21]

O modo de ver de Lucrécia era "civilizador" e possessivo: "Esta cidade é minha, olhou a mulher".[22] G. H. precisa desaprender esse modo de ver:

> E nesse mundo que eu estava conhecendo, há vários modos que significam ver: um olhar o outro sem vê-lo, um possuir o outro, um comer o outro, um apenas estar num canto e o outro estar ali também: tudo isso também significa ver. A barata não me via diretamente, ela estava comigo. A barata não me via com os olhos mas com o corpo.[23]

Sua tentativa final de "civilizar" a barata é especular sobre o seu gosto: "Seriam salgados os seus olhos? Se eu os tocasse — já que cada vez mais imunda eu gradualmente ficava — se eu os tocasse com a boca, eu os sentiria salgados?".

> Não, não havia sal naqueles olhos. Eu tinha a certeza de que os olhos da barata eram insossos. Para o sal eu sempre estivera pronta, o sal era a transcendência que eu usava para poder sentir um gosto, e poder fugir do que eu chamava de "nada". Para o sal eu estava pronta, para o sal eu toda me havia construído.[24]

Privada de sal, de "transcendência" e "civilização", e, de modo desolador, não mais capaz de encontrar esperança e beleza humanas no mundo, G. H. é deixada com a substância que sai da barata. É o ápice da inumanidade.

> O que sai do ventre da barata não é transcendentável — ah, não quero dizer que é o contrário da beleza, "contrário de beleza" nem faz sentido — o que sai da barata é: "hoje", bendito o fruto de teu ventre — eu quero a atualidade sem enfeitá-la com um futuro que a redima, nem com uma esperança.[25]

A palavra "ventre" significa, entre outras coisas, "útero", mas na primeira parte da frase ela sugere abdome ou estômago. Só quando Clarice, irônica, cita a "Ave Maria", é que ela identifica claramente a barata com a Mãe de Deus. Ao se desprender de seu velho mundo, desesperada, ela evoca a mãe:

> Mãe: matei uma vida, e não há braços que me recebam agora e na hora do nosso deserto, amém. Mãe, tudo agora tornou-se de ouro duro. Interrompi uma coisa

organizada, mãe, e isso é pior que matar, isso me fez entrar por uma brecha que me mostrou, pior que a morte, que me mostrou a vida grossa e neutra amarelecendo. A barata está viva, e o olho dela é fertilizante, estou com medo de minha rouquidão, mãe.

Em português a palavra "barata" é feminina, seja qual for o gênero biológico do animal. Aqui, no entanto, Clarice não está mais usando o gênero num sentido puramente gramatical: "Eu só a pensara como fêmea, pois o que é esmagado pela cintura é fêmea". E não uma fêmea qualquer: "Mãe, eu só fiz querer matar, mas olha só o que eu quebrei: quebrei um invólucro duro, e fica-se com a vida pastosa. De dentro do invólucro está saindo um coração grosso e branco e vivo como pus, mãe, bendita sois entre as baratas, agora e na hora desta tua minha morte, barata e joia".[26] Oculta sob a confrontação de G. H. com a barata agonizante está uma lembrança da mãe agonizante da própria Clarice Lispector. A identidade da sua mãe com a barata é um dos aspectos mais chocantes desse livro perturbador. No entanto é difícil evitar a conclusão de que era isso o que Clarice pretendia: "Mãe, bendita sois entre as baratas".

Uma das mais eminentes estudiosas de Clarice, Claire Varin, observou que "a barata imunda aparece explicitamente como o único meio de nascer. Uma única passagem estreita dava acesso ao quarto: 'pela barata'".[27] A barata esmagada pela porta do guarda-roupa é descrita como "presa pela cintura",[28] uma alusão à localização do ferimento da mãe de Clarice: "O que é esmagado pela cintura é fêmea". Como Mania Lispector, a barata está paralisada, esperando a morte: "imobilizada, ela sustentava por cima do flanco empoeirado a carga do próprio corpo".[29]

A barata é só metade de um corpo — "O que aparecia dela era apenas a metade do corpo. O resto, o que não se via, podia ser enorme, e dividia-se por milhares de casas, atrás de coisas e armários" —, remetendo a uma passagem num dos cadernos de anotações de Clarice, escrito em inglês, decerto nos Estados Unidos, com frases em português espalhadas por ele:

I want somebody to hold my hand (Papai, na hora em que eu tinha dor, me ajudava assim, a aguentar a dor) — *I don't want to be a single body. I'm cut out from the rest of me — The rest of me is my mother! It's another body. To have a single body, surrounded by isolation it makes such a limited body! I feel anxiety, I'm afraid to* *be just one body*. Bolinhas de mercúrio no termômetro quebrado — *My fear and anxiety is of being one body*.*³⁰

A barata, a mulher e a mãe compartilham a vida orgânica que é a parte mais essencial de qualquer criatura. No nível do sangue e das vísceras, elas são uma coisa só.

Em 1964, ano em que *A paixão segundo G. H.* foi publicado, Clarice escreveu: "Se eu tivesse que dar um título a minha vida ele seria: à procura da própria coisa".³¹ Sua meta é também a de G. H. "Só então", quando G. H. se livrasse da linguagem humana e da moralidade, "eu não estaria transcendendo e ficaria na própria coisa."

Se Clarice sabia o que estava buscando, "a própria coisa" permanecia elusiva, exceto em linguagem filosófica abstrata. Em *G. H.* ela expande sua linguagem, oferecendo novos sinônimos para a intangível "coisa". Ela é neutra, sem nome, sem gosto, sem cheiro.³² Mas não importa quantas palavras Clarice use para descrevê-la: ela permanece inescrutável. "Sei que me horrorizarei como uma pessoa que fosse cega e enfim abrisse os olhos e enxergasse — mas enxergasse o quê? um triângulo mudo e incompreensível. Poderia essa pessoa não se considerar mais cega por estar vendo um triângulo incompreensível? Eu me pergunto: se eu olhar a escuridão com uma lente, verei mais que a escuridão?" Finalmente, G. H. dá seus "primeiros passos no nada": "Meus primeiros passos hesitantes em direção à Vida, e abandonando a minha vida".³³

Em *A maçã no escuro*, Clarice falava da imersão no nada. Ainda assim, a equivalência entre "a Vida" e "o nada" em *G. H.* é surpreendente, sobretudo quando Clarice a estende ainda mais, descrevendo "um nada que é o Deus".³⁴ A ideia de que Deus se equivale ao nada é, no entanto, um lugar-comum cabalístico: "*A criação a partir do nada*", escreveu Gershom Scholem, "significa meramente, para muitos místicos, *a criação a partir de Deus*".³⁵ Lida sob essa

---

* "Quero alguém para segurar a minha mão" [...] "— Não quero ser um corpo separado, estou cortada do resto de mim — O resto de mim é minha mãe! É outro corpo. Ter um corpo separado, cercado de isolamento, resulta num corpo tão limitado. Sinto angústia, tenho medo de ser só um corpo." [...] "— Meu medo e minha angústia são de ser um corpo."

luz, a afirmação de Clarice de que "acima dos homens nada mais há" adquire uma inesperada sutileza. Não acima dos homens, mas dentro deles está "o Deus", "nada mais". Se Deus é nada, Deus é também tudo: "a Vida". Esta também é uma definição judaica: Deus é tudo e nada, a união de todas as coisas do mundo e o seu oposto.[36] Como diz G. H., "Deus é o que existe, e todos os contraditórios são dentro do Deus, e por isso não O contradizem".[37]

A afirmação é logicamente aceitável. Mas, depois de uma busca tão longa e penosa, dizer que Deus é "o que existe" soa como uma decepção brutal.

> Desde a pré-história eu havia começado a minha marcha pelo deserto, e sem estrela para me guiar, só a perdição me guiando, só o descaminho me guiando — até que, quase morta pelo êxtase do cansaço, iluminada de paixão, eu enfim encontrara o escrínio. E no escrínio, a faiscar de glória, o segredo escondido. O segredo mais remoto do mundo, opaco mas me cegando com a irradiação de sua existência simples, ali faiscando em glória que me doía nos olhos. Dentro do escrínio o segredo:
> Um pedaço de coisa.
> Um pedaço de ferro, uma antena de barata, uma caliça de parede.[38]

Encontrar o tesouro do mundo num "pedaço de coisa", ou escrever que "o divino para mim *é* o real",[39] remete à famosa afirmação do antigo mentor de Clarice, Espinosa, de que Deus é equivalente à Natureza. E escrever que "é aceita a nossa condição como a única possível, já que ela é o que existe, e não outra" lembra a proposição de Espinosa de que "as coisas não poderiam ter sido produzidas por Deus de nenhuma outra maneira, e em nenhuma outra ordem, senão como foram produzidas".[40]

Ao repetir essas definições, Clarice mais uma vez está rejeitando aquilo que já havia chamado, em *Perto do coração selvagem*, de "o Deus humanizado das religiões". É uma rejeição que tem em si uma perfeição intelectual. Mas para uma mulher desesperada para conhecer Deus, a "própria coisa" é tão despojada, tão "no polo oposto ao polo do sentimento-humano-cristão", que "em meus antigos termos humanos, signifique o pior, e, em termos humanos, o infernal".[41] O Deus neutro, "um pedaço de ferro, uma antena de barata", nunca poderá satisfazer uma pessoa desejosa de uma conexão emocional com o divino.

Assim, mesmo tendo de aceitar "nossa condição como a única possível", Clarice resiste furiosamente. As esmeradas definições, buriladas ao longo das décadas, por fim a levaram a um Deus capaz de satisfazer sua racionalidade. Mas são áridas. O clímax da sua busca, seu símbolo mais chocante e inesquecível, é literalmente molhado.

Abandonando a esperança, a beleza e a redenção, mas ainda desesperada por se unir à matéria fundamental do universo, G. H. toma a gosma amarelada que brota do ventre da barata e a coloca na boca.

Uma coisa é especular a respeito de comer uma barata como um possível resultado de uma busca filosófica abstrata. "Por que teria eu nojo da massa que saía da barata?", pergunta-se G. H. "Não bebera eu do branco leite que é líquida massa materna?" Uma coisa bem diversa, obviamente, é comer de fato uma barata. "Dá-me a tua mão, não me abandones, juro que também eu não queria: eu também vivia bem, eu era uma mulher de quem se poderia dizer 'vida e amores de G. H.'."[42]

Clarice ficou horrorizada com sua própria criação, conforme relembrou mais tarde. "Fugiu ao controle quando eu, por exemplo, percebi que a mulher G. H. ia ter que comer o interior da barata. Eu estremeci de susto."[43]

A mulher comendo uma barata é um símbolo tão extremo, uma ilustração tão bruta do horror de Clarice de encontrar "o Deus", que inevitavelmente suscita outra pergunta: aonde, psicológica e artisticamente, ela poderia ir a partir dali? Em *A maçã no escuro*, Clarice já havia escrito: "Ninguém podia viver à base de ter vomitado ou ter visto alguém vomitar, eram coisas a não se pensar muito a respeito: eram fatos de uma vida".[44] Pensar sobre esses fatos da vida só pode levar a uma direção, como escreve Clarice em *G. H.*: "Por que não ficar dentro, sem tentar atravessar até a margem oposta?". Ela então responde sua pergunta: "Ficar dentro da coisa é a loucura".[45]

Na mesma página ela indica uma possível solução: "É como olho esculpido de estátua que é vazio e não tem expressão, pois quando a arte é boa é porque tocou no inexpressivo, a pior arte é a expressiva, aquela que transgride o pedaço de ferro e o pedaço de vidro, e o sorriso, e o grito".[46]

29. E a Revolução!

A assustadora excelência de *A paixão segundo G. H.* o colocou entre os maiores romances do século. Pouco tempo antes de morrer, em sua última visita ao Recife, Clarice disse numa entrevista que, de todos os seus livros, esse era o que "correspondia melhor à sua exigência como escritora".[1] Ele inspiraria uma bibliografia gigantesca, mas na época em que foi lançado parece ter sido quase ignorado. Só uma resenha foi publicada em 1964, escrita por Walmir Ayala, um amigo de Lúcio Cardoso.[2]

Dessa vez, pelo menos, Clarice não precisou sair em busca de um editor. Uma estranha série de eventos tinha transformado dois de seus amigos mais próximos, Fernando Sabino e Rubem Braga, em donos de uma editora. Em 28 de março de 1960 eles tinham viajado a Cuba como membros de uma delegação comandada pelo futuro molestador de Clarice, Jânio Quadros, que em 3 de outubro seria eleito presidente do Brasil. O grupo ficou na Cuba revolucionária por menos de uma semana e voltou ao Brasil entusiasmado.

Ao contrário de tantos escritores e intelectuais latino-americanos da época, nem Braga nem Sabino eram comunistas. Sabino era católico e Braga, uma espécie de social-democrata. Seus relatos de Havana, portanto, são valiosos indicadores da excitação que a Revolução Cubana espalhou pelo continente, até mesmo entre pessoas não automaticamente inclinadas a se deixarem arrastar pela aventura de Fidel Castro. Apenas 33 quando conquistaram a ilha, Fidel e seu grupo de revolucionários "sinceros e honestos" atraíam os sonhadores, e não apenas os sonhadores, por toda a América Latina.

Até mesmo o sensato e prudente Braga ficou encantado. Analisou a caligrafia do Líder e não descobriu nela nenhum "espírito despótico". E se a "boa caxemira" estava se tornando difícil de achar em Havana, ele escreveu, isso era apenas porque "o governo quer usar moeda estrangeira para comprar tratores, máquinas, fábricas, bens de produção".[3] Sabino, mais romântico, mostrava certa condescendência com relação às execuções públicas do regime e, talvez de modo ainda mais embaraçoso, exultava com o fato de o Havana Country Club agora estar aberto para "as pessoas humildes". Como seria fácil consertar as injustiças de uma sociedade escravista de quinhentos anos de idade!

Mas esses artigos, na imprensa local, não eram diferentes — e eram até mais céticos — do que muitos publicados durante a lua de mel com a Revolução. E não eram nada, em comparação com os artigos que então o filósofo mais famoso do mundo, Jean-Paul Sartre, tinha redigido depois de sua visita a Havana, do início de janeiro a meados de março de 1960. Os textos que ele publicava no *France-Soir* são o que se poderia esperar de alguém que nunca deixou de aderir a uma má ideia esquerdista, emitindo justificativas para tudo, das ações mais extremistas na Argélia ao assassinato de atletas israelenses na Olimpíada de Munique.

A convite de Jorge Amado, Sartre e Simone de Beauvoir visitaram o Brasil em agosto de 1960, embarcando numa turnê triunfal pelo continente. Por alguma razão, Sartre decidiu ceder seus artigos do *France-Soir* a Sabino e Braga, que vinham pensando em montar sua própria editora com o intuito de evitar o aviltante pagamento de direitos autorais por parte das editoras existentes. Sartre não lhes cobrou nada, e a Editora do Autor teve seu primeiro título: *Furacão sobre Cuba*. Mas, para lançá-lo durante a visita de Sartre ao Brasil, Sabino e Braga precisaram fazer um enorme esforço coordenado. Sem nenhuma experiência editorial, reuniram os preciosos originais dos artigos, traduziram-nos e em seguida editaram, compuseram e imprimiram o livro — tudo isso em pouco mais de uma semana.[4]

O livro trai uma tamanha ignorância de conceitos básicos de economia, história e política que é difícil imaginar que seu autor fosse mundialmente visto como um intelectual peso pesado, ou mesmo que apenas fosse levado a sério. Mas era o livro do momento, do homem do momento, sobre o assunto do momento, e lançou a Editora do Autor do modo mais destacado e lucrativo que se pudesse imaginar.

Na época em que a editora surgiu, Clarice já tinha um contrato com a Francisco Alves para a publicação de *A maçã no escuro* e *Laços de família*. Mas a Editora do Autor era a casa mais lógica para o seu livro seguinte, e deve ter sido um grande alívio para ela saber que qualquer coisa que escrevesse seria imediatamente bem recebida por amigos íntimos e admiradores de longa data. Em 1964, quando Clarice publicou dois livros lá, a editora tinha se tornado conhecida sobretudo por suas bem cuidadas edições de escritores brasileiros, incluindo Sabino e Braga, e pelas pioneiras antologias de poetas modernos brasileiros.

Em 1964 a Editora do Autor tinha deixado Cuba para trás, mas o Brasil, e a América Latina, certamente não. Fidel Castro animava a esquerda, mas depois do fiasco da invasão da baía dos Porcos, em abril de 1961, a vinculação de Fidel com a União Soviética e a crise cubana dos mísseis de outubro de 1962 deixaram a direita apavorada.

Não eram temores descabidos. Durante a visita de Jânio Quadros a Cuba, em 1960, depois de Fidel relacionar os principais produtos cubanos de exportação à delegação brasileira, seu irmão Raúl acrescentou: "E a Revolução!".[5] Ele não estava brincando. Em 1959, quando a Revolução Cubana triunfou, a América Latina tinha mais regimes democráticos do que nunca antes em sua história, com apenas cinco pequenas exceções: Nicarágua, Haiti, El Salvador, República Dominicana e Paraguai. Assim que tomou o poder, o governo cubano começou imediatamente a patrocinar a subversão continente afora. Em 1959, financiava guerrilhas no Panamá, no Haiti e na República Dominicana; em 1963, começou a apoiar movimentos armados na Venezuela, no Peru, na Guatemala e na Argentina.[6]

Nenhum país ficava intocado, fosse por Cuba e seus patronos soviéticos, fosse pela reação apavorada e brutal. O medo de uma nova Cuba levava os militares latino-americanos a algo parecido com a histeria, e nisso eles eram ajudados ativamente pelos Estados Unidos, que temiam um continente controlado pela União Soviética. As reações à Revolução Cubana, por admiradores e oponentes, acabariam por constituir o mais traumático e sangrento episódio da história da América Latina desde as guerras de independência, um século e meio antes.

Também no Brasil as consequências seriam terríveis. Elas começaram em 19 de agosto de 1961, quando Jânio Quadros condecorou Che Guevara com a mais alta comenda brasileira, a Ordem do Cruzeiro do Sul. Era o tipo de excentricidade pelo qual Jânio ficara conhecido. Mas foi uma afronta desnecessária ao governo Kennedy, que mostrava boa disposição com relação ao governo brasileiro, e uma munição perfeita para os opositores de Jânio no âmbito doméstico.

Carlos Lacerda, o "destruidor de presidentes" e arquirrival de Samuel Wainer, teve o apoio de Jânio nos primeiros tempos, mas agora, como governador da Guanabara, voltara-se contra ele. Como Wainer já percebera, o famoso polemista era mais duro com seus amigos de outrora. Lacerda aproveitou a ocasião para dar uma tacada de efeito: entregou a chave do estado ao líder anticastrista Manuel Verona e acusou Jânio de pretender levar o Brasil ao comunismo.

O caso estava longe de ser esse. A condecoração de Che era um agradecimento por ter atendido um apelo brasileiro para não executar vinte padres católicos, que tiveram a pena comutada pelo exílio na Espanha. Mas a política externa de Jânio já vinha causando preocupação. Dois dos mais antigos amigos diplomatas de Clarice eram parcialmente responsáveis por isso. Araújo Castro servira no consulado em Nova York quando Fernando Sabino morava lá, e San Tiago Dantas, o brilhante advogado católico, se apaixonara por Clarice numa visita a Paris nos anos 1940. Ambos eram figuras respeitadas do establishment. O plano deles para uma "Política Externa Independente" era basicamente uma tentativa de aumentar a influência diplomática brasileira numa situação internacional que, com a independência das antigas colônias europeias na África, estava mudando rápido. O plano sugeria que o Brasil deveria manter relações com todas as potências, o que na prática significava a China e a União Soviética, com as quais o país não tinha relações diplomáticas desde 1947. Isso poderia até ser controverso, mas dificilmente seria um sinal de que o Brasil estava se tornando comunista.

Mais inquietantes eram os sinais de que Jânio estava simplesmente desvairado. Ele planejou, por exemplo, invadir a Guiana Francesa, alegando que o

Brasil precisava de uma saída para o Caribe, muito embora a Guiana Francesa fique a centenas de quilômetros do Caribe. A oposição, que tinha ficado abatida com a esmagadora derrota eleitoral, começou a escarnecer dele, e seis dias depois da condecoração de Che Guevara Jânio inesperadamente renunciou à Presidência. Tinha assumido o poder fazia apenas sete meses.

Também essa renúncia foi inspirada em Cuba. Em julho de 1959, envolvido numa disputa de poder com o presidente de Cuba, Manuel Urrutia, Fidel "renunciou" de forma dramática, tomando emprestada uma jogada de Perón. O previsível clamor popular acabou consolidando seu poder absoluto; Urrutia terminou seus dias como professor de espanhol no Queens, em Nova York. Jânio parecia esperar que sua saída repentina desencadeasse uma reação parecida. Mas os brasileiros em geral ficaram aliviados em vê-lo partir.

A renúncia de Jânio desencadeou uma crise. Seu sucessor legal era João Goulart, o Jango. Era um revolucionário improvável, e nada em seu currículo sugeria que fosse empurrar o Brasil para as mãos dos comunistas. Era de uma família de ricos proprietários de terras do Rio Grande do Sul, e conhecido principalmente por seu apetite pelas atrizes e dançarinas que frequentavam os clubes exclusivos do bairro de Clarice, o Leme.

Em vez de vê-lo como um afável e medíocre playboy, no entanto, a direita encarava Jango como uma figura muito mais poderosa. Embora tivesse morrido sete anos antes, Getúlio Vargas ainda dominava a política brasileira. Jango e Getúlio eram da mesma cidade, São Borja, e Goulart fora ministro do Trabalho de Getúlio até 1954, quando, visto pelos militares como simpático aos sindicatos, foi forçado a sair.

Aqueles que imaginavam que Jango fosse um comunista secreto ganharam um inesperado reforço propagandístico quando, no momento da renúncia de Jânio, o vice-presidente foi pego de surpresa durante uma excursão pela China vermelha. A ameaça de uma guerra civil pairou por um breve momento quando várias divisões do Exército se manifestaram a favor de Goulart ou contra ele, mas depois de dez dias de crise permitiu-se que Jango tomasse posse sob um novo sistema "parlamentarista", concebido para enfraquecer o Poder Executivo.

Goulart, portanto, teve dificuldades desde o início, com o Brasil terrivelmente cindido e sem o talento necessário para tranquilizar a direita e ao mesmo tempo empreender as reformas sociais necessárias. No centro do seu governo estavam dois velhos amigos de Clarice: Samuel Wainer — que conhecia Goulart de longa data e cuja *Última Hora* era a mais poderosa, e depois a única, voz pró-Goulart na imprensa nacional — e San Tiago Dantas.

Wainer não tinha um bom conceito de Dantas — considerava-o sedento de poder, "irremediavelmente ambicioso" e perigosamente amigo dos comunistas —,[7] que se tornou ministro das Relações Exteriores e, depois de 1963, ministro da Fazenda. Com a dívida brasileira num patamar historicamente alto e a inflação fora de controle, esse não era um cargo invejável, sobretudo com os norte-americanos cada vez mais contrariados com a inabilidade de Goulart em manter um plano econômico. Para piorar, San Tiago Dantas estava morrendo de câncer, o que não contribuía para o governo negociar um acordo econômico. A última vez que Clarice o viu foi pouco antes da morte dele, no casamento de uma das sobrinhas de Dantas.

> Quase não falava mais. Perguntou-me se eu estava escrevendo. Respondi-lhe que acabara de escrever um livro e que o nome era *A paixão segundo G. H.* E ele disse que gostava muito do nome. Ia gostar desse livro, eu sei.[8]

Ele morreu em 6 de setembro de 1964, antes de *G. H.* ser lançado. Em 31 de março, Goulart fora deposto pelos militares. Milhares foram presos ou partiram para o exílio, a maioria em circunstâncias menos confortáveis que as de Samuel Wainer. Depois de se refugiar na Embaixada chilena, ele foi para Paris, onde passou quatro anos sendo fotografado na companhia de Anita Ekberg, vários Rothschild e a princesa Soraya, a ex-mulher do xá do Irã.

O país que fora obrigado a deixar encarou um futuro mais sombrio. A era da bossa nova, de Brasília e das garotas de Ipanema, de energia, otimismo e esperança no futuro da nação, estava definitivamente terminada. Muitos, incluindo Elizabeth Bishop, saudaram o golpe como um expediente temporário para salvar o Brasil do comunismo. Mas, em vez disso, ele produziu um período sem precedentes de 21 anos de ditadura militar.

30. O ovo é branco mesmo

A paixão segundo G. H. foi um dos dois livros que Clarice Lispector publicou no crucial ano de 1964. Em setembro, antes de o romance aparecer, a Editora do Autor publicou uma coletânea de narrativas mais breves, *A Legião Estrangeira*. Se é difícil imaginar para onde Clarice — em termos artísticos, intelectuais, espirituais — poderia ir depois da barata, *A Legião Estrangeira* oferece várias possibilidades.

O livro consiste em contos e fragmentos variados. Há escritos mais antigos, como a bela e comovente "Viagem a Petrópolis", publicada originalmente num jornal em 1949, e "A pecadora queimada e os anjos harmoniosos", a peça que ela escrevera em Berna. Há também muitos textos publicados primeiramente na *Senhor*, tanto ensaios longos como breves especulações: "Se recebo um presente dado com carinho por pessoa de quem não gosto — como se chama o que sinto? Uma pessoa de quem não se gosta mais e que não gosta mais da gente — como se chama essa mágoa e esse rancor?".[1] Ou, de modo revelador: "Ter nascido me estragou a saúde".[2]

O título da coletânea é emprestado de um conto sobre uma menina esperta e curiosa, Ofélia. A menina começa a visitar a vizinha, que tem um pintinho assustado, "o pinto cheio de graça, coisa breve e amarela". As palavras não são capazes de amainar o pavor da ave bebê: "Era impossível dar-lhe a palavra asseguradora que o fizesse não ter medo, consolar coisa que por ter nascido se espanta. Como prometer-lhe o hábito?".[3]

O conto, que combina crianças e animais, anuncia um novo procedimento na escrita de Clarice. Na verdade, alguns dos aforismos, que podem não ter nada a ver com crianças e tampouco com animais, vêm de uma seção da *Senhor* intitulada "Children's Corner" (Cantinho das Crianças), em inglês mesmo. Ela vinha usando o título desde 1947, quando submeteu alguns textos a *O Jornal*, de Samuel Wainer.[4] Na *Senhor*, ela mantinha uma coluna mensal com o mesmo título, iniciada em outubro de 1961, que desagradava a pelo menos um de seus editores, Reynaldo Jardim: "Minha antipatia pelo nome que escolhera para a sua página não era suficiente para tentar mudá-lo".[5]

Era, de fato, um título insólito, em língua estrangeira, e o tema de seus artigos na *Senhor* não era infantil, a não ser de modo ocasional e incidental. É uma alusão reveladora ao estado de espírito da escritora. "*Children's Corner*" é o título, também em inglês, de uma série de peças para piano que o compositor francês Claude Debussy dedicou a sua filha. Muito difíceis, elas não foram concebidas para ser tocadas por crianças, mas para expressar uma nostalgia pela infância e expressar a sua atmosfera emotiva.

Como o uso do título indica, a nostalgia da infância foi ficando particularmente aguda à medida que Clarice ficava mais velha. "Não tenho saudade, compreende?", diz Joana em *Perto do coração selvagem*. "Não é saudade, porque eu tenho agora a minha infância mais do que enquanto ela decorria."[6] Clarice sentia sim cada vez mais saudade de sua própria infância, da época feliz antes de a vida tê-la "domado". Em "Desenhando um menino" ela escreve: "Um dia o domesticaremos em humano, e poderemos desenhá-lo. Pois assim fizemos conosco e com Deus".[7]

A referência à mãe ausente não está longe. "Ele trocará todas as possibilidades de um mundo por: mãe. Mãe é: não morrer."[8] No conto que dá título ao livro, percebe-se que Clarice se identifica tanto com a inteligente e travessa Ofélia como com o pintinho desamparado, que perdeu a mãe.

Numa anedota particularmente tocante, Clarice descreve um quati, o qual ela inesperadamente encontra, de coleira e guia como se fosse um cachorro, num ponto de ônibus em Copacabana:

Imagino: se o homem o leva para brincar na praça, tem uma hora que o quati se constrange todo: "mas, santo Deus, por que é que os cachorros me olham tanto?". Imagino também que, depois de um perfeito dia de cachorro, o quati se diga melancólico, olhando as estrelas: "que tenho afinal? que me falta? sou tão feliz como qualquer cachorro, por que então este vazio, esta nostalgia? que ânsia é esta, como se eu só amasse o que não conheço?".[9]

Não se trata aqui da monstruosa identificação mística de G. H. com as entranhas da barata. É mais suave e mais triste, a empatia com o excluído que sempre foi natural a alguém cujo "primeiro desejo era o desejo de pertencer".

A questão da identificação com os excluídos, que no Brasil tradicionalmente significava os pobres do sertão nordestino, tinha sido central na cultura brasileira por muito tempo, do regionalismo dos anos 1930 ao Cinema Novo dos anos 1950. Com o golpe de 1964, a questão da relevância social da arte voltou a ganhar o primeiro plano. A extensão do engajamento de cada um, e em que tendência, tornou-se a principal linha divisória na cultura brasileira.

Clarice não estava imune aos problemas de seu país, embora tivesse dificuldade para transmitir essa solidariedade em sua obra. Num texto curto de *A Legião Estrangeira* ela explica que seu engajamento social era simplesmente natural demais:

> Por exemplo, minha tolerância em relação a mim, como pessoa que escreve, é perdoar eu não saber como me aproximar de um modo "literário" (isto é, transformando na veemência da arte) da "coisa social". Desde que me conheço o fato social teve em mim importância maior do que qualquer outro: em Recife os mocambos foram a primeira verdade para mim. Muito antes de sentir "arte", senti a beleza profunda da luta. Mas é que tenho um modo simplório de me aproximar do fato social: eu queria era "fazer" alguma coisa, como se escrever não fosse fazer. O que não consigo é usar escrever para isso, por mais que a incapacidade me doa e me humilhe. O problema de justiça é em mim um sentimento tão óbvio e tão básico que não consigo me surpreender com ele — e, sem me surpreender, não consigo escrever. E também porque para mim escrever é procurar. O sentimento de justiça nunca foi procura em mim, nunca chegou a ser descoberta, e o que me espanta é que ele não seja igualmente óbvio em todos.[10]

Ela possuía, no entanto, a habilidade de dar voz a sua ira contra as injustiças do Brasil, como ilustra um ensaio publicado na *Senhor* e reimpresso em *A Legião Estrangeira*. O texto é sobre Mineirinho, um homicida que tinha uma namorada e era devoto de São Jorge, e que a polícia matou com "treze balas quando uma só bastava". A extrema violência de sua morte revoltou Clarice. "Eu me transformei no Mineirinho, massacrado pela polícia. Qualquer que tivesse sido o crime dele uma bala bastava, o resto era vontade de matar."[11]

> Esta é a lei. Mas há alguma coisa que, se me faz ouvir o primeiro e o segundo tiro com um alívio de segurança, no terceiro me deixa alerta, no quarto desassossegada, o quinto e o sexto me cobrem de vergonha, o sétimo e o oitavo eu ouço com o coração batendo de horror, no nono e no décimo minha boca está trêmula, no décimo primeiro digo em espanto o nome de Deus, no décimo segundo chamo meu irmão. O décimo terceiro tiro me assassina — porque eu sou o outro.[12]

As três frases de "A experiência maior" são a melhor síntese que Clarice faria da questão:

> Eu antes tinha querido ser os outros para conhecer o que não era eu. Entendi então que eu já tinha sido os outros e isso era fácil. Minha experiência maior seria ser o outro dos outros: e o outro dos outros era eu.[13]

A Legião Estrangeira também aponta para outra direção: a direção da abstração. Com sua forte ênfase nos mundos interiores de seus personagens, as obras de Clarice sempre tiveram um elemento abstrato. "Quando a arte é boa é porque tocou no inexpressivo", ela escreveu em *G. H.* "A pior arte é a expressiva, aquela que transgride o pedaço de ferro e o pedaço de vidro, e o sorriso, e o grito."[14]

A Legião Estrangeira está repleto de reflexões sobre o sentido e o processo da escrita, assunto que Clarice nunca abordara de modo tão extensivo. Num texto curto chamado "Romance" ela escreveu:

> Ficaria mais atraente se eu o tornasse mais atraente. Usando, por exemplo, algumas das coisas que emolduram uma vida ou uma coisa ou romance ou um

personagem. É perfeitamente lícito tornar atraente, só que há o perigo de um quadro se tornar quadro porque a moldura fez o quadro. Para ler, é claro, prefiro o atraente, me cansa menos, me arrasta mais, me delimita e me contorna. Para escrever, porém, tenho que prescindir. A experiência vale a pena, mesmo que seja apenas para quem escreveu.[15]

Essa "atratividade" nunca foi o objetivo de sua escrita, que era "o modo de quem tem a palavra como isca: a palavra pescando o que não é palavra. Quando essa não palavra morde a isca, alguma coisa se escreveu".[16] A abstração poderia ser o modo mais efetivo de fazer o sentido "morder a isca". "Tanto em pintura como em música e literatura, tantas vezes o que chamam de abstrato me parece apenas o figurativo de uma realidade mais delicada e mais difícil, menos visível a olho nu."[17]

Um dos melhores contos de Clarice, "O ovo e a galinha", aparece em *A Legião Estrangeira*. Desde a infância, crescendo com galinhas no quintal de sua casa no Recife, Clarice se interessava por galinhas e ovos. "Eu entendo uma galinha, perfeitamente. Quero dizer, a vida íntima de uma galinha, eu sei como é", disse ela. Mas o conto não tem nada a ver com isso. No final da vida, quando um entrevistador lhe perguntou a respeito da acusação de ser "hermética", ela respondeu: "Eu me compreendo. De modo que não sou hermética para mim. Bom, tem um conto meu que não compreendo muito bem... 'O ovo e a galinha', que é um mistério para mim".[18]

"De manhã na cozinha sobre a mesa vejo o ovo", começa o conto, de modo bastante convencional. Logo se torna uma meditação que lembra os retratos cubistas em palavras de Gertrude Stein.

> Ovo é coisa que precisa tomar cuidado. Por isso a galinha é o disfarce do ovo. Para que o ovo atravesse os tempos a galinha existe. Mãe é para isso. — O ovo vive foragido por estar sempre adiantado demais para a sua época. — O ovo por enquanto será sempre revolucionário. — Ele vive dentro da galinha para que não o chamem de branco. O ovo é branco mesmo. Mas não pode ser chamado de branco. Não porque isso faça mal a ele, mas as pessoas que chamam o ovo de branco, essas pessoas morrem para a vida. Chamar de branco aquilo que é branco pode destruir a humanidade. Uma vez um homem foi acusado de ser o que ele era, e foi chamado de Aquele Homem. Não tinham mentido: Ele era. Mas até

hoje ainda não nos recuperamos, uns após outros. A lei geral para continuarmos vivos: pode-se dizer "um rosto bonito", mas quem disser "o rosto", morre; por ter esgotado o assunto.[19]

Não é uma narrativa tradicional, e é obscura em muitas partes, a ponto de a própria Clarice alegar não compreendê-la, mas tampouco é inteiramente opaca. Tem um assunto claro, e alguém familiarizado com a obra encontrará no conto muitas referências reconhecíveis. Há o mistério da maternidade e do nascimento, a distância entre a linguagem e o sentido, e até, na sugestão de revolução, um aceno irônico para a política do momento.

No mesmo livro Clarice descreve a nova capital em termos similarmente abstratos:

> Quando morri, um dia abri os olhos e era Brasília. Eu estava sozinha no mundo. Havia um táxi parado. Sem chofer. — Lucio Costa e Oscar Niemeyer, dois homens solitários. — Olho Brasília como olho Roma: Brasília começou com uma simplificação final de ruínas. A hera ainda não cresceu. — Além do vento há uma outra coisa que sopra. Só se reconhece na crispação sobrenatural do lago. — Em qualquer lugar onde se está de pé, criança pode cair, e para fora do mundo. Brasília fica à beira. Se eu morresse aqui, deixaria meus cabelos crescerem até o chão. — Brasília é de um passado esplendoroso que já não existe mais. [...] De minha insônia olho pela janela do hotel às três horas da madrugada. Brasília é a paisagem da insônia. Nunca adormece. — Aqui ser orgânico não se deteriora. Petrifica-se. — Eu queria ver espalhadas por Brasília quinhentas mil águias do mais negro ônix. — Brasília é assexuada. — O primeiro instante de ver é como certo instante de embriaguez: os pés que não tocam a terra.[20]

As dez páginas dessa meditação criam no leitor a sensação de embriaguez e reverência que Brasília produziu em Clarice. "Brasília: cinco dias" não é um ensaio tradicional, evidentemente, mas nenhuma outra descrição da cidade chegou tão perto de captar sua atmosfera sufocante e enigmática. "Como em tudo", ela escreve em *A Legião Estrangeira*, "no escrever também tenho uma espécie de receio de ir longe demais. Que era isso? Por quê? Retenho-me, como se retivesse as rédeas de um cavalo que poderia galopar e me levar Deus sabe onde."[21]

31. Um áspero cacto

Em 1961, quando saiu *A maçã no escuro*, Rosa Cass, jornalista judia que era amiga de Alberto Dines, entrevistou Clarice para o *Jornal do Commercio*. "Ela detestava entrevistas", relembrou Rosa. "Não respondeu *nenhuma* das minhas perguntas."[1] Mas as duas mulheres se deram bem, e, depois que a entrevista penosamente improvisada saiu, Rosa mandou flores para Clarice em agradecimento.

Clarice nunca respondeu. Ofendida, Rosa não teve contato com ela de novo até topar com *A paixão segundo G. H.* Chocada e impressionada, esqueceu o aborrecimento anterior e telefonou para Clarice. Elas discutiram Beethoven. "Como ele compunha depois de ficar surdo?", perguntou Clarice. "Ele só podia ouvir a música dentro dele", respondeu Rosa. "E foi isso o que eu senti ao ler seu livro: aquela solidão." Clarice disse: "Imagine a solidão da pessoa que o escreveu".[2]

As duas mulheres se tornaram próximas, e Rosa teve ampla oportunidade de ver a solidão de Clarice. Rosa trabalhava como jornalista, mas por Clarice ela tirava umas horas de folga à tarde para ir a matinês com a amiga. Rosa, que afinal de contas tinha um emprego, não ia a uma matinê desde a adolescência, mas ajustou seu horário de trabalho para poder passar mais tempo com Clarice, que ia para a cama às nove horas; era impossível vê-la à noite. Esse tipo de lealdade era comum entre os amigos de Clarice, pelo menos por um tempo e por parte daqueles que percebiam sua vulnerabilidade e queriam ajudá-la, embora ela frequentemente exaurisse até mesmo os mais devotados.

Ela não estava de todo abandonada, porém. Se *A paixão segundo G. H.* não fora comentado extensivamente na época do lançamento, seu impacto, uma vez que os leitores começaram a absorvê-lo, foi profundo e resultou em certa popularização de Clarice. Em 1965, a primeira de dezenas de adaptações teatrais de sua obra apareceu no Rio; em 1966, foi publicado o primeiro livro a respeito dela, *O mundo de Clarice Lispector*, do crítico e filósofo Benedito Nunes.

Ela também formou um novo círculo de amigos em torno de Pedro Bloch, primo de Adolpho Bloch, o poderoso dono da *Manchete*. Nascido, como Clarice, na Ucrânia, o dr. Bloch era um destacado dramaturgo e médico, especializado em distúrbios da fala. Ele tentara curar Clarice de seu *r* gutural e de seu ceceio, os quais, segundo ele, talvez fossem resultado da imitação, por parte dela, da fala dos pais durante a infância. As intervenções foram bem-sucedidas, mas então Clarice recaiu em sua velha pronúncia: "Ela disse a ele que não queria perder suas características".[3]

Bloch e sua esposa, a uruguaia Miriam, recebiam renomados artistas e intelectuais em sua casa de praia em Cabo Frio. Um deles era João Guimarães Rosa. Três meses antes de seu derrame, Lúcio Cardoso tinha escrito que "a literatura brasileira pertence a dois príncipes: Guimarães Rosa e Clarice Lispector".[4] Agora os dois príncipes, um deles perto do fim da vida, se aproximavam.

Ela o admirava havia muito tempo. Quando *Grande sertão: veredas* surgiu, em 1956, ela disse a Fernando Sabino: "Nunca vi coisa assim! É a coisa mais linda dos últimos tempos. Não sei até onde vai o poder inventivo dele, ultrapassa o limite do imaginável. Estou até tola. [...] Fico até aflita de tanto gostar".[5] Clarice nunca escreveu com tamanho entusiasmo sobre um contemporâneo, e poucos meses antes de morrer o mestre mais velho fez-lhe um grande elogio. Depois de citar de cor longas passagens dos livros dela, ele disse "uma coisa que jamais esquecerei, tão feliz me senti na hora: disse que me lia, 'não para a literatura, mas para a vida'".[6]

Em 1965 Clarice finalmente se mudou para o grande apartamento de três quartos que havia comprado alguns anos antes, num prédio ainda em construção. Era perto do apartamento que ela vinha alugando, também no Leme. Depois de uma vida de mudanças, o imóvel da rua Gustavo Sampaio, 88, a uma quadra da praia, vizinho do Leme Tênis Clube, seria sua última morada. Cerca de um ano depois de se mudar, ela por muito pouco não morreu lá.

Em 12 de setembro de 1966, Rosa Cass estava no apartamento de Copacabana de duas irmãs, Gilka e Gilda, praticantes de umbanda. Rosa atravessava um período difícil na vida e uma amiga sugerira que visitasse Gilda, que poderia submetê-la a "uma limpeza". Durante o ritual de limpeza, para espanto e pavor de Rosa, Gilda foi subitamente possuída por um espírito que inspirou a miúda mulher a agarrar Rosa, erguê-la sobre a cabeça e girá-la no ar. Quando Rosa foi devolvida ao chão, a médium anunciou que a vida de uma amiga próxima estava em perigo. Na época, as duas únicas amigas próximas de Rosa eram Clarice e a romancista Nélida Piñon. Apavorada, ela ficou se perguntando qual das duas estava em perigo, e logo soube a resposta.

Na noite seguinte Nélida lançava sua primeira coletânea de contos, *Tempo das frutas*, evento para o qual convidara Clarice. Poucas horas antes do lançamento, Clarice telefonou para dizer que não poderia ir. Nélida notou que sua voz estava débil, falhando. Várias horas depois, às 3h35 da madrugada, um vizinho avistou fumaça saindo do prédio do outro lado da rua. Alertou o porteiro e eles foram até o prédio de Clarice, onde encontraram o apartamento em chamas.[7]

Os dois vícios de Clarice, os cigarros e os remédios para dormir, cobravam seu preço. Ela dormia numa cama de solteiro, junto a uma janela com cortinas, e sempre tivera problemas com o sono, indo dormir por volta das nove e levantando nas primeiras horas da manhã. Naquela noite, depois de tomar suas pílulas, ficou fumando na cama. Quando acordou o quarto estava em chamas. Seu filho Paulo tirou-a do quarto incendiado e tocou insistentemente a campainha do apartamento vizinho. Os assustados moradores, Saul e Heloísa Azevedo, mal saíram do sono e viram Clarice, com o corpo todo queimado, em pé diante da sua porta. Ela não disse uma única palavra. Saul e Paulo correram para apagar o fogo enquanto Heloísa levava Clarice para dentro. Sua camisola de náilon meio derretida estava grudada no corpo e, ao caminhar pelo carpete de Heloísa, deixou pegadas de sangue.

Por três dias, na companhia de Tania, Elisa e Rosa, Clarice pairou entre a vida e a morte. A mão direita, a mão com que escrevia, estava tão gravemente ferida que se chegou a falar em amputação. Tania rogou aos médicos que esperassem mais um dia, e o perigo passou. Durante aqueles três dias o médico proibiu visitas.

> Mas eu quero visitas, dizia, elas me distraem da dor terrível. E todos os que não obedeceram à placa "Silêncio", todos foram recebidos por mim, gemendo de dor, como numa festa: eu tinha me tornado falante e minha voz era clara: minha alma florescia como um áspero cáctus. [...] Parece-me que eu vagamente sentia que, enquanto sofresse fisicamente de um modo tão insuportável, isso seria a prova de estar vivendo ao máximo.[8]

A dor era monstruosa. Além das queimaduras de terceiro grau na mão, as pernas também tinham sido gravemente queimadas; o rosto tinha sido poupado. Quase quarenta anos mais tarde, Rosa ainda estremecia ao descrever como as enfermeiras tinham de limpar as queimaduras, sem anestesia, com escova e sabão. "Quando tiraram os pontos de minha mão operada, por entre os dedos, gritei", escreveu Clarice. "Dei gritos de dor, e de cólera, pois a dor parece uma ofensa à nossa integridade física. Mas não fui tola. Aproveitei a dor e dei gritos pelo passado e pelo presente. Até pelo futuro gritei, meu Deus."[9]

Clarice teve de ficar no hospital por três meses, passando por cirurgia, enxerto e fisioterapia, o que acabou lhe permitindo retomar o uso da mão, pelo menos para datilografar. Pelo resto da vida, ela pareceria uma garra escurecida. "A mão esquerda era um milagre de elegância", escreveu sua amiga Olga Borelli. "No trabalho, ágil e decidida, parecia procurar suprir as deficiências da outra, dura, com gestos mal controlados, de dedos queimados, retorcidos, com profundas cicatrizes."[10]

Seu quarto ficou inteiramente devastado, com uma exceção: um missal que um amigo lhe dera, com a inscrição: "Reze por mim".

> O estuque das paredes e do teto caiu, os móveis foram reduzidos a pó, e os livros também. Não tento sequer explicar o que aconteceu: tudo se queimou, mas o missal ficou intato, apenas com um leve chamuscado na capa.[11]

Para Rosa, Clarice saiu do hospital ainda mais linda do que antes, muito magra, com os traços refinados, dotada de um aspecto mais intensamente espiritual por causa do sofrimento. Mas pouco depois, durante sua convalescença, começou a ganhar peso e teve que consultar um dietista.[12] Ela continuaria sendo para sempre uma figura notável, mas aos 46 anos o brilho da juventude era coisa do passado. De acordo com o filho Paulo, ela sofria de "um desencanto não admitido pela perda da beleza da juventude".[13]

"Parece-me que achava feio passear quando não se era mais jovem", escreveu Clarice. "O ar tão limpo, o corpo sujo de gordura e rugas. Sobretudo a claridade do mar desnuda. Não era para os outros que era feio ela passear, todos admitem que os outros sejam velhos. Mas para si mesma."[14]

32. Diálogos possíveis

Como já acontecera com frequência na vida de Clarice, depois do desastre veio o triunfo, e 1967 acabou sendo, pelo menos em termos profissionais, um ano bom. Foi o ano de publicação da história infantil *O mistério do coelho pensante*, que escrevera em Washington, em inglês, a pedido de Paulo. Ela deixara a história de lado — "Era tão pouco literatura para mim" —[1] até que um editor perguntou se ela não tinha nada para crianças. Ela o tirou da gaveta, traduziu e publicou.

O livro ganhou o Prêmio Calunga de melhor livro infantil do ano, o que deixou Clarice contente:

> Mas muito mais contente ainda ao me ocorrer que me chamam de escritora hermética. Como é? Quando escrevo para crianças, sou compreendida, mas quando escrevo para adultos fico difícil? Deveria eu escrever para os adultos com as palavras e os sentimentos adequados a uma criança? Não posso falar de igual para igual?[2]

O ano seguinte viu sua segunda incursão na literatura infantil, *A mulher que matou os peixes*, que se abre com uma confissão: "Essa mulher que matou os peixes infelizmente sou eu. Mas juro a vocês que foi sem querer. Logo eu!

que não tenho coragem de matar uma coisa viva! Até deixo de matar uma barata ou outra".[3] No livro ela rememora todos os seus bichos de estimação, desde Dilermando, que teve de deixar para trás em Nápoles, até Jack, seu cachorro em Washington. A exemplo do "Crime do professor de matemática", *A mulher que matou os peixes* foi concebido por causa de uma "sensação de culpa da qual queria me redimir".[4] Nesse caso, as vítimas eram dois peixinhos vermelhos que o filho Pedro lhe confiara ao sair de viagem por um mês. Ocupada no trabalho e distraída, ela simplesmente esqueceu de alimentá-los por dois ou três dias; quando por fim se lembrou, eles já estavam mortos. Mais uma vez, exatamente como fizera em seguida à morte de sua mãe, ela contou uma história de modo a mitigar sua culpa, reafirmando a conexão entre crime e criação.

A chance de "falar de igual para igual", para adultos, veio quando seu velho amigo Alberto Dines, que lhe oferecera trabalho no *Diário da Noite* depois de sua volta ao Brasil, recebeu um telefonema de outro amigo, Otto Lara Resende. Como em 1960, disse Otto, "Clarice está com problemas". E como no mesmo ano, Dines, agora editor-chefe do *Jornal do Brasil*, o jornal mais prestigioso do país, estava em condições de ajudar. Dines estava criando um novo suplemento cultural semanal e estava ansioso por atrair um público mais culto para a seção. Imediatamente ofereceu a Clarice uma coluna.

Em 19 de agosto de 1967 ela estreou como cronista. A crônica vivia seu apogeu: os cronistas eram figuras populares e até mesmo reverenciadas. Fosse porque, como escreveu João Cabral de Melo Neto, "no Brasil, só entendem o que se escreve para os jornais", ou apenas porque os jornais ainda fossem o principal meio de comunicação no país, o gênero era genuinamente popular. Seus praticantes incluíam muitos dos amigos de Clarice, entre eles Paulo Mendes Campos, Rubem Braga e Fernando Sabino.

Clarice temia não estar à altura da tarefa e confessou várias vezes, ao longo dos seis anos e meio de colaboração com o *JB*, que se sentia um pouco intimidada pelo gênero:

> E, além de ser neófita no assunto, também o sou em matéria de escrever para ganhar dinheiro. Já trabalhei na imprensa como profissional, sem assinar. Assinando, porém, fico automaticamente mais pessoal. E sinto-me um pouco como se estivesse vendendo minha alma. Falei nisso com um amigo que me respondeu: mas escrever é um pouco vender a alma. É verdade. Mesmo quando não é por

dinheiro, a gente se expõe muito. Embora uma amiga médica tenha discordado: argumentou que na sua profissão dá sua alma toda, e no entanto cobra dinheiro porque também precisa viver. Vendo, pois, para vocês com o maior prazer uma certa parte de minha alma — a parte da conversa de sábado.[5]

Parte do seu sentimento de inadequação talvez viesse do fato de ser uma rara mulher num campo quase exclusivamente masculino. Apenas três ou quatro mulheres trabalhavam como colunistas literárias.[6] Os homens, em especial Rubem Braga, possuíam uma grandiloquência, um refinamento de tom autoconsciente, algo que faltava no trabalho de Clarice. Suas colunas eram desbragadamente pessoais e femininas.

Nelas, Clarice não abandonava muitos de seus velhos temas metafísicos, mas também registrava sua vida de mãe e dona de casa em termos diretamente pessoais. "Acho que se escrever sobre o problema da superprodução do café no Brasil terminarei sendo pessoal", disse ela numa coluna.[7] Escrevia sobre seus filhos, seus amigos, suas empregadas, sua infância, suas viagens, de tal maneira que *A descoberta do mundo*, a reunião póstuma das colunas, é o que Clarice deixou de mais parecido com uma autobiografia.

Seu estilo "conversa íntima de sábado" desagradou a alguns dos cardeais do gênero, que julgavam a coluna de jornal uma arte menor. Até mesmo Rubem Braga, amigo desde Nápoles, parece tê-la criticado, recebendo uma resposta pública: "Uma pessoa me contou que Rubem Braga disse que eu só era boa nos livros, que não fazia crônica bem", escreveu Clarice. "É verdade, Rubem? Rubem, eu faço o que posso. Você pode mais, mas não deve exigir que os outros possam. Faço crônicas humildemente, Rubem. Não tenho pretensões. Mas recebo cartas de leitores e eles gostam. E eu gosto de recebê-las."[8]

Os leitores de fato gostavam. Se a *Senhor* apresentou Clarice aos literatos, o *JB* a levava à classe média, semana após semana, e seu trabalho como colunista lhe trouxe uma fama que ela nunca conhecera. Trouxe até um polvo. "Sou tímida mas tenho direito de ter meus impulsos", exclamou uma mulher que apareceu à sua porta. "O que você escreveu hoje no jornal foi exatamente como eu sinto; e então eu, que moro defronte de você e assisti ao seu incêdio e sei pela luz acesa quando você tem insônia, eu então trouxe um polvo para você."[9] Para espanto de Clarice, a mulher se pôs ali mesmo, na hora, a cozinhar o polvo, sua especialidade.

"Escrevi nove livros que fizeram muitas pessoas me amar de longe", escreveu Clarice acerca de sua recém-conquistada popularidade. "Mas ser cronista tem um mistério que não entendo: é que os cronistas, pelo menos os do Rio, são muito amados. E escrever a espécie de crônica aos sábados tem me trazido mais amor ainda. Sinto-me tão perto de quem me lê."[10] Ela mandava de volta aos leitores o amor que recebia. Uma garota escreveu para agradecer a Clarice por ajudá-la a amar, e Clarice respondeu agradecendo: "Obrigada também pela adolescente que já fui e que desejava ser útil às pessoas, ao Brasil, à humanidade, e nem se encabulava de usar para si mesma palavras tão imponentes".[11]

Um retrato fascinante de Clarice nessa época emerge das lembranças de Maria Theresa Tostes Walcacer,[12] estudante de filosofia de vinte anos que atendeu a um anúncio — "Escritor procura secretário" — por volta da época em que Clarice começou a escrever para o *Jornal do Brasil*. Ao chegar, Teresa descobriu com espanto que a escritora era ninguém menos que Clarice Lispector, que estava sentada junto à janela entrevistando as cerca de quarenta candidatas. Clarice lhe contou que desde o incêndio só conseguia datilografar com dificuldade, e que precisava de alguém que respeitasse cada vírgula da sua escrita. Perguntou, por fim, se Teresa tinha lido algum de seus livros. A moça respondeu: "Quase todos". Meia hora depois o emprego era seu.

> Por que escolhi Maria Teresa, cujo apelido é Teté? Primeiro porque ela era tão capaz como as outras. Segundo, porque, pelo fato de já ter lido romances meus, ela estava familiarizada com meu modo de escrever, e na certa iria fazer o que peço: na hora da cópia, não acrescentar nem diminuir nada [...]. Em terceiro lugar, escolhi Teté porque ela veio de minissaia. Bem representante da juventude moderna. Foi a única de minissaia. Em quarto escolhi-a pela voz dela que me agrada. Há vozes que me deixam literalmente cansada. A minha Teté tem a voz agradável.
> São poucas horas que a secretária está comigo, e tem o resto do tempo para estudar, frequentar as aulas, namorar.

Teresa tinha uma recordação um pouco diferente:

> Acho que ela não queria exatamente uma secretária, mas uma dama de companhia, ou algo assim. Ela me pedia toda a sorte de coisas: para conversar com ela,

para acompanhá-la à casa de uma amiga, ler histórias para os meninos, levar Pedro para passear na praia. Pedia-me também com frequência para ficar para o almoço, ou para o jantar. Ela me solicitava demais.

A casa era um caos. Teresa, que imaginara uma escritora trabalhando numa reclusão monástica, encontrou algo bem diferente. Paulo e Pedro interrompiam constantemente, o telefone tocava toda hora, a empregada andava de um lado para outro e os papéis de Clarice estavam espalhados pela casa inteira.

Se isso tivesse acontecido hoje certamente teria sido diferente. Mas na época, que inadequação, que distância! Eu era muito nova, estava namorando, apaixonada, na verdade não era para mim uma opção muito sedutora ficar jantando com aquela senhora e os dois filhos meio problemáticos. [...] Me lembro também do Pedro vagando, com os olhos perdidos. Eu tenho uma recordação um pouco soturna do cotidiano da casa.

Na mesma entrevista, Teresa recordou a surpresa que teve ao ler a descrição que Clarice fez de si mesma como petulante e relaxada, quando na verdade estava atravessando uma sombria depressão. "Eu estava tão insegura de me ver diante daquela mulher, daquele mito. Na verdade, eu não acredito sequer que em nosso primeiro encontro eu estivesse de minissaia. Aquela descrição toda me parece um tanto fantasiosa."
Depois de quatro meses, Teresa fugiu.

Em maio de 1968, quinze anos depois de Fernando Sabino ter puxado pela primeira vez o assunto, Clarice começou a realizar entrevistas para a *Manchete*. Era mais uma tribuna proeminente e aumentou seu destaque nacional. Muitas das pessoas que entrevistou em "Diálogos possíveis com Clarice Lispector" eram velhos amigos, como Erico Verissimo e Alzira Vargas; seu primeiro "protetor masculino", o matemático Leopoldo Nachbin; e Hélio Pellegrino, o psicanalista que confessou o que gostaria de ser em outra vida: o "marido de Clarice Lispector, a quem eu me devotaria com aveludada e incansável dedicação".[13]
Clarice contou a uma repórter:

Eu me expus nessas entrevistas e consegui assim captar a confiança de meus entrevistados a ponto de eles próprios se exporem. As entrevistas são interessantes porque revelam o inesperado das personalidades entrevistadas. Há muita conversa e não as clássicas perguntas e respostas.[14]

Algumas entrevistas são milagres de franqueza — por parte da entrevistadora. Mas o trabalho jornalístico lhe tomava muito tempo, e sua timidez natural o tornava difícil. Hélio Pellegrino, notando seu desconforto, disse: "Clarice, vamos comer aqui uma carne, vamos tomar um chope. Você deixa as perguntas. Eu escrevo a entrevista".[15]

No *Jornal do Brasil* seu grande admirador Alberto Dines estava plenamente ciente das suas dificuldades e publicava tudo o que ela mandava, exatamente como ela mandava. "Uma vez ela mandou para o *JB* uma crônica sem uma abertura de parágrafo. Assim foi publicada."[16] Outra dificuldade surgiu depois do incêndio, quando Clarice, uma mulher que apenas alguns anos antes tinha sido linda e desejável, se viu obrigada a aceitar a perda de sua beleza outrora proverbial. Lygia Marina de Moraes, que se tornou a terceira mulher de Fernando Sabino em 1974, lembrava-se de seu primeiro encontro com Clarice. Num bar em Ipanema, Lygia e uma amiga começaram uma conversa com Tom Jobim, que as convidou à casa de Clarice. As garotas ficaram atordoadas com a perspectiva de conhecer, no mesmo dia, Tom Jobim e Clarice Lispector.

"Naquela altura ela já era CLARICE", recordava Lygia, intimidada pelo encontro com o ícone. O ícone, no entanto, não gostou de ver Tom chegar com duas moças atraentes. Em sua "voz metálica", ela disse a Jobim que Vinicius de Moraes tinha escrito um poema para ela e pediu a ele, Jobim, que fizesse o mesmo. Ele se ofereceu, em vez disso, para escrever para ela uma música; mas então, poucos minutos depois, acabou rascunhando um poema para Lygia. Clarice ficou terrivelmente irritada e magoada.

Ela parou de tentar esconder suas lesões. Otto Lara Resende se lembrava de um almoço que teve com ela e o escritor Antônio Callado. "De repente ela explodiu para cima de mim: 'Que é que você está me olhando? Quer ver as minhas cicatrizes?'. E exibiu as pernas de que ela e nós tentávamos fugir."[17]

33. Terror cultural

Na *Manchete*, embora tivesse licença para dar destaque a muitos de seus amigos importantes, Clarice também precisou entrevistar pessoas que ela poderia considerar um tanto indigestas. No início de 1969 entre essas pessoas estava Yolanda Costa e Silva, esposa do marechal Arthur da Costa e Silva, cuja reputação de mais desastrado presidente da história do Brasil nunca foi seriamente ameaçada. A primeira-dama era conhecida por sua devoção à cirurgia plástica e por seu hábito de desfilar com belos homens mais jovens.

Embora tenha escrito a seu filho Paulo que "[Yolanda] nem dá para ser uma primeira-dama", Clarice não teve como apertá-la com perguntas incômodas, e a entrevista foi amistosa.[1] Definindo o tom, Clarice disse: "Eu soube que a senhora se preocupa com o analfabetismo no Brasil". Ela se perguntava como seria o sentimento de ser avó e indagou, talvez com uma ponta de malícia, sobre o "conceito de elegância" da primeira-dama.[2] Numa grande foto das duas, Yolanda, claramente encantada por sair na revista, irradia prazer. Uma circunspecta Clarice, escondendo a mão queimada atrás de uma folha de papel, mal esboça um sorriso.

Talvez Yolanda tivesse ficado menos encantada se tivesse na memória a participação de Clarice na Passeata dos Cem Mil, um dos eventos que definiram os tumultuosos últimos anos da década de 1960 no Brasil, realizada em 26 de junho de 1968, no centro do Rio. Seu alvo era o marido de Yolanda, cujo governo tinha tomado caminhos sinistros.

O primeiro presidente depois do golpe militar de 1964, Humberto de Alencar Castello Branco, era alvo de muitas objeções, a começar pelo modo como chegou ao cargo. Fez vistas grossas à tortura e fechou temporariamente o Congresso, cujo presidente era Adauto Lúcio Cardoso, irmão de Lúcio Cardoso. Sua gestão viu também arbitrariedades como a prisão do quase editor de Clarice, Ênio Silveira, pelo crime de promover uma feijoada para Miguel Arraes, o governador deposto de Pernambuco.[3]

Mas pelo menos Castello Branco não era um filisteu — gostava de teatro — e era pessoalmente honesto. Protestou contra a prisão de Silveira, acusando seus autores de criar um "terror cultural". Em vez de uma ditadura escancarada, Castello Branco parecia ter imaginado para o Brasil um regime à mexicana, no qual o partido governante apontasse novos presidentes de acordo com uma agenda regular. O grupo — o partido no caso mexicano; os militares, no brasileiro — manteria o poder, mas nenhum ditador individual poderia emergir.

Quando Castello Branco passou o poder a Costa e Silva, em março de 1967, todas as contradições inerentes a esse modelo vieram à tona. Costa e Silva gostava de ser visto como um intelectual, embora proclamasse com orgulho, e certamente com franqueza, que os únicos livros que lia eram os de palavras cruzadas.[4] Com seu bigode, seu uniforme cravejado de medalhas e seus óculos escuros espelhados, era mais parecido com uma caricatura de ditador latino-americano do que qualquer presidente anterior do Brasil.

Desde o início de seu governo ele buscou meios de consolidar o poder ditatorial implícito na estrutura política pós-1964. Os estudantes, que estavam se agitando e protestando em toda parte, de Paris a Praga, eram um dos alvos preferenciais do regime. As medidas tomadas para reprimi-los assustaram Clarice, que chegou a ponto de mandar uma carta aberta ao ministro da Educação, publicada em 25 de fevereiro. "Ser estudante é algo muito sério", escreveu. "É quando os ideais se formam, é quando mais se pensa num meio de ajudar o Brasil. Senhor Ministro ou Presidente da República, impedir que jovens entrem em universidades é um crime. Perdoe a violência da palavra. Mas é a palavra certa."[5]

Uma questão aparentemente inócua desencadeou o confronto final. Estudantes pobres, que dependiam de um restaurante subsidiado conhecido como

Calabouço, reivindicaram melhor atendimento. Seus protestos levaram a um enfrentamento com a polícia em 29 de março de 1968. Um estudante apolítico chamado Edson Luís de Lima Souto, de dezessete anos, foi baleado e morto.

O assassinato chocou a nação, levando inevitavelmente os estudantes a novos protestos e a ações violentas da polícia. Estas últimas incluíram um ataque contra os que assistiam a uma missa em memória de Edson Luís na igreja da Candelária. Clarice Lispector anexou uma única frase a sua coluna de 6 de abril: "Estou solidária, de corpo e alma, com a tragédia dos estudantes do Brasil".[6]

Em 21 de junho, Clarice se integrou a uma delegação de notáveis que se avistou com o governador no Palácio Guanabara, o mesmo prédio que Alzira Vargas defendera contra o golpe integralista trinta anos antes. Os principais nomes da cultura brasileira estavam lá: Oscar Niemeyer, Caetano Veloso, Gilberto Gil, Milton Nascimento e Nara Leão, Paulo Autran e Tônia Carrero. Hélio Pellegrino tinha sido escolhido como porta-voz do grupo. Ele se dirigiu ao governador

> com respeito e firmeza, induzindo-o a manifestar-se em favor dos estudantes. O clima de tensão aumentava, na medida em que Hélio Pellegrino relembrava os últimos acontecimentos que mostravam a violência da polícia contra os estudantes, apesar das promessas em contrário do governador. Este tentava justificar a reação que um soldado poderia ter, se agredido por estudantes. Aí, então, surge a voz do deputado Márcio Moreira Alves, que interrompe o governador, observando que defender um soldado que havia atacado estudantes seria estar "dando autorização à polícia para continuar a metralhar o povo".

A essa altura, segundo o registro do jornalista Zuenir Ventura, que estava presente,

> Clarice Lispector quase desmaiou. Ela passara o tempo todo tensa, morrendo de medo de que o seu amigo Hélio cometesse algum excesso. Toda vez que o orador parecia se exaltar, Teresa Aragão, do seu lado, ouvia Clarice dizer baixinho, em tom de prece: "Pelo amor de Deus, Hélio, calma". Com aquela intempestiva interrupção, Teresa achou que a nossa genial escritora ia ter um ataque.[7]

Cinco dias depois todo o espectro da sociedade carioca se uniu em protesto contra a crescente brutalidade do regime. A Passeata dos Cem Mil foi abençoada pelo mesmo cardeal arcebispo do Rio de Janeiro que quatro anos antes dera bênção à marcha que celebrou o golpe. A passeata incluía 150 padres, numerosos congressistas, pais e mães enraivecidos e um grande contingente de artistas.

Nas fileiras da frente marchou Clarice Lispector, de braços dados com os principais arquitetos, músicos, escritores e intelectuais do país. No dia seguinte, abaixo da manchete MARCHA DA LIBERDADE TOMA CONTA DA CIDADE, Chico Buarque e Clarice Lispector, separados por uma legião de freiras, apareciam numa foto gigantesca na primeira página da *Última Hora*.[8]

Uma mulher que nunca se envolvera em política via-se agora como uma espécie de santa padroeira dos protestos estudantis. O pintor Carlos Scliar, que a conhecera em Nápoles, descreveu-a nessas manifestações como "uma guardiã [...], uma mãe judia protetora, generosa, preocupada".[9]

Em sua última entrevista, Clarice foi indagada se a escrita tinha algum efeito no mundo exterior, político. "Ela não muda nada", insistiu, uma e outra vez. "Não muda nada. Escrevo sem a esperança de que alguma coisa que eu escreva possa mudar o que quer que seja. Não muda nada."[10]

Ela aprendera a lição na infância, e seria brutalmente levada a recordá-la em 1968. Logo após a Passeata dos Cem Mil, o "terror cultural", para o qual o primeiro presidente militar alertara, chegou. Grupos aliados ao governo Costa e Silva começaram a atacar teatros. No Rio, a peça *Roda Viva*, de Chico Buarque, foi violentamente desbaratada; em São Paulo, brutamontes forçaram os atores a sair dos camarins e correr nus pelas ruas.[11]

Costa e Silva estava buscando qualquer pretexto, por mais absurdo que fosse, para reivindicar o poder absoluto. Encontrou-o em 2 de setembro. Márcio Moreira Alves, o deputado cujas inflamadas declarações diante do governador da Guanabara tanto agitaram Clarice, voltou de São Paulo para Brasília. Em São Paulo, num dos teatros ainda não fechados, ele assistira a uma montagem de *Lisístrata*, de Aristófanes.

Num discurso no Congresso, Alves sugeriu que, para propiciarem a restauração da democracia, as esposas e as namoradas dos soldados deveriam seguir o exemplo das mulheres gregas que fizeram greve de sexo com o marido e assim puseram fim à Guerra do Peloponeso. O discurso não teve divulgação alguma e teria sido esquecido instantaneamente, não fosse a determinação do governo em usar o deputado como exemplo.[12]

Com a honra das Forças Armadas posta em xeque, Costa e Silva baixou o Ato Institucional n. 5, em 13 de dezembro de 1968. O ato determinava o fechamento por tempo indeterminado do Congresso Nacional; declarava o estado de sítio; permitia ao presidente governar por decreto; suspendia os direitos de habeas corpus e de livre reunião; estabelecia uma "censura prévia" na imprensa, música, teatro e cinema; e bania da vida pública dezenas de políticos, diplomatas e juízes.

O AI-5 foi um ataque sem precedentes ao Estado de direito, nem mesmo durante o Estado Novo, no século e meio de história independente do país. A tortura se institucionalizou. Muitas das principais figuras culturais e políticas foram atacadas. Amigos de Clarice, Paulo Francis e Ferreira Gullar foram presos imediatamente,[13] assim como Chico Buarque logo seria; Caetano Veloso e Gilberto Gil foram obrigados a se exilarem. (Em protesto, a sessão de autógrafos de *A mulher que matou os peixes*, programada para o dia 17, foi cancelada.)[14]

No dia seguinte à decretação do AI-5, Alberto Dines concebeu no *Jornal do Brasil* uma das primeiras páginas que o tornaram famoso. "Ontem foi o dia dos cegos", noticiou o jornal, no alto, à direita. Dois artigos censurados da primeira página foram ostensivamente substituídos por anúncios classificados. O boletim meteorológico, no alto à esquerda, dizia: "Nuvens negras. Temperatura sufocante. O ar está irrespirável. O país está sendo varrido por fortes ventos".[15]

Em 15 de junho, quando ainda havia alguma esperança de que os protestos e petições pudessem ter um efeito positivo, Clarice escreveu em sua coluna:

> Com o tempo, sobretudo nos últimos anos, perdi o jeito de ser gente. Não sei mais como se é. E uma espécie toda nova de "solidão de não pertencer" começou a me invadir como heras num muro.[16]

Para escapar de sua solidão, Clarice começou a procurar os amigos. Ainda incapaz de dormir, acordada a todas as horas, ela telefonava no meio da noite, às vezes para confessar agonias terríveis, às vezes só para conversar. Em sua bela e comovente elegia dirigida à irmã, Elisa Lispector relembrou esses telefonemas:

> Hoje, para punir-me, relembro a impaciência com que eu te atendia quando me acordavas antes da aurora, só para conversar — eu não sabia que irias morrer, é a minha única justificativa, porque antes de morreres, a morte não existia efetivamente. Era algo remoto, difícil de imaginar.[17]

O escritor Affonso Romano de Sant'Anna e sua esposa, Marina Colasanti, editora de Clarice no *Jornal do Brasil*, também recebiam telefonemas desesperados de Clarice. "Ela me telefonou uma vez [...] me dizendo que queria pedir opinião sobre literatura, que tinha chegado à conclusão de que não sabia mais escrever [...]. Eu peguei... brinquei com ela... falei: Que é isso, Clarice!... Imagina!" Sant'Anna mais tarde soube que ela fez a mesma pergunta a Renaud, o mais badalado cabeleireiro do Rio, cujo salão ficava no Copacabana Palace.[18]

As novas tentativas de Clarice de encontrar uma vida para si própria foram tão desajeitadas quanto seus telefonemas na madrugada. Até hoje, no Rio de Janeiro, proliferam as anedotas sobre as excentricidades sociais de Clarice. Uma vez, Affonso e Marina iam dar um jantar e souberam que Clarice queria ser convidada. Marina vibrou, pois ela raramente saía de casa. Na hora marcada Affonso foi buscar de carro a famosa escritora. Ela chegou, com pose "imperial", entrou na sala de visitas e, pouco à vontade, conversou por alguns minutos com os outros convidados. Na cozinha, disse a Marina que estava com dor de cabeça e precisava ir embora imediatamente. Affonso levou-a para casa.

Não era mais fácil quando ela ficava. O anfitrião de outro jantar fez um *borscht* em homenagem às "origens eslavas" de Clarice. Ela tomou uma colherada e exclamou que estava deliciosa. Não comeu mais nada, embora todos fizessem de conta que não percebiam. Ela começou então a entornar drinques (ela tomava pílulas para dormir), devorar sobremesas (estava de dieta) e beber café (sofria de insônia crônica). Quando foi embora, às dez e meia, o anfitrião escreveu: "Senti que eu tinha sobrevivido mais uma vez".[19]

Mesmo os que mais gostavam dela consideravam-na cansativa. Ela suscitava nos outros um sentimento de proteção, um desejo de ajudá-la a suportar seu grande sofrimento, embora seus amigos deixem claro que ela nunca pediu nada. "Era mais um sentimento que ela despertava na gente", disse Rosa Cass. A carência de Clarice era extenuante. Tati de Moraes, a primeira das nove esposas de Vinicius, uma vez perguntou a Rosa: "Há quanto tempo você é amiga de Clarice? Porque ninguém aguenta isso por muito tempo".[20]

Se ela era radicalmente independente no plano artístico e intelectual, emocionalmente era tão dependente quanto uma criança. Em seus cadernos pessoais de anotação, Clarice relembrava sua dificuldade em conectar-se com outras pessoas:

> Me perguntei se eu não evito aproximação com as pessoas por medo de vir a odiá-las. Com todo o mundo me dou mal. Eu não tenho tolerância. Ela me disse [...] que sou uma pessoa difícil de dar carinho. Respondi: bem, não sou o tipo que inspira carinho. Ela: você quase que empurra a mão que lhe dão para ajudar. Às vezes você precisa de ajuda, mas não pede.[21]

Clarice não diz o nome da mulher com quem teve essa conversa, mas o tom sugere uma terapeuta, ou Inês Besouchet, ou a mulher que ela começou a consultar no início de 1968, Anna Kattrin Kemper, conhecida como Catarina. Kemper era uma amiga alemã de Inês Besouchet e Hélio Pellegrino e chegara ao Rio de Janeiro depois da guerra.

Clarice se sentia envergonhada, ou constrangida, por fazer análise, e não queria que o fato chegasse ao conhecimento público. Numa carta a Marly de Oliveira — uma colega esposa de diplomata que se tornou próxima de Clarice ao publicar, no início dos anos 1960, uma longa série de artigos examinando a obra da escritora e atacando a leitura que alguns críticos faziam dela — de junho de 1968, pede à amiga que não mencione que ela estava se consultando com Catarina. A carta sugere também que ela nunca contou a Marly, que naquele mesmo ano publicou um longo poema em homenagem a Clarice, *A suave pantera* —,[22] sobre o período que passara com Inês Besouchet:

> Estou sentindo muita dificuldade com minha novela: é a primeira de que eu falei para os outros, e é a primeira cujo final eu já sei como é. Há ainda o espectro de

A paixão segundo G. H.: depois desse livro tenho a impressão desagradável de que esperam de mim coisa melhor. Mas estou lutando contra esse limiar de depressão procurando um jeito melhor de trabalhar e também me valendo de d. Catarina (nunca conte a ninguém da minha análise: escrevi todos os meus livros antes de d. Catarina, exceto *O mistério do coelho pensante*, que estava aliás escrito desde o tempo em que tinha seis anos; de modo que é uma pista fácil de me explicar dizendo que escrevo assim por causa da análise. Eliane Zagury foi uma que perguntou se eu faço ou fiz análise, eu neguei, e ela disse que era porque meus livros tinham a profundeza que só se atinge na análise).[23]

Enquanto Clarice tentava, ainda que de modo doloroso e incompleto, abrir-se para o mundo, seu primeiro amor, o herói da sua adolescência, Lúcio Cardoso, estava morrendo, seis anos depois de seu derrame paralisante. Depois de seu próprio acidente, Clarice encontrara o amigo no hospital, onde ambos estavam fazendo terapia. "Caímos um nos braços do outro."[24]

Sob os cuidados de sua irmã Maria Helena, Lúcio se tornara um pintor talentoso, usando apenas a mão esquerda, embora nunca tenha readquirido a habilidade para escrever. No eloquente livro de memórias que publicou seguindo uma sugestão de Clarice, Maria Helena relembra o doloroso, indeciso e fatigante progresso dele, até que, perto do fim, ele conseguiu afinal começar a escrever de novo. Mesmo suas anotações mais breves os enchiam de esperança.

"Pode ter 100 anos — eu tenho no espírito moço — a vida, alegria, tudo!", ele rabiscou. "Eu, escritor por fatalidade." "Olhei-o com muito carinho e admiração. Deus o provava da maneira mais cruel e entretanto tinha mais alegria e amor no coração do que tristeza e amargura. Os dias sombrios passavam depressa, sucedendo a eles luz, muita luz." Depois de dizê-lo durante anos com o intuito de animar o irmão, Maria Helena pôde finalmente exclamar, desta vez com convicção:

"Querido, não está longe o dia em que você poderá escrever romances de novo."[25]

O fim chegou logo, em 22 de setembro de 1968. Quando ele já estava em coma, Clarice o visitou. "Não fui ao velório, nem ao enterro, nem à missa porque havia silêncio demais dentro de mim. Naqueles dias eu fiquei só, não podia ver as pessoas. Eu vi a morte."[26]

34. "Eu me humanizei"

Apesar dos estragos físicos, das decepções políticas e dos reveses pessoais, ao longo de 1968 Clarice intensificou suas tentativas de se engajar no mundo, de redescobrir "o jeito de ser gente". Uma parte desse processo foi *Uma aprendizagem ou O livro dos prazeres*, escrito em 1968 e publicado em meados do ano seguinte. Ela algumas vezes declarou-se insatisfeita com o resultado. "Se o livro é bom?", escreveu a seu filho Paulo. "Eu acho ele detestável e malfeito, mas as pessoas que o leram acham-no bom."[1]

Embora tenha virado um best-seller quando foi publicado, *Uma aprendizagem* é hoje uma espécie de órfão. Mesmo alguns dos críticos mais favoráveis a Clarice chegaram a acusá-lo de superficialidade e frivolidade.[2] Talvez um pouco desse desagrado se deva à sequência cronológica em que foi publicado: o livro apareceu entre dois pontos altos, *A paixão segundo G. H.* e *Água viva*.

Não há dúvida de que *Uma aprendizagem* requer uma leitura diferente daquela das obras metafísicas de Clarice. Ela sabia que seria difícil dar uma sequência à altura de *A paixão segundo G. H.*, conforme observou em sua carta a Marly de Oliveira. Na verdade, artisticamente, superar aquela obra atordoante seria difícil para qualquer escritor. Mas o projeto de Clarice nunca foi primordialmente estético. Era, como disse Martim em *A maçã no escuro*, "a reconstrução do mundo".

Assim, se *Uma aprendizagem* carece da titânica monumentalidade que os leitores de *A maçã no escuro* e *A paixão segundo G. H.* passaram a associar a Clarice Lispector, sua linguagem acessível e sua história de amor aparentemente banal mascaram uma batalha tão feroz quanto qualquer outra que Clarice tenha empreendido. Ele registra, de modo bastante literal, uma luta entre a vida e a morte, entre a lucidez e a loucura, dando uma rica e ambígua resposta à questão levantada por *G. H.*

A busca de Clarice por se identificar com o mundo inumano "do Deus" atingiu um clímax quando G. H. colocou a barata na boca. O momento não era apenas o clímax de um grande romance. Era o clímax de uma procura espiritual e artística que Clarice vinha empreendendo havia pelo menos duas décadas, desde *Perto do coração selvagem*. Quando a barata toca a língua de G. H., o projeto artístico original de Clarice finalmente se consumou.

O livro é tão chocante e extremo que o leitor quase teme por sua autora. Aonde uma pessoa poderia ir depois daquilo? A experiência deixava apenas duas possibilidades. Ela poderia continuar trilhando aquele caminho místico radical, o que significaria a loucura, "em termos humanos, o infernal", atravessando "definitivamente para o *outro lado* da vida". Em sua coluna de jornal, Clarice escreveu sobre o "grande sacrifício de não ser louco", uma tentação que ela sentia, mas, não obstante, rejeitava. "Eu não sou louco por solidariedade com os milhares de nós que, para construir o possível, também sacrificaram a verdade que seria uma loucura."[3]

A outra possibilidade era um retorno ao mundo humano. Depois de comer a barata, também G. H. sabe que tem de rejeitar a verdade que encontrou dentro dela. No final do livro, ela anuncia planos de telefonar para os amigos, colocar um vestido bonito e sair para dançar. É uma escolha explícita pelo humano em vez do divino, e é a mesma escolha que Clarice fez ao escrever *Uma aprendizagem ou O livro dos prazeres*. Quando o livro saiu, uma entrevistadora disse: "Achei *O livro dos prazeres* muito mais fácil de ler do que qualquer um dos seus outros sete livros. Você acha que há algum fundamento nisso?". Clarice respondeu: "Há sim. Eu me humanizei, o livro reflete isso".[4]

Vinda de qualquer outra pessoa, essa declaração poderia parecer enigmática, ou mesmo incompreensível. Para Clarice Lispector, no entanto, o desejo de se humanizar representava uma revolução completa, em termos filosóficos e espirituais. "A mais premente necessidade de um ser humano era tornar-se um ser humano", ela escreveu no início de *Uma aprendizagem ou O livro dos prazeres*.[5]

É um repúdio tão explícito a uma parte tão vasta de sua obra anterior que acaba por causar grande surpresa. É a moralidade, "o esforço por elevar a vida humana, por lhe dar um valor humano", que Clarice, com tanta frequência, e de modo tão eloquente, rejeitara.[6] Depois de tantos anos de busca da vida impessoal, inumana, divina, o esforço de "tornar-se um ser humano" não poderia deixar de ser excruciante. Num sentido importante, significava a negação da maior parte da sua obra.

Assim, não admira que, depois da publicação de *Uma aprendizagem*, Clarice tenha anunciado que não voltaria a escrever. "Por quê?", perguntou a entrevistadora. "Ora!", exclamou Clarice. "Porque dói muito."[7]

"estava cansada do esforço de animal libertado", escreveu Clarice no início de *Uma aprendizagem*, com o uso heterodoxo de minúsculas e da pontuação que caracterizam partes do livro.[8] Uma coisa era, para um animal, ou para Joana, acasalar-se e seguir em frente, outra coisa inteiramente distinta era, para uma pessoa, situar a liberdade acima de tudo. Uma pessoa simplesmente não pode sobreviver sem ceder um pouco de sua liberdade e aceitar os laços necessários que a unem aos outros. Para Clarice, isso significava o amor humano.

O amor — seu amor filial pelos pais; seu amor maternal pelo filho doente, Pedro; seu amor erótico por Lúcio e Maury e Paulinho — tinha lhe trazido mágoas frequentes, e ela estava arredia quanto a novos laços. Quando seu amigo Sérgio Porto morreu, alguns dias depois de Lúcio Cardoso, ela escreveu:

> Não, não quero mais gostar de ninguém porque dói. Não suporto mais nenhuma morte de ninguém que me é caro. Meu mundo é feito de pessoas que são as minhas — e eu não posso perdê-las sem me perder.[9]

Maury tinha compreendido o temor dela, ainda que tarde demais. Em sua carta tentando uma reconciliação, ele escrevera:

Não estava maduro para entender que, em Joana ou em Clarice, "o ódio pode transformar-se em amor", não sendo mais do que "uma procura de amor". Não soube liberá-la do "medo de não amar".

Uma aprendizagem é uma tentativa de outro tipo de liberdade. Clarice tinha que escapar do medo de não amar, bem como de seu temor de que o amor fosse fútil. "É óbvio que o meu amor pelo mundo nunca impediu guerras e mortes", ela escreveu em 9 de março de 1968, talvez pensando na mãe. "Amar nunca impediu que por dentro eu chorasse lágrimas de sangue. Nem impediu separações mortais."[10] Mas se ela temia novas feridas, também sabia que comer baratas no quarto da empregada não ajudaria uma pessoa de verdade, num mundo de verdade, a superar uma solidão imediata e desesperada.

Para isso, só havia o amor humano, por mais imperfeito e potencialmente frustrante que fosse. *Uma aprendizagem* é, assim, uma história de amor. Fala sobre uma mulher, Lóri, que se livra de forma gradual e meticulosa de seu isolamento de modo a aprender a amar um homem. Clarice liga explicitamente a batalha de Lóri às lutas políticas de 1968. "Todos lutavam pela liberdade — assim via pelos jornais, e alegrava-se de que enfim não suportassem mais as injustiças", escreve, antes de citar uma longa canção de liberdade da Tchecoslováquia.[11] Tanto lá como no Brasil as esperanças populares de libertação logo seriam esmagadas.

A ideia de liberdade de Lóri não é a de Joana. Em *Perto do coração selvagem*, que Clarice escreveu pouco antes de embarcar em seu próprio casamento fracassado, assim como em contos como "Obsessão", no qual ela zomba do desejo de Cristina de "casar, ter filhos e, finalmente, ser feliz", Clarice é radicalmente cética quanto à possibilidade de união entre duas pessoas. Com muita frequência em sua obra o isolamento do indivíduo é absoluto, o fosso entre as pessoas, intransponível.

Uma aprendizagem é a tentativa de Clarice de descobrir justamente como duas pessoas podem se unir. A jornada de Lóri não é fácil, e consequentemente o livro é escrito de modo cru, dando às vezes a impressão de um primeiro esboço incompleto. A perfeição formal de *G. H.* foi varrida para longe, mas não sua carga emocional: o romance contém algumas das passagens mais tocantes e belas que Clarice escreveu.

É o único livro de Clarice que emprega recursos vanguardistas de pontuação; começa com uma chamativa vírgula e termina com dois pontos. O uso de letras maiúsculas ou minúsculas não é o convencional. Uma página diz "Luminescência..." e nada mais. O livro alardeia sua própria incompletude, refletindo, na página, as hesitações e dúvidas da busca que ele descreve. A exemplo do que fizera em *Perto do coração selvagem*, Clarice alcança, em *Uma aprendizagem*, "essa harmonia preciosa e precisa entre a expressão e o fundo".

Como todas as obras de Clarice, *Uma aprendizagem* tem um forte elemento autobiográfico, embora, ao contrário de *G. H.*, não seja escrito em primeira pessoa. Mas o "eu" está escondido logo abaixo da superfície. Clarice transformou longas passagens publicadas no *Jornal do Brasil* nessa ficção, muitas vezes fazendo pouco mais do que trocar o "eu" por "ela". Em 18 de maio de 1968, por exemplo, escreveu no jornal: "Amanhã provavelmente terei alguma alegria, também sem grandes êxtases, e isto também não é mau. É, mas não estou gostando muito deste pacto com a mediocridade de viver". Em *Uma aprendizagem*, isso virou "No dia seguinte provavelmente teria alguma alegria, também sem grandes êxtases, só um pouco de alegria, e isto também não era mau. Era assim que ela tentava compactuar com a mediocridade de viver".[12]

A palavra "Clarice" estava escondida dentro de "Lucrécia", e a primeira e as duas últimas letras de "Lispector" espreitam do interior do estranho e improvável nome da protagonista, Lóri, abreviação de Loreley, que sugere um nome oculto: "Faz de conta que estava deitada na palma transparente da mão de Deus, não Lóri mas o seu nome secreto que ela por enquanto não podia usufruir".[13]

Lóri é uma professora sem filhos que vive sozinha, mas à parte isso ela e Clarice têm muita coisa em comum. A exemplo de Clarice, Lóri passou longos períodos no exterior, particularmente em Paris e Berna. Seu rosto é comparado ao da Esfinge: "Decifra-me ou te devoro". Sua maquiagem é um pouco exagerada. Ela sofre de uma angústia social paralisante: "Pareceu-lhe que as torturas de uma pessoa tímida jamais tinham sido completamente descritas — no táxi que rolava ela morria um pouco".[14] Ela toma remédios para dormir; consulta cartomantes; sua mãe está morta.

Seu amante em potencial é Ulisses, um professor de filosofia. Embora alguns críticos suponham que o nome remeta a Homero ou a Joyce, Clarice declarou que Ulisses era "um professor de filosofia que conheci na Suíça".[15] É o reaparecimento do misterioso Ulysses Girsoler, que ficou tão apaixonado pela jovem Clarice que teve de se mudar para outra cidade. Será que *Uma aprendizagem* mascara o arrependimento de Clarice por não ter agarrado aquela chance de amar? Será que ela se perguntava se aquele teria sido um amor mais feliz do que os que ela teve por Lúcio Cardoso, Maury Gurgel Valente e Paulo Mendes Campos? Na Suíça ela era casada, mas Ulysses esteve sempre em seu pensamento, mesmo décadas depois de ela ter deixado Berna. Ela deu seu nome àquele personagem, e alguns anos depois batizou também seu cachorro de Ulisses.

Essa figura aborreceu alguns leitores. Até mesmo Fernando Sabino, que se confessou "atordoado" pelo livro — "Eu não mereço mais ser seu leitor. Você foi longe demais para mim" —, se sentiu desconcertado. "Quem é esse homem? Que é que ele está dizendo? Por que tão pedante e professoral? Qual é o problema dele?"[16]

Ulisses tomou para si a tarefa de educar Lóri para o amor. Ele tem de fato um tom bastante afetado, como o de Girsoler no teste de Rorschach que escreveu para Clarice. Ele fala por parábolas e teses com um ar de sabe-tudo, o que, ao lado da frequente meiguice de mulherzinha de Lóri, desconcertou as leitoras feministas de Clarice: "Este meu senso didático, que é uma vontade de transmitir, eu também tenho em relação a você, Lóri, se bem que você seja a pior de meus alunos".[17] No entanto Clarice deve ter se sentido compreendida por Girsoler, que faz uma descrição de seu caráter bastante acurada, até mesmo premonitória, apesar da linguagem enfadonha. Também Lóri sente que Ulisses, embora em tom "pedante e professoral", a compreende. Eles se encontram numa esquina, onde ela espera por um táxi, e ele a deseja. Mas a noção que ela tem do amor é pura e absoluta, diferente da dimensão humana dele.

> Através de seus graves defeitos — que um dia ela talvez pudesse mencionar sem se vangloriar — é que chegara agora a poder amar. Até aquela glorificação: ela amava o Nada. A consciência de sua permanente queda humana a levava ao amor ao Nada.[18]

Ao longo do livro, esse amor filosófico puro gradualmente dá lugar a uma comunhão mais humana, emocional e, finalmente, carnal. Com paciência, Ulisses treina Lóri para o supremo encontro sexual dos dois numa corte que, como sessões de terapia, toma a forma de encontros agendados, os quais Lóri pode cancelar ou não. Como um terapeuta, Ulisses não se ofende nem se surpreende com os caprichos dela, tentando pacientemente despertá-la para as maravilhas do mundo.

> — Mas nas suas viagens é impossível que você nunca tenha estado entre laranjeiras, sol, e flores com abelhas. Não só o frio escuro mas também o resto?
> — Não, disse sombria. Essas coisas não são para mim. Sou mulher de cidade grande.
> — Em primeiro lugar, Campos não é o que se chama de cidade grande. E depois essas coisas, como símbolo, são para todo o mundo. É porque você não aprendeu a tê-las.
> — E isso se aprende? Laranjeiras, sol e abelhas nas flores?
> — Aprende-se quando já não se tem como guia forte a natureza de si próprio. Lóri, Lóri, ouça: pode-se aprender tudo, inclusive a amar! E o mais estranho, Lóri, pode-se aprender a ter alegria![19]

O ceticismo de Lóri diante disso é compreensível. Mas, embora às vezes cancele seus encontros e faça pequenos jogos com Ulisses, ela nunca despreza ou zomba dos seus conselhos, tão desesperada que está para se libertar de sua solidão e reingressar no mundo humano. O "guia forte" de sua própria natureza falhou com ela, levando-a apenas ao isolamento:

> Seus conselhos. Mas existe um grande, o maior obstáculo para eu ir adiante: eu mesma. Tenho sido a maior dificuldade no meu caminho. É com enorme esforço que consigo me sobrepor a mim mesma. [...] Sou um monte intransponível no meu próprio caminho. Mas às vezes por uma palavra tua ou por uma palavra lida, de repente tudo se esclarece.[20]

Seria um equívoco ver o desejo de Lóri de se submeter a ele primordialmente em termos da relação entre homem e mulher, embora o livro levante a questão ("Era uma liberdade que ele lhe oferecia. No entanto ela preferiria que ele mandasse nela, que marcasse dia e hora."). Isso não é uma pose coquete. Ela precisa de ajuda, e sente que em Ulisses tem um aliado: "Lóri suportava a luta porque Ulisses, na luta com ela, não era seu adversário: lutava por ela".[21]

Desde a morte da mãe, a consciência de Clarice de sua própria inadequação e fracasso tinha sido um dos aspectos mais fortes de seu caráter. "Quando falo em *humildade*", ela escreveu em outubro de 1969, "não me refiro à humildade no sentido cristão (como ideal a poder ser alcançado ou não); refiro-me à humildade que vem da plena consciência de ser realmente incapaz."[22]

Num eco irônico de *A paixão segundo G. H.*, Ulisses diz a Lóri: "Sua boca, como eu já lhe disse, é de paixão. É através da boca que você passará a comer o mundo". Em *Uma aprendizagem*, não menos do que em *G. H.*, a heroína faz contato com o mundo oralmente. Esse é um dos temas favoritos de Clarice. Lóri ensina a seus alunos algo que lembra as descobertas de Virgínia. "Queria que eles soubessem [...] que o sabor de uma fruta está no contato da fruta com o paladar e não na fruta mesmo".[23]

Comer leva ao sexo, a *comer*. A redenção de Lóri começa quando ela morde uma maçã — ao contrário de uma barata, este é um alimento permitido para uma pessoa — e culmina quando ela finalmente vai para a cama com Ulisses.

A Queda que a maçã de Lóri desencadeia não se parece nem um pouco com o horror com que G. H. se defronta no quarto da empregada, quando, no isolamento supremo, todas as qualidades humanas se liquefazem. Lóri deixa a perfeição divina daquele estado e cai em sua humanidade, um estado de graça, "leve, tão leve", que para Lóri significa profundo prazer em si mesma e no mundo.

"Quem é capaz de sofrer intensamente também pode ser capaz de intensa alegria", dissera-lhe Ulisses, e nesse estado ela descobre "uma bem-aventurança física que a nada se comparava. O corpo se transformava num dom. E ela sentia que era um dom porque estava experimentando, de uma fonte direta, a dádiva indubitável de existir materialmente". O estado de graça de G. H. a torna menos humana; o de Lóri a torna mais:

> Havia experimentado alguma coisa que parecia redimir a condição humana, embora ao mesmo tempo ficassem acentuados os estreitos limites dessa condição. E exatamente porque depois da graça a condição humana se revelava na sua pobreza implorante, aprendia-se a amar mais, a esperar mais. Passava-se a ter uma espécie de confiança no sofrimento e em seus caminhos tantas vezes intoleráveis.[24]

* * *

À medida que Lóri se torna mais humana, ela também é tentada a humanizar Deus. Pela primeira vez Clarice deixa uma personagem investir Deus de atributos humanos, como quando Lóri reza para "o Deus": "Alivia minha alma, faze com que eu sinta que Tua mão está dada à minha".[25] A mão lembra a mão que G. H. Inventou para acompanhá-la enquanto contava o que aconteceu no quarto da empregada. Lembra também o que Clarice mencionou em suas anotações não publicadas: "Quero que alguém segure minha mão (Era assim que Papai, quando eu estava sentindo dor, me ajudava a suportar)".

Será que Clarice começava a pensar em Deus como uma confortadora figura paterna? Certamente não. Mas o desejo de se submeter a uma presença condutora superior anima *Uma aprendizagem*. Ulisses é tanto pai ou terapeuta como amante. Lóri precisa de alguém acima dela, de algum tipo de mediação entre ela e "um Deus tão vasto que ele era o mundo com suas galáxias".[26] Tendo abandonado a religião de sua infância, determinada a buscar força e orientação apenas em si mesma, ela se sente exaurida por essa independência conquistada a tão duras penas, "cansada do esforço de animal libertado".

Em sua completa renúncia, Lóri chega a se equiparar ao mais famoso dos deuses humanizados: "Cristo foi Cristo para os outros, mas quem? Quem fora um Cristo para o Cristo?". Amar a "vastidão impessoal" de Deus "e sem querer senão que Ele existisse" não basta para uma pessoa que requer amparo urgente e imediato. Mas a mentira consoladora de um deus na forma do Cristo é impossível para Lóri, que "rejeitava violentamente um Deus a quem não se pudesse apelar. Mas não queria também apelar: estava perdida e confusa".[27]

É digna de nota a raridade com que, na obra de Clarice, o sexo tem algum conteúdo emocional, algum sentido além do puramente animal: Joana e Martim, entre outros, encaram-no como uma satisfação física, nunca como um remédio para o seu isolamento emocional. Por meio do sexo, Lóri aprende a ficar emocionalmente íntima de outro ser humano, sem renunciar a sua condição física animal. A resposta de Lóri vem quando ela enfim vai para a cama com Ulisses, num dos raros finais felizes de Clarice Lispector.

A união física de duas pessoas é uma solução perfeita para a solidão até então irremediável de Lóri. "Depois que Ulisses fora dela, ser humana parecia-lhe agora a mais acertada forma de ser um animal vivo." Nos dois parágrafos finais do livro, que termina com um sinal de dois-pontos, Lóri abandona a busca por um deus humanizado. Em seu lugar ela encontra um humano deificado:[28]

>Meu amor, você não acredita no Deus porque nós erramos ao humanizá-lo. Nós O humanizamos porque não O entendemos, então não deu certo. Tenho certeza de que Ele não é humano. Mas embora não sendo humano, no entanto, Ele às vezes nos diviniza. Você pensa que —
>— Eu penso, interrompeu o homem e sua voz estava lenta e abafada, porque ele estava sofrendo de vida e de amor, eu penso o seguinte:

35. Monstro sagrado

Para azar de Clarice, encontrar soluções para problemas reais no mundo real era ainda mais difícil do que encontrar soluções em seus livros. A resposta de Lóri para o isolamento se revelou tão teórica quanto a de G. H. Com o corpo queimado e a dificuldade em se relacionar com pessoas fora da sua escrita, Clarice ainda lutava para descobrir o "jeito de ser gente".

Suas dificuldades com o filho doente, Pedro, tinham se tornado mais agudas. Ele estava com quase 21 anos quando *Uma aprendizagem* foi lançado, era um homem, e à medida que ficava mais velho a esquizofrenia se enraizava mais fundo. Durante a primeira metade de 1969, Paulo fez intercâmbio estudantil em Warsaw, no estado americano de Indiana, e as cartas de Clarice para ele oferecem raros relances da condição de Pedro. Ele desenvolvera subitamente, por exemplo, medo de ir ao cinema. Em junho ela precisou interná-lo numa clínica:

> Ele foi e ainda está lá mas parece que sai no dia 30 desse mês. Está bem melhor. Eu o visito bastante. Hoje, que é domingo, fui levá-lo a almoçar [...]. Não fique impressionado: é um sanatório confortável, com bar onde se come sanduíches e se tomam refrigerantes.[1]

O efeito de tudo isso não era nada animador. Ela escreveu a Paulo que Pedro não estava nada bem, e isso acabava com sua alegria. Sua própria saúde, frágil desde o acidente, se ressentia. "Hoje tive uma verdadeira crise histérica e Pedro ao ver isso disse: vou telefonar para papai. Seu pai não adivinha nem de longe o que se passa aqui."[2]

Maury sabia, obviamente, o que estava acontecendo. Fazia dez anos que ele e Pedro não viviam sob o mesmo teto, mas os rapazes visitavam o pai com frequência, e a condição de Pedro era evidente até mesmo para observadores eventuais. Ainda assim, Clarice costumava evitar o doloroso assunto.

Mesmo uma pessoa que estivesse em muito melhor forma do que Clarice teria passado apuros para lidar com um filho tão problemático. "Hoje Pedro foi almoçar com teu pai, felizmente. Eu estava ficando literalmente doente com o Pedro nesses últimos dias, pois ele agora fica em pé ou me seguindo e dizendo literalmente sem parar: mãe, mãe, mãe."[3]

A despeito de tudo isso, Clarice não desistiu de Pedro. Conforme escreveu a Paulo: "A esperança é a última que morre".[4] Um manuscrito que ela redigiu cerca de um ano depois sugere que suas esperanças com relação a Pedro ainda estavam vivas:

> A loucura dos criadores é diferente da loucura dos que estão mentalmente doentes. Estes — entre outros motivos que ignoro — erraram no caminho da procura. São casos para o compreensivo e duro médico inteligente — enquanto os criadores se realizam com o próprio ato de loucura. Conheço um "ele" que se curará em breve.[5]

Na época em que estava escrevendo *Uma aprendizagem*, Clarice encontrou sua própria figura paterna, embora sua relação com ela carecesse do componente sexual que levou Lóri à harmonia com o mundo. Por alguma razão, a análise com a alemã Catarina Kemper não durou, e ela se tornou paciente de um psiquiatra judeu chamado Jacob David Azulay. Avistava-se com Azulay cinco vezes por semana, durante uma hora, "sem atrasar ou faltar uma sessão sequer", ao longo de um total de seis anos.[6]

Durante esses encontros, lembrava Azulay, Clarice jogava com sua própria escrita, "citava trechos, e ia construindo seus livros durante as sessões". Ele passou para o papel algumas das frases dela, que de fato parecem frases de seus livros. "Não sou nada", disse ela, por exemplo. "Me sinto como aquelas lagartas de anéis, com uma carapaça. Agora perdi a carapaça. O nome dessa carapaça é Clarice Lispector."

Tinha, como Azulay não pôde deixar de perceber, um "enorme déficit materno e paterno".

> Ela era um diamante bruto, selvagem. Não tinha método. Clarice aconteceu como uma erupção vulcânica. Aquela meninazinha que veio lá de baixo... Foi como se um vulcão explodisse e ela tivesse vindo junto! Ela tinha aspectos tão infantis. Ela tinha medo, um respeito pelas irmãs de "maninha caçula". [...] Acho que ela não se permitia ir ainda mais além em sua escrita, em coisas eróticas por exemplo, por conta de um superego muito grande. Acho que suas irmãs, principalmente, funcionavam como um superego muito ostensivo.

Clarice sempre fora muito ligada às irmãs, especialmente Tania, de quem era mais próxima em termos de idade. Elisa, no entanto, talvez se surpreendesse ao saber quanto respeito — e até mesmo, ao que parece, reverência — Clarice tinha por ela. No final dos anos 1960, Elisa era, ela própria, uma escritora consolidada. Em 1962, com o incentivo de Clarice, entrara num concurso patrocinado pelo editor José Olympio, e o romance que ela inscreveu, *O muro de pedras*, ganhou o primeiro prêmio, entre 119 concorrentes. O livro mais tarde foi também distinguido com um prêmio da Academia Brasileira de Letras.[7] Em 1965 foi publicado *O dia mais longo de Thereza*.[8]

Elisa tinha uma reputação muito respeitável, embora carecesse do gênio de sua irmã caçula e, consequentemente, nunca tenha obtido fama semelhante. Tinha a dolorosa consciência da sua inferioridade, o que só reforçava a autoimagem que permeia tão brutalmente todos os seus escritos: a de uma mulher solitária, desimportante, sem amor, completamente só. "Já ouvi dizer", escreveu, em suas memórias de Clarice, "que quando uma pessoa não é amada por gente, nem sequer por um bicho, um gato, por exemplo, ou um cão, ela se torna seca e dura. Pois aos poucos me fui transformando numa mulher de palha."[9]

Sua solidão era, até certo ponto, autoimposta. Muitas pessoas gostavam de Elisa. Uma amiga, a romancista Maria Alice Barroso, recordava que Elisa evitava discutir questões pessoais, preferindo falar sobre literatura. Telefonava a Maria Alice com frequência, mas quando se tratava de encontros cara a cara tendia a ficar retraída. "Ela *cultivava* aquela solidão", disse Maria Alice. "Era preciso forçá-la a aceitar os convites. Sempre dizia que não estava se sentindo bem. Era pessimista." Ainda assim, Maria Alice sabia que sua amizade era importante para Elisa e que seu retraimento se devia à timidez e à insegurança, e não à misantropia.

A lembrança de Azulay do "enorme déficit materno e paterno" de Clarice e de seu respeito, e até temor, por suas irmãs mais velhas, é interessante sob essa luz. Apesar da veneração quase religiosa de Clarice por Tania e Elisa, o leitor do livro de Elisa sobre Clarice não pode evitar a impressão de que uma parte dela se sentia distante, inferior e não amada pela irmã caçula. E Elisa notava em Clarice as mesmas características — a inalcançabilidade, a insociabilidade — que outras pessoas viam na própria Elisa.

Os horrores da infância as apartaram do mundo dos outros, e os pogroms da Podólia lançavam uma longa sombra, mesmo depois de meio século. Antes de qualquer coisa, havia nelas uma terrível dificuldade de se relacionarem com outras pessoas. "Sobreviver significa não saber o que fazer consigo mesmo", Elisa escrevera certa vez, o que remete à pungente declaração de Clarice, numa carta da Suíça às irmãs: "Não há um *verdadeiro* lugar para se viver. Tudo é terra dos outros, onde os outros estão contentes".

As cartas trocadas por elas nos anos em que Clarice esteve fora sugerem que foi Elisa — a quem Clarice chamava de Leinha, diminutivo de seu nome hebraico, Leia — que se afastou da irmã caçula. A depressão não era rara em Clarice, claro, mas em suas cartas às irmãs ela, com a mesma frequência, mostrava-se exacerbadamente amorosa e entusiástica. A tremenda insegurança de Elisa pode ser avaliada pelas respostas de Clarice a ela. "Mas, querida, por que você está tão pessimista?", ela perguntava de Roma, já em 1945.

> Minha Elisinha, eu sofro em ver você assim, sofro em ver você dizer coisas contra você mesma, você me humilha com isso, me faz sofrer. Até para dizer que o artigo da Leda não lhe agrada, você como se escusa. Uma droga de artigo, vazio e pretensioso. E dizer a propósito da lava [que Clarice lhe enviara do Vesúvio], "sinto tanto + quanto eu não estou em condições de responder a tantas gentilezas". Mas, querida, você parece que sofre com o amor que lhe dão.[10]

Em fevereiro de 1947 Clarice se queixava a Tania:

> As cartas de Elisa para mim são cada vez menores e com menos coisas dentro. E quando ela diz alguma coisa, acrescenta em geral, como na carta mais recente: "Afinal você dirá que não tem nada com isso". Como se fosse possível eu não ter nada com as coisas de vocês.[11]

Mais tarde, no mesmo ano, ainda em Berna, Clarice deu a Tania alguns conselhos sobre a exaustão que ela estava sofrendo e tornou explícita a conexão entre os problemas das irmãs e seus primeiros anos de vida. Tania parecia esgotada pelas preocupações com sua filha Márcia.

> Ouça, queridinha, você talvez esteja procurando compensar o fato de termos a impressão de que não fizemos tudo o que podíamos em relação a mamãe. O que eu disse é que você de algum modo estava querendo se sacrificar — e é a mesma coisa que acontece, em outro terreno, com Elisa. Note bem, querida, você agora quer cumprir mil deveres e dedicar-se terrivelmente à casa e a Marcinha, para compensar, não só a ideia de que anteriormente não cumpriu seus deveres, como para compensar o fato de que nós, em pequenas, não recebemos, por circunstâncias, todos os cuidados de que precisávamos.[12]

Quando Clarice estava morando nos Estados Unidos Tania foi visitá-la, e em 1956 uma visita de Elisa era tão iminente que Clarice chegou a escrever:

> Elisa, querida, estamos todos ansiosos pela sua chegada, até procuro não pensar para não ficar muito *excited*. Paulinho ficou com ciúme. Quando eu disse que você vinha, ele ficou muito contente. Mas eu acrescentei: ela é minha irmã. Ele, depois de uma pausa, disse: não diz isso senão eu choro. Acho que ele quer tia, mas que não tenha nada a ver comigo.[13]

Por algum motivo a viagem foi adiada várias vezes e acabou não acontecendo.

Diferentemente do que ocorria com Elisa, no entanto, que vivia sozinha e nunca se casou nem teve filhos, a solidão de Clarice não se devia à falta de companhia. Como notou Theresa Walcacer durante seu trabalho de quatro meses, Clarice estava rodeada de gente. Havia seus dois filhos, antes de mais nada. E como todos os brasileiros de classe média alta, Clarice tinha empregadas que moravam em sua casa. Apesar de suas constantes queixas de pobreza, ela dispunha de uma verdadeira legião. Tornou-se próxima de muitas delas, que aparecem com destaque em seus escritos, da ausente empregada negra de G. H. às mulheres que ela descrevia em suas cartas e anedotas jornalísticas:

> A cozinheira é Jandira. Mas esta é forte. Tão forte que é vidente. Uma de minhas irmãs estava visitando-me. Jandira entrou na sala, olhou sério para ela e subitamente disse: "A viagem que a senhora pretende fazer vai se realizar, e a senhora está atravessando um período muito feliz na vida". E saiu da sala. Minha irmã olhou para mim, espantada. Um pouco encabulada, fiz um gesto com as mãos que significava que eu nada podia fazer, ao mesmo tempo que explicava "É que ela é vidente". Minha irmã respondeu tranquila "Bom. Cada um tem a empregada que merece".[14]

Outra presença em sua casa era Siléa Marchi, que, por causa de sua experiência em enfermagem, tinha sido contratada para ajudar Clarice depois do acidente e ficaria com ela até sua morte. Siléa era a companhia para todas as situações que Clarice requeria e que Theresa Walcacer não podia ser. Siléa dormia na casa de segunda a sexta-feira e estava disponível para levar Clarice ao médico e para ajudá-la com Pedro, bem como para fazer compras e tudo o mais que fosse necessário.

No final de 1970 o lar ganhou mais um membro, Olga Borelli, que se tornaria a figura-chave dos últimos anos da vida de Clarice e cuja incansável dedicação e afinidade intelectual facilitaram a criação das grandes últimas obras de Clarice. A escritora, com seu "enorme déficit materno e paterno", encontrou em Olga a última de suas figuras maternas, e Olga, que não tinha filhos e parecia ter passado grande parte da vida em busca de uma missão caridosa, encontrou em Clarice um projeto digno de sua colossal devoção.

Olga foi uma das muitas pessoas que, comovidas por seus escritos, procuraram Clarice naqueles anos. Numa de suas colunas de jornal Clarice mencionou sua perplexidade diante das efusões de afeto que recebia. "Vou telefonar para Elsie [Lessa], que faz crônica há mais tempo do que eu, para lhe perguntar que faço dos telefonemas maravilhosos que recebo, das rosas pungentes de tanta beleza que me oferecem, das cartas simples e profundas que me mandam."[15]

Enquanto lia *A paixão segundo G. H.*, Olga viu na televisão uma breve aparição da escritora. Teve a estranha sensação de que a conhecia havia anos e decidiu procurá-la. Telefonou para Clarice pedindo-lhe que participasse de uma campanha para arrecadar fundos para a Fundação Romão Duarte, onde Olga era voluntária. Por acaso, era o mesmo orfanato que Clarice visitara em 1941, bem no início da carreira jornalística, quando escreveu um longo texto sobre o aniversário de duzentos anos da instituição.[16] Três décadas depois ela voltaria lá para autografar seus dois livros infantis para os residentes do orfanato.

As duas mulheres tiveram então chance de conversar. "Seu porte", registrou Olga sobre esse primeiro encontro, "tinha algo da humildade de uma camponesa mesclada à altivez de uma rainha." Dois dias depois Olga recebeu uma convocação à casa de Clarice, onde a escritora lhe estendeu uma carta.

11-12-70. Olga, datilografo esta carta porque minha letra anda péssima.

Eu achei, sim, uma nova amiga. Mas você sai perdendo. Sou uma pessoa insegura, indecisa, sem rumo na vida, sem leme para me guiar: na verdade não sei o que fazer comigo. Sou uma pessoa muito medrosa. Tenho problemas reais gravíssimos que depois lhe contarei. E outros problemas, esses de personalidade. Você me quer como amiga mesmo assim? Se quer, não me diga que não lhe avisei. Não tenho qualidades, só tenho fragilidades. Mas às vezes (não repare na acentuação, quem acentua para mim é o tipógrafo) mas às vezes tenho esperança. A passagem da vida para a morte me assusta: é igual como passar do ódio, que tem um objetivo e é limitado, para o amor que é ilimitado. Quando eu morrer (modo de dizer) espero que você esteja perto. Você me pareceu uma pessoa de enorme sensibilidade, mas forte.

Você foi o meu melhor presente de aniversário. Porque no dia 10, quinta-feira, era meu aniversário e ganhei de você o Menino Jesus que parece uma criança alegre brincando no seu berço tosco. Apesar de, sem você saber, ter me dado um presente de aniversário, continuo achando que o meu presente de aniversário foi você mesma aparecer, numa hora difícil, de grande solidão.

Precisamos conversar. Acontece que eu achava que nada mais tinha jeito. Então vi um anúncio de uma água de colônia da Coty, chamada Imprevisto. O perfume é barato. Mas me serviu para me lembrar que o inesperado bom também acontece. E sempre que estou desanimada, ponho em mim o Imprevisto. Me dá sorte. Você, por exemplo, não era prevista. E eu imprevistamente aceitei a tarde de autógrafos.

Sua

Clarice[17]

Olga, que, por uma mágica coincidência, estaria de fato perto quando Clarice morreu, era uma filha de imigrantes italianos que tinha sido freira. Ela passou anos se entregando com tremenda energia e entusiasmo a vários empreendimentos de caridade, trabalhando com voluntários da Força de Paz, dando aulas de costura nas favelas, trabalhando como voluntária nos orfanatos, dando oficinas de comunicação e criando várias organizações que promoviam o teatro e a dança. Mas seu maior projeto, pode-se dizer mesmo seu legado, foi Clarice Lispector, a quem ela se dedicou completamente. Sua possessividade afastou muitos dos mais antigos amigos de Clarice, mas mesmo eles reconheciam que o compromisso irrestrito de Olga foi uma bênção para uma Clarice cada vez mais debilitada. Ela agia como uma espécie de embaixatriz entre a escritora e o mundo exterior. "Na época em que eu conheci a Clarice", relembrou Olga depois da morte da amiga, "percebi a grande solidão em que ela vivia como pessoa e como escritora na literatura brasileira. Foi como se eu dissesse ao mundo: olhem a pessoa maravilhosa que vocês não conheceram. Porque nessa época ela vivia numa disfunção social absoluta, absoluta. Ninguém procurava a Clarice, falava-se pouco de sua obra."[18]

Esse era o tipo de coisa que aborrecia muitos amigos e admiradores de Clarice, que não precisavam que Olga os lembrasse de Clarice Lispector "como pessoa e como escritora". Ela estava longe de esquecida pelo público e vivia rodeada de gente que se importava bastante com ela. Mas num sentido mais amplo Borelli tinha razão, é claro. Esses mesmos amigos atestam que Clarice tinha dificuldades cada vez maiores em funcionar de maneira normal e precisava desesperadamente de ajuda.

Por volta dessa época tornou-se cada vez mais comum referir-se a Clarice como um *monstre sacré*, uma pessoa cuja combinação de gênio e estranheza situava de algum modo fora da sociedade humana normal. O epíteto lhe desagradava terrivelmente. "De repente descubro que estou me tornando para eles [seus leitores] um monstro sagrado", disse a um entrevistador.[19] A outro, ela expressou seu "horror ao *monstre sacré*".[20]

> Uma das coisas que me deixam infeliz é essa história de monstro sagrado: os outros me temem à toa, e a gente termina se temendo a si própria. A verdade é que algumas pessoas criaram um mito em torno de mim, o que me atrapalha muito: afasta as pessoas e eu fico sozinha. Mas você sabe que sou de trato muito simples, mesmo que a alma seja complexa.[21]

No entanto, não há dúvida de que era assim que muitas pessoas a viam: estranha, misteriosa e difícil, um gênio místico incognoscível, muito acima, e fora, do grosso da humanidade. A reputação a isolou justamente no momento em que ela mais precisava de ajuda. "Cristo foi Cristo para os outros, mas quem? Quem fora um Cristo para o Cristo?", ela se perguntara em *Uma aprendizagem*. A ex-freira chegou justamente quando Clarice estava desesperada por um salvador.

36. A história dos instantes que fogem

Ao contrário de Lóri, Clarice não teria outro relacionamento sexual. Nos anos finais da sua vida, suas relações mais íntimas seriam ou filiais, como as que manteve com Jacob David Azulay e Olga Borelli, ou maternais. Como uma autêntica criança caçula, Clarice se aproveitou plenamente da incrível paciência de Olga. "Não é fácil ser amiga de pessoas muito centradas em si mesmas", declarou Olga.

> Clarice era deste tipo e portanto exigia e absorvia bastante todas as pessoas de quem gostava. Tinha grande dificuldade para dormir e inúmeras madrugadas telefonava-me para se dizer angustiada e tensa. Acho que jamais esquecerei uma época em que fui para Salvador dar um curso. Uma noite, ao chegar no hotel, recebi recado para lhe telefonar com a maior urgência. Sua voz ao telefone estava estranha: "Olga, estou tão aflita. Numa angústia enorme. Não sei o que pode acontecer comigo. Volte o mais breve que você puder". Cancelei tudo e vim encontrá-la no dia seguinte na hora do almoço rindo, bem-disposta. Sabe o que me disse? Que eu a levava muito a sério e que tinha apenas me precipitado ao voltar. É claro, fiquei chateadíssima, mas aprendi muito com a história.[1]

O livro de contos que Clarice publicou em 1971, *Felicidade clandestina*, reflete uma crescente preocupação com a infância. Quase todos os 25 textos do livro tinham aparecido em outros lugares, a maioria em *A Legião Estrangeira*, mas três exceções são instrutivas. O conto que dá título à coletânea relembra a menina vizinha no Recife cujo pai tinha uma livraria e que torturava a jovem Clarice com a promessa de um livro. "Restos do carnaval" é a história da menina fantasiada de rosa cujo carnaval foi arruinado por uma crise na saúde da mãe; em "Cem anos de perdão" Clarice recorda os furtos de rosas dos jardins dos endinheirados do Recife.

Muito de sua obra era autobiográfico, mas raras vezes sobre lembranças da infância no Recife. Ela quase nunca escrevera sobre si própria tão literalmente, preferindo esconder-se por trás de seus personagens ou no interior de suas alegorias. Quando aparecia, era nas colunas de jornal ou nos pequenos textos como os da segunda metade de *A Legião Estrangeira*.

Para o leitor, não importa muito se essas histórias são verdadeiras. Mas Clarice não se satisfazia com esse tipo de escrita autobiográfica. A inclusão de tantas anedotas pessoais, de tantos trechos tirados diretamente de suas colunas de jornal, talvez fosse uma das razões de sua professada insatisfação com *Uma aprendizagem*. Escrever, em especial sobre si mesma, sempre tinha sido um meio de aprender acerca do mundo além do eu, muito mais do que um fim meramente descritivo, ou mesmo memorialístico.

"Não vou ser autobiográfica. Quero ser 'bio'", escreveu Clarice no livro em que estava trabalhando na época em que conheceu Olga Borelli, *Água viva*. Num bilhete ela explicitou seu objetivo: "Tenho, Olga, que arranjar outra forma de escrever. Bem perto da verdade (qual?), mas não pessoal".[2] Esse era o problema com que ela vinha lutando desde que começara *Uma aprendizagem*, quando confessou aos amigos, e até ao cabeleireiro, que "não sabia mais escrever".

Em *Água viva* ela descobriria um meio de escrever sobre si mesma de um jeito que transformava sua experiência individual numa poesia universal. No conjunto de uma obra tão poderosa do ponto de vista emocional, tão inovadora na forma e tão radical filosoficamente, *Água viva* se destaca como um triunfo particularmente notável. As críticas refletem o mesmo assombro que Clarice provocara trinta anos antes, quando publicou *Perto do coração selvagem*. "Com essa ficção", escreveu um crítico que atacara *Uma aprendizagem*, "Clarice Lispector desperta a literatura produzida hoje no Brasil de uma deprimente e degradante letargia e a eleva a um plano de perenidade universal e perfeição."[3] O livro inspirou paixões. O cantor e compositor Cazuza, por exemplo, leu-o 111 vezes.[4]

Na forma em que acabou sendo publicado, *Água viva* é um livro curto, com menos de noventa páginas em corpo grande. Sua brevidade e sua aparente simplicidade mascaram vários anos de luta. Uma primeira versão, intitulada *Atrás do pensamento: Monólogo com a vida*, já estava completa em 12 de julho de 1971, quando Clarice conheceu Alexandrino Severino, um professor português da Vanderbilt University. Ela lhe deu uma cópia do manuscrito para tradução para o inglês, junto com instruções processuais específicas. Ele não devia alterar sequer uma vírgula.[5]

Ela ainda estava "enxugando o livro", segundo contou a Severino, antes de entregá-lo à editora. Esta era agora a Sabiá, que Rubem Braga e Fernando Sabino tinham fundado depois de se desentenderem com o sócio deles na Editora do Autor, e na qual eles já haviam publicado *Uma aprendizagem* e *Felicidade clandestina*. Mas um ano mais tarde, em junho de 1972, o livro ainda não tinha aparecido, e Severino escreveu para perguntar se ela ainda queria que ele prosseguisse com o trabalho.

Quando ela respondeu, o manuscrito tinha outro nome. "Quanto ao livro — eu o interrompi — porque achei que ele não estava chegando aonde eu queria chegar", escreveu. "Não posso publicá-lo como está. Ou não vou publicá-lo ou vou trabalhar nele. Talvez dentro de poucos meses eu trabalhe em *Objeto gritante*."[6]

O processo de "enxugamento", observou Severino quando enfim viu a nova versão, consistiu predominantemente em suprimir as referências biográficas muito explícitas. Mas *Objeto gritante*, com suas 185 páginas, era ainda mais longo do que *Atrás do pensamento* (que tinha 151). O manuscrito parece capturar uma voz cotidiana nada lapidada por recursos literários ou ficcionais.

Clarice se entrega a reminiscências de seus animais de estimação — o abandonado Dilermando de Nápoles faz uma aparição —, relacionando quase todos os bichos que possuiu ou sobre os quais escreveu. Como se não pudesse mais pensar em alguma outra coisa para escrever, ela desce a minúcias sobre suas flores favoritas. Uma delas a remete a suas origens, uma referência surpreendente por ser tão rara:

> O girassol é o grande filho do sol. Tanto que sabe virar sua enorme corola para o lado de quem o criou. Não importa se é pai ou mãe. Não sei. Será o girassol flor feminina ou masculina? Acho que é masculina. Mas uma coisa é certa: o girassol é ucraniano.[7]

Se às vezes o manuscrito é tão brilhante e inspirado quanto a obra madura de uma grande artista, em outras passagens é aborrecido e sem inspiração como uma conversa de comadres. Clarice com frequência alegava que era uma simples dona de casa, e nessa conversa informe e sem enredo, nesse *brainstorm* (ela usa a palavra inglesa) sem filtro em que ela datilografa toda e qualquer coisa que lhe venha à mente, é isso mesmo que parece.

Ela se queixa, por exemplo, de falta de dinheiro, outro tópico constante. "Já voltei. O dia continua muito bonito. Mas a vida está muito cara — digo isto por causa do preço que o homem pediu pelo conserto [do toca-discos]. Preciso trabalhar muito para ter as coisas que quero ou de que preciso." Ela se defende da mitologia criada a seu respeito: "Quero dizer que minha casa não é metafísica. Mal se perdoa comida malfeita. Vivo abrindo e fechando a bolsa para tirar dinheiro para comprar [...]. Além de comer conversamos muito sobre o que acontece no Brasil e no mundo. Conversamos sobre que roupa é adequada para determinadas ocasiões." E: "Eu também durmo, e como durmo. Quem me lê pensa que só vivo insone. Mas não é verdade. Durmo também."[8]

O tom direto e confessional de *Objeto gritante*, a sensação que ele passa da voz coloquial não filtrada de Clarice — ela volta e meia faz uma pausa para atender o telefone, acender um cigarro, tomar um copo d'água — pode distrair o leitor da realidade que é, também, uma ficção. Em *Atrás do pensamento* ela se dirige de modo abrupto ao leitor:

> Acontece o seguinte. Eu vinha escrevendo esse livro há anos, espalhados [sic] por crônicas de jornal, sem perceber, ignorante de mim que sou, que estava escrevendo o meu livro. Essa é a explicação para quem lê e me reconheça: porque já leu anteriormente em jornal. Gosto da verdade.[9]

Ela aparentemente não gostava tanto da verdade a ponto de se impedir de retocá-la no segundo rascunho. A crítica Lícia Manzo observa que *Objeto gritante* contém uma explanação nova e completamente contraditória:

> Este livro, por razões óbvias, ia se chamar *Atrás do pensamento*. Muitas páginas já foram publicadas. Apenas — na ocasião de publicá-las — não mencionei o fato de tais trechos terem sido extraídos de *Objeto gritante* ou *Atrás do pensamento*.[10]

Não importa muito se Clarice tomou seus artigos de jornal e os costurou num manuscrito ou se saqueou um manuscrito à cata de material para sua produção jornalística. No entanto as duas explicações conflitantes enfatizam que em *Objeto gritante* ela ainda está lutando corpo a corpo, e de modo um tanto culpado, com a ficcionalização.

Talvez a parte menos satisfatória de *Uma aprendizagem* seja o modo como Clarice extraiu vários nacos de suas colunas de jornal e os inseriu, muitas vezes sem mudanças, no romance. O processo poderia funcionar perfeitamente, mas às vezes os pedaços parecem não digeridos. Em *Objeto gritante* ela faz a mesma coisa. Uma coluna sobre seu amigo de infância Leopoldo Nachbin aparece, por exemplo, modificada apenas pela substituição de seu nome pelas palavras "um ele". O anonimato deliberado pertence a seu projeto de despersonalização da experiência pessoal, substituindo nomes próprios por pronomes menos específicos. Mas o esforço é hesitante. Ela ainda nomeia sua escola e sua cidade, o Recife. Talvez soubesse que essas reminiscências estavam fora de lugar, já que quase nenhuma chegou ao livro final. Nos esboços, as dúvidas quanto a como usar sua experiência pessoal levavam a repetidas meditações sobre o próprio processo criativo.

Ao longo de *Objeto gritante* ela tem consciência de estar fazendo algo completamente diferente, mas ainda não sabe o quê, nem como: "A que me levará minha liberdade? O que é isto que estou escrevendo? Que eu saiba nunca vi ninguém escrever deste modo". Tais observações são recorrentes no manuscrito. A consciência da novidade de sua invenção é por vezes excitante, por vezes assustadora, e num caso específico é seguida por uma indagação surpreendente:

> Quem terá inventado a cadeira? Alguém por amor de si próprio. Inventou então maior conforto para o corpo. Depois os séculos se seguiram e nunca mais nin-

guém prestou atenção a uma cadeira porque usá-la é questão apenas automática. É preciso coragem para fazer um "brainstorm": nunca se sabe o que pode vir e assustar-nos. O monstro sagrado morreu. Em seu lugar nasceu uma menina que era órfã de mãe.[11]

De todas as obras de Clarice Lispector, *Água viva* é a que dá a mais forte impressão de ter sido vertida no papel de maneira espontânea. No entanto, talvez nenhuma outra tenha sido composta com tanto esmero. Mesmo a exclamação aparentemente não lapidada sobre sua mãe reaparece em pelo menos dois outros livros, incluindo um artigo que ela mais tarde publicou sobre Brasília. Como ela escreve em *Objeto gritante*: "Arte não é pureza: é purificação. Arte não é liberdade: é libertação".[12]

Pela primeira vez em sua carreira, Clarice tinha ajuda no trabalho de "purificação". Ela sempre o fizera por conta própria: datilografou onze tormentosas versões do extenso *A maçã no escuro* e passou três anos revisando *A cidade sitiada*. Sua produção jornalística tinha sido editada ocasionalmente, mas ninguém jamais tocara em sua obra literária. Olga Borelli foi a primeira pessoa, incluindo Lúcio Cardoso e Fernando Sabino, a editar Clarice.
Leitora sensível e cultivada, com uma refinada percepção da linguagem, Olga se revelou ideal para a tarefa. Seu livro de memórias póstumas da amiga, *Clarice Lispector: Esboço para um possível retrato*, exibe seu talento literário para a concisão e a elegância.[13] Entre o vasto conjunto de reminiscências de Clarice por seus amigos, este é de longe o melhor, embora Olga, ao contrário de tantos deles, não fosse uma escritora profissional.
Haveria um dedo seu em todos os últimos trabalhos de Clarice, mas seu primeiro desafio foi ajudar a transformar o grumoso e caótico *Objeto gritante* no clássico *Água viva*. "Estruturar" um livro era a tarefa mais dura da escrita, queixava-se Clarice. À medida que ela ficava mais velha, editar a si própria ia ficando cada vez mais extenuante e ela precisava de um leitor compreensivo. "Ela não tinha coragem de estruturar esses manuscritos, esses fragmentos todos", recordava Olga.

> Um dia, vendo todo aquele material, eu disse: — Clarice, por que você não escreve? O livro está pronto. Ela disse: — Não, eu tenho muita preguiça, deixa pra lá.

Eu disse então: — Não, eu te ajudo. Foi aí que eu peguei o pique de estruturação e que eu tive coragem, depois, de me atrever a fazer os outros.[14]

Sem essa ajuda, *Água viva* talvez nunca chegasse a ser concluído. Clarice tinha sérias dúvidas sobre a obra. "Ela estava insegura e pediu a opinião de algumas pessoas", recordou Olga. "Com outros livros Clarice não mostrou a mesma insegurança. Com *Água viva* sim. Foi a única vez que vi Clarice hesitar antes de entregar um livro a um editor. Ela mesma disse isso."[15]

"Não sei por que você gostou do meu livro *Objeto gritante*", Clarice escreveu a Marly de Oliveira. "Pois, passado o primeiro ímpeto, fui reler e fiquei horrorizada. É tão ruim, tão ruim, que não vou publicá-lo, já o retirei da editora."[16] As delicadas intervenções de Olga podem ter salvado o livro, e com ele o novo tipo de escrita que Clarice estava desbravando.

Seu método editorial, disse Olga, era "respirar junto, é respirar junto".

Porque existe uma lógica na vida, nos acontecimentos, como existe num livro. Eles se sucedem, é tão fatal que seja assim. Porque se eu pegasse um fragmento e quisesse colocar mais adiante, eu não encontraria onde colocar. É como um quebra-cabeça. Eu pegava os fragmentos todos e ia juntando, guardava tudo num envelope. Era um pedaço de cheque, era um papel, um guardanapo [...]. Eu tenho algumas coisas em casa ainda, dela, e até com o cheiro do batom dela. Ela limpava o lábio e depois punha na bolsa [...] de repente, ela escrevia uma anotação. Depois de coletar todos estes fragmentos, comecei a perceber, comecei a numerar. Então, não é difícil estruturar Clarice, ou é infinitamente difícil, a não ser que você comungue com ela e já tenha o hábito da leitura.[17]

Na forma em que foi finalmente publicado, em agosto de 1973, o livro se chamou *Água viva*. O que as palavras do título sugerem em primeiro lugar, mais do que nascente ou uma fonte, é uma medusa marinha. Não era este último o sentido que Clarice pretendia — "Eu prefiro *Água viva*, coisa que borbulha. Na fonte" —,[18] mas, para uma obra sem enredo ou história, a sugestão de algo invertebrado e flutuante é especialmente adequada. Talvez fosse isso o que Olga Borelli tinha em mente quando comparou esse livro aos anteriores: "*A paixão segundo G. H.* tem uma espinha dorsal, não é?".[19]

Água viva não tem, e isso inicialmente deixou Clarice nervosa. "Esse livro, *Água viva*, eu passei três anos sem coragem de publicar achando que era ruim, porque não tinha história, porque não tinha trama."[20] A questão de o que exatamente ela estava escrevendo preocupava Clarice, e com bons motivos. "Este não é um livro porque não é assim que se escreve", ela anuncia no início.[21]

Não se parece, de fato, com coisa alguma escrita na época, no Brasil ou em qualquer outro lugar. Seus primos mais próximos são visuais ou musicais, semelhança que Clarice enfatiza transformando a narradora, uma escritora nas versões anteriores, numa pintora; na época, ela própria estava se aventurando na pintura. A epígrafe vem do artista belga Michel Seuphor:

> Tinha que existir uma pintura totalmente livre da dependência da figura — o objeto — que, como a música, não ilustra coisa alguma, não conta uma história e não lança um mito. Tal pintura contenta-se em evocar os reinos incomunicáveis do espírito, onde o sonho se torna pensamento, onde o traço se torna existência.

O título *Atrás do pensamento* se referia a esses "incomunicáveis reinos do espírito", o território inconsciente que ela pretendia simular e provocar. "Será que isto que estou te escrevendo é atrás do pensamento? Raciocínio é que não é. Quem for capaz de parar de raciocinar — o que é terrivelmente difícil — que me acompanhe."[22]

Ela escreve não a partir da mente, mas dos ouvidos, nervos e olhos: "Vejo palavras. O que falo é puro presente e este livro é uma linha reta no espaço".[23]

> Este texto que te dou não é para ser visto de perto: ganha sua secreta redondez antes invisível quando é visto de um avião em alto voo.[24]
>
> Isto não é história porque não conheço história assim, mas só sei ir dizendo e fazendo: é história de instantes que fogem como os trilhos fugitivos que se veem da janela do trem.[25]

Clarice compara o livro a aromas ("O que estou fazendo ao te escrever? estou tentando fotografar o perfume"), a sabores ("Como reproduzir em palavras o gosto? O gosto é uno e as palavras são muitas") e ao tato, embora sua metáfora mais insistente seja de som: "Sei o que estou fazendo aqui: estou improvisando. Mas que mal tem isso? improviso como no jazz improvisam música, jazz em fúria, improviso diante da plateia". Isso é música abstrata, "uma melodia sem palavras": "A dissonância me é harmoniosa. A melodia por vezes me cansa. E também o chamado 'leit-motif'. Quero na música e no que te escrevo e no que te pinto, quero traços geométricos que se cruzam no ar e formam uma desarmonia que eu entendo. É puro it".[26]

O lustre, publicado quase três décadas antes, avançava com angustiante lentidão, uma tensão que crescia, uma página glacial após a outra, até momentos de clímax que, de tão inesperados, eram potentes como a crista de grandes ondas. Embora essenciais para a sua potência, os longos intervalos podiam também tornar o livro insuportável. Liberto dos limites da trama ou da narração, *Água viva* é todo ápice. "O que escrevo é um só clímax? Meus dias são um só clímax: vivo à beira."[27]

"*Água viva* eu acho que foi essa fragmentação do pensamento dela que se concretizou num livro", disse Olga Borelli. "Há vários momentos em *Água viva* em que eu sinto isso: dias de luz, dias sombrios, dias de descobertas, dias de grande felicidade, de clímax... Ela adorava viver em clímax, no clímax das coisas."[28]

A incansável revisão de Clarice dos fragmentos que compõem *Água viva* — cujos antecedentes às vezes remontam a *A Legião Estrangeira*, de nove anos antes —, a ação de encaixá-los, encontrando cada "clímax" dentro deles, buscando "o *é* da coisa",[29] tudo isso torna o livro peculiarmente hipnótico. A busca pelo "*é*" e pelo "*it*" não é, a rigor, novidade na sua obra, mas, quando despida dos recursos mediadores de trama e personagem, sua escrita ganha um empolgante caráter imediato.

Como Borelli percebeu, essa escrita "invertebrada" não é aleatória, e tampouco abstrata. Em vez disso, sua consistência pertence antes ao território do pensamento ou dos sonhos, no qual as ideias e imagens se conectam segundo uma lógica que pode não ser imediatamente evidente, mas que não obstante é real. Foi essa escrita que Clarice descreveu quando disse em *A Legião Estrangeira* que "em pintura como em música e literatura, tantas vezes o que chamam de abstrato me parece apenas o figurativo de uma realidade mais delicada e mais fácil, menos visível a olho nu".[30]

Quando *A cidade sitiada* apareceu, um crítico escreveu: "É um hermetismo que tem a consistência do hermetismo dos sonhos. Haja quem lhe encontre a chave". Em contraste com esse romance anterior, no entanto, o onírico *Água viva* não é nem um pouco hermético. Ele pode ser aberto em qualquer página, assim como uma pintura pode ser observada de qualquer ângulo, e pulsa com uma sensualidade que lhe dá um apelo emocional direto e inigualado:

> Vejo que nunca te disse como escuto música — apoio de leve a mão na eletrola e a mão vibra espraiando ondas pelo corpo todo: assim ouço a eletricidade da vibração, substrato último no domínio da realidade, e o mundo treme nas minhas mãos.[31]

A "realidade mais delicada e mais difícil" que Clarice capta não é o tempo perdido mas o tempo presente, "o instante-já". Sua faculdade de parar o tempo, que em si mesmo não tem começo ou fim, é o aspecto mais misterioso do livro.

> Agora é um instante
>   Já é outro agora.[32]

A forma pulsante, fragmentária, transmite a experiência real de estar vivo, movendo-se pelo tempo, melhor do que qualquer perspectiva construída artificialmente seria capaz. A narradora, e com ela o leitor, está atenta a cada instante que passa, e eletrizada pela triste beleza de seu inescapável destino: a morte, que se aproxima a cada tique-taque do relógio.

À medida que o tempo transcorre, a consciência dos instantes que passam assume a solenidade de um ritual religioso. O tempo pertence à força oculta que Clarice confere ao pronome neutro inglês "*it*", o impronunciável e incognoscível nome: "o Deus" ou, em outros lugares, "X". "A transcendência dentro de mim é o '*it*' vivo e mole e tem o pensamento que uma ostra tem. Será que a ostra quando arrancada de sua raiz sente ansiedade? Fica inquieta na sua vida sem olhos. Eu costumava pingar limão em cima da ostra viva e via com horror e fascínio ela contorcer-se toda. E eu estava comendo o it vivo. O it vivo é o Deus."[33] Mas ao lado da "vida sem olhos" que uma pessoa compartilha com uma ostra (e uma barata) existe um impulso religioso profundamente humano. À medida que a autora se aproxima de seu próprio desenlace, ela, "sou um descrente que profundamente quer se entregar", é dominada por um anseio pelo Deus que a abandonara, e a quem ela em resposta abandonara também.[34]

Mesmo para os descrentes há o instante do desespero que é divino: a ausência do Deus é um ato de religião. Neste mesmo instante estou pedindo ao Deus que me ajude. [...] O Deus tem que vir a mim já que não tenho ido a Ele. Que o Deus venha: por favor. [...] Sou inquieta e áspera e desesperançada. Embora amor dentro de mim eu tenha. Só que não sei usar amor. Às vezes me arranha como se fossem farpas. Se tanto amor dentro de mim recebi e no entanto continuo inquieta é porque preciso que o Deus venha. Venha antes que seja tarde demais.[35]

No final de *Uma aprendizagem* Clarice tinha escrito: "Embora não sendo humano, no entanto, Ele às vezes nos diviniza". A impressão dominante de *Água viva* não é do divino "*it*" mas da mulher com a mão no toca-discos, sentindo o substrato último do universo e irradiando seu próprio "*it*" para fora, o Deus que está dentro dela, o Deus que *é* ela: "Não estou brincando pois não sou um sinônimo", escreve ela. "Sou o próprio nome."[36]

37. Expurgada

Quando Clarice finalmente concluiu *Água viva*, Fernando Sabino e Rubem Braga não estavam mais no ramo editorial. Seus empreendimentos no setor tinham roubado muito tempo de sua própria escrita, e eles venderam a Sabiá ao prestigioso José Olympio. Por alguma razão, talvez porque ainda estivesse insegura quanto à recepção que *Água viva* teria, ela não encaminhou seus títulos anteriores a José Olympio, escolhendo em vez disso a Artenova, dirigida pelo poeta ocasional e produtor de cinema Álvaro Pacheco, que também trabalhava no *Jornal do Brasil*. Clarice o conhecera quando lhe telefonou para expressar sua admiração por um livro dele, de poesia. No início de 1973 Pacheco publicou uma antologia do material mais antigo dela, intitulada *A imitação da rosa*, logo seguida, em agosto, por *Água viva*.

Em setembro Clarice decidiu viajar de férias. Com exceção de visitas para conferências, incluindo a breve viagem ao Texas, ela não tinha férias de verdade desde 1959. Não que ela tivesse perdido o desejo de correr mundo. Olga Borelli registrou que Clarice atravessava "períodos de grande dinamismo: punha-se a fazer ginástica, exercitava-se numa bicicleta ergométrica, passava cremes no rosto, perfumava-se muito. Tomava suco de laranja, de melão ou de morango, dispensando os refrigerantes". E sonhava em viajar.

Ligava para agências de turismo, marcava entrevista, idealizava roteiros e devaneava dias e dias sobre os lugares que visitaria: contemplava paisagens, ouvia o zumbido dos insetos nas tardes ensolaradas do verão da Itália; ou ficava em êxtase, vendo a neve cair e transformar com tons violáceos o que antes tremulava no amarelo-ouro do outono europeu. Via elevar-se a fumaça das chaminés e ouvia a chuva cair pesadamente nos telhados e rolar nas pedras da rua. Caminhava delicadamente pelos floridos jardins de Rosengarten, na Suíça, a caminho do museu com obras de Paul Klee...

Tudo era tão real que, de repente, nada restava para ser visto ou vivido; sobrevinha-lhe uma inelutável preguiça ante a perspectiva de pôr seus sonhos em prática. Exausta, cancelava a viagem.[1]

Desta vez, Clarice realmente conseguiu entrar no avião. Ela não ia à Europa desde que visitara a Holanda com Alzira Vargas, em 1959, catorze anos antes. Ela e Olga embarcaram para uma viagem de um mês pelo continente, seguindo um itinerário sentimental que mostrava à sua nova amiga os lugares onde ela vivera quando jovem: Londres, Paris, Roma, Zurique, Lausanne e Berna.

O dia em que aterrissaram em Gatwick, 11 de setembro de 1973, foi um divisor de águas na história latino-americana e afetaria a vida de milhões de pessoas, incluindo a da própria Clarice. Enquanto ela voava sobre o Atlântico, um brutal golpe militar estava em curso em Santiago do Chile. Numa das mais veneráveis democracias do continente, o palácio presidencial foi bombardeado e o presidente Salvador Allende cometeu suicídio em seu gabinete. Quarenta e cinco mil pessoas foram presas e, com o ativo estímulo do governo Nixon, um brucutu pouco conhecido chamado Augusto Pinochet foi empossado como ditador militar.

Também o Brasil estava sofrendo sob uma tensa ditadura militar. Arthur da Costa e Silva tinha sido afastado do cargo depois de sofrer um derrame em agosto de 1969, e em seu lugar assumira o poder Emílio Garrastazu Médici, um general linha-dura que favoreceu a institucionalização da tortura e da censura. A tortura no Brasil se tornou um escândalo internacional, merecendo até mesmo uma inédita condenação papal em março de 1970.[2]

A censura atingiu cumes absurdos, talvez de modo mais emblemático em setembro de 1972, quando Filinto Müller, um político governista (e ex-chefe de polícia, antissemita, do governo Vargas), viu censurada sua declaração de que não havia censura no Brasil.³ Esse estado de coisas produziu manifestações memoráveis de jornalismo de protesto, a começar pela primeira página que Alberto Dines fizera no *Jornal do Brasil* em 1968, anunciando a imposição do AI-5. Para zombarem dos censores, os editores passaram a estampar, no lugar de matérias vetadas, anúncios classificados, receitas de bolo ou longos trechos da poesia de Camões.

Quando a notícia do golpe no Chile chegou ao Rio, os censores postados no *Jornal do Brasil* informaram Dines de que ele podia colocar a morte de Allende na primeira página com a condição de que não fosse a manchete. Atendendo à ordem, ele mandou fazer uma página sem manchetes nem fotos, informando o Brasil sobre o golpe em longas colunas de ininterrupta tinta preta.⁴

Isso não era o tipo da coisa que tornava o *JB*, então ainda o mais influente jornal do país, benquisto pelas autoridades militares. Na época da derrubada de Allende, o Brasil estava tenso pela expectativa das "eleições" que se aproximavam. Sob o regime, os presidentes eram escolhidos pelo Congresso, controlado pelos militares. O dono do *Jornal do Brasil*, Manuel Francisco do Nascimento Brito, opunha-se a Ernesto Geisel, general que estava entre os candidatos, e sua opinião era conhecida nas altas-rodas. Nos conchavos políticos que levaram à indicação de Geisel, Nascimento Brito apostou no cavalo errado.

Geisel, do Rio Grande do Sul, era filho de um imigrante alemão, e o alemão tinha sido a língua de sua casa na infância. Geisel não era abertamente antissemita e não tinha sido integralista, mas havia alguns elementos em sua biografia que deixavam os judeus de cenho franzido, tais como seu alinhamento de juventude com o general Álcio Souto, ativo simpatizante nazista.⁵ Segundo registros, ele descreveu o professor Eugênio Gudin (que não era judeu) como "este patife do Gudin, que é um salafra, é um judeu sem-vergonha".⁶ Diferentemente do que ocorria com muitos elementos das Forças Armadas brasileiras, que reverenciavam a bravura marcial de Israel, não há nenhum indício de que ele tivesse disposição favorável aos judeus.

A Guerra do Yom Kipur, em outubro de 1973, influenciou o pensamento de Geisel, como fez com tantos outros. Ela irrompeu pouco mais de um mês depois da publicação de *Água viva* e da "eleição" de Geisel. Como diretor da

Petrobras, Geisel já tinha fortes conexões no mundo árabe; o Brasil ainda não era autossuficiente em energia.[7] A guerra e o novo governo ensejaram uma revolução na política externa brasileira; o país cujo embaixador presidira a votação das Nações Unidas pela criação do Estado de Israel agora lançava seu apoio diplomático às nações árabes.

O *Jornal do Brasil*, refletindo a orientação tradicional de política externa do Brasil, sempre fora pró-judaico e sionista. Nascimento Brito, seu rico e influente proprietário, era um admirador de Israel; chegara a mandar seu filho para um kibutz em sua primeira viagem para o exterior. Mas negócios eram negócios, e sua indiscreta oposição a Geisel criou a necessidade de um gesto de aproximação ao novo grupo dirigente. Como Samuel Wainer, entre outros, tinha aprendido, o regime militar poderia tornar muito difícil a vida para um magnata da imprensa não cooperativo.

A solução que ele via pela frente era bastante clara: demitir os judeus. Que esse gesto fosse capaz de ter efeito sobre Geisel é sugerido pelo restante do comentário deste sobre o "patife" Eugênio Gudin: "*O Globo* abre suas páginas todos os dias para Gudin escrever seus disparates". *O Globo* era o principal concorrente do *Jornal do Brasil* no Rio, e um indício do desagrado de Geisel pelo "judeu sem-vergonha" em suas páginas talvez tenha chegado aos ouvidos de Nascimento Brito, sugerindo-lhe uma oportunidade.

Em dezembro Clarice ouviu um rumor de que seria dispensada pelo jornal no final do ano. Em pânico, telefonou para Alberto Dines e Álvaro Pacheco, que ficaram no apartamento dela a maior parte da noite, garantindo que não havia nada a temer, pois se tratava de um mal-entendido. Na manhã seguinte, Alberto Dines, ao acordar, leu a notícia de sua demissão na primeira página de seu próprio jornal.[8]

A razão alegada foi "falta de disciplina", embora Dines tivesse dirigido o jornal durante anos e nunca tivesse ouvido uma queixa semelhante. Não foi tudo de uma vez; a "gente dele" foi dispensada uma a uma. "Eu tinha tido o cuidado de não chamar judeus demais, para não ser acusado de favoritismo. E os que contratei eram da mais alta qualidade. Ninguém poderia dizer que Clarice Lispector não merecia estar ali", disse Dines. "O jornal terminou *Judenrein*.* Mas eles fizeram a coisa de modo cauteloso o bastante para não dar

---

* *Judenrein*: limpo de judeus, no vocabulário do Holocausto. [N. T.]

imediatamente na vista. Nunca disseram isso, mas o resultado era bastante claro. Tipicamente brasileiro."[9] Nenhum dos góis que ele havia contratado foi despedido.

Em 2 de janeiro de 1974 Clarice recebeu um envelope com suas colunas ainda não publicadas e uma carta seca, "sem nem agradecer [a ela] os serviços prestados durante sete anos".[10] Indignada, ela constituiu um advogado, mas Dines diria que, apesar do insulto e do sério estrago que a perda do emprego representava para sua renda, ela estava secretamente orgulhosa por ter sido despedida. Não obstante seu destaque nas manifestações de 1968, era a primeira vez na vida que ela enfrentava problemas por ser "política", ainda que nada em suas colunas se relacionasse diretamente, é claro, com a tensa política do país. Clarice sempre desejara "pertencer" e agora, pela primeira vez, pertencia à crescente oposição a uma ditadura que ela desprezava.

Sua demissão foi também uma tácita bofetada no rosto do cartunista Henfil. Em *O Pasquim*, que, apesar de seu conteúdo relativamente (e necessariamente) anódino, tornou-se um símbolo de resistência à ditadura, Henfil vinha mandando brasileiros proeminentes que ele julgava insuficientemente "engajados" para o que ele chamava de "Cemitério dos Mortos-Vivos". No início de 1972 ele enterrou Clarice Lispector. O ataque ocasionou protestos, inclusive da própria escritora. Na edição seguinte Henfil desenhou uma irritada e histérica Clarice, "uma simples escritora cercada de flores, pássaros, gente, a beleza da vida...".

Ela terminou no cemitério, escreveu Henfil, porque era a reencarnação de Pôncio Pilatos. Ele a desenhou dentro de uma redoma, lavando as mãos, cercada de pássaros e flores, enquanto Cristo era crucificado.[11] Clarice se sentiu ofendida pelo ataque grosseiro e não provocado, que se completava com a pecha antissemita original, a de colaboração com a crucificação de Cristo. Em público tudo o que ela disse foi: "Se eu topasse com o Henfil a única coisa que eu lhe diria é: ouça, quando você escrever a meu respeito, é Clarice com *c*, não com dois *s*, está bem?".[12]

Agora ela era uma nova vítima inequívoca da ditadura, e Alberto Dines achava que ela também gostava de "pertencer" a uma identidade judaica que ela raramente discutia com os góis. Essa identidade não era desprovida de angústias, financeiras e pessoais. Durante a Guerra do Yom Kipur ela telefonou para uma amiga de ascendência libanesa e perguntou-lhe à queima-roupa se gostaria menos dela, Clarice, se soubesse que ela era judia. A amiga e sua mãe garantiram que isso não fazia diferença alguma para elas e que ela seria sempre bem-vinda para as refeições árabes que sempre desfrutava na casa delas.[13]

"Clarice não gostava de rótulos", diz Dines. "Mas naquela época estávamos conversando sobre os motivos judeus na sua obra e ela me perguntou se eles eram óbvios. Eu disse que ela era como Kafka, cuja literatura é muito judaica embora ele nunca lide com o judaísmo enquanto tal. E ela gostou da comparação."[14]

38. Batuba jantiram lecoli?

Mais uma fase da vida de Clarice, iniciada mais ou menos na mesma época em que começou a escrever para o *Jornal do Brasil*, terminou em 1973, quando seu psicanalista, Jacob David Azulay, sugeriu que suspendessem a terapia. Ao longo de seis anos ela tivera de quatro a cinco sessões semanais com o dr. Azulay. "Eu estava esgotado", Azulay disse a uma entrevistadora. "Clarice me exauriu mais que todos os meus clientes juntos. Os resultados eram mínimos. Eu estava muito cansado com ela e ela comigo. O esforço que eu fazia com ela e ela comigo era muito grande para o pouco que a gente colhia."[1]

Clarice rogou a ele que não a abandonasse, e então ele lhe sugeriu que tentasse análise de grupo. Isso logo fracassou; todos os pacientes de Azulay queriam estar no grupo da famosa escritora, e ela não conseguiu se adaptar.[2] Azulay explicou:

> Ela era uma figura fantástica, uma mulher generosíssima, mas mesmo assim não era fácil conviver com ela. Era uma pessoa com uma carga de ansiedade que poucas vezes eu vi na vida. É muito difícil conviver com alguém assim. "Full time" autocentrada, não porque ela quisesse, por vaidade, era dificuldade mesmo, de se conectar. Ela não se desligava e, quando sua ansiedade se acendia, a coisa atingia

níveis avassaladores, e ela não tinha paz, não se aquietava. Viver era para ela, nessa medida, um tormento. Ela não se aguentava. E as pessoas também não aguentavam. Eu mesmo, como analista, não aguentei.[3]

O psicanalista ficou espantado ao saber quantos tranquilizantes e antidepressivos Clarice estava tomando. Ele próprio não os receitara, consciente do que ocorrera alguns anos antes, quando ela caiu no sono com um cigarro na mão. Outro médico, ou provavelmente vários, forneciam-lhe o que ela queria.

Quando ela me disse que tomava aquela quantidade de coisas eu simplesmente não acreditei. Eu disse: "Clarice, eu não aceito isso, traga para eu ver". Ela trouxe, era verdade. Pois ela ingeria aquela quantidade cavalar de medicamentos e ainda assim, muitas vezes, não dormia.[4]

Fracassada a análise, e a análise em grupo tendo apenas atraído turistas, o dr. Azulay ofereceu a Clarice, aterrorizada com a perspectiva do abandono, uma alternativa. Ela poderia vê-lo uma vez por semana, não como paciente, mas como amiga, e ele tentaria fazer o que pudesse por ela.

Eu acho que essa foi a fase em que eu mais servi a ela. Foi quando eu pensei: eu não vou mais ser analista, vou ser conselheiro, confidente, preceptor. A Clarice era muito ingênua, e as pessoas enrolavam ela com muita frequência. Com seus direitos autorais, por exemplo, sempre foi assim. E ela não tinha um pai, uma mãe, alguém que a orientasse nesse sentido. Eu gostava muito dela e resolvi ser essa pessoa.[5]

Em 1973 Pedro, então com 25 anos, mudou-se para Montevidéu, onde Maury era embaixador junto à Associação Latino-Americana de Livre Comércio. Ele pleiteara esse cargo em parte porque Montevidéu era o posto estrangeiro mais próximo do Rio, e ali ele poderia exercer um papel mais ativo na vida dos filhos crescidos, como sempre desejara. Isso era especialmente fundamental para Pedro, cuja enfermidade era um fardo que Clarice não podia mais carregar sozinha. Isabel Gurgel Valente, a linda e aristocrática segunda esposa de Maury, tornou-se uma aliada inesperada na luta para cuidar de Pedro.

Isabel se interessava por psicologia — mais tarde preparou-se para o exercício da psicanálise — e cuidou muito bem de Pedro. Clarice sentia uma terrível culpa por sua inabilidade em lidar com Pedro, mas depois de todos aqueles longos anos de tentativas ela não tinha mais forças para enfrentar a incurável esquizofrenia do rapaz. Para uma mulher que desejara tão ardentemente ser mãe, e que afirmara com orgulho: "Não tenho dúvida de que como mãe sou mais importante do que como escritora", isso doía como uma derrota particularmente amarga.[6]

Talvez tenha sido essa derrota que levou Clarice a buscar crianças a quem pudesse servir de mãe com mais êxito e a entregar-se, ela mesma, a um papel infantil. Clarice vinha se retirando cada vez mais do mundo adulto, enquanto Olga Borelli assumia o papel materno e Jacob David Azulay, o paterno. À medida que se aproximava do fim da vida, suas lembranças de um tempo mais feliz, a infância, assomavam à consciência com crescente insistência. Num esboço de *Água viva* ela escreveu:

> Estou agora em corda bamba por não estar escrevendo direito. É porque estou escondendo uma coisa. Contarei: comprei uma boneca para mim. Para dormir comigo. Não tenho senão um pouco de vergonha. Mas em menina eu queria tanto uma boneca bonita. Só tinha aquelas pequenas e feitas de trapos. Recheadas de macela ou palha. Eu tinha tanto amor para dar. E agora o meu amor foi tão grande que se tornou compulsivo. Ela é linda. Já a beijei e abracei. Durmo agarrada com ela. Eu animo os objetos. Ela fecha os olhos azuis quando fica em estado horizontal. Só não herdou meus cabelos que são macios de fazer aflição: os dela são brilhantes e ásperos. Chama-se Laura. E estou tendo menina — pois só tive filho homem. É tão doce. Dei agora Laura para uma menina pobre porque queria ver uma menina feliz.[7]

Na forma da boneca, ela estava quase literalmente se agarrando à sua infância. O desejo de redescobrir o espírito rebelde que ela descrevera de maneira memorável em *Perto do coração selvagem* aparece em outra cena de *Objeto gritante* que também não chegou ao livro definitivo:

> Eu compro roupa pronta mas quis mandar fazer um vestido preto de jersey. Recebi-o em casa e esperava uma obra-prima. Estava era horrível. De cólera rasguei

com as duas mãos o vestido todo. Quem assistia disse: mas ainda tinha jeito de consertar! A temperamentalzinha. Mas me senti tão bem depois disto. Tão saciada enfim que compreendi que devo voltar de vez em quando ao estado selvagem. Procuro o estado animal. E toda vez que caio nele estou sendo eu. E como é bom fazer o que se quer sem nem pensar antes.[8]

A cena lembra a ferocidade animal de Joana. Mas aquela menina selvagem estava dolorosamente esmorecendo, até mesmo morrendo. Em *Água viva* ela escreveu:

> Neste domingo de sol e de Júpiter estou sozinha em casa. Dobrei-me de repente em dois e para a frente como em profunda dor de parto — e vi que a menina em mim morria. Nunca esquecerei este domingo sangrento. Para cicatrizar levará tempo. E eis-me aqui dura e silenciosa e heroica. Sem menina dentro de mim.[9]

Para compensar essa perda, Clarice buscava a companhia de crianças,[10] e seu impulso maternal agora se estendia à precoce filha de nove anos do dr. Azulay, Andréa. Azulay mostrara a Clarice alguns escritos da filha, e Clarice ficou instantaneamente fascinada por uma inteligência e uma inocência que devem tê-la feito lembrar de si mesma. Escreveu uma carta a Andréa:

> À bela princesa Andréa de Azulay,
> [...] Você precisa saber que já é uma escritora. Mas nem ligue, faça de conta que nem é. Eu lhe desejo que você seja conhecida e admirada só por um grupo delicado embora grande de pessoas espalhadas pelo mundo. Desejo-lhe que nunca atinja a cruel popularidade porque esta é ruim e invade a intimidade sagrada do coração da gente. Escreva sobre ovo que dá certo. Dá certo também escrever sobre estrela. E sobre a quentura que os bichos dão à gente. Cerque-se da proteção divina e humana, tenha sempre pai e mãe — escreva o que quiser sem ligar para ninguém. Você me entendeu?
> Um beijo nas suas mãos de princesa.
> Clarice.[11]

Como tantos artistas que ela estimava, Paul Klee, por exemplo, Clarice admirava e até invejava a felicidade espontânea e o desembaraço natural da expressão infantil. Como havia provado sua experiência ao criar *Água viva*, esse tipo de escrita era terrivelmente difícil, até mesmo — ou especialmente — para uma artista madura que passara anos aperfeiçoando sua linguagem. "Que ninguém se engane", ela escreveu mais tarde, "só consigo a simplicidade através de muito trabalho."[12]

Essa simplicidade vinha naturalmente para uma criança, que nada tinha do refinamento autoconsciente do artista adulto. Para Clarice, colhida no "naufrágio da introspecção", a falta de autoconsciência linguística de Andréa sugeria uma inocência perdida, uma última chance de fazer reviver os anos alegres e inocentes em que ainda tinha pai e mãe. Em 1975, encantada por sua "filha espiritual", Clarice publicou uma pequena edição dos contos de Andréa, como o seguinte:

> Numa noite de luar aconteceu perto do mar uma coisa difícil de contar. Eu estava sentada num banco, perto da praia. O frio era pouco, mas as ondas como leques chamavam o vento para juntos dançarem uma dança desconhecida. O mar estava cinzento como o céu.
> Ele ficou azul verde e, não parou de mudar de cor. Depois a maré foi subindo, subindo... E depois foi baixando, baixando...
> E tudo parou. A lua começou a apagar e ficou escuro.
> Fui dormir e sonhei com tudo que aconteceu perto do mar.[13]

Em suas cartas, Clarice mandava à menina frases feitas para usar em seus contos. Também confidenciava muitos de seus medos, contando-lhe, por exemplo, um pesadelo: tinha saído do Brasil e, ao voltar, descobriu que seu nome tinha sido roubado. A julgar pela correspondência entre as duas, parece que Clarice imaginava a futura carreira literária de Andréa de modo tão cabal quanto imaginava o zumbido dos insetos nas tardes de verão italianas de todas aquelas viagens que ela nunca chegou a realizar, fornecendo a uma Andréa presumivelmente perplexa todo tipo de conselho prático sobre sua carreira. A menina de nove anos devia "não abusar de vírgulas", "ter sempre uma simples humildade tanto na vida quanto na literatura" e "procure escrever em prosa, até mesmo prosa poética, porque ninguém edita comercialmente livro de poesias".[14]

Andréa, que acabaria se tornando advogada, apegou-se muito a Clarice e sofreu quando a amiga mais velha, aparentemente passando por uma fase difícil, desapareceu por um tempo. "Por que você não escreve?", perguntou a garota. "Por que disfarça a voz quando telefona para falar com papai?"[15] Clarice ainda era dependente do pai de Andréa, mas sua relação com a menina se tornou uma das mais íntimas da sua vida. As duas frequentemente comiam juntas, e certa vez Clarice a levou para comprar um cachorrinho.[16]

Um cachorrinho era um presente particularmente apropriado para Andréa. Clarice era atraída tanto pelos animais como por crianças, e de modos similares; em seus escritos, como muitas vezes são indissociáveis. Onde ela escreve sobre uma criança, ou para crianças, sempre escreve sobre um animal também. Suas próprias recordações de infância são inseparáveis das lembranças dos animais — cães, gatos, galinhas — que a rodeavam no Recife. A conexão era tão automática que o capítulo de abertura de seu primeiro livro, *Perto do coração selvagem*, é uma lembrança de Joana quando menina, brincando com as galinhas no quintal. Todos os livros infantis que escreveu mais tarde tinham a ver com animais. À medida que ficava mais velha e cada vez mais nostálgica da infância, sua ligação com os animais foi se fortalecendo, e eles passaram a desempenhar um papel cada vez mais importante em sua escrita.

Um bicho em particular agora se tornava tão próximo de Clarice quanto Andréa Azulay: seu cão Ulisses. A excentricidade desse vira-lata lhe deu uma reputação tão extraordinária quanto a de sua dona, que escreveu sobre ele em vários livros e até compôs um livro inteiro narrado por ele, uma história infantil chamada *Quase de verdade*.[17] Nesse livro, Ulisses se apresenta dizendo: "Sou um pouco malcriado, não obedeço sempre, gosto de fazer o que eu quero, faço xixi na sala de Clarice".

No final dos anos 1960, o diretor Luiz Carlos Lacerda, cujo primeiro amor, a exemplo do que ocorrera com Clarice, tinha sido Lúcio Cardoso, trabalhou com ela num roteiro baseado em "O ovo e a galinha". Ao chegar ao apartamento da escritora para discutir o projeto, que nunca se materializou, ele se sentou num sofá diante de uma parede repleta de retratos da dona da casa, uma intimidadora constelação de olhos amendoados a encará-lo.

Clarice entrou na cozinha e ele acendeu um cigarro, pousando-o num cinzeiro quando ela voltou para a sala. Quando foi apanhar o cigarro de novo, ele tinha sumido. Perplexo, ele pensou: é verdade o que dizem, a mulher é mesmo uma bruxa. Desconcertado, acendeu outro cigarro, mas depois de alguns minutos este também desapareceu. Agora totalmente espantado, olhou em volta e viu Ulisses, o cão, cuspindo as bitucas.

Em 1974, uma mulher que foi entrevistar Clarice (para o mesmo *O Pasquim*, em que Henfil a atacara) ficou aturdida com o cachorro, "que engolia loucamente todos os tocos de cigarro, às vezes ainda meio acesos, que os entrevistadores deixavam no cinzeiro... Ela calmamente o deixava fazer o que quisesse".[18] Ulisses fazia parte de seu retorno à infância, e à maternidade. Ela contou a uma entrevistadora:

> Comprei Ulisses quando meus filhos cresceram e seguiram seus caminhos. Eu precisava amar uma criatura viva que me fizesse companhia. Ulisses é um mestiço, o que lhe garante uma vida mais longa e uma inteligência maior. É um cachorro muito especial. Fuma cigarros, toma uísque e Coca-Cola. É um pouco neurótico.[19]

Ulisses era um amigo para Clarice, é claro, e o amor dela por animais e crianças era um amor por sua inocência e ternura. Eles absorviam avidamente o amor que, quando dirigido a adultos, trouxera a ela tantas decepções. Ao contrário de Clarice, que afundava cada vez mais no "naufrágio da introspecção", os animais eram invejavelmente simples. "Que inveja eu tenho de você, Ulisses, porque você só fica sendo."[20]

Em todos os escritos de Clarice, o animal, em especial o cavalo, era um ideal metafísico, uma união de "impressão e expressão". As galinhas que botavam ovos estavam intimamente conectadas com o mistério do nascimento. E, a exemplo de crianças como Andréa Azulay, os animais tinham uma relação especial com a linguagem. Bichos e crianças, particularmente bebês, falavam uma linguagem que não era feita de palavras com significados, das quais Clarice sempre desconfiou, mas de puro som.

Clarice tinha muitos nomes para seu cão Ulisses: "Vicissitude", "Pitulcha", "Pornósio". O nome de seu filho, Pedro, podia ser bastante comum, mas quando ele tinha apenas uns poucos meses de vida sua mãe já o enfeitara espetacularmente, conforme escreveu a Elisa e Tania:

Euríalo (é o novo nome de Juquinha) já está recebendo carinhos em nome de vocês. Vou logo informando os nomes dele: Juquinha, Euríalo, Júbilo, Pinacoteca, Vivaldi, Evandro etc. Ele atende por qualquer desses nomes. Ele também atende por qualquer outro nome, tão burrinho ele é.[21]

Esse processo de nomeação lembra um velho hábito de Clarice: quando menina, no Recife, ela costumava dar nomes a todos os azulejos do banheiro; e quando Joana aparece pela primeira vez, como criança, já estabeleceu um vínculo inconsciente entre uma linguagem oculta e o mundo dos animais, como no diálogo de *Perto do coração selvagem*:

— Papai, inventei uma poesia.
— Como é o nome?
— Eu e o sol. — Sem esperar muito recitou: — "As galinhas que estão no quintal já comeram duas minhocas mas eu não vi".[22]

Não é por acaso que "O ovo e a galinha" tenha um tema animal e seja escrito numa linguagem que é quase toda, mas não completamente, de nonsense. Outro grande conto, "Seco estudo de cavalos", também é abstrato e, da mesma forma, trata de animais. Em seu último livro, o incompleto *Um sopro de vida: Pulsações*, ela escreve:

Se eu pudesse descrever a vida interior de um cachorro eu teria atingido um cume. Ângela [a protagonista do livro] também quer entrar no ser-vivo de seu Ulisses. Fui eu que lhe transmiti esse amor por animais.
Ângela — Oh Deus, e eu que faço concorrência a mim mesma. Me detesto. Felizmente os outros gostam de mim. Eu e meu cachorro Ulisses somos vira-latas. [...]
Eu sei falar uma língua que só o meu cachorro, o prezado Ulisses, meu caro senhor, entende. É assim: dacoleba, tutiban, ziticoba, letuban. Joju leba, leba jan? Tutiban leba, lebajan. Atotoquina, zefiram. Jetobabe? Jetoban. Isso quer dizer uma coisa que nem o imperador da China entenderia.[23]

Ao longo de toda a vida de escritora Clarice se batera contra os limites da linguagem; aqui, abandonando a inteligibilidade, ela os rompe inteiramente, alcançando o ideal a que *Água viva* tinha aludido, quando ela mirou não a mente, mas os sentidos. Em outro fragmento, não publicado em *Um sopro de vida*, ela faz explicitamente a vinculação entre a linguagem sem sentido e aqueles territórios da vida que são impossíveis de definir e descrever: "Ângela — Batuba jantiram lecoli? adapiu quereba sulutria kalusia. Tenho prazer em falar assim: é uma linguagem que parece um orgasmo. Já que não entendo, entrego-me: tilibica samvico esfolerico mazuba! Sou água de cisterna linda".[24]

A "linguagem que parece um orgasmo" é, como o próprio orgasmo, tão fora do alcance da compreensão quanto as palavras "tilibica samvico esfolerico mazuba". Nessa linguagem, "impressão e expressão" estão unidas. Sem moral ou significado humano, essas palavras são os equivalentes linguísticos das entranhas da barata ou dos latidos de um cachorro; como música, eles não são nada senão som.

Como podia a linguagem, que por definição carrega sentido, alcançar uma pureza desprovida de sentido? A questão sempre intrigara Clarice Lispector. Em *Água viva*, ela desejara compor uma espécie de música de palavras, ou um livro que, como uma escultura abstrata, pudesse ser vista (e não lida) de um aeroplano. Em *Um sopro de vida* ela diz que quer escrever um livro que seja como uma dança, "movimento puro".[25]

O regozijo com as palavras sonoras e sem sentido perpassa a obra de Clarice Lispector. Perseu, em *A cidade sitiada*, o compartilha:

"Se alimentam de microvegetais fundamentais, de inusórios etc."
"Etc.!" repetiu brilhante, indomável.[26]

O estado-sem-linguagem é o que Ulisses, o cão, tem em comum com Martim: "Também ele puro, harmonioso, e também ele sem sentido".[27]

Ainda assim, a escrita de Clarice, mesmo em seu ponto mais abstrato, sempre tem um significado compreensível, uma gramática humana. Nada em sua obra se assemelha a "tilibica samvico esfolerico mazuba". Essas palavras trazem à mente as palavras sem sentido que os cabalistas criavam como um estímulo à meditação. Para o judeu místico, criar e contemplar combinações aleatórias de letras era um caminho para o conhecimento oculto, e até mesmo um meio de descobrir o próprio Nome Sagrado: aquela palavra que, por definição, não pode pertencer a nenhum idioma humano.

Mas, como os místicos também sabem, uma linguagem sem sentido é um perigo mortal. Clarice tinha consciência disso também. Ela mencionou com frequência, por exemplo em *A Legião Estrangeira*, seu receio de "ir longe demais" na sua escrita: "Retenho-me, como se retivesse as rédeas de um cavalo que poderia galopar e me levar Deus sabe aonde".[28]

Deus sabe aonde: não é casual que o manuscrito contendo aquele nonsense esteja incompleto e que não tenha sido publicado durante a vida da autora. Ainda mais do que a barata de *G. H.*, "tilibica samvico esfolerico mazuba" é o fim de uma busca, artística e espiritual, que Clarice Lispector iniciara décadas antes, em *Perto do coração selvagem*, quando ela quis encontrar "o símbolo da coisa na própria coisa".

Sons, formas e movimentos podem ser independentes do significado. Mas a linguagem, por definição, não pode. O Nome que está fora do alcance do sentido humano não pode ser pronunciado. "Eu escrevo por intermédio de palavras que ocultam outras — as verdadeiras. É que as verdadeiras não podem ser denominadas", ela escreveu.[29] E assim, se Clarice Lispector perseguiu uma divina ausência de sentido ao longo da vida, ela sabia, ao se aproximar do final dessa vida, que aquele balbucio sem sentido era o mais próximo que ela poderia chegar das "palavras verdadeiras".

Talvez a melhor solução tivesse sido parar de escrever. Ela cada vez mais perdia a esperança em sua "maldita profissão que não dá descanso".[30] Mas, porque precisava escrever, ela não podia dizer "Atotoquina zefiram". Sua própria definição de loucura, afinal de contas, era "perder a linguagem comum". Ela não estava brincando quando, em *Um sopro de vida*, escreveu: "E eu — só me resta latir para Deus".[31]

39. Galinha ao molho pardo

"Se eu pudesse descrever a vida interior de um cachorro eu teria atingido um cume", escreveu Clarice, e embora não tenha tentado descrever a linguagem sem sentido dos animais, ela ainda assim escreveu cada vez mais sobre animais para as crianças. Seu cachorro Ulisses é o protagonista de *Quase de verdade*, escrito em meados dos anos 1970 e publicado depois de sua morte. O livro é uma espécie de sátira da ficção "social" que estava sendo produzida por artistas às voltas com a censura e a ditadura.

Ulisses, o narrador, aventura-se no quintal de um vizinho e encontra galinhas oprimidas por uma retorcida figueira, aliada de uma bruxa que enganara as galinhas, fazendo-as crer que o sol nunca se põe. Isso faz com que os galos cacarejem até ficar roucos e exaure as galinhas, que botam ovos sem descanso. A figueira planeja vender os ovos e ficar milionária, até que as aves se revoltam. Vitoriosas, as galinhas reconquistam seu direito a dormir, cacarejar e botar ovos quando quiserem.

O livro tem um final mágico e feliz, como todos os livros de Clarice para crianças. Mas a melhor literatura infantil é assustadora, e num livro publicado em 1974, *A vida íntima de Laura*, dedicado, entre outros, a Andréa Azulay, ela não economiza no sangue. "Eu entendo uma galinha, perfeitamente. Quero dizer, a vida íntima de uma galinha, eu sei como é", ela disse certa vez.[1] Tinha crescido em meio a galinhas, evidentemente, e a galinha e o ovo formam um de seus temas centrais.

A heroína do livrinho é uma galinha chamada Laura, o mesmo nome que Clarice deu à boneca que, encabulada, confessou ter comprado em *Objeto gritante*. A vida íntima de Laura ("Vou logo explicando o que quer dizer 'vida íntima'. É assim: vida íntima quer dizer que a gente não deve contar a todo mundo o que se passa na casa da gente") não é especialmente complexa.[2] Ela é casada com um galo presunçoso chamado Luís, que tem uma noção exagerada de sua influência sobre o sol. E ela tem pavor da ideia de ser morta.

Como prolífica produtora de ovos, ela não corre risco imediato, ou assim foi levada a crer. Clarice conta algumas histórias simpáticas sobre Laura antes de informar abruptamente a seus jovens leitores:

> Existe um modo de comer galinha que se chama "galinha ao molho pardo". Você já comeu? O molho é feito com o sangue da galinha. Mas não adianta mandar comprar galinha morta: tem que ser viva e matada em casa para aproveitar o sangue. E isto eu não faço. Nada de matar galinha. Mas que é comida gostosa, é. A gente come com arroz branco e bem solto.[3]

Essa terrível receita fascinava Clarice. Ela é citada em *Objeto gritante*, e é tema de uma conversa em *Uma aprendizagem*:

> — Não sei mais se no restaurante da Floresta da Tijuca tem galinha ao molho pardo, bem pardo por causa do sangue espesso que eles lá sabem preparar. Quando penso no gosto voraz com que comemos o sangue alheio, dou-me conta de nossa truculência, disse Ulisses.
> — Eu também gosto, disse Lóri a meia voz. Logo eu que seria incapaz de matar uma galinha, gosto tanto delas vivas, mexendo o pescoço feio e procurando minhocas. Não era melhor, quando formos lá, comer outra coisa? perguntou meio a medo.
> — Claro que devemos comê-la, é preciso não esquecer e respeitar a violência que temos. As pequenas violências nos salvam das grandes. Quem sabe, se não comêssemos os bichos, comeríamos gente com o seu sangue. Nossa vida é truculenta, Loreley: nasce-se com sangue e com sangue corta-se para sempre

a possibilidade de união perfeita: o cordão umbilical. E muitos são os que morrem com sangue derramado por dentro e por fora. É preciso acreditar no sangue como parte importante da vida. A truculência é amor também.[4]

Laura, a galinha, é uma mãe orgulhosa, e as referências à crueldade do mundo e ao cordão umbilical no trecho de *Uma aprendizagem* sugerem que Clarice, aqui como em tantos outros lugares, estava pensando no destino de sua mãe e, cada vez mais, no seu próprio. Apesar das garantias do contrário, o mesmo lúgubre destino paira sobre uma Laura que envelhece e se torna menos produtiva.

A cozinheira disse para Dona Luísa apontando para Laura:
— Esta galinha já não está botando muito ovo e está ficando velha. Antes que pegue alguma doença ou morra de velhice a gente bem que podia fazer ela ao molho pardo.
— Essa aí não mato nunca, disse Dona Luísa.
Laura ouviu tudo e sentiu medo. Se ela pensasse, pensaria assim: é muito melhor morrer sendo útil e gostosa para uma gente que sempre me tratou bem, essa gente por exemplo não me matou nenhuma vez. (A galinha é tão burra que não sabe que só se morre uma vez, ela pensa que todos os dias a gente morre uma vez.)

A escolha recai sobre sua prima de quarto grau, Zeferina, que naquela noite é servida numa bandeja de prata, "já toda em pedaços, alguns bem dourados", num molho feito com seu próprio sangue. Quando a morte parece estar se aproximando inevitavelmente, Clarice salva sua galinha com um dramático deus ex machina, um ser de um olho só, do tamanho de uma galinha, habitante do planeta Júpiter, chamado Xext, "pronuncia-se Equzequte". Ele a convida a fazer um desejo. "Ah, disse Laura, se meu destino for ser comida, eu queria ser comida por Pelé!'" Xext lhe garante que ela nunca será comida, e assim é. "Laura é bem vivinha", termina a história.

É difícil ler essa história e não pensar nos próprios contos da menina Clarice, a razão que a levou a se tornar escritora: em primeiro lugar, para salvar outra mulher ameaçada por uma morte incompreensível. Mas o humor negro da história e seu irônico desenlace extraterrestre pertencem a um adulto, e

Clarice, por mais que amasse Laura, não era uma criança sentimental. Ela não salvara sua mãe, e embora tenha salvado Laura nas páginas do livro, uma Laura real seria sacrificada em homenagem àquela que ela inventou.

"No dia em que saiu *A vida íntima de Laura*", recordava-se Olga Borelli, "fomos justamente comer uma galinha ao molho pardo, para comemorar. Deu-me então um exemplar com a dedicatória: 'A Olga, a Laurinha que comemos'".[5]

A vida íntima de Laura foi um dos três livros que Clarice publicou em 1974. Sua recém-descoberta fecundidade talvez tivesse um tanto a ver com uma situação financeira que tinha se deteriorado drasticamente desde que ela perdera o emprego no *Jornal do Brasil*. Dinheiro sempre fora uma preocupação para ela. Conforme explicou a um jornalista em 1971: "Preciso de dinheiro. A posição de mito não é muito confortável".[6] Seu grande sonho, de acordo com seu filho Paulo, era ficar rica e se dedicar inteiramente à literatura.[7]

Desde 1968 os jornais tinham sido sua principal fonte de renda, e, embora ainda recebesse sua pensão de Maury, não podia substituir com facilidade o dinheiro que cessou de entrar. Depois de trinta anos publicando seus livros, respeitados e algumas vezes bem vendidos, que tinham sido traduzidos em numerosos países, da Tchecoslováquia à Venezuela, ela não recebia quase nada por eles. Essa não era uma situação excepcional. Mesmo os mais importantes escritores do Brasil lutavam para sobreviver.

Numa entrevista coletiva com Clarice no final de 1976, seu amigo Affonso Romano de Sant'Anna observou: "Num país mais organizado, mais desenvolvido, uma escritora como você teria, por causa do que escreve, em decorrência, um nível de vida bastante tranquilo. Acho que a posição de Clarice reflete muito o problema do escritor brasileiro". Clarice expressou seu assombro de que pudesse ser de outra forma: "Um livro que faça sucesso de crítica nos Estados Unidos enriquece o escritor! Um livro!".[8]

Nessa época ela abordou vários amigos mais ricos, incluindo Marina Colasanti e Maria Bonomi, tentando vender-lhes alguns dos quadros de sua coleção. Clarice tinha sido retratada por muitos dos principais artistas brasileiros, e ainda possuía o valioso retrato feito por De Chirico. Maria Bonomi não quis tirar proveito da situação da amiga e na época não tinha condições de pagar o que seria um preço justo. Marina Colasanti disse que o assunto emergia de quando em quando: "Eu me lembro sempre de voltar à casa dela e os quadros ainda estarem lá. Acho que ela nunca precisou vendê-los efetivamente".[9]

Para tentar pagar as contas ela começou a traduzir obras do inglês e do francês, em geral para a Artenova, de Álvaro Pacheco. Para outra editora, adaptou clássicos para crianças, incluindo os contos de Edgar Allan Poe e *O retrato de Dorian Gray*, de Oscar Wilde. Traduziu também, provavelmente do inglês ou do francês, *Luzes acesas*, as memórias em iídiche de Bella Chagall, a primeira esposa de Marc Chagall. A história da infância da sra. Chagall em Vitebsk, hoje na Bielorrússia, deve ter reacendido lembranças das histórias que sua família lhe contava sobre seu próprio passado.

Clarice pode não ter escolhido todos os títulos que traduziu, mas tinha liberdade de escolha pelo menos em uma editora para que trabalhava,[10] e de todo modo é digna de nota a quantidade desses títulos que lidam com os mesmos temas de crime, pecado e violência, tão frequentes em sua própria obra: os contos de Poe, *O retrato de Dorian Gray*, dois romances de Agatha Christie e a *Entrevista com o vampiro*, de Anne Rice.[11] (Ela dissera que seu "ideal seria escrever alguma coisa que pelo menos no título lembrasse Agatha Christie".)[12]

Talvez a escolha de livros seja uma coincidência, mas o interesse de Clarice pelo crime não era simplesmente metafísico. "Apesar de incapaz de um ato de violência", escreveu Olga Borelli, "só assistia a filmes fortes. Os de crime exerciam atração muito grande sobre ela. [...] Apreciava o romance policial. Principalmente os de Georges Simenon."[13] Já em 1946, em Roma, ela escrevera a Elisa que ansiava voltar para o Brasil, onde elas poderiam assistir juntas a filmes de detetive.[14] Num conto publicado em 1974 ela citava Goethe: "Não há crime que não tenhamos cometido em pensamento".[15]

Seu trabalho como tradutora não foi notável, e ela parece ter se desincumbido de suas traduções nas horas vagas. "Trabalho depressa, intuitivamente", disse. "Às vezes consulto um dicionário, às vezes não."[16] Essa lassidão era particularmente suscitada pela ninharia que lhe pagavam. Álvaro Pacheco, que pagava os tradutores por página, lembrava-se do espetáculo patético da maior escritora do Brasil chegando à editora com umas poucas páginas de cada vez.

Isso não a incentivava a dar o melhor de si. Em 1976, uma das assistentes de Pacheco acabou com a tradução que Clarice fez de um livro francês. Entre outras falhas, estavam "frases inteiras omitidas", "palavras traduzidas por dedução, ou por proximidade de som com uma palavra brasileira", "modificação do significado das palavras e mesmo inversão do sentido das frases". Ela concluía com arrogância: "Acho que você foi ajudada nessa tradução por alguém que não levou o trabalho muito a sério".[17]

A nostalgia de Clarice pela infância talvez tenha se intensificado nessa época porque ela própria estava envelhecendo. O incêndio, além de lhe custar a beleza majestosa que lhe deu fama, tornara-a fisicamente frágil. Seu vício no cigarro e nos remédios controlados a debilitara. Tinha apenas 54 anos quando publicou a coletânea de contos *Onde estivestes de noite*, em 1974. Mas a tristeza pelo envelhecimento lança uma sombra sobre esse livro, no qual pela primeira vez ela escrevia sobre a melancolia e o desamparo de envelhecer.

Nesses textos breves, a ardente inquisidora Clarice Lispector, a mulher cuja assombrosa ambição não recuara ante o conflito direto com Deus e o universo, já não busca, como fizera apenas cinco anos antes, em *Uma aprendizagem*, "se humanizar". A própria vida a tinha submetido e domesticado, e *Onde estivestes de noite* não tem nada da rebeldia de *Perto do coração selvagem*, do rebuscamento de *A cidade sitiada*, das heroicas alegorias de *A maçã no escuro* ou da glória mística de *G. H.*

A autora de *Onde estivestes de noite* se recolheu de suas alturas himalaianas anteriores, e sua linguagem reflete uma nova modéstia. O livro é curto, dezessete histórias em cerca de cem páginas. Seu forte e direto apelo emocional é típico de seus últimos livros. Por meio de suas personagens — avatares dela mesma, tão tenuemente ficcionalizadas como sempre — ela está fazendo outra pergunta, tão básica que é irrespondível: o que uma pessoa pode fazer consigo mesma?

As donas de casa de *Laços de família*, lutando para equilibrar as demandas da família e do casamento, deram lugar a mulheres que estão lutando para encontrar um lugar para si próprias, agora que o marido e os filhos partiram. O título do primeiro conto, "A procura de uma dignidade", refere-se à tentativa de encontrar uma nova vida para si mesma, uma vez superada sua utilidade como esposa e mãe.

Nesse conto, a sra. Jorge B. Xavier — que nem nome próprio tem — está a caminho de uma conferência: "A conferência era capaz de já ter começado. Ia perdê-la, ela que se forçava a não perder nada de *cultural* porque assim se mantinha jovem por dentro, já que até por fora ninguém adivinhava que tinha quase setenta anos, todos lhe davam uns 57".[18] No caminho, ela se vê aprisionada nas cavernosas entranhas do imenso estádio do Maracanã. É um dia inesperadamente quente, tão quente como um dia de verão, embora seja pleno inverno.

"Não haveria porta de saída?", ela pensa repetidas vezes, seu pânico aumentando. Até que um homem surge para ajudá-la, e ela se dá conta de que o encontro não era *no* estádio, mas nas proximidades. Não quer parecer louca para o homem que a ajuda a encontrar a saída, mas quando chega à rua e entra num táxi se lembra apenas de uma parte do nome da rua que está procurando. Quando ela e o paciente motorista conseguem encontrar o endereço, está exausta, sentindo-se burra e velha, e precisa se sentar.

A exemplo do que haviam feito o homem no estádio e o taxista, um conhecido que estivera na conferência cuida dela, conseguindo outro táxi para levá-la para casa.

É uma velha, incapaz de se virar por conta própria, sendo passada de um ajudante para outro. Mas o novo motorista de táxi não conhece o caminho para o bairro dela, e ela não é capaz de lhe explicar. As ruas, assim como os corredores do estádio, parecem um labirinto sem saída. O motorista pede ajuda a outro taxista que sabe o caminho e a entrega a ele.

Chegando em casa, ela se joga na cama, o corpo "anônimo como o de uma galinha", despertando para uma fantasia sexual com seu ídolo Roberto Carlos.

> Então a senhora pensou o seguinte: na minha vida nunca houve um clímax como nas histórias que se leem. O clímax era Roberto Carlos. [...] Ali estava, presa ao desejo fora de estação assim como o dia de verão em pleno inverno. Presa no emaranhado dos corredores do Maracanã. Presa ao segredo mortal das velhas. Só que ela não estava habituada a ter quase setenta anos, faltava-lhe prática e não tinha a menor experiência.

Mas ela vê seu corpo velho e enfraquecido: "Seus lábios levemente pintados ainda seriam beijáveis? Ou por acaso era nojento beijar boca de velha?". "Foi então que a Sra. Jorge B. Xavier bruscamente dobrou-se sobre a pia como se fosse vomitar as vísceras e interrompeu sua vida com uma mudez estraçalhante: tem! que! haver! uma! porta! de saííída!".[19]

* * *

"A partida do trem", o conto seguinte, também mostra uma mulher velha tentando em vão se rebelar contra a irrelevância que a idade lhe impôs. Como sugere sua longa fileira de nomes, a sra. Maria Rita Alvarenga Chagas Souza Melo é uma dama abastada, mas "chega-se a um certo ponto — e o que foi não importa". A exemplo da sra. Jorge B. Xavier, Maria Rita está em busca da dignidade:

> "Sou velha mas sou rica, mais rica que todos aqui no vagão. Sou rica, sou rica." Espiou o relógio, mais para ver a grossa placa de ouro do que para ver as horas. "Sou muito rica, não sou uma velha qualquer." Mas sabia, ah bem sabia que era uma velhinha qualquer, uma velhinha assustada pelas menores coisas.[20]

Ela se senta frente a frente com uma mulher mais jovem, Ângela Pralini, que acaba de deixar seu amante. Ângela observa Maria Rita enquanto pensa no homem que deixou, Eduardo, e, "olhando a velha dona Maria Rita, teve medo de envelhecer e morrer".[21]

Clarice nunca estava distante da superfície de suas ficções — Ângela Pralini, por exemplo, perdeu a mãe quando tinha nove anos e tem um cachorro chamado Ulisses — e nesse conto a irreprimível autora subitamente salta para o primeiro plano.

> A velha era anônima como uma galinha, como tinha dito uma tal de Clarice falando de uma velha despudorada, apaixonada por Roberto Carlos. Essa Clarice incomodava. Fazia a velha gritar: tem! que! haver! uma porta! de saííída! E tinha mesmo. Por exemplo, a porta de saída dessa velha era o marido que voltaria no dia seguinte, eram as pessoas conhecidas, era a sua empregada, era a prece intensa e frutífera diante do desespero. Ângela se disse como se se mordesse raivosamente: tem que haver uma porta de saída. Tanto para mim como para dona Maria Rita.[22]

Num exemplar do livro que Clarice deu a Autran e Lucia Dourado, ela rabiscou, na caligrafia quase ilegível que era um legado de seu ferimento no incêndio: "Este livro não presta. Só admito 'A procura de uma dignidade', 'Seco estudo de cavalos' e 'A partida do trem'". "Seco estudo de cavalos" é um conjunto alucinatório, abstrato, de curtos poemas em prosa sobre cavalos que inclui também um rápido sumário estilizado de *A cidade sitiada*.

Muitos dos demais contos tinham sido publicados em outros lugares, mas a esses três contos que aprovava Clarice poderia também ter acrescentado o que dá título ao livro, "Onde estivestes de noite". Assim como em "A partida do trem", em que as vozes de Ângela e Maria Rita se alternam e comentam uma à outra, "Onde estivestes de noite" é uma série de vozes captadas ao acaso, ao longo de uma única noite. Nesse caleidoscópio de personagens, a própria autora está por perto: "Minha vida é um verdadeiro romance! gritava a escritora falida". O único personagem judeu nomeado como tal em toda a obra de Clarice também aparece, talvez uma lembrança ficcionalizada de seu pai: "'Sou Jesus! sou judeu!', gritava em silêncio o judeu pobre". Rezando a Deus, ele diz: "Livrai-me do orgulho de ser judeu!". Mas se o conto pranteia esse pobre homem e fala da "pessoa [que] vivia sem anestesia o horror de se estar vivo", ele também trai o leve toque e a graça sutil que os leitores raramente esperam, mas frequentemente encontram, na escrita de Clarice: "Max Ernst quando criança foi confundido com o Menino Jesus numa procissão. Depois provocava escândalos artísticos".[23]

Clarice combina esse espírito jocoso com a abstração de "O ovo e a galinha" no cintilante "O relatório da coisa", a coisa sendo um despertador chamado Sveglia:

> Eu passei cinco anos sem me gripar: isso é Sveglia. E quando me gripei durou três dias. Depois ficou uma tosse seca. Mas o médico me receitou antibiótico e curei-me. Antibiótico é Sveglia.
>
> Este é um relatório. Sveglia não admite conto ou romance o que quer que seja. Permite apenas transmissão. Mal admite que eu chame isto de relatório. Chamo de relatório do mistério. E faço o possível para fazer um relatório seco como champanha ultrasseco. Mas às vezes — me desculpem — fica molhado. Poderia eu falar em diamante em relação a Sveglia? Não, ele apenas é. E na verdade Sveglia não tem nome íntimo: conserva o anonimato. Aliás Deus não tem nome: conserva o anonimato perfeito: não há língua que pronuncie o seu nome verdadeiro.[24]

40. Pornografia

A exemplo da sra. Jorge B. Xavier e da sra. Maria Rita Alvarenga Chagas Souza Melo, Clarice Lispector, "a escritora falida", receava ter se tornado obsoleta, supérflua. Como relembrou Olga Borelli, ela literalmente não sabia o que fazer consigo mesma.

> Ela sempre dizia: "E agora?". Você imagina ser amiga de uma pessoa que, a todo instante, pergunta: "E agora?". Agora [...] lanchar, tomar um chá num tal restaurante — nós íamos no Méridien. Terminava de tomar o chá, pagava a conta, ela perguntava: "E agora?". E agora nós vamos para casa ver televisão. "E agora? E agora? E agora? E depois?" Era assim.[1]

Em meados dos anos 1970, a reputação de Clarice como gênio excêntrico, mais ou menos desajustada à vida social, atingira proporções legendárias. Autran Dourado e sua esposa Lúcia convidavam-na para almoçar quase todo domingo. No final da tarde, sentada no apartamento deles, ela tomava um comprimido para dormir e começava a se despir de todas as suas joias, para não cair no sono com pulseiras e brincos. Eles a colocavam num táxi e a despachavam para casa, aonde ela às vezes chegava dormindo profundamente.

Quando, nessa "fase mística", ela os recebia em sua casa, as luzes geralmente estavam apagadas, a cortina fechada, uma vela solitária tremeluzindo na mesa de centro, mal iluminando a galeria de retratos que comemoravam a beleza esvanecida de sua juventude. "Quem reza, reza para si próprio chamando-se de outro nome. A chama da vela. O fogo me faz rezar. Tenho secreta adoração pagã de flama vermelha e amarela." Ela era cada vez mais incapaz de conversar sobre banalidades. "Deus, morte, matéria, espírito" eram os assuntos de suas conversas do dia a dia.[2] De quando em quando, porém, resolvia se conectar com o mundo de novo e o fazia com ímpeto característico. Olga Borelli se lembrava:

> Havia épocas em que, resolvida a sair da solidão, decidia comunicar-se com o mundo exterior. Repintava as paredes de branco, colocava folhagens pela sala toda, mandava polir os poucos objetos de prata, o lustre, mudava a disposição dos quadros. Fazia lista de convidados. Retirava do aparador os cristais e os pratos de porcelana que só eram usados em ocasiões especiais, colocava a melhor toalha de linho e encomendava o mais famoso vatapá do Rio (nunca teve boa cozinheira). Acendia a haste do defumador de jasmim, colocava gelo no balde, a garrafa de uísque, a batida de limão, e se torturava à espera dos convidados.[3]

Essas excursões à sociedade nem sempre eram bem-sucedidas, como recorda Gilda Murray, amiga de Olga. Uma vez, Clarice e Olga planejaram uma festa de aniversário para Clarice com dois meses de antecedência. Na hora combinada, os convidados, incluindo Chico Buarque e Maria Bethânia, começaram a chegar. Clarice abriu a porta, muito cortês e hospitaleira, conduzindo um convidado após o outro para a sala de estar. À medida que mais e mais gente aparecia, Clarice se virou, espantada, para Olga e cochichou: "O que é que deu? É quase como se eles tivessem planejado!".[4] Ela não tinha ideia de que os tinha convidado.

Em outra ocasião, Walther Moreira Salles, o velho amigo de Clarice que tinha sido embaixador em Washington nos anos 1950, convidou-a para o que descreveu como um "jantar íntimo". Quando chegou à mansão dele, na Gávea, uma das mais belas casas do Rio de Janeiro, encontrou-o esperando com dois outros casais que ela não conhecia. No momento em que a salada era servida, ela já tinha decidido ir embora. Erguendo-se da cadeira e apontando um dedo para o embaixador, gritou: "Walther, você me traiu!", antes de sair intempestivamente.[5]

Qual tinha sido o crime de Moreira Salles? Quando Clarice contou a história a Luiz Carlos Lacerda, ele percebeu que ela não tinha ideia de que sua reação indignada poderia sugerir que ela e Walther tinham um envolvimento sexual. "Você acha que fiz uma bobagem?", perguntou, completamente aturdida. Ele achava que sim. O que os outros convidados pensariam? "Mas eu não conhecia aquela gente! Não havia *intimidade* nenhuma!"[6]

Moreira Salles a traíra ao usar uma palavra de forma equivocada.

A despeito de suas dificuldades sociais, Clarice volta e meia era convidada para conferências literárias. Affonso Romano de Sant'Anna e Marina Colasanti lembram-se dela num seminário de teoria literária, onde dois eruditos estavam discutindo epistemologia. Clarice desapareceu. Quando Affonso lhe telefonou para ver se estava tudo bem, ela respondeu: "Aquela discussão toda me deu tanta fome que eu vim para casa e comi um frango inteiro".[7]

Alberto Dines lembra-se de quando ela ouviu uma discussão de sua obra em termos estruturalistas. Ela se inclinou para a frente e resmungou: "Não tenho a menor ideia do que seja o estruturalismo". Para Dines, é uma postura "do contra" muito judaica, um jeito de zombar da pompa dos figurões.[8]

Sua irreverência escondia uma frustração genuína, por não ser compreendida através da névoa da terminologia e da teoria. Nélida Piñon se lembrava dela em outra conferência, na qual ela "ergueu-se irada de sua cadeira, instando-me a segui-la". Ela disse: "Diga a eles que se eu tivesse entendido uma palavra de tudo que disseram, não teria escrito uma única linha de todos os meus livros".[9]

Quando era uma jovem escritora, ela acompanhava com atenção as críticas e aceitava até mesmo os julgamentos mais severos. "Tudo o que ele diz é verdade", Clarice escrevera a Lúcio Cardoso, a propósito de uma resenha devastadora de *O lustre*. Se bem que em seguida acrescentou que o tal crítico, Álvaro Lins, estava agindo "como o homem que dava todo dia uma surra na mulher porque algum motivo teria de haver".

Agora, com uma vida de trabalho atrás de si, ela não estava mais interessada na opinião dos críticos. Provou isso com o tour de force de *A via crucis do corpo*, o último dos três trabalhos que publicou em 1974. A mulher que passara anos revisando cada livro agora produzia um no curso de um único fim de semana.

Em *Objeto gritante* ela havia escrito: "Só não escrevo uma história aqui porque no caso seria prostituição. Não escrevo para agradar ninguém. Mas é ótimo quando agrada. Tenho que seguir a linha pura e não contaminando o meu '*it*'.[10] Em *Via crucis* ela vincula explicitamente narração de histórias e prostituição.

O livro é desafiadora e desbragadamente sexual, de um modo que Clarice nunca fora antes e nunca voltaria a ser. Em suas oitenta e poucas páginas encontramos um travesti, uma stripper, uma freira tarada, uma mulher de sessenta anos com um amante adolescente, um casal de lésbicas assassinas, uma velha que se masturba e uma secretária inglesa que tem um coito extático com um ser do planeta Saturno.

Como provocação a seus críticos, não é nada sutil. ("Ela era sujeita a julgamento", diz a primeira linha do primeiro conto. "Por isso não contou nada a ninguém.")[11] Num prefácio, que chama de "explicação", Clarice esclarece a gênese do livro. Seu editor na Artenova, Álvaro Pacheco, havia encomendado três contos baseados em fatos reais. A princípio ela hesitou, mas, sentindo uma inspiração nascente, decidiu aceitar o desafio.

A exemplo do que fizera ao começar a escrever para o *Jornal do Brasil*, no entanto, ela se distancia do ranço de indecência que associava a escrever por dinheiro. "Quero apenas avisar que não escrevo por dinheiro e sim por impulso", ela enfatiza na primeira página. Imaginando as reações, usa uma metáfora que alude à punição aplicada a uma prostituta bíblica: "Vão me jogar pedras. Pouco importa. Não sou de brincadeiras, sou mulher séria".[12]

Tinha dúvidas quanto a publicar os contos e perguntou a Pacheco se podia usar um pseudônimo. Ele disse que ela deveria se sentir livre para escrever o que quisesse, e Clarice concordou. "Uma pessoa" — que pode ter sido Olga Borelli — "leu meus contos e disse que aquilo não era literatura, era lixo. Concordo. Mas há hora para tudo. Há também a hora do lixo."[13]

Não era tanto que ela saboreasse a provocação, e sim que ela se importava cada vez menos com o que as pessoas achavam do seu trabalho. No conto "Dia após dia" ela escreve: "Sei lá se este livro vai acrescentar alguma coisa à minha obra. Minha obra que se dane. Não sei por que as pessoas dão tanta importância à literatura. E quanto ao meu nome? que se dane, tenho mais em que pensar".[14]

* * *

 A *via crucis do corpo* reforçou sua reputação de estranha e imprevisível — e até mesmo, pela primeira vez, de "pornográfica". Seu interesse na sexualidade desviante não provinha, até onde se sabe, da experiência pessoal. Como ela escreve em seu prefácio, "se há indecência nas histórias a culpa não é minha. Inútil dizer que não aconteceram comigo, com minha família e com meus amigos. Como é que sei? Sabendo. Artistas sabem de coisas".[15]

 Alguns amigos a consideravam comoventemente ingênua em questões de sexo. Maria Bonomi, que por volta dessa época deixara o marido para começar um relacionamento com uma mulher, era bombardeada com "perguntas técnicas" pela intrigada Clarice. Esse interesse mais tarde se evidenciou com uma referência torturantemente breve e talvez apócrifa a uma "troca de revistas pornográficas importadas" entre ela e Carlos Drummond de Andrade.[16]

 "Até me espantei [...] como eu sabia tanta coisa sobre o assunto", ela disse a um entrevistador quando o livro saiu. "Álvaro me deu três ideias, três fatos que realmente aconteceram: uma inglesa que disse ter dormido com um ser extraterrestre; uma mineira que pensava estar grávida do Espírito Santo; e o argentino que morava com duas mulheres. O resto foi minha imaginação."[17]

 Apesar do exotismo de alguns de seus cenários e personagens, só alguém com os mais rígidos e arcaicos princípios morais poderia considerar o livro escandaloso. O tom de Clarice oscila do sério ao farsesco, como em "O corpo", em que duas mulheres que compartilham um amante o matam e enterram no jardim, onde ele fornece um excelente adubo para suas roseiras. Os contos são escritos com uma liberdade e espontaneidade que Clarice deve ter achado gratificante.

 A *via crucis do corpo* é notável como retrato da vida criativa de Clarice captado em tempo real, a ficção invadindo a vida cotidiana, e sua existência de mãe e dona de casa constantemente penetrando e minando sua ficção. Os contos imaginativos, ficcionais, alternam-se com anotações corriqueiras de suas atividades diárias: o telefone toca; ela topa com um homem que conheceu no passado; seu filho Paulo chega para almoçar. Essas telas alternadas compõem um quadro de 11 a 13 de maio de 1974, os dias que Clarice passou escrevendo o livro. Aquele fim de semana, significativamente, incluía o Dia das Mães, 12 de maio. E o tema que une os contos coletados não é, na verdade, o sexo. É a maternidade. Um transexual tem uma filha adotiva, para a qual ele é uma "verdadeira mãe". A mulher que dá à luz um filho concebido imaculadamente sabe que ele passará pela *via crucis*: "Todos passam".[18]

Nas partes do livro que incluem seus apontamentos do dia a dia, Clarice escreve: "Meu cachorro está coçando a orelha e com tanto gosto que chega a gemer. Sou mãe dele". Encontrando um homem em ruínas, outrora um poeta promissor que ela conhecera na faculdade, escreve: "Hoje é domingo, 12 de maio, dia das mães. Como é que posso ser mãe para este homem?".[19] No mesmo dia, conforme lembrou Paulo, filho de Clarice, eles almoçaram fora para comemorar. Quando ela foi pagar, "em lugar de datar o cheque de 10 de maio, ela escreveu 10 de mãe de 1974".[20]

O aspecto mais chocante do livro tem a ver exatamente com a conexão entre maternidade e sexo ilícito, embora não haja nada de provocante ou pornográfico no fato de que na segunda-feira, 13 de maio de 1974, o dia seguinte ao Dia das Mães, Clarice Lispector tenha escrito sua única descrição explícita de um estupro.[21]

"A língua do 'p'" é um conto sobre Cidinha, uma empertigada professora de inglês de Minas Gerais que está num trem com destino ao Rio de Janeiro. Dois homens entram no vagão, um "era alto, magro, de bigodinho e olhar frio, o outro era baixo, barrigudo e careca".

> Havia um mal-estar no vagão. Como se fizesse calor demais. A moça inquieta. Os homens em alerta. Meu Deus, pensou a moça, o que é que eles querem de mim? Não tinha resposta. E ainda por cima era virgem. Por quê, mas por que pensara na própria virgindade?[22]

Os homens começam a falar numa língua incompreensível, que Cidinha logo reconhece como a língua do *p*. Mas ela tem de fazer de conta que não entende, porque eles estão dizendo que tão logo o trem entre num túnel vão estuprá-la. "Me socorre, Virgem Maria! me socorre! me socorre!", ela pede em pensamento, enquanto os homens tagarelam naquela língua infantil. Eles podem matá-la, dizem, se ela resolver resistir. Acendendo um cigarro para ganhar algum tempo, a inspiração a ilumina: "Se eu me fingir de prostituta, eles desistem, não gostam de vagabunda".

> Então levantou a saia, fez trejeitos sensuais — nem sabia que sabia fazê-los, tão desconhecida ela era de si mesma — abriu os botões do decote, deixou os seios meio à mostra. Os homens de súbito espantados.
> — Tapá dopoipidapa.
> Está doida, queriam dizer.
> E ela a se requebrar que nem sambista de morro.[23]

Os homens riem dela, e seus trejeitos são flagrados pelo condutor, que decide entregá-la à polícia na estação seguinte. Quando ela desce escoltada para a plataforma, uma moça entra com uma mala no trem, lançando à indecente Cidinha um olhar de desdém. Amaldiçoada e desprezada, Cidinha passa três dias na cadeia. "Tinha uma barata gorda se arrastando no chão."[24]

Quando finalmente é solta, toma o primeiro trem para o Rio. "Tão desconhecida ela era de si mesma": para seu horror, ela se dá conta de que "quando os dois haviam falado em currá-la, tinha tido vontade de ser currada. Era uma descarada. Epe sopoupuupumapa puputapa. Era o que descobrira. Cabisbaixa". Caminhando pelas ruas do Rio, ela vê a manchete de um jornal. Uma moça tinha sido currada e assassinada num trem. "Acontecera, então. E com a moça que a desprezara."[25]

Sem a inesperada percepção de Cidinha de que desejara os homens, "A língua do 'p'" perderia muito do impacto. Para Clarice, que encontrara Deus nas entranhas de uma barata, a solução convencional, moral, nunca era atraente. Ainda assim, perversamente, esse é um final feliz. A maneira como ela dribla o estupro da protagonista lembra as histórias que contava quando criança, em suas vãs tentativas de curar a mãe. O horror é transferido de uma mulher com um nome e uma história para alguém anônimo — como que por mágica.

41. A bruxa

"Lixo sim", vociferou a revista *Veja*, reagindo com previsível dureza à provocação lançada em *A via crucis do corpo*.[1] "Um crítico disse que o livro era lixo, sujo, indigno de mim", disse uma Clarice nada surpresa.[2] Até mesmo o *Jornal do Brasil*, onde ela trabalhara por tantos anos, juntou-se ao coro. Seu crítico opinou que "teria sido melhor não publicar o livro, em vez de ser obrigada a se defender com esse falso desprezo por si própria como escritora".[3]

"Meus filhos gostaram e esse é o julgamento que mais me interessa", disse Clarice. "Em geral, depois de ler as críticas sobre minhas obras, sejam contra ou a favor, paro de escrever dois ou três dias para esquecer que sou escritora."[4] O assunto da boa e da má literatura, de "ser uma escritora", de todo modo já não lhe interessava. "Qualquer gato, qualquer cachorro vale mais do que a literatura", ela escreveu em *Via crucis*.[5]

A literatura de Clarice Lispector, porém, estava interessando cada vez mais aos outros, tanto no Brasil como no exterior. O toque pornográfico que se associou a seu nome com a publicação de *Via crucis* contribuiu para a sua notoriedade no país, e na época em que o livro apareceu, meados de 1974, ela já desfrutava uma ampla reputação na América Latina.

Em agosto de 1974, esteve com a amiga Lygia Fagundes Telles em Cali, na Colômbia, para dar outra conferência. Tinham viajado juntas no mesmo avião, que de repente começou a chacoalhar violentamente no ar. Vendo Lygia alarmada, Clarice tomou-lhe o braço e riu. "Não se preocupe", disse, "porque minha cartomante já disse que eu não vou morrer num desastre!"[6]

Chegaram intactas e Clarice, como sempre, evitou os figurões, preferindo caminhar pela cidade. Em agosto do ano seguinte, voltou à Colômbia. Essa segunda visita, embora breve e em muitos aspectos pouco digna de nota, tornou-se um elemento central na legenda de Clarice Lispector. Talvez impressionado com a aparição dela em Cali no ano anterior, um aristocrata colombiano chamado Simón González a convidou para participar no Primeiro Congresso Mundial de Bruxaria, criado por ele:

> Sentimos que será para você uma experiência importante, eminentemente reveladora, repleta de novos insights, seja o seu campo de pesquisa a bruxaria ou a parapsicologia, a astrologia ou a alquimia, magia antiga ou feitiçaria moderna, percepção extrassensorial ou qualquer outro dos incontáveis meios pelos quais homens e mulheres se tornam conscientes não apenas de faculdades normalmente adormecidas dentro de si, mas também de uma pulsante realidade para além dos sentidos, e de territórios místicos de amor, alegria e poder nunca alcançados pelos descrentes.[7]

"Todo mundo está fazendo convenções nos dias que correm. Então por que não Satã?", perguntou-se o *Evangelical Missions Quarterly*.[8] E Satã, claro, o fez com estilo, atraindo notáveis como o entortador de colheres Uri Geller a Bogotá, onde 2 mil pessoas pagaram 275 dólares para participar dos quarenta seminários do encontro, e onde cerca de 150 mil indivíduos, supostamente menos engajados, visitaram os vários ocultistas que ofereciam seus serviços e mercadorias num pavilhão aberto ao público. A espetacular abertura, segundo noticiou o *New York Times*, num palco dominado por "uma imensa reprodução em gesso de um ídolo pré-colombiano", apresentou "150 moças vestidas de mantos negros e coloridos girando numa dança vodu num palco ao ar livre à luz da lua".[9]

Talvez não seja surpreendente que a imprensa tenha mostrado interesse condescendente pela participação de Clarice na convenção, antes mesmo que ela deixasse o Rio. Ela própria levou a coisa a sério. "No Congresso pretendo mais ouvir que falar", contou à *Veja*. "Só falarei se não puder evitar que isso aconteça, mas falarei sobre a magia do fenômeno natural, pois acho inteiramente mágico o fato de uma escura e seca semente conter em si uma planta verde brilhante." Criando mais um dos paradoxos que eram sua marca registrada, ela disse: "Mágico também é o fato de termos inventado Deus e que, por milagre, Ele existe".[10]

Ela preparou várias versões de um discurso, mas não leu nenhuma delas.[11] Em vez disso, limitou-se a uma breve introdução que resumia toda a sua postura diante da escrita e suas relações com o mundo que ela reflete e cria:

Eu tenho pouco a dizer sobre magia.

Na verdade eu acho que nosso contato com o sobrenatural deve ser feito em silêncio e numa profunda meditação solitária. A inspiração, em todas as formas de arte, tem um toque de magia porque a criação é uma coisa absolutamente inexplicável. Ninguém sabe nada a propósito dela. Não creio que a inspiração venha de fora para dentro, de forças sobrenaturais. Suponho que ela emerge do mais profundo "eu" de uma pessoa, do mais profundo inconsciente individual, coletivo e cósmico. Mas também é verdade que tudo o que em vida é chamado por nós de "natural" é na verdade tão inexplicável como se fosse sobrenatural. Acontece que tudo o que eu tenho a dar a vocês todos é apenas minha literatura. E alguém vai ler agora em espanhol um texto que eu escrevi, uma espécie de conto chamado "O ovo e a galinha", que é misterioso mesmo para mim e tem uma simbologia secreta. Eu peço a vocês para não ouvirem só com o raciocínio porque, se vocês tentarem apenas raciocinar, tudo o que vai ser dito escapará ao entendimento. Se uma dúzia de ouvintes sentir o meu texto, já me darei por satisfeita.[12]

Clarice estava muito gorda, segundo registrou o jornalista mexicano Horácio Oliveira, e seu batom era de um vermelho berrante. Ela ficou sentada em silêncio enquanto, para o divertimento da plateia, alguém que leu seu conto seguia falando por duas horas sobre um ovo. "Ninguém entendeu uma palavra", disse Oliveira. Depois que ele foi traduzido e impresso, escreveu Oliveira, todo mundo o compreendeu, e foi a coisa mais brilhante da conferência.[13] Mas Clarice não tinha ilusões quanto à impressão que tinha causado. "A apresentação do meu conto, lido em inglês, não foi realmente um sucesso estrondoso", ela relatou.

> "O ovo e a galinha" é misterioso e tem, mesmo, um certo toque de ocultismo. É um conto difícil, profundo. Por isso, acho que o público, muito heterogêneo, teria ficado mais contente se eu tivesse tirado um coelho da cartola. Ou se caísse em transe. Ora, nunca fiz isso em toda minha vida. Minha inspiração não vem do sobrenatural, mas da elaboração inconsciente, que aflora à superfície como uma espécie de revelação. Além disso, não escrevo para agradar ninguém.[14]

Quando voltou para casa foi assediada pela imprensa, até que, "vencida pela insistência, talvez pelo cansaço", concedeu uma entrevista à mesma jornalista que se encontrara com ela antes da viagem. Enfatizou que as informações sobre ela caminhando por Bogotá vestida de preto eram equivocadas. "Para ela, o repórter que a viu vestida estranhamente e cheia de amuletos só pode ter sido vítima de uma vista doente, de imaginação em excesso ou má-fé, mesmo."[15]

Como de hábito, porém, a mitologia resistiu aos fatos. Os poucos dias que ela passou na Colômbia foram o bastante para lhe render um epíteto duradouro: "a grande bruxa da literatura brasileira", na frase de Affonso Romano de Sant'Anna.[16] "Cuidado com Clarice", seu velho amigo Otto Lara Resende disse à escritora canadense Claire Varin quando esta veio ao Brasil para fazer pesquisas sobre Clarice. "Não se trata de literatura, mas de bruxaria."[17]

De modo bastante irônico, ou psíquico, Clarice parece ter antecipado esta última dobra da sua mitologia antes mesmo de ouvir falar sobre a conferência de Bogotá. No ano anterior, em *Onde estivestes de noite*, ela imaginara uma jornalista avoada telefonando para uma amiga:

> Claudia, me desculpe por telefonar num domingo a esta hora! Mas acordei com uma inspiração fabulosa: vou escrever um livro sobre Magia Negra! Não, não li o tal do *Exorcista*, porque me disseram que é má literatura e não quero que pensem que estou indo na onda dele. Você já pensou bem? o ser humano sempre tentou se comunicar com o sobrenatural desde o antigo Egito com o segredo das Pirâmides, passando pela Grécia com seus deuses, passando por Shakespeare no *Hamlet*. Pois eu também vou entrar nessa.[18]

* * *

De volta ao Rio, Clarice anunciou, como fazia periodicamente, que estava cansada, "enjoada mesmo", da literatura. Não era uma pose: escrever a exauria cada vez mais e ela temia que a atividade tivesse se tornado um tique obsessivo. "Estou escrevendo porque não sei o que fazer de mim", ela escreveu num dos fragmentos do que se tornaria *Um sopro de vida*. "Quer dizer: não sei o que fazer com meu espírito."[19]

Ela estava cansada de escrever, mas era igualmente incapaz de dar um basta à inquieta ânsia criativa que ao longo da vida a empurrara de um experimento a outro. Assim como Lúcio Cardoso voltou-se para a pintura depois que o derrame tornou-lhe impossível o uso da linguagem, Clarice também começou a pintar. Ela vinha tateando na pintura desde a época de *Água viva*. Nas primeiras versões do manuscrito, a narradora é uma escritora; na versão publicada ela foi transformada numa pintora.

Esse livro começava, na epígrafe, com a evocação de Michel Seuphor de "uma pintura totalmente livre da dependência da figura — o objeto — que, como a música, não ilustra coisa alguma, não conta uma história e não lança um mito". *Água viva* estava repleto de alusões à pintura e à sua conexão com a criação: "E agora como na pintura só digo: ovo e basta".[20] Em *Visão do esplendor*, uma antologia de trabalhos predominantemente mais antigos que ela publicou em 1975, escreveu: "Se eu soubesse pintar, lutaria por conseguir pintar a forma completa de um ovo".[21]

Em meados de 1975 ela estava levando a sério a atividade de pintar. Olga Borelli publicou uma anotação em que Clarice descrevia o processo pelo qual ela começou a produzir aquelas estranhas obras. "O que me 'descontrai', por incrível que pareça, é pintar", disse ela.

> Sem ser pintora de forma alguma, e sem aprender nenhuma técnica. Pinto tão mal que dá gosto e não mostro meus, entre aspas, "quadros" a ninguém. É relaxante e ao mesmo tempo excitante mexer com cores e formas sem compromisso com coisa alguma. É a coisa mais pura que faço.[22]

Muitos dos seus quadros têm o mesmo fascínio de alguns de seus escritos abstratos. Como *Água viva*, eles dão a impressão de ter sido compostos sem modificação ou elaboração alguma, de ser brainstorms. Mas, ao contrário do trabalhosamente refinado *Água viva*, suas cores e formas *eram* de fato aplicadas diretamente, sem edição subsequente, a seus suportes de madeira. Clarice não podia burilar seus quadros como burilava suas obras literárias, e esse imediatismo dava a eles um impacto primitivo, visceral.

"Pintei um quadro que uma amiga me aconselhou a não olhar porque me faria mal", disse Clarice. "Concordei. Porque neste quadro que se chama 'medo' eu conseguira pôr para fora de mim, quem sabe se magicamente, todo o medo pânico de um ser no mundo."[23] Datado de 16 de maio de 1975, *Medo* mostra uma mancha esférica brilhante dotada de olhos e boca, lançada violentamente através do espaço negro. Contemplando-o, pode-se lembrar o que um homem disse em Washington depois de ler "O búfalo", incluído em *Laços de família*: "Ele disse que o conto todo parece feito de entranhas".[24]

Ela de fato não teve treinamento em pintura, mas não é verdade que não tivesse técnica nenhuma. "Vivo tão atribulada que não aperfeiçoei mais o que inventei em matéria de pintura", ela escreveu em *Um sopro de vida*.

> Ou pelo menos nunca ouvi falar desse modo de pintar: consiste em pegar uma tela de madeira — pinho-de-riga é a melhor — e prestar atenção às suas nervuras. De súbito, então vem do subconsciente uma onda de criatividade e a gente se joga nas nervuras acompanhando-as um pouco — mas mantendo a liberdade.[25]

Usando esse método ela criou imagens semelhantes às do teste de Rorschach que de fato parecem ser lampejos diretos de sua vida subconsciente. Não têm nada da beleza da linguagem que a tornou famosa. Mas talvez tenha sido mais fácil para ela usar cor e forma para atingir o estado "atrás do pensamento" que ela buscara em escritos místicos como *A paixão segundo G. H.* ou *Água viva*. Depois de uma vida dedicada à escrita, seu domínio da linguagem era tão completo que agora ela tinha de buscar deliberadamente a aspereza e a novidade.

Na linguagem verbal, ela temia não conseguir alcançar "o símbolo da coisa na própria coisa" sem ser reduzida à algaravia, a "latir para Deus". Talvez na pintura, sem a imperfeição das palavras, ela pudesse atingir aquela meta de modo mais direto. A meta, no entanto, seguia inalterada. "Meu ideal", escreveu, "seria pintar um quadro de um quadro."[26]

42. A coisa em si

"Um quadro de um quadro", a representação de uma representação, o símbolo de uma coisa na própria coisa: os ideais que Clarice buscava em sua pintura vinham inevitavelmente de sua escrita, e levavam de volta a ela. A frase acima, como tantos de seus pensamentos sobre pintura, aparece em *Um sopro de vida* (*Pulsações*), o livro que começou a esboçar por volta de 1974.[1]

Ela não viveria para vê-lo publicado. Quando morreu, restava uma montanha de fragmentos, mais tarde "estruturados" por Olga Borelli. Mas se uma obra inacabada, póstuma, soa necessariamente incompleta, e se os leitores naturalmente se perguntam se o que estão lendo é o que a autora queria que lessem, *Um sopro de vida*, como tantas obras de Clarice Lispector, atinge "essa harmonia preciosa e precisa entre a expressão e o fundo" num grau quase assombroso.

Não apenas publicado, mas também, em certa medida, *escrito* após a morte de Clarice, *Um sopro de vida* se completa e se aperfeiçoa justamente por sua incompletude e imperfeição. É o tipo de paradoxo misterioso em que ela sempre se moveu, e foi exatamente o que ela antecipou e pretendeu ao escrevê-lo:

> Este ao que suponho será um livro feito aparentemente por destroços de livro. Mas na verdade trata-se de retratar rápidos vislumbres meus e rápidos vislum-

bres de meu personagem Ângela. Eu poderia pegar cada vislumbre e dissertar durante páginas sobre ele. Mas acontece que no vislumbre é às vezes que está a essência da coisa. [...] Minha vida é feita de fragmentos e assim acontece com Ângela.[2]

Esses fragmentos formam um diálogo entre uma autora e uma personagem, Ângela Pralini, o mesmo nome que Clarice usou para a mulher no trem em *Onde estivestes de noite*. Um subtítulo descartado de *Água viva* era "Monólogo com a vida", e *Um sopro de vida* poderia ser chamado de "diálogo com a vida", entre um artista demiurgo que infunde o sopro de vida em sua criatura e essa própria criatura que fala, respira e morre: Ângela Pralini.

O milagre da criação por meio das palavras era o mesmo prodígio que sempre fascinara Clarice, mas em suas outras meditações sobre o assunto, por exemplo *A maçã no escuro*, o edifício ficcional é menos visível, o autor está escondido por trás do trançado de sua densa e alusiva alegoria. O autor e sua criatura com frequência são idênticos: "Eu sou o Martim", disse Clarice numa entrevista, referindo-se ao protagonista de *A maçã no escuro*.[3] Era exatamente isso que Álvaro Lins tinha criticado em *Perto do coração selvagem*, falando da incapacidade "feminina" de disfarçar a autora em sua obra:

> Há, no entanto, em temperamentos masculinos, uma tendência maior a esconder o autor por trás de suas criaturas, a desconectá-lo da obra terminada e completada. Isso significa que um escritor pode colocar toda a sua personalidade numa obra, mas diluindo-se dentro dela de modo que o espectador veja apenas o objeto e não o homem.

Essa não foi uma crítica que Clarice levou profundamente em conta, para dizer o mínimo. Em seus últimos livros a identidade entre o autor e suas criaturas atinge um clímax poético. Em *Um sopro de vida* tanto Ângela como o personagem masculino do Autor que Clarice interpõe entre ela própria e Ângela *são* Clarice Lispector, muito mais do que o foram suas criaturas anteriores. Mesmo num conjunto de obra com tal riqueza autobiográfica como o de Clarice, nenhum personagem, nem mesmo Martim, Joana ou G. H., jamais foi tão ousada e transparentemente Clarice. Ângela diz:

O objeto — a coisa — sempre me fascinou e de algum modo me destruiu. No meu livro *A cidade sitiada* eu falo indiretamente no mistério da coisa. Coisa é bicho especializado e imobilizado. Há anos também descrevi um guarda-roupa. Depois veio a descrição de um imemorável relógio chamado Sveglia: relógio eletrônico que me assombrou e assombraria qualquer pessoa viva no mundo. Depois veio a vez do telefone. No "Ovo e a galinha" falo no guindaste. É uma aproximação tímida minha da subversão do mundo vivo e do mundo morto ameaçador.[4]

O autor masculino, pretenso criador de Ângela, também carrega algumas similaridades com Clarice Lispector, embora ela o distancie com ironia. "Nunca tive vocação para escrever", diz ele, "o número é que desde menino me fascinou. Se faço agora diariamente e canhestramente anotações é que minha mulher não serve para uma conversa".[5]

Há mais do que ironia nesse distanciamento, porém. Clarice enfatiza sem cessar as qualidades ficcionais dessa escrita e de toda escrita. Ângela e "o autor" são suas criaturas; assim como também o "eu". "Eu que apareço neste livro não sou eu. Não é autobiográfico, vocês não sabem nada de mim. Nunca te disse e nunca te direi quem sou. Eu sou vós mesmos."[6]

A pintura tinha preparado Clarice para sua nova experiência na escrita. Depois de retornar de Bogotá, ela descreveu seus dois livros anteriores, *Onde estivestes de noite* e *A via crucis do corpo*, como "leves" e "diretos", e anunciou que não prosseguiria nessa direção:

Tenho medo de adquirir uma habilidade detestável. Não quero escrever por hábito, mas por necessidade, como tem acontecido até agora. Há algum tempo, pensei em parar, mas me veio uma vontade tão forte, que retomei tudo de novo. Hoje, penso novamente em abandonar a literatura. Se continuar, será como a Clarice Lispector de sempre, pois a minha veia para a literatura "leve" esgotou-se. Mas a experiência foi importante. Afinal, não é só a profundidade que existe. A superfície também é um aspecto real.[7]

Vemos em seus quadros o quanto ela compreendia da superfície como "aspecto real". Ao se permitir seguir as nervuras da madeira sobre a qual pintava, ela ao mesmo tempo cobre a superfície e chama a atenção para a realidade desta, e portanto para a artificialidade de sua própria criação. Não está tentando fazer um pedaço de tela se parecer com madeira ou mármore. Não cria uma falsa superfície, mas, em vez disso, ao seguir os contornos sugeridos por uma superfície natural, faz com que essa superfície natural revele suas profundezas. A tensão entre o "natural" e o "inventado", entre o "aspecto real" da superfície e a profundidade do artifício humano, é a fonte do poder inquietante dos quadros.

Em *Um sopro de vida*, Ângela Pralini é uma pintora. Mais significativamente, Ângela Pralini é uma pintura, o "quadro de um quadro" que Clarice buscava, e *Um sopro de vida* é um retrato de Clarice criando-a. Ao criar a personagem, ela não se empenha em pintar sobre o material bruto, nesse caso a própria autora; a tela nunca é ocultada pela criação que a reveste. Poucos personagens de ficção são ficcionais de forma tão autoconsciente, são tão avatares de seu criador quanto Ângela Pralini.

"Chamo a gruta pelo seu nome e ela passa a viver com seu miasma", Clarice escrevera, em *Água viva*, sobre um de seus quadros. O processo de infundir um "sopro de vida" em objetos inanimados era um de seus temas místicos mais antigos; o elo entre linguagem e criação era o mesmo elo sobre o qual ela meditara de modo tão poético em seus muitos livros, por exemplo *A maçã no escuro*, ou nas ruminações de Virgínia sobre o licor de anis: "O pensamento... era o gosto de anis", escreveu, trinta anos antes, em *O lustre*. Agora o pensamento de Clarice sobre Ângela Pralini *é* Ângela Pralini. "Será que Ângela sente que é um personagem?", o autor se pergunta. "Porque, quanto a mim, sinto de vez em quando que sou o personagem de alguém. É incômodo ser dois: eu para mim e eu para os outros."[8]

Ao mesmo tempo, Clarice anseia ser duas. Ela deseja desesperadamente ser alguém que não ela mesma. Com Ângela, e com seu "autor" masculino, Clarice está literalmente tentando escapar do seu próprio eu. "Ângela é minha tentativa de ser dois." E: "Eu e Ângela somos o meu diálogo interior — eu converso comigo mesmo. Estou cansado de pensar as mesmas coisas".[9]

Acossada por essas dúvidas sobre a fragilidade e a realidade de sua criação, a autora demiurga mesmo assim se regozija na criação:

> Como eu ia dizendo: foi Deus que me inventou. Assim também eu — como nas olimpíadas gregas os atletas que corriam passavam para a frente o archote aceso — assim também eu uso o meu sopro e invento Ângela Pralini e faço-a mulher.[10]

* * *

Os dois personagens entram num diálogo encantatório que se estende por todo o livro, mudando nomes, trocando papéis e embarcando em especulações místicas que ardem com intensidade feroz à medida que a autora, neste caso a "verdadeira" autora, Clarice Lispector, sente a aproximação da morte.

AUTOR: Estou apaixonado por um personagem que inventei: Ângela Pralini. Ei-la falando:
ÂNGELA: Ah como eu gostaria de uma vida lânguida.
Eu sou uma das intérpretes de Deus.
AUTOR: Quando Ângela pensa em Deus, será que ela se refere a Deus ou a mim?
ÂNGELA: Quem faz minha vida? Sinto que alguém manda em mim e me destina. Como se alguém me criasse. Mas também sou livre e não obedeço ordens.[11]

Ângela vem planejando um "romance das coisas",[12] mas o autor sabe que ela não vai completá-lo. Assim como a jovem Clarice, que só terminou o curso de direito porque um amigo a provocou dizendo que ela nunca concluía nada, o autor observa que "Ângela nunca acaba o que começou. Segundo porque suas esparsas notas para o seu livro são todas fragmentárias e Ângela não sabe unir e construir. Ela nunca será escritora".[13]

Mas, como na escola de direito, é a própria Clarice que não consegue finalizar o que começou. Página após página, o autor se pergunta o que fazer com Ângela. Com isso, conforme fica claro, o que Clarice quer dizer é que não sabe se deixa Ângela, e consequentemente ela própria, morrer. O autor lhe deu vida, e o autor agora deve decidir se, e como, deve se desfazer dessa vida. "E de repente — de repente! jorra em mim uma avalanche demoníaca e revoltada: é que me pergunto se vale a pena Ângela morrer. Mato-a? ela se mata?", escreve o "autor". "Quero justificar a morte."[14]

No entanto Clarice ainda não pode justificar a morte de Ângela. Ela tenta de todo modo encontrar um jeito de poupar sua personagem. "Na hora de minha morte — que é que eu faço? Me ensinem como é que se morre. Eu não sei", implora Ângela.[15] Mas Clarice Lispector, no final de sua própria vida, ainda está apegada às fórmulas mágicas que lançava quando criança, ainda buscando as palavras que podem significar a salvação. Bem no final do livro, um parágrafo lúgubre e espantoso remete às primeiríssimas histórias mágicas de Clarice:

> Esta noite tive um sonho dentro de um sonho. Sonhei que estava calmamente assistindo artistas trabalharem no palco. E por uma porta que não era bem fechada entraram homens com metralhadoras e mataram todos os artistas. Comecei a chorar: não queria que eles estivessem mortos. Então os artistas se levantaram do chão e me disseram: nós não estamos mortos na vida real, só como artistas, fazia parte do show esse morticínio. Então sonhei um sonho tão bom: sonhei assim: na vida nós somos artistas de uma peça de teatro absurdo escrita por um Deus absurdo. Nós somos todos os participantes desse teatro: na verdade nunca morremos quando acontece a morte. Só morremos como artistas. Isso seria a eternidade?[16]

Ela não pudera salvar a mãe, mas ainda tinha esperança de salvar alguém, nem que fosse uma personagem descaradamente artificial como Ângela Pralini, e o desejo de Clarice — "Procuro alguém para lhe salvar a vida. Só quem me permite essa ação é Ângela. E ao salvar-lhe a vida, salvo a minha" —[17] dá ao livro seu trágico esplendor. Não é mais um autor fictício falando. É Clarice Lispector.

Clarice sabia muito bem que, se deixasse Ângela morrer, ela própria teria de segui-la. Na última página ela poupa sua criatura, permitindo-lhe que se distancie aos poucos, uma figura desaparecendo do palco: "Recuo meu olhar minha câmera e Ângela vai ficando pequena, pequena, menor — até que a perco de vista".[18] Ângela pode ser o quadro de um quadro — "Eu que apareço neste livro não sou eu" — mas é também, de maneira muito literal, Clarice. Olga Borelli compreendeu que a conexão não era teórica:

> Ela pede para morrer. Havia uns textos em que ela pedia para a Ângela Pralini, personagem central de *Um sopro de vida*, romance póstumo organizado por mim a partir dos fragmentos deixados por Clarice. Eu omiti uma frase. Omiti esse fato para a família não ficar muito sofrida. Quer dizer, esse livro eram fragmentos, e um fragmento me tocou muito, em que ela diz "eu pedi a Deus que desse a

Ângela um câncer e que ela não pudesse se livrar dele". Porque a Ângela não tem coragem de se suicidar. Ela precisa, porque ela diz "Deus não mata ninguém. É a pessoa que se morre". Clarice dizia também que cada pessoa escolhe a maneira de morrer.[19]

43. Silêncio lispectoriano

Em 28 de novembro de 1975, depois de um jantar de Ação de Graças com a filha Clarissa e sua família americana, Erico Verissimo morreu em Porto Alegre. Clarice ficou aturdida. "Mas o choque foi tão grande que minha pressão baixou quase a zero e tive que ficar de cama, sem força para mover sequer as mãos", ela escreveu a Mafalda. "Me desculpe eu lhe faltar num momento desses. Eu também queria ver você para — por incrível que pareça a ilogicidade das coisas —, para me consolar com você."[1]

Para Clarice, era um final triste de um ano difícil, que incluíra dores de cabeça com os editores, como já tinha acontecido com frequência. Pouco antes, no mesmo ano, Álvaro Pacheco, da Artenova, lançara uma compilação de entrevistas que Clarice fizera ao longo dos anos com brasileiros notáveis, sob o título *De corpo inteiro*. Chegavam a cinco os livros de Clarice publicados por ele: *Água viva, A via crucis do corpo, Onde estivestes de noite* e a antologia *A imitação da rosa*.

"A Artenova não era uma editora, era uma gráfica", disse Alberto Dines, que também publicou lá por algum tempo.[2] A princípio Clarice gostou de Pacheco, quando ele se arriscou com *Água viva*. Mas ela, uma perfeccionista em sua escrita, detestou a falta de capricho com que seus livros foram publicados.

Especialmente quando comparadas com as edições elegantes que a Editora do Autor e a Sabiá tinham feito para ela, as produções da Artenova eram de uma feiura espantosa. A primeira edição de *A via crucis do corpo*, por exemplo, é decorada por uma inexplicavelmente grotesca máscara africana marrom e amarela. Mas ela foi deixando passar, até que começou a desconfiar que ele a estava enganando quanto aos direitos autorais. "Ele não gostava muito de remunerar o trabalho dos autores", disse Dines, referindo-se a Pacheco. "Achava que estava fazendo um favor ao publicá-los." Apesar de sua formação em direito, Clarice nunca fora capaz de cuidar de seus próprios contratos; essa incompetência quanto aos negócios fazia parte do desamparo infantil que o dr. Azulay identificara nela. Mas, agora que seus contracheques se tornavam afrontosamente mesquinhos, até ela percebia que havia algo errado:

> Mesmo editada em Portugal, e traduzida na França, Estados Unidos e outros países, e mesmo com meus trabalhos publicados em inúmeras antologias escolares de autores brasileiros, eu nunca vivi exclusivamente para a literatura. O motivo, porém, não chegou a ser o desinteresse do público pela minha obra, mas, sim, a utilização indevida de que se beneficiam os editores.[3]

Ela telefonou para a Artenova para discutir o problema. Depois de várias tentativas, conseguiu marcar uma reunião com Pacheco e entrou imediatamente num táxi. Chegou meia hora mais tarde e pediram-lhe que esperasse: o patrão tinha saído para almoçar com um grupo de estrangeiros. Quando ele voltou, duas horas depois, deu a ela um total de 140 cruzeiros: seus direitos relativos a meio ano, por todos os cinco livros. Olga Borelli disse que nunca viu Clarice tão enraivecida. Saiu intempestivamente e deu o dinheiro a um mendigo.[4]

Sua amiga Nélida Piñon, romancista de ascendência espanhola que tinha boas relações no país de seus antepassados, colocou-a em contato com Carmen Balcells, a agente literária de Barcelona que representava tantos autores latino-americanos de primeira linha, de Gabriel García Márquez a Julio Cortázar e Mario Vargas Llosa. ("Quando Cervantes apareceu", disse o escritor mexicano Carlos Fuentes, "Carmen Balcells já estava lá.")[5] Finalmente, mas quando isso já não faria muita diferença em sua carreira, Clarice tinha uma representante profissional.

* * *

Com esses capítulos desagradáveis às suas costas, 1976 parecia se prenunciar como um ano melhor. Antes de ele começar, Clarice consultou o *I Ching*. "Que atitude devo tomar em 1976?", ela perguntou ao antigo texto chinês. "Que é que me espera nesse ano?"

> Resposta: 42. "Ganho."
> Como devo fazer meu livro?
> Resposta: 8 de "Unidade, Coordenação"
> Terei *sublimity*, ousadia, perseverança?
> Resposta: 55. "Abundância."[6]

O livro estava certo, na aparência. Ela teria uma "abundância" de reconhecimento, amplamente difundido e sustentado, algo que ao longo da sua vida tinha vindo apenas em fragmentos fugazes. Um pouco espantada por toda a atenção que recebia, ela anotou tudo o que estava acontecendo, como se não conseguisse acreditar na sua boa sorte.

> Este ano está havendo muito movimento em torno de mim, Deus sabe por quê, pois eu não sei. *1*) A *Colóquio/Letras** me pediu um conto; *2*) a revista literária argentina *Crisis*, considerada talvez a melhor da América Latina, me pediu uma entrevista; *3*) *Manchete* me entrevistou; *4*) um jornal de São Paulo me entrevistou; *5*) Bogotá me convidou; *6*) estudantes da Faculdade de Comunicação de São Paulo estão rodando um filme sem caráter comercial baseado num romance meu, *Uma aprendizagem*; *7*) a TV Globo programou para janeiro que vem um "especial" adaptado de um conto meu; uma revista me convidou para eu fazer uma seção crítica de livros (não aceitei porque não sou crítica, e porque queria evitar a "badalação" de meu nome ficar regularmente em foco); *8*) fui convidada a ir à cidade paulista de Marília para um debate com universitários; *9*) muita gente desconhecida me telefona, ainda mais do que antes, para conversar e às vezes se confessar; *10*) vou ser convidada pelo escritor e crítico Affonso Romano de Sant'Anna para conversar com os alunos da PUC sobre minha experiência em relação à criação; *11*) fui representante brasileira num livro de contos de vários escritores da Améri-

* Revista literária portuguesa. [N. E.]

ca Latina; acho que deviam entrevistar os escritores novos, há muitos bons e que têm muito a dizer; *12*) Julio Cortázar me mandou um recado dizendo que gostaria de me conhecer; *13*) saíram várias traduções de livros meus (mas ganho pouco); *14*) Marília Pêra, no seu show individual, diz frases minhas tiradas de *Água viva*; *15*) duas revistas brasileiras publicaram contos meus, sem falar que no fim do ano passado Benedito Nunes escreveu um livro me interpretando.

Isso me deixa um pouco perplexa. Será que estou na moda? E por que as pessoas se queixam de não me entender e agora parecem me entender?

Uma das coisas que me deixam infeliz é essa história de monstro sagrado: os outros me temem à toa, e a gente termina se temendo a si própria. A verdade é que algumas pessoas criaram um mito em torno de mim, o que me atrapalha muito: afasta as pessoas e eu fico sozinha. Mas você sabe que sou de trato muito simples, mesmo que a alma seja complexa. O sucesso quase me faz mal: encarei o sucesso como uma invasão. Mesmo o sucesso quando pequeno, como o que tenho às vezes, me perturba o ouvido interno.[7]

Ziraldo, entrevistando-a, pediu-lhe que descrevesse o que é um amigo.

Clarice — Uma pessoa que me veja como eu sou. Que não me mistifique. Que me permita ser humilde.
    Ziraldo — Te incomoda ser tratada como uma pessoa ilustre, né?
    Clarice — Muito elogio é como botar água demais na flor. Ela apodrece.
    Ziraldo — Assusta?
    Clarice — Morre.[8]

Ao mesmo tempo, segundo sua irmã Tania, perto do fim da vida Clarice sabia como seu feito era inigualável, e essa consciência era um conforto íntimo diante das dificuldades que sofrera na vida. Em 1976 por fim seu sucesso estava sendo amplamente reconhecido e celebrado. Embora ambíguo, era uma espécie de consolação.

Em 7 de abril de 1976, seu filho Paulo se casou, aos 23 anos. Ele já vinha morando sozinho havia mais de um ano. Rosa Cass recorda que "Clarice ficou para morrer" quando ele abordou o assunto pela primeira vez e lhe pediu sua parte da pensão paga por Maury, para se estabelecer por conta própria. Mas Rosa a aconselhou a deixá-lo livre: "Você vai ter mais proximidade com ele desse jeito do que se tentar amarrá-lo", disse.[9]

E ela tentou amarrá-lo. Paulo morava bem perto, no Leme, e almoçava com ela todos os dias. Logo se comprometeu com uma mulher chamada Ilana Kaufman. "Clarice ficou felicíssima que Ilana era judia", disse Rosa, que contou a Clarice que se tivesse sido uma insistente *yidisihe mame* Paulo nunca teria se casado com uma judia. Clarice concordou sinceramente, e teria dito a Elisa que o casamento de Paulo era uma compensação pelo seu próprio casamento.[10]

Clarice também ficou alvoroçada com a perspectiva do casamento, talvez em parte porque soubesse que Maury e Isabel viriam de Montevidéu. Seria a primeira e única vez que Clarice se encontraria com a segunda esposa de seu ex-marido. Àquela altura, no entanto, Clarice já estava muito agradecida a Isabel por cuidar de Pedro, e o gelo inicial do relacionamento das duas havia derretido.

Ela pediu a Maria Bonomi que viesse de São Paulo, dizendo temer ser deixada sozinha. Diante da insistência de Clarice, Maria foi, embora não conseguisse entender como a mãe do noivo poderia carecer de companhia. Mas ficou surpresa ao ver que as premonições de Clarice estavam certas: os outros convidados guardavam distância do "monstro sagrado", com todas as suas inibições sociais, e Maria ficou contente por estar ali para lhe fazer companhia.

Clarice não foi inteiramente ignorada, é claro. Uma tia veio até ela e mencionou, para tremendo espanto de Clarice, que Mania Lispector também tinha sido escritora, mantendo um diário e escrevendo poemas. Clarice não tinha ideia disso. Talvez sua mãe tivesse parado de escrever depois de todos os desastres que desabaram sobre ela e a família na sua terra natal, ou talvez ela tivesse mantido o hábito no Brasil até ser interrompida pela perda de energia causada pelo avanço da doença. De todo modo, Clarice nunca soubera que compartilhava a atividade da escrita com a mãe. A própria escrita de Clarice tivera sempre uma conexão tão íntima com a mãe que a notícia lhe chegou como um choque. "Foi um presente saber isso."[11]

Mais tarde, no mesmo mês de abril, ela foi convidada para uma feira de livros em Buenos Aires. Viajou com Olga Borelli e ficou surpresa ao ver seus livros em traduções não autorizadas, e portanto não pagas, para o espanhol.

Ficou surpresa também com o grau de interesse que sua obra provocava na Argentina. "Eu fiquei boba quando cheguei lá, eu não sabia que eles me conheciam", disse, depois de voltar.

> Deram um coquetel, trinta jornalistas. Eu falei pela rádio. Tudo meio teleguiada porque (rindo) estava tão estranho tudo, era tão inesperado que ia agindo assim sem saber. Nem notei que estava falando pela rádio. Sei lá (Pausa). Uma mulher lá me beijou a mão.[12]

Um mês depois, teve outra ocasião de relembrar a mãe. Em 30 de maio de 1976, Clarice e Olga chegaram ao Recife. No avião ela topou com Alberto Dines e lhe contou que estava indo "se encher de comida judaica" que sua tia, Mina Lispector, prometera preparar para ela. O filho de Mina, Samuel, viabilizara a viagem. Ele tinha prosperado no ramo de joalheria popular; mais tarde construiu um prédio de apartamentos na avenida Boa Viagem e o batizou com o nome da prima querida.

Ela se hospedou no Hotel São Domingos, na mesma praça Maciel Pinheiro, a *pletzele*, onde passara a infância. A velha casa, em cuja sacada a paralisada Mania contemplava o mundo em seus últimos dias, e que a família tivera de abandonar por temor de que desmoronasse, seguia desafiando a gravidade. "O sobrado só mudou a cor", disse Clarice.[13] Ela se sentou nos bancos da praça e ficou ouvindo, arrebatada, o dialeto pernambucano característico dos vendedores de frutas.

Clarice não era uma boa oradora, de acordo com a esposa de Samuel, Rosa Lispector, que se recordava da apresentação dela num centro cultural. Ela estava angustiada com a perspectiva de ser fotografada. Depois do evento, jornalistas e fotógrafos avançaram em sua direção, e Clarice gritou: "Retrato não, retrato não!". Rosa notou que Olga falava com ela como se falasse com uma criança: "Você não quer ir ao banheiro?", perguntou delicadamente, e Clarice permitiu ser levada ao banheiro.[14] Ela inspirava em Rosa o mesmo sentimento protetor. Quando descobriu que os sapatos estavam machucando os pés de Clarice e se deu conta de que as duas calçavam o mesmo número, Rosa simplesmente tirou os seus e os deu a Clarice, ficando ela própria descalça. Quando um repórter lhe perguntou o que mais marcara sua vida, Clarice respondeu: "Acho que é o meu nascimento e o seu mistério".[15]

* * *

Clarice nunca mais voltaria a ver a cidade da sua infância, mas, depois de anos quase sem sair do Rio, era convidada para todos os cantos do país. Em julho de 1976, lhe ofereceram uma grande honra. Seria homenageada pelo conjunto da obra pela Fundação Cultural do Distrito Federal. O prêmio em dinheiro que acompanhava a honraria era colossal: 70 mil cruzeiros.

Antes de partir para Brasília, deu uma entrevista ao jornalista Edilberto Coutinho. Ao contrário dos muitos jornalistas que tinham de lidar com suas frases escassas e proferidas a contragosto, Coutinho a encontrou tão conversadora que, se ele não tivesse tomado a iniciativa de ir embora, talvez ela tivesse falado a noite inteira.[16]

"Fiquei contentíssima", disse ela. "Não esperava. Uma completa surpresa. Mas logo veio uma depressão muito forte. Eu, ganhar esse dinheirão e tantas crianças que necessitam, por aí..."

"Por que não faz uma doação a essas crianças?", Coutinho perguntou.

"Porque os adultos ficariam com o dinheiro. Olhe aqui, eu já tentei reformar o mundo. Por isto fui estudar Direito. Me interessava pelo problema das penitenciárias. Mas, desde que recebi a notícia do prêmio, não consigo pensar senão nisto: crianças morrem de fome, crianças mortas de fome. Mas quem sou eu, meu Deus, para mudar as coisas?"

Numa disposição confessional, ela falou um pouco sobre os judeus como povo escolhido — "Mas não acredito nessa besteira de judeu ser o povo eleito de Deus. Não é coisa nenhuma. Os alemães é que devem ser, porque fizeram o que fizeram. Que grande eleição foi essa, para os judeus?" — e sobre sua vaidade, que não tinha nada a ver com sua escrita: "Gosto que me achem bonita", confessou. "Isto, sim. Me fez um bem enorme. Eu tive muitos admiradores. [...] Há homens que nem em dez anos me esqueceram. Há o poeta americano, que ameaçou suicidar-se, porque eu não correspondia."[17]

Em Brasília, aliviada e contente, disse: "Eu realmente precisava desse dinheiro. Sinto-me encabulada, pois não o mereço. Alguém me disse que quando nos dão um prêmio é porque acham que a gente se aposentou. Mas eu nunca vou me aposentar. Espero escrever até morrer".[18]

Em 20 de outubro ela deu uma longa entrevista para o Museu da Imagem e do Som (MIS) do Rio de Janeiro, que coletava registros de figuras notáveis. A entrevista foi conduzida por amigos próximos, incluindo Marina Colasanti e Affonso Romano de Sant'Anna. A atmosfera familiar permitiu a Clarice baixar a guarda e falar à vontade. Mas, apesar de sua disposição amistosa, ficava cada vez mais claro que não estava bem.

No mesmo mês ela visitou Porto Alegre, cidade de Mafalda Verissimo, para um encontro de escritores. "Quando voltei a vê-la", disse o escritor Luiz Carlos Lisboa, "fiquei chocado: ela já estava muito doente, com grandes bolsas em volta dos olhos, e mal me reconheceu. Pela primeira vez notei que ela estava escondendo o braço. Mesmo assim, era possível vislumbrar a esplêndida mulher que ela tinha sido na juventude."[19]

Caio Fernando Abreu, então um jovem escritor de Porto Alegre que estava literalmente obcecado por ela, se lembraria da viagem:

> Ela — que quase não falava, fumava muito e suportava pouco as pessoas — me convidou para um café na Rua da Praia. Fomos. Silêncio denso, lispectoriano. No balcão do bar, por trás da fumaça do cigarro e com aquele sotaque estranhíssimo, de repente ela perguntou: "Como é mesmo o nome desta cidade?". E estava em Porto Alegre há três dias...[20]

De volta ao Rio, ela foi brevemente hospitalizada. Escreveu a Mafalda e prometeu que se afastaria dos comprimidos para dormir e tranquilizantes.[21] Mas, depois de tantos anos, isso era mais fácil de dizer do que de fazer. Uma anedota macabra mais ou menos dessa época sugere quanto a dificuldade de dormir a atormentava, e o quanto estava presa ao terrível vício que resultava disso. Clarice, que gostava mais de ser atraente do que de ser uma grande escritora, contratou um maquiador chamado Gilles para ir à sua casa uma vez por mês lhe aplicar uma maquiagem "permanente". Mês após mês, cercada de revistas e jornais e com a máquina de escrever ao alcance, Clarice se sentava para as sessões de Gilles. Ele realçava o tom louro de suas sobrancelhas e aplicava cílios postiços e batom cor de carne. Ela conversava um pouco sobre si mesma, contando a ele, por exemplo, que deixara o marido porque queria ser escritora, e mencionando que não via mais sentido em continuar vivendo. Mas essas confissões não tinham preparado Gilles para ser despertado pela famosa escritora à uma da madrugada, ou para ter suas sessões de maquiagem agendadas para o meio da noite.

Como tantos outros que sentiam sua vulnerabilidade e abriam exceções para ela que não abririam para mais ninguém, Gilles concordava em ir. Vez ou outra, quando chegava ao apartamento de Clarice, ela estava dormindo profundamente: tinha tomado comprimidos. Clarice alertava Siléa, a ajudante que morava em seu apartamento, sobre essa possibilidade, além do próprio Gilles, e os instruía a fazer a maquiagem mesmo assim. O paciente esteticista fazia o que podia. Os cílios postiços, segundo ele, eram o maior desafio.[22]

44. Falando a partir do túmulo

A imagem mais duradoura de Clarice Lispector no final da vida, talvez a imagem mais duradoura de Clarice Lispector em qualquer momento da vida, vem de uma entrevista que ela deu em fevereiro de 1977.[1] Foi a única vez que Clarice falou diante de uma câmera, e, por essas imagens serem únicas, a entrevista teve um impacto muito maior na sua imagem pública do que as que ela concedeu quando era mais jovem, mais saudável ou mais enérgica.

É difícil assistir à entrevista na íntegra. Com seu célebre olhar penetrante, Clarice encara diretamente o entrevistador, seu rosto uma máscara quase imóvel. Sentada numa cadeira de couro pardo, segura uma grande carteira branca na mão esquerda e um cigarro Hollywood na queimada mão direita. Fumando sem parar no meio de um gigantesco estúdio cinzento, pontuando a entrevista com longos e sugestivos silêncios, ela responde às perguntas com sua voz estranha e inconfundível.

Todos no estúdio tinham uma sensação de presságio, disse o entrevistador, o jornalista judeu Julio Lerner. Ele estava consciente do tremendo peso do momento e sentia uma responsabilidade histórica: "Nem Kafka, nem Dostoiévski, nem Fernando Pessoa, nem Peretz" jamais tinham sido registrados em filme. Cabia a ele registrar Clarice Lispector. Dispunha de trinta minutos.[2]

Ela chegara com Olga Borelli aos estúdios da TV Cultura em São Paulo para participar de um programa sobre cinema. O diretor da emissora aproveitou a ocasião para pedir-lhe uma entrevista só com ela, pedido que ela, para espanto geral, aceitou. Lerner foi chamado em sua sala e não teve tempo nenhum para se preparar.

Em apenas cinco minutos consegui um estúdio e uma equipe que estava fora de seu horário de trabalho para entrevistá-la. São 4h15 da tarde e tenho apenas meia hora... Às cinco começa o programa infantil e eu tenho que liberar o estúdio B quinze minutos antes disso.

Ao encontrá-la, ele foi "penetrado pelo olhar mais desprotegido que um ser humano pode lançar a outro". Num estúdio extremamente quente — era o auge do verão —, sob fortes luzes, ele começou a fazer as primeiras perguntas que lhe ocorriam.

"É mais difícil você se comunicar com o adulto ou com a criança?"
"Quando eu me comunico com criança é fácil, porque sou muito maternal. Quando eu me comunico com adulto, na verdade estou me comunicando com o mais secreto de mim mesma. Aí é difícil."
"O adulto é sempre solitário?"
"O adulto é triste e solitário."
"E a criança?"
"A criança... tem a fantasia. É solta."
"A partir de que momento, de acordo com a escritora, o ser humano vai se transformando em triste e solitário?"
"Ah, isso é segredo." (Faz uma pausa.) "Desculpe, eu não vou responder." (Outra pausa.) "A qualquer momento na vida, basta um choque um pouco inesperado e isso acontece. Mas eu não sou solitária, não. Tenho muitos amigos. E só estou triste hoje porque estou cansada. No geral sou alegre."

Ela discute sua ambígua fama:

"Você se considera uma escritora popular?"
"Não."

"Por qual razão?"

"Bom, me chamam até de hermética. Como é que eu posso ser popular, sendo hermética?"

"E como você vê essa observação que nós colocamos entre aspas — 'hermética'?"

"Eu me compreendo, de modo que eu não sou hermética pra mim. Bom, tem um conto meu que eu não compreendo muito bem."

"Que conto?"

"'O ovo e a galinha'."

"Entre os seus diversos trabalhos sempre existe, isso é natural, um filho predileto. Qual é aquele que você vê com maior carinho até hoje?"

"'O ovo e a galinha', que é um mistério para mim. Uma coisa que eu escrevi sobre um bandido, sobre um criminoso chamado Mineirinho, que morreu com treze balas, quando uma só bastava. E que era devoto de São Jorge e tinha uma namorada. E que me deu uma revolta enorme..."

[...]

"No seu entender qual é o papel do escritor brasileiro hoje em dia?"

"O de falar o menos possível..."

[...]

"Você entra em contato com frequência com estudantes universitários..."

"De vez em quando me procuram, mas muito assim com medo de me atrapalhar, eles têm muito medo de que eu não receba..."

"Por qual razão?"

"Não sei. Não sei por quê."

"Mas aqueles que conseguem romper a timidez..."

"Aí ficam perfeitamente à vontade comigo, tomam café comigo, entram na minha casa e eu recebo como... como amigos."

"Normalmente o contato dos jovens com você revela que tipo de preocupação?"

"Revela uma coisa surpreendente: que eles estão na minha."

"O que significa estar na sua?"

"É que eu penso às vezes que eu estou isolada e quando eu vejo estou tendo universitários, gente muito jovem, que está completamente ao meu lado. Aí me espanta e é gratificante, né?..."

[...]

"De seus trabalhos, qual é aquele que você acredita que mais atinja o público jovem?"

"Depende. Depende inteiramente. Por exemplo, o meu livro *A paixão segundo G. H.*, um professor de português do Pedro II veio lá em casa e disse que leu quatro vezes o livro e não sabe do que se trata. No dia seguinte uma jovem de dezessete anos veio me visitar e disse que esse livro é o livro de cabeceira dela. Quer dizer, não dá para entender."

"E isso aconteceu em relação a outros de seus trabalhos?"

"Também. Ou toca ou não toca. Quer dizer, suponho que entender não é uma questão de inteligência e sim de sentir, de entrar em contato. Tanto que o professor de português e literatura, que deveria ser o mais apto a me entender, não me entendia, e a moça de dezessete anos lia e relia o livro. Parece que eu ganho na releitura, o que é um alívio."

"Você acredita que essa dificuldade é própria apenas para algumas camadas de nosso tempo e com novas gerações ela será entendida de imediato...?"

"Não tenho a menor ideia. Não tenho a menor ideia. Eu sei que antes ninguém me entendia. Agora me entendem."

"A que você atribui isso?"

"Acho que tudo mudou, porque eu não mudei, não. Eu não... que eu saiba, eu não fiz concessões."

Eram os últimos resquícios do orgulho desafiador de Joana em seu caráter único, agora expressos na voz resignada de uma mulher que sabe que está no fim da vida. Em seguida vem o momento mais lúgubre da entrevista, em que Clarice parece anunciar sua morte iminente.

"Acontece ainda agora de você produzir alguma coisa e rasgar?"

"Eu deixo de lado ou ras... Não, eu rasgo sim", diz ela, abruptamente aborrecida.

"É produto de reflexão ou de uma emoção súbita?"

"Raiva, é um pouco de raiva." [Seu tom endurece: seus olhos estão baixos e suas mãos mexem inquietamente com o maço de cigarros.]

"Com quem?"

"Comigo mesma."

"Por quê, Clarice?"

"Sei lá, estou meio cansada."

"Do quê?"

"De mim mesma."

"Mas você não renasce e se renova a cada trabalho novo?"

"Bom" [ela respira fundo antes de erguer finalmente os olhos], "agora eu morri. Vamos ver se eu renasço de novo. Por enquanto eu estou morta. Estou falando de meu túmulo."

A câmera faz uma panorâmica, revelando uma sala vazia, quente e silenciosa como o quarto em que G. H. encontrou a barata. O cameraman e Olga Borelli não dizem nada, enquanto uma estagiária chora de mansinho, em pé. Clarice cochicha um pedido a Lerner, de que a entrevista só seja exibida depois de sua morte. O desejo foi respeitado.

45. Nossa Senhora da Boa Morte

Não era a primeira vez que Clarice proclamava que estava para morrer. Ela imaginou sua morte em muitos de seus escritos. "Ah como queria morrer", escreveu em *Uma aprendizagem*. "Nunca experimentara ainda morrer — que abertura de caminho tinha ainda à frente."[1] "Eu quase sei como será depois da minha morte", contou a um jornalista português em 1975. "A sala vazia, o cachorro morrendo de solidão. As janelas da minha casa. Tudo vazio e calmo."[2]

Havia a frase que Olga suprimira de *Um sopro de vida* — "Pedi a Deus que desse a Ângela um câncer e que ela não pudesse se livrar dele" — e havia sua inesperada declaração a Olga, dois anos antes: "Vou morrer de um bruto câncer". Havia o telefonema que deu a Jacob David Azulay:

> Ela estava ligando porque soubera da morte de minha mãe e queria me dizer umas palavras de conforto. Minha mãe morrera há poucos dias, de uma complicação nos intestinos. Quando eu disse isso à Clarice, ela falou "Olha, doutor Azulay, eu vou morrer igualzinho a sua mãe". E isso foi em 1972! Eu me lembro que ela me dizia frequentemente: "Deste ano, doutor, eu não passo". Viver para ela era um suplício. Ela não queria mais viver.[3]

Era, segundo Olga, "de uma genialidade insuportável, para si mesma e para os outros".[4] Em junho de 1977 ela já estava sentindo os primeiros sinais de doença. Talvez um presságio do fim a tenha inspirado a partir, quase sem aviso, para Paris, onde planejava passar um mês com Olga. Assim que chegou lá, em 19 de junho, quis voltar para casa. A cidade era repleta de lembranças dolorosas — os amigos mortos Bluma Wainer e San Tiago Dantas, os anos com Maury, a beleza e a juventude perdidas —, e cinco dias depois estava de volta ao Rio de Janeiro.

Depois do retorno, a jornalista Norma Couri, esposa de Alberto Dines, falou com ela. Durante a conversa Clarice mencionou que, quando andava pelas ruas, sempre ia contra o fluxo da multidão.[5] "Ela era um exemplo brutal da singularidade da pessoa humana", escreveu o amigo Otto Lara Resende quando ela morreu.[6] Sua inflexível individualidade encontraria sua última e maior expressão no livro que ela publicou em outubro: *A hora da estrela*.

Muito da fama subsequente de Clarice Lispector, sua duradoura popularidade junto a um público amplo, repousa nesse livrinho, no qual ela conseguiu juntar todos os fios de sua escrita e de sua vida. Explicitamente judaico e explicitamente brasileiro, ligando o Nordeste da infância ao Rio de Janeiro da vida adulta, "social" e abstrato, trágico e cômico, unindo suas questões religiosas e de linguagem com a força narrativa de seus melhores contos, *A hora da estrela* é um monumento digno da "genialidade insuportável" de sua autora.

Em sua legendária entrevista com Julio Lerner, Clarice mencionava um livro que tinha acabado de completar. "Treze nomes", sorriu Clarice, quando indagada como se chamava, "treze títulos". "É a história de uma moça que era tão pobre que só comia cachorro-quente. Mas não é só isso. A história é sobre uma inocência pisada, uma miséria anônima." Mas ela se recusou a dizer a Lerner o nome da protagonista: "É segredo".[7]

Ela é Macabéa, que, muito mais do que as mulheres mais velhas de *Onde estivestes de noite*, é supérflua e inútil, mais até do que Laura, a galinha: "Aliás nunca vi ninguém mais sem jeito que essa galinha. Tudo o que ela faz é meio errado. Menos comer. E, é claro, ela faz um ovo certo".[8] Macabéa é tão pobre que ela mal come, e, diz Clarice, seus ovários secaram.

Ela é uma moça pobre de Alagoas, o estado onde os Lispector se estabeleceram ao chegar ao Brasil, e que migrou, como os Lispector e tantos milhões de outros, para a metrópole do Rio de Janeiro. Seu estranho nome, Macabéa, vem de uma promessa feita por sua mãe a uma santa amplamente venerada no Nordeste do Brasil, Nossa Senhora da Boa Morte.[9] O nome alude ao episódio bíblico dos macabeus, o grupo liderado por Judas Macabeu, um dos maiores heróis da história judaica.

Os macabeus são os astros da celebração de Chanucá, e Clarice devia conhecer sua história desde a infância. Judas Macabeu e seus irmãos desafiaram as ordens de um rei estrangeiro que profanou o Templo de Jerusalém, ordenou aos judeus que adorassem falsos deuses e tentou destruir os que resistiram. A resistência não era um caminho fácil, como disse um oficial ao pai de Judas, Matatias:

> Matatias respondeu em alta voz: Ainda que todas as nações pertencentes ao reino do rei lhe obedeçam, de tal sorte que cada um se aparte do jugo da lei de seus pais e se submeta às ordens do rei, eu, meus filhos e meus irmãos seremos fiéis à Aliança dos nossos pais. Deus nos livre de abandonar a lei e os preceitos.[10]

A história do sacrifício e da inglória luta de Judas Macabeu contra circunstâncias impossíveis, bem como o clímax de sua "boa morte", deve ter tocado Clarice Lispector, que passara a vida lutando contra uma multidão voltada para a direção oposta.

A "escritora falida", claro, era a última pessoa a pensar em si própria como uma heroína. Mas a sugestão do valor viril e bélico dos macabeus é ainda mais irônica quando aplicada a sua homônima Macabéa, uma datilógrafa suja, faminta e malcheirosa que mora com quatro outras moças numa pensão barata numa parte deteriorada do centro do Rio, a rua do Acre.

Assim como fizera em sua última visita ao Recife, quando se sentou na praça Maciel Pinheiro e ficou ouvindo, cativada, o dialeto dos vendedores de frutas, em seus anos finais Clarice ia frequentemente com Olga a um mercado, a Feira de São Cristóvão. Ficava perto da área, ao norte do centro, onde ela, o pai e as irmãs moraram quando se mudaram do Recife para o Rio. Representava um duplo retorno: ao Nordeste de sua infância e ao Rio de Janeiro do início de sua adolescência, antes da morte do pai.

Na feira reuniam-se os migrantes nordestinos pobres, e o ladino namorado de Macabéa, Olímpico, apareceu por lá um dia, de acordo com a lembrança de Olga Borelli.

> Veja o Olímpico da Macabéa, ele nasceu numa ida à feira de São Cristóvão, que é a feira nordestina. Nós passeamos muito daquela vez, e ela comendo beiju e comendo rapadura e ouvindo as canções nordestinas [...]. De repente, ela falou: "Vamos sentar ali no banco". Ela sentou e escreveu, acho, umas quatro ou cinco páginas sobre o Olímpico, descreveu o Olímpico todo e ela mesma diz no livro: "Eu peguei no olhar de um nordestino". Ela pegou a história dele toda. Distraidamente, ela captou o que estava em volta dela naquela feira. E comendo sofregamente beiju e falando disso e daquilo e rindo do cantador. Você nunca podia imaginar que a Clarice já estava trabalhando a personagem.[11]

A gênese de Macabéa foi similar, escreve Clarice no início do livro: "É que numa rua do Rio de Janeiro peguei no ar de relance o sentimento de perdição no rosto de uma moça nordestina. Sem falar que eu em menino me criei no Nordeste".[12]

Como em *Um sopro de vida*, o narrador dessa história "real mas inventada" é um homem, Rodrigo S. M.,[13] mas por trás dele Clarice Lispector é ainda mais visível do que de costume. O livro começa com uma "Dedicatória do Autor (Na verdade Clarice Lispector)", que algumas páginas depois diz:

> Sei que há moças que vendem o corpo, única posse real, em troca de um bom jantar em vez de um sanduíche de mortadela. Mas a pessoa de quem falarei mal tem corpo para vender, ninguém a quer, ela é virgem e inócua, não faz falta a ninguém. Aliás — descubro eu agora — também eu não faço a menor falta, e até o que escrevo um outro escreveria. Um outro escritor, sim, mas teria que ser homem porque escritora mulher pode lacrimejar piegas.[14]

A sinfônica dedicatória — "Pois que dedico esta coisa aí ao antigo Schumann e sua doce Clara que são hoje ossos, ai de nós" — em que Clarice rememora todos os músicos e espíritos que "habitaram sua vida" e se lembra da "antiga pobreza, quando tudo era mais sóbrio e digno e eu nunca tinha comido lagosta", é uma das mais belas páginas de sua obra; seguem-se a ela os treze títulos que ela mencionou em sua entrevista a Julio Lerner.

A Hora da Estrela

A Culpa É Minha

Ou

A Hora da Estrela

Ou

Ela que Se Arranje

Ou

O Direito ao Grito

Clarice Lispector

.Quanto ao Futuro.

Ou

Lamento de um Blue

Ou

Ela Não Sabe Gritar

Ou

Uma Sensação de Perda

Ou

Assovio no Vento Escuro

Ou

Eu Não Posso Fazer Nada

Ou

Registro dos Fatos Antecedentes

Ou

História Lacrimogênica de Cordel

Ou

Saída Discreta pela Porta dos Fundos

Entre o quarto e o quinto títulos, Clarice Lispector assinou seu nome, não na caligrafia trêmula que era uma herança do incêndio de uma década antes, mas de modo claro, audaz, uma afirmação final da identidade da criadora.

O número treze não foi escolhido ao acaso. Falando da composição de *Água viva*, Olga Borelli disse:

Quando ela me mandava bater à máquina, ela dizia: "Conta sete, dá sete espaços para teu parágrafo, sete. Depois, tente não passar da página 13". Olha a superstição! Quando era um conto, dizia: "Aperta. Dê pouco espaço para não passar da página 13". Ela gostava muito do número 9, do 7, do 5. É uma coisa muito estranha essa em Clarice, mas ela pedia ao editor que não ultrapassasse o número X de páginas, que terminasse o livro naquele ponto. É meio cabalístico, não é? Ela tinha muito disso.[15]

O livro começa com a longa busca de Rodrigo S. M. pela história que ele vai contar. "Por isso não sei se minha história vai ser — ser o quê? Não sei de nada, ainda não me animei a escrevê-la. Terá acontecimentos? Terá. Mas quais? Também não sei."[16]

Finalmente tem início a história de Macabéa, moça que era "incompetente para a vida", que ganha menos que o salário mínimo. "É muito simples: a moça não tinha. Não tinha o quê? É apenas isso mesmo: não tinha."[17] No trabalho ela comete erros demais — só chegou até a terceira série — e invariavelmente suja o papel.

Macabéa cheira mal, mas suas colegas de quarto, temendo ofendê-la, não têm coragem de lhe dizer: "Não tinha aquela coisa delicada que se chama encanto. Só eu a vejo encantadora. Só eu, seu autor, a amo". Ela é uma órfã que "já não sabia mais ter tido pai e mãe, tinha esquecido o sabor". Mas ela não é infeliz, porque sua autoconsciência é tão rudimentar quanto sua instrução. "Ela pensava que a pessoa é obrigada a ser feliz. Então era."[18]

A identificação de Clarice com a moça que "não tinha" é tão completa, escreve, que ela espera nunca ter de descrever um lázaro, porque se o fizesse se cobriria de lepra. "Quando penso que eu podia ter nascido ela — e por que não? — estremeço. E parece-me covarde o fato de eu não a ser, sinto culpa como disse num dos títulos."[19]

Macabéa tem seus prazeres, no entanto. "Sou datilógrafa e virgem, e gosto de coca-cola", ela pensa, com satisfação. A exemplo de Clarice Lispector, ela gosta de ouvir a Rádio Relógio, que oferecia "'hora certa e cultura', e nenhuma música, só pingava em som de gotas que caem — cada gota de minuto que passava. E sobretudo esse canal de rádio aproveitava intervalos entre as tais gotas de minuto para dar anúncios comerciais — ela adorava anúncios. Era a rádio perfeita pois também entre os pingos do tempo dava curtos ensinamentos dos quais talvez algum dia viesse a precisar saber. Foi assim que aprendeu que o Imperador Carlos Magno era na terra dele chamado Carolus".[20]

Ela devaneia em torno da compra de um pote de creme que viu anunciado num jornal velho, "para pele de mulheres que simplesmente não eram ela", um produto tão apetitoso que Macabéa sonhava em comê-lo.[21] E uma vez, a única em sua vida, ela mente para o chefe para poder passar o dia sentada sozinha em sua sórdida pensão.

E tem um namorado, que entra em sua vida numa rua chuvosa.

— E, se me permite, qual é mesmo a sua graça?
— Macabéa.
— Maca — o quê?
— Béa, foi ela obrigada a completar.
— Me desculpe mas até parece nome de doença, doença de pele.[22]

Olímpico de Jesus nunca chega a ser muito mais simpático do que isso, mas Macabéa, que não tem mais ninguém, fica encantada por ele. O sobrenome dele é "o sobrenome dos que não têm pai" e seu nome é outra referência à história dos macabeus, aos falsos deuses que os judeus se recusaram a venerar quando o Templo foi profanado e chamado de "templo de Zeus Olímpico". Como os ídolos pagãos, que eram cobertos de metais preciosos, Olímpico economizou durante meses para trocar um dente perfeitamente normal por um dente de ouro.[23]

> Eles não sabiam como se passeia. Andaram sob a chuva grossa e pararam diante da vitrine de uma loja de ferragem onde estavam expostos atrás do vidro canos, latas, parafusos grandes e pregos. E Macabéa, com medo de que o silêncio já significasse uma ruptura, disse ao recém-namorado:
> — Eu gosto tanto de parafuso e prego, e o senhor?[24]

Essa cena cômica lembra outra, mais mórbida, descrita pelo escritor José Castello e datada da época em que Clarice estava escrevendo *A hora da estrela*:

> Clarice está parada diante de uma vitrine da avenida Copacabana e parece observar um vestido. Envergonhado, me aproximo. "Como está?", digo. Ela custa

a se voltar. Primeiro, permanece imóvel, como se nada tivesse ouvido, mas logo depois, antes que eu me atreva a repetir o cumprimento, move-se lentamente, como se procurasse a origem de um susto, e diz: "Então é você". Naquele momento, horrorizado, percebo que a vitrine tem apenas manequins despidos. Mas logo meu horror, tão tolo, se converte numa conclusão: Clarice tem paixão pelo vazio.[25]

Macabéa compartilha essa paixão:

A maior parte do tempo tinha sem o saber o vazio que enche a alma dos santos. Ela era santa? Ao que parece. Não sabia que meditava pois não sabia o que queria dizer a palavra. Mas parece-me que sua vida era uma longa meditação sobre o nada.[26]

O relacionamento de Macabéa com o detestável Olímpico, cujas ambições incluem trabalhar como açougueiro e se tornar deputado, termina quando Olímpico descobre uma perspectiva mais promissora em Glória, a colega dela, cujo pai trabalha num açougue e come três refeições completas por dia — e que, diferentemente de Macabéa com seus ovários ressecados, tem o cabelo oxigenado "amarelo-ovo".[27]

Glória é uma sabe-tudo que o tempo todo distribui conselhos a Macabéa, o que inclui mandá-la a um médico barato que dá mais conselhos à moça, dizendo que ela tem um vestígio de tuberculose e sugerindo então que coma mais "espaguete bem italiano", um prato de que a famélica Macabéa nunca ouviu falar.

Quando Glória sugere a Macabéa uma visita a sua cartomante, Clarice se intromete de modo súbito e violento:

Estou absolutamente cansado de literatura; só a mudez me faz companhia. Se ainda escrevo é porque nada mais tenho a fazer no mundo enquanto espero a morte. A procura da palavra no escuro. O pequeno sucesso me invade e me põe no olho da rua. Eu queria chafurdar no lodo, minha necessidade de baixeza eu mal controlo, a necessidade da orgia e do pior gozo absoluto. O pecado me atrai, o que é proibido me fascina. Quero ser porco e galinha e depois matá-los e beber-

-lhes o sangue. Penso no sexo de Macabéa, miúdo mas inesperadamente coberto de pelos negros — seu sexo era a única marca veemente de sua existência.[28]

Quando Clarice retoma a história, Macabéa pega dinheiro emprestado de Glória e vai à cartomante, Madame Carlota, uma ex-prostituta que vive num luxo que Macabéa jamais imaginara — "Matéria plástica amarela nas poltronas e sofás. E até flores de plástico. Plástico era o máximo" — e que submerge Macabéa em palavras afetuosas. Ela é uma "fã de Jesus": "Sou doidinha por ele", diz ela para sua deslumbrada visitante, soltando em seguida a inspiradora história de sua vida: disputada pelos fregueses da zona, "só uma vez me caiu uma sífilis mas a penicilina me curou".[29] Quando seus encantos se esvaneceram, Jesus não perdeu tempo e fez com que ela e uma colega estabelecessem seu próprio bordel.

Madame Carlota por fim se cansa de falar de si mesma, lança as cartas de Macabéa e vê diante de si seu horrível destino. Mas "(explosão) de repente aconteceu: o rosto da madama se acendeu todo iluminado". Ela diz a Macabéa que, tão logo saia de sua casa, sua vida mudará completamente. "Madama tinha razão: Jesus enfim prestava atenção nela." Ela fica sabendo que está prestes a encontrar um rico estrangeiro chamado Hans, "alourado e de olhos azuis ou verdes ou castanhos ou pretos" que se apaixonará por ela e lhe comprará um casaco de pele. Macabéa balbucia:

— Mas casaco de pele não se precisa no calor do Rio...
   — Pois vai ter só para se enfeitar. Faz tempo que não boto cartas tão boas. E sou sempre sincera: por exemplo, acabei de ter a franqueza de dizer para aquela moça que saiu daqui que ela ia ser atropelada, ela até chorou muito, viu os olhos avermelhados dela?[30]

Encantada, espantada, já ardendo de paixão por Hans, a vida de Macabéa tinha sido mudada: "E mudada por palavras — desde Moisés se sabe que a palavra é divina". Depois de sair da casa de Madame Carlota, caminhando "grávida de futuro", é atropelada por uma enorme Mercedes amarela.[31]

Por sugestão de Marina Colasanti e Affonso Romano de Sant'Anna, Clarice, em seus últimos anos, vinha frequentando uma cartomante no bairro do

Méier. Essa mulher, com o nome dickensiano de d. Nadir, geralmente dava a Clarice prognósticos róseos: "Saúde tenho a melhorar; nada demais. Ex-marido vai sair do posto com filho, que está bem e progrediu muito. Vai ter alegrias daquelas para os seus problemas! Assunto amoroso confirmado e na tua casa. Não é amor filial", escreveu a d. Nadir em 7 de outubro de 1975, por exemplo.[32]

"Eu fui a uma cartomante e imaginei", ela contou a Julio Lerner na entrevista da TV Cultura. "Ela disse várias coisas boas que iam acontecer e imaginei, quando tomei o táxi de volta, que seria muito engraçado se um táxi me pegasse, me atropelasse e eu morresse depois de ter ouvido todas essas coisas boas."[33] A combinação era típica de Clarice: o desejo de acreditar, a busca de videntes e astrólogos, para depois descartar seus vaticínios com um humor negro e irônico.

No entanto, do mesmo modo negro e irônico, as previsões de Madame Carlota realmente acontecem. Macabéa de fato "encontra" o estrangeiro que lhe foi prometido. E naquela altura, de certo modo, Clarice de fato acreditava. Na dedicatória do livro aos músicos ela escreveu: "E — e não esquecer que a estrutura do átomo não é vista mas sabe-se dela. Sei de muita coisa que não vi. E vós também. Não se pode dar uma prova da existência do que é mais verdadeiro, o jeito é acreditar".[34]

"Deus é o mundo", ela escreveu na primeira página de *A hora da estrela*, um derradeiro eco distante do Espinosa que ela leu quando estudante. "A verdade é sempre um contato interior e inexplicável. A minha vida a mais verdadeira é irreconhecível, extremamente interior e não tem uma só palavra que a signifique."[35]

Macabéa, que, a exemplo de Clarice, medita sobre o nada e "banha-se no não", é uma espécie de santa: "Na pobreza de corpo e espírito eu toco na santidade, eu que quero sentir o sopro do meu além. Para ser mais do que eu, pois tão pouco sou". Macabéa "reduzira-se a si. Também eu", escreve Clarice, "de fracasso em fracasso, me reduzi a mim mas pelo menos quero encontrar o mundo e seu Deus".

> Como a nordestina, há milhares de moças espalhadas por cortiços, vagas de cama num quarto, atrás de balcões trabalhando até a estafa. Não notam sequer que são facilmente substituíveis e que tanto existiriam como não existiriam. Poucas se queixam e ao que eu saiba nenhuma reclama por não saber a quem. Esse quem será que existe?[36]

A pergunta torturante persiste. "Rezava mas sem Deus, ela não sabia quem era Ele e portanto Ele não existia", Clarice escreveu sobre Macabéa.[37] Mas finalmente ela própria sabia quem Ele era. Quando o livro saiu, em outubro de 1977, ela mandou um exemplar a Alceu Amoroso Lima, o mesmo escritor católico que, com o pseudônimo Tristão de Athayde, fizera um ensaio introdutório para a primeira edição de *O lustre*. Naquele livro, ele escrevera, 31 anos antes, "há a mais completa ausência de Deus". Agora ele recebia um exemplar de *A hora da estrela* com uma inscrição na caligrafia trêmula de Clarice: "Eu <u>sei</u> que Deus existe".[38]

"Antes de aprender a ler e a escrever eu já fabulava", disse Clarice certa vez, recordando sua primeira infância. "Inclusive, eu inventei com uma amiga minha, meio passiva, uma história que não acabava. [...] Eu começava, tudo estava muito difícil; os dois mortos... Então entrava ela e dizia que não estavam tão mortos assim. E aí recomeçava tudo outra vez..."[39]

Em *O lustre*, Virgínia é morta por um automóvel, mas em *Perto do coração selvagem* a menina Joana lança mão do mesmo truque que Clarice usara quando criança: "já vestira a boneca, já a despira, imaginara-a indo a uma festa onde brilhava entre todas as outras filhas. Um carro azul atravessava o corpo de Arlete, matava-a. Depois vinha a fada e a filha vivia de novo".[40]

Clarice não podia deixar Ângela morrer; agora, no final de *A hora da estrela*, ela ainda quer resgatar a pobre Macabéa. Tão logo a Mercedes a atinge, ela corre para trás para salvá-la, mas acaba se contendo:

> Eu ainda poderia voltar atrás em retorno aos minutos passados e recomeçar com alegria no ponto em que Macabéa estava de pé na calçada — mas não depende de mim dizer que o homem alourado e estrangeiro a olhasse. É que fui longe demais e já não posso mais retroceder.[41]

"Vou fazer o possível para que ela não morra", escreve Clarice na página seguinte. "Mas que vontade de adormecê-la e de eu mesmo ir para a cama dormir." O restante do livro é o esforço desesperado de Clarice para salvá-la. "Macabéa por acaso vai morrer? Como posso saber?", escreve. "E nem as pessoas ali presentes sabiam. Embora por via das dúvidas algum vizinho tivesse pousado junto do corpo uma vela acesa. O luxo da rica flama parecia cantar glória."[42]

Por páginas e páginas Clarice retém o destino da moça em suas mãos. "Por enquanto Macabéa não passava de um vago sentimento nos paralelepípedos sujos. Eu poderia deixá-la na rua e simplesmente não acabar a história", escreve, exatamente como tinha feito com Ângela. No entanto, a dúvida já assomou. "Mas quem sabe se ela não estaria precisando de morrer? Pois há momentos em que a pessoa está precisando de uma pequena mortezinha e sem nem ao menos saber."[43]

Macabéa se encolhe em posição fetal.

Então — ali deitada — teve uma úmida felicidade suprema, pois ela nascera para o abraço da morte. A morte que é nesta história o meu personagem predileto. Iria ela dar adeus a si mesma? Acho que ela não vai morrer porque tem tanta vontade de viver. E havia certa sensualidade no modo como se encolhera. Ou é porque a pré-morte se parece com a intensa ânsia sexual? É que o rosto dela lembrava um esgar de desejo. As coisas são sempre vésperas e se ela não morre agora está como nós na véspera de morrer, perdoai-me lembrar-vos porque quanto a mim não me perdoo a clarividência.[44]

Desta vez, a personagem não voltará a se levantar. Clarice deixa sua amada Macabéa morrer.
"Que não lamentem os mortos", ela insiste. "Eles sabem o que fazem."[45]

Em outubro, apenas alguns dias depois da publicação de *A hora da estrela*, Clarice Lispector foi subitamente hospitalizada. No táxi a caminho do hospital, ela disse: "Faz de conta que a gente não está indo para o hospital, que eu não estou doente e que nós estamos indo para Paris", lembrava-se Olga Borelli.

Então, começamos a fazer planos e a falar dos passeios que faríamos em Paris. O motorista do táxi, coitado, já cansado de trabalhar por toda uma noite, perguntou timidamente: "Eu também posso ir nesta viagem?". E Clarice falou: "Lógico que pode, e ainda pode levar a namorada". E ele: "Minha namorada é uma velhinha de setenta anos, e não tenho dinheiro". Clarice respondeu: "Ela vai também. Faz de conta que você ganhou na Loteria Esportiva". Na hora de descer, em frente ao hospital, conta Olga, Clarice perguntou o preço da corrida. Apenas vinte cruzeiros, e ela deu duzentos.[46]

Clarice tinha dito que "cada um escolhe o modo de morrer", e o meio que ela escolheu foi macabramente apropriado. Depois de uma vida inteira escrevendo sobre ovos e o mistério do nascimento — em *A hora da estrela* ela se refere com insistência aos ovários secos de Macabéa —, ela própria sofria agora de um incurável câncer no ovário.

Depois de uma operação exploratória em 28 de outubro, foi transferida para um hospital público, o Hospital da Lagoa, e de seu quarto dispunha de uma vista das formidáveis montanhas do Rio e do Jardim Botânico que tanto amava. Recebeu poucas visitas: Tania e Elisa, Paulo e sua esposa Ilana, Rosa Cass, Olga Borelli, Nélida Piñon, Autran Dourado, Siléa Marchi.

O diagnóstico era de câncer terminal, mas não lhe deram a informação. "Clarice falava bastante", disse Siléa. "Estava muito alerta... Além do mais, não sabia nada sobre sua doença e indicava, a todo mundo com quem conversava, o quanto estava otimista e o quanto desejava voltar para casa o mais breve possível."[47]

A mulher que tantas vezes anunciara a própria morte não dava sinais de saber o que lhe estava acontecendo. Continuava criando suas ficções mágicas. Em sua caligrafia quase ilegível, esboçava listas de convidados para as reuniões que faria quando voltasse para casa. "Ficava muito animada pensando nesses almoços e nos amigos e parentes convidados. Seria uma festa. Que nunca aconteceu", conta Olga.[48]

Mas é mais provável, como sentiam muitos dos que acompanharam suas últimas semanas, que ela soubesse perfeitamente bem o que estava acontecendo. Pelo bem deles, vestia uma máscara de coragem. "Uma pessoa sabe quando está morrendo", disse Rosa Cass, que, a pedido de Clarice, introduziu, sorrateiramente, uma cerveja Caracu no hospital. (Ela também pediu *gurke*, um picles *kosher*.) Clarice ria da situação: "Que bobagem", disse a Rosa, quando indagada sobre a gravidade da doença. Mas Rosa lembrava que Clarice muitas vezes camuflava seus reais sentimentos. "Clarice nunca deixava escapar o que estava pensando."[49]

Foi menos discreta com um de seus médicos, que era atormentado pelas insistentes perguntas de sua preocupada paciente sobre o que iriam fazer com ela.[50] E as palavras que ela escrevia ou ditava a Olga mostram que Clarice falava sério quando disse que queria morrer escrevendo: "Dentro do mais interior de minha casa morro eu neste fim de ano exausta". Em seu leito de morte ela retornou ao mito que criara em torno de seu nome, *lis no peito*.

> Sou um objeto querido por Deus. E isso me faz nascerem flores no peito. Ele me criou igual ao que escrevi agora: "sou um objeto querido por Deus" e ele gostou de me ter criado como eu gostei de ter criado a frase. E quanto mais espírito tiver o objeto humano mais Deus se satisfaz.
> Lírios brancos encostados à nudez do peito. Lírios que eu ofereço e ao que está doendo em você. Pois nós somos seres e carentes. Mesmo porque estas coisas — se não forem dadas — fenecem. Por exemplo — junto ao calor de meu corpo as pétalas dos lírios se crestariam. Chamo a brisa leve para a minha morte futura. Terei de morrer senão minhas pétalas se crestariam. É por isso que me dou à morte todos os dias. Morro e renasço.
> Inclusive eu já morri a morte dos outros. Mas agora morro de embriaguez de vida. E bendigo o calor do corpo vivo que murcha lírios brancos.
> O querer, não mais movido pela esperança, aquieta-se e nada anseia.
> [...]
> Eu serei a impalpável substância que nem lembrança de ano anterior substância tem.[51]

Fortemente sedada, ela ainda ditava palavras a Olga na manhã de 9 de dezembro de 1977.

> Súbita falta de ar. Muito antes da metamorfose e meu mal-estar, eu já havia notado num quadro pintado em minha casa um começo.
> Eu, eu, se não me falha a memória, morrerei.
> É que você não sabe o quanto pesa uma pessoa que não tem força. Me dê sua mão, porque preciso apertá-la para que nada doa tanto.[52]

Um dia antes de sua morte, registrou Olga Borelli, Clarice Lispector sofreu uma intensa hemorragia.

> Ficou muito branca e esvaída em sangue. Desesperada, levantou-se da cama e caminhou em direção à porta, querendo sair do quarto. Nisso, a enfermeira

impediu que ela saísse. Clarice olhou com raiva para a enfermeira e, transtornada, disse:

"Você matou meu personagem!"[53]

Depois de seu primeiro encontro, sete anos antes, Clarice escreveu a Olga Borelli que esperava tê-la por perto na hora da sua morte. Agora, às dez e meia da manhã de 9 de dezembro de 1977, ela morria segurando a mão de Olga.

"Converteu-se na sua própria ficção", escreveu Paulo Francis. "É o melhor epitáfio possível para Clarice."[54]

Epílogo

Clarice Lispector não pôde ser enterrada no dia seguinte, o dia de seu aniversário de 57 anos, porque caiu no shabat. Em 11 de dezembro de 1977, no Cemitério Israelita do Caju, não muito longe do porto onde Macabéa passava suas raras horas vagas, Clarice Lispector foi sepultada de acordo com o ritual ortodoxo. Quatro mulheres da sociedade funerária, a Chevra Kadisha, limparam seu corpo por dentro e por fora, envolveram-no num lençol de linho branco, pousaram sua cabeça num travesseiro cheio de terra, e a cravaram dentro de um caixão simples de madeira. Foram lidos o Salmo 91, a oração fúnebre "*El malei rahamim*" e o Kadish dos enterros. Não houve discursos por parte dos presentes. Três pazadas de terra foram lançadas sobre o caixão enquanto soavam as palavras do Gênesis: "Da terra vieste e à terra voltarás".

Na lápide, gravado em hebraico, o nome oculto: Chaya bat Pinkhas. Chaya, filha de Pinkhas.

Não ler o que escrevo como se fosse um leitor. A menos que esse leitor trabalhasse, ele também, nos solilóquios do escuro irracional.

Se este livro vier jamais a sair, que dele se afastem os profanos. Pois escrever é coisa sagrada, onde os infiéis não têm entrada. Estar fazendo de propósito um livro bem ruim para afastar os profanos que querem "gostar". Mas um pequeno grupo verá que esse "gostar" é superficial e entrarão adentro do que verdadeiramente escrevo, e que não é "ruim" nem é "bom".

A inspiração é como um misterioso cheiro de âmbar. Tenho um pedacinho de âmbar comigo. O cheiro me faz ser irmã das santas orgias do Rei Salomão e a Rainha de Sabá. Benditos sejam os teus amores. Será que estou com medo de dar o passo de morrer agora mesmo? Cuidar para não morrer. No entanto eu já estou no futuro. Esse meu futuro que será para vós o passado de um morto. Quando acabardes este livro chorai por mim um aleluia. Quando fechardes as últimas páginas deste malogrado e afoito e brincalhão livro de vida então esquecei-me. Que Deus vos abençoe então e este livro acaba bem. Para enfim eu ter repouso. Que a paz esteja entre nós, entre vós e entre mim. Estou caindo no discurso? que me perdoem os fiéis do templo: eu escrevo e assim me livro de mim e posso então descansar.

Clarice Lispector
1920-1977

Notas

INTRODUÇÃO: A ESFINGE [PP. 13-8]

1. Fernando Sabino e Clarice Lispector, *Cartas perto do coração*. Rio de Janeiro: Record, 2001, p. 10.
2. Clarice Lispector, "Já andei de camelo, a esfinge, a dança do ventre (Conclusão)", in *A descoberta do mundo* [1984]. Rio de Janeiro: Francisco Alves, 1994, p. 379.
3. Instituto Moreira Salles (IMS), *Cadernos de Literatura Brasileira: Clarice Lispector*, n. 17/18. São Paulo: IMS, 2004, p. 53.
4. Id., ibid., p. 92; Edilberto Coutinho, *Criaturas de papel: Temas de literatura & sexo & folclore & carnaval & futebol & televisão & outros temas da vida*. Rio de Janeiro: Civilização Brasileira, 1980, p. 168.
5. Gregory Rabassa, *If This Be Treason: Translation and Its Dyscontents: A Memoir*. Nova York: New Directions, 2005, p. 70.
6. Laura Freixas, *Clarice Lispector: Vidas literarias*. Barcelona: Omega, 2001, p. 16.
7. Hélène Cixous e Deborah Jenson, *"Coming to Writing" and Other Essays*. Cambridge, Mass.: Harvard University Press, 1991.
8. Nádia Battella Gotlib, *Clarice, uma vida que se conta*. São Paulo: Ática, 1995, p. 485.
9. Id., ibid., p. 52.
10. "Meus livros têm 'recadinhos': Quais? Os críticos é que dizem...". *O Globo*, 15 maio 1961.
11. "Clarice Lispector diz que escreve sem ter esquemas". [Curitiba], 25 jul. 1970.
12. Maria Esther Gilio, "Tristes trópicos: Con Clarice Lispector en Rio". *Triunfo*, 5 jun. 1976.

13. Apud Federico Mengozzi, "Mistérios de Clarice". *Época*, n. 342, 12 dez. 2004.
14. Clarice Lispector, *De corpo inteiro*. São Paulo: Siciliano, 1992, p. 199.
15. Antônio Hohlfeldt, "Uma tarde com Clarice Lispector". *Correio do Povo*, 3 jan. 1971.
16. Isa Cambará, "Clarice Lispector: Não escrevo para agradar a ninguém". *Folha de S.Paulo*, 10 set. 1975.
17. Teresa Cristina Montero Ferreira, *Eu sou uma pergunta: Uma biografia de Clarice Lispector*. Rio de Janeiro: Rocco, 1999, p. 258.
18. Clarice Lispector, "Amor", in *Laços de família*. São Paulo: Francisco Alves, 1960.
19. Id., "Perfil de um ser eleito", in *A descoberta do mundo*, op. cit., p. 416.
20. Sérgio Fonta, "O papo: Clarice Lispector", *Jornal de Letras*, n. 259, 1972.
21. Clarice Lispector, *Visão do esplendor: Impressões leves*. Rio de Janeiro: Francisco Alves, 1975, p. 19.
22. Id., "Outra carta", in *A descoberta do mundo*, op. cit., p. 75.
23. *Le Monde*, 19 set. 1970.
24. Clarice Lispector, *Um sopro de vida: Pulsações*. Rio de Janeiro: Nova Fronteira, 1978, p. 19.
25. Id., *Água viva* [1973]. Rio de Janeiro: Artenova, 1993, p. 42.
26. Id., "Minha próxima e excitante viagem pelo mundo" [1 abr. 1972], in *A descoberta do mundo*, op. cit.

1. FUN VONEN IS A YID? [PP. 19-24]

1. Amylton de Almeida, *Gazeta*, 1986, apud Nelson Vieira, *Jewish Voices in Brazilian Literature: A Prophetic Discourse of Alterity*. Gainsville: University Press of Florida, 1995, p. 120.
2. Olga Borelli, *Clarice Lispector, esboço para um possível retrato*. Rio de Janeiro: Nova Fronteira, 1981, p. 43.
3. Nádia Battella Gotlib, *Clarice, uma vida que se conta*, op. cit., p. 66.
4. Clarice Lispector, "Esclarecimentos — Explicação de uma vez por todas", in *A descoberta do mundo*, op. cit., p. 345, grifo do original.
5. Clarice Lispector et al., *Outros escritos*. Rio de Janeiro: Rocco, 2005, p. 95. Língua presa é um defeito de nascença relativamente comum, mas raramente dura até a idade adulta. Ela escreveu que o dr. Pedro Bloch lhe garantiu que seria um problema fácil de corrigir, mas ela recusou a operação por medo da dor.
6. Alberto Dines, apud Nelson Vieira, *Jewish Voices in Brazilian Literature*, op. cit., p. 120.
7. IMS e Carlos Mendes de Sousa, "A revelação do nome", *Cadernos de Literatura Brasileira: Clarice Lispector*. São Paulo: IMS, 2004, p. 144.
8. Entrevista a Renard Perez, in Renard Perez, *Escritores brasileiros contemporâneos* [2. ed.]. Rio de Janeiro: Civilização Brasileira, 1970, p. 69.
9. Cf. Claire Varin, *Línguas de fogo: Ensaio sobre Clarice Lispector* [1990], trad. Lúcia Peixoto Cherem. São Paulo: Limiar, p. 52.
10. Clarice Lispector, *O lustre*. Rio de Janeiro: Agir, 1946, p. 185.

11. Carlos Mendes de Sousa, *Clarice Lispector, figuras da escrita*. Minho: Universidade do Minho, Centro de Estudos Humanísticos, 2000, p. 164.

12. Sérgio Milliet, apud id., ibid., p. 21.

13. Lêdo Ivo, apud IMS, *Cadernos de Literatura Brasileira: Clarice Lispector*, op. cit., p. 50.

14. Carlos Mendes de Sousa, *Clarice Lispector, figuras da escrita*, op. cit., p. 22.

15. Clarice Lispector, "Lembrança de filho pequeno", in *A descoberta do mundo*, op. cit., p. 199; cf. Claire Varin, *Línguas de fogo*, op. cit., p. 85.

16. Emanuel Brasil, *Nossos clássicos: Clarice Lispector*, n. 120. Rio de Janeiro: Agir, 1994, pp. 138-9.

17. Teresa Cristina Montero Ferreira, *Eu sou uma pergunta*, op. cit.

18. Carlos Mendes de Sousa, *Clarice Lispector, figuras da escrita*, op. cit., p. 22.

19. Lêdo Ivo, apud IMS, *Cadernos de Literatura Brasileira: Clarice Lispector*, op. cit., p. 48.

20. "Clarice, um mistério sem muito mistério", *Correio da Manhã*, 2 nov. 1971; IMS, *Cadernos de Literatura Brasileira: Clarice Lispector*, op. cit., p. 59.

21. Julio Lerner, "A última entrevista de Clarice Lispector", *Shalom*, jun./ago. 1992, pp. 62-9.

22. "Procurou, a todo custo, esconder sua condição de judia", afirmou um crítico, de modo típico. Edgar Cézar Nolasco, "Restos de ficção: A criação biográfico-literária de Clarice Lispector", Universdade Federal de Minas Gerais, 2003, p. 9. Para outros exemplos dessa concepção errônea, ver Carlos Mendes de Sousa, *Clarice Lispector, figuras da escrita*, op. cit., p. 27.

23. Clarice Lispector, "Pertencer", in *A descoberta do mundo*, op. cit., p. 110, grifo meu.

24. Anna Reid, *Borderland: A Journey through the History of Ukraine*. Boulder, Colorado: Westview Press, 1999, p. 132.

25. Id., ibid., p. 147.

26. Marcus Eli Ravage, *The Jew Pays: A Narrative of the Consequences of the War to the Jews of Eastern Europe*. Nova York: Knopf, 1919, p. 27.

2. AQUELA COISA IRRACIONAL [PP. 25-40]

1. Nathan Hofferman, *The 20th Century and I*, registros da Chechelnicker Benevolent Association of New York, YIVO Institute for Jewish Research, Nova York. O autor também é conhecido como Norman Hofferman.

2. Um cemitério judeu prova que a vida judaica persistiu em Tchetchelnik muito tempo depois do Holocausto, embora os judeus remanescentes tenham partido para as grandes cidades ou emigrado.

3. C. T. Vovk, S. V. Taranets' e V. A. Kosakivsky, *Narisi z istoryi Chechel'nika: Z naidavnishikh chasiv do nashikh dniv*. Vinnitsa, Ucrânia: "Komp'iuterna verstka ta khudozhne oformlennia redakstsii gazeti 'Chechel'nits'kii visnik'", 2000, p. 41. A vizinha Savran, onde Elisa nasceu, e o correspondente Savranka também são nomes turcos.

4. Id., ibid., p. 42.

5. Clarice Lispector, *Onde estivestes de noite*. Rio de Janeiro: Artenova, 1974, p. 50.

6. Cf. C. T. Vovk et al., op. cit., pp. 62-3.

7. Gershom Gerhard Scholem, *Major Trends in Jewish Mysticism*. Nova York: Schocken Books, 1995, pp. 337-8.

8. Kate Brown, *A Biography of No Place: From Ethnic Borderland to Soviet Heartland*. Cambridge, Massachusetts: Harvard University Press, 2004, pp. 59-62 e 67.

9. Olga Borelli, *Clarice Lispector, esboço para um possível retrato*, op. cit., p. 11.

10. Edilberto Coutinho, *Criaturas de papel*, op. cit., p. 170.

11. Gershom Gerhard Scholem, *Major Trends in Jewish Mysticism*, op. cit., p. 349.

12. Tania Lispector Kaufmann, irmã de Clarice e Elisa, afirmava que o livro é "uns oitenta por cento verdadeiro". Sua cronologia e os lugares pelos quais ele descreve a passagem da família são todos rastreáveis em outras fontes, entre as quais a própria "não ficcional" *Retratos antigos*, e as linhas gerais da história são comuns a muitas outras memórias e crônicas do período. É geralmente fácil ver onde Elisa insere floreios romanescos. Em todo caso, sua maior preocupação parece ser fornecer um registro do sofrimento de sua família.

13. Elisa Lispector, *Retratos antigos*, manuscrito datilografado inédito, p. 8., coleção de Nicole Algranti, Teresópolis.

14. Ele também pode ter trabalhado, ao menos por um tempo, como *shochet*, um açougueiro kosher. De acordo com *No exílio*, ele abandonou sua profissão, montou uma casa de chá para sua esposa gerir e se dedicou aos estudos talmúdicos (essas descrições podem ser ficcionais; em *Retratos antigos* Elisa diz que ele era um lojista).

15. Elisa Lispector, *Retratos antigos*, op. cit. Outras fontes mencionam oito filhos: Teresa Cristina Montero Ferreira, *Eu sou uma pergunta*, op. cit., p. 20; Elisa Lispector, *Retratos antigos*, op. cit. "Oito filhos" é também o número in Elisa Lispector, *No exílio* [1948]. Rio de Janeiro: Pongetti, 1971, p. 51.

16. Elisa Lispector, *Retratos antigos*, op. cit., p. 9.

17. Teresa Cristina Montero Ferreira, *Eu sou uma pergunta*, op. cit., p. 19; visita do autor ao Cemitério Judeu de Barro, Recife.

18. Id., ibid., p. 17.

19. Elisa Lispector, *Retratos antigos*, op. cit., p. 10.

20. Id., *No exílio*, op. cit., pp. 21 e 24.

21. Id., *Retratos antigos*, op. cit., p. 14.

22. Id., *No exílio*, op. cit., p. 21.

23. Id., *Retratos antigos*, op. cit., pp. 16-7.

24. Id., ibid.

25. Id., ibid., p. 20.

26. Id., *No exílio*, op. cit., pp. 51, 29 e 51.

27. Id., *Retratos antigos*, op. cit., p. 21.

28. Id., ibid.

29. Julio Lerner, "Última entrevista de Clarice Lispector", op. cit.

30. Elisa Lispector, *Retratos antigos*, op. cit., p. 21.

31. Id., ibid., p. 23.

32. Teresa Cristina Montero Ferreira, *Eu sou uma pergunta*, op. cit., p. 21.

33. Isidore Singer e Cyrus Adler (Orgs.), "Agricultural Colonies in the Argentine Republic", in *The Jewish Encyclopedia: A Descriptive Record of the History to the Present Day*, 12 v. Nova York: Funk & Wagnalls, 1906.

34. Ele também, mais tarde, foi para o Recife.

35. Teresa Cristina Montero Ferreira, *Eu sou uma pergunta*, op. cit., pp. 21-2.

36. Israel Wainstok, *Zichrones fun a fater*. Rio de Janeiro: Impresso nos Estabelecimentos Gráficos Monte Scopus, 1955.

37. S. An-Ski, *The Enemy at His Pleasure: A Journey through the Jewish Pale of Settlement during World War I*, trad. Joachim Neugroschel. Nova York: Metropolitan Books, 2002, pp. 3-4.

38. Id., ibid., p. 15.

39. David Engel, "World War I", in Gershon David Hundert (Org.), *The YIVO Encyclopedia of Jews in Eastern Europe*, 2 v. New Haven: Yale University Press, 2008, v. 2, p. 2034.

40. Id., ibid., v. 2, p. 2033.

41. Joachim Neugroschel, introdução a S. An-Ski, *The Enemy at His Pleasure: A Journey through the Jewish Pale of Settlement during World War I*, op. cit., pp. ix-x.

42. Desde o início, o movimento nacionalista ucraniano foi, de modo incomum, receptivo aos judeus. Havia várias razões para isso. Mykhailo Hrushevski, o presidente do governo revolucionário ucraniano, a Rada Central, era um franco defensor dos direitos das minorias nacionais. Conforme Hrushevski percebeu, os ucranianos e os judeus precisavam uns dos outros. Os ucranianos étnicos eram sobretudo agrários, enquanto as cidades eram fortemente russas, judaicas e polonesas. O movimento nacional ucraniano precisava de uma burguesia, e uma aliança com os judeus era natural. Mas o conceito de uma "coletividade judaica ucraniana" não existia. Os judeus do Império Russo pensavam em si mesmos como judeus russos, e, se o Estado supranacional se fraturasse, temiam ficar vulneráveis aos novos nacionalismos. Para aderir ao novo governo, os judeus teriam de se identificar com a Ucrânia, e não com a Rússia. A Rada, muito antes de declarar a independência, enfatizava por isso sua receptividade às minorias. O parlamento reservava grandes parcelas de assentos para russos, poloneses e judeus. Na câmara baixa os judeus eram até mesmo super-representados de modo desproporcional. O governo criou o primeiro Ministério de Assuntos Judaicos do mundo. Essas atitudes tinham o objetivo de estabelecer o princípio da autodeterminação para minorias, incluindo os ucranianos, no interior de um Estado russo mais amplo. "Ao garantirem autonomia extraterritorial para suas minorias", escreveu Henry Abramson, "os ucranianos assumiam uma posição elevada, do ponto de vista moral, em suas negociações com o governo provisório [de toda a Rússia] por maior autonomia territorial para a Ucrânia como um todo." Henry Abramson, *A Prayer for the Government: Ukrainians and Jews in Revolutionary Times, 1917-1920*. Cambridge, Massachusetts: Harvard University Press para o Harvard Ukrainian Institute and Center for Jewish Studies, 1999.

43. Id., ibid., p. 61.

44. Id., ibid., p. 80.

45. Essa proposta, como tantas outras coisas naquela época crítica, foi tornada inócua pelas infindáveis lutas intestinas entre os sionistas e os socialistas. Os sionistas, que insistiam em usar o hebraico, que quase ninguém falava, confrontavam-se com os igualmente intransigentes partidos socialistas, que usavam o iídiche, a língua da vasta maioria dos judeus. O Ministério de Assuntos Judaicos, colhido entre os dois extremos, ficou paralisado entre o fim de 1917 e o início de 1918.

46. Os partidos judeus, juntamente com os russos, opuseram-se universalmente à declaração. Os ucranianos achavam que o mínimo que os judeus poderiam fazer, em retribuição pela

liberalidade incomum da Rada, era apoiar as aspirações nacionais ucranianas e ficaram furiosos quando eles não o fizeram.

47. Henry Abramson, *A Prayer for the Government*, op. cit., p. 88.
48. Id., ibid., pp. 100-1.
49. Elisa Lispector, *Retratos antigos*, op. cit., p. 17.
50. Teresa Cristina Montero Ferreira, *Eu sou uma pergunta*, op. cit., pp. 23-4.
51. Elisa Lispector, *No exílio*, op. cit., p. 59. Em *Retratos antigos* ela escreve: "Num dos primeiros pogroms que se seguiram à revolução vermelha, quando os bolcheviques ainda mal se estabilizavam, o avô morreu trespassado por várias balas, ao galgar a escadaria da que até então tinha sido a sua própria casa, depois usada para aquartelamento de tropas".

3. O POGROM BÁSICO [PP. 41-50]

1. American Jewish Congress, Israel Goldberg e Committee on Protest against the Massacres of Jews in Ukrainia and Other Lands et al., *The Massacres and Other Atrocities Committed against the Jews in Southern Russia*. Nova York, 1920, pp. 5 e 13-4.
2. Id., ibid., p. 12.
3. Essa é a cidade que Elisa nomeia em seu livro.
4. Elisa Lispector, *Retratos antigos*, op. cit., p. 23.
5. Id., *No exílio*, op. cit., pp. 32-3, grifo meu.
6. Id., *Retratos antigos*, op. cit., p. 15.
7. Entrevista com Claire Varin, Laval, Québec, 7 jan. 2006. Outras fontes atribuem a paralisia de Mania a um choque traumático (possivelmente um espancamento) ocasionado pela violência do pogrom ou por outra doença. Não se conhecem depoimentos das filhas de Mania, Tania Kaufmann e Elisa Lispector, que confirmem a hipótese do estupro.
8. Clarice Lispector, *Objeto gritante* (II), manuscrito inédito, 1971, p. 155, coleção de Dorotéa Severino, Nashville, Tennessee.
9. Orlando Figes, *A People's Tragedy: The Russian Revolution, 1891-1924*. Nova York: Viking, 1996, p. 678.
10. American Jewish Congress, Israel Goldberg e Committee on Protest against the Massacres of Jews in Ukrainia and Other Lands et al., *The Massacres and Other Atrocities Committed against the Jews in Southern Russia*, op. cit., pp. 15-6.
11. Para uma descrição desse pogrom, ver Bernard Lecache, *Quand Israël meurt*. Paris: Éditions du Progrès Civique, 1927, p. 181. Nas páginas 182-9 há uma descrição do pogrom na Teplyk natal de Pinkhas Lispector, onde Tania nasceu quatro anos antes. A família pode ter estado em Teplyk, embora Elisa nomeie Haysyn.
12. American Jewish Congress, Israel Goldberg e Committee on Protest Against the Massacres of Jews in Ukrainia and Other Lands et al., op. cit., pp. 8-15.
13. Clarice Lispector, *A descoberta do mundo*, op. cit., pp. 110-1; "Pertencer" [15 jun. 1968], in *A descoberta do mundo*, op. cit.
14. Cf. <http://www.schoolscience.co.uk/content/4/biology/abpi/diseases/disease10.html>; Kate Brown, *A Biography of No Place*, op. cit., p. 255.

15. Id., ibid., pp. 72-3.

16. Na Ucrânia, em Israel e nos Estados Unidos, o autor consultou vários especialistas em medicina popular judaica e ucraniana. Nenhum deles sabia a que Clarice estava se referindo quando mencionou "uma superstição comum" que relacionava a gravidez com a cura de doenças. Quando as mulheres de Tchetchelnik foram indagadas sobre essa superstição, exclamaram em reconhecimento imediato.

17. Clarice Lispector, "Esclarecimentos — Explicação de uma vez por todas", in *A descoberta do mundo*, op. cit., p. 345.

18. Elisa Lispector, *No exílio*, op. cit., p. 37.

19. Id., ibid., p. 40.

20. Clarice Lispector, "As crianças chatas" [19 ago. 1967], in *A descoberta do mundo*, op. cit., p. 15.

21. Elisa Lispector, *No exílio*, op. cit., p. 56.

22. Israel Wainstok, *Zichrones fun a fater*, op. cit., p. 12.

23. Elisa Lispector, *No exeilio*, op. cit., p. 63.

24. Um dos primos Rabin de Mania, Abraham, tinha se casado com uma mulher chamada Rebecca Chichilnitsky em Buenos Aires. O nome dela indica uma origem na cidade.

25. Elisa Lispector, *No exílio*, op. cit., p. 70.

26. C. T. Vovk, S. V. Taranets' e V. A. Kosakivsky, *Narisi z istoryi Chechel'nika*, op. cit., p. 80.

4. O NOME PERDIDO [PP. 51-6]

1. Carlos Mendes de Sousa, *Clarice Lispector, figuras da escrita*, op. cit., p. 457.

2. IMS e Carlos Mendes de Sousa, "A revelação do nome", op. cit., p. 165.

3. Clarice Lispector, *Um sopro de vida*, op. cit., p. 127. Apud Carlos Mendes de Sousa, *Clarice Lispector, figuras da escrita*, op. cit., p. 458.

4. Clarice Lispector, *Visão do esplendor*, op. cit., p. 21.

5. Id., *Um sopro de vida*, op. cit., pp. 32-3.

6. Id., ibid., p. 15.

7. Clarice Lispector e Teresa Montero (Orgs.), *Correspondências*. Rio de Janeiro: Rocco, 2002, pp. 291 e 28.

8. Carlos Mendes de Sousa, *Clarice Lispector, figuras da escrita*, op. cit., p. 461; Olga Borelli, *Clarice Lispector, esboço para um possível retrato*, op. cit., p. 61. Numa narrativa tardia, "As manigâncias de dona Frozina", uma personagem diz: "Olhe, d. Frozina, tem nomes piores do que o seu. Tem uma que se chama Flor de Lis — e como acharam ruim o nome, deram-lhe o apelido pior: Minhora". ("Minhora" soa como *minhoca*.) In Clarice Lispector, *Onde estivestes de noite*, op. cit., p. 96.

9. Clarice Lispector, *A paixão segundo G. H.* [1964], Rio de Janeiro: Editora do Autor, 1991, p. 24; Carlos Mendes de Sousa, *Clarice Lispector, figuras de escrita*, op. cit., p. 466.

10. Elisa Lispector, *No exílio*, op. cit., p. 73.

11. Cf. David W. Tschanz, "Typhus Fever on the Eastern Front in World War I", <http://entomology.montana.edu/historybug/wwwi/TEF.htm>.

12. Vidkun Quisling e Fund for the Relief of the Jewish Victims of the War in Eastern Europe, *The Truth about the Ukrainian Horror: Official Report*. Londres: Fund for the Relief of the Jewish Victims of the War in Eastern Europe, 1922, p. 18.
13. Id., ibid.
14. Elisa Lispector, *No exílio*, op. cit., p. 74.
15. Id., ibid., p. 80.
16. Clarice Lispector, "Falando em viagens", in *A descoberta do mundo*, op. cit., p. 380.

5. ESTÁTUA DA LIBERDADE [PP. 57-68]

1. Clarice nasceu em dezembro de 1920, e os Lispector estavam com certeza em Bucareste em janeiro de 1922. Deixaram Tchetchelnik em algum momento depois que uma certidão de nascimento foi emitida para ela em Tchetchelnik em 14 de novembro de 1921. Para essa certidão de nascimento, ver Nádia Battela Gotlib, *Clarice: Fotobiografia*. São Paulo: Edusp; Imprensa Oficial, 2007, p. 37. Elisa menciona que eles foram para Soroca e fizeram uma parada, por alguma razão, na minúscula aldeia de Vertiujeni, perto de Soroca, junto ao Dniester. Isso sugere que eles estavam viajando de barco, pois não há nenhuma outra razão para terem parado numa cidadezinha tão insignificante no caminho para Kishinev.
2. Martin Gilbert, *Atlas of Russian History*. Nova York: Dorset, 1972, p. 107.
3. Israel Wainstok, *Zichrones fun a fater*, op. cit., p. 10.
4. Elisa Lispector, *Retratos antigos*, op. cit., pp. 24-5.
5. Id., *No exílio*, op. cit., p. 82.
6. Id., *Retratos antigos*, op. cit., p. 25.
7. Teresa Cristina Montero Ferreira, *Eu sou uma pergunta*, op. cit., p. 32.
8. Elisa Lispector, *Retratos antigos*, op. cit., p. 24.
9. Teresa Cristina Montero Ferreira, *Eu sou uma pergunta*, op. cit., p. 29.
10. Irving Howe, *World of Our Fathers*, op. cit., p. 42.
11. Elisa Lispector, *No exílio*, op. cit., pp. 89-90.
12. Jeff Lesser, *Welcoming the Undesirables: Brazil and the Jewish Question*. Berkeley: University of California Press, 1995, p. 7.
13. Moreno Brandão, "Alagoas em 1925", in *Livro do Nordeste* (*comemorativo do 1º aniversário do Diário de Pernambuco*), 1925, Recife: Secretaria da Justiça, Arquivo Público Estadual, reimpressão, 1979, pp. 162-3.
14. Francisco Ignacio Marcondes Homem de Mello e Francisco Homem de Mello, *Geographia-atlas do Brazil e das cinco partes do mundo*. Rio de Janeiro: F. Briguiet, 1912. Isso exclui o Distrito Federal, a cidade-estado do Rio de Janeiro.
15. Moreno Brandão, "Alagoas em 1925", op. cit.
16. Elisa Lispector, *Retratos antigos*, op. cit., p. 24.
17. Israel Wainstok, *Zichrones fun a fater*, op. cit., p. 17.
18. Julio Lerner, *Clarice Lispector, essa desconhecida*. São Paulo: Via Lettera, 2007, pp. 44-5; "*Compaaaa rôpáaaaaa*", entrevista com Olga Borelli.
19. Elisa Lispector, *No exílio*, op. cit., p. 96.

20. Id., ibid., p. 97.
21. Id., ibid., p. 100.
22. Id., ibid., p. 102.
23. Id., ibid., p. 104.

6. GRIENE GRINGOS [PP. 69-83]

1. Carta sem data de Tania Lispector Kaufmann, via Zélia Oliveira, a Giovanni Pontiero, coleção da autora.
2. *Folha de S.Paulo*, 10 dez. 1977.
3. Clarice Lispector, "Esclarecimentos — Explicação de uma vez por todas", in *A descoberta do mundo*, op. cit., p. 345.
4. C. R. Boxer, *The Dutch in Brazil, 1624-1654*. Oxford: Clarendon, 1957; Eleazar Córdova-Bello, *Compañías holandesas de navegación, agentes de la colonización neerlandesa*. Sevilha: Escuela de Estudios Hispano-Americanos, 1964.
5. Manoel Calado, *O valeroso Lucideno. E triumpho da liberdade: Primeira parte*. Lisboa: Paulo Craesbeeck impressor & livreiro das Ordões Militares, 1648.
6. Erico Verissimo, *Brazilian Literature: An Outline*. Nova York: Macmillan, 1945, p. 17; Arquivo Histórico Judaico de Pernambuco, Kahal zur Israel.
7. Arquivo Histórico Judaico de Pernambuco, op. cit.
8. O jesuíta Antônio Vieira escreveu que os principais motivos da rebelião eram que eles tomaram muito dinheiro dos holandeses e não podiam ou não queriam pagar. Cf. Pedro Calmon, *História do Brasil*, v. 2. Rio de Janeiro: José Olympio, 1971.
9. Cf. E. van den Boogaart, Hendrik Richard Hoetink e Peter James Palmer Whitehead, *Johan Maurits van Nassau-Siegen 1604-1679: A Humanist Prince in Europe and Brazil: Essays on the Occasion of the Tercentenary of His Death*. Haia: Johan Maurits van Nassau Stichting, 1979.
10. José Honório Rodrigues, *Historiografia e bibliografia do domínio holandês no Brasil*. Rio de Janeiro: Departamento de Imprensa Nacional, 1949.
11. Entrevista com a dra. Tânia Neumann Kaufman, Recife, 15 ago. 2006.
12. Angela Maria de Castro Gomes, *Em família: A correspondência de Oliveira Lima e Gilberto Freyre, Coleção Letras em série*. Campinas: Cecult; Mercado de Letras, 2005, pp. 123-6.
13. Malamud (1908, Mogilev-Podilsky, Podólia) era um velho amigo. Quando se mudaram para o Rio, os Lispector ficaram na pensão do pai dele no Flamengo, e mais tarde, como advogado, ele auxiliou Clarice a obter a cidadania brasileira. Samuel Malamud, *Escalas no tempo*. Rio de Janeiro: Record, 1986, p. 112.
14. Avrum Ishie, apud Tânia Neumann Kaufmann, *Passos perdidos, história recuperada: A presença judaica em Pernambuco*. Recife: Bagaço, 2000, p. 197.
15. Pelas descrições da economia, estrutura social e geografia dos judeus no Recife, o autor é grato a Tânia Neumann Kaufmann, diretora do Arquivo Histórico Judaico de Pernambuco, bem como à sra. Beatriz Schnaider Schvartz, da mesma instituição.
16. Entrevista com Nachman Falbel, São Paulo, 21 jul. 2006.
17. Tania Lispector Kaufmann, apud Nádia Battella Gotlib, *Clarice, uma vida que se conta*, pp. 67-8.

18. Carta sem data a Giovanni Pontiero, coleção da autora.
19. Tânia Neumann Kaufman et al., *Passos perdidos, história desenhada: A presença judaica em Pernambuco no século XX*. Recife: Arquivo Histórico Judaico de Pernambuco, 2005, vol. 1, pp. 47-8.
20. Entrevista a Leo Gilson Ribeiro, "Tentativa de explicação", *Correio da Manhã*, 21 mar. 1965.
21. Cf. Nádia Battella Gotlib, *Clarice, uma vida que se conta*, op. cit., p. 22.
22. Id., ibid., pp. 480-1.
23. Clarice Lispector et al., *Outros escritos*, op. cit., pp. 137-8.
24. Carta de Tania Lispector Kaufman a Giovanni Pontiero, 20 ago. 1992, coleção da autora.
25. Id., ibid.
26. Clarice Lispector et al., *Outros escritos*, op. cit., p. 139.
27. Julio Lerner, "Última entrevista de Clarice Lispector", op. cit.
28. Clarice Lispector et al., *Outros escritos*, op. cit., p. 139. Cf. IMS, *Cadernos de Literatura Brasileira: Clarice Lispector*, op. cit., p. 58.
29. Cf. Maria Esther Gilio, "Tristes trópicos: Con Clarice Lispector en Rio", op. cit.
30. Carta de Tania a Giovanni Pontiero, 20 ago. 1992, coleção da autora.
31. Clarice Lispector, "As grandes punições", in *A descoberta do mundo*, op. cit., p. 36.
32. Era também, entretanto, ladrão e mentiroso. Por volta de 1927 viajou aos Estados Unidos, onde se casou com a avó deste autor, Elizabeth Lurie, na época aluna de graduação em filosofia na Universidade de Chicago. Eles viajaram juntos para o México para pesquisar as comunidades judaicas daquele país. No México ele foi pego roubando manuscritos raros do Arquivo Nacional e acabou expulso do país.

A imprensa iídiche do México publicou uma nota sobre o assunto, que foi republicada por um jornal judaico de Nova York e depois reaproveitada por um jornal judaico de Buenos Aires, que acabou chegando ao Recife, onde a primeira sra. Nachbin ficou sabendo que seu marido tinha se casado ilegalmente com outra mulher. O segundo casamento foi anulado e Jacob Nachbin expulso dos Estados Unidos; ele esteve na Espanha em 1935 e em Paris em 1938, de onde desapareceu sem deixar vestígio. Ver Nachman Falbel, *Jacob Nachbin*. São Paulo: Nobel, 1985; Nachman Falbel, *Estudos sobre a comunidade judaica no Brasil*. São Paulo: Federação Israelita do Estado de São Paulo, 1984.

33. Clarice Lispector, "As grandes punições", in *A descoberta do mundo*, op. cit., p. 36.
34. Id., "Cem anos de perdão", op. cit., p. 320.
35. Claire Varin e Clarice Lispector, *Clarice Lispector: Rencontres brésiliennes*. Montréal, Québec: Les Éditions Triptyque, 2007, p. 65. Essa citação apareceu originalmente na entrevista a Edgar Proença, "Um minuto de palestra...", *Estado do Pará*, 20 fev. 1944. Clarice repetiu a afirmação muitos anos mais tarde numa entrevista a *O Pasquim*, Rio de Janeiro, 9 jun. 1974: "Clarice, até que ponto você se identifica com as suas personagens? Até que ponto você é a Joana de *Perto do coração selvagem*, uma pessoa lúcida que não se encontra na realidade?". "Bem, Flaubert disse uma vez: 'Madame Bovary sou eu'". Apud Lícia Manzo, *Era uma vez — eu: A não ficção na obra de Clarice Lispector: Ensaio*. Curitiba: Governo do Estado do Paraná, Secretaria de Estado da Cultura; The Document Company, Xerox do Brasil, 1998, p. 3.

36. Clarice Lispector, "Bichos (Conclusão)", in *A descoberta do mundo*, op. cit., p. 263.
37. Cf. Edilberto Coutinho, *Criaturas de papel*, op. cit., p. 167.
38. Entrevista com Luiz Carlos Lacerda, Rio de Janeiro, 1 ago. 2006.
39. "Clarice morreu. Sem saber que morria". *O Estado de S. Paulo*, 10 dez. 1977, p. 27.
40. Claire Varin e Clarice Lispector, *Clarice Lispector: Rencontres brésiliennes*, p. 133. Essa entrevista foi também publicada in Clarice Lispector et al., *Outros escritos*, op. cit.
41. Clarice Lispector, *Perto do coração selvagem*. Rio de Janeiro: A Noite, 1943, p. 87.
42. Id., *A mulher que matou os peixes*. Rio de Janeiro: Sabiá, 1968.
43. Cf. Nádia Battella Gotlib, *Clarice, uma vida que se conta*, op. cit., p. 73.
44. Clarice Lispector, "Um encontro perfeito", in *A descoberta do mundo*, op. cit., p. 42.
45. Clarice Lispector e Teresa Cristina Montero Ferreira (Orgs.), carta a Lúcio Cardoso, 13 jul. 1941, in *Correspondências*, op. cit., p. 15.
46. Entrevista com Olga Borelli.
47. Clarice Lispector, *Perto do coração selvagem*, op. cit., pp. 53 e 198.
48. Fernando Pessoa, *Heróstrato e a busca da imortalidade*, trad. Manuela Rocha, vol. 14 de *Obras de Fernando Pessoa*. Lisboa: Assírio & Alvim, 2000, p. 174.
49. Clarice Lispector, *Perto do coração selvagem*, op. cit., p. 97.
50. Id., "O vestido branco", in *A descoberta do mundo*, op. cit., p. 80.
51. Id., *Perto do coração selvagem*, op. cit., p. 182.
52. Fragmento encontrado entre as últimas anotações de Clarice. Ver também Claire Varin, *Clarice Lispector: Rencontres brésiliennes*, op. cit., p. 170.
53. Clarice Lispector, *Perto do coração selvagem*, op. cit., p. 10.
54. Id., ibid., p. 182.
55. Id., "O relatório da coisa", in *Onde estivestes de noite*, op. cit., p. 87.
56. Id., *Perto do coração selvagem*, op. cit., p. 156.

7. AS HISTÓRIAS MÁGICAS [PP. 84-93]

1. Cf. Teresa Cristina Montero Ferreira, *Eu sou uma pergunta*, op. cit., p. 37.
2. Elisa Lispector, *No exílio*, op. cit., p. 109.
3. Clarice Lispector et al., *Outros escritos*, op. cit., p. 138.
4. Clarice Lispector, "Restos de Carnaval", in *A descoberta do mundo*, op. cit., p. 82.
5. Elisa Lispector, *No exílio*, op. cit., p. 123.
6. Id., ibid., pp. 110-1.
7. Id., ibid., pp. 115-6.
8. Cf. Teresa Cristina Montero Ferreira, *Eu sou uma pergunta*, op. cit., p. 37.
9. Elisa Lispector, *No exílio*, op. cit., p. 132.
10. Id., *Retratos antigos*, op. cit., p. 19.
11. Id., *No exílio*, op. cit., p. 133.
12. "Sepultamento de Clarice será simples e discreto". *O Globo*, 11 dez. 1977. Ver também Olga Borelli, entrevistada em *Manchete*, 1981, apud Nádia Battella Gotlib, *Clarice, uma vida que se conta*, op. cit., p. 481.

13. Clarice Lispector, "San Tiago", in *A descoberta do mundo*, op. cit., p. 62.
14. Id., *Visão do esplendor*, op. cit., p. 19.
15. Claire Varin e Clarice Lispector, *Clarice Lispector: Rencontres brésiliennes*, op. cit., p. 175; entrevista a Marisa Raja Gabaglia, 1973.
16. Cf. Nádia Battella Gotlib, *Clarice, uma vida que se conta*, op. cit., p. 94.
17. Clarice Lispector, "O que eu queria ter sido", in *A descoberta do mundo*, op. cit., p. 153.
18. Rachel Donadio, "The Irascible Prophet: V. S. Naipaul at Home". *New York Times*, 7 ago. 2005.
19. Entrevista a Julio Lerner, apud Claire Varin e Clarice Lispector, *Clarice Lispector: Rencontres brésiliennes*, op. cit., p. 195.
20. Clarice Lispector, *Um sopro de vida*, op. cit., p. 11.
21. Id., *A maçã no escuro*. Rio de Janeiro: Francisco Alves, 1961, p. 350.
22. Id., "As grandes punições" [4 nov. 1967], in *A descoberta do mundo*, op. cit., p. 36.
23. Carta sem data de Tania Lispector Kaufmann a Giovanni Pontiero, coleção da autora.
24. Clarice Lispector, "Lição de piano", in *A descoberta do mundo*, op. cit., p. 48.
25. Carta sem data de Tania Lispector Kaufmann a Giovanni Pontiero, coleção da autora.
26. Fragmento citado em Claire Varin, *Línguas de fogo*, op. cit., p. 59.
27. Clarice Lispector, "Medo da eternidade", in *A descoberta do mundo*, op. cit., p. 309.
28. Cf. Nádia Battella Gotlib, *Clarice, uma vida que se conta*, op. cit., p. 71.
29. Bertha fez o discurso em iídiche. Não importa o quanto de hebraico Clarice aprendeu quando criança, o fato é que quase com certeza tinha esquecido muito, ou a maior parte dele, na idade adulta. Quando Bertha se mudou para Israel anos depois, porém, pensando que também ela esquecera tudo, descobriu que, com a mesma quantidade de conhecimento de hebraico de Clarice, estava bem preparada para um novo país. Entrevista com Bertha Lispector Cohen, Rio de Janeiro, 3 ago. 2006. Há apenas duas referências explícitas ao iídiche nos escritos de Clarice Lispector. Numa obra tardia, ela escreveu: "Captou? Understood? Farstein? D'accord?"; numa coluna de jornal ela se referiu à expressão de seu pai "Ele é um homem", o que, embora ela não diga isso, é uma tradução do iídiche "Er is a mensch", ele é um bom homem, ou um homem de verdade. Clarice Lispector, *Visão do esplendor*, op. cit., p. 49. Elisa recordou essa mesma expressão no já citado *Retratos antigos*.
30. Cf. Teresa Cristina Montero Ferreira, *Eu sou uma pergunta*, op. cit., pp. 43-4.
31. Id., ibid., p. 43.
32. Clarice Lispector, *Objeto gritante*, 1971, op. cit., p. 7. Arquivo Clarice Lispector, Arquivo-Museu de Literatura Brasileira, Fundação Casa de Rui Barbosa, Rio de Janeiro (doravante citado em notas como ACL).
33. Cf. Nádia Battella Gotlib, *Clarice, uma vida que se conta*, op. cit., p. 94.
34. Cf. Lícia Manzo, *Era uma vez — eu*, op. cit., p. 128; entrevista a Lícia Manzo, Rio de Janeiro, 23 out. 1996.
35. Clarice Lispector, *A Legião Estrangeira*. Rio de Janeiro: Editora do Autor, 1964, p. 15.
36. Id., ibid., pp. 16, 20 e 21.
37. Id., ibid., pp. 23-4.

8. MELODRAMA NACIONAL [PP. 94-101]

1. Teresa Cristina Montero Ferreira, *Eu sou uma pergunta*, op. cit., p. 48.
2. David Wainstok, *Caminhada: Reminiscências e reflexões*. Rio de Janeiro: Lidador, 2000, p. 278.
3. Thomas E. Skidmore, *Politics in Brazil, 1930-1964: An Experiment in Democracy*. Nova York: Oxford University Press, 1967, p. 4.
4. Cf. <http://www.getulio50.org.br/textos/gv3.htm>.
5. Boris Fausto, *Getúlio Vargas: O poder e o sorriso*. São Paulo: Companhia das Letras, 2006, p. 128.
6. Thomas E. Skidmore, op. cit., p. 23.
7. Jeff Lesser, *Welcoming the Undesirables*, op. cit., p. 59. Havia rumores de que o antissemitismo de Barroso vinha de suas próprias origens judaicas: Barroso seria um abrasileiramento de "Baruch". Não há evidência alguma de que isso seja verdade.
8. Gustavo Barroso, *Os protocolos dos sábios de Sião: O imperialismo de Israel. O plano dos judeus para a conquista do mundo. O código do Anticristo. Provas de autenticidade, documentos, notas e comentários. Texto completo e apostilado por Gustavo Barroso*. São Paulo: Agência Minerva Editora, 1936.
9. Alzira Alves de Abreu et al. (Orgs.), "Gustavo Barroso", in *Dicionário histórico-biográfico brasileiro*. Rio de Janeiro: FGV Editora/FGV CPDOC, 2001.
10. Jeff Lesser, *Welcoming the Undesirables*, op. cit., p. 61.
11. Entrevista com Bertha Lispector Cohen, Rio de Janeiro, 3 ago. 2006.
12. Entrevista com Samuel Lispector, Recife, 15 ago. 2006.
13. David Wainstok, *Caminhada*, op. cit., p. 280.
14. "I. S.", apud Tânia Neuman Kaufmann, *Passos perdidos, história recuperada*, op. cit., pp. 134-5.
15. David Wainstok, *Caminhada*, op. cit., p. 280.
16. Id., ibid.
17. Id., ibid.

9. SÓ PARA LOUCOS [PP. 102-10]

1. Samuel Lispector apud Nádia Battella Gotlib, *Clarice, uma vida que se conta*, op. cit., p. 71.
2. Entrevista com Tania Lispector Kaufmann, Rio de Janeiro, 1 ago. 2006; entrevista com Cecília Wainstok Lipka, Rio de Janeiro, 29 jul. 2006.
3. Entrevista com Tania Lispector Kaufmann, Rio de Janeiro, 1 ago. 2006.
4. Apud Nádia Battella Gotlib, *Clarice, uma vida que se conta*, op. cit., p. 84.
5. Entrevista com Tania Lispector Kaufmann.
6. Teresa Cristina Montero Ferreira, *Eu sou uma pergunta*, op. cit., p. 54.
7. Carta sem data de Tania Lispector Kaufmann a Giovanni Pontiero, coleção da autora.
8. Entrevista com Tania Lispector Kaufmann.
9. Nádia Battella Gotlib, *Clarice, uma vida que se conta*, op. cit., p. 83.

10. "Amo a matemática desde os dez anos de idade", entrevista a Leopoldo Nachbin, *Manchete*, [c. 1969].

11. Entrevista para o Museu da Imagem e do Som, in Clarice Lispector et al., *Outros escritos*, op. cit., p. 160.

12. Entrevista com Cecília Wainstok Lipka.

13. Arnaldo Franco Júnior, "Clarice, segundo Olga Borelli", *Suplemento Literário* do *Minas Gerais*, 19 dez. 1987.

14. Isso é destacado em Claire Varin, *Línguas de fogo*, op. cit., p. 108.

15. Clarice Lispector, *Onde estivestes de noite*, op. cit., p. 71, apud Claire Varin, op. cit., p. 110.

16. Anotação não publicada reproduzida in Claire Varin, *Línguas de fogo*, op. cit., p. 108.

17. Clarice Lispector, *Água viva*, op. cit., p. 38.

18. Id., ibid., p. 9.

19. Id., "A descoberta do mundo", in *A descoberta do mundo*, op. cit., p. 114.

20. Nádia Battella Gotlib, *Clarice, uma vida que se conta*, op. cit., p. 39.

21. Suzana Bernstein Horovitz, apud Nádia Battella Gotlib, *Clarice, uma vida que se conta*, op. cit., p. 99.

22. Clarice Lispector, "Felicidade clandestina", in *Felicidade clandestina*. Rio de Janeiro: Sabiá, 1971, pp. 5-8.

23. Id., "Escrever", in *A descoberta do mundo*, op. cit., p. 304.

24. Cf. Julio Lerner, "Última entrevista de Clarice Lispector", op. cit.; "Tentativa de explicação", entrevista a Leo Gilson Ribeiro, op. cit.

25. Hermann Hesse, *Der Steppenwolf* [1927]. Berlim: G. Fischer, 1961, p. 42.

26. Id., ibid.,"Traktat des Steppenwolfes", p. 4.

27. Id., ibid.,"Traktat", pp. 6-7.

28. Clarice Lispector, *Um sopro de vida*, op. cit., p. 39.

29. Id., "Ainda impossível", in *A descoberta do mundo*, op. cit., p. 437.

10. VOANDO PARA O RIO [PP. 111-28]

1. Ruy Castro, *Carmen: Uma biografia*. São Paulo: Companhia das Letras, 2005, p. 13.

2. Renato Pinto Venâncio, "Presença portuguesa: De colonizadores a imigrantes", in *Brasil, 500 anos de povoamento*. Rio de Janeiro: IBGE, Centro de Documentação e Disseminação de Informações, 2000.

3. Clarice Lispector, "Viajando por mar", in *A descoberta do mundo*, op. cit., p. 377.

4. *Folha de S.Paulo*, 10 dez. 1977: "Pernambuco marca tanto a gente que basta dizer que nada, mas nada mesmo das viagens que fiz por este mundo contribuiu para o que escrevo. Mas Recife continua firme".

5. Clarice Lispector, "O manifesto da cidade", in *Visão do esplendor*, op. cit., p. 53.

6. Entrevista com Alberto Dines, São Paulo, 22 jul. 2006.

7. Entrevista com Tania Lispector Kaufmann, Rio de Janeiro, 1 ago. 2006.

8. Entrevista com Cecília Wainstok Lipka, Rio de Janeiro, 29 jul. 2006.

9. David Wainstok, *Caminhada: Reminiscências e reflexões*, op. cit., p. 78.

10. Cf. Beatriz Kushnir, *Baile de máscaras: Mulheres judias e prostituição: As polacas e suas associações de ajuda mútua*. Rio de Janeiro: Imago, 1996; Isabel Vincent, *Bodies and Souls: The Tragic Plight of Three Jewish Women Forced into Prostitution in the Americas*. Nova York: William Morrow, 2005.

11. Jeff Lesser, *Welcoming the Undesirables*, op. cit., p. 83.
12. Id., ibid., p. 74.
13. Id., ibid., p. 8.
14. Apud Tânia Neumann Kaufman, *Passos perdidos, história recuperada*, op. cit., p. 135.
15. Israel Wainstok, *Zichrones fun a fater*, op. cit., p. 16.
16. Nádia Battella Gotlib, *Clarice, uma vida que se conta*, op. cit., p. 136.
17. Entrevista com Tania Lispector Kaufmann, Rio de Janeiro, 1 ago. 2006.
18. Nádia Battella Gotlib, *Clarice, uma vida que se conta*, op. cit., p. 136.
19. Jeff Lesser, *Welcoming the Undesirables*, op. cit., p. 105.
20. Id., ibid., p. 108.
21. Clarice Lispector, "O que eu queria ter sido", in *A descoberta do mundo*, op. cit., p. 153.
22. Entrevista para o Museu da Imagem e do Som, in Clarice Lispector et al., *Outros escritos*, op. cit., p. 140.
23. Carta a Fernando Sabino, 14 ago. 1946, in Fernando Sabino e Clarice Lispector, *Cartas perto do coração*, op. cit., p. 31.
24. Cf. Nádia Battella Gotlib, *Clarice, uma vida que se conta*, op. cit., p. 147.
25. Stefan Zweig, *Begegnungen mit Menschen, Büchern, Städten*. Viena: H. Reichner, 1973.
26. Clarice Lispector, "A descoberta do mundo", in *A descoberta do mundo*, op. cit., p. 114.
27. Nádia Battella Gotlib, *Clarice, uma vida que se conta*, op. cit., pp. 143-4.
28. Clarice Lispector, "Persona", in *A descoberta do mundo*, op. cit., p. 77.
29. Teresa Cristina Montero Ferreira, *Eu sou uma pergunta*, op. cit., p. 67.
30. Clarice Lispector, "Escândalo inútil", op. cit., p. 95.
31. Jeff Lesser, *Welcoming the Undesirables*, op. cit., p. 58.
32. Id., ibid., pp. 49 e 54. "Mas se, em vez de se reproduzir entre si, a população brasileira estivesse em condições de subdividir ainda mais os elementos daninhos de sua atual constituição étnica, fortalecendo-se através de alianças de mais valor com as raças europeias, o movimento de destruição observado em suas fileiras se encerraria, dando lugar a uma ação contrária."
33. *Pan*. Rio de Janeiro, n. 1, 1935.
34. "O triunfo", in Clarice Lispector et al., *Outros escritos*, op. cit., pp. 12-3 e 14.
35. Elisa Lispector, *Retratos antigos*, op. cit., pp. 26-7.
36. Id., ibid.
37. Id., ibid.
38. Entrevista com Tania Lispector Kaufmann, Rio de Janeiro, 1 ago. 2006.
39. Fernando Sabino e Clarice Lispector, Carta de 14 ago. 1946, *Cartas perto do coração*, op. cit., p. 54.
40. Claire Varin, *Línguas de fogo*, op. cit., p. 141.
41. Paulo Gurgel Valente apud Sílvia Leal Fernández, "Um ano sem Clarice", in *Desfile*, dez. 1978, pp. 176-83; cf. Aparecida Maria Nunes, *Clarice Lispector jornalista: Páginas femininas & outras páginas*. São Paulo: Editora Senac, 2006, p. 64.

42. As outras duas eram o chileno Lugoni e o argentino Gálvez. Alberto Dines, *Morte no paraíso: A tragédia de Stefan Zweig* [3. ed.]. Rio de Janeiro: Rocco, 2004, p. 327.

43. Marco Antonio de Carvalho, *Rubem Braga: Um cigano fazendeiro do ar*. Rio de Janeiro: Globo, 2007, p. 282.

44. Alberto Dines, *Morte no paraíso*, op. cit., p. 328.

45. "Convite à leitura", *Vamos Ler!*, Rio de Janeiro, 6 ago. 1936, cf. Aparecida Maria Nunes, op. cit., Clarice Lispector jornalista, p. 42.

46. Julio Lerner, "Última entrevista de Clarice Lispector", op. cit.

47. "Eu e Jimmy", in Clarice Lispector et al., *Outros escritos*, op. cit., pp. 17 e 18-9. Suas publicações subsequentes em *Vamos Ler!* foram uma entrevista com Tasso da Silveira (19 dez. 1940); o conto "Trecho", 9 jan. 1941; uma tradução de "O Missionário", de Claude Farrère, 6 fev. 1941; e sua primeira reportagem, "Uma visita à casa dos expostos", 8 jul. 1941.

48. Entrevista com Tania Lispector Kaufmann, Rio de Janeiro, 1 ago. 2006.

49. Teresa Cristina Montero Ferreira, *Eu sou uma pergunta*, op. cit., p. 75.

50. Cf. Nádia Battella Gotlib, *Clarice, uma vida que se conta*, op. cit., p. 165.

11. DEUS AGITA AS ÁGUAS [PP. 129-42]

1. Mario Carelli, *Corcel de fogo: Vida e obra de Lúcio Cardoso (1912-1968)*. Rio de Janeiro: Guanabara, 1988.

2. Entrevista com Humberto Werneck, São Paulo, 23 jul. 2006.

3. Maria Helena Cardoso, *Por onde andou meu coração: Memórias*. Rio de Janeiro: José Olympio, 1967, p. 272.

4. Id., ibid., pp. 265-6.

5. Mario Carelli, *Corcel de fogo*, op. cit., p. 27.

6. Id., ibid., p. 34.

7. Ferdinand Denis, *Résumé de l'histoire littéraire du Portugal, suivi du resumé de l'histoire littéraire du Brésil*. Paris: Lecointe et Durey, 1826, p. 516.

8. Joaquim Maria Machado de Assis, "Instinto de nacionalidade", 1873, cf. <http://www.geocities.com/athens/olympus/3583/instinto.htm>.

9. Cf. Manuel Bandeira e Ralph Edward Ingalls Dimmick, *Brief History of Brazilian Literature, Pensamiento de América*. Washington, Pan American Union, 1958, p. 144.

10. "Literatura de vanguarda no Brasil", in Clarice Lispector et al., *Outros escritos*, op. cit., pp. 105 e 107.

11. Renard Perez, *Escritores brasileiros contemporâneos*, op. cit., p. 86.

12. Schmidt publicou também outros escritores importantes mais identificados com o regionalismo e o modernismo, como Jorge Amado, Graciliano Ramos e Rachel de Queiroz.

13. Clarice Lispector, "As grandes punições" [4 nov. 1967], in *A descoberta do mundo*, op. cit., p. 36.

14. Irving Howe, *World of Our Fathers*. Nova York: Harcourt Brace Jovanovich, 1976, p. 11.

15. Entrevista com Rosa Cass, Rio de Janeiro, 29 jul. 2006.

16. Entrevista com Edla van Steen, São Paulo, 23 jul. 2006.

17. Tristão de Athayde et al., *10 romancistas falam de seus personagens*. Rio de Janeiro: Edições Condé, 1946, p. 56.
18. João Etienne Filho, apud Mario Carelli, *Corcel de fogo*, op. cit., p. 62.
19. Entrevista com Luiz Carlos Lacerda, Rio de Janeiro, 1 ago. 2006.
20. Clarice Lispector, "Lúcio Cardoso", in *A descoberta do mundo*, op. cit., p. 171.
21. Entrevista com Rosa Cass.
22. Cf. Teresa Cristina Montero Ferreira, *Eu sou uma pergunta*, op. cit., p. 88.
23. Maria Helena Cardoso, *Vida-vida: Memória*. Rio de Janeiro: José Olympio, 1973, p. 194.
24. Entrevista com Rosa Cass.
25. Entrevista com Luiz Carlos Lacerda.
26. Mario Carelli, *Corcel de fogo*, op. cit., p. 59.
27. O conto "Obsessão" só foi publicado postumamente, em *A bela e a fera*. São os contos que Clarice enviou a um concurso promovido pelo editor José Olympio. Depois que os resultados foram anunciados, ela pediu seus originais de volta e ficou então sabendo que eles nunca tinham chegado. A. M. Nunes, *Jornalista*, pp. 65-6.
28. Clarice Lispector, "Obsessão", in *A bela e a fera*. Rio de Janeiro: Nova Fronteira, 1979, p. 43.
29. Id., ibid., pp. 44-5.
30. Id., ibid., pp. 46-7.
31. Id., ibid., pp. 48-9, 51-2.
32. Id., ibid., pp. 45, 52 e 53.
33. Id., ibid., p. 58.
34. Id., ibid., pp. 64-5.
35. Id., ibid., p. 69.
36. Teresa Cristina Montero Ferreira, *Eu sou uma pergunta*, op. cit., p. 77.
37. "Onde se ensinará a ser feliz". *Diário do Povo*. Campinas, 19 jan. 1941, in Clarice Lispector et al., *Outros escritos*, op. cit., p. 34.
38. Cf. Clarice Lispector et al., *Outros escritos*, op. cit., p. 45. Uma abordagem similar e posterior de seu tema obsessivo do crime e da punição reapareceria num texto escrito em nome de outra pessoa sobre o assassino da Califórnia Caryl Chessman. A. M. Nunes, *Jornalista*, p. 78.
39. Clarice Lispector, *Atrás do pensamento: Monólogo com a vida* [c. 1971], p. 143, coleção de Dorotéa Severino, Nashville, Tenn.
40. Gershom Gerhard Scholem, *On the Kabbalah and Its Symbolism*. Nova York: Schocken Books, 1996, pp. 2 e 34.
41. Cf. Edilberto Coutinho, *Criaturas de papel*, op. cit., p. 168.
42. Em outra época, seguindo o êxodo da Espanha, o grande cabalista Isaac Luria, em Safed, criou um poderoso símbolo do afastamento de Deus de seu povo. É o conceito do *tsimtsum*, que literalmente significa "concentração" ou "contração", mas em jargão cabalístico fica mais bem traduzido como "afastamento" ou "retirada". É a precondição básica para a criação.
43. Gershom Gerhard Scholem, *Major Trends in Jewish Mysticism*, op. cit., p. 350.
44. Clarice Lispector e Teresa Montero (Orgs.), carta a Lúcio Cardoso, 13 jul. 1941, in *Correspondências*, op. cit., p. 16.

45. Stefan Zweig, *Die Welt von Gestern: Erinnerungen eines Europäers* [1942]. Estocolmo: Bermann-Fischer, 2003, p. 482.

12. DIRETO DO ZOOLÓGICO [PP. 143-54]

1. Benedictus de Espinosa e Arnold Zweig, *Les Pages immortelles de Espinosa*. Paris: Éditions Corrêa, 1940. O exemplar de Clarice, com anotações, datado de 14 fev. 1947, está no IMS, no Rio de Janeiro. Suas anotações dizem: "Chamamos de acaso a combinação de causa e efeito que a razão não percebe nem explica. Mas tudo existe necessariamente". "Nossa infelicidade vem de que somos incompletas faíscas do fogo divino, como queriam os índios (ou possivelmente 'indus') e perdemos o sentimento do todo." "Tudo que é, é porque alguma coisa foi anteriormente. Os fatos se ligam ao passado e não ao futuro (controle íntimo)" (as últimas duas palavras são difíceis de ler). "Dentro do mundo não há lugar para outras criações. Há apenas a oportunidade de reintegração e de continuação. Tudo o que pode existir, já existe certamente."

2. Clarice Lispector, *Perto do coração selvagem*, op. cit., p. 132.

3. Id., ibid.

4. Id., ibid.

5. Clarice Lispector, *Perto do coração selvagem*, op. cit., pp. 132-3. A última citação é de *Ética*, parte 2, "Da natureza e origem da mente", proposição 13.

6. Id., *O lustre*, op. cit., p. 50.

7. Id., *A cidade sitiada*. Rio de Janeiro: A Noite, 1948, p. 83.

8. Id., *Uma aprendizagem ou O livro dos prazeres* [1969]. Rio de Janeiro: Sabiá, 1993, p. 15.

9. Benedictus de Espinosa e Arnold Zweig, *Les Pages immortelles de Espinosa*, op. cit., pp. 48-9.

10. Id., ibid., p. 48.

11. Esse é um eco acidental dos primeiros místicos judeus. Para eles, a santidade de Deus transcendia completamente qualquer sentido moral, representando nada mais que sua própria glória. Gershom Gerhard Scholem, *Major Trends in Jewish Mysticism*, op. cit., p. 60.

12. Clarice Lispector e Teresa Montero (Orgs.), carta a Lúcio Cardoso, 13 jul. 1941, in *Correspondências*, op. cit., p. 15.

13. Clarice publicou a primeira parte de *Cartas a Hermengardo* em 26 jul. 1941 em *Dom Casmurro*. É o conto de mesmo nome que aparece in Clarice Lispector et al., *Outros escritos*, op. cit., pp. 20-2. A segunda parte, que não foi incluída naquela (nem em nenhuma outra) coletânea, apareceu em 30 de agosto de 1941 na mesma publicação. Clarice negava que escrevia poesia, e sua irmã Tania não estava ciente dessa atividade, conforme escreveu numa carta sem data a Giovanni Pontiero (coleção da autora): "Clarice não escrevia poesias. É possível que na adolescência tenha feito algumas, mas não as publicou". Na verdade, ela publicou pelo menos duas: "Descobri o meu país", que apareceu em 25 de outubro de 1941 em *Dom Casmurro*, e "A mágoa", publicada em 5 de janeiro de 1947 no *Diário de São Paulo*. Este poema é reproduzido em Claire Varin, *Línguas de fogo*, op. cit., pp. 91-2. Para os dois poemas conhecidos de Clarice, ver Benjamin Moser, "A Newly Discovered Poem by Clarice Lispector", *Brasil/Brazil: A Journal of Brazilian Literature*, n. 36, ano 20, 2007. Em 23 de novembro de 1945, Manuel Bandeira es-

creveu a ela: "Você é poeta, Clarice querida. Até hoje tenho remorso do que disse a respeito dos versos que você me mandou. Você interpretou mal minhas palavras. Você tem peixinhos nos olhos; você é bissexta: faça versos, Clarice, e se lembre de mim". Ver também a entrevista em *O Pasquim*, 3 a 9 jun. 1974: "Olga Savary: Você já escreveu poesia, Clarice? — Não. Nem tentou? — Nunca. Sérgio Augusto: — Nem quando adolescente? Olga Savary: — Porque o teu texto é muito poético. — Mas não sou poética". Sousa, *Clarice Lispector, figuras da escrita*, op. cit., pp. 68-9. Para Lúcio Cardoso a respeito da poesia de Clarice, ver Teresa Cristina Montero Ferreira, *Eu sou uma pergunta*, op. cit., p. 104.

14. Apud Nádia Battella Gotlib, *Clarice, uma vida que se conta*, op. cit., p. 154.
15. Entrevista com Tania Lispector Kaufmann, Rio de Janeiro, 1 ago. 2006.
16. Clarice Lispector e Teresa Montero (Orgs.), carta de Maury Gurgel Valente, 5 jan. 1942, in *Correspondências*, op. cit., pp. 18-9.
17. Id., ibid., carta de Maury Gurgel Valente, 9 jan. 1942, pp. 24-6.
18. Id., ibid., p. 25.
19. Id., ibid., carta a Maury Gurgel Valente, 2 jan. 1942, p. 17.
20. Id., ibid., carta a Maury Gurgel Valente, 6 jan. 1942, p. 20.
21. Id., ibid., carta a Maury Gurgel Valente [s.d.], p. 23.
22. Id., ibid., carta de Maury Gurgel Valente, 9 jan. 1942, pp. 24-5.
23. Id., ibid., carta a Maury Gurgel Valente, 11 jan. 1942, p. 27.
24. Clarice Lispector, carta a Tania Lispector Kaufmann, jan. 1942, in *Minhas queridas*. Rio de Janeiro: Rocco, 2007, p. 23.
25. Clarice Lispector e Teresa Montero (Orgs.), carta de Maury Gurgel Valente, 12 jan. 1942, in *Correspondências*, op. cit., p. 30.
26. Id., ibid., carta a Getúlio Vargas, 23 out. 1942, p. 35.
27. Id., ibid., carta a Getúlio Vargas, 3 jun. 1942, p. 33.
28. Teresa Cristina Montero Ferreira, *Eu sou uma pergunta*, op. cit., pp. 92-3.
29. Clarice Lispector e Teresa Montero (Orgs.), carta a Getúlio Vargas, 3 jun. 1942, in *Correspondências*, op. cit., p. 33.
30. André Carrazzoni a Andrade Queiroz, Ministério da Justiça, 10 jun. 1942, ACL.
31. "Conversas com P.", in Clarice Lispector et al., *Outros escritos*, op. cit., p. 87.
32. Entrevista com Tania Lispector Kaufmann, 1 ago. 2006; entrevista com Bertha Lispector Cohen, Rio de Janeiro, 3 ago. 2006.
33. Clarice Lispector, *A bela e a fera*, op. cit., p. 44; "Eu e Jimmy", in Clarice Lispector et al., *Outros escritos*, op. cit., p. 17.
34. Id., "A fuga", op. cit., p. 100.
35. Id., "Gertrudes pede um conselho" [set. 1941], op. cit., pp. 31, 28 e 31.

13. FURACÃO CLARICE [PP. 155-65]

1. Id., *Perto do coração selvagem*, op. cit., pp. 113-4.
2. Id., ibid., p. 116.
3. Id., ibid., pp. 102, 97-8 e 101.

4. Id., ibid., pp. 158-60.
5. Id., ibid., p. 161.
6. Id., ibid., p. 198.
7. Id., ibid., p. 55.
8. Benedictus de Espinosa, *Korte verhandeling van God, de mensch em deszelvs welstand*, [*c.* 1660], 1/10, p. 4, Koninklijke Biliotheek, Haia. "*Nu goet em kwaad em zijn noch zaaken nog werkingen. ergo em zijn goet em kwaad niet in de Natuur. Want indien goet [of] em kwaad zaaken of werkingen zijn, zo moeten zij dan hare beschrijvinge hebben.*"
9. Benedictus de Espinosa e Edwin Curley (Orgs.), *The Collected Works*. Princeton: Princeton University Press, 1985, v. 1, p. 441.
10. Clarice Lispector, *Perto do coração selvagem*, op. cit., p. 90.
11. Id., ibid., pp. 216-7.
12. Clarice Lispector e Teresa Montero (Orgs.), carta a Getúlio Vargas, 3 jun. 1942, in *Correspondências*, op. cit., p. 33.
13. Recorte sem título, 24 abr. 1944, álbum C.L./j 23-26, p. 9, ACL.
14. Nádia Battella Gotlib, *Clarice, uma vida que se conta*, op. cit., p. 172.
15. Teresa Cristina Montero Ferreira, *Eu sou uma pergunta*, op. cit., p. 93.
16. Recorte sem título, 24 abr. 1944, álbum C.L./j 23-26, p. 9, ACL.
17. Cf. Nádia Battella Gotlib, *Clarice, uma vida que se conta*, op. cit., p. 167.
18. Id., ibid., p. 173.
19. Entrevista com Joel Silveira, Rio de Janeiro, 25 ago. 2006.
20. Jurema Finamour, "Clarice Lispector". *Jornal de Letras*, set. 1960.
21. Dinah Silveira de Queiroz. *O Jornal*, jan. 1944. Essa citação e as seguintes foram tiradas do levantamento mais abrangente das primeiras críticas da obra de Clarice Lispector, em particular de *Perto do coração selvagem*: "Ovação", in Carlos Mendes de Sousa, *Clarice Lispector, figuras da escrita*, op. cit., pp. 59-71; Oscar Mendes, "Um romance diferente". *O Diário*. Belo Horizonte, 6 ago. 1944; Guilherme Figueiredo, "O sentimento das palavras". *Diário de Notícias*. Rio de Janeiro, 23 jan. 1944; Lêdo Ivo. *Jornal de Alagoas*, 25 fev. 1944; Otávio de Freitas Júnior, *A Manhã*. Rio de Janeiro, 13 maio 1944.
22. *A Manhã*, 13 out. 1944, in Carlos Mendes de Sousa, *Clarice, figuras da escrita*, op. cit., p. 61.
23. Lêdo Ivo in *Jornal de Alagoas/A Manhã*, 25 fev. 1944, IMS, *Cadernos de Literatura Brasileira: Clarice Lispector*, op. cit., p. 49.
24. Lêdo Ivo e Gilberto Mendonça Teles Orgs.), "Viva Clarice Viva", in *Melhores crônicas de Lêdo Ivo*. Coleção Melhores Crônicas. São Paulo: Global, 2004, p. 161.
25. Jorge de Lima, "Romances de Mulher". *Gazeta de Notícias*, 1 nov. 1944.
26. Lêdo Ivo e Gilberto Mendonça Teles (Orgs.), "Viva Clarice Viva", op. cit., p. 161. Lêdo Ivo, IMS, *Cadernos de Literatura Brasileira: Clarice Lispector*, op. cit., p. 48.
27. Antonio Candido, "*Perto do coração selvagem*". *Folha da Manhã*, 16 jul. 1944. Ver também Antonio Candido, "No raiar de Clarice Lispector" in *Vários escritos*. São Paulo: Livraria Duas Cidades, 1977, pp. 124-31.
28. Sérgio Milliet, *Diário crítico de Sérgio Milliet* [1944]. São Paulo: Brasiliense, 1981, 15 jan. 1944, v. 3, pp. 27-32.

29. Clarice Lispector, *Perto do coração selvagem*, op. cit., pp. 46, 151.
30. Cf. União Brasileira de Escritores, *Boletim Bibliográfico Brasileiro*, n. 9. Rio de Janeiro: Estante Publicações, 1961, p. 210, apud. Claire Varin, *Línguas de fogo*, op. cit., p. 88.
31. Sérgio Milliet, *Diário crítico de Sérgio Milliet*, 5 jan. 1944, v. 3, pp. 27-32. O artigo foi republicado em *A Manhã*, Rio, 10 mar. 1944; eno *Diário da Bahia*, 31 mar. 1944.
32. "Remetente: Clarice Gurgel Valente
Central Hotel
Belém — Pará"
Aerograma datilografado e assinado, enviado de Belém, referente a uma resenha de *Perto do coração selvagem* publicada em *O Estado de S. Paulo* em 26 jan. 1944. Coleção particular, fornecido por Livraria Dantes, Rio de Janeiro.

14. TRAMPOLIM DA VITÓRIA [PP. 166-74]

1. Samuel Wainer e Augusto Nunes (Orgs.), *Minha razão de viver: Memórias de um repórter*. São Paulo: Planeta, 2005, p. 69.
2. Elio Gaspari, *O sacerdote e o feiticeiro: A ditadura derrotada*. São Paulo: Companhia das Letras, 2003, p. 41.
3. Frank D. McCann, "Brazil and World War II: The Forgotten Ally. What Did You Do in the War, Zé Carioca?", *Estudios Interdisciplinairos de América Latina y el Caribe*, v. 6, n. 2, 1995.
4. Id., ibid.
5. Para a história da perseguição dos nipo-brasileiros durante a guerra, ver Fernando Morais, *Corações sujos: A história da Shindo Renmei*. São Paulo: Companhia das Letras, 2000.
6. Tânia Neumann Kaufman, *Passos perdidos, história recuperada*, op. cit., p. 203.
7. Id., ibid.
8. Carta enviada de Manaus a Manuel Pimenta da Cunha, 30 dez. 1904, in Francisco Venâncio Filho, *Euclydes da Cunha e seus amigos*. São Paulo: Cia. Editora Nacional, 1938.
9. Carta a Tania Lispector Kaufmann e Elisa Lispector, 18 mar. 1944, in Olga Borelli, *Clarice Lispector, esboço para um possível retrato*, op. cit., p. 106.
10. Clarice Lispector, carta a Tania Lispector Kaufmann, 23 fev. 1944, in *Minhas queridas*, op. cit., p. 27.
11. Clarice Lispector e Teresa Montero (Orgs.), carta a Lúcio Cardoso, 6 fev. 1944, in *Correspondências*, op. cit., pp. 36-7.
12. Entrevista com Eliane Gurgel Valente. Paris, 3 dez. 2007.
13. Sara Escorel Rodrigues de Moraes, nascida em São Paulo, cujo marido, Lauro Escorel, escreveu sobre *Perto do coração selvagem* duas vezes em outubro de 1944; Lauro Escorel, "Crítica Literária". *A Manhã*, 20 out. 1944; ver também Lauro Escorel, "Prêmio da Fundação Graça Aranha de 1943". *A Manhã*, 29 out. 1944.
14. Jeff Lesser, *Welcoming the Undesirables*, op. cit., p. 58.
15. Fábio Koifman, *Quixote nas trevas: O embaixador Souza Dantas e os refugiados do nazismo*. Rio de Janeiro: Record, 2002.
16. Entrevista com Eva Lieblich Fernandes, Mainz, 2 set. 2007.

17. René Decol, "Uma certa Aracy, um chamado João". *Folha de S.Paulo*, 18 dez. 2006. Outros diplomatas brasileiros que arriscaram a carreira para ajudar judeus foram Almeida Rodrigues e sua esposa, bem como Nogueira Porto.

18. Clarice Lispector e Teresa Montero (Orgs.), carta a Tania Lispector Kaufmann, 16 fev. 1944, in *Correspondências*, op. cit., pp. 38-40.

19. Álvaro Lins, "A Experiência Incompleta: Clarice Lispector", in *Os mortos de sobrecasaca: Obras, autores e problemas da literatura brasileira: Ensaios e estudos, 1940-1960*. Rio de Janeiro: Civilização Brasileira, 1963, pp. 186-7, apud Manzo, *Era uma vez — eu*, op. cit., pp. 22-3. A expressão "realismo mágico" foi usada pela primeira vez nos anos 1920 pelo crítico de arte alemão Franz Roh para se referir a um estilo de pintura também conhecido como Neue Sachlichkeit. Não foi de uso comum na América Latina antes dos anos 1960, quando o escritor venezuelano Arturo Uslar Pietri a popularizou em referência à ficção (principalmente hispano-americana).

20. Clarice Lispector e Teresa Montero, carta a Tania Lispector Kaufmann, 16 fev. 1944, in *Correspondências*, op. cit., p. 38.

21. Clarice Lispector, "Ao correr da máquina", in *A descoberta do mundo*, op. cit., p. 367.

22. Affonso Romano de Sant'Anna, *Jornal do Brasil*, 25 out. 1986, recorte sem título, ACL. Cf. *Água viva*, op. cit.

23. Clarice Lispector e Teresa Montero (Orgs.), carta sem data a Lúcio Cardoso, fim de março, início de abril 1944, in *Correspondências*, op. cit., pp. 41 e 42.

24. Id., ibid., p. 58.

25. Id., ibid., p. 60.

26. Id., ibid., p. 38.

27. Id., ibid.

28. Edgar Proença, "Um minuto de palestra...", op. cit.

29. Clarice Lispector e Teresa Montero (Orgs.), carta sem data a Lúcio Cardoso, fim de mar.-início de abr. 1944, in *Correspondências*, op. cit., p. 42.

15. PRINCIPESSA DI NAPOLI [PP. 175-87]

1. Enquanto esteve na cidade, Clarice entrou em contato com Lauro Escorel, diplomata que publicara uma calorosa resenha de *Perto do coração selvagem* e cuja mulher, Sara, era a única outra esposa judia no Itamaraty. Eles encontraram-se para um almoço, no qual ela conheceu um jovem que tinha entrado havia pouco para o serviço diplomático, João Cabral de Melo Neto. Teresa Cristina Montero Ferreira, *Eu sou uma pergunta*, op. cit., p. 107.

2. Id., ibid., pp. 109-10.

3. Clarice Lispector e Teresa Montero (Orgs.), cartas a Lúcio Cardoso, 25 jul. 1944 e set. 1944, in *Correspondências*, op. cit., pp. 48 e 54.

4. Entrevista com Eliane Gurgel Valente, Paris, 3 dez. 2007.

5. Clarice Lispector e Teresa Montero (Orgs.), carta a Lúcio Cardoso, set. 1944, in *Correspondências*, op. cit., p. 54.

6. Id., ibid.

7. Clarice Lispector, "Estive em Bolama, África", in *A descoberta do mundo*, op. cit., p. 381. Há outra referência a essa experiência em *Objeto gritante*, ACL.
8. Clarice Lispector e Teresa Montero (Orgs.), carta sem data a Lúcio Cardoso, in *Correspondências*, op. cit., p. 54.
9. Entrevista com Tania Lispector Kaufmann, Rio de Janeiro, 1 ago. 2006.
10. Tânia Neumann Kaufman, *Passos perdidos, história recuperada*, op. cit., p. 159.
11. Clarice Lispector e Teresa Montero (Orgs.), in *Correspondências*, op. cit., p. 55.
12. Id. ibid., p. 51.
13. Carta a Natércia Freire, Nápoles, 29 fev. 1945, Biblioteca Nacional, Lisboa.
14. Carta a Natércia Freire, Rio de Janeiro, 13 mar. 1972, Biblioteca Nacional, Lisboa.
15. Clarice Lispector e Teresa Montero (Orgs.), carta a Lúcio Cardoso, set. 1944, in *Correspondências*, op. cit., p. 55.
16. Clarice Lispector, carta a Tania Lispector Kaufmann, 7 ago. 1944, in *Minhas queridas*, op. cit., p. 40.
17. Despachado de Lisboa, 7 ago. 1944, ACL.
18. Clarice Lispector e Teresa Montero (Orgs.), in *Correspondências*, op. cit., p. 49.
19. Id., ibid., p. 55.
20. Id., ibid., pp. 49-50.
21. Id., ibid., p. 51.
22. Cf. <http://www.anvfeb.com.br/majorelza.htm>.
23. Clarice Lispector e Teresa Montero (Orgs.), in *Correspondências*, op. cit., p. 56.
24. Entrevista com Cecília Wainstok Lipka, Rio de Janeiro, 29 jul. 2006.
25. De acordo com a Embaixada da Itália em Brasília. Ver <http://www.ambbrasilia.esteri.it/Ambasciata_Brasilia/Menu/I_rapporti_bilaterali/Cooperazione_politica/Storia/>.
26. Teresa Cristina Montero Ferreira, *Eu sou uma pergunta*, op. cit., pp. 112-3.
27. Norman Lewis, *Naples' 44* [1978]. Nova York: Pantheon, 2002, p. 29.
28. Id., ibid., p. 79.
29. Id., ibid., p. 99.
30. Fernando Sabino e Clarice Lispector, *Cartas perto do coração*, op. cit., p. 7.
31. Rubem Braga, *Com a FEB na Itália: Crônicas*. Rio de Janeiro: Zélio Valverde, 1945.
32. Clarice Lispector e Teresa Montero (Orgs.), *Correspondências*, op. cit., p. 56.
33. Clarice Lispector, carta a Elisa Lispector, 18 dez. 1944, in *Minhas queridas*, op. cit., p. 65.
34. Id., ibid., p. 69.
35. Clarice Lispector e Teresa Montero (Orgs.), *Correspondências*, op. cit., p. 56
36. Id., ibid., p. 55.
37. Rubem Braga, *Com a FEB na Itália*, op. cit., p. 74.
38. Elza Cansanção Medeiros, *E foi assim que a cobra fumou*. Rio de Janeiro: Marques-Saraiva, 1987, p. 56.
39. Rubem Braga, *Com a FEB na Itália*, op. cit., p. 75.
40. Id., ibid., p. 80.
41. Elza Cansanção Medeiros, *E foi assim que a cobra fumou*, op. cit., p. 86.
42. Entrevista com Nádia Battella Gotlib, Ribeirão Preto, 23 jul. 2006.
43. *Pan*, Rio de Janeiro, n. 1, 1935.

44. Elza Cansação Medeiros, *E foi assim que a cobra fumou*, op. cit., p. 71.
45. Id., "Saldando uma dívida de gratidão", escrito "sete anos mais tarde", isto é, aproximadamente em 1952. ACL.
46. Entrevista com a major Elza Cansanção Medeiros, Rio de Janeiro, 12 set. 2006.
47. Rubem Braga, *Com a FEB na Itália*, op. cit., p. 32.
48. Clarice Lispector e Teresa Montero (Orgs.), carta a Lúcio Cardoso, 26 mar. 1945, in *Correspondências*, op. cit., p. 70.
49. Elza Cansanção Medeiros, "Saldando uma dívida de gratidão", op. cit.
50. Entrevista com Joel Silveira, Rio de Janeiro, 25 ago. 2006.
51. Clarice Lispector, "O maior elogio que já recebi", in *A descoberta do mundo*, op. cit., p. 79.

16. A SOCIEDADE DAS SOMBRAS [PP. 188-97]

1. Entrevista com Eliane Gurgel Valente, Paris, 3 dez. 2007.
2. Clarice Lispector, carta a Elisa Lispector, 13 nov. 1944, in *Minhas queridas*, op. cit., p. 58.
3. Clarice Lispector e Teresa Montero (Orgs.), carta a Lúcio Cardoso, [set.], in *Correspondências*, op. cit., p. 56.
4. Clarice Lispector, carta a Elisa Lispector, 20 abr. 1945, in *Minhas queridas*, op. cit., p. 85.
5. Id., carta a Elisa Lispector, 1 set. 1945, in *Minhas queridas*, op. cit., p. 94.
6. Clarice Lispector e Teresa Montero (Orgs.), carta a Lúcio Cardoso, 26 mar. 1945, in *Correspondências*, op. cit., p. 70.
7. Id., ibid., p. 60.
8. Id., ibid., carta a Lúcio Cardoso, 26 mar. 1945.
9. Olga Borelli, *Clarice Lispector, esboço para um possível retrato*, op. cit., p. 11.
10. Clarice Lispector, *Perto do coração selvagem*, op. cit., p. 10.
11. Id., *O lustre*, op. cit., p. 130.
12. Id., ibid., pp. 52-4.
13. Id., ibid., pp. 67-8, 87 e 273.
14. Id., ibid., pp. 84 e 80.
15. Id., ibid., p. 103.
16. Id., ibid., pp. 125-7.
17. Id., ibid., p. 60.
18. Id., "Carta atrasada", in *A descoberta do mundo*, op. cit., pp. 288-9. O livro a que ela se refere é *A cidade sitiada*.
19. Antonio Candido, "*Perto do coração selvagem*", op. cit. Ver também Antonio Candido, "No raiar de Clarice Lispector", in *Vários escritos*, op. cit., pp. 124-31.
20. Clarice Lispector, *O lustre*, op. cit., p. 137.
21. Id., ibid., p. 64.

17. VOLUME NO CÉREBRO [PP. 198-209]

1. Nádia Battella Gotlib, *Clarice, uma vida que se conta*, op. cit., p. 194.
2. Entrevista com Eliane Gurgel Valente. Paris, 16 abr. 2006.
3. Cf. Nádia Battella Gotlib, *Clarice, uma vida que se conta*, op. cit., p. 32. O amigo, de acordo com Eliane Gurgel Valente, era, muito provavelmente, Borges da Fonseca.
4. Clarice Lispector e Teresa Montero (Orgs.), carta a Tania Lispector Kaufmann e Elisa Lispector, 9 maio 1945, in *Correspondências*, op. cit., p. 72.
5. José Augusto Guerra, "Talvez da Europa venha a renovação", 1949; sem mais informações, ACL.
6. Clarice Lispector e Teresa Crisitna Montero Ferreira (Orgs.), *Correspondências*, op. cit., pp. 72-4.
7. Cf. Nádia Battella Gotlib, *Clarice, uma vida que se conta*, op. cit., p. 201.
8. Claire Varin relata que Ungaretti disse isso a Rubem Braga, entrevista. Laval, Québec, 7 jan. 2006.
9. O capítulo "La zia" ("A tia"), publicado na revista *Prosa*, Roma, ACL.
10. Clarice Lispector, *A mulher que matou os peixes*, op. cit., pp. 21-3.
11. Clarice Lispector e Teresa Montero (Orgs.), carta a Tania Lispector Kaufmann, 1 set. 1945, in *Correspondências*, op. cit., p. 76.
12. Clarice Lispector, "Bichos — 1", in *A descoberta do mundo*, op. cit., p. 359.
13. Clarice Lispector e Teresa Montero (Orgs.), *Carta a Tania Lispector Kaufman*, 1 set. 1945, op. cit., p. 59.
14. Id., ibid., pp. 72-4.
15. Carta a Natércia Freire, 27 ago. 1945. Biblioteca Nacional, Lisboa.
16. Clarice Lispector, carta a Elisa Lispector, 1 set. 1945, in *Minhas queridas*, op. cit., p. 94.
17. Clarice Lispector e Teresa Montero (Orgs.), carta a Tania Lispector Kaufmann, 1 set. 1945, in *Correspondências*, op. cit., p. 75.
18. Id., ibid., p. 63.
19. Entrevista com Eliane Gurgel Valente, Paris, 3 dez. 2007.
20. Clarice Lispector e Teresa Montero (Orgs.), *Correspondências*, op. cit., p. 219.
21. Clarice Lispector, "Ao correr da máquina", in *A descoberta do mundo*, op. cit., p. 367.
22. Gilda de Mello e Souza, "O lustre". *O Estado de S. Paulo*, 14 jul. 1946.
23. Carta a Tania Lispector Kaufmann e Elisa Lispector, 26 nov. 1945, apud. Olga Borelli, *Clarice Lispector, esboço para um possível retrato*, op. cit., p. 109. A carta completa in Clarice Lispector, *Minhas queridas*, op. cit., p. 97.
24. Reproduzido in Claire Varin e Clarice Lispector, *Clarice Lispector: Rencontres brésiliennes*, op. cit., p. 140.
25. Clarice Lispector, "Trechos", in *A descoberta do mundo*, op. cit., p. 405.
26. Id., carta a Tania, William e Márcia Kaufmann, 2 fev. 1941, in *Minhas queridas*, op. cit., p. 22.
27. Cf. entrevista a Leo Gilson Ribeiro, "Tentativa de explicação", op. cit.
28. Clarice Lispector e Teresa Montero (Orgs.), carta a Tania Lispector Kaufmann, 1 set. 1945, in *Correspondências*, op. cit.

29. Clarice Lispector, carta a Tania Lispector Kaufmann e Elisa Lispector, 3 dez. 1945, in *Minhas queridas*, op. cit., p. 51.

30. Thomas E. Skidmore, *Politics in Brazil, 1930-1964*, op. cit., p. 48.

31. Entrevista com Joel Silveira. Rio de Janeiro, 25 ago. 2006.

32. Entrevista com Ana Luisa Chafir. Rio de Janeiro, 1 ago. 2006.

33. De acordo com Moacir Werneck de Castro. Fernando Sabino, que chegou à capital vindo da provinciana Minas Gerais, também se surpreendia com isso. "E as mulheres — deles ou de outros, ou de todos, ou de ninguém, que se sentavam à mesa com os homens, discutiam com eles política e literatura, tomavam chope, ouviam e falavam palavrão. Em Minas não havia disso, era novidade para mim." Fernando Sabino, *O tabuleiro de damas*. Rio de Janeiro: Record, 1988, p. 107.

34. Marco Antonio de Carvalho, *Rubem Braga: Um cigano fazendeiro do ar*, op. cit., p. 328.

35. Entrevista com Alberto Dines. São Paulo, 22 jul. 2006.

36. Entrevista com Humberto Werneck. São Paulo, 23 jul. 2006; Fernando Sabino, *O tabuleiro de damas*, op. cit.

37. Fernando Sabino e Clarice Lispector, *Cartas perto do coração*, op. cit., p. 7.

38. Id., ibid.

39. Humberto Werneck, *O desatino da rapaziada: Jornalistas e escritores em Minas Gerais*. São Paulo: Companhia das Letras, 1992, p. 99.

40. De acordo com Nelson Rodrigues, in Ruy Castro, *Ela é carioca: Uma enciclopédia de Ipanema*, [2. ed.]. São Paulo: Companhia das Letras, 1999, p. 289.

41. Fernando Sabino e Clarice Lispector, carta a Fernando e Helena Sabino, Otto Lara Resende e Paulo Mendes Campos, 21 abr. 1946, in *Cartas perto do coração*, op. cit., p. 9.

42. Carta de Berna, 5 maio 1946, apud Olga Borelli, *Clarice Lispector, esboço para um possível retrato*, op. cit., pp. 112-3.

43. "Letras e Artes: O crime, conto de Clarisse [sic] Lispector", ACL. As citações são dessa versão, e não da subsequente "O crime do professor de matemática", publicada em 1961.

18. CEMITÉRIO DE SENSAÇÕES [PP. 210-20]

1. Carta a Tania Lispector Kaufmann, 8 maio 1946, in Olga Borelli, *Clarice Lispector, esboço para um possível retrato*, op. cit., p. 117.

2. Joëlle Rouchou, *Samuel, duas vozes de Wainer* [2. ed.]. Rio de Janeiro: UniverCidade, 2004, p. 191.

3. Olga Borelli, carta a Elisa Lispector e Tania Lispector Kaufmann, 29 abr. 1946, in *Clarice Lispector, esboço para um possível retrato*, op. cit., pp. 110-1.

4. Fernando Sabino e Clarice Lispector, carta a Helena Valladares Sabino, Fernando Sabino, Paulo Mendes Campos, Otto Lara Resende, 21 abr. 1946, *Cartas perto do coração*, op. cit., pp. 9-10.

5. Olga Borelli, carta a Elisa Lispector e Tania Lispector Kaufmann, 29 abr. 1946, op. cit., pp. 110-1.

6. Clarice Lispector, "O medo de errar", in *Pequenas descobertas do mundo*, p. 245.

7. Clarice Lispector e Teresa Montero (Orgs.), carta a Elisa Lispector e Tania Lispector Kaufmann, 5 maio 1946, in *Correspondências*, op. cit., p. 80.

8. Clarice Lispector, carta a Elisa Lispector e Tania Lispector Kaufmann, 11 dez. 1946, in *Minhas queridas*, op. cit., p. 141.

9. Clarice Lispector e Teresa Montero (Orgs.), carta a Lúcio Cardoso, 13 ago. 1947, in *Correspondências*, op. cit., p. 146.

10. Entrevista a Leo Gilson Ribeiro, "Tentativa de explicação", op. cit.

11. Fernando Sabino e Clarice Lispector, carta de Fernando Sabino, 6 maio 1946, *Cartas perto do coração*, op. cit., p. 15.

12. Oswald de Andrade, "*O lustre*". *Correio da Manhã*, 26 fev. 1946; Gilda de Mello e Souza, "*O lustre*", op. cit. O de Gilda de Mello e Souza é provavelmente o melhor ensaio sobre o livro.

13. Cf. Teresa Cristina Montero Ferreira, *Eu sou uma pergunta*, op. cit., p. 133.

14. Outro motivo para o silêncio deles foi o aparecimento de uma estreia sensacional que monopolizou a atenção do Brasil letrado. João Guimarães Rosa, diplomata de origem provinciana que, com sua esposa, Aracy, se destacara servindo durante a guerra em Hamburgo, publicou *Sagarana* [1946]. O título era característico de sua obra extremamente erudita e densamente alusiva, o vocábulo germânico "saga" combinado com o brasileiro "rana", uma palavra tupi com o significado de "à maneira de, uma espécie de". O resultado, "Uma espécie de saga", foi a mais importante obra de ficção a aparecer no país desde *Perto do coração selvagem*.

15. Clarice Lispector e Teresa Montero (Orgs.), carta de Lúcio Cardoso, maio 1947, in *Correspondências*, op. cit., p. 133.

16. Carta a Lúcio Cardoso [8 maio 1946?], apud Olga Borelli, *Clarice Lispector, esboço para um possível retrato*, op. cit., p. 115.

17. Fernando Sabino e Clarice Lispector, carta a Fernando Sabino, 19 jun. 1946, *Cartas perto do coração*, op. cit., p. 21.

18. Olga Borelli, carta a Tania Lispector Kaufmann, 8 maio 1946, op. cit., pp. 114 e 119.

19. Clarice Lispector, *Perto do coração selvagem*, op. cit., p. 32, cf. Lícia Manzo, *Era uma vez — eu*, op. cit., p. 15.

20. Carta de Maury Gurgel Valente, 8 jul. 1959, in Lícia Manzo, *Era uma vez — eu*, op. cit., pp. 19 e 20.

21. Fernando Sabino e Clarice Lispector, carta de Fernando Sabino, 6 jul. 1946, *Cartas perto do coração*, op. cit., p. 28.

22. Olga Borelli, carta a Tania Lispector Kaufmann e Elisa Lispector, 12 maio 1946, in *Clarice Lispector, esboço para um possível retrato*, op. cit., pp. 120 e 122.

23. Essa carta aparece em Olga Borelli, *Clarice Lispector, esboço para um possível retrato*, op. cit., p. 122. A ordem não está clara em outras edições, e ela não aparece em seu livro de correspondência reunida. É citada também, numa ordem diferente, em Lícia Manzo, *Era uma vez — eu*, op. cit., pp. 29-30.

24. Olga Borelli, carta a Tania Lispector Kaufmann, 8 maio 1946, op. cit., *Clarice Lispector, esboço para um possível retrato*, p. 114.

25. Nádia Battella Gotlib, *Clarice, uma vida que se conta*, op. cit., p. 226.

26. Fernando Sabino e Clarice Lispector, carta a Fernando Sabino, 27 jul. 1946, *Cartas perto do coração*, op. cit., p. 35.

27. Clarice Lispector, *Perto do coração selvagem*, op. cit., p. 117.

28. Id., *Um sopro de vida*, op. cit., p. 52.

29. Id., "Lembrança de uma fonte, de uma cidade", in *A descoberta do mundo*, op. cit., p. 286.

30. Joseph A. Page, *Perón, a Biography*. Nova York: Random House, 1983, p. 196.

31. Apud Teresa Cristina Montero Ferreira, *Eu sou uma pergunta*, op. cit., p. 147.

32. Id., ibid.

33. Olga Borelli, carta a Tania Lispector Kaufmann, 8 maio 1946, in *Clarice Lispector, esboço para um possível retrato*, op. cit., p. 117.

34. Fernando Sabino e Clarice Lispector, carta a Fernando Sabino, 19 jun. 1946, *Cartas perto do coração*, op. cit., pp. 20-3.

35. Id., ibid., p. 35.

36. Clarice Lispector e Teresa Montero (Orgs.), carta de Bluma Wainer, 22 jul. 1946, in *Correspondências*, op. cit., p. 92.

37. A grafia do sobrenome não pode ser confirmada. O documento é o número CL/dp 17-300 no ACL. Cf. Eliane Vasconcellos, *Inventário do arquivo Clarice Lispector*. Rio de Janeiro: Ministério da Cultura, Fundação Casa de Rui Barbosa, Centro de Memória e Difusão Cultural, Arquivo-Museu de Literatura Brasileira, 1994, p. 87.

38. Franco Júnior, "Clarice, segundo Olga Borelli", op. cit.

39. Clarice Lispector, carta a Tania Lispector Kaufmann, 22 out. 1947, in *Minhas queridas*, op. cit., p. 176.

40. Ulysses Girsoler, "Psychodiagnostique de Rorschach", [1947-8], ACL.

41. Carta de Ulysses Girsoler, 9 jul. 1947, ACL.

42. Cf. Olga Borelli, *Clarice Lispector, esboço para um possível retrato*, op. cit., p. 44.

43. Fernando Sabino e Clarice Lispector, carta a Fernando Sabino, 27 jul. 1946, *Cartas perto do coração*, op. cit., p. 38.

44. Olga Borelli, carta a Tania Lispector Kaufmann, 8 maio 1946, in *Clarice Lispector, esboço para um possível retrato*, op. cit., p. 116.

45. Essa mesma carta, numa forma ligeiramente diferente, aparece em Clarice Lispector e Teresa Montero (Orgs.), *Correspondências*, op. cit., pp. 165-7, datada de 6 jan. 1948. Aparece também in Olga Borelli, *Clarice Lispector, esboço para um possível retrato*, op. cit., p. 128.

19. A ESTÁTUA PÚBLICA [PP. 221-7]

1. Clarice Lispector, "Lembrança de uma fonte, de uma cidade", in *A descoberta do mundo*, op. cit., p. 286.

2. Clarice Lispector, *A cidade sitiada*, op. cit., pp. 17-8 e 80.

3. Benedito Nunes, "Clarice Lispector ou o naufrágio da introspecção", *Colóquio/Letras*, n. 70, 1982.

4. Carta de Bluma Wainer, 19 mar. 1947, ACL.

5. Clarice Lispector, *A cidade sitiada*, op. cit., pp. 64-5 e 123.

6. Id., ibid., pp. 100, 90 e 99.

7. Olga Borelli, carta possivelmente endereçada a Elisa Lispector e Tania Lispector Kaufmann, 1947, in *Clarice Lispector, esboço para um possível retrato*, op. cit., p. 130; Clarice Lispector, *A cidade sitiada*, op. cit., p. 100.

8. Clarice Lispector, *A cidade sitiada*, op. cit., p. 104.
9. Id., ibid., p. 105.
10. Id., ibid., pp. 106, 107-8.
11. Fernando Sabino e Clarice Lispector, *Cartas perto do coração*, op. cit., carta de Berna, 8 fev. de 1947, op. cit., p. 81.
12. Clarice Lispector, *A cidade sitiada*, op. cit., p. 166.
13. Id., ibid., p. 14.
14. Id., ibid., pp. 23-6.
15. Id., ibid., pp. 122, 159-60.
16. Id., ibid., p. 115.
17. Id., ibid., pp. 17, 58, 70 e 16.
18. Id., ibid., pp. 163 e 20.
19. Clarice Lispector, *Objeto gritante* (II), op. cit., p. 143.
20. Id., *A cidade sitiada*, op. cit., p. 28.
21. Respondendo a sua irmã, que julgava supérfluo o capítulo 11, "Os primeiros desertores", Clarice diz que ele mostra que "a ligação de Perseu com o resto, é que ele não precisava, como Lucrécia, de procurar a realidade — porque ele *era* a realidade, ele fazia parte da verdade. A mulher de preto sentiu que ele era assim, e que era inalcançável por isso, como uma criança. Perseu era o que Lucrécia não conseguiu ser". Carta a Tania Lispector Kaufmann, 5 nov. 1948, in Clarice Lispector e Teresa C. Montero Ferreira (Orgs.), *Correspondências*, op. cit., p. 177.
22. Clarice Lispector, *A cidade sitiada*, op. cit., p. 18.
23. Id., ibid., p. 84.
24. Id., ibid., p. 16.
25. Id., "Perfil de um ser eleito", in *A descoberta do mundo*, op. cit., p. 416, cf. Regina Lucia Pontieri, *Clarice Lispector: Uma poética do olhar*. São Paulo: Ateliê, 1999, p. 17.

20. A TERCEIRA EXPERIÊNCIA [PP. 228-36]

1. Clarice Lispector et al., "Conversas com P.", in *Outros escritos*, op. cit., p. 87.
2. Clarice Lispector, "Lembrança de uma fonte, de uma cidade", in *A descoberta do mundo*, op. cit., p. 286.
3. Id., ibid., "As três experiências".
4. Id., ibid., "A entrevista alegre", p. 56.
5. Id., ibid., "As três experiências".
6. Id., ibid.
7. Id., carta a Elisa Lispector e Tania Lispector Kaufmann, 11 set. 1948, in *Minhas queridas*, op. cit., p. 198.
8. Id., ibid., p. 201.
9. Nádia Battella Gotlib, carta a Zuza e Mozart Gurgel Valente pai, 25 set. 1948, in *Clarice, uma vida que se conta*, op. cit., p. 260.
10. Cf. Teresa Cristina Montero Ferreira, *Eu sou uma pergunta*, op. cit., p. 154.
11. Clarice Lispector e Teresa Montero (Orgs.), carta a Tania Lispector Kaufmann, 5 nov. 1948, in *Correspondências*, op. cit., p. 177.

12. Clarice Lispector, "Virgem em todas as mulheres", in *A descoberta do mundo*, op. cit., p. 163.
13. Id., ibid., "Hoje nasce um menino", p. 424.
14. Jeff Lesser, *Welcoming the Undesirables*, op. cit., p. 2.
15. Samuel Wainer, *Minha razão de viver*, op. cit., pp. 133-4.
16. Elisa Lispector, *No exílio*, op. cit., pp. 7-8.
17. O nascimento do Estado de Israel, no entanto, não foi o impulso imediato para a escrita do livro, que foi concluído em meados de 1947 e publicado no ano seguinte, quando Elisa acrescentou o prefácio.
18. Renard Perez, "Lembrança de Elisa Lispector" [1996]. Manuscrito datilografado não publicado, coleção do autor, p. 2.
19. "Os novos: Elisa Lispector", *Revista Panorama*, ago. 1947.
20. De acordo com a errata anexada à primeira edição.
21. Elisa Lispector, *Além da fronteira* [1945]. Rio de Janeiro: Leitura, 1988, p. 4.
22. Id., ibid., p. 7.
23. Antonio Carlos Villaça, na orelha da edição de 1988.
24. Elisa Lispector, *Além da fronteira*, op. cit., p. 42.
25. Via Ivan Lessa. Maria Alice Barroso lembrava-se de outro amante com quem Elisa ocasionalmente viajava (entrevista, Rio de Janeiro, 10 maio 2007).
26. Renard Perez, "Lembrança de Elisa Lispector", op. cit., p. 4.
27. Clarice Lispector, *A hora da estrela*. Rio de Janeiro: José Olympio, 1977, p. 51.
28. Elisa Lispector, *Corpo a corpo*. Rio de Janeiro: Edições Antares, 1983, p. 43.
29. Id., *Além da fronteira*, op. cit., pp. 20, 13 e 43.
30. Cf. Teresa Cristina Montero Ferreira, *Eu sou uma pergunta*, op. cit., p. 150.
31. Nádia Battella Gotlib, carta a Tania Lispector Kaufmann, p. 7, jul. 1948, in *Clarice, uma vida que se conta*, op. cit., p. 258.
32. Clarice Lispector e Teresa Montero (Orgs.), carta a Tania Lispector Kaufmann, 5 nov. 1948, in *Correspondências*, op. cit., p. 177.
33. Clarice Lispector, carta a Tania Lispector Kaufmann e Elisa Lispector, 19 fev. 1949, in *Minhas queridas*, op. cit., pp. 214-5.
34. Nádia Battella Gotlib, *Clarice, uma vida que se conta*, op. cit., p. 262.
35. Clarice Lispector e Teresa Montero (Orgs.), carta a Tania Lispector Kaufmann, 5 nov. 1948, in *Correspondências*, op. cit., p. 177.
36. Entrevistas com Cecília Lipka e Eliane Gurgel Valente, Rio de Janeiro, 29 jul. 2006, e Paris, 3 dez. 2007.
37. Cf. Nádia Battella Gotlib, *Clarice, uma vida que se conta*, op. cit., pp. 257-8.
38. Id., ibid., p. 262.
39. Clarice Lispector, "Viajando por mar (1ª parte)", in *A descoberta do mundo*, op. cit., p. 377.
40. Cf. Nádia Battella Gotlib, *Clarice, uma vida que conta*, op. cit., p. 480.
41. Entrevista a Leo Gilson Ribeiro, "Tentativa de explicação", op. cit.; Teresa Cristina Montero Ferreira, *Eu sou uma pergunta*, op. cit., p. 159.
42. Clarice Lispector e Teresa Montero (Orgs.), carta de Bluma Wainer, 3 abr. 1947, *Correspondências*, op. cit., p. 123.

43. Carta de Bluma Wainer, 24 mar. 1948, ACL.
44. Clarice Lispector e Teresa Montero (Orgs.), Carta de Bluma Wainer, 3 abr. 1947, op. cit., p. 155.
45. Id., ibid., p. 137.
46. Id., ibid., p. 168.

21. SEUS COLARES VAZIOS [PP. 237-48]

1. Id., ibid., p. 144.
2. Octavio de Faria, apud Mario Carelli, *Corcel de fogo*, op. cit., p. 54.
3. Cf. Thomas E. Skidmore, *Black into White: Race and Nationality in Brazilian Thought* [1974]. Nova York: Oxford University Press, 1993.
4. Maria Helena Cardoso, *Vida-vida:*, op. cit., p. 231.
5. Clarice Lispector e Teresa Montero (Orgs.), carta a Lúcio Cardoso, 13 ago. 1947, in *Correspondências*, op. cit., pp. 146-7.
6. Carta, 20 out. 1947, in Mario Carelli, *Corcel de fogo*, op. cit., p. 55.
7. Teresa Cristina Montero Ferreira, *Eu sou uma pergunta*, op. cit., p. 42.
8. Octavio de Faria, apud Mario Carelli, *Corcel de fogo*, op. cit., p. 55.
9. Maria Helena Cardoso, *Uma vida*, op. cit., p. 42.
10. Clarice Lispector e Teresa Montero (Orgs.), carta de João Cabral de Melo Neto, 15 fev. 1949, in *Correspondências*, op. cit., p. 186.
11. Clarice Lispector, "A pecadora queimada e os anjos harmoniosos", in *A Legião Estrangeira*, op. cit., pp. 179-92.
12. A primeira resenha saiu em 1 set. Em 4 set. de 1949 escreveu-se sobre o livro em *O Jornal*.
13. Marly de Oliveira apud Regina Lucia Pontieri, *Clarice Lispector: Uma poética do olhar*, op. cit., p. 37.
14. Sérgio Milliet, *Diário crítico de Sérgio Milliet* [1953]. São Paulo: Martins, 1982, v. 7, pp. 33-34, apud Regina Lucia Pontieri, *Clarice Lispector: Uma poética do olhar*, op. cit., pp. 38-9.
15. Claire Varin e Clarice Lispector, *Clarice Lispector: Rencontres brésiliennes*, op. cit., p. 91.
16. João Gaspar Simões, "Clarice Lispector 'Existencialista' ou 'Suprarrealista'", *Diário Carioca*, 28 maio 1950, in Vilma Arêas e Berta Waldman (Orgs.), *Clarice Lispector: Remate de Males: Revista do Departamento de Teoria Literária*. Campinas: Universidade Estadual de Campinas, n. 9, 1989, p. 178, apud Regina Lucia Pontieri, *Clarice Lispector: Uma poética do olhar*, op. cit., pp. 41-6. Simões foi uma das figuras da cultura portuguesa que Clarice conheceu e impressionou em Lisboa em 1944.
17. Para essa entrevista (1976) para a Fundação Museu da Imagem e do Som, cf. Lispector et al., *Outros escritos*, p. 149. Ver também Clarice Lispector, "Carta atrasada", in *A descoberta do mundo*, op. cit., pp. 288-9; *Jornal de Letras*, entrevista, set. de 1960, cf. Carlos Mendes de Sousa, *Clarice Lispector, figuras da escrita*, op. cit., p. 72.
18. Entrevista, Fundação Museu da Imagem e do Som, 1976, in Clarice Lispector et al., *Outros escritos*, op. cit., p. 149. Ver também Clarice Lispector, "Carta atrasada", in *A descoberta do mundo*, op. cit., pp. 288-9.

19. Cf. Nádia Battella Gotlib, *Clarice, uma vida que se conta*, op. cit., p. 269.
20. Clarice Lispector, "O caso da caneta de ouro", in *A descoberta do mundo*, op. cit., p. 53.
21. Clarice Lispector e Teresa Montero (Orgs.), carta a Tania Lispector Kaufmann, 23 out. 1950, in *Correspondências*, op. cit., p. 191.
22. Nádia Battella Gotlib, carta a Tania Lispector Kaufmann e Elisa Lispector, nov. 1950, apud *Clarice, uma vida que se conta*, op. cit., p. 276.
23. Clarice Lispector e Teresa Montero (Orgs.), carta a Tania Lispector Kaufmann, 23 out. 1950, in *Correspondências*, op. cit., p. 191.
24. Nádia Battella Gotlib, *Clarice, uma vida que se conta*, op. cit., p. 276.
25. Clarice Lispector e Teresa Montero (Orgs.), *Correspondências*, op. cit., p. 192.
26. Clarice Lispector, carta a Tania Lispector Kaufmann e Elisa Lispector, 28 nov. 1950, in *Minhas queridas*, op. cit., pp. 233-4.
27. Clarice Lispector, "As pontes de Londres", in *A descoberta do mundo*, op. cit., p. 418.
28. Edilberto Coutinho, *Criaturas de papel*, op. cit., p. 170. Parece, por essa entrevista e por outras pistas, que ela estava planejando batizar o filho de João.
29. Clarice Lispector, *A paixão segundo G. H.*, op. cit., p. 150.
30. Entrevista com Marco Antonio de Carvalho e Ana Luisa Chafir, Rio de Janeiro, 1 ago. 2006.
31. Marco Antonio de Carvalho, *Rubem Braga: Um cigano fazendeiro do ar*, op. cit., p. 286.
32. Rubem Braga, "O gesso", in *A cidade e a roça*. Rio de Janeiro: José Olympio, 1957, p. 178, apud *200 crônicas escolhidas — As melhores de Rubem Braga*. Rio de Janeiro: Record, 1978, pp. 202-3.
33. Thomas E. Skidmore, *Politics in Brazil, 1930-1964*, op. cit., pp. 79-81.
34. Id., ibid., p. 79.
35. Samuel Wainer, *Minha razão de viver*, op. cit., p. 190.
36. Aparecida Maria Nunes, *Clarice Lispector jornalista*, op. cit., pp. 132-3.
37. Id., ibid., p. 133.
38. Id., ibid., colunas de 17 jul. 1952 e 19 set. 1952, pp. 169 e 172.
39. Clarice Lispector e Maria Aparecida Nunes, colunas de 15 maio 1952 e 22 maio 1952, in *Correio feminino*. Rio de Janeiro: Rocco, 2006, pp. 56 e 59.
40. De *Jornal do Brasil*, mas não incluído in *A descoberta do mundo*, cf. Aparecida Maria Nunes, *Clarice Lispector jornalista*, op. cit., p. 137.
41. Clarice Lispector e Aparecida Maria Nunes, coluna de 5 set. 1952 in *Correio feminino*, op. cit., p. 120.
42. Id., ibid., coluna de 22 maio 1952, p. 125.

22. MAUSOLÉU DE MÁRMORE [PP. 249-60]

1. Clarice Lispector, "Amor", in *Alguns contos*. Os Cadernos de Cultura (Org.). Rio de Janeiro: Ministério da Educação e Saúde, Serviços de Documentação, 1952, p. 34.
2. Id., ibid., pp. 32-3.
3. Clarice Lispector, "Amor", in *Laços de família*, op. cit. pp. 28-9.
4. Id., "Brain storm", in *A descoberta do mundo*, op. cit., p. 261.

5. Id., "Amor", in *Laços de família*, op. cit., pp. 30, 32 e 33.
6. Devo esta leitura a Lícia Manzo, *Era uma vez — eu*, op. cit., p. 46.
7. Clarice Lispector, "Amor", in *Laços de família*, op. cit., p. 31.
8. Fernando Sabino e Clarice Lispector, *Cartas perto do coração*, op. cit., p. 124.
9. Lícia Manzo, *Era uma vez — eu*, op. cit., p. 44. Quando *Laços de família* apareceu, em 1960, um jornal escreveu que Clarice finalmente retornara às letras brasileiras, depois de não ter publicado livros por mais de dez anos (isto é, desde *A cidade sitiada*, de 1949).
10. Esse texto foi publicado em *A Manhã* em outubro de 1946.
11. Clarice Lispector, *Alguns contos*, op. cit., p. 42.
12. Id., "Uma galinha", in *Laços de família*, op. cit., pp. 38-9.
13. Id., ibid., pp. 38-40.
14. Id., "Viajando por mar (1ª parte)", in *A descoberta do mundo*, op. cit., p. 377. O nome dessa mulher era Avani Cardoso Ferreira dos Santos, de acordo com Teresa Cristina Montero Ferreira, *Eu sou uma pergunta*, op. cit., p. 185.
15. Fernando Sabino e Clarice Lispector, carta a Helena Valladares Sabino e Fernando Sabino, 2 fev. 1953, *Cartas perto do coração*, op. cit., p. 91.
16. Samuel Wainer, *Minha razão de viver*, op. cit., pp. 221-2.
17. Cf. Nádia Battella Gotlib, *Clarice, uma vida que se conta*, op. cit., p. 285.
18. Clarice Lispector, carta a Elisa Lispector, 21 fev. 1953, em *Minhas queridas*, op. cit., p. 241.
19. Renard Perez, *Escritores brasileiros contemporâneos*, op. cit., p. 152.
20. Erico Verissimo, *Brazilian Literature*, op. cit., p. 1.
21. *Manchete*, entrevista, 4 jan. 1969, in IMS, *Cadernos de Literatura Brasileira: Erico Verissimo*. São Paulo: IMS, n. 16, 2003, pp. 28-9.
22. Clarice Lispector, *Onde estivestes de noite*, op. cit., p. 115. Esse comentário aparece apenas na primeira edição do livro, que traz o título incorreto *Onde estivestes de noite?*.
23. Erico Verissimo, *Solo de clarineta; Memórias* [1973]. Porto Alegre: Globo, 2005, v. 1, p. 290.
24. Id., ibid., v. 1, p. 299.
25. Entrevista com Clarissa Verissimo Jaffe. Washington, 12 jun. 2007.
26. Luis Fernando Verissimo, "Clarice". *O Globo*, recorte sem data, coleção do autor.
27. Teresa Cristina Montero Ferreira, *Eu sou uma pergunta*, op. cit., p. 187.
28. Mafalda Verissimo, entrevistada por Vera Regina Morganti, in Vera Regina Morganti et al., *Confissões do amor e da arte*. Porto Alegre: Mercado Aberto, 1994, pp. 142-3; cf. Lícia Manzo, *Era uma vez — eu*, op. cit., pp. 62-3.
29. Idem pela citação adequada de *A maçã no escuro* também sou agradecido a Lícia Manzo, *Era uma vez — eu*, op. cit., p. 63.
30. Clarice Lispector e Teresa Montero (Orgs.), carta de Rubem Braga, 23 maio 1953, in *Correspondências*, op. cit., p. 196.
31. Elisa Lispector, *No exílio*, op. cit.
32. Cf. <http://www.fortunecity.com/lavender/tomatoes/792/bloch4.htm>.
33. Fernando Sabino e Clarice Lispector, carta a Fernando Sabino, 28 jul. 1953, in *Cartas perto do coração*, op. cit., p. 99.

34. Id., ibid., cartas a Fernando Sabino, 28 jul. 1953, e de Fernando Sabino, 30 ago. 1953, 10 set. 1953, 5 out., 21 out. e 27 out. 1953.

35. Clarice Lispector, carta a Tania Lispector Kaufmann e Elisa Lispector, 10 maio 1954, in *Minhas queridas*, op. cit., p. 253.

36. Carta a Pierre de Lescure, 6 maio 1954, ACL.

37. Id., ibid.

38. Claire Varin, *Línguas de fogo*, op. cit., p. 33.

39. Carta a Pierre de Lescure, 20 jun. 1954, ACL. Ela se arrependeu das palavras indelicadas sobre a tradução (de Denise-Teresa Moutonnier), que acabou incorporando suas correções. O livro foi lançado com uma capa vistosa, desenhada por Henri Matisse, e prefácio de Paulo Mendes Campos. Três anos depois (14 maio 1957) ela ainda se desculpava por seu comportamento: "Não desculparei meu mau comportamento", escreveu ela a Lescure.

23. O EQUILÍBRIO ÍNTIMO [PP. 261-71]

1. Samuel Wainer, *Minha razão de viver*, op. cit., p. 231.
2. Id., ibid., p. 254.
3. Id., ibid., p. 261.
4. Thomas E. Skidmore, *Politics in Brazil, 1930-1964*, op. cit., p. 142.
5. Clarice Lispector e Teresa Montero (Orgs.), carta a Mafalda Verissimo, 14 ago. 1954, in *Correspondências*, op. cit., p. 204.
6. O endereço era rua Marquês de Abrantes, 126/1004, Flamengo.
7. Fernando Sabino e Clarice Lispector, carta a Fernando Sabino, 25 set. 1954, in *Cartas perto do coração*, op. cit., p. 118.
8. Id., ibid., p. 104.
9. Paulo Gurgel Valente, "Entrevista comigo mesmo: Clarice", in Clarice Lispector, *Dez contos selecionados de Clarice Lispector*. Brasília: Confraria dos Bibliófilos do Brasil, 2004, p. 1.
10. Cf. Nádia Battella Gotlib, *Clarice, uma vida que se conta*, op. cit., p. 312.
11. Entrevista in Clarice Lispector et al., *Outros escritos*, op. cit., p. 161.
12. Clarice Lispector, "Trechos", in *A descoberta do mundo*, op. cit.
13. Id., "Crônica social", in *A descoberta do mundo*, op. cit., p. 199.
14. Entrevista com Eliane Gurgel Valente. Paris, 3 dez. 2007.
15. Clarice Lispector, "Trechos", in *A descoberta do mundo*, op. cit., p. 405.
16. Em 1937, como interventor federal no Rio, Amaral Peixoto visitou uma colônia agrícola judaica e "o que lhe pareceu 'muito agradável' foi descobrir que na verdade havia poucos judeus vivendo lá". Lesser, *Welcoming the Undesirables*, op. cit., p. 87. O grau de convicção com que ele sustentava esses pontos de vista não está claro; no mínimo, como tantas outras pessoas situadas em cargos elevados, ele não resistia às posições antissemitas então predominantes. O resultado era o bloqueio das vias de fuga dos judeus da Europa. Como nem Alzira Vargas nem Hélène Moreira Salles ainda eram viúvas na época em que Clarice escreveu esse texto, a pessoa em questão era provavelmente Yvonne Muniz, cujo marido, o esperantista e defensor da energia atômica João Carlos Muniz, esteve em Washington entre 1953 e 1956.

17. Teresa Cristina Montero Ferreira, *Eu sou uma pergunta,* op. cit., p. 188.
18. Carta sem data de Alzira Vargas do Amaral Peixoto a Clarice Lispector, ACL. O livro foi publicado em 1960.
19. Teresa Cristina Montero Ferreira, *Eu sou uma pergunta,* op. cit., p. 197.
20. Valmiki Villela Guimarães, "Clarice Lispector em duas histórias". *Suplemento Literário* do *Minas Gerais,* 19 dez. 1987.
21. Teresa Cristina Montero Ferreira, *Eu sou uma pergunta,* op. cit., p. 198.
22. Id., ibid., pp. 198-99; entrevista com Maria Bonomi, Amsterdã, 18 out. 2006.
23. João Cabral de Melo Neto, *Agrestes: Poesia (1981-1985).* Rio de Janeiro: Nova Fronteira, 1985, p. 96. De acordo com Teresa Montero, esse poema descreve um evento verdadeiro em Washington.
24. Cf. Edilberto Coutinho, *Criaturas de papel,* op. cit., p. 170.
25. Clarice Lispector et al., "Conversas com P.", in *Outros escritos,* op. cit., p. 83.
26. Cf. Nádia Battella Gotlib, *Clarice, uma vida que se conta,* op. cit., p. 287.
27. Cf. Teresa Cristina Montero Ferreira, *Eu sou uma pergunta,* op. cit., pp. 183 e 186.
28. Clarice Lispector et al., *Outros escritos,* op. cit., p. 79.
29. Entrevista com Sara Escorel de Moraes. Rio de Janeiro, 5 out. 2007.
30. Clarice Lispector et al., *Outros escritos,* op. cit., p. 84.
31. Clarice Lispector e Teresa Montero (Orgs.), carta a Elisa Lispector e Tania Lispector Kaufmann, 23 abr. 1957, in *Correspondências,* op. cit., p. 231.
32. Clarice Lispector, carta a Elisa Lispector e Tania Lispector Kaufmann, 27 nov. 1953, in *Minhas queridas,* op. cit., p. 248.
33. Entrevista com Tânia Neumann Kaufman.

24. REDENÇÃO PELO PECADO [PP. 272-86]

1. Id., "Estado de graça — Trecho", in *A descoberta do mundo,* op. cit., p. 91. Esta frase é usada também na longa passagem de *Uma aprendizagem ou O livro dos prazeres* em que Lóri entra no estado de graça, p. 156.
2. Id., *A maçã no escuro,* op. cit., p. 36.
3. Id., "As grandes punições" [4 nov. 1967], in *A descoberta do mundo,* op. cit., p. 36.
4. Id., *A maçã no escuro,* op. cit., p. 309.
5. Benedictus de Espinosa, *The Collected Works,* op. cit., v. 1, p. 543.
6. Clarice Lispector, *A maçã no escuro,* op. cit., p. 232.
7. Benedictus de Espinosa, op. cit., prefácio à parte IV, *Ethica.*
8. Clarice Lispector, *O lustre,* op. cit., p. 103.
9. Id., *A maçã no escuro,* op. cit., p. 11.
10. Id., ibid., pp. 22-3.
11. Id., ibid., p. 26.
12. Id., ibid., pp. 32, 33 e 34.
13. Id., ibid., p. 32

14. Id., ibid., pp. 43-4 e 51.
15. Id., ibid., pp. 67 e 68.
16. Id., ibid., pp. 72 e 88.
17. Id., ibid., pp. 103, 96-7.
18. Id., ibid., pp. 103-4, 107 e 118.
19. Id., ibid., pp. 120 e 122.
20. Id., ibid., p. 139-40. "Originalmente, tudo foi concebido como um grande todo, e a vida do Criador pulsava sem obstáculos nem máscaras naquela sua criatura. Tudo se mantinha em direta relação mística com todo o resto, e sua unidade podia ser apreendida diretamente e sem a ajuda de símbolos. Somente a Queda fez com que Deus se tornasse 'transcendente'." Gershom Gerhard Scholem, *Major Trends in Jewish Mysticism*, op. cit., p. 224.
21. Clarice Lispector, *A maçã no escuro*, op. cit., pp. 162, 189, 190-1.
22. Id., ibid., pp. 195 e 196.
23. Id., ibid., p. 149.
24. Id., "O maior elogio que recebi", in *A descoberta do mundo*, op. cit., p. 79.
25. Id., *Um sopro de vida*, op. cit., p. 11.
26. Id., *A maçã no escuro*, op. cit., p. 356.
27. Id., ibid., p. 189.
28. Id., ibid., p. 248.
29. Id., ibid., p. 191.
30. Id., ibid., p. 245.
31. Gershom Gerhard Scholem, *Major Trends in Jewish Mysticism*, op. cit., p. 132.
32. Clarice Lispector et al., *Outros escritos*, op. cit., p. 45.
33. Gershom Gerhard Scholem, *Major Trends in Jewish Mysticism*, op. cit., pp. 25 e 217.
34. O livro contém outros conceitos que se assemelham aos de textos místicos judaicos anteriores. Há a postura de que a sexualidade está próxima da vida original de Deus; há a equiparação mística de Deus e Nada; há a ideia, tão destacada no *Zohar*, de que o desenvolvimento da linguagem está relacionado ao processo da vida em Deus. Muitas dessas ideias têm precedentes na obra anterior de Clarice e parecem ter se desenvolvido a partir de suas próprias intuições, não de algum estudo detido de outros escritores.
35. Entrevista a Leo Gilson Ribeiro, "Tentativa de explicação", op. cit.
36. Elizabeth Bishop e Robert Lowell; Thomas Tavisano com Saskia Hamilton (Orgs.), carta de Elizabeth Bishop a Robert Lowell, 2 jul. 1963, in *Words in Air: The Complete Correspondence between Elizabeth Bishop and Robert Lowell*. Nova York: Farrar, Straus and Giroux, 2008, p. 479.
37. Carta a Natércia Freire, 27 ago. 1945, Biblioteca Nacional, Lisboa.
38. Gershom Gerhard Scholem, *Major Trends in Jewish Mysticism*, op. cit., p. 24.
39. Clarice Lispector, *A maçã no escuro*, op. cit., p. 248.
40. Id., ibid., pp. 248-9.
41. Id., ibid., p. 249.
42. Citado em Chayim Bloch, *The Golem: Legends of the Guetto of Prague*. Viena: The Golem, 1925, pp. 26-7.

25. A PIOR TENTAÇÃO [PP. 287-98]

1. Fernando Sabino e Clarice Lispector, carta a Fernando Sabino, 21 set. 1956, in *Cartas perto do coração*, op. cit., p. 140.
2. Id., ibid., p. 128.
3. Id., ibid., pp. 130-2.
4. Id., ibid., pp. 189-91.
5. Id., ibid., p. 145.
6. Fernando Paixão e Maria Celeste Mira, *Momentos do livro no Brasil*. São Paulo: Ática, 1995, pp. 108-9.
7. Fernando Sabino e Clarice Lispector, *Cartas perto do coração*, op. cit., p. 183.
8. Clarice Lispector e Teresa Montero (Orgs.), carta de Rubem Braga, 7 dez. 1956, in *Correspondências*, op. cit., p. 210.
9. Fernando Sabino e Clarice Lispector, *Cartas perto do coração*, op. cit., pp. 180-1.
10. Id., ibid., p. 125.
11. Carta de Erico Verissimo, 3 set. 1961, ACL.
12. Fernando Sabino e Clarice Lispector, *Cartas perto do coração*, op. cit., pp. 130-2.
13. Id., ibid., p. 133.
14. Clarice Lispector e Teresa Montero (Orgs.), carta de Rubem Braga, 4 mar. 1957, *Correspondências*, op. cit. p. 219. O conto era "O gesso", publicado em *A cidade e a roça*.
15. Id., ibid., p. 239.
16. Elio Gaspari, *As ilusões armadas: A ditadura envergonhada*. São Paulo: Companhia das Letras, 2002, p. 382.
17. Clarice Lispector e Teresa Montero (Orgs.), *Correspondências*, op. cit., p. 212.
18. Teresa Cristina Montero Ferreira, *Eu sou uma pergunta*, op. cit., p. 193.
19. Clarice Lispector e Teresa Montero (Orgs.), *Correspondências*, op. cit., pp. 216, 248.
20. Fernando Sabino e Clarice Lispector, carta a Fernando Sabino, 12 jul. 1956, in *Cartas perto do coração*, op. cit., p. 134.
21. Carta de Nahum Sirotzky, 12 nov. 1958, ACL.
22. Paulo Francis, "Clarice: Impressões de uma mulher que lutou sozinha", *Folha de S.Paulo*, 15 dez. 1977.
23. Entrevista com Nahum Sirotzky. Tel Aviv, 30 ago. 2007.
24. Paulo Francis, "Clarice: Impressões de uma mulher que lutou sozinha", op. cit.
25. Caetano Veloso, *Verdade tropical*. São Paulo: Companhia das Letras, 1997, p. 28.
26. Caetano Veloso e Eucanaã Ferraz (Orgs.), "Clarice Lispector", in *O mundo não é chato*. São Paulo: Companhia das Letras, 2005, p. 283. Publicado originalmente com o título "Clarice segundo suas paixões". *Jornal do Brasil*, 24 nov. 1992.
27. Clarice Lispector e Teresa Montero (Orgs.), carta a Fernando Sabino, 5 out. 1953, in *Correspondências*, op. cit., p. 202.
28. Clarice Lispector, "A imitação da Rosa", in *Laços de família*, op. cit., pp. 44-5.
29. Id., ibid., pp. 46 e 51.
30. Id., ibid., pp. 52 e 54.
31. Id., ibid., pp. 57-8.

32. Id., ibid., pp. 61-2.
33. Id., ibid., pp. 45 e 47.
34. Id., "Obsessão" in *A bela e a fera*, op. cit., p. 44.
35. Mafalda Verissimo entrevistada por Vera Regina Morganti, in Vera Regina Morganti et al., *Confissões do amor e da arte*, pp. 142-3, apud Lícia Manzo, *Era uma vez — eu*, op. cit., p. 63.
36. Entrevista a Leo Gilson Ribeiro, "Tentativa de explicação", op. cit.
37. Cf. Nádia Battella Gotlib, *Clarice, uma vida que se conta*, op. cit., p. 305.
38. Elisa Lispector, *Corpo a corpo*, op. cit., pp. 60-1.
39. Maury Gurgel Valente a Clarice Lispector, 28 jul. 1959, apud Nádia Battella Gotlib, op. cit., pp. 317-21.
40. Entrevista com Isabel Gurgel Valente.
41. Id., ibid.

26. PERTENCER AO BRASIL [PP. 299-310]

1. Cf. Paulo Prado, *Retrato do Brasil: Ensaio sobre a tristeza brasileira* [1928]. São Paulo: Duprat-Mayença, 1997, p. 50.
2. Joaquim Ferreira dos Santos, *Feliz 1958: O ano que não devia terminar*. Rio de Janeiro: Record, 1997, p. 15.
3. Id., ibid., p. 14. Em 1960, isso equivalia a cerca de 352 milhões de dólares (1 dólar = 85 cruzeiros).
4. Paulo Gurgel Valente, "Entrevista comigo mesmo: Clarice", in Clarice Lispector, *Dez contos selecionados de Clarice Lispector*, op. cit., p. II.
5. Fernando Sabino e Clarice Lispector, carta de Fernando Sabino, 16 fev. 1959, *Cartas perto do coração*, op. cit., pp. 198-9.
6. Mauritônio Meira, "Clarice Lispector volta às editoras: *Laços de família*". *O Globo*, 27 mar. 1960.
7. Id., "Clarice Lispector não quer se enfeitar com penas que não sejam as suas". *O Globo*, 27 mar. 1960.
8. Id., "Clarice Lispector volta às editoras: *Laços de família*". *O Globo*, 27 mar. 1960.
9. Carta da Civilização Brasileira, 24 abr. 1959, ACL.
10. Paulo Francis, "Clarice: Impressões de uma mulher que lutou sozinha", op. cit.
11. Clarice Lispector, "Em busca do outro", in *A descoberta do mundo*, op. cit., p. 119.
12. 21 ago. 1959, cf. Aparecida Maria Nunes, *Clarice Lispector jornalista*, op. cit., p. 207.
13. Id., ibid., p. 219. *Correio da Manhã*, Rio de Janeiro, 21 ago. 1959, p. 5.
14. *Correio da Manhã*, 19 dez. 1960, apud Aparecida Maria Nunes, *Clarice Lispector jornalista*, op. cit., p. 220.
15. Entrevista com Eliane Gurgel Valente, Paris, 3 dez. 2007.
16. Olga Borelli, *Clarice Lispector, esboço para um possível retrato*, op. cit., p. 13.
17. Apud Lícia Manzo, *Era uma vez — eu*, op. cit., p. 68.
18. Joaquim Ferreira dos Santos, *Feliz 1958: O ano que não devia terminar*, op. cit., p. 41.
19. Cf. Aparecida Maria Nunes, *Clarice Lispector jornalista*, op. cit., pp. 254-5.

20. *Diário da Noite*, 19 set. 1960, apud Aparecida Maria Nunes, *Clarice Lispector jornalista*, op. cit., pp. 266-7.
21. *Diário de S. Paulo*, 31 jul. 1960.
22. União Brasileira de Escritores, *Boletim Bibliográfico Brasileiro*, n. 9, p. 210; Claire Varin, *Línguas de fogo*, op. cit., p. 88.
23. "Meus livros têm 'recadinhos'.: Quais? Os críticos é que dizem...", op. cit.
24. Assis Brasil, *Laços de família*. *Jornal do Brasil*, 2 set. 1960.
25. *Jornal do Commercio*, 13 ago. 1960, ACL.
26. Nádia Battella Gotlib, *Clarice, uma vida que se conta*, op. cit., p. 335.
27. Temístocles Linhares, "Romances femininos". *O Estado de S. Paulo: Suplemento Literário*, 18 nov. 1961, apud Diane Marting, *Clarice Lispector: A Biobibliography*. Westport, Conn.: Greenwood, 1993, p. 100.
28. Luis Fernando Verissimo, "Clarice". *O Globo*, recorte sem data, coleção do autor.
29. "Na Berlinda", publicação desconhecida, 17 mar. 1963, ACL.
30. "Clarice e *A maçã no escuro*". *Diário de Notícias*, 30 jul. 1961; cf. Lícia Manzo, *Era uma vez — eu*, op. cit., p. 70.
31. ACL.
32. Clarice Lispector, "Anonimato", in *A descoberta do mundo*, op. cit., p. 72.
33. Id., "Bolinhas", in ibid., p. 49.
34. Clarice Lispector et al., *Outros escritos*, op. cit., p. 166.
35. Entrevista com Nahum Sirotzky. Tel Aviv, 30 ago. 2007.
36. Paulo Francis, "Clarice: Impressões de uma mulher que lutou sozinha", op. cit.
37. Clarice Lispector, "Falando em viagens", in *A descoberta do mundo*, op. cit., p. 380.

27. MELHOR QUE BORGES [PP. 311-23]

1. Entrevista com Sara Escorel de Moraes, Rio de Janeiro, 5 out. 2007.
2. *Jornal do Brasil*, 29 jun. 1968; cf. Claire Varin, *Línguas de fogo*, op. cit., pp. 141-2.
3. Cf. Nádia Battella Gotlib, *Clarice, uma vida que se conta*, op. cit., p. 312.
4. Clarice Lispector e Teresa Montero (Orgs.), carta a Mafalda Verissimo, 17 nov. 1957, in *Correspondências*, op. cit., p. 235.
5. *Correio da Manhã*, 4 maio 1960, apud Aparecida Maria Nunes, *Clarice Lispector jornalista*, op. cit., p. 229.
6. Embora alguns de seus livros infantis tenham múltiplas dedicatórias.
7. Olga Borelli em entrevista a Lícia Manzo, in Lícia Manzo, *Era uma vez — eu*, op. cit., p. 96.
8. Paulo Francis, "Clarice: Impressões de uma mulher que lutou sozinha", op. cit.
9. Julio Lerner, "Última entrevista de Clarice Lispector", op. cit.
10. Apud Lícia Manzo, *Era uma vez — eu*, op. cit., p. 90.
11. Otto Lara Resende, "Mãe, filha, amiga". *O Globo*, 10 dez. 1977.
12. Reynaldo Jardim Silveira, recorte de jornal sem data, ACL.
13. Ruy Castro, "Paulo (Paulinho) Mendes Campos", in *Ela é carioca*, op. cit., pp. 286-90.

14. Id., ibid., p. 289.
15. Entrevista com Marina Colasanti. Rio de Janeiro, 2 ago. 2006 (Marina Colasanti a Millôr Fernandes).
16. Entrevista com Ivan Lessa, Londres, 15 dez. 2006.
17. Clarice Lispector, *A via crucis do corpo*. Rio de Janeiro, Artenova, 1974, p. 25. Clarice Lispector, "A perigosa aventura de escrever", in *A descoberta do mundo*, op. cit., p. 191.
18. Elizabeth Bishop, carta para Ilse e Kit Barker, 29 out. 1962, carta original na Coleção Kit e Ilse Barker de Elizabeth Bishop, Divisão de Manuscritos, Departamento de Livros Raros e Coleções Especiais, Princeton University Library. Usado mediante permissão. Citado a partir de *Uma arte: As cartas de Elizabeth Bishop*, trad. Paulo Henriques Britto. São Paulo: Companhia das Letras, 1995, pp. 725-6.
19. Carta de Elizabeth Bishop a Robert Lowell, 8 jan. 1963. Citado a partir de Elizabeth Bishop, *Uma arte*, op. cit., p. 731.
20. Elizabeth Bishop e Robert Lowell, carta de Elizabeth Bishop a Robert Lowell, 8 jan. 1963, in *Words in Air*, op. cit., pp. 438-9.
21. Maria Helena Cardoso, *Vida-vida*, op. cit., pp. 67-8.
22. Lúcio Cardoso e Mario Carelli, *Crônica da casa assassinada*, edição crítica. Nanterre: ALLCA XX, Université Paris X, Centre de Recherches Latino-Américaines, 1991, p. 641.
23. Id., ibid., p. 642.
24. Maria Helena Cardoso, *Vida-vida*, op. cit., p. 81.
25. Id., ibid., p. 159.
26. Elizabeth Bishop e Robert Lowell, *Words in Air*, op. cit., p. 439.
27. Elizabeth Bishop e Clarice Lispector, "Three Stories by Clarice Lispector", *Kenyon Review*, n. 26, 1964, republicados in Elizabeth Bishop; Robert Giroux e Lloyd Schwartz, (orgs.), *Poems, Prose, and Letters*, Nova York: Library of America, 2008.
28. Elizabeth Bishop e Robert Lowell, *Words in Air*, op. cit., p. 457.
29. Id., ibid., p. 479.
30. Carta de Gregory Rabassa a Giovanni Pontiero, 13 nov. 1992, coleção do autor.
31. Cf. Clarice Lispector et al., *Outros escritos*, op. cit., p. 94.
32. Clarice Lispector, "Falando em viagens", in *A descoberta do mundo*, op. cit., p. 379.
33. Carta de Gregory Rabassa a Giovanni Pontiero, 13 nov. 1992, coleção do autor.
34. Clarice Lispector et al., *Outros escritos*, op. cit., pp. 107, 97 e 109.
35. Id., ibid., p. 110.

28. A BARATA [PP. 324-34]

1. Clarice Lispector, "Nota da editora: Clarice em edição popular", in *Perto do coração selvagem* [2. ed.]. São Paulo: Francisco Alves Editora, 1963.
2. Julio Lerner, "A última entrevista de Clarice Lispector", *Shalom*, jun./ago. 1992, pp. 62-9.
3. Cf. Nádia Battella Gotlib, *Clarice, uma vida que se conta*, op. cit., p. 357.
4. Clarice Lispector et al., *Outros escritos*, op. cit., p. 96.
5. Id., "O 'verdadeiro' romance", in *A descoberta do mundo*, op. cit., p. 328.

6. Id., *A paixão segundo G. H.*, op. cit., pp. 22-3.
7. Id., ibid., pp. 24-5 e 33.
8. Id., ibid., pp. 38, 42-3.
9. Id., ibid., p. 44.
10. Id., ibid., p. 46.
11. Id., *A cidade sitiada*, op. cit., p. 37.
12. 8 ago. 1952, apud Aparecida Maria Nunes, *Clarice Lispector jornalista*, op. cit., p. 173.
13. Clarice Lispector, *A paixão segundo G. H.*, op. cit., pp. 47-8.
14. Id., *A Legião Estrangeira*, pp. 20-1.
15. Id., *A paixão segundo G. H.*, p. 60.
16. Id., ibid., p. 42.
17. Id., ibid., pp. 69 e 63.
18. Id., ibid., p. 74.
19. Id., *A cidade sitiada*, op. cit., p. 16.
20. Id., *A paixão segundo G. H.*, op. cit., p. 63.
21. Id., ibid., p. 71.
22. Id., *A cidade sitiada*, op. cit., p. 115.
23. Id., *A paixão segundo G. H.*, op. cit., p. 76.
24. Id., ibid., pp. 77 e 85.
25. Id., ibid., p. 83.
26. Id., ibid., pp. 94, 93 e 94.
27. Claire Varin, *Línguas de fogo*, op. cit., p. 46.
28. Clarice Lispector, *A paixão segundo G. H.*, op. cit., p. 92.
29. Claire Varin, *Línguas de fogo*, op. cit., p. 46.
30. Clarice Lispector, *A paixão segundo G.H.*, op. cit., p. 71; cf. Claire Varin, *Línguas de fogo*, op. cit., p. 54.
31. Id., *A Legião Estrangeira*, op. cit., p. 221.
32. Id., *A paixão segundo G. H.*, op. cit., pp. 102-3.
33. Id., ibid., pp. 20 e 81.
34. Id., ibid., p. 103.
35. Gershom Gerhard Scholem, *Major Trends in Jewish Mysticism*, op. cit., p. 25.
36. Joseph Dan, *The Early Kabbalah*, trad. Ronald C. Kiener. Nova York: Paulist, 1986, p. 94.
37. Clarice Lispector, *A paixão segundo G. H.*, op. cit., p. 160.
38. Id., ibid., pp. 137-8.
39. Clarice Lispector e Benedito Nunes (Orgs.), *A paixão segundo G. H.*: edição crítica, Coleção Archivos. Paris: ALLCA XX, 1988, p. 107.
40. Ou também, mais adiante: "Deus é o que existe, e todos os contraditórios são dentro do Deus, e por isso não O contradizem". Clarice Lispector, *A paixão segundo G. H.*, op. cit., p. 161; Benedictus de Espinosa, *Collected Works. Ethics*, parte I, proposição 33, op. cit.
41. Clarice Lispector, *A paixão segundo G. H.*, op. cit., pp. 103 e 84.
42. Id., ibid., pp. 165 e 161.
43. Entrevista para o Museu da Imagem e do Som, 20 out. 1976, in Clarice Lispector et al., *Outros escritos*, op. cit., p. 156.

44. Clarice Lispector, *A maçã no escuro*, op. cit., p. 302.
45. Id., *A paixão segundo G. H.*, op. cit., p. 144.
46. Id., ibid.

29. E A REVOLUÇÃO! [PP. 335-40]

1. Cf. Nádia Battella Gotlib, *Clarice, uma vida que se conta*, op. cit., p. 480.
2. Walmir Ayala, "A paixão segundo G. H. Um romance de doação". *Jornal do Commercio*, 1 dez. 1964.
3. Rubem Braga, "Trata-se de uma revolução", in Jean-Paul Sartre, *Furacão sobre Cuba*. Rio de Janeiro: Editora do Autor, 1961, p. 202.
4. Id., ibid., p. 5.
5. John W. F. Dulles, *Carlos Lacerda, Brazilian Crusader*. Austin: University of Texas Press, 1991, v. 1, p. 314.
6. Elio Gaspari, *As ilusões armadas: A ditadura escancarada*, op. cit., pp. 177-80.
7. Samuel Wainer, *Minha razão de viver*, op. cit., p. 326.
8. Clarice Lispector, "San Tiago", 6 jan. 1968, in *A descoberta do mundo*, op. cit., p. 62.

30. O OVO É BRANCO MESMO [PP. 341-6]

1. Id., "Como se chama", in *A Legião Estrangeira*, op. cit., pp. 139-40.
2. Id., ibid., p. 198.
3. Id., ibid., p. 108.
4. Fernando Sabino e Clarice Lispector, carta a Fernando Sabino, 8 fev. 1947, *Cartas perto do coração*, op. cit., p. 84. Na carta ela menciona que tem mandado coisas, incluindo poemas, a *A Manhã* e *O Jornal*: "Tudo ligado pelo título geral de 'Children's Corner'".
5. Reynaldo Jardim Silveira, obituário, ACL.
6. Clarice Lispector, *Perto do coração selvagem* [7. d.]. Rio de Janeiro: Nova Fronteira, 1980, p. 49.
7. Id., "Desenhando um menino", in *A Legião Estrangeira*, op. cit., p. 206.
8. Id., ibid., p. 209.
9. Id., ibid., p. 202.
10. Id., ibid., p. 149.
11. Julio Lerner, "Última entrevista de Clarice Lispector", op. cit.
12. Clarice Lispector, "Mineirinho", in *A Legião Estrangeira*, op. cit., p. 253.
13. Id., ibid., pp. 142-3.
14. Id., *A paixão segundo G. H.*, op. cit., p. 144.
15. Id., "Romance", in *A Legião Estrangeira*, op. cit., p. 139.
16. Id., ibid., p. 143.
17. Id., ibid., p. 151.
18. Julio Lerner, "Última entrevista de Clarice Lispector", op. cit.

19. Clarice Lispector, "O ovo e a galinha", in *A Legião Estrangeira*, op. cit., pp. 57-8.
20. Id., ibid., pp. 162-3 e 165.
21. Id., ibid., p. 197.

31. UM ÁSPERO CACTO [PP. 347-51]

1. Entrevista com Rosa Cass, Rio de Janeiro, 29 jul. 2006.
2. Id., ibid.
3. IMS e Carlos Mendes de Sousa, "A revelação do nome", *Cadernos de Literatura Brasileira: Clarice Lispector*, op. cit., p. 144.
4. Mario Carelli, *Corcel de fogo*, op. cit., p. 65.
5. Fernando Sabino e Clarice Lispector, carta a Fernando Sabino, 11 dez. 1956, *Cartas perto do coração*, op. cit., p. 179.
6. Clarice Lispector, "Conversas", in *A descoberta do mundo*, op. cit., p. 137.
7. Aqui e no que se segue: Teresa Cristina Montero Ferreira, *Eu sou uma pergunta*, op. cit., pp. 223-6.
8. Clarice Lispector, "Morte de uma baleia", in *A descoberta do mundo*, op. cit.
9. Id., ibid., p. 203.
10. Olga Borelli, *Clarice Lispector, esboço para um possível retrato*, op.cit., p. 12.
11. Clarice Lispector, "Meu Natal", in *A descoberta do mundo*, op. cit., p. 164.
12. Id., ibid., p. 65.
13. Clarice Lispector, *Dez contos selecionados de Clarice Lispector*, op. cit., p. 11.
14. Id., "A não aceitação", in *A descoberta do mundo*, op. cit., p. 204.

32. DIÁLOGOS POSSÍVEIS [PP. 352-7]

1. Julio Lerner, "Última entrevista de Clarice Lispector", op. cit.
2. Clarice Lispector, "Hermética?", in *A descoberta do mundo*, op. cit., p. 76.
3. Id., *A mulher que matou os peixes*, op. cit., p. 7.
4. Entrevista a Leo Gilson Ribeiro, apud Nádia Battella Gotlib, *Clarice, uma vida que se conta*, op. cit., p. 383.
5. Clarice Lispector, "Amor imorredouro", in *A descoberta do mundo*, op. cit., p. 22.
6. Dinah Silveira de Queiroz, Elsie Lessa e Rachel de Queiroz, por exemplo.
7. Clarice Lispector, "Fernando Pessoa me ajudando", in *A descoberta do mundo*, op. cit., p. 139.
8. Id., ibid., p. 406.
9. Id., ibid., pp. 84-5.
10. Id., ibid., p. 93.
11. Id., ibid., p. 75.
12. Lícia Manzo, *Era uma vez — eu*, op. cit., p. 97 e seguintes. As citações de Clarice Lispector são tiradas de um recorte sem data intitulado "Minha secretária".

13. Entrevista a Hélio Pelegrino [sic], *Manchete* [recorte sem data], ACL.
14. Isa Cambará, "Escritora mágica", *Veja*, 30 jul. 1975, in Aparecida Maria Nunes, *Clarice Lispector jornalista*, op. cit., p. 85.
15. Aparecida Maria Nunes, *Clarice Lispector jornalista*, op. cit., p. 88. Mais tarde ela pediu a outros amigos que fizessem o mesmo, embora nem todos tivessem sido tão imediatamente compreensivos quanto Pellegrino. Lícia Manzo, *Era uma vez — eu*, op. cit., p. 191. Ela menciona Affonso Romano de Sant'Anna e sua esposa, Marina Colasanti; houve outros também.
16. IMS, *Cadernos de Literatura Brasileira: Clarice Lispector*, op. cit., p. 52.
17. Id., ibid., p. 50.

33. TERROR CULTURAL [PP. 358-65]

1. Clarice Lispector e Teresa Montero (Orgs.), carta a Paulo Gurgel Valente, 22 abr. 1969, in *Correspondências*, op. cit., p. 267.
2. Entrevista com Yolanda Costa e Silva, "Já viajei por todo o mundo, mas não vi nada como a Amazônia", in "Diálogos possíveis com Clarice Lispector", *Manchete*, [recorte sem data], ACL.
3. Elio Gaspari, *As ilusões armadas: A ditadura escancarada*, op. cit., p. 231.
4. Id., ibid., p. 274.
5. "Frases que ficaram". *O Jornal*, 25 fev. 1968.
6. Clarice Lispector, "Estado de graça — Trecho", in *A descoberta do mundo*, op. cit., p. 91.
7. Zuenir Ventura e Carlos Scliar, apud Gotlib, *Clarice, uma vida que se conta*, op. cit., pp. 380-1.
8. "Marcha da liberdade toma conta da cidade", *Última Hora*, Rio de Janeiro, 26 jun. 1968, ACL.
9. Zuenir Ventura e Carlos Scliar, apud Nádia Battella Gotlib, *Clarice, uma vida que se conta*, op. cit., pp. 380-1.
10. Entrevista a Julio Lerner, apud Claire Varin e Clarice Lispector, *Clarice Lispector: Rencontres brésiliennes*, op. cit., p. 195.
11. Elio Gaspari, *As ilusões armadas: A ditadura envergonhada*, op. cit., p. 299.
12. Id., ibid., pp. 316-8.
13. Id., ibid., p. 362.
14. Teresa Cristina Montero Ferreira, *Eu sou uma pergunta*, op. cit., p. 247.
15. Alberto Dines, *100 páginas que fizeram história: Grandes momentos do jornalismo brasileiro nos últimos 80 anos*. São Paulo: LF & N, 1997.
16. Clarice Lispector, "Pertencer", in *A descoberta do mundo*, op. cit., p. 110.
17. Elisa Lispector, *Corpo a corpo*, op. cit., p. 44.
18. Apud Nádia Battella Gotlib, *Clarice, uma vida que se conta*, p. 398. A mesma história é contada in Lícia Manzo, *Era uma vez — eu*, op. cit., pp. 144-5.
19. Eudinyr Fraga, "Clarice", manuscrito datilografado sem data, coleção do autor.
20. Entrevista com Rosa Cass. Rio de Janeiro, 29 jul. 2006.
21. Apud Claire Varin, *Línguas de fogo*, op. cit., p. 33.
22. Marly de Oliveira, *A suave pantera*. Rio de Janeiro: Orfeu, 1968.

23. Carta a Marly de Oliveira, 11 jul. 1968, coleção particular, cortesia da Livraria Dantes, Rio de Janeiro.

"Marly queridinha, realmente não recebi carta sua antes desta que você enviou por intermédio de Rosa. Meu endereço é... Estou sentindo falta de você muito maior do que eu sabia que ia sentir. Parece que se criou um pequeno vácuo na minha vida, e ninguém consegue preencher nem de longe a sua vaga. Estou sentindo muita dificuldade com minha novela: é a primeira de que eu falei para os outros, e é a primeira cujo final eu já sei como é. Há ainda o espectro de *A paixão segundo G. H.*: depois desse livro tenho a impressão desagradável de que esperam de mim coisa melhor. Mas estou lutando contra esse limiar de depressão procurando um jeito melhor de trabalhar e também me valendo de d. Catarina (nunca conte a ninguém da minha análise: escrevi todos os meus livros antes de d. Catarina, exceto o *Mistério do coelho pensante*, que estava aliás escrito desde o tempo em que tinha seis anos; de modo que é uma pista fácil de me explicar dizendo que escrevo assim por causa da análise. Eliane Zagury foi uma que me perguntou se eu faço ou fiz análise, eu neguei, e ela disse que era porque meus livros tinham a profundeza que só se atinge na análise)... Quanto a mim mesma, estou apaixonada e a pessoa em questão simplesmente me disse, com outras palavras é claro, que ele não me quer. Mas a dor não está sendo grande."

24. Maria Helena Cardoso, *Vida-vida*, op. cit., p. x.
25. Id., ibid., pp. 232, 335, 340-1.
26. Cf. Id., ibid., p. x.

34. "EU ME HUMANIZEI" [PP. 366-75]

1. Clarice Lispector e Teresa Montero (Orgs.), carta a Paulo Gurgel Valente, 26 jan. 1969, in *Correspondências*, op. cit., p. 261.
2. Por exemplo, Leo Gilson Ribeiro, Claire Varin e Vilma Arêas.
3. Clarice Lispector, "Menino a bico de pena", 18 out. 1969, in *A descoberta do mundo*, op. cit., p. 256.
4. Norma Pereira Rêgo, "Lispector: Sempre em tom maior", 1969, recorte sem data, ACL.
5. Clarice Lispector, *Uma aprendizagem ou O livro dos prazeres*, op. cit., p. 29.
6. Fernando Pessoa, *Heróstrato*, op. cit., p. 174.
7. Norma Pereira Rêgo, "Lispector: Sempre em tom maior", op. cit.
8. Clarice Lispector, *Uma aprendizagem ou O livro dos prazeres*, op. cit., p. 12.
9. Id., "As dores da sobrevivência: Sérgio Porto" [28 set. 1968], in *A descoberta do mundo*, op. cit., p. 142.
10. Id., ibid., p. 79.
11. Id., *Uma aprendizagem ou O livro dos prazeres*, op. cit., p. 131.
12. Há muitos exemplos desse processo in Lícia Manzo, *Era uma vez — eu*, op. cit., p. 105.
13. Clarice Lispector, *Uma aprendizagem ou O livro dos prazeres*, op. cit., pp. 10-1.
14. Id., ibid., pp. 105 e 98.
15. Cf. Sant'Anna, recorte sem data, *Jornal do Brasil*, 25 out. 1986, coleção do autor.

16. Fernando Sabino e Clarice Lispector, carta de Fernando Sabino, 29 jan. 1969, in *Cartas perto do coração*, op. cit., p. 203.
17. Clarice Lispector, *Uma aprendizagem ou O livro dos prazeres*, op. cit., p. 61.
18. Id., ibid., p. 25.
19. Id., ibid., pp. 51-2.
20. Id., ibid., p. 54.
21. Id., ibid., pp. 155 e 118.
22. Clarice Lispector, "Humildade e técnica", in *A descoberta do mundo*, op. cit., p. 251.
23. Id., *Uma aprendizagem ou O livro dos prazeres*, op. cit., p. 112.
24. Id., ibid., pp. 107, 149 e 152.
25. Id., ibid., p. 126.
26. Id., ibid., p. 86.
27. Id., ibid., pp. 12 e 121.
28. Id., ibid., pp. 169-70 e 177.

35. MONSTRO SAGRADO [PP. 376-84]

1. Cf. Lícia Manzo, *Era uma vez — eu*, op. cit., pp. 102-3.
2. Id., ibid., p. 103.
3. Cf. Teresa Cristina Montero Ferreira, *Eu sou uma pergunta*, op. cit., p. 249.
4. Clarice Lispector e Teresa Montero (Orgs.), *Correspondências*, op. cit., p. 276.
5. Clarice Lispector, *Objeto gritante* (II), op. cit., p. 46.
6. Aqui e no que se segue, incluindo a fascinante entrevista de Lícia Manzo com Azulay: Lícia Manzo, *Era uma vez — eu*, op. cit., pp. 93-4.
7. Elisa Lispector, *O muro de pedras*. Rio de Janeiro: José Olympio, 1963.
8. Id., *O dia mais longo de Thereza*. Rio de Janeiro: Record, 1965.
9. Id., *Corpo a corpo*, op. cit., p. 13.
10. Clarice Lispector, carta a Elisa Lispector, 1 maio 1945, in *Minhas queridas*, op. cit., p. 48.
11. Id., ibid., p. 157.
12. Id., ibid., p. 171.
13. Id., ibid., p. 271.
14. Clarice Lispector, "A vidente", in *A descoberta do mundo*, op. cit., p. 43.
15. Id., ibid., p. 93.
16. "Uma visita à casa dos expostos", *Vamos Ler!*, 8 jul. 1941, in Clarice Lispector et al., *Outros escritos*, op. cit., pp. 35-42.
17. Olga Borelli, "Liminar: A difícil definição", in Clarice Lispector, *A paixão segundo G. H.*, edição crítica, op. cit., pp. XX-XXIII.
18. Franco Júnior, "Clarice, segundo Olga Borelli", op. cit., p. 8.
19. Remy Gorga Filho, "Clarice Lispector: Eu não sou um monstro sagrado", *Revista do Livro*, maio/jun. 1970.
20. Entrevista a Leo Gilson Ribeiro, "Tentativa de explicação", op. cit.
21. Olga Borelli, *Clarice Lispector, esboço para um possível retrato*, op. cit., p. 26.

36. A HISTÓRIA DOS INSTANTES QUE FOGEM [PP. 385-95]

1. Apud Nádia Battella Gotlib, *Clarice, uma vida que se conta*, op. cit., pp. 399-400.
2. Id., ibid., p. 398.
3. Leo Gilson Ribeiro, "Autoinspeção", *Veja*, 19 set. 1973.
4. José Castello, *Inventário das sombras* [1999]. Rio de Janeiro: Record, 2006, p. 30.
5. Alexandrino Severino, "As duas versões de *Água viva*", *Remate de Males*, op. cit.
6. Carta a Alexandrino Severino, 23 jun. 1972, ACL.
7. Clarice Lispector, *Objeto gritante*, op. cit., p. 32. Em *Água viva* a referência ucraniana foi suprimida.
8. Id., ibid., pp. 29-30, 72 e 74.
9. Cf. Alexandrino Severino, "As duas versões de *Água viva*", op. cit.
10. "Objeto gritante", cf. Lícia Manzo, *Era uma vez — eu*, op. cit., p. 142.
11. Clarice Lispector, *Objeto gritante*, op. cit., pp. 44, 63. O comentário sobre sua mãe reaparece no artigo sobre Brasília publicado em *Visão do esplendor* e reaparece, numa forma ligeiramente modificada, no conto "Tempestade de almas", publicado em *Onde estivestes de noite*: "O monstro sagrado morreu: em seu lugar nasceu uma menina que era sozinha".
12. Id., ibid., pp. 66-7.
13. Concisão até demais, ela se queixou depois. Cerca de metade do livro foi cortada pelo editor. Ver Franco Júnior, "Clarice, segundo Olga Borelli", op. cit.
14. Franco Júnior, "Clarice, segundo Olga Borelli", op. cit.
15. Id., ibid.
16. Carta a Marly de Oliveira, sem data, coleção particular. Cortesia da Livraria Dantes, Rio de Janeiro. "Você sabe como sou quanto a cartas. Mas hoje a saudade apertou e eis-me aqui escrevendo para você... Não sei por que você gostou etc."
17. Franco Júnior, "Clarice, segundo Olga Borelli", op. cit.
18. Cf. Nádia Battella Gotlib, *Clarice, uma vida que se conta*, op. cit., p. 410.
19. Franco Júnior, "Clarice, segundo Olga Borelli", op. cit.
20. Entrevista apud Clarice Lispector et al., *Outros escritos*, op. cit.
21. Clarice Lispector, *Água viva*, op. cit., p. 13.
22. Id., ibid., p. 39.
23. Id., ibid., p. 21.
24. Id., ibid., p. 32.
25. Id., ibid., p. 88.
26. Id., ibid., pp. 65, 55, 26, 100 e 79.
27. Id., ibid., p. 13.
28. Franco Júnior, "Clarice, segundo Borelli", op. cit.
29. Clarice Lispector, *Água viva*, op. cit., p. 10.
30. Id., "Abstrato e figurativo", in *A Legião Estrangeira*, op. cit., p. 151.
31. Id., *Água viva*, op. cit., p. 12.
32. Id., ibid., p. 34.
33. Id., ibid., pp. 35-6.
34. Id., *Objeto gritante*, op. cit., p. 7.

35. Id., *Água viva*, op. cit., pp. 66-7.
36. Id., ibid., p. 45.

37. EXPURGADA [PP. 396-401]

1. Olga Borelli, *Clarice Lispector, esboço para um possível retrato*, op. cit., p. 42.
2. As tensões no país fizeram uma vítima próxima de Clarice. Em 4 set. 1969, a guerrilha de esquerda realizou sua façanha mais espetacular, sequestrando o embaixador norte-americano Charles Elbrick. Embora ele tenha sido libertado ileso depois de 78 horas em troca da libertação de guerrilheiros presos, o incidente cobrou um alto preço do cunhado de Clarice, Mozart Gurgel Valente, que era chefe de gabinete do Itamaraty, bem como amigo de Elbrick. Logo depois ele conquistou um dos mais altos postos no ministério, sendo nomeado embaixador em Washington. Mas estava exausto por sua difícil posição anterior, e morreu em Washington em 21 de de dezembro de 1970, deixando Eliane viúva.
3. Elio Gaspari, *O sacerdote e o feiticeiro: A ditadura derrotada*, op. cit., p. 504.
4. Cf. <http://jbonline.terra.com.br/destaques/110anosjb/110anosjb_impr_C2_13.html>.
5. Elio Gaspari, *O sacerdote e o feiticeiro: A ditadura derrotada*, op. cit., pp. 49-50.
6. Id., ibid., p. 293.
7. Outra questão que complicava as relações do Brasil com os árabes era seu duradouro apoio às guerras coloniais brutais de Portugal na África, que, juntamente com a própria tirania geriátrica em Portugal, estavam se aproximando do fim.
8. Entrevista com Alberto Dines, São Paulo, 22 jul. 2006.
9. Id., ibid.
10. Entrevista in *O Pasquim*, 3 jun. 1974, apud Aparecida Maria Nunes, *Clarice Lispector jornalista*, op. cit., p. 94.
11. Dênis de Moraes, "Humor de combate: Henfil e os 30 anos do *Pasquim*", *Ciberlegenda*, 1999. O ataque apareceu em *O Pasquim*, n. 138, fev. 1972, pp. 22-8.
12. Sérgio Fonta, "O papo: Clarice Lispector", op. cit.
13. Teresa Cristina Montero Ferreira, *Eu sou uma pergunta*, op. cit., p. 263.
14. Entrevista com Alberto Dines. Gershom Scholem demonstrou as profundas raízes de Kafka na tradição mística judaica.

38. BATUBA JANTIRAM LECOLI? [PP. 402-11]

1. Cf. Lícia Manzo, *Era uma vez — eu*, op. cit., p. 163.
2. Teresa Cristina Montero Ferreira, *Eu sou uma pergunta*, op. cit., p. 264.
3. Apud Lícia Manzo, *Era uma vez — eu*, op. cit., pp. 163-4.
4. Id., ibid.
5. Id., ibid.
6. Clarice Lispector, "A entrevista alegre", in *A descoberta do mundo*, op. cit., p. 56.
7. Id., *Objeto gritante*, op. cit., pp. 47-8.
8. Id., ibid., pp. 109-10.

9. Id., *Água viva*, op. cit., p. 79. O comentário aparece também em Clarice Lispector, *Objeto gritante*, op. cit., p. 45.

10. Lóri, uma professora de escola primária, ficava também mais à vontade entre as crianças: "O que me salvou sempre foram os meus alunos, as crianças", ela diz a Ulisses, as crianças que "ela agora amava de um amor de mãe". Clarice Lispector, *Uma aprendizagem ou O livro dos prazeres*, op. cit., pp. 154 e 156.

11. Clarice Lispector e Teresa Montero (Orgs.), carta a Andréa Azulay, 27 jun. 1974, in *Correspondências*, op. cit., p. 290.

12. Clarice Lispector, *A hora da estrela*, op. cit.

13. Andréa Azulay, *Meus primeiros contos*. Rio de Janeiro: Edição limitada confeccionada por encomenda de Clarice Lispector e prefaciada por ela, 1975, cf. Lícia Manzo, *Era uma vez*, op. cit., p. 168.

14. Clarice Lispector e Teresa Montero, cartas a Andréa Azulay, 7 jul. 1974, e sem data ("Uma história de tanto amor"), in *Correspondências*, op. cit., pp. 292-3 e 307.

15. Carta de Andréa Azulay, 4 jan. 1974, ACL.

16. Lícia Manzo, *Era uma vez — eu*, op. cit., p. 169.

17. Clarice Lispector, *Quase de verdade*. Rio de Janeiro: Rocco, 1978.

18. Claire Varin e Clarice Lispector, *Clarice Lispector: Rencontres brésiliennes*, op. cit., p. 27.

19. Elizabeth Lowe, "The Passion According to C. L.", *Review*, n. 24, 1979, cf. Claire Varin e Clarice Lispector, *Clarice Lispector: Rencontres brésiliennes*, op. cit., p. 58. Luiz Carlos Lacerda achava que Ulisses começou a engolir cigarros depois do incêndio que quase matou Clarice, numa tentativa de protegê-la, embora ela o tenha comprado, ao que parece, depois do acidente.

20. Olga Borelli, apud Lícia Manzo, *Era uma vez — eu*, op. cit., p. 171.

21. Clarice Lispector, carta a Elisa Lispector e Tania Lispector Kaufmann, 25 mar. 1949, *Minhas queridas*, op. cit., p. 219.

22. Clarice Lispector, *Perto do coração selvagem*, op. cit., p. 10.

23. Id., *Um sopro de vida*, op. cit., p. 58.

24. Cf. Claire Varin, *Línguas de fogo*, op. cit., p. 61.

25. Clarice Lispector, *Um sopro de vida*, op. cit., p. 15.

26. Id., *A cidade sitiada*, op. cit., p. 24.

27. Id., *A maçã no escuro*, op. cit., p. 52.

28. Id., "Não soltar os cavalos", in *A Legião Estrangeira*, op. cit., p. 197.

29. Id., *Um sopro de vida*, op. cit., p. 72.

30. Id., ibid., p. 73.

31. Id., ibid., p. 42.

39. GALINHA AO MOLHO PARDO [PP. 412-20]

1. Cf. Nádia Battella Gotlib, *Clarice, uma vida que se conta*, op. cit., p. 73.

2. Clarice Lispector, *A vida íntima de Laura*. Rio de Janeiro: José Olympio, 1974, p. 1.

3. Id., ibid.

4. Id., *Objeto gritante*, op. cit., pp. 56-7; Clarice Lispector, *Uma aprendizagem ou O livro dos prazeres*, op. cit., pp. 107-8.

5. Cf. Nádia Battella Gotlib, *Clarice, uma vida que se conta*, op. cit., p. 415.
6. Antônio Hohlfedt, "Uma tarde com Clarice Lispector", op. cit.
7. Jorge de Aquino Filho, "Minha mãe Clarice Lispector". *Manchete*, 13 fev. 1982.
8. Cf. Clarice Lispector et al., *Outros escritos*, op. cit., p. 167.
9. Cf. Lícia Manzo, *Era uma vez — eu*, op. cit., pp. 191-2.
10. Cf. Pedro Paulo de Sena Madureira (da Nova Fronteira) in Teresa Cristina Montero Ferreira, *Eu sou uma pergunta*, op. cit., p. 270.
11. Para uma lista parcial das traduções de Clarice Lispector, ver Diane Marting, *Clarice Lispector: A Biobibliography*, op. cit., p. 176.
12. Clarice Lispector, "O caso da caneta de ouro", in *A descoberta do mundo*, op. cit., p. 53.
13. Olga Borelli, *Clarice Lispector, esboço para um possível retrato*, op. cit., p. 31.
14. Clarice Lispector, carta a Elisa Lispector, 2 jan. 1946, in *Minhas queridas*, op. cit., p. 53.
15. Id., *Onde estivestes de noite*, op. cit., p. 63.
16. Clarice Lispector et al., *Outros escritos*, op. cit., p. 167.
17. Carta de Anna Maria da Silva Telles Watson, Artenova, 26 abr. 1976, ACL. Watson talvez estivesse próxima da verdade. Conta-se que, para ajudar a amiga, a irmã de Olga Borelli, Helena, fez muitas das traduções para ela.
18. Clarice Lispector, *Onde estivestes de noite*, op. cit., p. 10.
19. Id., ibid., pp. 22-3.
20. Id., ibid., p. 28.
21. Id., ibid., p. 36.
22. Id., ibid., p. 44.
23. Id., ibid., pp. 69, 62, 75 e 71.
24. Id., ibid., p. 78.

40. PORNOGRAFIA [PP. 421-7]

1. Franco Júnior, "Clarice, segundo Olga Borelli", op. cit.
2. Olga Borelli, *Clarice Lispector, esboço para um possível retrato*, op. cit., pp. 34-5.
3. Id., ibid., p. 40.
4. Entrevista com Gilda Murray. São Paulo, 19 set. 2006.
5. Entrevista com Luiz Carlos Lacerda. Rio de Janeiro, 1º ago. 2006.
6. Id., ibid.
7. Entrevista com Marina Colasanti. Rio de Janeiro, 2 ago. 2006.
8. Entrevista com Alberto Dines. São Paulo, 22 jul. 2006.
9. Lícia Manzo, *Era uma vez — eu*, op. cit., p. 162.
10. Clarice Lispector, *Objeto gritante*, op. cit., p. 55.
11. Id., *Via crucis*, op. cit., p. 15.
12. Id., ibid., pp. 9-10.
13. Id., ibid., p. 10.
14. Id., ibid., p. 65.
15. Id., ibid., p. 9.

16. José Maria Cançado, "O 'vício impune' da leitura". *Folha de S.Paulo*, 25 out. 1992.

17. Celso Arnaldo Araújo, "Uma escritora no escuro — Clarice Lispector", *Manchete*, 3 maio 1975, in Aparecida Maria Nunes, *Clarice Lispector jornalista*, op. cit., p. 96.

18. Clarice Lispector, *Via crucis*, op. cit., pp. 81-2 e 44.

19. Id., ibid., pp. 68 e 51.

20. Aquino Filho, "Minha mãe Clarice Lispector", apud Claire Williams, *The Encounter between Opposites in the Works of Clarice Lispector*. Bristol, Inglaterra: Hispanic, Portuguese and Latin American Monographs, 2006, pp. 177-8. Há um ligeiro engano na lembrança da data.

21. Marta Peixoto aponta dois outros contos que se referem simbolicamente ao estupro, ambos de *Laços de família*: "Preciosidade" e "Mistério em São Cristovão". Nenhum deles é tão explícito e tampouco tão claramente ligado à recordação da mãe de Clarice. Ver Marta Peixoto, "Rape and Textual Violence", in *Passionate Fictions: Gender, Narrative, and Violence in Clarice Lispector*. Minneapolis: University of Minnesotta Press, 1994.

22. Clarice Lispector, *Via crucis*, op. cit., p. 86.

23. Id., ibid., p. 87-8.

24. Id., ibid., p. 89.

25. Id., ibid.

41. A BRUXA [PP. 428-33]

1. Bruna Becherucci, "Lixo, sim: Lançamento inútil". *Veja*, 31 jul. 1974.

2. Celso Arnaldo Araújo, "Uma escritora no escuro — Clarice Lispector", in Aparecida Maria Nunes, *Clarice Lispector jornalista*, op. cit., p. 96.

3. Emmanuel de Moraes, "A via-crúcis de Clarice", *Jornal do Brasil*, 17 ago. 1974.

4. Celso Arnaldo Araújo, "Uma escritora no escuro — Clarice Lispector", in Aparecida Maria Nunes, *Clarice Lispector jornalista*, op. cit., p. 96.

5. Clarice Lispector, *Via-crúcis*, op. cit., p. 48.

6. Carlos Graieb, "A ciranda de Lygia". *Veja São Paulo*, 6 ago. 2008.

7. Carta de Simón González, 1975, ACL.

8. Robert L. Nicklaus, "Occult Conventioneers", *Evangelical Missions Quaterly*, 1 jan. 1976.

9. "Moonlight Dance Opens a Congress of Sorcery", *New York Times*, 26 ago. 1975.

10. Clarice Lispector et al., Montero, *Outros escritos*, op. cit., pp. 120 e 122.

11. Uma versão começava assim: "Não busco o mágico do sobrenatural. Mas eu me arrepio toda quando, como aconteceu um dia destes, eu estava angustiada e solitária e sem futuro — quando de repente sem aviso prévio, ao entardecer do dia, caiu uma chuva que veio descarregar toda a minha energia elétrica e me acalmar me fazendo dormir profundamente aliviada. A chuva e eu tivemos um relacionamento mágico. No dia seguinte li no jornal, com grande surpresa, que essa chuva que agiu em mim como magia branca tivesse funcionado como magia negra com outras pessoas: o jornal dizia que a chuva fora de granizo, que destelhara casas, que impedira o voo de aviões". Olga Borelli, *Clarice Lispector, esboço para um possível retrato*, op. cit., pp. 56-7.

12. Cf. Marilene Felinto, "Lispector foi a congresso de bruxaria". *Folha de S.Paulo*, 2 ago. 1992.

13. Horácio Oliveira, recorte de jornal sem título, 23 dez. 1977, ACL.

14. Isa Cambará, "Clarice Lispector: Não escrevo para agradar a ninguém". *Folha de S.Paulo*, 10 set. 1975.

15. Id., ibid.

16. Sant'Anna, recorte sem título. *Jornal do Brasil*, 25 out. 1986, ACL.

17. José Castello, *Inventário das sombras*, op. cit., p. 28.

18. Clarice Lispector, *Onde estivestes de noite*, op. cit., p. 75.

19. Id., *Um sopro de vida*, op. cit., p. 16.

20. Cf. Claire Varin, *Línguas de fogo*, op. cit., p. 155.

21. Clarice Lispector, *Visão do esplendor*, op. cit., p. 64.

22. Olga Borelli, *Clarice Lispector, esboço para um possível retrato*, op. cit., p. 70.

23. "Esboço de uma possível pintora". *Jornal do Brasil*, 4 nov. 1992.

24. Clarice Lispector, carta a Elisa Lispector e Tania Lispector Kaufmann, 8 maio 1956, in *Minhas queridas*, op. cit., p. 269.

25. Id., *Um sopro de vida*, op., cit., pp. 49-50.

26. Id., ibid.

42. A COISA EM SI [PP. 434-40]

1. Claire Williams observa que também Lucrécia é um "quadro de um quadro": "Qualquer retrato dela era mais real do que ela própria", por exemplo. Claire Williams, *The Encounter between Opposites in the Works of Clarice Lispector*, op. cit., p. 59; Clarice Lispector, *A cidade sitiada*, op. cit., p. 71.

2. Clarice Lispector, *Um sopro de vida*, op. cit., pp. 18-9.

3. Clarice Lispector et al., *Outros escritos*, op. cit., p. 151.

4. Clarice Lispector, *Um sopro de vida*, op. cit., p. 102.

5. Id., ibid., p. 76.

6. Id., ibid., p. 19.

7. Isa Cambará, "Clarice Lispector: Não escrevo para agradar a ninguém", op. cit.

8. Clarice Lispector, *Um sopro de vida*, op. cit., p. 26.

9. Id., ibid., pp. 32 e 59.

10. Id., ibid., p. 71.

11. Id., ibid., p. 125.

12. Id., ibid., p. 99.

13. Id., ibid.

14. Id., ibid., p. 147.

15. Id., ibid., p. 160.

16. Id., ibid., pp. 157-8.

17. Id., ibid., p. 161.

18. Id., ibid., p. 162.

19. Olga Borelli, "Não dá para analisar Clarice". *Brasil/Brazil: Revista de Literatura Brasileira*, 2001, p. 96; cf. Lícia Manzo, *Era uma vez — eu*, op. cit., p. 207.

43. SILÊNCIO LISPECTORIANO [PP. 441-9]

1. Clarice Lispector e Teresa Montero (Orgs.), carta a Mafalda Verissimo, 28 nov. 1975, in *Correspondências*, op. cit., p. 310.
2. Entrevista com Alberto Dines, São Paulo, 22 jul. 2006.
3. Cf. Nádia Battella Gotlib, *Clarice, uma vida que se conta*, op. cit., pp. 436-7.
4. Olga Borelli, *Clarice Lispector, esboço para um possível retrato*, op. cit., pp. 47-8; Lícia Manzo, *Era uma vez — eu*, op. cit., p. 190.
5. Juan Cruz, "Carmen Balcells: Autorretrato de una dama". *El País*, 11 mar. 2007.
6. Olga Borelli, *Clarice Lispector, esboço para um possível retrato*, op. cit., p. 58.
7. Id., ibid., pp. 24-6.
8. Nádia Battella Gotlib, *Clarice, uma vida que se conta*, op. cit., pp. 443-4.
9. Entrevista com Rosa Cass. Rio de Janeiro, 29 jul. 2006.
10. Esse relato é um pouco suspeito: Elisa, afinal, nunca gostou da ideia de Clarice ter se casado com um gói.
11. Edilberto Coutinho, *Criaturas de papel*, op. cit., p. 170.
12. Nádia Battella Gotlib, *Clarice, uma vida que se conta*, op. cit., pp. 438-9.
13. Id., ibid., pp. 479-80.
14. Entrevista com Rosa Lispector. Recife, 18 ago. 2005.
15. Nádia Battella Gotlib, *Clarice, uma vida que se conta*, op. cit., p. 480.
16. Teresa Cristina Montero Ferreira, *Eu sou uma pergunta*, op. cit., p. 282.
17. Edilberto Coutinho, *Criaturas de papel*, op. cit., pp. 155-6.
18. Recorte sem título [Brasília?], ACL.
19. Recorte sem título [Porto Alegre?], ACL.
20. "Entrevista com Caio Fernando Abreu". *O Estado de S. Paulo*, 9 dez. 1995.
21. Nádia Battella Gotlib, *Clarice, uma vida que se conta*, op. cit., p. 293.
22. Teresa Cristina Montero Ferreira, *Eu sou uma pergunta*, op. cit., p. 275. Gilles provavelmente inspirou o conto do maquiador em *A via crucis do corpo*, "Ele me bebeu".

44. FALANDO A PARTIR DO TÚMULO [PP. 450-7]

1. Essa entrevista está amplamente disponível na internet.
2. Julio Lerner, "Última entrevista de Clarice Lispector", op. cit.

45. NOSSA SENHORA DA BOA MORTE [PP. 458-72]

1. Clarice Lispector, *Uma aprendizagem ou o livro dos prazeres*, op. cit., p. 129.
2. Jacinto Rego de Almeida, "Um encontro com Clarice Lispector", *Jornal de Letras*, Lisboa, 14 abr. 1992.
3. Apud Lícia Manzo, *Era uma vez — eu*, op. cit., pp. 206-7.
4. Id., ibid., p. 209.

5. Entrevista com Norma Couri. São Paulo, 22 jul. 2006. Há outra referência a esse hábito em Claire Varin, *Línguas de fogo*, op. cit., p. 85.
6. Otto Lara Resende, "Mãe, filha, amiga", op. cit.
7. Julio Lerner, "Última entrevista de Clarice Lispectot", op. cit.
8. Clarice Lispector, *A vida íntima de Laura*, op. cit.
9. Id., *A hora da estrela*, op. cit., pp. 59-60.
10. Macabeus I, I, 18-21.
11. Franco Júnior, "Clarice, segundo Olga Borelli", op. cit.
12. Clarice Lispector, *A hora da estrela*, op. cit., p. 26.
13. Id., ibid.
14. Id., ibid., pp. 27-8.
15. Franco Júnior, "Clarice, segundo Olga Borelli", op. cit.
16. Clarice Lispector, *A hora da estrela*, op. cit., p. 36.
17. Id., ibid., pp. 39 e 40.
18. Id., ibid., pp. 42, 44 e 43.
19. Id., ibid., pp. 55 e 54.
20. Id., ibid., pp. 52-53.
21. Id., ibid., p. 54.
22. Id., ibid., p. 59.
23. Macabeus II, VI, 2. Para essa referência, cf. Nelson Vieira, Vilma Arêas e Berta Waldman (Orgs.), "A expressão judaica na obra de Clarice Lispector", in *Clarice Lispector: Remate de Males: Revista do Departamento de Teoria Literária*. Campinas: Universidade Estadual de Campinas, n. 9, 1989, p. 209.
24. Clarice Lispector, *A hora da estrela*, op. cit., p. 60.
25. José Castello, *Inventário das sombras*, op. cit., p. 26.
26. Clarice Lispector, *A hora da estrela*, op. cit., p. 54.
27. Id., ibid., p. 76.
28. Id., ibid., p. 88.
29. Id., ibid., pp. 90 e 92.
30. Id., ibid., pp. 95-6.
31. Id., ibid., p. 98.
32. Cf. Teresa Cristina Montero Ferreira, *Eu sou uma pergunta*, op. cit., p. 286.
33. Julio Lerner, "Última entrevista de Clarice Lispector", op. cit.
34. Clarice Lispector, *A hora da estrela*, op. cit., p. 22.
35. Id., ibid., p. 25.
36. Id., ibid., pp. 34, 35, 32 e 28.
37. Id., ibid., p. 50.
38. Publicado sob seu pseudônimo Tristão de Athayde, "Réquiem para Clarice". *Jornal do Brasil*, 12 jan. 1978.
39. Lispector et al., *Outros escritos*, op. cit., p. 139.
40. Clarice Lispector, *Perto do coração selvagem* [7. ed.], op. cit., p. 13.
41. Id., *A hora da estrela*, op. cit., p. 99.
42. Id., ibid., pp. 100 e 101.

43. Id., ibid., p. 102.
44. Id., ibid., p. 103.
45. Id., ibid., p. 104.
46. "Sepultamento de Clarice será simples e discreto." Ver também Olga Borelli, entrevistada in *Manchete*, 1981, apud Nádia Battella Gotlib, *Clarice, uma vida que se conta*, op. cit., p. 481.
47. "Sepultamento de Clarice será simples e discreto."
48. Cf. Nádia Battella Gotlib, *Clarice, uma vida que se conta*, op. cit., pp. 481-2.
49. Entrevista com Rosa Cass. Rio de Janeiro, 29 jul. 2006.
50. Teresa Cristina Montero Ferreira, *Eu sou uma pergunta*, op. cit., p. 291.
51. Cf. Nádia Battella Gotlib, *Clarice, uma vida que se conta*, op. cit., p. 483.
52. Olga Borelli, *Clarice Lispector, esboço para um possível retrato*, op. cit., pp. 60-2.
53. Cf. Nádia Battella Gotlib, *Clarice, uma vida que se conta*, op. cit., p. 484.
54. Paulo Francis, "Clarice: Impressões de uma mulher que lutou sozinha", op. cit.

Referências bibliográficas

ABRAMSON, Henry. *A Prayer for the Government: Ukrainians and Jews in Revolutionary Times, 1917-1920*. Cambridge, Mass.: Harvard University Press for the Harvard Ukrainian Research Institute e Center for Jewish Studies, 1999.
AMERICAN JEWISH CONGRESS; GOLDBERG, Israel & Committee on Protest against the Massacres of Jews in Ukrainia and Other Lands. *The Massacres and Other Atrocities Committed against the Jews in Southern Russia*. Nova York, 1920.
AN-SKI, S. *The Enemy at His Pleasure: A Journey through the Jewish Pale of Settlement during World War I*. Trad. Joachim Neugroschel. Nova York: Metropolitan Books, 2002.
ANDRADE, Oswald de. "O lustre". *Correio da Manhã*, 26 fev. 1946.
AQUINO FILHO, Jorge de. "Minha mãe Clarice Lispector". *Manchete*, 13 fev. 1982.
ARAÚJO, Celso Arnaldo. "Uma escritora no escuro — Clarice Lispector". *Manchete*, 3 maio 1975.
ARÊAS, Vilma; WALDMAN, Berta (Orgs.). *Clarice Lispector: Remate de Males*: Revista do Departamento de Teoria Literária. Campinas: Universidade Estadual de Campinas, n. 9, 1989.
ASSIS BRASIL. "Laços de família". *Jornal do Brasil*, 2 set. 1960.
ATHAYDE, Tristão de. "Réquiem para Clarice". *Jornal do Brasil*, 12 jan. 1978.
_____. et al. *10 romancistas falam de seus personagens*. Rio de Janeiro: Edições Condé, 1946
AYALA, Walmir. "*A paixão segundo G. H.*: Um romance de doação". *Jornal do Commercio*, 1 dez. 1964.
AZULAY, Andréa. *Meus primeiros contos*. Rio de Janeiro, Edição limitada confeccionada por encomenda de Clarice Lispector e prefaciada por ela, 1975.
BANDEIRA, Manuel; INGALLS DIMMICK, Ralph Edward. *Brief History of Brazilian Literature*, *Pensamiento de América*. Washington: Pan American Union, 1958.
BARROSO, Gustavo. *Os protocolos dos sábios de Sião: O imperialismo de Israel. O plano dos judeus*

para a conquista do mundo. O código do Anti-Cristo. Provas de autenticidade, documentos, notas, e comentários. Texto completo e apostilado por Gustavo Barroso. São Paulo: Agência Minerva Editora, 1936.

BECHERUCCI, Bruna. "Lixo, sim: Lançamento inútil". *Veja*, 31 jul. 1974.

BISHOP, Elizabeth; GIROUX, Robert; SCHWARTZ, Lloyd (Orgs.). *Poems, Prose, and Letters*. Nova York: Library of America, 2008.

BISHOP, Elizabeth; LISPECTOR, Clarice. "Three Stories by Clarice Lispector". *Kenyon Review*, n. 26, 1964.

BISHOP, Elizabeth; LOWELL, Robert et al. (Orgs.). *Words in Air: The Complete Correspondence between Elizabeth Bishop and Robert Lowell*. Nova York: Farrar, Straus and Giroux, 2008.

BLOCH, Chayim. *The Golem: Legends of the Ghetto of Prague*. Viena: The Golem, 1925.

BOOGAART, E. van den; HOETINK, Hendrik Richard; PALMER WHITEHEAD, Peter James. *Johan Maurits van Nassau-Siegen 1604—1679: A Humanist Prince in Europe and Brazil: Essays on the Occasion of the Tercentenary of His Death*. Haia: Johan Maurits van Nassau Stichting, 1979.

BORELLI, Olga. *Clarice Lispector, esboço para um possível retrato*. Rio de Janeiro: Nova Fronteira, 1981.

_____. "Não dá para analisar Clarice". *Brasil/Brazil: Revista de Literatura Brasileira*, 2001.

BOXER, C. R. *The Dutch in Brazil, 1624-1654*. Oxford: Clarendon, 1957.

BRAGA, Rubem. *A cidade e a roça*. Rio de Janeiro: José Olympio, 1957.

_____. *Com a FEB na Itália: Crônicas*. Rio de Janeiro: Zelio Valverde, 1945.

BRANDÃO, Moreno. "Alagoas em 1925", in *Livro do Nordeste (comemorativo do 1º centenário do Diário de Pernambuco)* [1925]. Recife: Secretaria da Justiça, Arquivo Público Estadual, 1979.

BRASIL, Emanuel. *Nossos clássicos: Clarice Lispector*, n. 120. Rio de Janeiro: Agir, 1994.

BROWN, Kate. *A Biography of No Place: From Ethnic Borderland to Soviet Heartland*. Cambridge, Mass./London: Harvard University Press, 2004.

MELO NETO, João Cabral de. *Agrestes: Poesia (1981-1985)*. Rio de Janeiro: Nova Fronteira, 1985.

CALADO, Manoel. *O valeroso Lucideno. E triumpho da liberdade: Primeira parte*. Lisboa: Por Paulo Craesbeeck impressor & liureiro das Ordões Militares, 1648.

CALMON, Pedro. *História do Brasil*. v. 2. Rio de Janeiro: José Olympio, 1971.

CAMBARÁ, Isa. "Clarice Lispector: Não escrevo para agradar a ninguém". *Folha de S.Paulo*, 10 set. 1975.

_____. "Escritora mágica". *Veja*, 30 jul. 1975.

CANÇADO, José Maria. "O 'vício impune' da leitura". *Folha de S.Paulo*, 25 out. 1992.

CANDIDO, Antonio. "*Perto do coração selvagem*". *Folha da Manhã*, 16 jul. 1944.

_____. *Vários escritos*. São Paulo: Duas Cidades, 1977.

CARDOSO, Lúcio; CARELLI, Mario. *Crônica da casa assassinada*. Ed. crítica. Nanterre, França: ALL-CA XX, Université Paris X, Centre de Recherches Latino-Américaines, 1991.

CARDOSO, Maria Helena. *Por onde andou meu coração: Memórias*. Rio de Janeiro: José Olympio, 1967.

_____. *Vida-vida: Memória*. Rio de Janeiro: José Olympio, 1973.

CARELLI, Mario. *Corcel de fogo: Vida e obra de Lúcio Cardoso (1912-1968)*. Rio de Janeiro: Guanabara, 1988.
CARVALHO, Marco Antonio de. *Rubem Braga: Um cigano fazendeiro do ar*. Rio de Janeiro: Globo, 2007.
CASTELLO, José. *Inventário das sombras* [1999]. Rio de Janeiro: Record, 2006.
CASTRO, Ruy. *Carmen: Uma biografia*. São Paulo: Companhia das Letras, 2005.
_____. *Ela é carioca: Uma enciclopédia de Ipanema* [2. ed.]. São Paulo: Companhia das Letras, 1999.
CIXOUS, Hélène; JENSON, Deborah. *"Coming to Writing" and Other Essays*. Cambridge, Mass.: Harvard University Press, 1991.
"CLARICE e *A maçã no escuro*". *Diário de Notícias*, 30 jul. 1961.
"CLARICE Lispector diz que escreve sem ter esquemas". [Curitiba], 25 jul. 1970.
"CLARICE, um mistério sem muito mistério". *Correio da Manhã*, 2 nov. 1971.
"CLARICE morreu. Sem saber que morria". *O Estado de S. Paulo*, 10 dez. 1977, p. 27.
CÓRDOVA-BELLO, Eleazar. *Compañías holandesas de navegación, agentes de la colonización neerlandesa*. Sevilha: Escuela de Estudios Hispano-Americanos, 1964.
COUTINHO, Edilberto. *Criaturas de papel: Temas de literatura & sexo & folclore & carnaval & futebol & televisão & outros temas da vida*. Rio de Janeiro: Civilização Brasileira, 1980.
CRUZ, Juan. "Carmen Balcells: Autorretrato de una dama". *El País*, 11 mar. 2007.
DAN, Joseph. *The Early Kabbalah*. Trad. Ronald C. Kiener. Nova York: Paulist, 1986.
DECOL, René. "Uma certa Aracy, um chamado João". *Folha de S.Paulo*, 18 dez. 2006.
DENIS, Ferdinand. *Résumé de l'histoire littéraire du Portugal, suivi du résumé de l'histoire littéraire du Brésil*. Paris: Lecointe et Durey, 1826.
DINES, Alberto. *100 páginas que fizeram história: Grandes momentos do jornalismo brasileiro nos últimos 80 anos*. São Paulo: LF & N, 1997.
_____. *Morte no paraíso: A tragédia de Stefan Zweig* [3. ed.]. Rio de Janeiro: Rocco, 2004.
DULLES, John W. F. *Carlos Lacerda, Brazilian Crusader*. 2 v. Austin: University of Texas Press, 1991.
"ENTREVISTA com Caio Fernando Abreu". *Estado de S. Paulo*, 9 dez. 1995.
"ESBOÇO de uma possível pintora". *Jornal do Brasil*, 4 nov. 1992.
ESCOREL, Lauro. "Crítica literária". *A Manhã*, 20 out. 1944.
_____. "Prêmio da Fundação Graça Aranha de 1943". *A Manhã*, 29 out. 1944.
ESPINOSA, Benedictus de. *The Collected Works*. Org. Edwin Curley. v. 1. Princeton: Princeton University Press, 1985.
_____. *Korte verhandeling van God, de mensch en deszelvs welstand*. c. 1660. Koninklijke Bibliotheek, The Hague.
_____; ZWEIG, Arnold. *Les Pages immortelles de Espinosa*. Paris: Corrêa, 1940.
FALBEL, Nachman. *Estudos sobre a comunidade judaica no Brasil*. São Paulo: Federação Israelita do Estado de São Paulo, 1984.
_____. *Jacob Nachbin*. São Paulo: Nobel, 1985.
FAUSTO, Boris. *Getúlio Vargas*. São Paulo: Companhia das Letras, 2006.
FELINTO, Marilene. "Lispector foi a congresso de bruxaria". *Folha de S.Paulo*, 2 ago. 1992.
FERNÁNDEZ, Sílvia Leal. "Um ano sem Clarice". *Desfile*, dez. 1978.

FERREIRA, Teresa Cristina Montero. *Eu sou uma pergunta: Uma biografia de Clarice Lispector*. Rio de Janeiro: Rocco, 1999.

FIGES, Orlando. *A People's Tragedy: The Russian Revolution, 1891-1924*. Nova York: Viking, 1996.

FINAMOUR, Jurema. "Clarice Lispector". *Jornal de Letras*, set. 1960.

FONTA, Sérgio. "O papo: Clarice Lispector". *Jornal de Letras*, n. 259, 1972.

FRAGA, Eudinyr. "Clarice". Manuscrito datilografado inédito, coleção do autor.

FRANCIS, Paulo. "Clarice: Impressões de uma mulher que lutou sozinha". *Folha de S.Paulo*, 15 dez. 1977.

FRANCO JÚNIOR, Arnaldo. "Clarice, segundo Olga Borelli". *Suplemento Literário do Minas Gerais*, 19 dez. 1987.

"FRASES que ficaram". *O Jornal*, 25 fev. 1968.

FREIXAS, Laura. *Clarice Lispector: Vidas literarias*. Barcelona: Omega, 2001.

GASPARI, Elio. *As ilusões armadas: A ditadura envergonhada*. São Paulo: Companhia das Letras, 2002.

_____. *As ilusões armadas: A ditadura escancarada*. São Paulo: Companhia das Letras, 2002.

_____. *O sacerdote e o feiticeiro: A ditadura derrotada*. São Paulo: Companhia das Letras, 2003.

GILBERT, Martin. *Atlas of Russian History*. Nova York: Dorset, 1972.

GILIO, María Esther. "Tristes trópicos: Con Clarice Lispector en Río". *Triunfo*, 5 jun. 1976.

GIRSOLER, Ulysses. "Psychodiagnostique de Rorschach" [1947-48]. Clarice Lispector Archive, Arquivo-Museu de Literatura Brasileira, Fundação Casa de Rui Barbosa, Rio de Janeiro.

GOMES, Angela Maria de Castro. *Em família: A correspondência de Oliveira Lima e Gilberto Freyre, Coleção Letras em série*. Campinas: Cecult; Mercado de Letras, 2005.

GORGA FILHO, Remy. "Clarice Lispector: Eu não sou um monstro sagrado". *Revista do Livro*, maio/jun. 1970, pp. 112-5.

GOTLIB, Nádia Battella. *Clarice, uma vida que se conta*. São Paulo: Ática, 1995.

_____. *Clarice Fotobiografia*. São Paulo: Edusp; Imprensa Oficial, 2007.

GRAIEB, Carlos. "A ciranda de Lygia". *Veja São Paulo*, 6 ago. 2008.

GUIMARÃES, Valmiki Villela. "Clarice Lispector em duas histórias". *Suplemento Literário do Minas Gerais*, 19 dez. 1987.

HESSE, Hermann. *Der Steppenwolf* [1927]. Berlim: G. Fischer, 1961.

HOFFERMAN, Nathan. *The 20th Century and I*. Records of the Chechelnicker Benevolent Association of New York.

HOHLFELDT, Antônio. "Uma tarde com Clarice Lispector". *Correio do Povo*, 3 jan. 1971.

HOWE, Irving. *World of Our Fathers*. Nova York: Harcourt Brace Jovanovich, 1976.

HUNDERT, Gershon David (Org.). *The YIVO Encyclopedia of Jews in Eastern Europe*. 2 v. New Haven: Yale University Press, 2008.

INSTITUTO MOREIRA SALLES. *Cadernos de Literatura Brasileira: Clarice Lispector*. v. 17-18. São Paulo: Instituto Moreira Salles, 2004.

_____. *Cadernos de literatura brasileira: Erico Verissimo*. v. 16. São Paulo: Instituto Moreira Salles, 2003.

_____.; MENDES DE SOUSA, Carlos. "A revelação do nome", in *Cadernos de Literatura Brasileira: Clarice Lispector*. São Paulo: Instituto Moreira Salles, 2004.

IVO, Lêdo. *Melhores crônicas de Lêdo Ivo*. Org. Gilberto Mendonça Teles. São Paulo: Global, 2004.

KAUFMAN, Tânia Neumann. *Passos perdidos, história recuperada: A presença judaica em Pernambuco*. Recife: Bagaço, 2000.

KAUFMAN, Tânia et al. *Passos perdidos, História desenhada: A presença judaica em Pernambuco no século XX*. v. 1. Recife: Arquivo Histórico Judaico de Pernambuco, 2005.

KOIFMAN, Fábio. *Quixote nas trevas: O embaixador Souza Dantas e os refugiados do nazismo*. Rio de Janeiro: Record, 2002.

KUSHNIR, Beatriz. *Baile de máscaras: Mulheres judias e prostituição: As polacas e suas associações de ajuda mútua*. Rio de Janeiro: Imago, 1996.

LECACHE, Bernard. *Quand Israël meurt*. Paris: Editions du "Progrès Civique", 1927.

LERNER, Julio. *Clarice Lispector, essa desconhecida*. São Paulo: Via Lettera, 2007.

_____. "A última entrevista de Clarice Lispector". *Shalom*, jun./ago. 1992, pp. 62-9.

LESSER, Jeff. *Welcoming the Undesirables: Brazil and the Jewish Question*. Berkeley: University of California Press, 1995.

LEWIS, Norman. *Naples '44* [1978]. Nova York: Pantheon, 2002.

LINHARES, Temístocles. "Romances femininos". *O Estado de S. Paulo: Suplemento Literário*, 18 nov. 1961.

LINS, Álvaro. *Os mortos de sobrecasaca: Obras, autores e problemas da literatura brasileira: Ensaios e estudos, 1940-1960*. Rio de Janeiro: Civilização Brasileira, 1963.

LISPECTOR, Clarice. *Água viva* [1973]. Rio de Janeiro: Artenova, 1993.

_____. *Alguns contos*. Os Cadernos de Cultura. Rio de Janeiro: Ministério da Educação e Saúde, Serviço de Documentação 1952.

_____. *Atrás do pensamento: Monólogo com a vida* [c. 1971], coleção de Dorotéa Severino, Nashville, Tenn.

_____. *A bela e a fera*. Rio de Janeiro: Nova Fronteira, 1979.

_____. *A cidade sitiada*. Rio de Janeiro: A Noite, 1948.

_____. *De corpo inteiro*. São Paulo: Siciliano, 1992.

_____. *A descoberta do mundo* [1984]. Rio de Janeiro: Francisco Alves, 1994.

_____. *Dez contos selecionados de Clarice Lispector*. Brasília: Confraria dos Bibliófilos do Brasil, 2004.

_____. *Felicidade clandestina*. Rio de Janeiro: Sabiá, 1971.

_____. *A hora da estrela*. Rio de Janeiro: José Olympio, 1977.

_____. *Laços de família*. São Paulo: Francisco Alves, 1960.

_____. *A Legião Estrangeira*. Rio de Janeiro: Editora do Autor, 1964.

_____. *A maçã no escuro* [1961]. Rio de Janeiro: Francisco Alves, 1992.

_____. *Minhas queridas*. Rio de Janeiro: Rocco, 2007.

_____. *A mulher que matou os peixes*. Rio de Janeiro: Sabiá, 1968.

_____. *O lustre*. Rio de Janeiro: Agir, 1946.

_____. *Objeto gritante*, 1971, Clarice Lispector Archive, Arquivo-Museu de Literatura Brasileira, Fundação Casa de Rui Barbosa, Rio de Janeiro.

_____. *Objeto gritante* (II), 1971, Dorotéa Severino Collection, Nashville, Tenn.

_____. *Onde estivestes de noite*. Rio de Janeiro: Artenova, 1974.

_____. *A paixão segundo G. H.* [1964]. Rio de Janeiro: Editora do Autor, 1991.

LISPECTOR, Clarice. *A paixão segundo G. H.*, edição crítica. Org. Benedito Nunes, *Coleção Arquivos*. Paris: ALLCA XX, 1988.
_____. *Perto do coração selvagem*. Rio de Janeiro: A Noite, 1943.
_____. *Perto do coração selvagem* [2. ed.]. São Paulo: Francisco Alves, 1963.
_____. *Perto do coração selvagem* [7. ed.]. Rio de Janeiro: Nova Fronteira, 1980.
_____. *Quase de verdade*. Rio de Janeiro: Rocco, 1978.
_____. *Soulstorm: Stories*. Trad. Alexis Levitin. Nova York: New Directions, 1989.
_____. *Um sopro de vida: Pulsações*. Rio de Janeiro: Nova Fronteira, 1978.
_____. *Uma aprendizagem ou O livro dos prazeres* [1969]. Rio de Janeiro: Sabiá, 1993.
_____. *A via crucis do corpo*. Rio de Janeiro: Artenova, 1974.
_____. *A vida íntima de Laura*. Rio de Janeiro: José Olympio, 1974.
_____. *Visão do esplendor: Impressões leves*. Rio de Janeiro: Francisco Alves, 1975.
_____; MONTERO, Teresa. *Correspondências*. Rio de Janeiro: Rocco, 2002.
_____; MONTERO, Teresa; MANZO, Lícia. *Outros escritos*. Rio de Janeiro: Rocco, 2005.
LISPECTOR, Clarice; NUNES, Aparecida Maria. *Correio feminino*. Rio de Janeiro: Rocco, 2006.
LISPECTOR, Elisa. *Além da fronteira* [1945]. Rio de Janeiro: Leitura, 1988.
_____. *Corpo a corpo*. Rio de Janeiro: Edições Antares, 1983.
_____. *No exílio: Romance* [1948]. Rio de Janeiro: Pongetti, 1971.
_____. *O dia mais longo de Thereza*. Rio de Janeiro: Record, 1965.
_____. *O muro de pedras*. Rio de Janeiro: José Olympio, 1963.
_____. *Retratos antigos*. Manuscrito datilografado inédito, coleção de Nicole Algranti, Teresópolis, Rio de Janeiro.
LOWE, Elizabeth. "The Passion According to C. L.". *Review*, n. 24, 1979, pp. 34-7.
MACHADO DE ASSIS, Joaquim Maria. "Instinto de nacionalidade", 1873. Disponível em: <http://www.geocities.com/athens/olympus/3583/instinto.htm>.
MALAMUD, Samuel. *Escalas no tempo*. Rio de Janeiro: Record, 1986.
MANZO, Lícia. *Era uma vez — eu: A não ficção na obra de Clarice Lispector: Ensaio*. Curitiba: Governo do Estado do Paraná: Secretaria de Estado da Cultura; The Document Company, Xerox do Brasil, 1998.
MARCONDES HOMEM DE MELLO, Francisco Ignacio; HOMEM DE MELLO, Francisco. *Geographia-atlas do Brazil e das cinco partes do mundo*. Rio de Janeiro: F. Briguiet, 1912.
MARTING, Diane. *Clarice Lispector: A Bio-bibliography*. Westport, Conn.: Greenwood, 1993.
MCCANN, Frank D. "Brazil and World War II: The Forgotten Ally. What Did You Do in the War, Zé Carioca?". *Estudios Interdisciplinarios de América Latina y el Caribe*, v. 6, n. 2, 1995. Disponível em: <http://www.tau.ac.il/eial/VI_2/mccann.htm>.
MEDEIROS, Elza Cansanção. *E foi assim que a cobra fumou*. Rio de Janeiro: Marques-Saraiva, 1987.
MEIRA, Mauritônio. "Clarice Lispector não quer se enfeitar com penas que não sejam suas". *O Globo*, 10 jan. 1960.
_____. "Clarice Lispector volta às editoras: *Laços de família*". *O Globo*, 27 mar. 1960.
MELLO E SOUZA, Gilda de. "*O lustre*". *Estado de S. Paulo*, 14 jul. 1946.
MENGOZZI, Federico. "Mistérios de Clarice". *Época*, 3 dez. 2004.
"MEUS livros têm 'recadinhos': Quais? Os críticos é que dizem [...]". *O Globo*, 15 maio 1961.

MILLIET, Sérgio. *Diário crítico de Sérgio Milliet*. v. 3. [1944]. São Paulo: Brasiliense, 1981.

_____. *Diário crítico de Sérgio Milliet*. v. 7. [1953]. São Paulo: Martins, 1982.

"MOONLIGHT Dance Opens a Congress of Sorcery". *New York Times*, 26 ago. 1975.

MORAES, Dênis de. "Humor de combate: Henfil e os 30 anos do Pasquim". *Ciberlegenda*, n. 2, 1999. Disponível em <http://www.uff.br/mestcii/denis3.htm>.

MORAES, Emmanuel de. "A via-crúcis de Clarice". *Jornal do Brasil*, 17 ago. 1974.

MORAIS, Fernando. *Corações sujos: A história da Shindo Renmei*. São Paulo: Companhia das Letras, 2000.

MORGANTI, Vera Regina et al. *Confissões do amor e da arte*. Porto Alegre: Mercado Aberto, 1994.

MOSER, Benjamin. "A Newly Discovered Poem by Clarice Lispector". *Brasil/Brazil: A Journal of Brazilian Literature*, n. 36, ano 20, 2007. pp. 36-45.

NICKLAUS, Robert L. "Occult Conventioneers". *Evangelical Missions Quarterly*, 1 jan. 1976, pp. 5-12.

NOLASCO, Edgar Cézar. "Restos de Ficção: A criação biográfico-literária de Clarice Lispector". Universidade Federal de Minas Gerais, 2003.

NUNES, Aparecida Maria. *Clarice Lispector Jornalista: Páginas femininas & outras páginas*. São Paulo: Editora Senac, 2006.

NUNES, Benedito. "Clarice Lispector ou o naufrágio da introspecção". *Colóquio/Letras*, n. 70, 1982, pp. 13-22.

"OS NOVOS: Elisa Lispector". *Revista Panorama*, ago. 1947.

PAGE, Joseph A. *Perón, a Biography*. Nova York: Random, 1983.

PAIXÃO, Fernando; MIRA, Maria Celeste. *Momentos do livro no Brasil*. São Paulo: Ática, 1995.

PEIXOTO, Marta. *Passionate Fictions: Gender, Narrative, and Violence in Clarice Lispector*. Minneapolis: University of Minnesota Press, 1994.

PEREZ, Renard. *Escritores brasileiros contemporâneos*. [2. ed.]. Rio de Janeiro: Civilização Brasileira, 1970.

_____. "Lembrança de Elisa Lispector" [1996]. Manuscrito datilografado inédito, coleção do autor.

PESSOA, Fernando; ZENITH, Richard (Orgs.). *Heróstrato e a busca da imortalidade*. Trad. Manuela Rocha. v. 14 de *Obras de Fernando Pessoa*. Lisboa: Assírio & Alvim, 2000.

PONTIERI, Regina Lucia. *Clarice Lispector: Uma poética do olhar*. São Paulo: Ateliê, 1999.

PRADO, Paulo. *Retrato do Brasil: Ensaio sobre a tristeza brasileira*. [1928]. São Paulo: Duprat-Mayença, 1997.

PROENÇA, Edgar. "Um minuto de palestra [...]", *Estado do Pará*, 20 fev. 1944.

QUISLING, Vidkun; Fund for the Relief of the Jewish Victims of the War in Eastern Europe. *The Truth about the Ukrainian Horror: Official Report*. Londres: Fund for the Relief of the Jewish Victims of the War in Eastern Europe, 1922.

RABASSA, Gregory. *If This Be Treason: Translation and Its Dyscontents: A Memoir*. Nova York: New Directions, 2005.

RAVAGE, Marcus Eli. *The Jew Pays: A Narrative of the Consequences of the War to the Jews of Eastern Europe*. Nova York: Knopf, 1919.

RÊGO, Norma Pereira. "Lispector: Sempre em tom maior" [1969]. Clipping, Arquivo Clarice Lispector, Arquivo-Museu de Literatura Brasileira, Fundação Casa de Rui Barbosa, Rio de Janeiro.

REID, Anna. *Borderland: A Journey through the History of Ukraine*. Boulder, Colo.: Westview Press, 1999.

RESENDE, Otto Lara. "Mãe, filha, amiga". *O Globo*, 10 dez. 1977.

RIBEIRO, Leo Gilson. "Autoinspeção". *Veja*, 19 set. 1973.

_____. "Tentativa de explicação". *Correio da Manhã*, 21 mar. 1965.

RODRIGUES, José Honório. *Historiografia e bibliografia do domínio holandês no Brasil*. Rio de Janeiro: Departamento de Imprensa Nacional, 1949.

ROUCHOU, Joëlle. *Samuel, duas vozes de Wainer* [2. ed.]. Rio de Janeiro: UniverCidade, 2004.

SABINO, Fernando. *O tabuleiro de damas*. Rio de Janeiro: Record, 1988.

_____; LISPECTOR, Clarice. *Cartas perto do coração*. Rio de Janeiro: Record, 2001.

SANTOS, Joaquim Ferreira dos. *Feliz 1958: O ano que não devia terminar*. Rio de Janeiro: Record, 1997.

SARTRE, Jean-Paul. *Furacão sobre Cuba*. Rio de Janeiro: Editora do Autor, 1961.

SCHOLEM, Gershom Gerhard. *Major Trends in Jewish Mysticism*. Nova York: Schocken, 1995.

_____. *A cabala e seu simbolismo*. São Paulo: Perspectiva, 2009.

"SEPULTAMENTO de Clarice será simples e discreto". *O Globo*, 11 dez. 1977.

SEVERINO, Alexandrino. "As duas versões de *Água viva*". *Remate de Males: Revista do Departamento de Teoria Literária*. Campinas: Universidade Estadual de Campinas, n. 9, 1989, pp. 115-18.

SIMÕES, João Gaspar. "Clarice Lispector 'Existencialista' ou 'Supra-realista'". *Diário Carioca*, 28 maio 1950.

SINGER, Isidore; ADLER, Cyrus (Orgs.). *The Jewish Encyclopedia: A Descriptive Record of the History to the Present Day*. 12 v. Nova York: Funk & Wagnalls, 1906.

SKIDMORE, Thomas E. *Black into White: Race and Nationality in Brazilian Thought* [1974]. Nova York: Oxford University Press, 1993.

_____. *Politics in Brazil, 1930-1964: An Experiment in Democracy*. Nova York: Oxford University Press, 1967.

SOUSA, Carlos Mendes de. *Clarice Lispector, figuras da escrita*. Minho: Universidade do Minho, Centro de Estudos Humanísticos, 2000.

TSCHANZ, David W. "Typhus Fever on the Eastern Front in World War I". Disponível em <http://entomology.montana.edu/historybug/WWI/TEF.htm>.

UNIÃO Brasileira de Escritores. *Boletim Bibliográfico Brasileiro*, n. 9. Rio de Janeiro: Estante Publicações, 1961.

VARIN, Claire. *Línguas de fogo: Ensaio sobre Clarice Lispector*. São Paulo: Limiar, 2002.

_____; LISPECTOR, Clarice. *Clarice Lispector: Rencontres brésiliennes*. Montréal, Québec: Les Éditions Triptyque, 2007.

VASCONCELLOS, Eliane. *Inventário do arquivo Clarice Lispector*. Rio de Janeiro: Ministério da Cultura, Fundação Casa de Rui Barbosa, Centro de Memória e Difusão Cultural, Arquivo-Museu de Literatura Brasileira, 1994.

VELOSO, Caetano. "Clarice segundo suas paixões". *Jornal do Brasil*, 24 nov. 1992.

_____. *Tropical Truth: A Story of Music and Revolution in Brazil*. Nova York: Knopf, 2002.

VENÂNCIO, Renato Pinto. "Presença portuguesa: De colonizadores a imigrantes", in *Brasil, 500 anos de povoamento*. Rio de Janeiro: IBGE, Centro de Documentação e Disseminação de Informações, 2000.

VENÂNCIO FILHO, Francisco. *Euclydes da Cunha e seus Amigos*. São Paulo: Cia. Editora Nacional, 1938.

VERISSIMO, Erico. *Brazilian Literature: An Outline*. Nova York: Macmillan, 1945.

_____. *Solo de clarineta: Memórias* [1973]. Porto Alegre: Globo, 2005.

VIEIRA, Nelson; ARÊAS, Vilma; WALDMAN, Berta (Orgs.). "A expressão judaica na obra de Clarice Lispector", in *Clarice Lispector: Remate de Males: Revista do Departamento de Teoria Literária*. Campinas: Universidade Estadual de Campinas, v. 9, 1989.

_____. *Jewish Voices in Brazilian Literature: A Prophetic Discourse of Alterity*. Gainesville: University Press of Florida, 1995.

VINCENT, Isabel. *Bodies and Souls: The Tragic Plight of Three Jewish Women Forced into Prostitution in the Americas*. Nova York: William Morrow, 2005.

VOVK, C. T.; TARANETS, S. V.; KOSAKIVSKY, V. A.. *Narisi z istoryi Chechel'nika: Z naidavnishikh chasiv do nashikh dniv*. Vinnitsa, Ucrânia: Komp'iuterna verstka ta khudozhne oformlennia redaktsii gazeti "Chechel'nits'kii visnik", 2000.

WAINER, Samuel; NUNES, Augusto (Orgs.). *Minha razão de viver: Memórias de um repórter*. São Paulo: Planeta, 2005.

WAINSTOK, David. *Caminhada: Reminiscências e reflexões*. Rio de Janeiro: Lidador, 2000.

WAINSTOK, Israel. *Zichrones fun a fater*. Rio de Janeiro: Impresso nos Estabelecimentos Gráficos "Monte Scopus", 1955.

WERNECK, Humberto. *O desatino da rapaziada: Jornalistas e escritores em Minas Gerais*. São Paulo: Companhia das Letras, 1992.

WILLIAMS, Claire. *The Encounter between Opposites in the Works of Clarice Lispector*. Bristol, England: Hispanic, Portuguese e Latin American Monographs, 2006.

ZWEIG, Stefan. *Begegnungen mit Menschen, Büchern, Städten*. Vienna: H. Reichner, 1937.

_____. *Die Welt von Gestern: Erinnerungen eines Europäers* [1942]. Estocolmo: Bermann-Fischer, 2003.

Agradecimentos

Este livro seria muito mais pobre sem a ajuda de pessoas pelo mundo afora que cederam seu tempo, seus arquivos, suas lembranças, seu conhecimento, sua amizade.

Tenho uma dívida especial com os familiares de Clarice Lispector. Ao longo dos anos, Paulo Gurgel Valente vem fazendo tanto — desde criar arquivos até assegurar a publicação contínua de materiais relativos à vida dela — para perpetuar o grande legado da mãe. Ele foi cooperativo e incentivador desde o início, oferecendo muitas sugestões valiosas ao manuscrito. E à minha irreprimível *vovó** honorária, a embaixatriz Eliane Weil Gurgel Valente. Conhecer a calorosa, divertida e generosamente prestativa Eliane foi, por si só, uma recompensa suficiente para a escrita deste livro. Passei muitas horas felizes com a prima de Clarice, a *prima ballerina* Cecília Wainstok Lipka, que me ofereceu documentos difíceis de achar, bem como sua gentileza e amizade. A cineasta Nicole Algranti, sobrinha-neta de Clarice, foi extremamente generosa com seu arquivo particular e as recordações de sua tia Elisa Lispector. Sou grato a Bertha Lispector Cohen, no Rio, a seu irmão, Samuel Lispector, e sua irmã, Vera

* Vovó: em português no original. [N. T.]

Lispector Choze, no Recife, por compartilharem lembranças dos primeiros anos de Clarice. Agradeço também à embaixatriz Marilu de Seixas Corrêa, à ministra Mitzi Gurgel Valente da Costa e a Isaac Chut.

A Alberto Dines — grande biógrafo e jornalista, estudioso do Brasil judaico e amigo de Clarice Lispector —, que, apesar de seus muitos compromissos, sempre encontrou tempo para responder até mesmo as minhas perguntas mais triviais; e a Humberto Werneck, uma enciclopédia viva da vida brasileira, cuja inesgotável erudição e infalível talento para contar casos me permitiram criar um quadro muito mais rico da cultura literária em torno de Clarice Lispector.

À jornalista Rosa Cass, que passou horas rememorando sua longa amizade com Clarice Lispector em seu apartamento no Flamengo; e ao notável escritor Renard Perez, tão cortês comigo como havia sido com Clarice e Elisa Lispector.

Aos bibliotecários e arquivistas que pavimentaram minha estrada: Eliane Vasconcellos, Deborah Roditi e Leonardo Pereira da Cunha, no Arquivo-Museu de Literatura Brasileira da Fundação Casa de Rui Barbosa, no Rio de Janeiro; Cristina Zappa e Manoela Purcell Daudt d'Oliveira, no Instituto Moreira Salles, no Rio; Cristina Antunes e José Mindlin, que me permitiram examinar o manuscrito de *Perto do coração selvagem* preservado na legendária biblioteca de Mindlin, em São Paulo; Maria Manuela Vasconcelos, que me ajudou a localizar material referente a Clarice Lispector na Biblioteca Nacional de Portugal e dividiu comigo lembranças da escritora; e dra. Tânia Neumann Kaufman, do Arquivo Histórico Judaico de Pernambuco, autora de textos sobre o Recife judaico que foram uma rica fonte histórica. Em Kahal zur Israel, a mais antiga sinagoga do Novo Mundo, a dra. Kaufman me apresentou a Beatriz Schnaider Schvartz, cuja excursão por Boa Vista, onde ela e Clarice Lispector cresceram, foi um dos dias mais memoráveis da pesquisa e da escrita do livro.

Aos meus colegas *claricianos*, cujo entusiasmo por nosso objeto em comum tornou muito mais coletivo o trabalho solitário de escrever uma biografia: Claire Varin, a pioneira pesquisadora canadense cujos livros e conversas foram uma fonte de inspiração; Nádia Battella Gotlib, a maior autoridade do Brasil em Clarice Lispector, cuja pesquisa biográfica desvelou fatos essenciais da vida de Clarice; Sonia Roncador, que compartilhou uma cópia rara do segundo rascunho de *Água viva*; e Earl E. Fitz, que me ajudou a entrar em contato com Sonia Roncador e dividiu suas próprias ideias e escritos sobre Clarice Lispector.

Merece menção especial Nelson Vieira, brilhante professor e pesquisador, que foi quem inicialmente despertou o meu entusiasmo pela escritora brasileira quando eu era aluno de graduação. Vieira foi um dos primeiros a identificar Clarice como escritora judia.

A Juan Sager da Universidade de Manchester, que deu à minha pesquisa um inesperado impulso ao me fornecer o material reunido por seu falecido parceiro, Giovanni Ponticro, tradutor das obras de Clarice para o inglês, e que estava preparando uma biografia da escritora quando morreu; e a Ann Mackenzie, da Universidade de Glasgow, que me apresentou ao professor Sager.

Ao ministro Carlos Alberto Asfora, da Embaixada brasileira em Haia, que me familiarizou com o funcionamento do Itamaraty. Sua incansável dedicação à promoção da cultura brasileira no exterior foi uma inspiração para mim e para tantos outros. Apresentou-me ao embaixador Gilberto Saboia, gesto que me pôs em contato com o círculo diplomático de Clarice.

A Nachman e Shulamit Falbel, que me deram em São Paulo um segundo lar desde que entraram inesperadamente em minha vida durante meu primeiro semestre na faculdade.

A Denise Milfont, cuja linda casa com vista para a baía de Guanabara, bem como a própria Denise, é uma ilha de repouso durante minhas temporadas geralmente febris no Rio de Janeiro.

Ao "Grupo" de Paraty — Paul Finlay, Ravi Mirchandani, Amy Tabor, Jocasta Hamilton, João Crespo, Fiona Smith, Raffaella de Angelis, Fiona McMorrough e Diane Gray-Smith —, que aliviou minhas viagens de pesquisa ao Brasil com muito humor.

Entre eles, tenho uma dívida especial com Alison Entrekin, que colocou animadamente à minha disposição seu vasto conhecimento da língua portuguesa; a Matthew Hamilton, agente, editor e coconspirador; e, claro, à infatigavelmente glamorosa Sheila O'Shea, que, com Grupo ou sem Grupo, tem sido, há mais de uma década, uma das melhores coisas da minha vida.

Aos biógrafos que ofereceram ao aprendiz orientação e incentivo: a biografia de Colette por Judith Thurman ajudou a inspirar esta aqui, e sua insistência desde o início na organização como chave para a biografia me livrou de muitas dores de cabeça. O *Flaubert* e o *Zola* de Frederick Brown forneceram modelos de integração entre crítica literária e narrativa de vida, e a recomendação dele para que eu me baseasse primordialmente em minhas próprias leituras da obra de Clarice ajudou a encontrar o foco deste livro. Edmund White me alertou sobre onde eu estava me metendo, pessoalmente e no capítulo de *My Lives* sobre suas próprias aventuras durante a escrita de *Genet*.

Minha visita à Ucrânia teria sido muito menos compensadora sem a sugestão de Santiago Eder de entrar em contato com Kate Brown, cuja *Biography of No Place* tanto iluminou o mundo misterioso de onde veio Clarice Lispector. Kate, por sua vez, me pôs em contato com Mary Mycio. Algumas de minhas recordações favoritas da escrita deste livro incluem comer pizza em Kiev com o contador Geiger de Mary de prontidão, e ficar acordado até o amanhecer vendo vídeos de adestramento de cavalos no apartamento dela. Mary me levou a Victoria Butenko, que ajudou nas traduções do ucraniano. Daniel Mendelsohn recomendou Alexander Dunai como guia pela região agreste da Podólia. O vasto conhecimento de Alex da cultura judaica e ucraniana enriqueceu de modo inestimável, e sem dúvida tornou possível, minha fascinante expedição à terra natal de Clarice Lispector. Sou também grato ao Embaixador Renato L. R. Marques e a seus assistentes da Embaixada brasileira em Kiev.

A todos aqueles que ajudaram este projeto com grandes e pequenas gentilezas: Jeferson Masson, que compartiu comigo sua extensa pesquisa sobre a vida e a obra de Elisa Lispector; Ana Luisa Chafir, que passou uma noite inesquecível me falando sobre sua tia-avó, Bluma Chafir Wainer; Muniz Sodré Cabral, que relembrou a psicanalista de Clarice, Inês Besouchet; Joel Silveira, o jornalista que conheceu Clarice Lispector na Itália na época da guerra; embaixatriz Isabel Gurgel Valente, que forneceu informações valiosas sobre seu falecido marido, o embaixador Maury Gurgel Valente; Sábato Magaldi e Edla van Steen, que passaram uma noite em São Paulo me falando sobre Lúcio Cardoso e o teatro brasileiro; a embaixatriz Sara Escorel de Moraes, que compartilhou suas lembranças de Clarice no Rio e em Washington; major Elza Cansanção Medeiros, veterana da FEB, por suas memórias do envolvimento do Brasil na Segunda Guerra, e sua colega enfermeira de campo, Virgínia Portocarrero; o diretor Luiz Carlos Lacerda, que rememorou a deslumbrante impressão que Lúcio Cardoso e Clarice Lispector causaram nele quando jovem; o romancista Autran Dourado e sua esposa, Lucia, que relembraram Clarice dentro e fora do meio literário do Rio de Janeiro; Marina Colasanti, que me falou de sua experiência de leitura das crônicas de Clarice no palácio onde ela viveu como refugiada da África italiana; Gilda Murray, que recordou suas experiências, quando jovem, com Clarice e sua grande amiga Olga Borelli; Antonio Olinto, que me acolheu num apartamento em Copacabana repleto de uma impressionante coleção de arte africana; Álvaro Pacheco, que descreveu a publicação de alguns dos últimos livros de Clarice; Ilka Soares, que me falou sobre sua colaboração no jornalismo de Clarice; Helena Valladares, a primeira esposa de Fernando Sabino, que relembrou a impressão causada pela jovem Clarice no Rio; Lygia Marina de Moraes, a terceira esposa de Fernando Sabino, que me contou sobre o dia memorável em que conheceu Tom Jobim e Clarice Lispector; Maria Alice Barroso, a romancista que rememorou com tanto afeto sua amiga Elisa Lispector; Moacir Werneck de Castro, que me ajudou a compreender Bluma Wainer e os jornalistas brasileiros dos anos 1940; Marlos Nobre, um dos músicos a quem *A hora da estrela* é dedicado; Ivan Lessa, cujas vívidas e hilárias lembranças da revista *Senhor* e do Rio de Janeiro no início dos anos 1960 me fizeram desejar ter estado lá; a fascinante Maria Bonomi, que (com Lena Peres) passou uma manhã em Amsterdam me contando sobre sua ida à Casa Branca "vestida de Clarice"; o ensaísta José Castello, que me enviou seus textos sobre Clarice; Clarissa Verissimo Jaffe, que falou sobre Clarice durante seus anos em Washington; Caetano Veloso, que incentivou este projeto; Ana Paula Hisayama, que me abasteceu com os livros brasileiros que eu não pude achar perto de casa; Magdalena Edwards, que me indicou as cartas de Elizabeth Bishop sobre Clarice nas bibliotecas de Harvard e Princeton; o grande tradutor Gregory Rabassa, que relembrou seu encontro com Clarice em Austin; Richard Zenith, grande autoridade em Fernando Pessoa, que me ajudou a navegar pelos arquivos de Portugal; Sheila da Rocha Lima, que sempre me recebe tão calorosamente no Recife; Danuza Leão, que me falou sobre seu falecido marido, Samuel Wainer; George Andreou, que me propiciou um acolhedor impulso no momento em que este projeto mais necessitava; Dorothea Severino, que me ofereceu seu raro manuscrito datilografado de *Água viva*; Paulo Rocco, que me falou sobre a atividade de publicar Clarice; Eva Lieblich Fernandes, que reconstituiu sua própria experiência dolorosa de imigração na época da guerra para o Brasil; Joëlle Rouchou, que me abasteceu com seu notável livro sobre Samuel Wainer e o mundo judaico em torno dele; a atriz Marilena Ansaldi, que compartilhou suas afetuosas lembranças de

Olga Borelli; Klara Główczewska, que me ajudou com as questões mais sutis da grafia polonesa; o extraordinário romancista Bernardo Carvalho, que desencavou um item raro nos arquivos da *Folha de S.Paulo*; Jonathan Milder, da Food Network, que ficou tão intrigada quanto eu com as receitas envolvendo molhos sangrentos; meu velho amigo Jeremy Wright, que encontrou material de Clarice em Austin; a deslumbrante Norma Couri, que dividiu suas recordações de Clarice e seu impressionante arquivo pessoal; Paulo de Medeiros, cujas primeiras leituras forneceram muitas sugestões valiosas; Želimir Galjanic, que leu o manuscrito numa fase inicial; Yuko Miki, minha cúmplice em estudos brasileiros por tantos anos; Jerome Charyn, um entusiasta de Clarice que me pôs em contato com Michel Martens, que a conheceu no Rio; e Luciane Moritz Sommer, professora de português que se tornou amiga.

A meu agente literário, Jim Rutman, distante compatriota de Clarice Lispector, que assumiu um projeto complexo e ajudou-o a atravessar momentos aflitivos com seu espírito mordaz e seu tato inimitável.

A minha editora Cybele Tom, da Oxford University Press, cuja disposição em enfrentar questões intelectuais difíceis me ajudou a pensá-las e esclarecê-las. Na OUP sou também grato a Christine Dahlin, que conduziu com zelo um manuscrito complexo pelo processo de produção; a Sarah Russo, uma assessora de imprensa que levanta cedo; e a Samara Stob, que coordenou o esforço de marketing.

À equipe da Haus Publishing em Londres: Harry Hall, Claire Palmer, Nathalie Villemur, Robert Pritchard e muito especialmente a deliciosa Barbara Schwepcke, que construiu do zero um dos lares mais acolhedores da Grã-Bretanha para a literatura internacional.

Este livro foi publicado originalmente pela editora Cosac Naify, editora na qual contei com a ajuda de Paulo Werneck, que coordenou com tanta paciência este projeto, e de José Geraldo Couto, que realizou de maneira tão elegante a tradução. Agradeço também a Augusto Massi, Cassiano Elek Machado, Luciana Araujo, Ana Domingues, Cecília do Val, Letícia Mendes, Luciana Facchini, Jussara Fino, Flavia Lago, Sintia Mattar, Aline Valli, Isabel Jorge Cury, Maria Fernanda Alvares, Raul Drewnick, Charles Cosac e Claudia Andujar.

Sou grato à Companhia das Letras por adotar este livro quando ficou órfão: sobretudo a Luiz Schwarcz, que me fez sentir como se voltasse para casa; à Lucila Lombardi, que coordenou o departamento de edição de texto; à Fernanda Belo, que pesquisou as imagens, à Livia Deorsola, pela amizade de muitos anos; ao Otávio Marques da Costa, pela simpatia e apoio; e ao Flávio Moura, meu editor, que idealizou essa nova edição revista e ampliada.

A meus pais, Jane e Bertrand C. Moser, que sempre incentivaram até mesmo meus mais recônditos entusiasmos.

Finalmente, àqueles amigos e colaboradores que não viveram para ver a publicação deste livro: Gibson Barbosa, ex-ministro das Relações Exteriores; Marly de Oliveira, renomada poeta brasileira; e Rosa Lispector, esposa do primo de Clarice, Samuel.

Quando o conheci, Marco Antonio de Carvalho estava finalizando sua biografia de Rubem Braga, um trabalho amoroso de muitos anos. Sua morte prematura em 25 de junho de 2007 o privou do prazer de ver a publicação de seu admirável livro.

E à última das brilhantes garotas Lispector, Tania Lispector Kaufmann, que faleceu em 15 de novembro de 2007. Desde o momento em que ela me abriu pela primeira vez a porta de seu apartamento em Copacabana, me encantei por Tania: noventa anos de idade, andando com dificuldade, mas sempre vestida com apuro, o penteado e a maquiagem impecáveis, a mente perfeitamente afiada, e o espírito tão caloroso e generoso como no dia em que, tantos anos antes, ela "adotou" a irmã caçula que pranteava a morte da mãe.

Marie-Claude de Brunhoff, in memoriam.

Aan Arthur Japin en Lex Jansen is dit boek, met liefde en vriendschap, opgedragen.

Créditos das imagens

Todos os esforços foram realizados para contatar os fotógrafos. Como isso não foi possível, teremos prazer em creditá-los, caso se manifestem.

pp. 1 (acima), 10 (ao centro), 12, 13 e 14: Acervo pessoal de Paulo Gurgel

pp. 1 (abaixo), 2 (abaixo), 3, 4, 5 (ao centro e abaixo), 7 (abaixo) e 8 (abaixo): Fotógrafo não identificado/ Acervo Clarice Lispector/ Instituto Moreira Salles

pp. 2 (acima) e 9: DR/ Arquivo Nacional

p. 5 (acima): Bluma Wainer/ Acervo Clarice Lispector/Instituto Moreira Salles

p. 6 (acima): Miller of Washington/ Acervo Clarice Lispector/ Instituto Moreira Salles

p. 6 (abaixo): DR/ Estado de Minas

p. 7 (acima e ao centro): Fotógrafo não identificado/ Acervo Erico Verissimo/ Instituto Moreira Salles

p. 8 (acima): Fundação Casa de Rui Barbosa

p. 10 (acima): Arquivo Público do Estado de São Paulo

p. 10 (abaixo): DR/ O Pasquim/ Acervo de Sandro Fortunato/ Memória Viva

p. 11: Maureen Bisilliat/ Acervo Maureen Bisilliat/ Instituto Moreira Salles

pp. 15 e 16: Acervo pessoal do autor

Índice onomástico

Abreu, Caio Fernando, 446
Abreu, Capistrano de, 297
Abulafia, Abraham, 11
Água viva, 105, 109, 364, 384, 388-9, 391-4, 396, 402-4, 408, 430-1, 433, 435, 439, 442, 457
Albuquerque, João Pessoa Cavalcanti de ver Pessoa, João
Aleichem, Scholem, 115
Algranti, Nicole, 240
Alguns contos, 251, 263, 287
Allende, Salvador, 395-6
Álvaro, José, 322
Alves, Francisco, 304-5, 322, 335
Alves, Márcio Moreira, 358-9
Amado, Jorge, 255, 334
Andrade, Mário de, 130-1, 133-4, 206
Andrade, Oswald de, 212
aprendizagem ou O livro dos prazeres, Uma, 51, 145, 218, 364-8, 371-2, 375, 382, 384, 387, 393, 411-2, 415, 441, 453
Aragão, Alfonso de, 182
Aragão, Teresa, 358

Archer, Maria, 177
Arraes, Miguel, 357
Assis Brasil, Francisco de, 305
Astaire, Fred, 112
Athayde, Tristão de ver Lima, Alceu Amoroso
Atrás do pensamento, 385-6, 390
Auden, W. H., 288
Autran, Paulo, 358
Avani (babá), 253, 293
Ayala, Walmir, 333
Azevedo, Heloísa, 347
Azevedo, Saul, 347
Azulay, Andréa, 403, 405-6, 410
Azulay, Jacob David, 375, 377, 383, 400-3, 440, 453

Bach, Johann Sebastian, 104
Balcells, Carmen, 440
Barbosa, Francisco de Assis, 128, 135, 161
Barbosa, Carmen Dolores, 307
Barroso, Gustavo, 98, 100, 118-9
Barroso, Maria Alice, 376
Baruch, 48, 55

Beauvoir, Simone de, 334
Beethoven, Ludwig van, 345
Beiriz, Anaíde, 95
Bely, Andrei, 157
Benário Prestes, Olga, 98, 117, 119
Berenstein, Benjamin, 76
Bernstein, Jacob, 76, 106-7
Bernstein, Reveca, 106
Bernstein, Suzana, 106
Bertaso, Henrique, 287
Besouchet, Inês, 311, 362
Bialik, Haim Nahman, 33
Bishop, Elizabeth, 282, 315-7, 319, 338
Bloch, Adolpho, 258, 346
Bloch, Miriam, 346
Bloch, Pedro, 20, 346
Bonomi, Georgina, 267
Bonomi, Maria, 267, 307, 413, 423, 443
Borelli, Olga, 87, 104, 190, 302, 312, 348, 379, 381, 383-4, 388-9, 391, 394, 402, 413-4, 419-20, 422, 430, 432, 437, 440, 443, 449, 452, 456-7, 464-6
Borges, Jorge Luis, 14, 133, 309-21
Bradbury, Ray, 288
Braga, Rubem, 182, 184, 186-7, 189, 202, 204, 206-7, 245, 247, 258, 268, 286-7, 314, 333-5, 351-2, 385, 394
Brailowski, Alexander, 124
Bratizlav, Nahman de, 28
Bronstein, Liev *ver* Trótski, Leon
Brontë, Emily, 200
Bruller, Jean, 259
Buarque, Chico, 359, 420

Cabral, padre, 117
Callado, Antônio, 355
Camões, Luís de, 70, 396
Campos, Paulo Mendes, 207, 243, 247, 259, 288, 314-5, 351, 366, 369
Candido, Antonio, 163-4
Cardoso, Adauto Lúcio, 357
Cardoso, Joaquim Lúcio, 129
Cardoso, Lúcio, 129-30, 133-4, 136-41, 146-8, 152, 161, 163, 170, 173, 193, 200-1, 203, 206, 211, 213, 233, 237-9, 258, 263, 314, 317-9, 333, 346, 357, 363, 366, 369, 388, 405, 421, 430
Cardoso, Maria Helena, 239
Cardoso, Nhanhá, 130
Carneiro, Paulo, 172
Carrazzoni, André, 152-3
Carrero, Tônia, 358
Carvalho, Alfredo de, 72
Carvalho, Aracy Moebius de, 172
Cass, Rosa, 135, 306, 313, 315, 345, 347, 362, 442, 465
Castello Branco, Humberto de Alencar, 180, 357
Castello, José, 459
Castro Alves, Antônio de, 148
Castro, Fidel, 334-5
Castro, João Augusto de Araújo, 254
Catarina *ver* Kemper, Anna Kattrin
Cazuza, 385
Chagall, Bella, 414
Chagall, Marc, 414
Chagan, 26
Chamberlain, Houston Stewart, 122
Christie, Agatha, 243, 414
cidade sitiada, A, 22, 145, 213, 221-2, 225, 228, 230, 233, 237, 241-2, 279, 303, 305-6, 322, 325, 327, 388, 391, 408, 415, 418, 434
Cixous, Hélène, 14
Clara, Madame, 76
Clark, Walter, 303
Coelho, Danton, 247
Cohen, Bertha Lispector, 78, 86, 100, 103, 153
Colasanti, Marina, 361, 413-4, 421, 446, 461
Collor de Mello, Fernando, 62
Colóquio Letras, revista, 441
Comício, revista, 246-7, 251, 253, 256, 258, 301
Corrêa, Silvia de Seixas, 266
Correio da Manhã, 301
Cortázar, Júlio, 440, 442
Costa e Silva, Arthur da, 356-7, 359, 395
Costa e Silva, Yolanda, 356-7

Costa, Lucio, 344
Couri, Norma, 454
Coutinho, Edilberto, 445
Crisis, revista, 441
Cruzeiro, O, 126
Cunha, Euclides da, 170

d'Ávila, santa Teresa, 17, 29
Daily Express, 303
Daily Mirror, 303
Dantas, João, 96
Dantas, Luiz Martins de Souza, 171
Dantas, San Tiago, 241, 268, 336, 338, 454
De Chirico, Giorgio, 199, 276, 413
de la Cruz, San Juan, 17, 29
Debussy, Claude, 340
Del Rio, Dolores, 112
descoberta do mundo, A, 352
Deutsche La Plata Zeitung, jornal, 98
Diário Carioca, 182, 243
Diário da Noite, 303, 351
Diário de Notícias, 126
Diário de Pernambuco, 78, 82, 110
Diário de S. Paulo, 304
Dias, Branca, 70
Dietrich, Marlene, 14, 320
Dimenstein (proprietário de uma fábrica), 169
Dines, Alberto, 114, 206, 303, 304, 345, 351, 355, 360, 396-8, 421, 439-40, 444, 454
Diretrizes, revista, 205, 210, 245-6
Doenitz, Karl, 210
Dom Casmurro, jornal, 147-8, 289
Dostoiévski, Fiódor, 33, 108, 130, 162-3, 448
Dourado, Autran, 282, 315, 417, 419, 465
Dourado, Lucia, 417
Drummond de Andrade, Carlos, 15, 423
Duarte, Anselmo, 303
Dutra, Eurico Gaspar, 179, 205
Dutra, Santinha, 179

Edelman, Leopoldo, 76
Eisenhower, Dwight, 254, 263
Ekberg, Anita, 338

Encounter, revista, 316-7
Época, A, revista, 139
Ernst, Max, 418
Escorel, Lauro, 254, 309
Escorel, Sara, 310
Esquire, 289
Estado de S. Paulo, O, 287
Evangelical Missions Quarterly, 427

Fainbaum, Israel, 76
Faria, Octavio de, 99, 133, 138, 237-8, 318
Feldmus, Luiz, 76
Felicidade clandestina, 384-5
Ferreira de Souza, Glauco, 149
Ferreira de Souza, Maria José, 148-9
Ferreira Gullar, 14, 80, 360
Ferreira, Lalá, 266
Fischer, Max, 126
Flanagan, Edward, 139
Flaubert, Gustave, 172, 174
Flora, Alma, 238-9
Fonseca, Isaac Aboab da, 71
Fonseca, Landulpho Borges da, 199
Fontes, Lourival, 126-8, 167
Ford, Henry, 280
Fortunato, Gregório, 263
France Soir, 334
Francis, Paulo, 289, 300, 307, 312, 360, 467
Freire, Natércia, 177, 201, 282
Freud, Sigmund, 147
Freyre, Gilberto, 72-3, 106
Fuentes, Carlos, 440

Gandelsman, Maurício, 76
García Márquez, Gabriel, 440
Geisel, Ernesto, 396
Geller, Uri, 427
Gide, André, 163
Gil, Gilberto, 358, 360
Gilda (praticante de umbanda), 347
Gilles (maquiador), 446
Giorgi, Bruno, 245
Girsoler, Ulysses, 216-7, 270, 311, 369

Globo, O, 397
Gobineau, Arthur de, 122
Goethe, Johann Wolgang von, 414
González, Simón, 427
Goulart, João, 337
Grimm, Jacob, 283
Gudin, Eugênio, 396
Guendler, Ana, 76
Guendler, Júlio, 76
Guevara, Che, 336
Guimarães Rosa, João, 172, 314, 346
Gurgel Valente Jr., Mozart, 149, 188, 198, 204, 254
Gurgel Valente, Eliane Weil, 176, 179, 188, 198, 202, 204, 254, 265, 300, 302
Gurgel Valente, Ilana Kaufman, 443
Gurgel Valente, Isabel Leitão da Cunha, 309-10, 401
Gurgel Valente, Maury, 148-50, 152-3, 165-6, 169, 171, 173-5, 178-80, 182-3, 187-8, 198, 201, 204, 207, 210, 214, 216, 222, 229, 233-5, 241-3, 245-6, 253-4, 257-8, 264, 268, 270, 292-3, 295, 298, 307, 309-11, 313, 366, 369, 375, 401, 413, 443, 454
Gurgel Valente, Mozart, 149, 178-9
Gurgel Valente, Murillo, 149
Gurgel Valente, Paulo, 254, 264, 269, 293, 298, 308, 347, 349-50, 354, 356, 364, 374-5, 413, 423-4, 442, 465
Gurgel Valente, Pedro, 152, 228-9, 233-5, 243-5, 250, 253-4, 269-70, 308, 312, 351, 354, 366, 374-5, 379, 401, 406, 443

Heidegger, Martin, 14
Heived *ver* Lispector, Eva
Hemingway, Ernest, 288
Henfil, 398, 406
Herschel, 59
Herzl, Theodor, 118
Hesse, Hermann, 108-9, 134, 136, 213, 215
Hirsch, barão Maurice de, 34
Hitler, Adolf, 24, 99, 101, 124, 141, 166, 168, 171, 185, 210

Hofferman, Nathan, 25-6, 30
Homero, 368
hora da estrela, A, 191, 454, 457, 459, 462-5
Hudson, Rock, 302

imitação da rosa, A, 290, 292, 394, 439
Ishie, Avrum, 74, 76
Israel, Lucy, 179
Ivo, Lêdo, 162-3, 260

Jaffe, Clarissa Verissimo, 257, 439
Jandira (cozinheira), 379
Jango *ver* Goulart, João
Jardim, Reynaldo, 340
Jesus, Carolina Maria de, 22
João Gilberto, 290, 298
Jobim, Tom, 298, 355
Jornal do Brasil, 351, 353, 355, 360-1
Jornal do Comércio, 305, 345
Jornal para Eremitas, 283
Jornal, O, 340
Joyce, James, 161, 163, 173, 368

Kafka, Franz, 14, 18, 142, 157, 200, 274, 399, 448
Kaufmann, Márcia, 378
Kaufmann, Tania Lispector, 36, 42, 48, 60, 63, 69, 76-8, 86, 90, 92, 94, 100, 102-3, 113-4, 116-8, 125-8, 150, 152-3, 172, 177, 188-9, 231, 233-5, 244, 270, 282, 298, 303, 312, 348, 376-8, 406, 442, 465
Kaufmann, William, 114, 126, 188, 303
Kemper, Anna Kattrin, 362, 375
Kenyon Review, 319
Klee, Paul, 395, 403
Knopf, Alfred A., 286, 317, 319
Kraszewski (viajante polonês), 27
Krimgold, Charna, 35
Krimgold, Isaac, 30-1, 39, 60
Krimgold, Mania *ver* Lispector, Mania
Krimgold, Zicela, 35, 62
Kubitschek de Oliveira, Juscelino, 286

Laage, Barbara, 80
Lacerda, Carlos, 261-2, 288, 336

Lacerda, Luiz Carlos, 135, 405, 421
Laços de família, 208, 251, 287, 299-300, 304-5, 335, 415, 431
Lafer, Horácio, 99
Lara Resende, André, 313
Lara Resende, Otto, 207, 259, 303, 313, 351, 355, 429, 454
Lazar, Moysés, 91
Lazzarini, 318
Leah *ver* Lispector, Elisa
Leal, José Simeão, 251, 263, 286, 300, 305
Leão, Ester, 238-9
Leão, Nara, 358
Lederman, Jacob, 76
Lederman, Lea, 76
Legião Estrangeira, A, 240, 312, 326, 339, 341-4, 384, 391, 409
Lehmann, Rosamund, 163, 172
Leinha *ver* Lispector, Elisa
Leitão da Cunha, Nininha, 309
Leitão da Cunha, Vasco, 178, 180, 183, 198, 204, 309
Lênin, Vladimir, 37, 38
Lerner, Julio, 448-9, 452, 454, 456, 462
Lescure, Pierre de, 259-60
Lessa, Ivan, 314
Lessa, Orígenes, 232
Lévi-Strauss, Claude, 120
Levy, Anita, 88
Lewis, Norman, 181
Life, 258
Lima, Alceu Amoroso (Tristão de Athaíde), 29, 134, 463
Lima, Jorge de, 163
Lins, Álvaro, 172-3, 213, 421, 433
Lisboa, Luiz Carlos, 446
Lispector, Elisa, 21, 29-33, 39, 42-3, 45, 47-8, 53-5, 59-61, 63, 65-9, 77-8, 84-6, 90, 94, 100, 102, 113-4, 116, 124-7, 141, 152-3, 177-8, 180, 182, 188-9, 199, 202-4, 211, 230-2, 234, 254, 280, 292-3, 348, 361, 376-8, 406, 414, 443, 465
Lispector, Eva, 30
Lispector, Mania, 26, 30-2, 34-5, 42-6, 48, 50, 53, 55, 60-2, 74-5, 84, 86, 90, 94, 96, 100, 114, 253, 329, 443-4
Lispector, Mina, 235, 444
Lispector, Pedro (Pinkhas), 26, 30-3, 36, 42, 45-9, 53, 55, 59-62, 65, 67-9, 86, 90, 100, 103, 112-4, 118, 124-5, 129, 137, 232
Lispector, Pinkhas *ver* Lispector, Pedro
Lispector, Rosa, 444
Lispector, Samuel, 91, 94, 100
Lispector, Shmuel, 29-30
Loti, Pierre, 148
Lowell, Robert, 282, 316, 319
Lubomirski, príncipe, 27
lustre, O, 22, 136, 145, 174, 188-90, 195-6, 198, 203, 205, 212, 221, 233, 237, 241, 279, 284, 287, 300, 305, 322, 391, 420-1, 435, 463

maçã no escuro, A, 258, 272, 274, 279-80, 283, 285-6, 299-301, 305, 307, 312, 319, 322-3, 330, 332, 335, 345, 365, 388, 415, 433, 435
Macedo Soares, Lota de, 315-7
Machado de Assis, Joaquim Maria, 22, 106, 108, 131, 163, 206, 287
Magalhães Jr., Raymundo, 127
Magalhães, Agamemnon Sérgio de Godoy, 113, 116, 127-8
Magno, Carlos, 459
Magritte, René, 276
Malamud, Samuel, 73, 151-2
Manchete, 258-9, 346, 354, 356, 441
Mann, Thomas, 210
Mansfield, Katherine, 163, 182-3, 203, 255
Manzo, Lícia, 387
Manzon, Jean, 262
Marchi, Siléa, 379, 465
Maria Bethânia, 16, 420
Marieta *ver* Lispector, Mania
Marilu *ver* Corrêa, Maria Lucy Seixas
Marim *ver* Lispector, Mania
Marques Rebelo, 239
Martinelli, Giuseppe, 267
Marx, Burle, 239

Medeiros, Elza Cansanção, 179, 185, 204
Médici, Emílio Garrastazu, 395
Meireles, Cecília, 126, 133, 239
Mello e Souza, Gilda de, 203
Mello, José Antônio Gonsalves de, 72
Melo Neto, João Cabral de, 239, 245, 268, 288, 351
Menuhin, Yehudi, 124
Milliet, Sérgio, 163-5, 195, 212, 241
Miranda, Carmen, 13, 111-2, 178
mistério do coelho pensante, O, 269, 350, 363
Monde, Le, 17, 29
Monteiro Lobato, José Bento, 106
Monteiro, Pedro Aurélio de Góis, 168
Moraes, Lygia Marina de, 355
Moraes, Tati de, 362
Moraes, Vinicius de, 133, 138, 355
Moreira Salles, Walther, 254, 420-1
Morgan, Charles, 163
mulher que matou os peixes, A, 200, 350-1, 360
Müller, Filinto, 168, 395
Murray, Gilda, 420
Mussolini, Benito, 115, 118, 123, 126, 168, 184-5

Nabokov, Vladimir, 210
Nachbin, Jacob, 79
Nachbin, Leopoldo, 78-9, 104, 354, 387
Nadir (cartomante), 462
Nascimento Brito, Manuel Francisco do, 396-7
Nascimento, Abdias do, 237
Nascimento, Milton, 358
Nassau, Maurício de, 72
Neruda, Pablo, 207
Nery, Adalgisa, 128
New York Times, 427
New Yorker, The, 289
Nicolau ii, 151
Niemeyer, Oscar, 344, 358
Nietzsche, Friedrich, 147, 210
Nijinski, Vaslav, 210, 262
Noite, A, jornal, 127, 152-3, 161-2, 170, 241

Nonô *ver* Cardoso, Lúcio
Nunes, Benedito, 346, 442
Objeto gritante, 385-9, 402, 411, 422
Oliveira Lima, Manuel de, 73
Oliveira, Horácio, 428
Oliveira, Marly de, 241, 362, 364, 389
Olympio, José, 286, 376, 394
Onde estivestes de noite, 83, 104-5, 256, 415, 418, 429, 433-4, 439, 454
Ordem, A, revista, 133

Pacheco, Álvaro, 394, 397, 414, 422, 439
paixão segundo G. H., A, 53, 81, 245, 323, 330, 333, 338-9, 345-6, 363-5, 371, 380, 389, 431
Palmer, Helen, 301-2, 311
Pan, revista, 123, 185
Paris Match, 258
Partisan Review, 289, 317
Pascola (crítico), 237
Pasquim, O, 398, 406
Pedro ii, imperador., 95, 122, 147
Peixoto, Alzira Vargas do Amaral *ver* Vargas, Alzira
Peixoto, Ernani do Amaral, 265
Pellegrino, Hélio, 207, 259, 311, 354-5, 358, 362
Penna, Cornélio, 133, 138
Pêra, Marília, 442
Peretz, Isaac Leib, 448
Perez, Renard, 20-1, 232
Perón, Eva, 216
Perón, Juan Domingo, 118, 337
Perto do coração selvagem, 79, 82, 92, 109, 143, 145, 155, 159, 161-5, 172, 174, 183, 188-90, 195-6, 200, 206, 209, 212-3, 217, 231, 237, 241, 249, 251, 254-5, 259, 279, 288, 303, 306, 309, 314, 322, 325, 331, 340, 365, 367, 384, 402, 405, 407, 409, 415, 433, 463
Pessoa, Epitácio, 94
Pessoa, Fernando, 81, 177, 448
Pessoa, João, 94-6, 114, 169
Petlura, Simão, 39

Pincovsky, Freida, 76
Pincovsky, Natan, 76
Pinochet, Augusto, 395
Piñon, Nélida, 347, 421, 440, 465
Poe, Edgar Allan, 414
Poirot, Hercule, 243
Porto, Sérgio, 315, 366
Power, Tyrone, 244
Prestes, Júlio, 95
Prinski, David, 73
Proust, Marcel, 163, 172-3, 200
Pupu, dona, 90

Quadros, Jânio, 289, 307, 333, 335-6
Quadros, Teresa (Clarice), 247, 258-9, 301-2, 325
Quase de verdade, 405, 410
Queirós, Eça de, 147
Queiroz, Rachel de, 126
Quisling, Vidkun, 54-5

Rabassa, Gregory, 14, 319-20
Rabin Wainstok, Dora, 117
Rabin, Abraham, 35
Rabin, Anita, 84, 86, 91
Rabin, Charna *ver* Krimgold, Charna
Rabin, Henrique, 62
Rabin, Jacob, 35
Rabin, Jorge, 35
Rabin, José, 35, 62, 65-6
Rabin, Joseph *ver* Rabin, José
Rabin, Leivi, 34-5
Rabin, Pedro, 35
Rabin, Pinkhas, 74
Rabin, Samuel, 35
Rabin, Sara, 62
Rabin, Sarah, 35
Raffalovich, Isaías, 99
Rastolder, Moisés, 76
Renaud (cabeleireiro), 361
Ribeiro Couto, Rui, 177
Rice, Anne, 414
Rilke, Rainer Maria, 14, 172

Rimbaud, Arthur, 14
Roberto Carlos, 416-7
Rochman, Moisés, 76
Rodrigues, Nelson, 239
Rogers, Ginger, 112
Rónai, Paulo, 126
Roosevelt, Eleanor, 170
Rosa (empregada italiana de Clarice), 233
Rubinstein, Arthur, 124

Sabino, Fernando, 13, 120, 126, 206-7, 211-4, 216, 219, 247, 251, 253-5, 259, 263, 285, 287-8, 292, 299, 311, 314, 333-6, 346, 351, 354-5, 369, 385, 388, 394
Salazar, António de Oliveira, 115
Salgado, Plínio, 99-101, 119
Sampaio, Maria, 239
Sant'Anna, Affonso Romano de, 361, 413, 421, 429, 441
Santa Rosa, Tomás, 237, 239
Sartre, Jean Paul, 172-3, 191, 334
Schmidt, Augusto Frederico, 99, 130, 133, 139, 268
Scholem, Gershom, 140-1, 281, 330
Schumann, Robert, 456
Schwarts, Isaac, 76
Scliar, Carlos, 359
Senhor, revista, 288-9, 292, 298, 302, 306-7, 312-3, 317, 326, 339-40, 342, 352
Seuphor, Michel, 390, 430
Severino, Alexandrino, 385
Shabetai, Haim, 71
Shakespeare, William, 429
Silveira, Ênio, 285-7, 299-300, 305, 357
Silveira, Joel, 162, 187, 205, 247
Simenon, Georges, 414
Simões, João Gaspar, 177, 241
Sirotzky, Nahum, 288-9, 307
Skoropadskyi, Pavlo, 38
Soares, Ilka, 302-3, 326
sopro de vida, Um, 52, 109, 407-9, 430-3, 435, 437, 453, 456
Soraya, princesa, 338

Sousa, Carlos Mendes de, 23
Souto, Álcio, 396
Souto, Edson Luís de Lima, 358
Spinoza, Baruch, 71, 143-6, 153, 158-9, 203, 273-4, 331, 462
Stálin, Iossef, 24, 262
Stein, Gertrude, 195, 343
Stillman (proprietário de uma fábrica), 169

Teixeira, Bento, 70
Telles, Lygia Fagundes, 427
Teté *ver* Walcacer Maria Theresa
Tito, marechal, 236
Tov, Baal Shem, 28
Trótski, Liev, 37-8

Última Hora, 246, 254, 261-3, 338, 359
Ungaretti, Giuseppe, 200
Urrutia, Manuel, 337

Valladares, Benedito, 206
Valladares, Helena, 206
Vamos Ler!, revista, 127
Vargas Llosa, Mario, 440
Vargas, Alzira, 267-8, 304, 354, 358, 395
Vargas, Darcy, 139
Vargas, Edith, 266
Vargas, Getúlio, 94-9, 111, 115-7, 119, 122, 126, 139, 147-8, 151, 166-8, 204-5, 235, 245-6, 254-5, 261-3, 266, 269, 297, 312, 337
Varin, Claire, 260, 329, 429
Vasconcellos, Dora Alencar de, 153, 268
Vaz, Rubens, 262
Veja, 426, 428
Veloso, Caetano, 290, 298, 358, 360
Ventura, Zuenir, 358
Verissimo, Erico, 70, 255-6, 259, 265, 270, 285, 287, 289, 305, 354, 439

Verissimo, Luis Fernando, 255, 257, 305
Verissimo, Mafalda, 255, 257, 263-5, 287, 292, 305, 311, 439, 446
Verona, Manuel, 336
via crucis do corpo, A, 421, 423, 426, 434, 439-40
Vianna, Francisco José Oliveira, 122
vida íntima de Laura, A, 410-1, 413
Vieira, padre Antônio, 147
Visão do esplendor, 430

Wainer, Artur, 262
Wainer, Bluma Chafir, 205, 207, 210, 216, 222, 226, 235, 245-6, 257, 261, 454
Wainer, Samuel, 205, 210, 216, 230, 235, 245-6, 254, 258, 261-2, 266, 288, 336, 338, 340, 397
Wainstok, Anatólio, 104
Wainstok, Cecília, 117
Wainstok, David, 94, 100-1, 117, 119
Wainstok, Dora *ver* Rabin Wainstok, Dora
Wainstok, Feiga, 35, 49
Wainstok, Israel, 35, 48-9, 57, 66, 117-8
Waissman, Sérgio, 288
Waissman, Simão, 288
Walcacer, Maria Theresa Tostes, 353, 379
Weil, Eliane *ver* Gurgel Valente, Eliane Weil
Weil, Léon, 179
Welles, Orson, 112
Welles, Sumner, 167
Wilde, Oscar, 136, 414
Woolf, Virginia, 14, 163, 172-3, 248, 320

Zagury, Eliane, 363
Zina *ver* Krimgold, Zicela
Ziraldo, 442
Zumbi, 62
Zuza *ver* Souza, Maria José Ferreira de
Zweig, Stefan, 120, 126, 142, 147

1ª EDIÇÃO [2017] 4 reimpressões

ESTA OBRA FOI COMPOSTA POR ACOMTE EM MINION E
IMPRESSA PELA GEOGRÁFICA EM OFSETE SOBRE PAPEL PÓLEN NATURAL
DA SUZANO S.A. PARA A EDITORA SCHWARCZ EM MAIO DE 2023

A marca FSC® é a garantia de que a madeira utilizada na fabricação do papel deste livro provém de florestas que foram gerenciadas de maneira ambientalmente correta, socialmente justa e economicamente viável, além de outras fontes de origem controlada.